죽기 전에
한 번은
유대인을
만나라

옮긴이 **김무겸**

영국 선더랜드 대학원에서 영문학을 전공했으며, 현재 전문 번역가로 활동하고 있다. 옮긴 책으로는 《승자의 율법》, 《창조적 루틴》, 《구매의 심리학》, 《우울증을 없애는 행복의 기술 50가지》, 《희망:기적을 만든 한 정신과 의사 이야기》 등이 있다.

The Book of Jewish Values

Copyright ⓒ 2000 by Joseph Telushkin
All rights reserved.
Korean Translation Copyright ⓒ 2012 BooksNUT
Korean translation rights arranged with Arthur Pine Associates, INC.
through Eric Yang Agency.

이 책의 한국어판 저작권은 에릭양에이전시를 통해 저작권자와 독점 계약한 북스넛에 있습니다.
저작권법으로 한국에서 보호받는 저작물이므로 무단 전재와 복제를 금합니다.
서평 이외의 목적으로 이 책의 내용이나 개념을 인용할 경우, 반드시 출판사와 저자의
서면 동의를 얻어야 합니다. 서면 동의 없는 인용은 저작권법에 저촉됩니다.

THE BOOK OF JEWISH VALUES

죽기 전에 한 번은 유대인을 만나라

랍비 조셉 텔루슈킨 지음 | **김무겸** 옮김

북스넛
Booksnut

서문

　탈무드와 유대 역사를 통틀어 단연 두각을 나타낸 2세기 경의 랍비 아키바는 원래 양치기였는데, 훗날 당대의 가장 뛰어난 학자이자 지도자, 순교자가 되었다. 다른 여러 현자들과는 달리, 랍비 아키바는 학자 집안 출신이 아니었다. 탈무드에 따르면, 그는 중년기에 접어들 때까지도 문맹이었다고 한다.

　어느 랍비 이야기는 일반인 아키바가 랍비 아키바가 된 과정을 이렇게 묘사하고 있다.

　"그는 나이가 마흔이었지만 배운 것이 아무것도 없었다. 어느 날 그는 우물가에 서 있다가 주위 사람에게 물었다. '누가 이 돌을 움푹 파이게 했나요?' 그러자 '날마다 돌 위에 떨어진 물 아닐까요?'라는 답변이 돌아왔다. 아키바는 그 말을 듣는 순간 생각했다. '만일 부드러운 물이 딱딱한 돌을 닳게 할 수 있다면, 강철 같이 견고한 토라(유대교의 율법)의 말씀은 부드러운 살과 피로 이뤄진 내 심장에 얼마나 큰 영향을 줄 수 있겠는가?'"

9세기의 랍비 이스라엘 살란터는 공부의 진정한 효과를 경험하고 스스로 변화하기 위해선 꾸준히 정진해야 한다는 사실을 지적했다.

"물은 수년에 걸쳐 한 방울 한 방울 끊임없이 떨어지면서 돌을 마모시킬 수 있다. 만일 그 모든 물을 돌 위에 한꺼번에 쏟아 붓는다면, 물은 돌에 아무런 흔적도 남기지 못하고 흘러내릴 것이다."

누구나 한 순간 또는 한 시간 동안, 혹은 한 주일 동안 영적으로나 도덕적으로 자신을 향상시키려 시도해본 경험이 있을 것이다. 하지만 윤리적인 가르침이 우리의 심장을 다른 모양으로 바꾸어놓길 원한다면, 우리는 랍비 아키바가 그랬던 것처럼 매일 꾸준히 가르침을 공부하고 실천해야 한다. 이 책의 집필을 결심하는 데 영감을 준 것도 바로 그런 철학이었다. 이 책의 목표는 매일 조금씩 독자들을 더 나은 길로 나아가게 하는 것이다. 유대의 가르침은 인간의 모든 활동과 관심사를 아우른다. 그 몇 가지 예로 다음과 같은 것들이 있다.

- 자녀를 정직한 아이로 키워라(298일째)
- 배우자를 고를 때 가장 먼저 고려해야 할 점(17일째)
- 쾌활한 태도는 선택 사항이 아니다(39일째)
- 부정적인 행동을 어떻게 변화시킬까(150일째)
- 화를 극복하는 효과적이며 값진 방법(156일째)
- 말하는 방식을 완전히 바꿀 수 있는 24시간의 실험(205일째)

이 책에 나오는 가르침들을 하루 단위로 읽고 실천에 옮긴 후, 안식일에 일주일 동안 있었던 일들을 돌아보기 바란다. 그러면 다른 사람을 대하는 방식과 자신의 삶을 이해하는 방식이 완전히 바뀔 수 있다는 걸 곧 깨닫게 될 것이다.

가끔 한 랍비의 통찰이나 가르침이 한 가지 이상의 상황에 적용되는 경우, 나는 그것을 반복해 인용했다(44일째와 72일째). 그리고 동일한 이유로 일화를 한두 차례 반복하기도 했다(292일째와 339일째).

약 200년 전, 브라츠라프Bratslav의 랍비 나흐만Nachman은 자신의 제자들에게 도전적인 질문을 하나 던졌는데, 나는 그 질문을 당신과 나 자신에게 다시 한 번 던지고자 한다.

"내일의 당신이 오늘의 당신보다 더 나은 사람이 되지 못한다면, 당신에게 내일이 있을 필요가 어디 있겠는가?"

당신의 오늘은 부디 좋은 날이길 기원한다. 그리고 당신의 내일은 한층 더 좋은 날이길 소망한다.

— 저자 조셉 텔루슈킨

차례

01 만족은 어디에서 오는가

Week 1
01일째 | 구급차 사이렌 소리가 들릴 때 / 22
02일째 | 다른 사람의 돈을 자신의 돈처럼 소중히 하라 / 24
03일째 | 장물로 보이는 물건은 절대로 구매하지 말라 / 27
04일째 | 하나님은 내가 어떻게 하길 원하실까 / 29
05일째 | 선행을 베풀려면 게으름을 극복해야 한다 / 31
06일째 | 누군가를 속이고 싶은 유혹에 빠질 때 / 32

Week 2
08일째 | 진실한 마음으로 기꺼이 베풀라 / 34
09일째 | "배가 고파요"라는 말을 들을 때 / 36
10일째 | 자식을 편애하지 말라 / 37
11일째 | 당신 가족이 당신을 두려워하게 만들지 말라 / 40
12일째 | 정치적 피난처를 구하는 사람에겐 도움을 주어라 / 42
13일째 | 자녀를 축복하라 / 44

Week 3
15일째 | 단 한순간도 낭비하지 말라 / 47
16일째 | 나쁜 이웃을 멀리하라 / 50
17일째 | 배우자를 고를 때 가장 먼저 고려해야 할 점 / 52
18일째 | 아내를 자신처럼 사랑하라 / 54
19일째 | 인척들을 존중하라 / 56
20일째 | 할 말이 없다면 말하지 말라 / 58

Week 4
22일째 | 분노 조절에 문제가 있다면① / 60
23일째 | 분노 조절에 문제가 있다면② / 63
24일째 | 상대가 뭔가 서운한 일을 했을 때 일단은 이해해보려 애써라 / 65
25일째 | 다른 사람의 전체적인 면을 좋게 평가하라 / 67
26일째 | 분실물을 주인에게 돌려주어라 / 69
27일째 | 양초가 타고 있는 동안에는 / 72

Week 5
29일째 | 다른 사람의 마음을 훔치지 말라 / 73
30일째 | 어떤 사람이 현명한가 / 76
31일째 | 몸이 아픈 가난한 사람을 방문하고 돕는 특별한 의무 / 78
32일째 | 문병과 관련된 일곱 가지 제안 / 80
33일째 | 뉴저지의 산부인과 의사와 브룩클린의 변호사 / 84
34일째 | 도움이 되는 정보는 공유하라 / 86

Week 6
36일째 | 유대교도에게 흡연은 허용될까 / 88
37일째 | 자선을 베풀지 않는 것이 최상의 자선인 경우 / 92
38일째 | 어려울 때도 기부하라 / 94
39일째 | 쾌활한 태도는 선택 사항이 아니다 / 96
40일째 | 항상 다른 사람에게 다정한 인사를 건네야 한다 / 98
41일째 | 회복기에 있는 알코올 중독자도 안식일과 유월절에
　　　　포도주를 마셔야 할까 / 102

Week 7
43일째 | '라숀 하라lashon hara'란 무엇인가 / 105
44일째 | 부정적인 말은 전하지 말라 / 107
45일째 | 아무도 인식하지 못한 죄악 / 110
46일째 | 누군가에 대한 화를 마음속에 담아두지 말라 / 112
47일째 | 과부나 고아를 이용해먹지 말라 / 114
48일째 | 다른 사람들에 대한 뒷말을 삼가라 / 116

Week 8
50일째 | 체다카 즉, 선행은 자선 이상이다 / 118
51일째 | 정당하게 싸워라 / 121
52일째 | 확인되지 않은 소문은 전하지 말라 / 123
53일째 | 언제 소문을 전하는 것이 적절할까 / 125
54일째 | 바르미츠바 또는 바트미츠바에 관한 몇 가지 단상 / 127
55일째 | 악행을 통해 선행을 실천하는 것을 배운다 / 130

Week 9
57일째 | 이방인을 사랑하라 /132
58일째 | 시각 및 청각 장애인에 대한 토라의 입장 /134
59일째 | 정의를 위해 일어나라 /136
60일째 | 착취당하는 노동자들이 생산하는 제품은 구매하지 말라 /138
61일째 | 모든 사람이 감사의 말을 들을 자격이 있다 /139
62일째 | 도덕적 상상력의 필요성 /140

Week 10
64일째 | 동료로부터 하나의 장을 배우는 사람 /142
65일째 | 출처를 밝혀라 /144
66일째 | 어떤 사람이 부자인가 /145
67일째 | 즐기고, 또 즐겨라 /147
68일째 | 거짓을 멀리하라 /149
69일째 | 이번 주에 어떤 좋은 일이 있었나 /151

02 무엇을 배울 것인가

Week 11
71일째 | 거짓말이 허용되는 경우① : 생명이 위태로울 때 /156
72일째 | 거짓말이 허용되는 경우② : 선의로 거짓말을 할 때 /159
73일째 | 거짓말이 허용되는 경우③ : 겸손을 표할 때, 사생활 보호를 위해, 남에게 피해를 주지 않으려 할 때 /163
74일째 | '불평하지 않는 주' 선포 /165
75일째 | 가장 특이한 축복 기도 /166
76일째 | 지능이 떨어지는 사람들을 존중하라 /169

Week 12
78일째 | 이자를 붙이지 말라 /172
79일째 | 다른 사람에게 웃음을 주어라 /174
80일째 | 내 이름은 누구의 이름을 딴 것일까 /176
81일째 | 생명을 구하는 뇌물 /178
82일째 | 성격을 드러내는 사소한 일들 /179
83일째 | 내가 본 가장 아름다운 이트로그 /181

Week 13

85일째 | 네 이웃의 목숨을 위태롭게 하지 말라 / 184
86일째 | 아동 학대가 의심될 경우 / 187
87일째 | 억제되지 않는 분노와 사랑의 종말 / 190
88일째 | 적에게도 공정하라 / 192
89일째 | 사람들로 하여금 당신에게 거짓말하게 하지 말라 / 194
90일째 | 한 생명을 구하는 것은 온 세상을 구하는 것과 같다 / 195

Week 14

92일째 | 마음에 충실한 한 주를 보내라 / 198
93일째 | 다른 사람에게 비현실적인 요구를 하지 말라 / 200
94일째 | 사냥에 대한 유대인의 생각 / 202
95일째 | 먼저 당신의 동물에게 먹을 것을 주어라 / 204
96일째 | 싫어하는 사람에 대해 부정적인 정보를 퍼뜨리지 말라 / 206
97일째 | 적에게 굴욕감을 주지 말라 / 207

Week 15

099일째 | 오늘 다른 누군가를 위해 기도하라 / 210
100일째 | 자녀를 좋은 사람으로 키워라 / 212
101일째 | 모든 부모가 자문해봐야 할 질문들 / 213
102일째 | 돈을 훔친 사람이 도둑이듯, 시간을 훔친 사람도 도둑이다 / 216
103일째 | 하나님의 이름을 거룩하게 한다는 것은 / 218
104일째 | 하나님의 이름을 거룩하게 해야 할 유대인의 특별한 의무 / 221

Week 16

106일째 | 회개하기에 가장 좋은 때는 언제일까 / 223
107일째 | 자신의 잘못을 인정하고 책임을 느껴라 / 226
108일째 | 당신이 전적으로 잘못하진 않았을 때에도 용서를 구하라 / 228
109일째 | 얼굴이 보이지 않는 사람들에게도 팁을 주어라 / 229
110일째 | 오늘 당신의 부고를 읽는다면 / 230
111일째 | 선을 행하는 무수한 방법 / 231

Week 17

113일째 | 장애물을 그 앞에 놓지 말라 / 235
114일째 | 계산대 뒤의 이름 없는 사람 / 238
115일째 | 친절한 행동①: 과거를 돌아보기 / 242
116일째 | 친절한 행동②: 앞으로의 실천 / 244
117일째 | 친절한 행동③: 앞으로의 실천 / 246
118일째 | 여유 시간은 없지만 베풀 시간은 많다 / 249

Week 18
- 120일째 | 하나님의 네 가지 질문 /251
- 121일째 | 비명을 질러야 할 때 비명을 지르는가 /254
- 122일째 | 일용직의 임금은 서둘러 지불하라 /256
- 123일째 | 고용주에 대한 피고용인의 의무 /258
- 124일째 | 형제자매에 대한 의무 /261
- 125일째 | 화를 내기 전에 생각할 세 가지 /263

Week 19
- 127일째 | 부모님을 공경하고 경외한다는 것은 무슨 뜻일까 /264
- 128일째 | 부모님을 위해 하지 않아도 되는 것 /267
- 129일째 | 손님을 집밖까지 배웅하라 /270
- 130일째 | 두 장의 종이 /271
- 131일째 | 당신이 동의하지 않는 견해에도 귀 기울여라 /272
- 132일째 | 부모에게 무얼 해드리는 것만큼 부모를 대하는 태도도 중요하다 /275

Week 20
- 134일째 | 자녀마다 특성에 맞게 가르쳐라 /278
- 135일째 | 체벌로 자녀를 위협하지 말라 /280
- 136일째 | 초상집엔 침묵하며 들어가라 /282
- 137일째 | 내 슬픔을 빼앗지 마세요 /285
- 138일째 | 너는 네 하나님 여호와의 이름으로 함부로 악한 일을 하지 말라 /288
- 139일째 | 바보가 되면 좋을 때 /290

03 유대인은 어떻게 실천하는가

Week 21
- 141일째 | 비유대인에게도 도움을 주어라 /296
- 142일째 | 하루 중 친절을 베풀 시간을 정하라 /299
- 143일째 | '독실한 바보'가 되지 말라 /300
- 144일째 | 술을 너무 과하게 제공하지 말라 /303
- 145일째 | 손님을 접대할 때 먼저 아내에게 물어보라 /305
- 146일째 | 당신 손님과 자녀를 난처하게 만들지 말라 /306

Week 22
148일째 | 가정 학대가 의심될 때 / 308
149일째 | 가정 학대의 피해자를 어떻게 도울 수 있을까 / 312
150일째 | 마이모니데스의 조언: 부정적인 행동을 어떻게 변화시킬까 / 315
151일째 | 친절은 끝없는 의무이다 / 318
152일째 | 네 자신이 싫어하는 일은 이웃에게도 하지 말라 / 320
153일째 | 모든 생각을 다 말해선 안된다 / 322

Week 23
155일째 | 친절의 날 / 324
156일째 | 화를 극복하는 효과적이며 값진 방법 / 326
157일째 | 배우자에게 화가 날 때 / 328
158일째 | 피고용인을 존중하라 / 330
159일째 | 손님 접대의 모범이 되는 아브라함 / 331
160일째 | 공짜 점심이란 없다 / 333

Week 24
162일째 | 하나님에 대한 두려움이 어떻게 당신을 더 나은 사람으로 만들까?① / 335
163일째 | 하나님에 대한 두려움이 어떻게 당신을 더 나은 사람으로 만들까?② / 337
164일째 | 부모님에게 고마움을 표현하라 / 339
165일째 | 당신의 배우자가 당신의 부모님과 사이가 좋지 않을 때 / 341
166일째 | 아이가 주는 것이라면 모든 게 아름답죠 / 343
167일째 | 내가 먹어본 머핀 중 단연 최고예요 / 345

Week 25
169일째 | 누군가가 장기 여행을 간다는 얘기를 들으면 그에게 돈을 주어라 / 349
170일째 | 꾸준한 자선 / 351
171일째 | 동물 학대 방지에 대해 토라는 무슨 말을 할까 / 353
172일째 | 송아지 고기는 먹어도 좋은가 / 355
173일째 | 유대인은 모피를 착용해도 될까 / 358
174일째 | 충분한 것 이상을 주어야 할 때 / 360

Week 26
176일째 | 아픈 사람에겐 무엇이 필요할까 / 362
177일째 | 죽음이 임박한 사람에게 의사나 가족이 그 사실을 알려야 할까 / 364
178일째 | 당신의 일은 성스러운가 / 370
179일째 | 여성에겐 절대적인 낙태 권한이 있는가 / 373
180일째 | 여성에겐 자기 몸을 마음대로 할 수 있는 권리가 있는가 / 376
181일째 | 랍비 아르예 레빈과 문병 미츠바 / 377

Week 27
- 183일째 | 배우자를 구하는 사람과 일자리를 구하는 사람을 도와주어라 / 381
- 184일째 | 지금 당장 실천에 옮겨라 / 383
- 185일째 | 자녀에게 토라를 가르쳐라 / 384
- 186일째 | 자녀에게 인간 생명의 가치를 가르쳐라 / 387
- 187일째 | 다른 사람들을 용서하는 실용적인 이유 / 390
- 188일째 | 자선만으로는 충분하지 않다 / 392

Week 28
- 190일째 | 발달장애가 있는 사람에게 일자리를 구해주어라 / 394
- 191일째 | 고용주는 피고용인이 어떻게 살고 있는지 알아야 한다 / 396
- 192일째 | 죄를 고백하지 않는 것이 더 좋을 때도 있다 / 397
- 193일째 | 용서받을 수 없는 극단적인 죄를 지은 사람은 어떻게 회개할 수 있을까 / 399
- 194일째 | 유대인이 비유대인에게 부정직하게 행동할 때 / 402
- 195일째 | 백만 명의 리더 / 404

Week 29
- 197일째 | 도덕적 유언장을 써본 적이 있는가 / 407
- 198일째 | 성격을 드러내는 세 가지 / 412
- 199일째 | 죽는 그날까지 / 414
- 200일째 | 노쇠해질 때 / 416
- 201일째 | 율법을 넘어서 / 418
- 202일째 | 배우자와 상의하고, 친구와 상의하라 / 420

Week 30
- 204일째 | '라손 하라의 먼지' / 422
- 205일째 | 말하는 방식을 완전히 바꿀 수 있는 24시간의 실험 / 424
- 206일째 | 너는 네 형제에게 복수하거나 원한의 마음을 품지 말라 / 426
- 207일째 | 장애물을 치워라 / 428
- 208일째 | 희생의 한계 / 429
- 209일째 | 바람에 날려 보낸 깃털 / 431

04 선행은 어떤 위력을 지니는가

Week 31
211일째 | 당신을 비판할 수 있는 친구가 있어야 한다 / 436
212일째 | 바르 미츠바와 바트 미츠바의 영웅 / 437
213일째 | 감사로 하루를 시작하라 / 439
214일째 | 다른 사람들에 대해 불평하는 경향이 있다면 / 441
215일째 | 가족의 사생활도 존중해야 한다 / 443
216일째 | 좋은 손님은 어떤 말을 할까 / 444

Week 32
218일째 | 다른 사람을 비판하기 전에 자신에게 던져야 할 질문들 / 447
219일째 | 한 발짝 물러날 때를 알아야 한다 / 450
220일째 | 다른 사람을 잘못 판단할 경우 / 452
221일째 | 그래서 한 사람만 창조되었다 / 455
222일째 | 누군가가 당신을 죽이려 한다면, 일찍 일어나 먼저 그를 죽여라 / 458
223일째 | 다른 사람들의 선의와 다정함을 인식하라 / 460

Week 33
225일째 | 불멸의 선 / 463
226일째 | 이른 것이 옳을 때 / 465
227일째 | 하나님은 자신이 지으신 모든 것에 자비를 베푸신다 / 467
228일째 | 적의 동물에게 친절을 베풀라 / 470
229일째 | 평화를 찾고 구하라 / 472
230일째 | 자신을 사랑하는 것에 대해 / 473

Week 34
232일째 | 악행에는 전달자가 없다 / 475
233일째 | 선의 위력 / 478
234일째 | 장래 직업에 대비한 자녀 교육 / 481
235일째 | 자녀에게 하나님께서 가장 중요시하는 것이 선이라는 것을 가르쳐라 / 482
236일째 | 너무 지나치게 베풀지 말라 / 484
237일째 | 종교적인 사람이 잔인할 수 있을까 / 486

Week 35
239일째 | 오만함의 해독제 / 489
240일째 | 당신에게 없는 장점을 있는 체하지 말라 / 491
241일째 | 네 이웃을 사랑하라: 이웃의 책무는 무엇일까 / 494
242일째 | 네 부모를 공경하라: 뜻밖의 성경 계율 / 496
243일째 | 부모가 망령이 든다면 / 498
244일째 | 공감하는 것을 배우는 법 / 500

Week 36
246일째 | 배우자에게 감정을 폭발시키지 말라 / 503
247일째 | 당신의 부부관계는 폭력적인가 / 506
248일째 | 엘리트주의자가 되지 말라 / 508
249일째 | 자녀에게 부자와 데이트할 것을 권하지 말라 / 510
250일째 | 부모가 자녀에게 던져야 하는 질문 / 511
251일째 | 결혼 생활은 재미있기도 해야 한다 / 513

Week 37
253일째 | 라베누 게르솜과 사생활 침해 금지 / 515
254일째 | 힘을 가진 자의 관대함 / 517
255일째 | 침묵이 금일 때 / 519
256일째 | 견해가 다른 사람들에게도 배워야 한다 / 521
257일째 | 복수를 금하고 이웃을 사랑하라는 계율 / 522
258일째 | 유대주의 관점에선 어떤 사람이 영웅일까 / 525

Week 38
260일째 | 사고는 일어나기 마련이다 / 527
261일째 | 사고가 사고가 아닌 경우 / 529
262일째 | 다른 사람을 희생시켜가면서까지 계율을 철저히 지키진 말라 / 531
263일째 | 권위에 맞서 진실을 말하라 / 532
264일째 | 하나님을 얼마나 두려워해야 할까 / 534
265일째 | 틀에 박힌 덕담은 삼가라 / 536

Week 39
267일째 | 사이가 안 좋은 사람에게 먼저 호의를 베풀라 / 538
268일째 | 마이모니데스와 아트 부크월드, 그리고 모든 선행의 중요성 / 540
269일째 | 당신에게 죄를 지은 사람에 대한 당신의 의무 / 544
270일째 | 잠자리에 들기 전의 기도문 / 546
271일째 | 당신 아이가 다른 아이를 괴롭히지 않도록 하라 / 548
272일째 | 다섯 번째 계율이 부모에게 요구하는 것 / 549

Week 40
274일째 | 모든 사람이 당신의 기념 행사를 축하할 수 있도록 하라 / 551
275일째 | 도움을 받는 사람의 자존심을 지켜주는 것에 대해 / 553
276일째 | 용서를 구해야 하는데 그러지 않고 있는가 / 555
277일째 | 다른 사람을 대신해서 용서하지 말라 / 557
278일째 | 다른 사람을 모욕하는 사람에게 내리는 징벌 / 560
279일째 | 돈을 줄 수 없을 때 / 562

05 유혹을 어떻게 다스릴 것인가

Week 41
281일째 | 어떻게 유혹을 뿌리칠 수 있을까 / 566
282일째 | 잘못된 일을 하려는 유혹에 빠질 때 / 568
283일째 | 가정에 더 이상 평화가 없을 때 / 569
284일째 | 공개적인 모욕이 허용되는 경우 / 571
285일째 | 하나님이 베푸시는 용서의 한계 / 573
286일째 | 좋은 의도만으로는 불충분하다 / 575

Week 42
288일째 | 유대인뿐 아니라 비유대인도 도와야 한다 / 576
289일째 | 유대인이 해야 하는 마지막 말 / 578
290일째 | 장기 기증을 해야 하는가 / 580
291일째 | 진정으로 경청하라 / 582
292일째 | 토라를 가르치는 잘못된 방식 / 583
293일째 | 자선과 우상 숭배 / 585

Week 43
295일째 | 집 앞의 눈을 먼저 치워라 / 587
296일째 | 인종차별주의자가 되지 말라 / 589
297일째 | 절대 은혜를 잊지 말라 / 591
298일째 | 자녀를 정직한 아이로 키워라 / 592
299일째 | 공감은 저절로 생겨나는 것이 아니다 / 595
300일째 | 늦기 전에 가까운 사람들에게 고마움을 표현하라 / 597

Week 44
302일째 | 필요한 것을 말하는 법을 배워라 / 600
303일째 | 익명의 자선이 중요할 때와 그렇지 않을 때 / 602
304일째 | 침묵이 범죄일 때 / 603
305일째 | 누군가가 다른 사람을 해치려 한다는 걸 알게 되었다면 / 604
306일째 | 당신 생각만큼 당신이 훌륭하지도, 세상이 형편없지도 않다 / 607
307일째 | 종교적인 말이 종교적이 아닐 때 / 609

Week 45
309일째 | 절반의 진실이 온전한 거짓이 될 때 / 611
310일째 | 네 피가 더 붉으냐 / 613
311일째 | 자녀 사랑에 한계가 있어야 할까 / 614
312일째 | 자녀에게 생존 기술을 가르쳐라 / 616
313일째 | 진정한 친절 / 617
314일째 | 자녀가 특별함을 느낄 수 있도록 해주는 방식 / 619

Week 46
316일째 | 침묵해야 할 때 / 620
317일째 | 누군가를 칭찬하는 것이 잘못된 것일 때 / 622
318일째 | 당신과 당신의 예전 배우자 / 623
319일째 | 솔로몬의 칼: 어떻게 아이에게 가장 이로운 것을 결정할까 / 625
320일째 | 양부모의 특별한 의무 / 627
321일째 | 자기 자신에 대해서도 '라손 하라'를 말하지 말라 / 628

Week 47
323일째 | 탐하는 것조차 죄가 되는 이유 / 630
324일째 | 다른 사람들의 고통에 익숙해지지 말라 / 633
325일째 | 당신의 인생에서 잘못되고 있는 것과 잘되고 있는 것 / 634
326일째 | 마지막으로 감사하기 / 636
327일째 | 회개는 좋은 것이지만, 지나친 회개는 금물이다 / 637
328일째 | 집단을 일반화하지 말라 / 639

Week 48
330일째 | 자신도 사랑하고 다른 사람들도 사랑하도록 자녀를 키워라 / 642
331일째 | 칭찬할 때도 조심하라 / 643
332일째 | 합법적인 것이 윤리적인 것이 아닐 때 / 645
333일째 | 선을 행하기 위해 불건전한 욕구를 이용하라 / 647
334일째 | 당신의 말이 맹세가 아닌 의무가 되게 하라 / 649
335일째 | 절대 다른 사람을 모욕하지 말라 / 650

Week 49

337일째 | 어떤 경우에 다른 사람에 대한 부정적인 정보를 전하는 것이 허용될까 / 654
338일째 | 사랑에 빠진 사람에게 연인에 대한 부정적인 정보를 전해야 할 때 / 656
339일째 | 자녀에게 미안하다고 말하라 / 659
340일째 | 자녀를 위해 시간을 내라 / 661
341일째 | 못 본 체하지 말라 / 662
342일째 | 지금 배운 것을 실생활에 적용하라 / 664

Week 50

344일째 | 악의적인 별명으로 다른 사람을 부르는 죄 / 667
345일째 | 익명으로 선물하는 것이 바람직하지 않을 때 / 669
346일째 | 자녀에게 유산을 물려주어야 할까 / 672
347일째 | 수줍어하는 사람은 결코 배우지 못할 것이다 / 674
348일째 | 하루에 15분이라도 공부하라 / 676
349일째 | 무작위의 선행 / 678

Week 51

351일째 | 특히 더 나쁜 형태의 절도 / 680
352일째 | 아내에 대한 남편의 의무 / 681
353일째 | 배우자를 모욕하지 말라 / 683
354일째 | 값싼 사람이 되어선 안되지만, 장례식은 값싼 장례식이 되어야 한다 / 685
355일째 | 바뀌어야 할 율법 / 689
356일째 | 웃음의 성스러움 / 692

Week 52

358일째 | 불공정한 경쟁 / 694
359일째 | 유대 윤리는 총포상을 운영하는 것을 허용할까 / 696
360일째 | 말로 하는 잘못 / 697
361일째 | 선행의 도구가 되어주는 전화 / 700
362일째 | 공부와 복습의 중요성 / 702
363일째 | 매주 한 가지 친절을 베풀라 / 703

365일째 | 새해 첫 수표 / 706

01

만족은 어디에서 오는가

Week 1

1일째 일요일

구급차 사이렌 소리가 들릴 때

친구와 대화를 나누고 있는데 갑자기 요란한 사이렌 소리가 대화를 방해한다면 당신은 어떤 반응을 보이겠는가? 당신은 구급차에 실려 있거나 실리게 될 사람을 진심으로 동정할까? 아니면 대화를 방해받았다는 생각에 다소 짜증이 날까? 비슷한 맥락으로 만일 한밤중에 들려오는 소방차나 경찰차의 다급한 사이렌 소리 때문에 깊은 잠에서 깨어났다면 당신은 어떻게 반응할까?

부끄럽지만 다른 여러 사람들의 경우와 마찬가지로 그런 소음에 대한 나의 즉각적인 반응 역시 동정이 아닌 짜증인 경우가 많았음을 인정하지 않을 수 없다.

유대인 사회에서 '레브¹ 잘만Reb Zalman'으로 알려진 내 친구 랍비 잘만 샤흐터-샬로미Zalman Schachter-Shalomi는 구급차가 지나가는 소리가 들릴 때마다 구급차가 빨리 목적지에 도착하게 해달라고 기도할 것을 제안한다. 마찬가지로 소방차 소리가 우리의 평온을 깨뜨릴 때마다, 우리는 소방차가 위험에 처한 사람들이나 집을 구할 수 있게 빨리 현장에 도착하게 해달라고 하나님께 기도해야 한다. 아울러 우리는 모든 소방대원도 무사하게 해달라고 기도해야 한다. 그리고 경찰차의 사이렌 소리가 들리면, 경찰들이 시간에 맞춰 응급 상황에 대처할 수 있게 해달라고 하나님께 간청해야 한다.

레브 잘만의 제안은 심오하다. 부적절한 짜증을 내고 싶은 바로 그 순간 기도를 드리는 데 익숙해짐으로써 우리는 더 나은 사람, 더 애정 어린 사람이 될 수 있다. 기도라는 행위 자체로 우리는 기도를 필요로 하는 고통 받는 사람들과 공감대를 형성할 수 있기 때문이다. 더 나아가 응급실로 급히 실려 가는 사람들이, 구급차 사이렌 소리를 듣는 수백 명의 사람들이 자신을 위해 기도한다는 걸 안다면 얼마나 큰 힘이 될지 상상해보라.

언젠가 볼티모어에서 한 유대인 그룹을 대상으로 강연을 했을 때, 나는 레브 잘만의 제안을 그들에게 들려주었다. 내가 이야기를 마쳤을 때 몇몇 사람들이 레브 잘만의 제안에 얼마나 감화를 받았는지 이야기를 나누었는데, 그중 특히 눈에 띄는 한 여성이 있었다. 그녀가 열 살 무렵이던 어느 날 새벽, 그녀는 지나가는 소방차의 사이렌 때문에

---

1 영어의 Mr.에 해당하는 존칭. 흔히 랍비 자격증이 없는 사람을 부를 때 사용한다.

깊은 잠에서 깨어났다고 한다. 24년이란 긴 세월이 흘렀지만, 그녀는 당시 자신의 반응을 생생히 기억하고 있었다. 잠을 망친 소방차의 소음에 불평과 짜증을 내보인 것이다. 그런데 다음 날 아침, 그녀는 한 동네에 사는 가장 친한 친구가 전날 밤 화재로 목숨을 잃었다는 소식을 듣게 되었다. 그 후로 그녀는 소방차가 지나가는 소리가 들릴 때마다 소방차가 늦지 않게 사고 현장에 도착할 수 있게 해달라고 기도한다고 했다. 이웃 사랑은 대개 도움이 필요한 이웃에게 돈이나 먹을 것을 주거나 몸이 아픈 이웃을 간호해주거나 이웃 집까지 손님을 안내해주는 것 같은 행위들을 통해 표현된다. 하지만 우리를 이웃과 연결시켜주는 기도를 통해서도 이따금 우리는 이웃 사랑을 실천할 수 있다. 그 이웃이 구체적으로 누구인지 알 길이 없는 상황에서조차도 말이다.

2일째 월요일

다른 사람의 돈을 자신의 돈처럼 소중히 하라

> 만일 어떤 사람이 사업적인 거래에서 정직하고 사람들이 이를 인정한다면, 그는 토라의 모든 의무를 수행한 것이나 마찬가지이다.
>
> — 메킬타Mechilta, 브살라흐 1

대부분의 유대인은 종교적이라는 것을 유대 의식을 지키는 일과 연관 짓는다. 그래서 어떤 사람이 종교적인지 아닌지를 논할 때, 그 사람이 유대 의식을 얼마나 잘 지키는지를 따진다(예를 들면 "그녀는 안식일을 잘 지켜 종교적이다." 또는 "그는 코셔² 를 잘 따르지 않아 종교적이 아니다."와 같은 식이다.). 모든 유대교 종파에서 흔히 볼 수 있는 이런 생각들 탓에 비유대인들은 유대교에선 도덕이 그다지 중요하지 않은 덕목이라는 인상을 받을 수 있다.

그러니 다른 사람들과 거래를 정직하게 하는 것은 토라의 모든 의무를 다한 것과 마찬가지라는 유대 전통의 이야기를 아는 것은 얼마나 다행스럽고 고무적인 일인가! 다음 탈무드 구절은 그런 가르침을 강력하게 뒷받침한다. "우리는 하늘나라 법정에서 심판을 받을 때 '너는 사업적인 거래를 정직하게 했느냐?'라는 질문을 받는다(샤밧Shabbat 31a)."

나는 시나고그나 다른 곳에서 많은 청중과 이 구절을 놓고 얘기했었는데, 대부분의 사람들이 우리가 죽은 뒤 하늘나라 법정에서 처음 받게 될 질문이 "너는 하나님을 믿었느냐?"나 "너는 유대 기념일을 지켰느냐?"가 아니라 "너는 사업적인 거래를 정직하게 했느냐?"라고 탈무드가 믿고 있다는 데 놀라움을 금치 못했다(120일째 '하나님의 네 가지 질문' 참조).

성경조차 유대 국가가 이스라엘이라는 나라로 생존할 수 있었던 이유를 상인들이 손님들을 속이지 않은 데 있다고 본다. "오직 온전하고 공정한 저울추를 두며 온전하고 공정한 되를 둘 것이라. 그리하면 네 하나님 여호와께서 네게 주시는 땅에서 네 날이 길리라(신명기

2 율법에 맞는 정결한 음식

25:15).″

《아버지의 윤리Ethics of the Fathers》는 랍비들의 유명한 윤리적 경구들로 이루어져 있는데, 그 경구들을 탄생시킨 랍비 대부분이 서력 기원 바로 직전부터 서기 약 200년 사이에 살았던 인물들이다. 그들 중 두드러진 현자인 랍비 요시Yossi는 거의 모든 사업에 적용해도 좋을 유용한 지침을 제시한다. "다른 사람의 돈을 네 자신의 돈처럼 소중히 할 것이며……(아버지의 윤리 2:7)."

랍비 요시의 이 가르침의 기반은 "네 이웃을 네 몸처럼 사랑하라(레위기 19:18)."라는 성경의 황금률이다. 상도덕 관점에서 이 기준은 자신의 돈이라면 하지 않을 모험을 다른 사람의 돈으로 하는 것을 금한다(물론 돈 주인이 그런 모험을 하라고 하는 경우는 예외겠지만).

어떤 사람들은 생계를 꾸리려 애쓰면서 동시에 황금률을 지키는 것을 완전히 비현실적인 일 또는 순진한 짓으로까지 치부한다. 물론 바로 그런 점 때문에 많은 사람들이 종교 의식의 준수나 종교적인 믿음을 근거로 종교적 독실함을 평가하고 싶어 한다. 일반적으로 변함없이 도덕적으로 행동하는 것보다는(특별히 금전적인 면에서) 종교 의식을 착실히 지키는 것이 더 쉽기 때문이다.

하지만 유대 전통은 여전히 윤리적인 행위를 최고 덕목으로 친다. 시편 116장 9절 "내가 생존 세계에서 여호와 앞에 행하리로다."를 언급하면서 랍비들[3]은 '생존 세계'라는 묘한 문구에 당혹스러워하곤 했다. 그런데 당대의 걸출한 학자인 랍비 유다Judah는 "그것은 시장이란 뜻이다(바빌로니아 탈무드, 요마Yoma 71a)."라고 설명했다. 하나님을 진정으로 섬기는지의 여부는 시나고그에서보다 시장에서 어떻게 행동하는지에 더 많이 달려 있다는 것이다. 학자이자 성공한 사업가이기도 했던 랍비 츠비 히르슈 코이도노버Tzvi Hirsch Koidonover(1712년 사망)는 윤리에 대한 자신의 논문 《카브 하야샤르Kav Hayashar⁴》에서 다음과 같이 말하기도 했다. "금전적인 면에서 신뢰가 가는 사람만이 종교적으로 신실하다."

3일째 화요일
장물로 보이는 물건은 절대로 구매하지 말라

> 양치기로부터 양털이나 우유, 새끼 양 등을 사지 말고, 과수원을 지키는 사람으로부터 과실수나 과일을 사지 말 것이며……. (심지어 구매가 허용되는 경우에조차도) 물품을 파는 사람이 그 물품을 숨길 것을 부탁해온다면, 어떤 경우라도 그 물품을 구매해선 안 되고…….
>
> — 미슈나Mishna, 바바 카마Bava Kamma 10:9

이 고대의 권고는 상식에 근거한다. 양치기나 과수원 지기가 팔려는 물품이 주인에게서 훔친 것인지 확실히 알 수 있는 길은 없다. 하지만 상식적으로 생각해보면, 그들이 팔려는 물품은 불법적으로 취한 것일 가능성이 크다. 그들이 고용된 건 이 물품들을 팔기 위해서가 아니라

---

3 여기서의 랍비들이란 탈무드 시대(기원전 마지막 세기부터 서기 약 500년까지의 기간)의 랍비들을 가리킨다.
4 An Honest Measure, 즉 '정직한 척도'란 뜻이다.

지키기 위해서이기 때문이다.

요즘의 예를 들어보자. 동네 슈퍼마켓의 계산대 직원이 거리에서 당신을 만나 자신이 일하는 슈퍼마켓에서 파는 가격의 절반만 받고 어떤 제품을 당신 집까지 배달해주겠다는 제안을 했다고 상상해보라. 당신은 그가 그 물품을 불법적으로 취했는지 확신할 수는 없다. 하지만 유대 율법은 이 경우 무죄임이 입증되기 전까지는 그에게 죄가 있는 것으로 간주해 그의 제안을 거절해야 한다고 주장한다.

마찬가지로 우리는 미국 여러 도시에서 정가보다 훨씬 싼 값에 최근 출시된 영화 영상물을 판매하는 사람들을 보게 된다. 정황상 그런 영상물들은 불법으로 복제했거나 훔친 것이 틀림없어 보인다. 그게 아니라면 최신 영상물을 그렇게 싸게 팔 수 있는 이유를 어떻게 설명할 수 있겠는가? 따라서 유대 율법은 그런 물품을 구입하는 행위를 금한다. 그렇게 하지 않을 경우, 평소 정직하다고 자부하는 사람이 그런 물품을 구입하면서도 계속 자신이 정직하다고 여길 것이고, 그러면서 또 그런 물품을 파는 사람보다 자신이 도덕적으로 우월하다고 생각할 것이다. 유대 율법은 그런 관점을 받아들이지 않는다는 점을 마이모니데스Maimonides는 분명하게 선언한다. "도둑에게서 그가 훔친 어떤 물건도 구입해선 안된다. 그런 물건을 구입하는 것은 도둑으로 하여금 다른 물건도 훔치도록 부추기는 것이므로, 엄연히 큰 죄악이다. 도둑질한 물건을 구입하는 사람이 없다면, 도둑은 더 이상 물건을 훔치지 않을 것이기 때문이다(미슈네 토라, '절도에 관한 율법' 5:1)."

1980년대 뉴욕 금융 시장에서 실제 있었던 주식 내부 거래도 '장물 거래'의 일례로 볼 수 있다. 당시 한 자본가가 로펌 및 금융 기관 직원들을 매수해 그들이 취급하는 기업들이 언제 인수 및 합병될 것인지에 대한 정보를 빼냈다. 인수와 합병이 이루어지면 해당 기업 주가가 급등한다는 점을 악용한 그는 그렇게 주식을 매입해 수년간 수천만 달러의 부당 이익을 챙겼다. 그 사실이 드러나자, 그는 정보를 제공한 사람들과 함께 감옥으로 보내졌다. 유대주의 관점에 따른 내 견해로는 특정 정보를 제공할 권한이 없는 사람으로부터 그 정보를 사는 것 역시 또 다른 형태의 '장물 거래'이다.

아주 간단히 말해, 물품이든 정보든 누군가 자기 소유가 아닌 것을 팔려 할 경우 당신에겐 그것을 구입할 권한이 없다. 잠언 29장 24절 역시 이 문제에 대해 다음과 같은 분명한 입장을 취하고 있다. "도둑과 짝하는 자는 자기 영혼을 미워하는 자라. 그는 저주를 들어도 진술하지 아니하느니라."

4일째 수요일

하나님은 내가 어떻게 하길 원하실까

탈무드의 가르침에 따르면, 토라는 신성이 깃든 친절(게밀롯 체세트gemilut chesed)로 시작하고 끝을 맺는다. 즉 창세기 도입부에는 하나님이 아담과 이브에게 가죽옷을 만들어 입히신 얘기(창세기 3:21)가 나오고, 토라의 마지막 장에서는 하나님이 모세를 안장하신 얘기가 나온다. "하나님은 모세를 모압 땅 벧브올 반대편 골짜기에 묻으셨더라(신명기 34:6)." 뿐만 아니라 하나님은 아브라함이 할례를 받고 난 직후 그를 방문하셨다(당시 지도자로서의 아브라함의 세력은 여전히 미미했던 것으로 짐작된다.).

유대 전통은 자선을 베푸는 일도 높이 평가하지만, 친절을 베푸는 일을 그보다 더 높이 평가한다.

> 랍비들은 친절이 세 가지 면에서 자선보다 더 위대하다고 가르친다.
> 자선은 금전적으로만 행해지지만, 친절은 금전적으로 행할 수도 있고 몸소 행할 수도 있다(예: 문병 가는 것. 32일째 참조).
> 자선은 가난한 사람에게만 베풀 수 있지만, 친절은 가난한 사람과 부자 모두에게 베풀 수 있다(예: 슬픔이나 우울함으로 고통 받는 사람을 위로하는 것. 136일째 및 356일째 참조).
> 자선은 살아 있는 사람에게만 베풀 수 있지만, 친절은 살아 있는 사람과 죽은 사람 모두에게 베풀 수 있다(예: 가난하게 죽은 사람을 제대로 안장해 주는 것. 313일째 참조).
>
> ― 바빌로니아 탈무드, 수카 49b

유대 율법은 친절을 베푸는 것을 대단히 중요하게 여긴다. 실제로 친절을 실천하는 것은 결코 만만치 않은 도전이다. 많은 사람들이 시간과 노력을 투자해 친절을 베푸는 것보다는 금전적으로 자선하는 것을 더 편하게 생각하기 때문이다. 그런 이유로 유대 전통은 자기 시간을 할애해 타인에게 온정을 베푸는 것을 베풂의 최고 형태라고 가르친다.

오늘부터 이번 주 내내 친절을 베풀 수 있는 기회를 세심히 살피기 바란다. 거리에서 무거워 보이는 짐을 들고 가는 노약자를 본 적이 있는가? 어떤 지인이 의기소침하고 심란해 보여, 그에게 대화 상대가 필요할 것 같다고 느낀 적이 있는가? 매일 함께 산책해줄 동반자를 필요로 하는, 최근 수술을 받고 회복기에 있는 이웃이 있는가? 그런 사람을 보고도 본능적으로 하던 일이나 계속해야겠다는 마음이 들 수 있다. 당연히 나 역시 종종 그런 마음이 든다. 하지만 오늘부터 이번 주 동안만이라도 그런 사람들을 보면 여유를 갖고 이렇게 자문해보기 바란다. "하나님은 내가 어떻게 하길 원하실까?"

5일째 목요일

선행을 베풀려면 게으름을 극복해야 한다

일반적으로 관대하지 못한 사람은 가난한 사람들에게 자선을 베풀 능력이 있으면서도 그렇게 하지 않는 사람을 묘사하는 말인 '인색한 사람'으로 여겨진다. 그러나 사실 금전적인 문제를 떠나 다른 사람을 돕지 않는 보다 더 큰 이유는 '게으름'이다.

예를 들어, 최근 더 이상 입지 않는 당신 자신이나 식구들 옷을 없애려고 옷장을 정리했을 때 어떻게 했는가? 가난한 사람들에게 옷을 나눠주는 자선 단체에 전화를 해 상태가 괜찮은 옷들을 수거해 가도록 했는가? 아니면 그 옷들이 필요할 친구나 주변 사람들에게 그 옷들을 가져갈 의사가 있는지 물어보기라도 했는가?(자기 애들이 성장기에 있을 때 수천 달러 상당의 헌옷을 받아 입히고, 애들이 컸을 때 다시 그 옷들을 다른 집 애들에게 물려준 한 부부를 나는 알고 있다.) 그것도 아니면 그 옷들을 큰 비닐봉지에 넣어 그냥 쓰레기통에 버렸는가? 게으름 탓에 다른 사람들에게 선행을 베풀지 않는 것은 이기적인 일이다. 나 역시 종종 그런 잘못을 저지르지만, 그건 내가 그것이 잘못이란 걸 미처 깨닫지 못했을 때뿐이란 걸 하나님은 알고 계신다.

랍비 아론 리히텐슈타인Aaron Lichtenstein은 사람들이 얼마나 다른 사람을 배려하지 않는지를 보여주는 또 다른 예를 제시한다. 즉 연극 또는 콘서트 티켓을 갖고 있지만 갈 형편이 못될 때, 그 티켓이 필요할지도 모를 사람을 찾아보지도 않고 그냥 버리는 사람들이 의외로 많다는 것이다. 다른 사람에게 선행을 베푸는 일은 때때로 특별한 생각과 노력을 필요로 한다. 하지만 그것은 정말 가치 있는 일이다!

6일째 금요일

누군가를 속이고 싶은 유혹에 빠질 때

너희 위에 무엇이 있는지를 알라. 보는 눈과 듣는 귀가 있다.
— 아버지의 윤리 2:1

하시디즘(아주 엄격한 유대교의 한 형태)의 창시자인 랍비 이스라엘 바알 셈 토브Baal Shem Tov(약 1700-1760년)는 언젠가 마차를 타고 이웃 마을에 가기 위해 마부를 고용했다. 두 사람은 출발한 지 얼마 안돼 싱싱한 야채로 가득한 밭을 지나게 되었다. 랍비 바알 셈 토브가 누구인지 몰랐던 마부가 마차를 세우고 랍비 바알 셈 토브를 돌아보며 말했다. "내가 저 밭에서 싱싱한 야채를 가져올 테니, 망을 봐주시오. 그러다 누군가 이리 오면 날 불러요."

마부가 밭에 들어가 야채를 뽑으려고 몸을 구부렸을 때 바알 셈 토브가 외쳤다. "우리를 지켜보고 있소! 우리를 보고 있단 말이오!"

놀란 마부는 되돌아와 급히 마차를 몰았다. 그러다 잠시 후 뒤를 돌아본 마부는 뒤에 아무도 없다는 걸 알게 되었다.

화가 난 마부가 바알 셈 토브에게 큰 소리로 따졌다. "아무도 우리를 보고 있지 않았는데, 왜 그렇게 소리를 질렀소?"

이에 바알 셈 토브는 하늘을 가리키며 말했다. "하나님이 보고 있었다오. 하나님은 언제나 우리를 지켜보고 있다오."

7일째 안식일

한 주를 돌아보며 편히 쉬는 하루가 되기를.

8일째 일요일

진실한 마음으로 기꺼이 베풀라

나와 내 가족이 살고 있는 뉴욕 시는 걸인들로 넘쳐나는데, 사람들은 흔히 그들의 존재를 완전히 무시하거나 그들 손에 무심히 동전을 쥐여 주고는 가던 길을 재촉하곤 한다. 어느 날 내 아내가 딸아이 나오미와 함께 브로드웨이를 향해 걸어가고 있을 때의 일이다. 당시 일곱 살이던 나오미가 아내를 불러 세우곤 말했다. "엄마, 엄마는 제대로 선행을 베풀지 않았어요."

아내 드보라가 나오미에게 되물었다. "그럼 엄마가 어떻게 했어야 했니?" 아내의 반문에 나오미는 유대 학교에서 배운 가르침을 되뇌었다. "엄마는 그 사람 얼굴을 보고 '하나님의 축복이 당신과 함께 하길.'이라고 말하지 않았잖아요. 자선을 베풀 땐 진심에서 우러나는 마음으로 베풀어야 해요."

나오미의 말에 아내는 곧바로 걸인에게 다시 가 1달러를 쥐여 주며 그의 눈을 보면서 말했다. "하나님의 축복이 당신과 함께 하길 바랍니다." 후에 아내는 내게 이렇게 말했다. "그의 눈을 보았을 땐 걸인이 아닌 한 명의 인간이 보였어요."

나오미의 말은 비단 그 애와 그 애 선생님의 따뜻한 마음만 반영한 것이 아니라, 자선을 베푸는 사람의 올바른 태도에 대한 유대주의의 관점을 대변한 것이기도 했다. 유대 율법은 가시 돋친 말을 하며 자선을 하는 사람을 혐오하고, 친절하고 상냥한 태도로 자선을 베푸는 사람을 극찬한다. 12세기 때 모세 마이모니데스(유대인들에겐 '람밤Rambam'으로 더 잘 알려져 있음)는 자신의 유대 율법서 《미슈네 토라Mishneh Torah》에서 다음과 같이 썼다.

> 가난한 사람에게 무례하게 또는 깔보는 눈빛으로 자선을 하는 사람은 설령 천 개의 금괴를 자선한다 하더라도 자선의 모든 가치를 잃게 된다. 자선을 베풀 땐 상대의 어려움에 공감하고 행운을 빌어주며 기쁜 마음으로 베풀어야 하며…… 상대에게 위로와 공감의 말을 건네야 하고…….
>
> — 모세 마이모니데스, 미슈네 토라, '가난한 사람을 돕는 것에 관한 율법' 10:4

줄 것이 아무것도 없을 때조차도 가난한 사람에게 최소한 용기를 주는 친절한 말을 건네야 한다고 마이모니데스는 덧붙인다(예를 들면, "당신의 상황이 호전되기를 바랍니다." 식의 말을 건네면서).

물론 돈은 자선에서 아주 중요한 부분이지만, 그것만이 유일하게 중요한 것은 아니다. 안네 프랑크는 1944년 3월에 쓴 일기에서 약 800년 전에 마이모니데스가 한 말을 우리에게 다시 한 번 상기시켜준다. "베풀어야 한다. …… 우리는 항상 무언가를 베풀 수 있다. 설령 그것이 상냥함뿐이더라도……. 《안네의 일기 The Diary of Young Girl》"

9일째 월요일
"배가 고파요"라는 말을 들을 때

결코 유쾌하지 않은 미국 대도시 생활의 단면 중 하나는 행인에게 돈을 구걸하는 걸인들이 아주 많다는 점이다. 어느 날 나는 아내와 함께 맨해튼으로 가기 위해 지하철을 이용했는데, 가는 도중 너무도 많은 걸인들이 구걸을 해와 나도 모르게 입에서 "차라리 택시를 타는 게 더 싸게 쳤겠군."이라는 말이 나왔다.

자선 기금을 나눠주는 담당자들에게 일정 기준을 제시하는 탈무드의 다음 지침은 걸인이 다가올 때 어떻게 해야 하는지에 대한 유용한 지침이 된다. "'제게 옷 좀 주세요.'라고 말하는 사람은 조사를 해보아야 한다. 거짓말을 하는 것일 수도 있기 때문이다. 하지만 '먹을 것 좀 주세요.'라고 말하는 사람은 조사를 해선 안된다. [조사를 하는 동안 굶어 죽을 수도 있기 때문에, 즉시 먹을 것을 주어야 한다.] (바바 바스라 Bava Bathra 9a)"

나의 어머니 헬렌 텔루슈킨은 "배가 고파요."라고 말하는 걸인에겐 늘 즉각 자선을 베푸셨다. 어머니는 당신이 직접 굶주림의 극심한 고통을 경험해보았기 때문에, 먹을 것을 달라고 애원하는 사람은 절대 그냥 지나칠 수 없었다고 했다.

하지만 걸인이 진실을 말하는지 알 길이 없다면? 실제로 걸인의 말이 거짓일 수도 있다. 당신에게서 받은 돈을 마약이나 술을 사는 데 쓸 수도 있는 것이다.

구걸을 하는 사람이 진실을 말하는지 확신할 수 있는 경우는 드물다. 그래서 우리는 산츠Sanz 왕조의 하시디즘 랍비인 차임Chaim(1786년 사망)의 다소 과장된 다음 말을 지침으로 받아들일 필요가 있다. "자선의 장점은 너무도 큰 것이어서, 난 100명의 걸인 중 단 한 명만 실제 도움을 필요로 하는 걸인이라 해도 그들 모두에게 기꺼이 자선을 베푼다. 하지만 어떤 사람들은 100명의 걸인 중 단 한 명이 진짜 걸인이 아닐 수도 있다는 것을 구실삼아 자선을 하지 않아도 되는 것처럼 행동한다."

10일째 화요일

자식을 편애하지 말라

야곱에겐 12명의 아들이 있었는데, 그는 그들을 똑같이 사랑하지 않았다. 가장 사랑한 아내 라헬의 장남인 요셉을 가장 사랑했던 것이다. 라헬이 베냐민을 낳다 죽자, 라헬에 대한 야곱의 사랑이 그대로 요셉에게로 옮겨갔다.

야곱은 요셉에 대한 편애를 숨기려는 어떤 노력도 하지 않았다. 아들들에게 옷을 맞춰 줄 때도 요셉에겐 다른 아들들의 옷보다 훨씬 더 아름답고 화려한 비단 옷을 맞춰 주었고, 육체 노동을 시키기 위해 다른 아들들을 밖으로 내보낼 때도 요셉은 자기 곁에 남겨 두었다.

이처럼 노골적인 편애의 결과는 어땠을까? 성경은 다음과 같이 말하고 있다. "그의 형들이 아버지가 형들보다 그를 더 사랑함을 보고 그를 미워하여 인사말조차 하지 않았더라(창세기 37:4)." 요셉의 형제들은 때를 기다리다 기회가 오자, 요셉을 이집트로 가는 노예 상인에게 팔아넘겼다.

탈무드의 랍비들은 창세기 37장을 보고 다음과 같은 분명한 윤리적 견해를 피력했다. "부모는 절대 자식들 가운데 한 자식에게 특별 대우를 하지 말아야 한다. 왜냐하면 야곱이 평소 다른 자식들 비단보다 동전 두 닢 가치는 더 나가는 비단을 요셉에게 주었기 때문에, 요셉의 형제들은 요셉을 시기하게 되었고, 그것이 또 다른 화를 불러 결국 우리 조상들이 이집트에서 종살이를 하게 되었기 때문이다(바빌로니아 탈무드, 샤밧Shabbat 10b)."

당신도 야곱처럼 마음속으로 한 자식을 더 좋아할 수는 있다. 하지만 설령 그렇더라도 야곱처럼 행동해선 안된다. 당신의 그런 감정은 마음속에만 담아두어야 한다. 한 자식에 대한 당신의 편애를 털어놓고 싶다면, 당신 배우자나 아주 가까운 친구 또는 성직자나 심리 치료사에게 털어놓으라. 절대 당신의 그런 감정을 자녀들이 알게 해선 안되며, 자녀들을 차별 대우해서도 안된다(예를 들면, 한 아이의 단점은 지나치게 비난하면서, 다른 아이의 비슷한 단점에는 관대한 모습을 보이는 등).

부모는 자식들로 하여금 자신이 다른 형제자매와 똑같이 사랑받고 평가받는다는 생각을 갖게 해줄 도덕적인 의무가 있다. 랍비 어윈 쿨라는 다음과 같은 견해를 피력한다. "공평하게 사랑한다는 것이 완전히 똑같은 방식으로 사랑한다는 걸 뜻하진 않는다. 실제로 자녀들로 하여금 공평한 사랑을 받고 있다고 느끼게 하려면, 자녀들을 서로 다르게 사랑하는 법을 알아야 한다. 자녀들을 공평하게 사랑하는 것은 자녀들을 각자의 개성에 맞는 방식으로 사랑하는 것이다(134일째 '개성에 따라 자녀를 교육하라' 참조)." 자식들을 차별적으로 사랑하는 부모는 상대적으로 사랑을 적게 받는 자식에게 평생 지울 수 없는 상처를 줄 수 있다. 한 자식이 세상으로 나가면서 자기 부모조차 다른 형제자매보다 자신을 덜 사랑한다는 느낌을 갖는 것만큼 불행한 일이 또 있을까?

우리는 요셉 이야기를 통해 부모가 특정 자식을 편애할 경우 형제자매 간의 우애 또한 위태로워진다는 사실을 새삼 깨닫게 된다. 당신 자식들이 서로 사랑하고 서로의 존재를 고마워하며 성장하려면, 야곱의 아들들처럼 부모의 제한된 사랑을 받으려고 서로 경쟁하게 해선 안된다.

만일 성경이 "요셉은 노년에 얻은 아들이므로 야곱이 여러 아들들보다 그를 더 사랑해 그를 위하여 채색옷을 지었더라(창세기 37:3)."라고 전하지 않고 "야곱은 그의 모든 아들들을 똑같이 사랑했더라."라고 전했다면, 야곱의 가족은 얼마나 더 행복했을까?

11일째 수요일

당신 가족이 당신을 두려워하게 만들지 말라

> 랍비 주다가 라브의 이름으로 말했다. "만일 가장이 가정을 공포에 떨게 한다면, 그는 결국 부정不貞의 죄, 유혈의 죄, 안식일의 신성함을 모독하는 죄라는 세 가지 죄를 짓는 것이다."
>
> ― 바빌로니아 탈무드, 기틴Gittin 6b

난폭한 성격의 가장은 자녀나 배우자에게 신체적 또는 언어적 폭력을 가한다. 그런 행위는 그 자체로도 악이지만, 위의 탈무드 구절이 암시하듯 또 다른 악을 야기하기도 한다. 다니엘 타우브Daniel Taub는 부모가 자신의 우월한 육체적 힘에 의존해 자녀를 다스리는 것은 수명이 짧은 전략이라는 점을 지적한다. 결국에는 아이가 부모보다 힘이 더 세질 것이고, 부모에 대한 존경심과 두려움도 사라질 것이기 때문이다.

자제력을 잃은 부모의 분노는 최소한 두 가지 방식으로 유혈 사태를 야기할 수 있다. 아이보다 훨씬 더 크고 힘이 센 부모가 아이를 구타해 죽음으로까지 몰고 갈 수도 있다. 신문에선 가끔 그런 사건들이 보도되는데, 미국에서만도 매년 부모에게 구타당해 죽는 아이들 수가 수백 명에 이른다고 한다. 뿐만 아니라 부모에 대한 공포심이 아이를 자살하게 만들 수도 있다(135일째 참조).

그런데 부모의 고약한 성질과 안식일의 신성함을 모독하는 것 사이에는 대체 무슨 관계가 있는 것일까?

유대 율법에는 엄격한 안식일 계율들이 있다. 예를 들면 토라는 안식일에 불을 지피는 것을 금하고 있다. 그런데 안식일 이전에 식사가 준비되지 않아 남편이나 아버지가 격노할 것을 두려워한 아내나 자녀가 안식일 이후에도 불을 사용해 요리를 하려는 유혹에 빠질 수 있다.

탈무드는 랍비 하니나 벤 감리엘Hanina ben Gamliel과 관련된 한 일화를 들려주고 있다. 주인의 고약한 성격을 잘 아는 하인이 유대 율법에 어긋나는 음식을 내놓은 것이다. 고기를 먹으면 안된다는 사실을 알리는 게 두려웠던 하인이 주인에게 유대 율법에 어긋나게 고기를 내놓았던 것이다. 이 이야기에서 탈무드는 성미가 고약한 랍비가 아니라 하인을 동정하는 듯하다(바빌로니아 탈무드, 기틴 7a).

비슷한 맥락으로, 부모가 아이에게 학교 성적에 대한 과도한 스트레스를 주면, 아이가 시험에서 부정행위를 저지를 수도 있다. 즉 아이가 부모에게 나쁜 성적을 보이는 게 두려운 나머지 부정행위를 선택할 수도 있는 것이다. 마찬가지로 부모가 뭔가 잘못한 아이에게 지나치게 화를 내면, 아이를 거짓말쟁이로 만들 수도 있다. 많은 아이들이 진실을 말함으로써 치러야 하는 대가가 엄청나다는 걸 과거의 고통스런 경험을 통해 잘 알고 있기 때문에, 거짓말을 일삼곤 한다(부모가 자녀에게 거짓말을 함으로써 야기되는 폐해에 대해선 298일째 참조).

끝으로 가정을 공포에 떨게 하는 가장과 부정 사이엔 어떤 관련이 있을까? 유대 율법은 아내의 생리 기간과 생리 후 7일간 부부 간의 성적인 접촉을 금한다. 그런데 남편의 포악한 성격을 두려워하는 아내는 성관계를 갖지 못하는 기간이라는 것을 솔직히 말하는 게 두려운 나머지 금지된 기간에 성관계를 가질 수 있다. 뿐만 아니라 남편에게 주눅이 들고 남편의 사랑을 받지 못하는 아내는 다른 남자와의 사랑을 꿈꿀 수도 있다. 유대 율법은 간음을 엄격하게 금하고 있지만, 이런 경우엔 간음죄를 범한 아내보다 가정을 공포에 떨게 한 남편에게 더 큰 책임을 묻는다.

탈무드는 남성만이 배우자에게 그런 공포심을 조장할 수 있는 것으로 여기는 경향이 있지만, 오늘날엔 남편 기를 꺾고 심지어 남편을 집 밖으로 내몰기까지 하는 아내의 학대도 종종 목격된다. 언어 폭력 또한 가정을 공포 속에 몰아넣을 수 있다. 이 말이 믿어지지 않는다면, 그런 가정에서 자란 사람들에게 물어보라.

만일 당신 자신이 분노 조절에 문제가 있다는 것을 안다면, 전문적인 도움을 구해야 할 도덕적 의무가 있다. 탈무드의 가르침이 명확하게 규정하듯, 당신은 배우자나 자녀뿐 아니라 하나님에게도 죄를 범하고 있는 것이기 때문이다.

12일째 목요일

정치적 피난처를 구하는 사람에겐 도움을 주어라

우주 만물을 창조하고 통치하는 건 오직 하나님뿐이므로 하나님 외의 모든 우상 숭배는 금지한다는 토라의 혁신적인 주장은 결코 변한 적이 없다. 하지만 사회적 또는 윤리적 쟁점에 대한 토라의 접근 방식은 종종 점진적으로 진화하는 모습을 보였다. 예를 들어 일부다처제와 관련된 토라의 모든 이야기가 일부다처제를 불행한 일로 묘사하고 있지만, 토라는 어쨌든 계율로선 일부다처제를 허용했다(신명기 21:15 참조). 아마 그런 이야기들에 영향을 받아 훗날 유대 율법이 일부다처제를 금지한 것으로 보인다.

비슷한 맥락으로, 노예 제도가 보편적으로 시행되고 있을 때, 토라는 노예 제도를 금하진 않았지만 제한했다. 예를 들어, 고대 이스라엘과 같은 시기의 다른 문화권들이나 19세기 미국 남부 사회와는 달리, 토라는 노예를 구타해 죽인 주인은 처형하고(출애굽기 21:20) 노예의 이를 부러뜨리거나 노예의 눈을 때려 실명에 이르게 한 주인은 그 노예를 풀어주어야 한다(출애굽기 21:26-27)는 규범을 정해놓았다.

노예와 관련된 토라의 가장 의미심장한 규범은 도망나온 노예는 다시 주인에게 돌려보내선 안된다는 것이다. "종이 그의 주인을 피하여 네게로 도망하거든 너는 그의 주인에게 돌려주지 말고, 그가 네 성읍 중에서 원하는 곳을 택하는 대로 너와 함께 네 가운데에 거주하게 하고 그를 압제하지 말지니라(신명기 23:15-16)."

오늘날 노예 제도는 거의 모든 국가에서 법으로 금하고 있다. 하지만 종종 그런 법을 어기는 사람이 지키는 사람보다 더 존중받기도 한다. 아직 노예 제도가 시행되고 있는 사회도 있고, 젊은 여성들을 성적 노리개로 팔아넘기는 나라도 있으며, 독재주의 국가 또는 전제주의 국가에선 인간을 단순한 국가 재산으로 여기기도 한다. 토라의 율법은 탈출에 성공한 노예에게 은신처를 제공하는 것을 의무화한다. 따라서 토라의 율법에 따르면, 우리는 그런 사람들을 다시 예전의 노예

상태로 돌아가게 해선 안되며, 또 그들이 원하는 곳에서 거주할 수 있도록 해야 하고, 그들이 잘못되지 않도록 각별한 주의를 기울여야 한다. 토라는 노예 상태나 감금 상태에서 탈출한 사람은 이미 충분한 고통을 받았다고 봤던 것이다.

이스라엘 민족을 노예로 삼은 벌로 하나님이 이집트인들에게 내린 10가지 재앙을 상술하는 과정에서, 출애굽기는 성경의 이상적인 바람은 인간이 자유를 누리며 사는 것이란 점을 분명히 하고 있다. 탈출한 노예가 자유의 몸이 되도록 도움을 주어야 한다는 것을 613개의 계율 중 하나로 성문화했다는 것도 그 좋은 증거일 것이다.

13일째 금요일
자녀를 축복하라

안식일 양초가 점화된 후 또는 안식일 식사를 하기 직전에 식탁에서 자녀를 축복하는 것이 유대인 부모(특히 아버지)의 전통적인 관례이다. 아버지나 어머니가 또는 두 사람 모두가 아이의 이마에 입을 맞춘 뒤 손으로 아이를 잡고, 아들에겐 "하나님, 저희 아들이 에브라임과 므낫세(할아버지 야곱에게 축복받은 요셉의 두 아들, 창세기 48:20 참조) 같이 되도록 하소서."라고 낭송하고, 딸에겐 "하나님, 저희 딸이 사라와 리브가, 라헬, 레아(네 명의 유대 민족 여성 리더) 같이 되도록 하소서."라고 낭송한다. 아들딸들을 위한 부모의 축복 기도가 끝나면, 다음과 같은 성직자의 기도가 이어진다. "여호와는 네게 복을 주시고 너를 지키시길 원하며, 여호와는 그 얼굴을 네게 비추사 은혜 베푸시기를 원하노라(민수기 6:24-26)⁵. 축복 기도를 낭송한 후 많은 부모들이 각 자녀에게 특별한 메시지를 추가로 전한다. 내가 아는 한 아버지는 아이들이 전 주에 한 일 가운데 특히 자랑스럽게 생각하는 일을 각 아이에게 상기시켜 주는 걸 좋아한다고 했다. 그리고 또 다른 아버지는 아이들을 위해 다음과 같은 축도를 덧붙인다고 했다. "하나님이 항상 네 곁에 머무시길 바란다. 그리고 네가 엄마와 아빠에게 기쁨을 가져다 주었듯, 언젠간 너도 네게 기쁨을 가져다 줄 아이들과 함께 멋진 안식일들을 즐길 수 있길 바란다."

이스라엘 사페드에 있는 어느 자그마한 시나고그에서 나이 지긋한 한 북아프리카계 유대인 아버지가 위의 기도문을 낭송하는 걸 지켜본 미국 개혁파 랍비 허버트 비너Herbert Wiener는 그 모습에 감동 받아 다음과 같이 적었다. "자녀들에게 안락한 미래는 마련해 주었지만, 자녀들에게 축복밖에 해줄 게 없는 저 연로한 북아프리카계 유대인 아버지가 자녀들로부터 받게 될 경의와 존경은 결코 받지 못할, 교외 부촌에 사는 성공한 아버지들 생각이 절로 나더군요."

부모는 또한 유대의 주요 성일聖日 이전에도 자녀를 축복해야 한다. 내가 뉴욕에서 로스앤젤레스로 이사한 지 얼마 안되었던 20대 후반 때의 일로 기억한다. 어느 속죄일 전날 나는 뉴욕과 로스앤젤레스 간

---

5 딸들을 위한 축복 기도엔 여성 리더들 이름이 언급되지만, 아들들을 위한 축복 기도엔 남성 리더들이 언급되지 않고 에브라임과 므낫세가 언급되는데, 그 이유에 대해 랍비 솔로모는 이렇게 말했다. "토라에 등장하는 대부분의 형제들이(카인과 아벨, 야곱과 에서, 요셉과 그의 형제들)이 사이가 좋지 못했던데 반해, 에브라임과 므낫세는 우애가 돈독했기 때문이다. 따라서 아들들이 에브라임과 므낫세 같이 되게 해달라는 기도는 아들들이 서로 우애 깊게 지내길 바라는 부모의 마음을 표현하는 것이기도 하다(124일째 '우리는 형제자매에게 무엇을 빚지고 있을까?' 참조)."

의 시차로 인해(뉴욕이 로스앤젤레스 보다 3시간 빠름) 집에 너무 늦게 도착했고, 그래서 속죄일이 시작되기 전 부모님을 뵐 수 없게 되어 낙심해 있었다. 그런데 로스앤젤레스의 내 아파트로 되돌아왔을 때, 나는 부모님이 자동응답기에 남기신 메시지(아버지는 나를 위해 아들들을 위한 축복 기도를 남기는 것도 잊지 않으셨다.)를 듣고 다시 행복감에 젖어들 수 있었다.⁶

매주 아이들에게 축복 메시지를 전하는 것을 습관화한 부모들 가운데 예기치 않은 보상을 받았다고 전하는 부모들이 종종 있다. 나는 부모의 축복에 자녀들이 회답하는 몇몇 가정도 알고 있다.

몇 해 전 한 여성이 내게 들려준 이야기이다. 그 여성 가족이 이같은 축복 의식을 행하는 걸 지켜본 이웃들이 방금 그녀 남편이 딸에게 어떤 선물을 약속했냐고 물었다고 한다. 이웃들은 그녀 남편이 딸에게 무슨 말인가를 속삭인 뒤 그 어린 여자애 얼굴이 환해지는 걸 보고, 아빠가 딸에게 무슨 선물이라도 해 주기로 약속한 걸로 알았던 것이다.

몇몇 중요한 유대 의식은 시간도 걸리고 행하기도 어렵지만, 자녀를 축복하는 일은 누구나 쉽고 즐거운 마음으로 할 수 있다.

14일째 안식일

한 주를 돌아보며 편히 쉬는 하루가 되기를.

---

6 요즘 나는 안식일에 집을 떠나 있을 경우, 전화로 각 아이에게 축복 메시지를 전하곤 한다. 물론 집에 있을 때는 나 역시 아이들 이마에 입 맞춘 뒤 축복 기도를 올리곤 한다. 아내 말에 따르면, 내가 집을 비운 어느 안식일 전날, 당시 6살이던 딸아이 쉬라가 내가 전화로 축복 기도를 암송하는 걸 듣고 무심코 수화기를 자기 이마에 갖다 댔다고 한다.

Week 3

15일째 일요일

단 한순간도 낭비하지 말라

예시바 대학에서 공부하던 시절 내가 배운 가장 소중한 인생 교훈 중 하나는 '비툴 토라bittul Torah(직역하면 '토라의 낭비'라는 뜻임)'라는 개념이다. 이 말은 우리가 토라 공부로 시간을 더 잘 활용할 수 있음에도 불구하고 그냥 시간을 낭비하고 있다는 뜻이다. 유대 전통은 토라 공부를 가장 경건하고 가치 있는 일로 여기기 때문에, 불필요한 일에 시간을 낭비하는 것을 잘못된 일 또는 심지어 죄를 짓는 일로 간주한다.

나는 스무 살 때 예시바 케렘 브야브네Yeshiva Kerem B'Yavneh에서 1년을 보냈는데, 그곳의 다른 학생들을 본보기로 삼으면서 비툴 토라 개념을 아주 진지하게 받아들이게 되었다. 언제부턴가 나는 늘 노트를 들고 다니며 내가 하는 모든 일(심지어 친구들과 잡담하는 것을 비롯해)의 시간을 기록하고 있었다. 그러던 어느 날 나는 기도한 시간과 먹고 잔 시간, 친구들과 쉰 시간 등을 빼고도 10시간 45분이나 공부했다는 걸 알고 아주 뿌듯해했다.

지금 위의 글을 읽어보니, 어쩌면 일부 독자들은 그런 내 행동을 강박적이라고 여길 지도 모르겠다는 생각이 든다. 하지만 나는 예시바 케렘 브야브네에서 보낸 한 해를 더없이 편하고 행복한 시간으로 여길 뿐 아니라, 내게 그 이상의 것을 준 시간으로 여기기도 한다. 그곳에서 나는 5분이나 10분은 말할 것도 없고 단 한순간도 중요하지 않은 시간이 없다는 걸 배웠기 때문이다.

몇 분간의 자투리 시간이 생기면 그 시간을 어떻게 죽일까 고민하는 사람들이 많다. 그들은 텔레비전을 켜거나 그냥 가만히 앉아 아무것도 하지 않는다. 하지만 우리가 시간을 죽이는 것이 아니라, 시간이 우리를 죽이는 것이다. 5분이란 시간은 책을 집어들고 몇 페이지를 읽거나 마음속으로 어떤 개념이 뜻하는 바를 숙고해보기에 충분한 시간이다.

예시바 대학의 랍비 총장이 한번은 '5분 공부'란 특별한 모임을 만든 적이 있는데, 먼 곳에 사는 학생들까지 아주 짧은 그 모임을 위해 학교에 다시 와야 했다. 그 모임이 시작되기 전 총장은 다음과 같이 설명했다. "5분 안에도 무언가를 성취할 수 있다는 걸 여러분이 배울 수 있길 바랍니다."

우리 가족은 여러 해 동안 독실한 유대인 치과의사인 요셉 아들러 박사Dr. Jeseph Adler에게 치아 치료를 받고 있는데, 그는 한 환자를 진료하고 다른 환자를 진료하기까지의 막간을 이용해 자기 사무실에서 몇 분간 탈무드를 공부한다. 그렇게 자투리 시간을 이용해 그는 보통 하루에 탈무드 한 장 정도를 공부한다. 그렇게 해서 7년 반마다 탈무드 전체를 독파하는 것이다.

나의 기존 독자들은 내가 시간 활용을 특별히 강조하는 것에 익숙하겠지만, 새로운 독자들은 그렇지 않을 것이다. 나는 그들이 이 책을 읽고 시간 활용에 특별한 주의를 기울이게 되길 바란다. 나는 내 인생에서 비교적 이른 시기인 스무 살 때 케렘 브야브네에서 이 소중한 교훈을 배울 수 있었다는 것에 감사한다.

지금 이 순간부터 당신 인생에서 낭비될 수도 있는 시간들을 의미 있는 일로 채우는 데 각별한 노력을 기울이기 바란다.

제2차 세계대전을 그린 허먼 오크Herman Wouk의 소설 《케인호의 반란The Caine Mutiny》[7]에서 주인공 윌리Willie는 해군 복무 시절 암에 걸려 곧 죽음을 맞게 된 아버지로부터 편지 한 통을 받게 된다. 그는 자신의 삶을 돌아보며, 젊은 시절의 기대에 훨씬 못 미치는 성취를 이룬 걸 안타까워하며 아들에게 조언한다. "아들아, 이것만은 기억하기 바란다. 이 세상에서 시간보다 더 중요한 것은 없다. 네게 계속 시간이 주어질 거라 느낄지 모르지만, 사실은 그렇지 않다. 시간을 낭비하면 인생 황혼기는 물론 인생 여명기에도 네 삶이 파멸에 이를 수 있다. 단지 인생 황혼기에 더 분명하게 드러날 뿐이지."

---

[7] 허먼 오크는 이 소설로 풀리처상을 받았다.

16일째 월요일

나쁜 이웃을 멀리하라

나쁜 이웃을 멀리하라.
— 아버지의 윤리 1:7

아브라함의 조카 롯Lot은 여러 해 동안 아브라함 가까이에 살았다. 그러다 그 후 그는 성경이 악의 전형으로 여기는 도시 소돔Sodom으로 이사했다. 롯은 결코 소돔 사람들처럼 사악해지진 않았지만, 최소한 그들의 사악함에 물들긴 한 것으로 보인다. 왜냐하면 소돔 사람들이 롯에게 그의 집에 온 방문객들을 강간하겠다며 넘겨줄 것을 요구하자, 롯은 이를 거부하고 냉혹하게도 대신 자기 두 딸을 강간하라며 넘겨준 일이 있기 때문이다(창세기 19:4-8). 하나님이 마침내 소돔을 멸하실 때 롯은 살려주셨는데, 그것은 아마 그가 그만큼 도덕적이었기 때문이라기보다 아브라함의 조카였기 때문이리라.

유대주의에서는 이웃이나 친구의 영향력을 매우 강력한 것으로 본다. 또 다른 성경 이야기를 예로 들어보자. 레위Levi 사람인 고라Korach는 모세를 타도하기 위해 르우벤Reuven 사람들 250명과 힘을 합쳤다. 꽤 많은 성경 주석가들이 어떻게 고라와 르우벤 사람들이 힘을 합쳤는지에 대해 이런저런 의견을 내놓았는데, 11세기 최고의 성경 주석가인 라쉬Rashi는 이스라엘인들이 사막을 건널 때 고라와 그 가족이 르우벤 사람들과 함께 살았다고 설명한다(민수기 16:1에 대한 라쉬의 주석). 우리가 알고 있는 사실들을 토대로 생각해보면, 정황상 강력한 선동자였던 고라가 자기 이웃들을 반란에 끌어들인 것으로 보인다. 그 후 곧바로 하나님은 고라와 250명의 반역자들을 죽음에 이르게 하셨다. 《미슈나Mishna》는 그 일을 이렇게 기록하고 있다. "그 사악한 자는 저주를 받았고, 그의 이웃들도 저주를 받았다(네가임Nega'im 12:6)."

부모는 계속해서 자녀와 관련된 중요한 결정을 해야 한다. 그 결정들 가운데 자녀를 어떤 이웃들 속에, 또 어떤 학교에서 자라게 할 것인지를 선택하는 것보다 더 중요한 결정은 없을 것이다. 물론 아이들은 부모의 영향을 많이 받는다. 하지만 십대가 되면(또는 더 어린 나이에도) 아이들은 친구들에게서 더 많은 영향을 받는다. 만일 자녀가 어떤 사람으로 성장했으면 좋겠다는 바람이 있다면, 먼저 그 아이가 어떤 부류의 사람들에게 노출되어 있는지를 세심히 살필 필요가 있다.[8]

일반적으로 좋은 이웃보다 나쁜 이웃이 더 큰 영향력을 발휘하는 경향이 있다. 그 예로 청소년들은 좋은 친구의 영향으로 마약을 끊기보다 나쁜 친구의 영향으로 마약에 빠져들기가 더 쉽다. 물론 이 예는 성인에게도 똑같이 적용된다. 롯이 소돔 사람들에게 도덕적으로 긍정적인 영향을 주지 못한 것으로 보이는 반면, 소돔 사람들은 롯에게 부정적인 영향을 준 것으로 보이는 것도 같은 맥락인 것이다.

나쁜 이웃을 멀리하라. 그리고 보다 중요한 것은 당신 자녀가 나쁜 친구를 멀리할 수 있도록 만전을 기하는 것이다.[9]

---

8 자녀가 다닐 학교를 정할 때 단지 그 학교의 등급만 보지 말고, 직접 몇몇 수업을 참관해 그 학교가 아이들의 어떤 점을 개발시키는 데 중점을 두는지도 파악하라고 나의 한 친구는 조언한다.
9 암셀Amsel이 쓴 《도덕적인 문제에 관한 유대 백과사전The Jewish Encyclopedia of Moral and Ethical Issues》의 214-218 페이지에서 '친구의 영향'이란 주제에 관한 통찰력 있는 글을 볼 수 있다. 여기서의 몇 가지 사례도 그 책에서 인용한 것이다.

17일째 화요일

배우자를 고를 때 가장 먼저 고려해야 할 점

> 어렸을 땐 똑똑한 사람을 존경했지만, 나이가 든 지금은 친절한 사람을 존경한다.
>
> — 랍비 밀턴 스타인버그 Milton Steinberg

성경은 아브라함이 신뢰한 하인 엘리에제르를 유대 역사상 첫 중매쟁이로 묘사한다. 아브라함이 자신의 아들 이삭의 신붓감을 찾기 위해 엘리에제르를 보낼 때, 그는 자신의 믿음직한 그 하인에게 단 한 가지 조건을 제시한다. 즉 신붓감은 먼 곳에 있는 아브라함 자신의 고향에서 찾아야 한다는 것이었다.

이에 엘리에제르는 10마리의 낙타와 함께 여행을 떠났다. 며칠 후 목적지인 나홀Nahor의 성에 도착하기 직전, 엘리에제르는 낙타를 쉬게 하기 위해 성 밖 한 우물에 들렀는데, 그때가 나홀 여성들이 물을 길러 우물에 나올 즈음이었다. 엘리에제르는 이삭에게 적합한 신붓감을 선택할 수 있게 도와달라고 하나님께 기도한다. "내가 우물 곁에 서 있다가 한 소녀에게 이르기를 청하건대, 너는 물동이를 기울여 나로 마시게 하라 하리니, 그의 대답이 마시라 내가 당신의 낙타에게도 마시게 하리라 하면, 그는 주께서 주의 종 이삭을 위하여 정하신 자라. 이로 말미암아 주께서 내 주인에게 은혜 베푸심을 내가 알겠나이다(창세기 24:14)." 그의 기도가 끝나자마자 리브가Rebecca가 우물에 도착해 자신의 항아리를 물로 가득 채웠다. 이를 지켜본 엘리에제르가 리브가에게 다가가 목을 축이게 해달라고 부탁하자, 그녀는 그로 하여금 갈증이 해소될 때까지 물을 마시게 해주었다.

그리곤 그녀는 말했다. "제가 이 낙타들에게도 충분히 물을 마실 수 있게 해드리겠습니다." 잠시 후 그녀는 자기 집에서 쉬어가라며 엘리에제르를 집으로 초대한다. 저녁이 다 가기 전, 엘리에제르는 리브가 및 그녀 가족과 의논해 리브가와 이삭의 결혼을 확정짓는다. 이렇게 리브가는 유대 역사상 두 번째 여성 리더가 된다.

이 이야기는 리브가의 몇 가지 훌륭한 면을 보여준다. 그녀는 건강하고 강인할 뿐 아니라(10마리의 낙타에게 물을 먹이려면 상당한 힘이 필요하다.) 활기차고 친절하다. 물론 여기서 그녀의 가장 훌륭한 장점은 친절함이다. 목마른 남자와 동물들을 본 즉시, 그녀는 그 고통을 덜어주려 했을 뿐 아니라 잠잘 곳까지 제공했다.

현대 도시의 삶은 엘리에제르가 이삭의 아내를 구하기 위해 생각해 낸 그런 종류의 테스트엔 적합하지 않지만, 그가 배우자의 최고 덕목으로 친절함을 꼽은 것은 지금도 여전히 유효하다. 하지만 안타깝게도 예나 지금이나 많은 사람들이 인간관계를 시작할 때 친절함 이외의 다른 면에 초점을 맞춘다. 이에 데니스 프레이저는 다음과 같이 제안한다. "이성과 데이트를 할 때 상대가 평소 당신을 어떻게 대하는지 보다는 식당 같은 데서 종업원들을 어떻게 대하는지를 눈여겨보는 게 더 좋다. 이성과의 데이트에선 으레 좋은 인상을 주기 위해 친절히 대하기 마련이다. 그러나 상대가 식당 종업원 등을 어떻게 대하는지를 보면, 후에 상대가 당신을 어떻게 대할 것인지를 미루어 짐작할 수 있다."

엘리에제르는 리브가에게 낯선 사람에 불과했다. 바로 그런 사실 때문에 엘리에제르는 리브가의 친절에 그토록 깊은 감명을 받았던 것이다.

물론 배우자를 고를 때 고려해야 할 다른 중요한 점들도 있다. 그 예로 공유하는 가치나 성적 매력, 화합 가능성, 유머, 지적 능력 등등을 들 수 있을 것이다. 하지만 이 성경 이야기의 가르침처럼, 가장 중요시해야 할 배우자의 특성은 친절함이다. 배우자가 친절하다고 해서 원만한 결혼 생활이 보장되는 건 아니지만, 배우자가 친절하지 않을 경우 원만하지 못한 결혼 생활은 보장된다.

18일째 수요일

아내를 자신처럼 사랑하라

"네 아내를 네 자신처럼 사랑하라."

— 바빌로니아 탈무드, 예바못Yevamot 62b

옛 유대 가르침은 결혼 후 7일 동안 신혼부부의 친인척 및 친구들 중 7명이 자발적으로 번갈아가며 신혼부부를 자기 집에 초대해 축하 식사를 베풀 것을 의무화했다. 우리 부부가 결혼하고 며칠 후 초대받은 그 만찬에서, 우리 친구인 저명한 탈무드 학자 루벤 키멜만 교수가 나와 아내에게 건배를 제의하기 위해 자리에서 일어나 말했다. "왜 탈무드는 '네 이웃을 네 자신처럼 사랑하라.'라는 성경 계율을 구체적으로 배우자에게 적용시키려 했을까요? 이 성경 계율이 분명 당신의 배우자도 이웃에 포함시켰기 때문 아닐까요?"

그는 계속해서 말을 이었다(여러 해 전의 일이라, 그가 한 말을 각색할 수밖에 없다.). "매우 밀접한 인간관계에선 가끔 사랑의 계율을 어떻게 지킬 것인지를 상기시켜주는 특별한 것이 필요합니다. 예를 들면, 사교 모임에서 저는 종종 남자들이 아내 얘기를 스스럼없이 늘어놓는 걸 듣게 되는데, 그들은 계속 함께 일할 동업자에 대해서라면 하지 않을 그런 말을 아내에 대해서라면 거침없이 내뱉죠. 그런데 그런 사람에게 '아내에 대해 왜 그렇게 말씀하시죠?'라고 물으면, 그는 '괜찮아요. 제가 사랑한다는 걸 아내도 알고 있거든요.'라고 대답합니다. 당신이 '아내를 자신처럼 사랑하라.'라는 계율을 실천했는지 여부를 결정하는 건 당신 느낌이 아니라 당신 아내의 느낌이 되어야 합니다. 다시 말해, 사랑으로 아내를 대하고 있다는 당신 느낌이 아니라 당신 사랑을 받고 있다는 당신 아내의 느낌이 중요하다는 거죠."

최근 사람들은 육체적인 가정 폭력에만 관심을 갖지, 평소 사이 좋다는 부부 사이에서도 흔히 일어나는 언어 남용에 대해선 안타깝게도 충분한 관심을 갖지 않는다.

다음에 다른 사람에게 배우자에 대해 비판적인 말을 하고 있는 자신을 발견한다면, 자신에게 다음 두 가지 질문을 던져보라. "내가 왜 아내(또는 남편)의 흠을 잡고 있는가?", "난 '아내를(또는 남편을) 자신처럼 사랑하라.'라는 계율을 제대로 지키고 있는가?"

19일째 목요일

인척들을 존중하라

어느 날 모세가 장인 이드로의 양떼를 몰고 있을 때, 그는 불이 붙었는데도 타지 않는 떨기나무 한 그루를 보게 된다. 그가 이 기이한 광경을 자세히 보려고 떨기나무에 다가가자, 하늘나라 목소리가 그를 불렀다. 그리고 얼마 후 하나님은 모세에게 이집트로 가서 이집트인의 노예로 살고 있는 이스라엘 백성들을 구하라고 명하신다.

하나님이 직접 모세에게 나타나 명령을 내리셨으니 이 얼마나 엄청난 일인가. 하지만 모세는 여호와의 말씀을 즉시 이행하지 않았다. 성경이 기록하듯, 모세는 먼저 장인 이드로에게 돌아가 "내가 애굽에 있는 내 형제들에게로 돌아가, 그들이 아직 살아 있는지 알아보려 하오니 나로 가게 하소서(출애굽기 4:18)."라고 말했다.

그로부터 몇 년 후, 모세가 사막에서 이스라엘 백성을 인도하고 있을 때, 그의 장인 이드로가 모세에게 전갈을 보내 그를 방문하겠다고 했다. 장인 이드로가 도착하자 "모세가 나가서 그 장인을 맞아 절하고 그에게 입 맞추고 그들이 서로 문안하고 함께 장막에 들어가니라(출애굽기 18:7)."

장인의 방문 기간 내내, 모세는 다정했고 정중했으며 장인의 조언과 경험을 기꺼이 배우고자 했다. 성경이 전하는 사례를 들어보자. 이스라엘 백성이 갖가지 분쟁을 해결하기 위해 아침부터 저녁까지 계속 찾아와 모세는 너무 지쳐 파김치가 되곤 했다. 이를 지켜본 이드로는 모세를 책망했다. "모세의 장인이 그에게 이르되 그대의 하는 것이 선하지 못하도다. 그대와 그대와 함께한 백성이 필연 기력이 쇠하리니, 이 일이 그대에게 너무 중함이라. 그대가 혼자 할 수 없으리라(출애굽기 18:17-18)." 모세는 장인의 조언을 받아들여 법적인 체계를 마련했다. 그때부터 모세는 가장 중요한 사건에 대해서만 판결을 의뢰받게 되었다.

오랜 세월에 걸쳐 나는 모세-이드로 모델을 무시하고 인척을 소홀히 대하거나 심지어 경멸하기까지 하는 사람들을 많이 만났다. 내가 아는 한 여성은 계속 시부모 비판을 하며 남편이 그들과 함께 시간 보내는 것을 막으려 한다. 독실한 유대주의자인 그녀는 시부모가 종교적이지 않다는 이유로 시부모에 대한 자신의 경멸을 정당화하려 한다. 하지만 그런 정당화는 전적으로 성경의 정신에 위배된다. 왜냐하면 모세의 장인은 종교적인 유대인이 아니었을 뿐 아니라, 미디언 제사장이기까지 했기 때문이다(출애굽기 3:1). 그럼에도 불구하고 모세는 그에게 진정어린 존경을 표했다.

그런데 배우자의 부모를 존경하고 그들과 상의해야 한다는 유대주의의 윤리적 주장은 모든 배우자의 부모 및 인척들에게 적용될까? 답은 '그렇지 않다.'이다. 배우자의 부모가 악하거나 매사에 걸림돌이 될 경우, 사위나 며느리는 자신을 지키기 위해 그들과 거리를 두어야 한다. 하지만 이는 어디까지나 예외의 경우에 해당된다.

배우자와의 결혼 생활이 더할 나위 없이 좋다면, 배우자 부모가 성가시거나 심지어 밉살스럽기까지 한 성격의 소유자라 하더라도, 당신은 여전히 그들에게 큰 은혜를 입고 있는 것이다. 그들은 당신의 삶에서 가장 중요한 사람인 배우자를 낳아주고 길러주었기 때문이다. 그

한 가지 이유만으로도 우리는 배우자의 부모에게 감사와 존경을 표해야 한다.

20일째 금요일

할 말이 없다면 말하지 말라

19세기에 새로 국회의원이 된 한 사람이 당시 영국 수상 벤자민 디즈레일리Benjamin Disraeli에게 논란 많은 쟁점에 대해 자기 견해를 피력해야 하는지에 대해 조언을 구했다.

이에 디즈레일리가 반문했다. "이미 거론된 것 이외에 하실 말씀이 있습니까?"

"아뇨, 없습니다." 그는 새로운 말은 할게 없다는 걸 인정하며 말을 이었다. "전 그저 저를 지지하는 사람들과 다른 국회의원들이 나 역시 논쟁에 참여했다는 걸 알아주었으면 합니다."

그의 말을 듣고 디즈레일리가 대답했다. "침묵을 지켜 사람들로 하여금 '그가 무슨 생각을 하는지 궁금하군.'이라고 말하게 하는 것이 말을 하고 사람들로 하여금 '그가 왜 그런 말을 했는지 모르겠어.'라고 말하게 하는 것보다 낫습니다."

디즈레일리가 잘 알고 있었듯이, 오로지 자기 존재를 알리기 위한 목적으로 말을 하는 사람들이 있다. 19세기의 유명한 성경 주석가이자 강연자인 랍비 메이어 로엡 벤 예치엘 마이클Meir Loeb ben Yechiel Michael이 언젠가 베를린의 한 설교가가 통찰력도 관점도 전혀 없는 공허한 설교를 장황하게 늘어놓는 걸 들었다. 시간을 낭비한 것에 심기가 불편해진 그는 다음과 같이 말했다(그 설교가의 이름은 언급하지 않았다.). "전도서는 우리에게 '사랑할 때와 미워할 때(3:8)', '울 때와 웃을 때(3:8)' 등등, 20가지의 대조적인 상황들을 제시한다. 그 모든 대조에는 중간 지점이 존재한다. 다시 말해, 우리는 사랑하지도 미워하지도 않는 상태나 울지도 웃지도 않는 상태가 될 수 있는 것이다. 그런데 전도서의 그런 대조 중 하나가 항상 날 의아하게 만들었다. 그것은 바로 '입 다물 때와 말할 때(3:7)'라는 대조인데, 나는 그 중간이 무엇인지 이해할 수 없었다. 하지만 이 설교가의 설교를 들은 지금에서야 비로소 나는 말을 하면서도 아무 말도 하지 못할 수도 있다는 걸 알게 되었다."

이번 주 안식일엔 우리 모두 머릿속에 말할 필요가 있는 말이 있을 때만 말하도록 노력해보자. 그때, 오직 그때만 말을 하도록 하자.

21일째 안식일

한 주를 돌아보며 편히 쉬는 하루가 되기를.

22일째 일요일

분노 조절에 문제가 있다면 ①

네 가지 유형의 기질이 있다. 쉽게 화를 내고 쉽게 진정되는 사람의 경우엔 잃은 것이 얻은 것으로 상쇄된다. 화는 잘 내지 않지만 일단 화를 내면 쉽게 진정되지 않는 사람의 경우엔 얻은 것이 잃은 것으로 상쇄된다. 화도 잘 내지 않고 일단 화를 내더라도 쉽게 진정되는 사람은 성자의 기질을 가진 사람이다. 화도 쉽게 내고 화를 쉽게 진정시키지도 못하는 사람은 사악한 기질의 소유자이다.

— 아버지의 윤리 5:14

앞의 인용문이 분명히 말하고 있듯이, 미슈나(《아버지의 윤리》가 한 권으로 미슈나에 포함됨)는 사람들이 가끔 다른 사람들에게 화나 짜증을 내는 것을 당연한 것으로 여긴다. 실제로 후에 마이모니데스는 자신의 유대 율법서인 《미슈네 토라》에서 짜증을 느끼지 않는 사람은 시체나 다름없어, 사람이 짜증을 느끼지 않는 것은 잘못된 일이라고 주장한다('성격 개발에 대한 계율' 1:4).

그래서 미슈나는 건강한 성격과 그렇지 못한 성격을 구분 짓는다. 우리가 가지려고 노력해야 하는 성격은 미슈나가 가장 좋은 것으로 여기는 화도 잘 내지 않고 일단 화를 내도 쉽게 푸는 성격이다.

그보단 못하지만 그래도 여전히 매력 있는 성격은 쉽게 화를 내고 쉽게 진정되는 성격이다. 쉽게 화를 내는 부정적인 면이 쉽게 평온을 되찾는 긍정적인 면으로 상쇄되기 때문이다.

하지만 나머지 두 가지 성격은 바람직하지 않다. 최악은 아니지만 그래도 여전히 심각한 문제를 안고 있는 성격은 화를 잘 내진 않지만 일단 화가 났다 하면 쉽게 풀리지 않는 성격이다. 화를 잘 내지 않는다는 건 장점이지만, 그 장점이 쉽게 화가 풀리지 않는다는 치명적인 단점으로 그 빛을 잃기 때문이다. 그런 사람들은 단지 몇 안 되는 사람들에게만 화를 낼 수도 있지만, 일단 화를 냈다 하면 좀처럼 그 화를 삭이지 못한다.

끝으로 네 가지 성격 유형 중 최악의 성격은 쉽게 화를 내고 쉽게 진정하지도 못하는 성격이다. 나는 그런 성격을 가진 한 사람을 알고 있다. 그는 매력적이고 정력적이며 이상주의적인 사람이긴 하지만, 내가 아는 한 너무 쉽게 자극을 받을 뿐 아니라, 그 기억을 쉽게 떨쳐버리지도 못하는 성격의 소유자이다. 그는 상대의 사소한 잘못까지 마음에 담아두기 때문에, 상대와 쉽게 화해하려 하지 않는다. 나처럼 오랫동안 그를 알고 지낸 사람들은 그가 현재 이룬 것은 젊은 시절 사람들이 그에게 기대했던 것에 훨씬 못 미친다고 말한다.

그럼 마지막 유형에 속하는 사람이 가장 좋은 유형의 성격, 즉 화를 잘 내지 않을뿐더러 일단 화를 내도 쉽게 풀리는 성격으로 바뀔 가능성은 얼마나 될까? 안타깝게도 짧은 시간에 그렇게 될 가능성은 희박하다. 따라서 그런 사람들은 두 가지 측면의 단점을 조금씩 고쳐나가려 노력해야 한다. 다른 사람들과의 인간관계에서 화를 잘 풀지 못하는 것이 쉽게 화를 내는 것보다 더 해로운 것이므로, 먼저 그런 면부터 고쳐나갈 필요가 있다. 한 가지 방법을 예로 들면, 당신이 평소 친하게 지내던 사람에게 화가 났다면, 그 사람이 예전에 당신이나 다른 사람들에게 했던 좋은 일들을 떠올려보는 것이다. 필요하다면 자리에 앉아 그런 일들을 종이에 적어보자. 당신이 그 사람과 오랫동안 알고 지냈다면, 그런 기억들을 떠올리기란 그리 어렵지 않을 것이다. 아울러 그 사람이 왜 당신을 화나게 하는 언행을 했는지를 설명해주는 긍정적인 시나리오 한두 개를 생각해보기 바란다(24일째 참조). 당신이 "다만 네 이웃을 공평하게 재판하라(레위기 19:15, 25일째 사례 참조)."라는 성경 말씀에 따라 그 사람을 평가한 것이 분명할까?

상대의 과거 선행을 떠올리고 당신을 화나게 한 상대의 언행을 긍정적으로 해석하려 함으로써, 사실 별것도 아닌 문제로 상대와 절교까지 하게 되는 사태를 피할 수 있다. 다른 단점, 즉 쉽게 화를 내는 성격적인 문제와 관련해선 내일의 제안을 실천해보길 권한다.

23일째 월요일

분노 조절에 문제가 있다면 ②

화는 판단을 흐리게 하고, 분노는 완전히 잘못된 판단을 하게 한다. 현명한 사람이 자신의 감정을 조절하지 못 할 경우 자신이 갖고 있는 지혜 또한 제대로 발휘할 수 없다고 탈무드는 가르친다(네다림 Nedarim 22b). 민수기는 그 예가 되는 한 사건을 기록하고 있다. 유대 역사상 가장 위대한 예언자로 인정받는 모세가 이스라엘 백성이 물이 부족하다며 계속 투덜대자 그만 화가 났다. 하나님은 모세에게 큰 바위에게 말을 하라고 명하셨다. 그러면 그 바위에서 물이 흘러나올 거라는 것이었다. 하지만 이스라엘 백성에게 화가 난 모세는 "반역한 너희여 들으라. 우리가 너희를 위하여 이 반석에서 물을 내랴?(민수기 20:10)"라고 외치며 자신의 지팡이로 바위를 두 번 내리쳤다.

사람은 화가 나면 무언가를 치며 극단적이고 어리석은 말을 하는 경향이 있다. 물론 모세가 의도한 바는 아니지만, 그가 '우리'라는 말을 사용한 것은 기적의 주체가 하나님이 아니라 그 자신과 옆에 서 있던 그의 형제 아론임을 암시하는 것이었다. 그의 말은 이스라엘 백성에게 자신과 아론이 하나님이라는 잘못된 믿음을 심어줄 수 있었다. 결국 모세는 자신의 감정을 자제하지 못한 대가를 톡톡히 치러야 했다. 즉 하나님이 그를 약속의 땅으로 들어가지 못하게 하신 것이다.

당신도 모세처럼 화가 나 어떤 말을 해놓고 후에 그걸 후회한 적이 있는가? 그런 적이 없다고 말한다면, 당신은 아마 기억력이 상당히 나쁠 수도 있으리라.

화가 나면 우리는 종종 부적절한 방법으로 우리를 화나게 만든 사람의 성격이나 인격을 공격하곤 한다. 그리고 많은 사람들이 '항상' 또는 '절대' 같이 단정적인 단어들을 사용한다. 예를 들면, "네가 손대면 항상 엉망진창이 돼버려." 또는 "넌 절대 네 자신 외에 다른 사람들은 생각하지 않아." 식으로 말하는 것이다.

그런 비난은 상대를 의기소침하게 만들어, 스스로 무능력자라는 걸 고백하게 하거나 완전히 자기중심적이 되게 해 잘못을 인정하지 못하게 할 뿐이다. 예를 들면 "그래, 맞는 말이야. 난 항상 모든 것을 망쳐놓지." 또는 "그래, 네 말이 맞아. 난 정말 이기적이야. 항상 나한테 유리한 것만 생각하지." 같은 식으로 말하도록 만드는 것이다.

게다가 또 한 가지 중요한 사실은 그런 비난은 사실이 아니기 때문에 비윤리적이라는 것이다. 당신이 이 세상에서 가장 무능하고 이기적인 사람을 알게 된 저주를 받지 않았다면, 당신을 화나게 만든 사람이 당신이 말한 것과 같은 사람일 가능성은 거의 없기 때문이다.

분노와 혀를 통제하는 문제와 관련해 내가 발견한 아주 유용한 지침은 당신을 분노케 한 일에만 분노를 표출하라는 것이다. 마음껏 비판하고 화를 내되, 그 비판과 화를 당신을 화나게 만든 일에만 국한시킨다면, 상대에게 돌이킬 수 없는 상처를 입힐 말을 하게 될 가능성은 낮아진다. 반면, '항상'이나 '절대' 같은 말을 쓰거나 지금까지 당신을 화나게 만든 상대의 언행을 일일이 언급하려 하면, 당신은 결국 상대에게 결코 잊을 수 없는 용서받기 힘든 말을 하게 된다.

나 역시 몇 차례 이런 원칙을 깨고 나를 화나게 만든 사람에게 상황에 맞지 않는 광범위한 비난이나 공격을 한 적이 있다. 나는 그럴 때마다 매번 뒤늦은 후회를 했다. 나의 언행은 분명 합당하지 않았고 너무 무자비했기 때문이다.

만일 당신이 급하고 냉혹한 성격의 소유자라면, 11세기 유대 시인이자 철학자인 솔로몬 이븐 가비롤Solomon Ibn Gabirol이 말한 다음과 같은 지혜를 마음에 새기기 바란다. "말하지 않은 것은 번복할 수 있지만, 이미 말해버린 것은 번복할 수 없다."

24일째 화요일
상대가 뭔가 서운한 일을 했을 때
일단은 이해해보려 애써라

다른 사람이 뭔가 서운한 일을 했을 때 일단 그 사람을 이해해보려 하라는 탈무드의 가르침은 이론적으론 따르기 쉬워 보일지 몰라도 실제로 따르려면 그리 쉽지 않다. 상대에게 상처를 받았을 때 "그가 그렇게 한데는 분명 뭔가 이유가 있을 거야."라고 말하는 사람조차도 상대에 대한 서운함을 계속 가슴에 품게 되는 경우가 많기 때문이다. 따라서 당신이 "너희는 재판할 때에 불의를 행하지 말라(레위기 19:15)."라는 성경 계율을 확실히 지키고 싶다면, "그 사람이 그렇게 행동한데는 뭔가 이유가 있을 거야."라는 말만으로 자신을 위안하려 하지 말고, 그 사람의 결백을 설명해줄 수 있는 구체적인 몇 가지 시나리오를 생각해볼 필요가 있다(특히 상대가 좋은 사람이라는 것을 당신이 잘 알고 있는 경우).

랍비 젤리그 플리스킨은 자신의 저서 《네 이웃을 사랑하라 Love Your Neighbor》에서 예루살렘의 한 단체에 대해 쓰고 있는데, 그 단체는 정기적인 모임을 갖고 자신들을 서운하게 만든 주변 사람들의 행동에 대해 이해될 만한 이유들을 생각해 보는 시간을 갖는다고 한다. 자신의 저서에서 그는 다음과 같은 몇 가지 예를 인용하고 있다.

1. 당신이 결혼식에 초대를 받지 못했다.
   a. 그가 당신에게 이미 청첩장을 보낸 걸로 착각했을 것이다.
   b. 그가 초청장을 보냈는데, 우송 도중 분실되었을 것이다.
   c. 그가 많은 사람을 초대할 형편이 못 되었을 것이다.

2. 당신이 무거운 짐을 들고 버스 정류장에 서 있는데, 한 이웃이 빈 차를 몰고 지나다 당신을 보고도 차에 타라고 하지 않았다.
   a. 그의 목적지가 그 부근이었을 것이다.
   b. 다른 사람들을 태우기로 이미 약속이 되어 있었을 것이다.
   c. 워낙 심각한 문제에 골똘해 있어 다른 생각을 할 겨를이 없었을 것이다.

3. 누군가 당신을 집에 초대할 거라고 기대했는데, 그렇게 하지 않았다.
   a. 그의 가족 중에 아픈 사람이 있었을 것이다.
   b. 그가 집에서 멀리 떠날 계획을 하고 있었을 것이다.
   c. 그의 집에 음식이 충분하지 않았을 것이다.

처음엔 당신에게 상처 준 사람을 위해 이런 이유들을 떠올리는 게 쉽지 않을 것이다. 하지만 계속 노력하다보면 점점 더 쉬워질 것이고, 랍비 플리스킨의 말처럼 "설사 당신의 가정이 사실이 아니라 해도, 당신은 상대를 좋게 평가함으로써 여전히 토라의 계율을 잘 따르고 있는 것이다."

25일째 수요일

다른 사람의 전체적인 면을 좋게 평가하라

"다른 사람의 전체적인 면을 좋게 평가하라(《아버지의 윤리》 1:6)."라는 탈무드 경구가 당신에게 생소하다면, 그건 아마 이 경구가 "모든 사람을 좋게 평가하라."로 잘못 해석되어 쓰이고 있거나, 아니면 "다른 사람의 행동을 일단 이해해 보려 애써라."로 변형되어 쓰이고 있기 때문일 것이다.

어쨌든 이 경구 저변에 깔린 정서는 다소 무모한 것처럼 느껴진다. 우리는 은행원으로 취직하려는 도둑을 우호적으로 평가해야 하는 걸까? 한 여성이 전처를 구타해 이혼 당한 경력이 있는 이혼남으로부터 청혼을 받았다면, 과연 그 여성은 그가 전처를 구타한 이유를 좋게 해석해야 하는 걸까? 도대체 왜 그렇게 해야 하나?

사실 이 경구의 정확한 해석은 "다른 사람의 전체적인 면을 좋게 평가하라."이다. 바꾸어 말하면, 다른 사람을 평가할 때 당신이 알고 있는 그의 한두 가지 단점에만 의존하지 말고 그의 장점도 충분히 고려하라는 것이다. 특히 상대의 장점이 단점에 비해 더 두드러진다면, 더더욱 그렇게 해야 할 것이다. 예를 들어보자. 최근 나는 한 잡지에서 오스카 쉰들러에 대해 비판적인 평을 한 글을 읽은 적이 있다. 비판은 그가 바람둥이였다는 사실에 초점이 맞춰져 있었다. 게다가 그는 제 2차 세계대전이 일어나기 전엔 부도덕한 사업가이기도 했다.

오스카 쉰들러에게 그런 안 좋은 면들이 있었던 건 사실이지만, 그는 나치 학살로부터 1,150명의 유대인들을 구하기 위해 여러 차례 생명의 위험을 무릅썼다. 오스카 쉰들러를 평가할 때, 이 한 가지 사실은 상대적으로 중요성이 덜한 다른 사소한 사실들을 압도한다.

유대 윤리는 또 당신이 좋은 사람이라고 알고 있던 누군가가 잘못을 저질렀을 때, 그 사람을 서둘러 비난해선 안된다고 가르친다. 대신 그 사람의 행동을 합리화시켜주는 시나리오들을 생각해보고, 그 사람을 이해하려고 노력해야 한다(어제의 사례 참조). 만일 그 사람의 행동을 합리화시켜줄 논리적인 이유를 찾을 수 없다면, 그의 잘못된 행동을 그 사람의 일반적인 특성이라 성급히 단정 짓지 말고 일탈된 행동으로 생각해야 한다. 당신이 만일 누군가와 친하게 지낸다면, 그 사람의 따뜻한 면과 비범한 자질 다섯 가지뿐 아니라, 냉정하고 한심한 자질 다섯 가지도 들 수 있다고 데니스 프레이저가 말한 적이 있다. 우리는 흔히 다른 사람들에 대해 부당한 판단을 한다. 누군가가 싫을 경우, 그의 부정적인 면들에만 초점을 맞춰 그 사람을 배척하는 것이다.

오늘날 에이브러햄 링컨은 일반적으로 미국 역사상 가장 위대한 대통령으로 여겨진다. 그러나 그는 살아 생전 무자비할 정도로 혹독한 비판을 받았다. 과연 링컨의 인품에 좋지 못한 면들이 있었던 걸까? 그의 인품에도 흠이 있었다는 건 의심할 여지없는 사실일 것이다. 그러나 그의 그런 단점들에만 초점을 맞췄던 사람들은 오늘날 냉소가나 어리석은 사람들로 여겨진다. 그러니까, 그 사람들은 빛나는 다이아몬드를 보면서도, 오로지 이런저런 흠만 찾으려 했던 것이다.

그러므로 다른 사람을 평가할 때는 균형 감각을 발휘해야 한다. 무엇보다 중요한 것은 공정하게 다른 사람을 평가하는 것이다.

26일째 목요일
분실물을 주인에게 돌려주어라

> 만약 네가 네 형제의 소나 양이 길을 잃고 헤매는 것을 보면 그냥 지나치지 말고 반드시 그것들을 네 형제에게 데려다 주어라. …… 마찬가지로 너는 네 형제의 나귀나 겉옷도 그렇게 하며 네 형제가 잃어버린 모든 것을 찾았을 때도 그렇게 하고 못 본 체하지 말라.
>
> — 신명기 22:1, 3

몇 해 전, 내가 아는 한 여성이 장거리 자동차 여행을 하고 있었다. 그녀는 잠시 어느 주유소에 들렀고, 화장실을 이용하던 중 조그만 동전 지갑 하나를 발견했다. 지갑 안에는 20달러짜리 지폐로 400달러가 들어 있었다.

그녀는 그야말로 진퇴양난에 빠졌다. 지갑 주인이 돌아올 걸 기대해 지갑을 원래 자리에 놔두자니 다른 사람이 먼저 집어갈 수도 있겠고, 지갑을 주유소 직원에게 맡기자니 그 직원이 그 지갑을 챙기지 않으리란 보장도 없었다. 그래서 그녀는 화장실 안에 자기 전화번호와 함께 "제가 여기서 동전 지갑을 주웠습니다. 지갑 주인은 제게 연락 주세요."라는 메모를 남기고 그 지갑을 들고 나왔다. 그녀는 곧 돈이 든 동전 지갑을 잃어버렸다는 한 여성의 전화를 받았다. 하지만 지갑에 든 돈의 액수와 지갑을 둔 위치를 묻자, 그 여성은 그저 지레짐작으로 말할 뿐이었다. 지갑 주인이 아닌 게 분명했던 것이다. 다음엔 한 남자에게서 전화가 왔는데, 그는 자기 어머니가 지갑과 돈을 잃어버렸는데 지갑엔 20달러짜리 지폐로 400달러가 들어 있었다고 말했다. 그의 어머니가 지갑 주인인 게 틀림없었다. 후에 아들과 어머니가 지갑을 찾으러 왔을 때, 그녀는 그 어머니가 아주 가난한 사람이라는 걸 알게 되었다. 400달러는 국가에서 지급한 생활 보조금이었던 것이다. 그녀는 지갑을 찾게 되어 안도하고 감사했다.

분실물을 주워 그것을 진짜 주인에게 돌려주려 애쓴 내 친구는 앞서 인용한 토라의 율법을 잘 지킨 셈이다. 유대 사회에서 이 계율은 하샤밧 아베이다$_{hashavat\ aveidah}$, 즉 '분실물을 주인에게 돌려주는' 계율로 알려져 있다. 분실물을 발견한 사람은 그것을 진짜 주인에게 돌려줄 의무가 있으므로, 내 친구가 지갑을 주유소 직원에게 맡기지도 않고 전화로 지갑이 자기 것이라고 주장한 여성에게 건네지도 않은 것은 적절한 처신이었다. 유대 율법에 따르면, 분실물 습득자는 자신이 분실물을 습득했다는 걸 알릴 의무(내 친구 경우에는 동전 지갑을 발견했다는 걸 메모에 남겼다.)와 분실물이 자기 것이라 주장하는 사람에게 그 진위를 가리기 위해 구체적인 질문("지갑에 돈이 얼마나 들어 있나요?" 또는 "화장실 어디에 지갑을 두셨나요?" 같은 질문)을 던져야 할 의무가 있다. 분실물이 누구 것인지 입증할 길이 전혀 없는 경우, 그것을 잃어버린 사람 역시 물품을 찾을 생각이 없을 것으로 간주해, 습득자가 그것을 취하는 것이 허용된다(예를 들면, 분주한 거리 위에 떨어져 있는 1달러짜리 지폐를 주운 경우).

유대 윤리는 충분히 주인을 찾아줄 수 있는 분실물을 취하는 것을 특히 심각한 죄로 간주하는데, 이는 그 자체가 절도의 한 형태일 뿐 아니라 완전한 회개도 할 수 없는 죄이기도 하기 때문이다. 그렇게 분실물을 취한 사람이 설령 뒤늦게 자신의 부도덕한 행위를 후회한다 해도, 그때 가서 주인에게 그 물품을 돌려줄 수 있는 가능성은 희박하므로, 그가 저지른 악은 씻을 길이 없는 것이다(마이모니데스, 《미슈네 토라》 '회개에 관한 율법Laws of Repentance' 4:3).

거의 모든 사람이 살면서 한두 번쯤은 값나가는 분실물(돈처럼 그 자체가 값나가던가 또는 신용카드나 애정의 징표 같이 잃어버린 사람에게 소중한 것)을 발견하게 된다. "네 형제가 잃어버린 것을 찾았을 때, 그것을 네 형제에게 돌려주고 못 본 체하지 말라."라는 토라의 말은 우리가 발견한 물품을 주인에게 돌려주지 않고 취하는 것은 도둑질 같은 짓이 아니라는 걸 상기시켜준다. 그것은 도둑질 같은 짓이 아니라 엄연한 도둑질인 것이다.

27일째 금요일
양초가 타고 있는 동안에는

위대한 현자인 랍비 이스라엘 살란터 Israel Salanter(1810-1883)가 언젠가 구두 수선공 집에서 밤을 보낸 적이 있다. 늦은 밤, 그는 꺼져가는 촛불의 깜박거리는 불빛 옆에서 일손을 멈추지 않는 수선공 모습을 지켜보았다. 랍비 살란터가 수선공에게 물었다. "밤이 깊었습니다. 촛불도 꺼져 가는데 왜 일손을 멈추지 않습니까?" 그 말에 별 동요도 없이 구두 수선공이 대답했다. "양초가 타고 있는 동안엔 수선하는 것이 가능하니까요." 이후 몇 주 동안 랍비 살란터는 구두 수선공이 한 말을 되뇌었다. "양초가 타고 있는 동안엔 수선하는 것이 가능하다."

양초가 타고 있는 한, 그러니까 생명이 붙어 있는 한, 우리는 잘못된 것을 바로 잡을 수 있고 수선할 수 있다. 소원해진 사람과 다시 화합할 수도 있고, 가정에 평화가 깃들게 할 수도 있으며, 사업 기반을 다질 수 있게 친구에게 재정적인 도움을 줄 수도 있고, 적절하게 화를 표출하는 방법을 배울 수도 있다.

당신은 어떤 방식으로 수선하고 싶은가? 그 방식을 두세 가지 정도 찾아보라. 그런 다음 수선 작업에 착수하기 위해 무엇을 할 수 있는지를 생각해보기 바란다. 양초가 타고 있는 한, 우리는 우리의 인간관계와 우리의 세상, 그리고 우리 자신을 고칠 수 있다.

28일째 안식일

한 주를 돌아보며 편히 쉬는 하루가 되기를.

29일째 일요일

다른 사람의 마음을 훔치지 말라

몇 해 전, 내가 아는 한 여성이 부유한 사촌의 초대로 고급 레스토랑에서 식사를 하게 되었다. 식사가 끝나고 웨이터가 계산서를 가져왔을 때, 그녀 사촌의 얼굴이 벌개졌다. 식비가 그가 생각했던 것보다 훨씬 더 많이 나왔던 것이다. 그의 못마땅한 표정을 눈치 챈 그녀는 식비를 반씩 부담하자고 제의했다. 사촌은 기다렸다는 듯 미소 지으며 그녀 제안을 받아들였다.

그러나 사촌보다 훨씬 여유가 없던 그녀는 몹시 화가 났다. 그가 덥석 자기 제안을 받아들이리라곤 꿈에도 생각 못했던 그녀는 그에게 심한 배신감을 느꼈다. 그 얘기를 내게 들려준 그녀의 아들과 며느리 역시 그녀 심정에 동감했다. 그들은 이렇게 말했다. "어머니는 순전히 예의상 제안을 하셨던 거예요. 그러면 그의 기분이 나아질 거라 생각하셨던 거죠. 그가 어머니 제안을 받아들인 건 잘못한 겁니다."

그들의 논리는 내 마음을 움직이지 못했다. 탈무드에 따르면, 그 여성이 곤궁에 빠진 건 순전히 자기 탓이다.

유대 윤리는 상대가 분명 사양할 것이라 예상되는 제안은 하지 말라고 말한다. 유대 윤리에서는 그런 기만 행위, 그러니까 상대로 하여금 당신이 마음에도 없는 호의를 베풀고 싶어 하는 것처럼 믿게 하는 행위를 그네이밧 다앗g'neivat da'at(마음을 훔치는 일)이라 여겨 비난한다. 탈무드는 그런 종류의 기만에 대한 몇 가지 예를 제시하는데, 그중 하나를 소개해보기로 한다. "랍비 메이어는 이렇게 말하곤 했다. '상대가 먹지 않을 걸 알고 있다면, 함께 먹을 것을 권하지 말아야 한다. 또한 상대가 사양할 걸 알고 있다면, 선물을 하겠다는 제안은 하지 말아야 한다(훌린Hullin 94a).'"

만일 누군가를 초대해 그 사람이 실제보다 당신에게 더 소중한 존재라고 믿게 한다거나 당신을 실제보다 더 자상한 사람으로 믿게 호도한다면, 당신은 '다른 사람의 마음을 훔치려 한 죄'를 짓는 것이다.[10] 탈무드의 또 다른 구절은 "포도주통(요즘으로 치면 포도주병)을 상대를 위해 개봉하는 게 아니면서 마치 상대를 위해 개봉하는 것처럼 말하면 안된다."고 조언한다.

한편, 유대 윤리는 다른 사람을 기만하지 않으려는 의지와 재치 있게 대처하려는 바람 사이에 섬세한 균형 감각을 가질 것을 권한다. 따라서 만일 손님이 자신을 위해 포도주병을 땄다고 생각해 감사의 마음을 표현한다면, 그것이 사실이 아니더라도 굳이 포도주병을 딴 것은 당신과는 아무 상관없는 일이라고 솔직히 말할 필요는 없다는 것이다. 그런 오해를 바로잡는 것이 오히려 상대에게 마음의 상처를 줄 수 있기 때문이다. 그 예로 탈무드는 한 마을의 외곽에서 우연히 반대편에서 다가오던 유명한 랍비 마르 주트라를 만난 랍비 사프라와 랍비 라바에 대한 이야기를 하고 있다. "두 사람이 자신을 만나러 오고 있는 것이라 생각한 마르 주트라가 물었다. '무슨 이유로 나를 만나러 이 먼 길을 오는 수고를 했는가?' 이에 랍비 사프라가 대답했다. '자네가 이리 오고 있다는 걸 몰랐네. 알았더라면 훨씬 더 먼 데서라도 왔을 텐데 말이지.' 후에 랍비 라바가 랍비 사프라에게 물었다. '자네 왜 사실대로 말했나? 그를 난처하게 만들었잖나.' 이에 랍비 사프라가 대답했다. '내가 사실대로 말하지 않았다면, 그를 기만한 셈이 되기 때문이지.' 랍비 라바가 말했다. '그렇지 않네, 그가 스스로 기만한 게 됐을 테니까.'(훌린 94b)"

요지는 다른 사람을 요령 있게 대하되 정직해야 한다는 것이다. 만일 다른 사람이 큰돈을 지불하는 데 도움을 주고 싶다면 그런 제안을 하라. 단, 당신이 실제로 그럴 의향이 있을 때만 그렇게 하도록 하라. 상대를 소중하게 여겨 그를 접대하고 싶다면, 그를 당신 집으로 초대하라. 단, 그가 당신 초대를 수락할 것으로 믿을만한 이유가 있을 때만 그렇게 하도록 하라.

10 만일 당신이 당신 결혼식이나 기타 축하연에 수백 명의 사람들을 초대하는데, 그 초대 명단에 참석하지 못할 것으로 여겨지는 사람들을 포함시키는 것은 다른 경우이다. 공개 행사를 위한 초대의 경우, 초대를 하지 않는 것이 상대에 대한 결례가 될 수 있기 때문이다. 하지만 상대가 참석하지 못하리란 걸 뻔히 알면서도 순전히 선물을 받을 목적으로 상대를 초대하는 것은 옳지 않다.

30일째 월요일
어떤 사람이 현명한가

어떤 사람이 현명한가? 자신의 행위가 장차 어떤 결과를 낳을지 예측하는 사람이다.

— 바빌로니아 탈무드, 타미드 32a

마하트마 간디의 삶과 관련된 여러 이야기에서 알 수 있듯, 그는 놀랍도록 이상주의적인 자기희생적 행위를 여러 차례 실천한 성자이다. 하지만 1942년에 쓴 그의 공개 서한은 윤리적 관점에서 봤을 때 과연 그가 늘 현명했는가 하는 의문을 제기한다.

2차 세계대전이 한창일 때, 그리고 연합군과 나치 중 어느 쪽이 승리할지 확실하지 않던 시점에, 간디는 영국인들에게 다음과 같은 조언을 담은 공개 서한을 썼다.

저는 여러분이 갖고 있는 무기들을 내려놓길 바랍니다. 그것들은 여러분이나 인류를 구하는 데 아무런 쓸모가 없기 때문입니다. 무기를 내려놓지 않는다는 것은 여러분이 히틀러와 무솔리니가 자신들이 원하는 것을 취할 수 있도록 초대하는 것과 마찬가지로…… 만일 그들이 여러분의 조국을 점령하기로 결정한다면, 여러분의 조국을 비워주어야 할 것입니다. 만일 그들이 여러분에게 피신하는 자유를 주지 않는다면, 여러분은 그들 손에 학살당할 수밖에 없을 것입니다. 하지만 여러분은 그들에게 결코 충성을 맹세하진 않을 것입니다.

만일 연합군이 무기를 내려놓고 그 국민들이 간디의 조언을 따랐다면, 나치는 세계의 모든 민주주의 국가들을 굴복시키고 모든 유대인을 학살한 뒤 세계를 지배했을 것이다.

지혜의 중요한 요소 중 하나가 자신의 언행이 어떤 결과를 초래할지 예측할 수 있는 능력이라는 랍비들의 생각은 국가뿐 아니라 개인 차원에도 적용된다. 그래서 토라에는 이런 계율이 있다. "네가 새 집을 건축할 때에 지붕에 난간을 만들어 사람으로 떨어지지 않게 하라. 그 피 흐른 죄가 네 집에 돌아갈까 하노라(신명기 22:8)." 이 계율의 이론적 근거는 자신 소유의 것이 다른 사람에게 어떤 피해나 상해, 죽음 등을 야기할 수 있는지를 미리 파악해야 한다는 것이다. 그래서 탈무드는 이 성경 구절을 근거로 다음과 같이 규정한다. "집에 사나운 개를 길러서도 안되고 튼튼하지 못한 사다리를 두어서도 안된다(바빌로니아 탈무드, 케투봇 41b)." 16세기 슐칸 아루크Shulchan Aruch(유대 율법의 표준 법령)는 당신 소유의 땅에 우물이나 구덩이를 팔 때, 사람들이 거기 떨어지지 않게 그 둘레에 난간을 만들거나 그 위를 덮개로 덮어야 한다고 규정하고 있다(초쉔 미쉬파트Choshen Mishpat 427:7).

현명한 사람이라면 자신의 말(나는 위의 예에서 간디는 자기 말에 대한 결과를 제대로 예측 못했다고 생각한다.[11])이나 행위가 야기할 수 있는 해악을 예측할 수 있어야 한다. 좋은 의도만으로는 불충분하다. 좋은 의도 못지않게 지혜도 중요한 것이다.

---

11 달리 해석하면, 간디의 잘못은 비폭력주의를 절대적인 가치로 믿어, 연합군이 나치를 상대로 전쟁을 하는 것보다 나치가 세계를 지배하는 편이 더 낫다고 생각한 것이다.

31일째 화요일

몸이 아픈 가난한 사람을
방문하고 돕는 특별한 의무

> 랍비 아키바의 제자 한 명이 몸이 아파 누웠지만, 다른 어떤 현자도 그를 방문하지 않았다. 랍비 아키바Rabbi Akiva만이 그를 방문했던 것이다. 랍비 아키바가 그 제자를 위해 마루를 쓸고 닦은 덕에 제자는 회복했다. 제자가 랍비 아키바에게 말했다. "스승님께서 절 낫게 하셨습니다." 제자의 집을 나온 랍비 아키바는 이렇게 가르쳤다. "환자를 방문하지 않는 사람은 그의 피를 흘리게 하는 것과 마찬가지이다."
>
> — 바빌로니아 탈무드, 네다림Nedarim 40a

내가 아는 한 남자가 심한 허리 통증에 시달리는 한 노인과 이야기를 나누었다. 그는 처음엔 의사들도 노인의 고통을 덜어줄 수 없으리라 생각했지만, 후에 노인을 도울 수 있는 약이 있다는 걸 알게 되었다. 노인은 그 약을 구입할 형편이 못되었으나, 다행히 남자가 노인에게 약을 구해줄 수 있었다. 약이 없으면 계속 고통을 받았을 노인에게 얼마나 다행스런 일인가.

유럽의 현자이자 윤리학자인 샤페츠 차임Chaffetz Chayyim(1838-1933)은 자신의 저서 《친절에 대한 사랑Ahavat Chesed》에서 환자를 방문하라는 계율은 가난한 사람에게 특히 더 적용되어야 하는 계율임을 강조한다. "만일 병이 든 가난한 사람에게 방문객이 없다면, 그의 생명까지도 위험할 수 있다. 대개 가난한 사람은 필요한 음식을 살 형편이 못된다. 그는 자신의 상태에 대해 의논할 사람도 없다. 심지어 의사를 부르거나 약을 구입할 형편이 못될 때도 많다. …… 며칠 동안 침대에 누워 있는데, 아무도 자신을 돌보기 위해 현관문을 열지 않는다는 걸 알게 될 때 그의 병도 더 깊어진다."

랍비 아키바에 대한 위의 일화는 탈무드의 진수를 보여준다. 랍비 아키바가 문병한 병든 제자는 간병인은 물론 집을 청소해 줄 사람조차 고용할 형편이 못 됐을 가능성이 높다. 아파 누운 제자의 주변을 깨끗이 청소해줌으로써, 랍비 아키바는 실제로 제자의 생명을 구했을 수도 있다. 과거엔 이 말이 확실히 타당했다. 당시엔 많은 환자들이 가난한데다 청결치 못한 환경에서 살았기 때문이다.

랍비 아키바의 문병은 분명 또 다른 방식으로 아픈 제자에게 도움을 주었다. 당시 랍비 아키바는 매우 유명한 현자였기에, 사람들은 그가 제자에게 베푼 아낌없는 보살핌에 주목했고, 그 결과 많은 사람들이 그 뒤를 따라 그 제자를 방문했을 것이기 때문이다. 따라서 유명 인사가 병이 든 빈민이나 소외 계층을 방문하게 되면 부수적인 선행까지 베풀게 된다. 사람들이 그의 행동에 고무되어 그 뒤를 따르려 할 것이 분명하기 때문이다.

병이 든 빈민에게 물질적인 도움을 주는 것(예를 들면, 약을 구입할 수 있도록 금전적인 도움을 주는 것)에 덧붙여, 우리는 그들을 대신해 장을 봐주기도 해야 한다. 여러 유대 공동체에는 소외되기 쉬운 병원 환자들뿐 아니라 질병으로 바깥출입을 못하고 집에 있는 환자들을 방문하는 비쿠르 콜림Bikur Cholim이라는 봉사 단체가 있다. 이 봉사 단체는 그런 환자들을 문병하고 병원으로 데려가며 매일 따뜻한 음식을 제공하는 데 만전을 기한다. 부유한 사람은 자신을 위해 장을 봐주고 자신을 병원에 데려가줄 사람을 고용할 수 있지만, 가난한 사람은 그렇게 할 수 없다. 만일 가난한 환자들에게 도움의 손길이 뻗치지 않는다면, 그들은 제대로 된 보살핌을 받지 못해 집에서 죽음을 맞이하게 될 수도 있다.

유대 율법이 상기시켜 주듯, 문병은 환자에게 감정적인 도움만 주는 데 그치지 않는다. 가끔 환자의 생명을 구할 수도 있는 것이다.

32일째 수요일
문병과 관련된 일곱 가지 제안

《이것이 율법이다! It's a Mitzvah!》의 저자 랍비 브래들리 아트슨 Bradley Artson은 전통적인 유대 문헌과 상식, 성직자로서의 자신의 경험 등을 바탕으로 환자를 도울 수 있는 일곱 가지 실천 사항을 정했다.

- ◆ 지인이 입원했다는 소식을 들으면(특히 치료 기간이 2~3일을 넘을 경우) 카드를 보내자. 랍비 아트슨은 자신이 위문 카드를 보낸 환자들을 방문해보니 그 카드가 어김없이 그들의 병실 벽에 붙어 있었다며, 그것이 그들에게 다른 사람이 자신들을 아낀다는 사실을 지속적으로 떠올릴 수 있게 해주는 위안거리였음을 지적한다.
- ◆ 문병 갈 계획이라면 환자에게 먼저 연락을 취하자. 그러면 외로움을 느끼고 있을지도 모를 환자에게 문병 자체의 즐거움뿐 아

니라 기대감으로 인한 즐거움도 선사할 수 있다. 게다가 환자가 그날 문병객을 맞고 싶지 않은 경우, 환자에게 자기 의사를 표현할 수 있는 기회도 주게 된다.

◆ 병실에 들어가기 전에 먼저 노크를 해 들어가도 되는지 허락을 구하자. 의사와 간호사에 의해 반복적으로 사생활을 침해받는 환자들은 수동적이기 마련이다. 병실에 들어가도 되는지 허락을 구하는 것은 환자에 대한 존중과 배려를 보여주며, 경우에 따라 환자로 하여금 병실을 정리할 수 있는 시간을 갖게 해준다.

◆ 환자가 말을 하고 싶어 하면, 가만히 앉아 귀 기울이자. 아픈 사람은 종종 걱정과 불안에 휩싸이는데, 이 경우 환자는 자신의 그런 감정을 표출할 기회를 필요로 한다.

◆ 환자와 함께 기도하자. 예를 들면, 수천 년 동안 유대인과 기독교인 모두에게 위안이 되어준 아래의 시편 23장 같은 성경 구절을 함께 낭송하는 것이다.

여호와는 나의 목자시니 내가 부족함이 없으리로다.
그가 나를 푸른 초장에 누이시며 쉴만한 물가로 인도하시는도다.
내 영혼을 소생시키시고 당신 이름을 위하여 의의 길로 인도하시는도다.
내가 사망의 음침한 골짜기로 다닐지라도 해를 두려워하지 않을 것은 주께서 나와 함께 하심이라. 주의 지팡이와 막대기가 나를 안위하시나이다.
주께서 내 원수의 목전에서 내게 상을 베푸시고 기름으로 내 머리에 바르셨으니 내 잔이 넘치나이다.

나의 평생에 선하심과 인자하심이 정녕 나를 따르리니 내가 여호와의 집에 영원히 거하리로다.

◆ 이 경우 또 다른 적절한 기도문으로 "산들을 향하여 내 눈을 드네. 내 도움은 어디서 오리오? 내 도움은 주님에게서 오리니. 하늘과 땅을 만드신 분이시로다."로 시작하는 시편 121장과 "여호와여, 내가 깊은 데서 주께 부르짖었나이다. 주여 내 소리를 들으시며 나의 간구하는 소리에 귀를 기울이소서."로 시작하는 시편 130장을 꼽을 수 있다.

◆ 입원해 있는 환자를 공휴일에 방문할 수 없는 상황이라면, 그 전날 방문하도록 하자. 아트슨은 다음과 같이 제안한다. "금요일엔 조그만 칼라$_{challah}$[12] 롤 두 개와 약간의 포도주나 포도 주스(환자가 마실 수 있는 것을 선택한다.)를 들고 가는 것도 고려해보자. 부림절$_{Purim}$ 전 날엔 약간의 하만타슈$_{hamentash}$[13]를, 유대교 신년제$_{Rosh\ Hashanah}$ 전 날엔 꿀과 사과를, 유월절$_{Passover}$엔 마초$_{matzoh}$[14]와 하가다$_{haggadah}$[15]를 들고 가자. 문병을 유대 축제일과 연관 지으면, 환자는 병원 밖 다른 유대인들이 경험하는 것을 경험할 수 있게 되고, 그 결과 갑작스런 환경 변화에 더 쉽게 적응할 수 있게 된다."

◆ 시나고그에서 환자를 위해 기도하는 시간을 마련하자.(미 셰바이라흐$_{mi\ shehbeirach}$로 알려진 환자를 위한 통상적인 기도문은 토라를 낭송하는 동안 암송된다. 이때 환자 및 환자 어머니의 이름은 아브라함이나 사라 같은 히브리 이름으로 언급된다.) 특별히 종교적이지 않

은 사람들 역시 병이 들면 약해지기 마련이어서, 시나고그에서 자신을 위한 특별 기도가 행해지고 있다고 생각하면 위안을 얻을 수 있다.[16]

병실 침상에서도 기도문을 낭송할 수 있다. 이와 관련해 랍비 아트슨은 다음과 같은 이야기를 들려준다. "한 여성은 내가 그녀 손을 잡고 미 셰바이라흐를 낭송하기 전까지 과학적인 객관성에 입각해 자신의 병에 대해 이야기했다. …… 그녀의 눈에 눈물이 글썽였고, 짧은 기도를 마쳤을 때 그녀는 주체할 수 없을 정도로 흐느껴 울었다. 말로 표현할 수 없는 기도의 힘에 감동한 그녀는 마침내 느끼고 공유하는 것에 마음을 열었는데, 그것은 이전에 이루어진 모든 분석과 논의보다 그녀의 치유에 더 도움이 되었다."

누가 아프다는 소리를 들으면(특히 심각한 병에 걸렸거나 회복될 수 없는 부상을 당했을 때), 우리는 종종 무력감을 느낀다. 유대 전통 비쿠르 콜림[17]은 우리가 타인을 돕기 위해 할 수 있는 일이 거의 늘 존재함을 상기시켜준다.

---

12 할라hallah로도 불리는 유대인의 전통적인 빵. 안식일 같은 축일에 먹는 영양가 높은 흰 빵이다.
13 전통적으로 부림절에 먹는 삼각형 모양의 페이스트리인데, 가운데 다양한 속(양귀비 씨가 가장 전통적인 속)을 넣는다.
14 유월절에 먹는 무교병
15 탈무드 중 비율법적인 교훈들로 구성된, 유대교의 유월절 전날 밤과 당일 밤 식사 때 사용하는 전례서.
16 아스톤,《이것이 율법이다! It's a Mitzvah!》62-73 페이지.
17 아픈 사람을 방문해 그들에게 필요한 도움을 주어야 한다는 유대 율법을 실천하는 봉사 단체를 일컫는다.

33일째 목요일

뉴저지의 산부인과 의사와
브룩클린의 변호사

CLAL의 회장인 내 친구 랍비 어윈 쿨라Irwin Kula가 뉴저지의 한 산부인과 의사와 대화를 나눈 적이 있다. 둘은 유대교 및 의료에 대한 얘기를 나누었는데, 의사가 유대교에 별 관심이 없었기 때문에 주로 의료에 대한 대화가 주를 이뤘다.

어느 순간 랍비 쿨라가 의사에게 인류의 시발점은 하나님이 창조한 단 한 명의 인간인 아담이므로, 우리 한 사람 한 사람이 온 세상이자 무한한 가치를 가진다는 탈무드의 가르침에 대해 설명했다(미슈나, 산헤드린 4:5; 221일째 참조). 랍비 쿨라가 의사에게 물었다. "의사가 겸손한 마음으로, 그리고 환자 개개인이 무한한 가치를 지닌 존재라는 인식을 갖고 각 환자를 치료한다는 것은 어떤 의미일까요?"

3주 후 랍비 쿨라는 그 의사로부터 한 통의 전화를 받았다. 방금 그의 진료를 받은 한 여성이 그에게 "이런 식으로 검사를 받은 적은 한 번도 없었어요."라고 말했다는 것이다. 랍비 쿨라와 대화를 나눈 이후 환자를 치료하는 방식을 다소 바꾸었다고 의사는 설명했다. 예를 들면, 예전엔 그의 진료실에 검사받으러 온 여성은 보통 옷을 거의 다 탈의해야 했지만, 그때 이후 그는 개개인의 가치와 존엄에 대한 탈무드의 가르침을 의식, 검사를 받으러 온 여성에게 더 이상 옷을 완전히 탈의할 것을 요구하지 않았다. 대신 검사를 할 특정 부위만 드러내줄 것을 요구한 것이다.[18]

탈무드의 가르침을 적용할 기회는 모든 직업에서 생긴다. 나의 삼촌 버니 레스니크는 브룩클린의 변호사였다. 한번은 나의 할아버지 랍비 니센 텔루슈킨이 법적인 문제를 겪고 있는 한 가난한 여성을 만나줄 것을 삼촌에게 부탁하신 적이 있다. 그 여성이 찾아왔을 때, 삼촌은 차례를 기다리던 고객이 두 명 있었음에도 불구하고 그녀를 먼저 자신의 사무실로 데리고 들어갔다.

그날 밤 그 여성은 할아버지에게 삼촌이 자신을 대하는 방식에 놀랐다고 말했다. 후에 삼촌은 이렇게 말했다. "돈을 내는 고객들은 한 고객에게 위급한 문제가 생긴 모양이라고 생각해 무시당했다고 느끼지 않지. 하지만 내가 그 여성을 기다리게 만들었다면, 무료 상담을 해준다고 무시한다고 생각했겠지. 그럼 굴욕감을 느꼈을 텐데. 나는 그렇게 되길 원치 않았거든."

우리가 어떤 일에 종사하든, 탈무드의 이 훌륭한 가르침, 그러니까 우리가 만나는 사람들 하나하나가 무한한 가치를 지니고 있고, 따라서 무한한 존중과 배려를 받을 자격이 있다는 가르침을 몸소 실천할 기회는 얼마든지 있다.

---

18 유명한 탈무드 구절은 이 뉴저지 의사의 영적 조상에 대해 이야기한다. "외과의사인 아바는 매일 하늘나라 목소리가 전하는 인사를 받았다. 하지만 위대한 학자인 아바예는 그런 인사를 매주 금요일에만 받았다. 그리고 역시 위대한 학자인 라바는 1년에 한 번 속죄일 전 날에만 그런 인사를 받았다. 아바예는 외과의사인 아바가 더 자주 인사를 받자 자신이 무시당한다고 느꼈다. 하지만 아바예는 하늘나라에서 다음과 같은 목소리를 들었다. '너는 그가 하고 있는 것과 같은 특별한 일을 할 수 없기 때문이다.' 외과의사 아바가 하고 있는 특별한 일은 무엇이었을까?…… 피를 흘려야 하는 수술을 할 때…… 그는 피를 받아내는 뿔을 붙인 수술복을 준비했다. …… 여성 환자가 찾아오면 그는 그녀로 하여금 그 수술복을 입도록 했다. 이는 여성 환자의 몸이 드러나지않게 하기 위함이었다(바빌로니아 탈무드, 타아닛 21b)." 아트스크롤 ArtScroll 번역판 탈무드는 다음과 같이 설명한다. "환자는 구멍 하나가 뚫린 크고 헐거운 수술복을 입는다. 아바는 절개를 하기 위해 이 구멍으로 랜싯(수술칼의 일종)을 넣는다. 그런 다음 수술복에 붙은, 피를 받는 뿔을 절개 부위로 가져가기 위해 수술복을 움직인다. 그러면 피는 뿔을 통해 모인다."

34일째 금요일
도움이 되는 정보는 공유하라

　나는 곧 세 쌍의 결혼식을 주관할 예정인데, 최근 몇 개월간 그 세 쌍을 모두 만났다. 그들과 결혼식에 대해 의논하면서, 나는 그들 모두가 일종의 데이트 서비스(한 쌍은 인터넷의 유대인 미혼자를 위한 서비스를 통해, 또 한 쌍은 신문의 애인 구하기 개인 광고를 통해, 나머지 한 쌍은 결혼 정보 회사를 통해)를 통해 만났다는 걸 알게 되었다. 그들 모두 자신들의 짝을 찾아준 데이트 서비스에 만족해했지만, 그들 중 두 쌍의 부모는 그들이 서로 어떻게 만났는지 다른 사람들에게 말하지 말라고 당부를 하신다고 했다. 그런 데이트 서비스를 통해 배우자를 찾는 걸 부끄러운 일로 여기는 그 부모들은 자식들에게 좀 더 그럴싸한 러브 스토리를 지어낼 것을 제안했다.
　나는 그들이 부모의 견해에 동의하지 않는데 감명을 받았다. 그들은 기꺼이 나와 다른 사람들, 특히 자신들의 미혼 친구들에게 자신들이 어떻게 만났는지를 얘기했던 것이다. 심지어 그들 중 한 쌍은 결혼식장에서 자신들이 어떻게 만났는지를 내가 언급해주길 원하기도 했다. 그들 여섯 명 모두가 자신들의 인생에서 가장 소중한 것을 찾았다고 느꼈고, 그 사실을 다른 사람들과 공유하고 싶어 했다. 그들은 그런 정보가 친구들이 배우자를 찾는 데도 도움이 되길 바랐던 것이다.
　좋은 정보, 심지어 어떤 사람들은 드러내기 부끄러워하는 정보를 기꺼이 공유하고자 하는 마음은 착한 사람의 특징이다. 얼마 전, 발기부전 증세가 있는 사람들 대다수에게 치료 효과가 있는 신약 비아그라가 출시되었다. 아마 남자 입장에서 발기 부전보다 더 밝히고 싶지 않은 난처한 질병은 없을 것이다. 그런 점에서 비아그라가 출시된 지 얼마 안 돼 전 상원의원이자 공화당 대선 후보였던 밥 돌Bob Dole이 대중 연설에서 비아그라를 복용했더니 효과가 있었다고 밝힌 것은 대단히 인상적이었다.

그들 예비 부부들과 밥 돌이 숨김없이 자신의 이야기를 들려주기로 한 것은 용기 있는 결정이었다. 사람들이 워낙 개인적인 매력과 외모에 집착하기 때문에, 우리는 대개 자신이 남자 친구나 여자 친구, 또는 배우자를 쉽게 구할 수 있다는 인상을 주고 싶어한다. 예를 들어, 대부분의 남자들은 다른 사람들이 자신을 연애 경험이 풍부하고 여자들에게 호감을 주는 사람으로 여겨주길 바란다(실제로 비아그라가 출시된 후에야 비로소 미국 남성 수천만 명이 발기 부전을 겪고 있다는 사실이 드러났다.). 그러니 다른 사람이 자신을 어떻게 생각할지에 신경 쓰는 타고난 성향을 극복하고 다른 사람들 삶에 행복과 치유를 가져다줄 수 있는 정보를 제공하는 사람은 칭찬받아 마땅하지 않을까?

35일째 안식일

한 주를 돌아보며 편히 쉬는 하루가 되기를.

36일째 일요일

유대교도에게 흡연은 허용될까

 '해답록Responsa'은 유대 율법과 관련된 특정 질문과 그에 대한 랍비들의 답이 들어 있는 글들을 일컫는 말이다(히브리어로 그런 글들을 셰엘롯 베-테슈봇she'elot ve-teshuvot이라 하는데, 이는 '질문과 대답'이란 뜻이다.). 해답록 저자는 법규를 제정하면서 상식과 당시의 과학적 지식, 성경과 탈무드, 유대 법률, 이전의 해답록 등에 분명히 드러나 있는 원칙과 선례를 고려했다.

 따라서 수세기 전 담배가 처음 사용되기 시작할 무렵 흡연에 대해 기록한 몇 안 되는 해답록이 거의 한결같이 흡연에 관대한 입장을 취했다는 건 그리 놀라운 일이 아닐 것이다. 물론 성경이나 탈무드, 또는 유대 법률 등에 흡연을 금지하는 구절은 없었다. 아마도 흡연에 관대한 입장을 취한 이유 중 하나는 흡연이 처음 대중적인 사랑을 받게 됐을 때 흡연이 즐거운 일일뿐 아니라 건강에도 이롭다는 것이 보편적인 인식이었기 때문일 것이다. 유명한 율법학자인 랍비 제이콥 엠덴Jacob Emden(1697-1776)은 흡연이 허용되는지에 대한 질문에 대해 다음과 같이 기술했다.

> 담배는 건강에 좋은 물질이다. …… 담배의 천연 작용은 소화와 구강 청결을 돕는다. …… 그리고 건강의 뿌리라 할 수 있는 중요 기관의 기능 및 혈액 순환에도 도움을 준다. …… 실로 담배는 건강한 모든 남성에게 유익한데, 이는 담배가 우리에게 기쁨과 즐거움을 줄 뿐 아니라 우리 건강도 지켜주기 때문이다.

오늘날엔 랍비 엠덴의 말이 이상하게 들리겠지만(흡연자들의 '담배 입김'을 맡아본 사람이라면 담배가 "구강 청결에 도움을 준다."는 랍비 엠덴의 말을 분명 이상하게 생각할 것이다.), 이는 담배가 건강에 긍정적인 효과가 있다는 18세기의 보편적인 의학적 견해에 기초한 것이다.

이제 우리는 더 잘 알고 있다. 연간 약 40만 명의 미국인이 흡연 관련 질병으로 사망하며 흡연자들이 비흡연자보다 사망 위험이 더 크다는 것을. 뿐만 아니라 담배를 피우는 임산부는 유산과 조산, 장애아 및 저체중아 등을 출산할 위험이 비흡연 임산부보다 훨씬 더 크다.

담배의 갖가지 유해성이 입증됨에 따라, 현대 율법학자들은 랍비 엠덴이 받은 질문과는 사뭇 다른 질문을 종종 받는다. "흡연이 생명을 위협한다는 점을 고려해, 유대교도는 흡연을 금해야 합니까?"

지금은 고인이 된 20세기 해답록의 주요 저자 랍비 모세 파인스타인Moshe Feinstein은 이 질문에 확실한 답변을 내놓길 꺼려했는데, 이는 많은 유명한 랍비들을 비롯해 과거와 현재의 신앙심 깊은 많은 유대교도가 담배를 피웠거나 피우고 있기 때문이다. 불필요하게 자신의 생명을 위험에 빠뜨리는 어떤 행위도 금지한다는 뜻으로 오랫동안 이해되어온 "너희는 깊이 삼가라(신명기 4:15)."라는 토라 구절이 있는데, 랍비 파인스타인은 흡연가들이 이 토라의 구절을 어겼다고 선언하는 데 불편함을 느꼈던 것이리라.[19]

한편, 마이모니데스는 자신이 만든 유대 율법서에서 다음과 같이 명시했다. "우리의 현자들은 생명을 위협한다는 이유로 여러 가지 것들을 금지했다. '내 목숨을 위태롭게 한다는데, 다른 사람에게 해가 될 건 없지 않은가?' 또는 '난 그런 것들을 개의치 않아.'라고 말하면서 현자들의 권고를 무시하는 사람은 반항적인 행동을 다스리는 채찍으로 처벌받아야 마땅하다(미슈네 토라Mishneh Torah, '살인과 생명 보호에 관한 율법The Laws of Murder and the Protection of Human Life' 11:5)."

다른 랍비 저술가들은 랍비 파인스타인의 견해에 반론을 제기했다. 담배를 즐겼던 과거의 신앙심 깊은 학자들은 본질적으로 흡연이 중독성이 있고 건강을 해친다는 사실을 몰랐다고 그들은 주장한다. 따라서 해답록의 저자가 본질적으로 다루어야 할 질문은 "과거 많은 위대한 유대 학자가 담배를 피웠는데, 어떻게 흡연을 금지한다고 공언할 수 있습니까?"가 아니라 "제이콥 엠덴 같은 과거의 랍비들이 흡연이 치명적인 해를 끼친다는 사실을 알았더라도 흡연을 허용했을까요?"

가 되어야 한다는 것이다.

이런 식의 질문이라면 사실상 그 답은 자명해 보인다. 과거 랍비들은 그 당시 의학 정보에 의거해 흡연이 즐거움을 줄 뿐 아니라 건강에도 이롭다고 생각해 흡연을 허용했다. 흡연이 즐거움을 준다는 점에선 그들 판단이 옳았을지 몰라도, 흡연이 건강에 이롭다는 점에선 안타깝게도 그들의 판단은 완전한 오류였다.

오늘날의 유대 윤리는 최소한 아직 이 위험한 습관에 빠지지 않은 사람이나 임산부의 흡연은 금한다고 나는 믿는다. 또한 성인이 청소년이나 비흡연자의 흡연을 돕거나 부추기는 것도(예를 들면, 청소년에게 담배를 주거나 청소년이나 비흡연자를 대상으로 하는 담배 광고에 참여함으로써) 금한다.

이미 흡연을 하고 있는 사람이라면 가능한 한 금연을 해야 하고, 그게 힘들면 최소한 담배를 줄이기라도 해야 한다.

일부 유대 현자는 더 공격적인 입장을 취한다. 그래서 한 청소년이 아버지가 담배 심부름을 시키면 어떻게 해야 하는지를 텔 아비브[20]의 세파르디[21] 최고 랍비인 하임 데이비드 할레비Haim David Halevi에게 묻자, 그는 다음과 같이 대답했다. "의사들이 이구동성으로 흡연이 인체에 끼치는 해악이 크다고 경고하고 있으므로, 난 '너희는 깊이 삼가라(신

---

[19] 하지만 랍비 파인스타인은 아직 흡연을 하지 않은 사람은 흡연을 시작하지 않는 것이 올바른 선택이라고 기술하기는 했다.
[20] 이스라엘 제1의 도시이다. 야파는 BC 2000년 무렵에 있었던 유대인 취락으로, 15세기에 이집트에 점령당했다. 그 후 페르시아인이 지배했으며, BC 350년경 독립했다. 17세기 말에 이르러 항구로 발전하기 시작했으며, 1909년 그 북쪽에 이주자들이 새로 텔아비브 시가를 건설했다. 텔아비브는 이스라엘 건국(1948년)부터 1950년까지의 수도로, 세계 각지로부터의 귀국자를 맞이하며 급속히 발전했다. 1949년에는 야파를 합병했다.
[21] 스페인・북아프리카계의 유대인

명기 4:15).'라는 토라 말씀에 근거해 담배 심부름은 하지 말아야 한다고 생각한다."

정통파 의사이자 주요 의료 윤리학자인 프레드 로즈너Fred Rosner 박사는 그간 정통파 랍비들을 랍비 할레비(그리고 랍비 엘리에제르 발덴베르그, 랍비 모세 아베르바흐, 랍비 나단 드라진) 같은 정통파 학자들의 금연 운동에 동참시키는 데 크게 이바지했다. 개혁파 랍비인 W. 군더 플라우트W. Gunther Plaut와 마크 와쇼프스키Mark Washofsky는 자신들의 저서《1990년대의 해답록Teshuvot for the Nineties》에서 다음과 같이 기술했다. "할라하(유대 율법)에 따르면, 우리는 창조주가 주신 우리 신체에 대해 소유권이 아니라 관리 책임이 있다. 따라서 스스로의 생명을 위험에 빠지게 해선 안된다."22

37일째 월요일
자선을 베풀지 않는 것이 최상의 자선인 경우

> 자선에는 8가지 등급이 있는데, 그중 가장 높은 등급은 가난한 유대인에게 선물을 하거나 돈을 빌려주는 것, 또는 그 사람과 동업을 하는 것, 또는 그 사람에게 일자리를 주어 그 사람을 돕는 것이다. 다시 말해 그 사람으로 하여금 다른 사람의 도움 없이 살아갈 수 있도록 해주는 것이다.
>
> — 모세 마이모니데스, 미슈네 토라, '가난한 사람을 돕는 것에 관한 율법' 10:7

많은 사람들이 최상의 자선에 관한 마이모니데스의 유명한 가르침을 그의 독창적인 발상으로 생각한다. 하지만, 실제로 탈무드 역시 체다카tzedaka 율법에서 가장 중요한 계율은 자선 수혜자가 더 이상 자선을 필요로 하지 않도록 짧지 않은 기간 동안 그를 돕는 것이라 여겼다. 랍비 아바Abba가 랍비 시몬 벤 라키쉬의 이름으로 말했다. "가난한 사람에게 돈을 빌려주는 이가 가난한 사람에게 자선을 베푸는 이보다 더 훌륭하고, 자신의 돈으로 가난한 사람과 동업을 하는 이가 가난한 사람에게 돈을 빌려주는 이보다 더 훌륭하다(샤밧Shabbat 63a)."

가장 바람직한 형태의 자선은 수혜자가 자립할 수 있도록 돕는 것이라는 유대 철학은 토라의 한 구절과 그에 대한 한 랍비의 주석에 뿌리를 두고 있다. "네 동족이 빈한하게 되어 빈손으로 네 곁에 있거든 너는 그를 도와 객이나 우거하는 자처럼 너와 함께 생활하게 하라(레위기 25:35)."

> "너와 함께 생활하게 하라."[23] : 이것은 당나귀에 실은 무거운 짐을 비유하는 것으로 설명될 수 있다. 당나귀가 서 있기만 하면 넘어지지 않게 하는데 한 사람이면 족하다. 하지만 일단 당나귀가 넘어지면 다섯 사람으로도 일으켜 세울 수 없다(시프라Sifra, 레위기).

22 플라우트와 와쇼프스키의 《1990년대의 해답록Teshuvot for the Nineties》 334페이지; 나는 또한 이 책의 312페이지와 331-335페이지에서 흡연과 관련된 랍비 엠덴과 랍비 할레비의 견해와 더불어 몇몇 중요한 견해를 발견했다. 랍비 할레비의 인용문은 히브리어로 쓴 그의 저서 《Responsa Aseh Lecha Rav》 6권, No. 59에서 인용했다. 그는 1978년에 출간한 《Responsa Aseh Lecha Rav》 2권, 9-13페이지에서 처음으로 금연을 주장했다. 프레드 로스너는 자신의 저서 《현대 의학과 유대 윤리Modern Medicine and Jewish Ethics》 391-403페이지에서 '담배와 대마초 흡연'에 관한 중요한 사실을 개관했다. 흡연의 악영향에 대한 자료는 이 책 393페이지 및 397페이지에 실려 있다.
23 원문은 "And you shall uphold him."으로 "너는 그를 지지해야 한다."로 번역된다.

몇 해 전 미국이 불황기를 겪고 있을 때, 나는 롱아일랜드의 개혁파 랍비들의 모임에 연사로 초대받은 적이 있다. 강연에 앞서 그들과 담소를 나누면서, 나는 참석한 랍비들 중 다수가 실직한 회당 사람들에게 일자리를 찾아주기 위해 상당 시간과 노력을 투자하고 있다는 걸 알게 되었다. 나는 그들 랍비가 유대교에서 말하는 가장 높은 수준의 자선을 실천하는 데 열과 성을 다한다는 사실에 깊은 감명을 받았다. 몇몇 다른 종교의 전통적인 입장과는 달리 유대교는 가난을 결코 높이 평가하지 않았다. "만일 세상의 모든 괴로움과 고통을 모아 저울 한 쪽에 올려놓고 가난을 다른 한 쪽에 올려놓는다면, 가난이 그 모든 것보다 더 무겁다(출애굽기 라바 31:12 및 31:14)."

가난한 사람에게 돈이나 도움을 주면 아주 좋은 일을 한 것이고, 가난한 사람이 자립할 수 있도록 일자리를 찾거나 기술을 습득하는 데 도움을 주면 위대한 일을 한 것이다.

38일째 화요일

어려울 때도 기부하라

나는 연수입이 들쭉날쭉한 여성 프리랜서 작가 한 사람을 알고 있다. 그녀는 수입이 줄어들면 가장 먼저 줄이는 지출이 자선 기부금이라고 했다.

그 여성의 방식은 다소 과할 수 있다. 하지만 실제 많은 사람이 수입이 줄어들면 수입 감소율보다 훨씬 더 높은 비율로 기부금을 줄인다. 그러나 수입은 15% 감소했는데 기부금을 20% 줄이는 것은 도덕적으로 바람직하지 않다. 수입이 15% 줄었다면 기부금도 15%만 줄이는 것이 합당하다.

유대 율법은 심지어 가난한 사람에게도 기부의 의무를 지운다. 탈무드는 다음과 같이 말한다. "남의 자선으로 살아가는 빈곤자라 해도 자선을 해야 한다(기틴Gittin 7b)." 랍비들은 가난한 사람이 자신을 단순한 걸인이나 보조금으로 연명하는 사람으로 여기기보다 다른 사람들과 마찬가지로 남을 도울 수 있는 한 인간으로 여기길 원했던 것으로 보인다. 아울러 가난한 사람들로 하여금 기부를 하게 만드는 것은 그들이 자기 연민에 빠지지 않도록 돕는 일이기도 하다. 자선의 의무로 인해, 자신들과 같거나 자신들보다 더 안 좋은 상황에 처한 사람들도 있다는 것을 상기할 수 있기 때문이다. 탈무드는 랍비 아키바와 그의 아내가 침대가 없어 짚단 위에서 잠잘 정도로 가난했던 시절에 대해 이야기한다. 어느 날 아침 아키바는 아내 머리에서 지푸라기를 집어내며 말했다. "형편이 된다면 '황금 예루살렘(보석의 일종으로 예루살렘이 새겨진 황금 관)'을 당신에게 선물할 텐데." 이때 사람으로 위장한 선지자 엘리야가 갑자기 아키바의 현관으로 와서 소리쳤다. "짚단을 좀 주십시오. 제 아내가 아기를 낳으려 하는데 눕힐 곳이 없습니다." 아키바는 남자에게 짚단을 건네준 뒤 아내에게 말했다. "저 남자를 보시오. 그는 우리에게 있는 짚단조차 없다오(네다림Nedarim 50a)."

지출을 줄여야 할 상황이 되어도 자선은 반드시 베풀어야 한다. 탈무드가 다음과 같이 가르치고 있듯이. "살림살이가 넉넉지 못하더라도 여전히 자선은 베풀어야 한다(기틴 7a)." 왜 이 율법을 이토록 강조할까? 왜냐하면 "자선은(체다카는) 다른 모든 계율을 다 합한 것만큼이나 중요하다(바바 바스라Bava Bathra 9a)."고 여기기 때문이다.

39일째 수요일

쾌활한 태도는 선택 사항이 아니다

샴마이가 말했다. "모든 사람을 쾌활하게 맞이하라."
― 아버지의 윤리 1:15

샴마이의 위의 말은 기분이 좋지 않을 때도 다른 사람을 쾌활하게 맞이해야 한다는 뜻일까?24 탈무드는 그렇다고 답한다(당신에게 끔찍한 일이 일어나 침울한 기분인데도 미소를 지으며 돌아다녀야 한다는 뜻은 결코 아니다.).

당신의 감정을 통제할 수 없을 때가 있는 것도 사실이다. 하지만 그때 당신의 행동도 통제할 수 없는 건 아니다. 당신을 맞이하는 다른 사람의 태도가 쾌활하고 다정하길 바라듯, 당신 역시 다른 사람을 그렇게 맞이하도록 하라.

언젠가 나는 한 학생으로부터 약혼 소식을 직접 전해들은 어느 랍비의 글을 읽은 적이 있다. 아주 기쁜 소식임에도 불구하고 그 학생은 심각한 표정으로 약혼 소식을 랍비에게 전했다고 한다. 랍비는 그 학생에게 축하의 말을 건넨 뒤 그를 거울 앞에 세워 웃는 연습을 시키며 이렇게 말했다. "방금 자네가 약혼 소식을 전하며 지었던 표정으로 약혼녀에게 말한다면, 자네 약혼녀는 자네가 자신에게 화가 난 게 아닌가 하고 걱정할 걸세."

이 랍비는 침울함과 변덕스러움은 누군가를 희생자를 삼는 '죄악'이라는, 좀처럼 언급되지 않는 중요한 사실을 직시했던 것이다. 사람들은 침울한 사람과 함께 있다 보면 종종 그 침울함이 자기 탓인 것 같은 느낌을 갖곤 한다. 침울해 하는 사람들은 자신들이 다른 사람들 감정에 안 좋은 영향을 줄 수 있다는 걸 부인할지 모르지만, 자신들 역시 침울한 사람과 함께 있으면 유쾌하지 않다는 걸 알고 있다. 그래서 쾌활한 사람 대다수와 마찬가지로 침울한 사람 대다수도 쾌활한 사람과 어울리는 걸 더 좋아한다.[25]

위의 일화는 사람들을 쾌활하게 맞이하는 것은 지인이나 거리에서 만나는 사람에게도 적용되어야 한다는 샴마이의 권고를 상기시켜 주는데, 가정에서 이를 실천하는 것이 특히 더 중요하다. 언젠가 나는 어느 중년 남성이 아버지가 형을 맞이할 땐 눈빛이 빛났지만 자신을 맞이할 땐 그렇지 않았다고 말하는 걸 들은 적이 있다. 그런 가정 분위기에서 여러 해를 살면서, 그는 자신은 사랑받지도 못하며 사랑받을 가치도 없는 사람이라고 느끼게 되었던 것이다.

《행복은 진중한 문제이다 Happiness Is a Serious Problem》의 저자 데니스 프레이저 Dennis Prager 는 다음과 같은 말을 좋아한다. "우리에겐 최대한 행복

---

[24] 내 친구 데이비드 저너는 샴마이의 이 금언에서 쾌활해야 한다는 말에 지나치게 초점을 맞추지 않는 것이 더 좋다고 제안한다. 그는 샴마이의 이 금언을 "모든 사람을 정답게 맞이하라."로 해석하는 것이 더 정확할 것이라고 말한다.

[25] 호르몬의 불균형에서 비롯된 어떤 사람들의 침울함은 스스로의 통제 범위를 벗어나 있다. 이런 사람들은 주변 사람들을 위해서도 자기 문제를 해결하기 위해 전문적인 치료를 받아야 할 도덕적 의무가 있다고 나는 믿는다.

해져야 할 도덕적 의무가 있다." 탈무드의 한 구절은 다음과 같은 고대 유대 격언을 인용함으로써 데니스의 말과 샴마이의 가르침에 힘을 더한다. "친구에게 이를 드러내고 웃는 사람이 친구에게 우유를 건네는 사람보다 낫다(케투봇 111b)." 이 말은 웃음이 매우 효과적인 자양분이라는 걸 가르쳐준다.

40일째 목요일

항상 다른 사람에게 다정한 인사를 건네야 한다

> 랍비 요카난 벤 자카이Yochanan ben Zakkai는 항상 다른 사람에게 먼저 인사를 건넸다고 전해진다.
>
> ─ 바빌로니아 탈무드, 베라콧Berachot 17a

이 가르침을 가장 잘 실천한 사람은 지금도 시나고그와 안식일, 유대 결혼식 등에서 불리는 수백 곡의 노래를 작곡한 20세기 음유시인 랍비 슈로모 칼레바흐Shlomo Carlebach이다. 뛰어난 음악적 재능으로 잘 알려져 있는 랍비 슈로모는 "네 이웃을 네 자신처럼 사랑하라."는 계율을 실천하는 데도 천부적인 재능을 발휘했다.

자동차로 랍비 슈로모를 펜실베이니아의 한 공연장에 모시고 가던 한 남자가 차안에서 그와 함께했던 시간을 회고했다. 그들은 오랫동안 차를 타고 갔는데, 서로 몇 분간의 대화를 나눈 뒤 랍비 슈로모가 남자에게 조용히 앉아 탈무드를 공부해도 괜찮은지를 물었다. 이타 할베르스탐 만델바움Yitta Halberstam Mandelbaum은 랍비 슈로모의 친구와 지인들에게서 들은 그의 일화를 모은 자신의 저서《성스러운 형제Holy Brother》에서 그 이야기를 이렇게 적고 있다.

> 나는 미안해하는 그의 태도에서 그가 내 기분을 상하게 하지 않으려고 또 무례하게 보이지 않으려고 애쓴다는 걸 알 수 있었다. 그가 바쁜 일정 때문에 좀체 혼자 공부할 시간을 갖지 못한다는 걸 잘 알고 있던 나는 "전 괜찮으니 어서 그렇게 하십시오." 하고 말했다. 그는 황홀한 표정으로 탈무드를 펼쳤고 곧바로 모든 걸 망각한 채 탈무드 공부에 빠져들었다. …… 그런데 그러다 우리가 통행료 징수소를 지날 때마다, 그는 탈무드를 덮고 통행료 징수원을 향해 손을 흔들고 환하게 웃음 지으며 다정한 말을 건넸다. 첫인상이 고약하거나 무뚝뚝해 보였던 징수원들조차 랍비 슈로모가 손을 흔들며 미소와 함께 농담을 건네면 태도가 바뀌었다. 그는 통행료 징수소를 지나면 또 다시 탈무드에 몰입했다. 그는 탈무드 공부에 완전히 몰입했음에도 불구하고 통행료 징수소를 단 한 차례도 그냥 지나치는 법이 없었다. 랍비 슈로모의 빛은 그들 모두를 감화시키고 축복했다.

물론 랍비 슈로모가 통행료 징수원들에게만 다정한 인사를 건넸던 건 아니다. 길거리 걸인들에게도 건네진 그의 다정한 인사는 맨해튼에 있는 그의 시나고그를 찾는 모든 사람들로 하여금 자신들이 특별한 존재라는 느낌을 갖게 했다. 이타 할베르스탐 만델바움은 랍비 슈로모가 자신을 볼 때마다 "성스러운 이타 자매님, 당신은 이 세상에서 가장 사랑스럽고 성스럽습니다."라고 인사를 건넸다고 전한다. 만델바움은 말을 잇는다. "그가 방금 제 앞의 300명에게도 똑같은 인사말을 건네는 걸 들었다 해도 그건 문제가 되지 않아요. 그의 빛나는 표정은 어김없이 진실을 발했고, 전 그의 무조건적인 사랑과 수용의 온기가 제 온몸에 퍼지는 느낌을 받았으니까요."²⁶

"안녕하세요." 또는 "좋은 아침이에요."라는 말로 지나가는 사람들에게 항상 다정한 인사를 건네면, (그렇게 하지 않으면 형성되지 않을) 인간적인 유대 관계가 형성된다. 야파 엘리아크의 주목할 만한 저서 《대학살 이후 하시디즘 유대인 이야기》Hasidic Tales After the Holocaust 는 1930년대 단치히Danzig에 살았던 어느 하시디즘 랍비에 대한 이야기를 전한다.

규칙적으로 아침 산책을 한 그 랍비는 랍비 요카난의 가르침을 마음속에 새기며 남녀노소 막론하고 마주치는 모든 사람에게 다정한 미소를 띠며 "좋은 아침이에요."라는 정겨운 아침 인사를 건넸다. 그렇게 몇 년이 지나 많은 주민을 알게 된 이 랍비는 항상 그들의 정확한 칭호와 이름을 부르며 인사를 건넸다. 한편, 도시 근교 농장에 한 농부가 살고 있었는데, 그 역시 종종 이 랍비와 마주치곤 했다. 랍비가 그에게 "좋은 아침이에요, 뮐러 씨."하고 인사를 건네면, 그는 "좋은 아침입니다, 랍비님."하며 답례했다.

2차 세계대전이 발발하면서 랍비의 산책은 중단됐고, 뮐러는 농장을 떠나 나치 친위대에 입대했다. 랍비는 트레블링카Treblinka 죽음의 수용소에서 가족을 잃고 아우슈비츠로 이송되었다. 어느 날 아우슈비츠에 수감된 유대인 전원에 대한 선별 작업이 이루어졌다. 수감자들이 한 나치 장교 앞에 서면 그는 그들을 왼편이나 오른편으로 보냈는데, 왼편은 가스실에서의 죽음을, 오른편은 강제 노동의 삶을 의미했다. 당시 랍비는 오랜 굶주림과 질병에 시달려 이미 '걸어 다니는 해골'처럼 보였다.

앞의 줄이 점점 줄어들면서 "왼쪽으로, 오른쪽으로"라고 지시하는 목소리가 랍비에게 낯익게 들리기 시작했다. 그리고 얼마 지나지 않아 랍비는 수감자들의 삶과 죽음을 결정하는 나치 장교의 얼굴을 볼 수 있었다. 랍비가 마침내 나치 장교 앞에 서게 되었을 때, 그는 자신도 모르게 "좋은 아침이에요, 뮐러 씨." 하고 인사를 건넸다.

"좋은 아침입니다, 랍비님." 장교는 답례를 하고 말을 이었다. "여긴 어쩐 일이세요?"

랍비는 아무런 대답도 하지 않고 힘없이 웃어보였다. 몇 초 후, 뮐러는 자신의 지휘봉으로 오른쪽을 가리키며 "오른쪽으로."라고 말했다. 다음날 랍비는 좀 더 안전한 수용소로 이송되었고, 결국 전쟁에서 살아남았다.

랍비 야파 엘리아크는 다음과 같이 전한다. "현재 여든이 넘은 그가 부드러운 목소리로 내게 말했다. '그것이 아침 인사의 위력이죠. 우리는 항상 다른 사람에게 다정한 인사를 건네야 합니다."[27]

26 만델바움 《성스러운 형제》 27-28쪽
27 엘리아크 《대학살 이후 하시디즘 유대인 이야기》 109-110페이지

41일째 금요일

회복기에 있는 알코올 중독자도 안식일과 유월절에 포도주를 마셔야 할까

유대 율법은 포도주에 중요한 역할을 부여한다. 안식일엔 가족 식탁에서 두 차례 포도주로 축배를 들고, 유월절 첫날 밤 축제 땐 넉 잔의 포도주를 마실 의무가 있다.

나의 성장기 때엔 그런 의식이 아무런 해도 끼치지 않는다는 것이 일반적인 생각이었다. 유대인을 비롯해 많은 비유대인도 유대 공동체엔 알코올 중독자나 술주정뱅이가 거의 없다고 생각했다. 하지만 이제 우리는 상황이 달라졌다는 걸 알고 있다. 비교적 알코올 중독자 비율이 낮다고는 해도, 유대 공동체에도 많은 사람들이 알코올 중독이나 알코올 의존증으로 고통 받고 있는 것이다.

그렇다면 회복기에 있는 알코올 중독자는 안식일과 유월절에 어떻게 해야 할까? 그도 키두쉬를 암송하고 포도주를 마시고 하나님의 은총으로 모든 것이 잘되리란 걸 기원해야 할까? 아니면 "너희는 깊이 삼가라(신명기 4:15)."라는 성경 말씀에 따라, 안식일에 키두쉬를 암송하고 유월절에 넉 잔의 포도주를 마시는 것을 금해야 할까?

유대 율법은 다행히 중립적인 해결책을 제시한다. "포도나무 열매를 창조하신 우주의 왕, 우리 주 하나님 축복 받으시옵소서."하며 포도주를 들때 암송하는 특별 기도문은 포도 주스를 들면서도 암송할 수 있다는 것이다. 따라서 알코올 음료를 마시지 말아야 하는 유대인도 다른 유대인과 마찬가지로 똑같은 기도문을 암송할 수 있다.[28]

정신과 전문의인 랍비 아브라함 트워스키Abraham Twerski는 자신의 저서 《남에게 대접을 받고자 하는 대로 너희도 남에게 대접하라Do Unto Others》에서 이 유대 율법을 따른 덕분에 좋은 결말을 맞을 수 있었던 어느 가톨릭 신부의 일화를 들려준다. 트워스키는 알코올 중독으로 피츠버그 소재 세인트 프란시스 병원St. Francis's Hospital에 입원한 34세의 가톨릭 신부를 치료하고 있었다. 병원에서 치료받는 동안 신부는 당연히 술을 마실 수 없었다. 그런데 트워스키는 신부가 여러 병의 구강 세정제를 요청했다는 사실을 알게 되었다.

트워스키는 알코올 성분이 함유된 구강 세정제를 마신 걸 인정한 신부와 대면했다. 트워스키는 신부에게 그가 술을 끊을 수 있는 유일한 희망은 술을 마시면 거부 반응을 일으키게 하는 안타부스를 복용하는 것이라고 말했다.

"미사를 올릴 땐 포도주를 마셔도 되나요?" 신부가 물었다.
"안됩니다." 내가 말했다.
"그렇다면 안타부스를 복용할 수 없어요."
"아뇨, 복용할 수 있습니다." 나는 말을 이었다. "포도 주스를 드세요. 그러면 미사를 거행할 수 있을 겁니다."
"저희는 포도 주스를 사용할 수 없습니다." 신부가 말을 이었다. "포도주가 아니면 안 됩니다."
나는 바티칸에 있는 내 친구 라이트 추기경에게 전화를 걸었다. "추

---

28 유대 율법은 안식일 및 유월절에 포도주를 마시길 고집하는 회복기에 있는 알코올 중독자를 자신의 건강은 물론 주변 사람들 건강까지 위험에 빠뜨리는 죄인으로 간주한다.

기경," 나는 말을 이었다. "자네가 날 좀 도와줘야겠네. 이 젊은 신부가 죽어가고 있다네. 미사를 볼 때 포도 주스를 사용할 수 있는 특별 허가를 해주길 바라네."

"내가 자네 요청을 개인적으로 교황께 전하도록 하겠네." 라이트 추기경이 대답했다.

"교황님은 선행을 베푸시게 될 거라는 나의 말을 교황께 전해주게." 내가 말했다.

이틀 후, 라이트 추기경한테서 전화가 왔다. 알코올 중독자 신부는 모두 미사를 볼 때 포도 주스를 마실 것을 교황이 지시했다는 것이다.

트워스키 박사는 다음과 같이 결론지었다.

교황은 선행을 베풀었다.
추기경도 선행을 베풀었다.
나 역시 선행을 베풀었다.
그리고 미사로 인해 알코올 중독의 재발 위험에 노출될 수 있었던 신부들 모두 구제되었다.[29]

42일째 안식일

한 주를 돌아보며 편히 쉬는 하루가 되기를.

---

29 트워스키,《남에게 대접을 받고자 하는 대로 너희도 남에게 대접하라: 선행이 어떻게 당신의 삶을 변화시킬 수 있을까 Do Unto Others: How Good Deeds Can Change Your Life》138-139페이지

43일째 일요일

'라손 하라lashon hara'란 무엇인가

사람들은 거짓말로 다른 사람을 비방하고 모략하는 것은 부도덕하고 불법적인 일이라 여기면서도, 다른 사람에 대해 부정적이지만 사실인 말을 하는 것은 도덕적으로 허용될 수 있다고 여긴다.

유대 율법은 그런 관점에 반대한다. 타인에 대해 하지 말아야 할 말이라는 뜻의 히브리어 '라손 하라'(나쁜 혀)는 사실이긴 하지만 다른 사람을 깎아내리는 모든 말을 일컫는다.[30]

따라서 특정 인물을 거론하며 그 사람은 돼지처럼 먹는다거나 성적

---

[30] 명예 훼손과 중상 모략을 일컫는 히브리어는 '모치 셈 라motzi shem ra'인데, 이는 윤리적인 말에 관한 유대 율법에서 가장 큰 죄악이다.

으로 난잡하다거나 직장 동료들 사이에서 게으른 사람으로 통한다는 식으로 깎아내리는 말을 친구나 지인들에게 말하는 것은 금지된다. 설령 그것이 사실이라 해도.

가끔 그 기준을 구분하기 힘들다는 건 사실이다. 탈무드 역시 사실상 모든 사람이 최소 하루에 한 번씩은 이 '윤리적인 말하기'에 대한 율법을 어긴다는 걸 인정한다(바바 바스라 164b-165a). 그럼에도 불구하고 이 율법을 실천하려고 노력하면, 다른 사람에 대해 훨씬 더 긍정적인 말을 하게 될 것이다.

험담에 관한한, 우리 대다수가 "남에게 대접을 받고자 하는 대로 너희도 남에게 대접하라."는 황금률을 일상적으로 어긴다. 이를테면, 당신이 방에 들어가려다가 방 안에서 사람들이 당신 얘기하는 걸 듣게 되는 상황에서, 당신이 제일 듣고 싶지 않은 말은 아마 당신의 성격적인 결함이나 사회 생활에 대한 세세한 언급일 것이다. 하지만 우리가 다른 사람에 대해 얘기할 땐 일반적으로 그런 얘기에 가장 큰 흥미를 느낀다.

다른 사람에 대해 부정적인 정보를 거론하는 것이 허용될 때가 있다(337일째 및 338일째 참조). 하지만 그것은 비교적 드문 경우에 속한다. 다른 사람에 대해 부정적인 사실을 말하는 것은 명예 훼손죄로 고소당해 법정에 선 사람에겐 자기방어 수단이 될 수 있을지 몰라도, 중요한 유대 율법을 어겼다는 점에선 변명의 여지가 없다.

44일째 월요일

부정적인 말은 전하지 말라

내가 아는 한 여성은 아버지가 돌아가셔서 결혼식 때 오빠 손을 잡고 식장에 입장하기로 오래 전부터 계획하고 있었다. 그런데 결혼식을 코앞에 둔 시점에서 그녀 언니가 오빠가 한 말을 그녀에게 전했다. "캐롤은 아주 매력적인 아이지만, 데이비드가 사회적으로는 그녀보다 훨씬 더 성공했지. 데이비드가 캐롤을 지겨워하게 되지 않을까 걱정이야." 이 말을 전해 듣고 충격을 받은 캐롤은 오빠 손을 잡고 신부 입장을 하겠다는 애초의 계획을 바꿨고, 몇 년이 지난 지금까지도 오빠와 서로 연락조차 않고 지내고 있다.

그 일이 있고 얼마 후 나는 우연히 그녀 언니를 만나 그 일에 대해 물어보았다. 그녀는 동생과 얘기를 나누다 자연스럽게 그 말을 하게 됐다고 말했다. 그녀는 동생에 대한 오빠의 생각을 당사자도 알아야 한다고 생각했다. 상처를 줄 수 있는 말을 전달하는 사람들이 자신을 정당화하는 가장 일반적인 말이기도 한 그녀의 답변은 논리적으로는 맞는 듯하다. 즉 어떤 사람이 당신 앞에선 다정하게 대하면서 뒤에서 당신에 대해 부정적인 말을 한다면, 당신이 그 사실을 알아야 한다는 논리인 것이다.

하지만 그녀 오빠의 한 마디 말이 그녀에 대한 그의 전반적인 생각을 반영한 건 아니다. 또한 그녀 언니는 오빠가 동생에 대해 한 칭찬을 빠짐없이 전달할 수도, 또 전달하려 애쓰지도 않았을 것이다. 여동생에 대한 오빠의 언급이 잘못된 것일 수도 있다. 하지만 사실 사랑하는 주변 사람들에 대해 가끔 세심하지 못한 말을 하지 않는 사람은 거의 없다. 17세기의 위대한 프랑스 철학자 블레즈 파스칼Blaise Pascal이 다음과 같이 말한 것처럼 말이다. "만일 모든 사람이 다른 사람들이 자신에 대해 어떤 말을 하는지 안다면, 세상엔 단 네 명의 친구도 존재하지 않을 것이다."

마크 트웨인은 부정적인 말을 전하는 사람들이 당사자에게 주는 고통에 대해 다음과 같이 피력했다. "당신 마음을 빨리 다치게 하려면, 당신 적과 친구만 있으면 된다. 즉, 당신을 비방하는 적과 그 비방을 당신에게 전하는 친구만 있으면 되는 것이다."

토라는 상처를 주는 말을 전하는 것은 잘못된 일로, 하나님 자신도 그것을 삼가신다고 가르친다. 창세기 18장은 아브라함에게 늙은 아내 사라가 1년 후 첫 아이를 갖게 되리란 걸 알리기 위해 그의 집을 방문한 세 천사에 대한 이야기를 하고 있다. 천사들이 아브라함에게 그 말을 전할 때 근처에 있던 사라는 그들이 하는 말을 듣고 속으로 웃으며 말한다. "내가 이렇게 늙어서 기력이 없고 내 주인도 늙었는데, 내게 과연 그런 기쁜 일이 있겠는가?"

다음 구절에서 하나님은 아브라함에게 나타나 이렇게 말씀하신다. "사라는 왜 웃으며 '내가 이렇게 늙었는데 정말 아이를 낳을 수 있겠는가?'라고 하느냐?"

탈무드 랍비들은 하나님이 하신 말씀에 충격을 받아 아무런 말도 하지 못했다. 하나님은 사라의 말을 아브라함에게 전하면서 사라가 '내 주인도 늙었는데'라고 말한 대목은 생략했다. 아브라함이 늙은 것은 사실이지만, 아내인 사라가 자신을 무시한다고 여겨 화를 낼 수도 있다는 것을 염려하셨던 것이다.

　탈무드는 이 일화에 근거해, 다음과 같은 결론을 내린다. "평화는 위대한 것이다. 평화를 위해서라면 하나님께서도 진실을 수정하신다(예바못Yevamot 65b)."

　물론 타인에 대한 부정적인 말을 전하는 것이 필요한 경우도 있다. 당신이 정직하다고 알고 있는 사람이 부정직하게 행동했다며 누군가가 그를 비난하는 걸 들었다고 하자. 이 경우 당신은 공개적으로 그 부당한 비난에 반박해야 할 뿐 아니라, 비난의 대상이 된 사람에게 그걸 알려 주어야 한다. 하지만 그런 경우는 비교적 흔치 않다. 타인에 대한 부정적인 말을 전해야 할 확실한 이유가 없다면, 그렇게 하지 않아야 한다.

　유대 윤리는 원칙적으로는 거짓말을 금하지만, 누군가가 당신에게 "그 사람이 나에 대해 뭐라고 말했습니까?"라고 묻는 경우 100% 정직하게 답하지 않는 걸 허용한다. 당신의 솔직한 답변이 상대에게 상처를 주거나 반감을 불러일으키리란 걸 안다면, 당신은 하나님이 아브라함에게 그러셨던 것처럼 모든 사실을 말하지 않아도 된다. 만일 상대가 당신에게 말을 더 해달라고 계속해서 요구한다면, 당신은 "그 사람은 당신에 대해 비판적인 말을 하지 않았습니다."하고 말하면 된다고 유대 윤리는 가르친다. 요컨대, 진실이 건설적인 목적에 기여하지 않는다면, 평화가 진실보다 더 소중한 것이다.

45일째 화요일
아무도 인식하지 못한 죄악

> 왜 첫 번째 대사원이 기원전 586년에 파괴되었을까? 이는 당시 유대 민족이 저지른 세 가지 죄악, 즉 우상 숭배, 성적인 부도덕, 살인 때문이다. …… 그럼 왜 서기 70년에 두 번째 대사원이 파괴되었을까? 당시 유대인들은 토라를 공부하고 계율을 지켰으며 자선도 베풀었는데 말이다. 이는 당시에 근거 없는 증오가 만연했기 때문이다. 이는 근거 없는 증오가 우상 숭배, 성적인 부도덕, 살인이라는 세 가지 죄악을 합한 것에 버금간다는 것을 가르쳐준다.
>
> — 바빌로니아 탈무드, 요마Yoma 9b

여러 해 전 나는 예시바 대학Yeshiva University에서 탈무드를 가르치는 랍비 아론 크라이저Aaron Kreiser 교수가 다음과 같은 질문을 던지는 걸 들었다. "첫 번째 대사원은 최악의 죄악에 대한 징벌로 파괴되었는데도 파괴된 지 70년 이내에 다시 세워졌는데, 왜 두 번째 대사원은 그보다 훨씬 더 가벼운 죄악으로 파괴되었는데도 지금까지 다시 세워지지 않고 있을까?" 그는 대충 다음과 같은 답변을 했다. "첫 번째 대사원 시대의 사람들이 저지른 죄처럼 엄청난 죄를 지으면, 사람들은 그에 상응하는 심한 고통을 받는다. 그러면 사람들은 자신들이 얼마나 큰 악행을 저질렀는지를 깨닫고 이를 회개한다. 하지만 '근거 없는 증오'의 죄악을 범한 사람들은 결코 자신들의 죄를 인식하지 못한다. 만일 그들에게 상대를 증오하는 것이 잘못되지 않았냐고 물어본다면, 그들은 상대를 증오할 만한 이런저런 이유들에 대해 설명하려 들 것이다. 정리하자면, 그들의 죄악이 살인이나 우상 숭배 같은 죄악보다는 가벼운 것일지 몰라도, 그들은 절대 자신들의 죄악을 회개하지 않는다는 것이다. 그렇기 때문에 우리 시대에 대사원이 재건되지 못하고 있는 것이다. 우리는 그만한 가치가 없는 사람들이기 때문이다."

당신 마음에서 '근거 없는 증오'를 없애려는 노력의 일환으로 당신이 싫어하는 어떤 사람을 떠올려보라. 설령 그 사람에 대한 당신의 반감을 정당화할 수 있다 해도, 당신의 그러한 반감이 그 사람이 저지른 악에 비하면 지나친 것이 아닌지 곰곰이 생각해 보라. 만일 그렇다면, 그것은 최소한 그 사람에 대해 당신이 갖고 있는 반감의 일정 부분은 근거가 없다는 걸 뜻한다.

'근거 없는 증오'를 없애는 또 다른 방법은 당신이 싫어하는 사람의 좋은 점을 찾으려 노력하는 것이다. 그렇게 해서 얻은 정보를 당신 감정에 주입한다. 즉 그 사람에 대해 생각할 때마다 그의 좋은 점을 떠올려보는 것이다.[31]

그런 태도 변화로 어느 정도의 선에 도달할 수 있는지 누가 알 수 있을까? 팔레스타인 아슈케나지크Ashkenazic의 초대 최고 랍비인 아브라함 아이작 쿡Abraham Isaac Kook(1865-1935)은 다음과 같이 말하곤 했다. "두 번째 대사원은 이유 없는 증오 때문에 파괴되었다. 그래서 세 번째 대사원은 아마 이유 없는 사랑의 힘으로 재건될 것이다."

---

31 이는 대부분의 사람들에게 쉽지 않은 일이다. 마침내 자신이 싫어하는 사람들이 한 선행을 인정하기로 결심한 한 여성을 나는 알고 있다. 하지만 주위 사람들이 그 사람의 좋은 점에 대해 말하는 것을 들을 때마다, 그녀는 여전히 자신을 괴롭히는 그 사람의 부정적인 면을 사람들에게 말하는 걸 멈출 수 없었다고 한다.

46일째 수요일

누군가에 대한 화를
마음속에 담아두지 말라

레위기 19장 17절은 다음과 같이 명한다. "너희는 네 형제를 마음으로 미워하지 말라." 토라는 왜 그저 간단하게 "너희는 네 형제를 미워하지 말라."라고 하지 않고 이런 특이한 어법을 썼을까?

그건 인간의 본질에 대한 토라의 통찰에서 기인하다고 나는 생각한다. 사람들은 흔히 다른 누군가를 싫어하는데, 가끔은 타당한 이유가 있다. 그런데 그런 반감은 무조건적으로 금한다고 해서 없어지지는 않는다. 오히려 내면으로 침투해 마음 깊숙이 자리잡게 된다. 그러면 그것이 토라가 금하는 '마음속 증오'가 되는 것이다. 당신이 누군가를 싫어한다면, 그 감정을 마음속에 담아두지 말라. 거기서 곪아터질 것이기 때문이다. 토라는 요셉의 형들이 "요셉을 미워해 그에게 인사말조차 하지 않았더라(창세기 37:4)."라고 전한다. 요셉에 대한 형들의 증오는 점점 더 커져 마침내 요셉을 노예로 팔아넘겼다.

누군가에게 화가 나 있다면, 그 사람에 대한 불만을 마음속에서만 키우지 말라. 당신이 어떻게 상처를 입었는지 그 사람이 알도록 문제를 제기하라(하지만 당신이 가장 화가 나 있을 때는 그 사람과 대면하지 말라. 부적절한 말을 내뱉을 수 있기 때문이다.). 하지만 그렇게 하는 사람은 극히 드물며, 대개 음산한 침묵 속에 상대에 대한 분노를 키우거나 친구들에게 끊임없이 자기 심정을 토로한다. 심리학자 캐롤 타브리스 Carol Tavris는 그런 행동이 얼마나 유해한지를 상기시켜 준다.

루드비히에게 화가 난 당신이 당신의 가장 친한 친구와 아무리 얘기한다 해도 그 문제는 해결되지 않는다. 친구와의 얘기가 루드비히에 대한 당신의 인식을 바꾸어 놓지 않는다면("이런, 그가 날 모욕하려 했던 게 아니었구나!" 식으로), 루드비히를 향한 당신의 분노는 사라지지 않고 반복될 것이며, 루드비히에 대한 당신의 기존 생각이 더 심화될 가능성이 크다. 주먹으로 베개를 치거나 머릿속으로 복수의 시나리오를 짜거나 뒤틀린 농담을 일삼거나 자녀를 때리는 행위 등으로 당신 분노를 해소하려 해도, 그 분노는 사그라지지 않을 것이다. 그런 행동들은 당신에게 카타르시스가 되어주지 못한다. 당신을 분노케 하는 원인이 변하지 않고 그대로 남아 있기 때문이다.[32]

심지어 당신을 화나게 한 사람과 얘기를 한 후에도 당신 분노는 사그라지지 않고 그대로일 수 있다. 이는 안타까운 일임엔 틀림없지만, 당신을 화나게 한 당사자와 직접 얘기하는 것으로 당신은 최소한 "너희는 네 형제를 마음으로 미워하지 말라."라는 토라의 가르침에 부응할 수는 있다.

끝으로 한 가지 생각을 더 보태자면, "너희는 네 형제를 마음으로 미워하지 말라."라는 토라의 구절은 우리가 증오하는 사람 역시 이방인이 아니란 걸 상기시켜 준다. 심지어 그 사람에 대한 우리의 분노가 극에 달했을 때조차도, 그 사람은 여전히 우리의 형제 또는 자매이다.

---

32 타브리스《분노Anger》152 페이지

47일째 목요일

과부나 고아를 이용해먹지 말라

유대 문헌에서 찾을 수 있는 사회적 약자들에 대한 우대 개념은 고아와 과부에게도 적용된다. 토라는 그들을 애정과 연민, 특별한 공정함으로 대해야 한다는 것을 매우 구체적이고 열정적으로 성문화했다. 부모나 배우자의 보호를 받지 못하는 그들이 학대에 쉽게 노출된다는 점에 주목한 토라는 그들을 이용해먹는 사람은 하나님이 직접 벌하실 것이라고 강력 경고한다. "너는 과부나 고아를 해롭게 하지 말라. 네가 만일 그들을 해롭게 하므로 그들이 내게 부르짖으면, 내가 반드시 그 부르짖음을 들을지니라. 나의 노가 맹렬하므로 내가 칼로 너희를 죽이리니, 너희 아내는 과부가 되고 너희 자녀는 고아가 되리라(출애굽기 22:22-23)."

마이모니데스는 특유의 시적인 구절로 토라와 탈무드의 율법을 뒷받침한다.

> 과부와 고아의 영혼은 깊은 상실감과 우울증으로 인해 상처받기 쉬우므로, 그들에겐 특히 조심성 있게 행동해야 한다. 그들이 설령 부유하거나 왕의 과부나 고아라 해도, 세심한 주의를 기울여야 한다. "어떠한 과부나 고아라도 함부로 대해선 안된다." 그럼 그들을 어떻게 대해야 할까?
> 그들에게 항상 부드럽게 말하라.
> 그들에게 변함없는 예의를 갖추어라. 힘든 일로 그들을 육체적으로

괴롭히지 말고, 가혹한 말로 그들의 감정에 상처를 입히지 말라.
자기 자신의 것보다 그들의 재산이나 돈에 더 세심한 주의를 기울여야 한다. 그들을 괴롭히거나 노하게 하거나 학대하거나 그들에게 상처를 주거나 금전적인 손실을 끼치는 자들은 누구라도 죄를 범하는 것이다.

— 모세 마이모니데스, 미슈네 토라, '성격 개발 및 윤리적 행동에 관한 율법' 6:10

'고아'란 단어는 원래 양친 모두를 여읜 사람을 뜻하지만, 성경 시대에는 아버지만 잃고 어머니는 생존해 있는 아이도 고아로 여겼다. 역사적으로 대부분의 부계 사회에선 그런 관행이 있었는데, 그건 부계 사회에서 아버지의 비중이 워낙 컸기 때문이다. 따라서 아버지가 없는 아이는 사회적으로 약자일 수밖에 없었다. 후에 유대 문헌에선 어머니만 잃은 아이도 '고아'라 칭했다.

늘어난 평균 수명으로 인해 인류 역사상 지금처럼 인구 대비 고아의 수가 적었던 적은 없었을 것이다. 하지만 요즘엔 높은 이혼율 때문에 아버지를 거의 못 보고 살아가는 아이들이 많다. 최근의 여러 연구 조사에 의하면, 아버지 없이 자란 남자아이들은 상대적으로 약물 중독과 폭력 범죄 등에 훨씬 더 빠지기 쉽고, 학력도 훨씬 더 낮으며, 직업을 갖지 못할 확률도 훨씬 더 높다고 한다. 그런 배경의 여자아이들 역시 각종 사회적 부적응으로 고통 받긴 마찬가지이다. 따라서 고아에게 특별한 관심을 기울여야 한다는 성경의 가르침은 부모의 이혼으로 친아버지의 사랑과 보살핌을 받지 못하는 결손 가정의 아이들에게도 똑같이 적용되어야 한다. 그런 아이들은 고아는 아니지만, 사회심리학적인 관점에선 사실상 고아나 다름없기 때문이다.

성경은 "하나님은 고아의 아버지이시며"(시편 68:6)라고 묘사한다. 따라서 우리가 고아들에게 지속적인 관심을 갖고 특별한 도움을 베푸는 것은 최소한 한 가지 측면에선 하나님처럼 되는 길이다.

48일째 금요일
다른 사람들에 대한 뒷말을 삼가라

내가 아는 한 여성은 새우를 무척 좋아했다. 그런 그녀가 종교적인 유대인 남성과 결혼해 자신도 종교적인 유대인이 되자, 성경 말씀에 따라 더 이상 새우를 먹지 않았다. 몇 년 후 그녀는 남편에게 지금도 새우가 먹고 싶은 걸 보면 자신은 종교적이지 못한 것 같다고 말했다. 그러자 남편이 그녀에게 말했다. "그렇지 않아요. 반대로 새우가 먹고 싶은 데도 성경에서 금해 먹지 않으니 종교적이란 증거죠." 랍비는 이렇게 가르친다. "'난 돼지고기는 질색이에요.'라고 말하지 말고 '돼지고기를 정말 먹고 싶지만, 하늘에 계신 아버지가 금하신 음식이니 어쩌겠어요.'라고 말하라(시프레Sifre, 민수기 20:26)."

정신과 전문의인 랍비 아브라함 트워스키의 지혜로운 관찰에 따르면, 이 금언은 종교 의식을 준수하는 가정에서 자란 유대인에겐 적용되지 않는다. 예를 들면, 위 여성의 남편은 새우를 먹고 싶은 욕구를 한 번도 표출한 적이 없다. 종교적인 유대인은 금기 음식을 먹지 않는 게 생활화되어 그런 음식을 멀리하는 일이 조금도 힘들지 않다.

반면, 비종교적인 유대인뿐 아니라 거의 모든 종교적인 유대인도 지키기 어려워하는 율법이 있는데, 그것은 바로 다른 사람들에 대해 부정적인 말을 하는 것을 금한다는 율법이다(라손 하라; 43일째 참조). 그들에게 위에서 언급한 랍비의 금언을 다음과 같이 수정해 들려주면 좋을 것 같다. "'난 뒷말하는 것을 좋아하지 않아요.'라고 말하지 말고 '난 다른 사람들의 은밀한 사생활이나 성격적 결함에 대해 이야기하고 듣는 것을 무척 즐기지만, 하늘에 계신 아버지가 금하시는 일이니 어쩌겠어요.'라고 말하는 것이다."

그런 태도는 뒷말하는 것을 줄여줄 뿐 아니라, 트워스키가 주장하듯, 자녀에게 진정한 신앙심에 대한 강력한 교훈을 준다. 트워스키는 저녁 식탁에서 너무 많은 이야기를 하면 다른 사람들에 대한 뒷말로 이어질 수 있으니 말을 아끼고, 또 자녀들에게 더 많은 이야기를 하고 싶지만 그런 종류의 이야기는 하나님이 금하신다고 설명해 줄 것을 권한다. 그렇게 함으로써 당신은 자녀들에게 '더 높은 권능자이신 하나님을 위해 자신의 충동을 억제하는 살아 있는 본보기'가 될 수 있다. 아마 자녀들이 결코 잊지 못할 몇 안 되는 교훈 중 하나가 될 것이다."[33]

49일째 안식일

한 주를 돌아보며 편히 쉬는 하루가 되기를.

---

[33] 트워스키, '살아 있는 본보기가 되라Be a Living Example' 《유대인의 행동Jewish Action》 1998, 1999년 가을호

50일째 일요일

체다카 즉, 선행은 자선 이상이다

어느 날 무뚝뚝한 캘빈 쿨리지Calvin Coolidge[34]가 교회에 다녀왔을 때, 그의 아내가 "오늘 설교 주제는 뭐였어요?"하고 물었다.

"죄였소." 그가 대답했다.

"목사님이 죄에 대해 어떤 말을 했는데요?"

"그는 죄를 싫어했소."

체다카 즉, 선행에 대해 말하는 그 누구라도 이 목사와 같은 어려움에 직면할 수 있다. 과연 체다카를 베푸는 것은 좋은 일이라고 말하는 것만으로 충분할까?

실제 유대 문헌은 체다카에 대해 훨씬 더 많은 이야기를 하고 있다.

무엇보다 체다카는 자선 이상이다. 우리는 자선을 베푸는 사람을 '너 그럽다'고 말하고, 자선을 베풀지 않는 사람을 '몰인정하다'고 말한다. 몰인정하다는 말은 비난조의 말임엔 틀림없지만, 당연히 법적인 문제와는 무관한 말이다. 반면, 체다카란 단어는 '정의'라는 뜻의 히브리어 체데크tzedek가 그 어원인데, 정의의 실천은 유대주의가 유대인에게 지우는 가장 중요한 의무 중 하나이다. 토라는 우리에게 "정의를 따르라(신명기 16:20)."라고 가르친다. 그로부터 수백 년 후 탈무드는 다음과 같이 가르쳤다. "체다카는 다른 계명들을 다 합한 것과 대등하다(바바 바스라 9a)." 따라서 유대주의 관점에선 체다카를 실천하는 사람은 정당하게 행동하는 사람이고, 그렇지 않은 사람은 부당하게 행동하는 사람이다. 유대 율법이 체다카를 실천하지 않는 사람을 몰인정할 뿐 아니라 율법을 어기는 사람으로 여기는 이유가 바로 여기에 있다. 유대 역사 전체에 걸쳐, 유대 자치 공동체에선 오늘날 세금을 부과하듯 체다카를 부과했다.[35]

체다카 납부는 토라가 처음으로 법률로 제정했다. 신명기(26:12)와 레위기(19:9-10)에 따르면, 유대인은 3년마다 수입의 10%를, 그리고 추가적으로 매년 수확물의 일부를 가난한 사람들에게 줄 의무가 있었다. 토라는 또한 너그러운 마음을 베풀 것을 권하기도 했다. "네 하나

---

34 제30대 미국 대통령, 29대 부통령을 역임했다
35 체다카의 개념은 유대 문헌에서 가르침을 전하는 것으로 그치지 않고 널리 실천되기도 했음을 입증하는 역사적 기록이 많다. 그중 한 예를 들면, 17세기 로마에는 수천 명으로 이루어진 유대 공동체 하나가 있었는데, 그들은 가난한 사람들에게 의복과 신발, 잠자리, 음식 등을 제공하는 7개의 자선 단체를 운영했다. 뿐만 아니라 가족 구성원의 갑작스런 죽음에 충격을 받은 가족들을 지원하는 특별 단체와 환자를 방문하는 단체를 별도로 두기도 했다. 한 단체는 이스라엘에 있는 유대인들을 위해 기금을 모았고, 11개의 단체는 다양한 유대 교육 및 종교 활동을 위해 기금을 모았다.

님 여호와께서 네게 주신 땅 어느 성읍에서든지 가난한 형제가 너와 함께 거하거든, 그 가난한 형제에게 네 마음을 강퍅히 하지 말며 네 손을 움켜쥐지 말고 반드시 네 손을 그에게 펴서 그 요구하는 대로 쓸 것을 넉넉히 꾸어주라(신명기 15:7-8)." 가난한 사람들의 되풀이되는 요구에 지치지 않도록 토라는 우리에게 이렇게 상기시킨다. "땅에는 언제든지 가난한 자가 그치지 아니하겠으므로, 내가 네게 명하여 이르노니, 너는 반드시 네 경내 네 형제의 곤란한 자와 궁핍한 자에게 네 손을 펼지니라(신명기 15:11)."

사원이 파괴된 후 성직자와 레위 사람들을 위해 유대인들에게서 걷는 연10%의 세금을 제대로 거둬들일 수 없게 되자, 유대 율법은 마침내 어려운 사람들을 위해 기부하는 수익의 최소 비율을 10%로 선포했다(마이모니데스, 미슈네 토라, '가난한 사람을 돕는 것에 관한 율법Laws Concerning Gifts for the Poor' 7:5 참조).[36]

왜 유대 율법은 기부와 관련해 수입의 일정 비율을 내는 일에 이토록 집착할까? 그것은 아마 일정한 비율을 정하지 않으면 사람들의 기부가 필요한 수준에 훨씬 못 미치리라는 걸 알았기 때문일 것이다. 실제로 수천만의 미국인이 자기 수입의 3% 이하만 기부할 뿐 아니라 기부를 전혀 하지 않는 사람도 많다. 유대 율법은 사람들이 마음에서 우러나 기부하는 것을 선호하긴 하지만, 사람들이 자발적으로 수입의 10%를 기부하기까진 너무 오랜 시간을 기다려야 할 것으로 봤다. 그래서 데니스 프레이저가 말한 것처럼, "유대주의는 '10%를 내놓으시오.'라고 말한다. 당신이 기꺼이 그렇게 할 마음이 든다면 멋진 일이다. 그러면서 선행을 베풀수 있으니까."

제안: 현재 당신이 자선을 위해 수입의 10% 미만을 기부하고 있다면, 내년부터는 수입의 1%를 더 기부하도록 해보자. 예를 들어 현재 당신이 수입의 4%를 기부한다면, 내년부터는 수입의 5%를 기부하는 것이다. 그로 인해 재정적 부담을 느끼게 될지 몰라도, 선행을 통해 훨씬 더 의미 있는 만족감을 얻게 될 것이다.[37]

51일째 월요일

정당하게 싸워라

탈무드에서 가장 비극적인 이야기 중 하나는 한때 가장 친한 친구 사이였던 랍비 요카난과 레쉬 라키쉬Resh Lakish가 서로 격렬한 다툼 끝에 결국 두 사람 모두의 삶이 황폐화되었다는 것이다.

랍비 요카난이 당시 검투사이자 노상 강도였던 레쉬 라키쉬를 처음 만났을 때, 그는 이미 유명한 학자였다. 레쉬 라키쉬의 눈에 띄는 외모와 뛰어난 지력에 감탄한 랍비 요카난은 결국 그를 회개시켜 종교적인 유대인이 되게 했다. 그 후 얼마 지나지 않아 레쉬 라키쉬는 훌륭한 학자가 됐고 랍비 요카난의 여동생과 결혼까지 했다. 그런데 어느 날 랍비 요카난의 예시바[38]에서 검과 나이프, 단검 등이 의식에서

---

36 모든 권위자들은 십일조를 낼 때 수입이나 자본 이득 같은 소득에 부과되는 직접세는 제외시켜야 한다는 데 동의했다. 랍비 모세 파인스타인은 그런 종류의 수입은 벌어들이지 않은 것처럼 여길 수 있다고 말했다.
37 나의 저서 《유대의 교양》 511-14쪽에 이에 대한 몇 가지 사례를 소개했다.
38 정통파 유대교도를 위한 대학·학교

차지하는 지위와 관련된 유대 율법 문제를 놓고 토론을 벌이던 중, 레쉬 라키쉬가 랍비 요카난의 관점에 반기를 들었고, 이에 랍비 요카난이 격분했다. 레쉬 라키쉬의 관점에 반론을 제기하면서, 요카난은 잔인하게도 레쉬 라키쉬의 불미스런 과거를 들추었다. "강도는 강도짓이나 이해하지."

이에 분개한 레쉬 라키쉬가 응수했다. "그렇다면 당신은 나로 하여금 강도의 삶을 포기하게 만듦으로써 어떤 이익을 가져다주었습니까? 난 여기서도 '마스터'로 불리지만, 검투사들 사이에서도 '마스터'로 불렸습니다." 이에 랍비 요카난은 레쉬 라키쉬를 종교적인 유대인이 되게 하는 선행을 베풀었지만, 그가 그런 선행을 고마워하지 않고 너무 가벼이 여겨 큰 상처를 받았다고 말했다.

그 일이 있고 얼마 지나지 않아 레쉬 라키쉬가 중병에 걸렸다. 요카난의 여동생인 그의 아내가 오빠에게 남편을 찾아가 봐줄 것을 간청했지만 거절당했다. 요카난은 레쉬 라키쉬에게 어떤 일이 일어나든 전혀 개의치 않을 거라는 것을 분명히 했다. 그는 동생에게 "네 남편이 죽으면 내가 널 돌보마."라는 말만 했을 뿐이다.

결국 레쉬 라키쉬는 숨을 거두었고, 아마 그의 죽음에 충격을 받았을 랍비 요카난은 그 후 곧 심한 우울증에 걸려 제정신을 잃었다. 랍비들은 그에게 자비를 베풀어 달라고 하나님께 기도했고, 그 후 곧 그 역시 세상을 등졌다(바빌로니아 탈무드, 바바 메지아 Bava Mezia 84a 참조).[39]

물론, 이 이야기는 싸움을 하는 사람들이 이성을 잃고 자기 혀를 통제하지 못할 때 일어날 수 있는 일의 극단적인 사례이다. 하지만 그 교훈은 우리 모두에게 적용된다. 아무리 화가 난다 해도, 당신이 하는 말은 논쟁의 쟁점에만 국한되어야 한다. 상대를 제압하거나 상대 주장이 틀렸다는 걸 입증하기 위해 상대의 약점을 거론하는 짓은 절대 하지 말아야 한다.[40] 이 원칙은 간단하다. 하지만 사람들은 종종 이 원칙을 지키지 못해 가벼운 논쟁을 심각한 싸움으로 확대시키고, 그래서 친구나 가족 간의 영원한 반목에까지 이르곤 한다.

다른 사람들과 논쟁을 벌이는 것은 피할 수 없는 일로, 가끔 가장 가까운 사람들과도 논쟁을 벌이게 된다. 하지만 논쟁을 할 때 세심한 주의를 기울여 말하면 대개 쟁점은 해결된다. 반면, 논지를 분명히 하기 위한 말이 아니라 상대에게 상처를 주기 위한 말을 한다면, 상대 역시 당신에게 상처를 줄 말을 찾아낼 것이다. 랍비 요카난과 레쉬 라키쉬 사이에서 일어난 일이 바로 그런 일이다. 당신의 삶에서 이런 비극을 피할 수 있는 유일한 길은 정당하게 싸우는 법을 배우는 것이다.

52일째 화요일
확인되지 않은 소문은 전하지 말라

도덕적인 사람들은 다른 사람에 대해 악의적이고 사실이 아닌 이야기를 퍼뜨리는 것이 부도덕한 행동이라는 데 동의한다. 하지만 나를 포함해 이 책을 읽는 거의 모든 독자가 그런 행동을 해왔다. 그것

---

39 레쉬 라키쉬가 한때 강도였다는 사실이 랍비 요카난의 주장에 전혀 힘을 실어주지 못함을 암시한다.
40 나의 저서 《상처의 말, 치유의 말》 84-89쪽에서 이 탈무드 이야기에 대한 보다 자세한 이야기를 접할 수 있다.

도 여러 차례나 말이다.

언제 그렇게 할까? 대개 어떤 소문을 전할 때 그렇게 한다.

"마이클이 정말 훌륭한 사람이란 걸 아니?" 같이 누군가를 긍정적으로 평가하거나 칭찬하는 소문은 별로 많지 않다. 다 그런 건 아니지만, 많은 소문들이 부정직하고 흔히 진실이 아니다. 당신이 부정직하고 진실이 아닌 것으로 드러난 소문을 다른 사람들에게 전했다면, 당신은 한 사람의 평판에 큰 손상을 입히는데 일조한 것이다. 뿐만 아니라 어쩌면 그 당사자에게 돌이킬 수 없는 상처를 주었을지도 모른다. 유대 율법은 그런 행위를 모치 셈 라$_{motzi\ shem\ ra}$(글자 그대로의 뜻은 '퍼뜨리기'이며 다른 사람의 평판을 깎아내리는 행위를 가리킴)로 구분하며, 특히 부도덕한 죄악으로 간주한다.

한 사람의 평판에 치명적인 손상을 주는 소문을 퍼뜨리는 사람들은 종종 다음과 같은 주장으로 스스로를 합리화한다. "결코 고의로 그러진 않았어요. 그 소문이 사실인 줄 알았거든요." 이런 말은 사람을 치어 죽인 음주 운전자가 "사람을 죽이려 했던 건 아니에요."라고 말하는 것과 다를 바 없다. 물론 사람을 죽일 의도는 없었겠지만, 그게 무슨 소용이란 말인가? 무고한 사람이 죽은 마당에 고의가 아니었다는 말이 과연 희생자 가족에게 무슨 위로가 되겠는가? 이와 마찬가지로, 잘못된 소문을 옮긴 사람이 그 소문을 사실로 알았다는 점 또한 소문 당사자가 입은 상처를 조금도 줄여주지 못한다.

따라서 우리는 어떤 소문을 전하기에 앞서 먼저 그 진위를 확인하는 데 만전을 기해야 한다. 이와 관련해 탈무드는 다음과 같은 지침을 제안한다. "친누이와 성관계를 해선 안된다는 사실만큼 소문이 분명한 사실인 경우에만 그것을 전하라(샤밧 145b)."

그런 기준을 충족시키는 것이 얼마나 힘들겠는가? 매우 힘들 것이다. 이와 관련해 현자 벤 시라Ben Sira는 우리에게 위안이 되는 말을 전한다. "어떤 소문을 들었는가? 그렇다면 그 소문이 당신과 함께 죽도록 하라. 강해져야 한다. 그것이 당신을 터뜨려버리진 않을 것이다(외경Apocrypha, 벤 시라 19:10)."

언제 소문을 전하는 것이 적절한지와 관련해선 내일 다룰 내용을 참조하기 바란다.

53일째 수요일
언제 소문을 전하는 것이 적절할까

어제 언급했듯, 유대 율법은 일반적으로 소문을 퍼뜨리는 것을 금한다. 하지만 그런 기준은 지나치게 제한적인 것이 아닐까? 예를 들면, 실적이 형편없다고 알고 있는 어떤 펀드 매니저에게 당신 친구가 투자를 위탁하려 한다면? 또는 친구의 일자리가 위태롭다는 얘기를 들었다면? 또는 친지가 성형 수술을 받으려고 선택한 의사가 실력이 형편없다는 얘기를 들었다면?

당신이 들은 부정적인 소문의 내용이 진실인지 확신할 수 없으므로, 그런 소문은 옮기지 않아야 한다고 주장하는 사람들도 있다. 반면, 나도 그렇지만, 그런 소문을 들었는데도 아무 말도 하지 않는 건 도덕적으로 옳지 않다고 여기는 사람들도 있다. 소문의 진위를 확신할 수 없다는 이유로, 친구가 돈을 잃거나 친지가 의료 과실의 희생자가 될 수 있는데도 가만히 서서 구경만 하고 있어야 할까?

우리는 무분별하게 소문을 퍼뜨리지도 않으면서 동시에 확신할 수 없는 소문을 전하는 것을 무조건 자제하지도 않는, 도덕적으로 중립적인 입장을 취할 수 있다. 즉 친구에게 당신이 들은 바를 전하되, 그것이 사실이 아닐 수 있다는 것을 알려주는 것이다. 예를 들면 위에서 예를 든 펀드 매니저 사례의 경우, 친구에게 다음과 같은 식으로 말할 수 있다. "그에게 투자를 위탁하기 전에 먼저 그에게 투자를 위탁했던 사람들을 찾아가 물어보도록 해. 그의 실적이 형편없다는 말을 들은 적이 있어서 말이야. 사실이 아닐 수도 있지만, 소문을 완전히 무시할 순 없잖아."⁴¹

친구에게 당신이 들은 이야기는 소문일 뿐이라는 것을 강조하면서 먼저 그에 대해 알아볼 것을 제안함으로써, 당신은 투자의 위험으로부터 친구를 보호할 수도 있고 소문 당사자의 평판에 손상을 주지 않을 수도 있다.

유대 전통은 우리에게 심지어 소문을 전할 때에도 도덕적인 행동 방식과 비도덕인 행동 방식이 있다고 가르치고 있는 것이다.

---

41 정식 랍비이기도 한 마이클 버거Michael Berger 교수는 내가 제안한 해결책에 전적으로 동의하지는 않는다. 그는 이렇게 말했다. "제 관점은 당신이 제안한 종류의 언급은 친구가 그 사람에 대해 알아볼 의지가 있을 경우에만 적절하다는 것입니다. 당신의 '경고'에 대한 친구의 반응이 '골치 아픈 건 질색이야. 다른 펀드 매니저를 알아봐야겠어.'이고, 당신이 전해들은 소문이 그를 모략하려는 사람이 퍼뜨린 거짓 소문이라면, 당신은 한 펀드 매니저의 생계를 위협하는 데 가담한 꼴이 될 것입니다. 당신이 들은 얘기 때문이 아니라 그에 대해 사전에 알아보는 것이 신중한 처사이기 때문에, 친구에게 그 펀드 매니저에 대해 알아볼 것을 권하는 것이 옳다고 생각합니다."

54일째 목요일

바르미츠바 또는 바트미츠바에 관한 몇 가지 단상

유대 전통에 따르면, 소년은 13세에 바르미츠바가, 소녀는 12세에 바트미츠바가 된다. 바르미츠바 또는 바트미츠바는 '계율을 지킬 책임이 있는 소년 또는 소녀'라는 의미인데, 단어 자체의 뜻은 '계율의 아들 딸'이다. 바르미츠바 또는 바트미츠바가 되는 성인식 당일에 주인공은 앞으로 지켜야 할 계율 중 일부를 의식의 형태로 따르게 된다. 예를 들어 유대 전통에 따라 이날 성인식의 주인공들은 처음으로 알리야aliyah⁴²를 하게 된다. 그들은 토라를 찬미하는 데 덧붙여 토라 및 하프토라Haftorah의 일부를 낭송하고, 회중 앞에서 그것에 대해 얘기하기도 해야 한다.

하지만 만일 시나고그에서 이루어지는 성인식 절차를 따르는 것이 '계율의 아들 딸'에게 요구하는 전부라면, 분명 유대주의는 꽤나 한심한 종교일 것이다. 그래서 성인식 날을 기점으로 전후 1년을 특별한 해로 만들기 위해 랍비 제프리 살킨Jeffrey Salkin은 '유대인의 가치를 실현하는' 폭넓은 계율 목록을 만들었다.⁴³

당신이 그런 계율 중 일부를 따르기 시작한다면, 당신은 바르미츠

---

42 유대교의 예배에서 토라의 일부를 낭송 또는 낭독하기 전후, 토라를 찬미하는 기도를 올리기 위해 회당 단상의 작은 테이블로 다가가는 일. 정통파 유대인들은 알리야에 여성을 제외하지만, 일부 현대 정통파 유대인은 여성들만 참석한 특별한 종교 의식에서 여성에게도 알리야를 허용한다.
43 살킨, 《당신의 손님 목록에 하나님을 포함시킨 아이들을 위하여: 당신의 바르/바트미츠바의 영적인 의미를 주장하는 법For Kids Putting God on Your Guest List: How to Claim the Spiritual Meaning of Your Bar/Bat Mitzvah》 55-72쪽

바 또는 바트미츠바가 될 수 있을 뿐 아니라 스스로 성인이 된 것처럼 느끼게 될 것이다.

- 사랑하는 사람을 잃은 사람을 방문한다. 이는 상을 당한 사람을 위로한다는 계율을 이행하는 것이다(니춤 아베이룸nichum aveilum; 136일째 및 137일째 참조). 많은 부모가 자녀를 죽음에 노출시키지 않으려고 장례식장이나 화장터에 데려가지 않거나, 또 최근 사랑하는 사람을 잃어 비탄에 잠긴 사람을 조문할 때 자녀를 데려가지 않아, 당신은 한 번도 상가집을 가본 적이 없을 수도 있다.
- 아픈 사람에게 문병 가거나 안부 전화를 한다. 이는 환자를 문병 간다는 계율을 이행하는 것이다(비쿠르 촐림bikur cholim: 31일째, 32일째, 176일째 참조).
- 성인식 후 남은 음식을 노숙자와 굶주린 사람들에게 먹을 것을 제공하는 무료 급식소에 갖다 준다.
- 집에 있는 차메즈chametz(유월절 동안 유대 율법이 금지하는 발효 식품)를 지역 무료 급식소에 갖다 주고, 친척이나 친지들에게도 이를 권한다.
- 공동체의 관심 쟁점이나 대의에 시간을 투자한다. 예를 들면, 중요한 사회적 또는 정치적 쟁점에 대해 관계자에게 편지를 쓴다. 토라는 우리에게 "정의를 따르라(신명기 16:20)."라고 명한다. 랍비 살킨이 제안하듯, "편지에 유대인의 생각을 담자."
- 세계 곳곳에서 굶주린 사람들을 돕는 유대인 자선 단체인 메이존('자양분'이란 뜻의 히브리어, 170일째 끝부분에 있는 메이존에 관한

주석 참조)에 성인식 비용의 3%를 기부한다.

◆ 집에 자선 모금 상자를 마련해 안식일 전 매주 금요일 밤 식구들과 함께 얼마간의 돈을 넣는다. 어느 정도 돈이 모이면, 식구들과 함께 앉아 그 돈을 어디에 기부할 것인지를 결정한다.

◆ 유대 전통은 노인을 공경하는 계율을 매우 강조한다(레위기 19:32는 "노인들 앞에서 공손하고 그들을 존중하라."라고 가르친다.). 당신이 정기적으로 이 계율을 이행할 의향이 있다면, 할 수 있는 일은 많다. 예를 들면, 양로원에 있는 노인들이 안식일이나 기타 축제일 의식을 행할 수 있도록 도울 수도 있고, 금요일 오후에 그들에게 꽃을 갖다 줄 수도 있으며, 한 노인을 정해 매주 또는 매달 방문할 수도 있을 것이다.

◆ 당신의 할아버지나 할머니가 먼저 연락하도록 기다리지 않는다. 당신이 먼저 그들에게 연락을 해야 한다.

◆ 80일째의 제안처럼, 부모님에게 당신 이름이 누구 이름을 따 지은 것인지를 물어본다. 그 사람이 보여준 특별한 유대적 자질 및 일반적 자질은 무엇이며, 당신 부모님은 어떤 이유로 그 사람 이름을 따 당신 이름을 지은 것일까?

성인이 된 당신에게 축복이 깃들길!

55일째 금요일

악행을 통해
선행을 실천하는 것을 배운다

나는 자기 식구, 특히 아들들로 하여금 자신을 두려워하게 만든 영국 왕에 대한 이야기를 읽은 적이 있다. 왕의 친구가 왕에게 아들들에게 좀 더 온화하게 대하라고 조언했지만, 그는 친구의 조언을 묵살하고 이렇게 말했다. "내 아버지도 내가 당신을 두려워하게 만드셨지. 나는 내 아들들도 똑같이 나를 두려워하길 원해."

이 이야기를 읽었을 때 나는 왕에 대한 연민과 반감을 느꼈고, 그의 아들들과 그들의 아들들에겐 훨씬 더한 연민을 느꼈다. 어린 시절 아버지의 횡포에 시달렸던 왕은 횡포를 부리는 법만 배웠던 것이다.

토라는 고통을 당한 경험으로부터 정반대의 교훈을 배울 것을 유대인들에게 요구한다. 억압과 괴롭힘을 당한 사람은 그것이 얼마나 유해한 고통인지를 깨닫고 다른 사람에게 그런 고통을 주지 않도록 만전을 기해야 한다. 그래서 토라는 이집트의 노예 생활에서 막 벗어난 유대인들에게 이렇게 명했다. "너는 이방 나그네를 압제하지 말며 그들을 학대하지 말라. 너희도 애굽 땅에서 나그네이었음이라(출애굽기 22:21)."

이스라엘 백성들은 자신들이 노예로 산 경험으로부터 "다른 사람이 네게 했던 그대로 다른 사람에게 하라. 지금 당장!" 또는 앞서 언급한 영국 왕의 경우처럼, 힘을 가진 사람이 자신보다 약한 사람을 지배하는데 그 힘을 이용한다는 것 같은 교훈들을 배웠을 수도 있다. 인류 역사를 통틀어 이 두 가지는 수많은 사람이 다른 사람에게 당한 고통으로부터 배운 교훈이다. 1차 세계대전 이후 연합군 측은 독일에 가혹한 조약을 강요했고, 그에 대한 반발로 나치주의가 독일인들의 폭넓은 지지를 받았다는 얘기는 공공연한 비밀이다. 이와 비슷한 맥락으로, 아이를 상습적으로 학대하는 부모는 자신 역시 어린 시절 부모로부터 학대를 당했을 가능성이 크다는 사실을 우리는 잘 알고 있다. 일반적으로 다른 사람으로부터 받은 고통은 훌륭한 스승이 아니다.

토라는 개인과 국가 모두에게 그런 패턴을 깨길 요구한다. 당신이 다른 사람으로부터 상처를 받았다면(그렇지 않은 사람이 누가 있을까?), 어떻게 하면 다른 사람에게 상처를 주지 않을 수 있는지를 배우도록 하라. 어렸을 때 이상한 별명으로 조롱을 당한 적이 없는가? 운동을 못 한다고 놀림을 당한 적은 없는가? 차별로 인해 일자리를 얻지 못한 적은 없는가? 누군가가 당신에 대한 악의적인 소문을 퍼뜨려 고통 받은 적은 없는가? 당신이 그런 일로 얼마나 큰 상처를 받았는지 떠올려보고, 당신이 만나는 사람들에게 비슷한 상처를 주지 않으려면 어떻게 해야 하는지 고민해보라.

인생을 살면서 우리 모두 다른 사람으로 인해 아픔을 겪는다. 그런 아픔으로부터 얻을 수 있는 유일한 이점은 그것을 통해 선을 행하는 법을 배운다는 것이다.

56일째 안식일

한 주를 돌아보며 편히 쉬는 하루가 되기를.

57일째 일요일

이방인을 사랑하라

많은 사람들이 사랑에 대한 토라의 세 가지 계율 중 다음 두 가지는 알고 있다. "네 이웃 사랑하기를 네 자신과 같이 사랑하라(레위기 19:18).", "너는 마음을 다하고 뜻을 다하고 힘을 다하여 네 하나님 여호와를 사랑하라(신명기 6:5)." 한편, 이웃을 사랑하라고 명하는 성경의 장과 같은 장에서 낯선 사람도 사랑하라고 명한다는 사실을 아는 사람은 훨씬 적다. "타국인이 너희 땅에 우거하여 함께 있거든 너희는 그를 학대하지 말고, 너희와 함께 있는 타국인을 너희 중에서 낳은 자 같이 여기며 자기 같이 사랑하라. 너희도 애굽 땅에서 객이 되었더니라. 나는 너희 하나님 여호와니라(레위기 19:33-34)."

1세기 전 독일의 유대인 철학자 헤르만 코헨(1842-1918)은 이방인을 사랑해야 한다는 성경 계율이 진정한 종교를 가늠할 수 있는 초기 척도가 된다고 주장했다. "이방인은 설령 그가 당신 가족이나 부족, 종교 집단, 공동체, 민족 등의 일원이 아니라 하더라도, 인간이라는 이유만으로도 보호되어야 했다. 따라서 우리는 이방인을 통해 인간애라는 개념을 발견했다."

오늘날 이런 계율은 누구에게 적용될까? 이스라엘 및 디아스포라[44] 두 곳 모두에서 이 계율은 유대인 이웃과 평화롭게 살고자 하는 비유대인 거주자 모두에게 적용된다.[45] 이 계율은 가난한 사람과 정치적인 약자에게 특히 더 역점을 두어 적용된다. 토라가 우리에게 "너희도 애굽 땅에서 객이 되었더니라."라고 말하고 있듯이 말이다. 이집트에서 이방인이자 노예로 산 것이 얼마나 힘든 일이었는지를 상기시키면서, 토라는 우리에게 오늘날 사회에서 가장 불리한 위치에 있는 사람들을 공정하고 관대하게 대할 것을 명한다. 따라서 우리에겐 그런 사람들이 법 앞에서 공정하게 다뤄지도록 만전을 기해야 할 책임이 있다. 토라가 레위기 19장 34절에서 "너희와 함께 있는 타국인을 너희 중에서 낳은 자 같이 여기며 자기 같이 사랑하라."라고 명하고 있듯이 말이다.

나는 이 계율이 정식으로 미국 체류 허가를 받지 못했지만 미국에서 평화롭게 살아가는 사람들을 '불법 외부인illegal alien'이라 칭하지 말아야 한다는 또 다른 귀결로 이어진다고 믿는다. 언젠가 나는 엘리 비젤Elie

---

44 외국에서 유대인들이 모여 사는 곳
45 윤리와 상식 둘 모두에 뿌리를 둔 토라의 계율은 이스라엘의 유대인들을 파멸시키고자 하는 비유대인 이웃을 사랑하라고는 가르치지 않는다.

Wiesel이 누군가를 불법적이라고 하는 것은 모욕적인 언사라고 꼬집는 것을 들은 적이 있다. 인간이 어떻게 불법적일 수 있는가?《뉴욕 타임스》전 편집장이자 현 칼럼니스트인 A.M. 로센달A.M. Rosenthal은 인간을 외부인이라 부르는 것은 그의 인간성 자체를 부정하는 것이며, 그를 다른 행성에서 온 외계인처럼 여기는 일이라 주장했다.

성경은 이방인을 특별히 구분한다. 그들의 조상(신명기 4:37)과 더불어 그들은 하나님을 사랑의 하나님으로 규정할 수 있게 해주는 유일한 범주의 인간이다. "하나님은 이방인을 사랑하며 그에게 떡과 옷을 주시나니(신명기 10:18)."⁴⁶

58일째 월요일
시각 및 청각 장애인에 대한 토라의 입장

> 너는 귀먹은 자를 저주하지 말며, 소경 앞에 장애물을 놓지 말고, 네 하나님을 경외하라.
>
> — 레위기 19:14

---

46 '이방인'에 해당하는 성경 단어는 게르ger이다. 토라가 쓰이고 수백 년 후 이 단어는 '개종자'를 의미하게 되었는데, 현대 히브리어에서도 여전히 그런 뜻으로 쓰이고 있다. 그 결과 탈무드를 집필하기 시작하면서 많은 유대인이 게르를 사랑하고 게르를 공평하게 대하라는 성경의 권고에서 게르를 개종한 유대인을 지칭하는 것으로 여기기 시작했다. 하지만 토라가 이 계율에서 개종자가 아닌 이방인을 지칭했다는 사실은 의심의 여지가 없다. 토라가 개종자의 뜻으로 게르를 사용했다면, 이 구절은 "개종한 사람을 학대하거나 억압하지 말라. 너희도 이집트 땅에서 개종한 사람이었다."가 되어 논리에 맞지 않기 때문이다. 마지막 포인트: 정신과 전문의인 스티븐 마메르Stephen Marmer박사는 "이방인을 사랑하라."라는 계율은 종교적 편협함에서 벗어나게 해주는 중요한 해독제라고 했다. "그것은 자기의 믿음과 국가에 정열을 쏟으면서 자신의 방식을 다른 믿음이나 국가를 가진 사람에게 강요하지 않을 수 있게 해주는 단일 요소이다."

누가 무슨 이유로 맹인을 넘어뜨릴까? 이유 없이 다른 사람을 넘어뜨리고 싶지만 상대에게 발각될까 두려워 그렇게 하지 못하는 고약한 심보를 가진 사람이 실제로 있을 수 있다. 하지만 상대가 맹인이라면 그런 두려움을 가질 필요가 없다. 맹인은 자신을 다치게 한 사람이 누군지 모를 것이기 때문이다(자신이 고의적인 악행의 희생양이란 사실조차 모를 수 있다.). 비슷한 맥락으로, 청각 장애인은 자신을 향한 비난을 듣지 못한다. 위의 성경 구절이 "네 하나님을 경외하라."는 경고로 끝을 맺는 이유가 바로 여기에 있다. 토라는 모든 사디스트에게 설령 그의 악행을 목격한 사람이 없을지라도 하나님은 이를 지켜본다고 경고하고 있는 것이다.

후대 랍비들은 고의로 맹인을 넘어뜨릴 만큼 고약한 심보를 가진 유대인은 없을 것이라 확신하며 이 구절을 상징적으로 해석했다. 즉 그들은 이 성경 구절이 경고하는 대상은 다른 사람에게 해가 되는 조언을 고의로 하는 사람(예를 들면, 눈앞의 이익에 눈이 먼 사람을 이용하려는 사람. 113일째 참조)이라고 설명했다.

하지만 우리는 이 구절 그대로의 의미도 무시할 수 없다. 토라는 장애인의 고통은 장애 자체에서도 비롯되지만 장애인을 향한 다른 사람들의 잔인함에서도 비롯된다는 것을 인식했다. 1979년에 열린 '제 1차 전국 유대인 특별 교육 전문가 컨퍼런스 the First National Conference for Jewish Special Educational Professionals'의 연설에서 모튼 시겔 박사는 "고대 사회에선 신체적 장애를 가진 사람들을 '하나님의 저주를 받은 사람'으로 보고, 하나님의 저주를 받았다면 사람의 저주를 받지 않을 이유도 없다고 여기는 경우가 드물지 않았습니다. 여러분 같으면 사람들이 하지 않는 일을 하지 말라는 법률을 제정할까요? 다시 말해, 고대 사람들은 분명 장애인들을 부당하게 대우했다는 것이죠."라고 말했다.

다니엘 타우브는 이 계율이 더 넓은 사회적 맥락에서도 적용된다는 데 주목한다. 따라서 장애인의 필요(휠체어 램프와 신호음을 내는 맹인용 신호등 등)를 고려하지 않고 도시 개발 계획을 추진하면 실제로 '장애물'을 만들 수 있다. 시각 장애인과 청각 장애인은 보고 듣는 세계에서 보지 못하고 듣지 못한다는 결정적인 불리함을 안고 살아간다. 따라서 최소한 우리는 무자비함이나 소홀, 무시 등으로 그들에게 또 다른 불리함은 안겨주지 않아야 한다.

59일째 화요일

정의를 위해 일어나라

모세는 이집트의 파라오 궁전에서 왕자로 자랐다. 그러다 자신이 이집트인이 아니라 이스라엘인이라는 걸 알게 되었다(성경은 그가 어떻게 그 사실을 알게 됐는지에 대해선 언급하지 않았다.). 그래서 어느 날 그는 당시 노예였던 이스라엘 동포들이 어떻게 살아가고 있는지 직접 보기 위해 궁전 밖으로 나왔다. 그리고 한 이집트 관리인이 한 이스라엘인을 향해 무자비하게 채찍을 휘두르는 것을 보게 되었다. 이에 격분한 모세는 이집트 관리인을 아주 세차게 때려 숨지게 했다.

다음 날 이스라엘인 두 명이 싸우는 걸 본 모세는 둘을 화해시키려 했다. 하지만 두 남자는 그의 중재를 거부했고, 그중 한 남자가 어제 이집트인을 죽인 것처럼 자신들도 죽일 것이냐고 물었다. 전날 자신의 행동이 목격되어 잡힐 수도 있다는 걸 알게 된 모세는 미디안으로 도망갔다. 하지만 미디안에 도착하자마자, 그는 몇몇 소년 양치기가 소녀 양치기들을 함부로 대하는 것을 목격했다. 이에 그는 나서서 소녀 양치기들을 돕는다.

모세의 행동은 우리에게 많은 교훈을 준다. 첫째, 불의가 행해지는 걸 보면 가만히 있지 않는다. 둘째, 당하는 사람이 유대인이든 유대인이 아니든 가리지 않고 불의에 맞서 싸운다. 셋째, 불의에 맞서 싸울 때엔 한 가지 방법에만 의존하지 않고 상황에 따라 다양한 방법을 사용한다. 이스라엘 노예를 채찍질하던 이집트 관리인에겐 무력을 사용했고, 서로 싸우던 두 이스라엘인은 말로 화해시키려 했으며, 미디안의 소녀 양치기들을 위해선 그저 자신의 존재를 드러냈던 것이다. 마지막 경우 모세는 무력을 사용하는 것이 불필요하다고 느꼈을 것이다. 어떤 경우든, 그의 행동은 우리에게 한 가지 방법이 모든 상황에 맞지는 않는다는 걸 가르쳐준다.[47]

유대 전통은 모세를 가장 위대한 선지자로 꼽는다. 하나님이 그를 유대 사람들의 지도자로 선택하기 전, 성경이 들려주는 그에 대한 이 세 가지 이야기 모두가 불의와 싸운다는 한 가지 주제를 다루고 있는데, 이는 아마 유대주의는 불의가 행해질 때 침묵하거나 방관하는 것을 금한다는 가장 강력한 증거일 것이다. 토라는 "정의를 따르라(신명기 16:20)."라고 명한다. 우리 역시 모세처럼 정의를 위해 일어날 의

---

[47] 모세의 이 이야기에 대한 나의 이해는 네카마 라이보위츠Nechama Leibowitz의 《셰못 탐구Studies in Shemot》 39-48쪽에 크게 영향을 받았다.

무가 있다.

60일째 수요일
착취당하는 노동자들이 생산하는 제품은 구매하지 말라

피고용인들을 착취하는 사람들과 거래하는 것은 그들이 계속 피고용인들을 착취하도록 돕는 것이다. 당신을 포함한 많은 사람들이 그들의 제품을 구입하지 않아야, 비로소 그들은 노동자들의 작업 환경과 생활 조건을 개선시킬 생각을 하게 된다.

이 문제는 현재의 문제이기도 하다. 나는 착취당하는 중국 노동자들이나 세계 곳곳의 어린이 노동자들이 생산하는 제품은 구입하지 말아야 한다고 생각한다. 1913년 미국 유대인 노동자들의 리더이자 미국노동총동맹 회장이었던 새뮤얼 곰퍼스Samuel Gompers는 소비자들의 윤리적 무관심을 다음과 같이 비판했다.

> 대중은 옷이 생산되는 곳의 위생 상태에 대해 관심을 가졌는가? 노동자들이 강요당하는 고통스러운 긴 노동 시간에 대해 우려했는가? 뛰어놀고 성장하며 살아갈 권리를 박탈당한 어린아이들을 걱정했는가? 대중은 그런 잘못을 바로잡고 학대받는 그들에게 정의를 가져다주려고 시간을 쓴 적이 있는가? 반대로 이 무관심한 '일반' 대중은 계속해서 흥정을 하고 싼 옷을 찾으며…… 인간 생명의 낭비와 손실에 대해

선 거의 생각하지 않는다.

앞서도 언급했듯, 유대 율법은 장물이라 믿을만한 확실한 근거가 있는 물건을 구입하는 것을 엄격히 금한다(3일째 참조). 착취당하는 노동자나 정상적인 어린 시절을 박탈당한 어린이가 생산하는 물건을 구입하는 것은 장물 거래를 하는 것과 마찬가지이다. 그런 물건을 구입하는 상황에서 당신 자신에게 던져야 할 물음은 "이 물건을 싸게 구입하는 것일까?"가 아니라 "하나님은 내가 어떤 행동을 하길 원하실까?"가 되어야 한다.

61일째 목요일

모든 사람이 감사의 말을 들을 자격이 있다

나는 사람들이 식당에서 자기 입맛에 맞지 않는다고 종업원에게 무례하게 음식 타박을 하는 장면을 목격하면 언짢은 기분이 들곤 한다. 결혼식 등의 축하 자리에서 웨이터나 웨이트리스가 음식을 갖다주거나 치울 때, 손님들이 그들을 서비스를 제공하는 사람으로 인식하지 않고 마치 로봇처럼 대하는 것을 볼 때도 똑같은 기분이 든다.

랍비 베렐 바인Berel Wein은 위대한 탈무드 학자인 랍비 제이콥 카메네츠키Jacob Kamenetzky와 함께 차를 타고 가던 때의 일을 기억한다. 두 사람이 통행료 징수소 앞에서 오랫동안 기다려야 했을 때 바인은 몹시 짜증이 났다. 마침내 징수소에 이르렀을 때 바인은 징수원에게 돈을 건네고 곧바로 차를 몰았다. 그러자 유럽 태생인 랍비 카메네츠키는 그를 책망했다. "징수원에게 감사하단 말씀을 하지 않으셨어요."

모든 사람이 감사의 말을 들을 자격이 있다. 우리는 시중을 드는 웨이트리스와 은행 거래를 도와주는 은행원, 목적지까지 태워주는 택시기사 등을 비롯한 모든 사람에게 감사의 말을 전해야 한다. 바쁠 수도 있겠지만 "고맙습니다."라고 말하는 것이 시간을 빼앗진 않는다. 지불해야 할 돈이나 팁과 마찬가지로, 그것은 우리에게 친절을 베풀고 서비스를 제공하는 모든 사람에게 갚아야 할 빚의 일부이다.

62일째 금요일

도덕적 상상력의 필요성

예루살렘의 존경받는 성자이자 에츠 차임 예시바 교사였던 랍비 아르예 레빈Aryeh Levine의 아들 랍비 라파엘 베냐민 레빈은 어느 날 아버지에게 학교 학생들이 등교할 때 왜 지나가는 아이들마다 유심히 관찰하는지를 물었다.

이에 랍비 아르예는 이렇게 말했다. "자, 이리 와 나와 함께 서서 아이들을 자세히 보렴. 무엇이 보이니? 무엇을 관찰할 수 있겠니?"

다음날 아침 아들은 아버지와 함께 서 있었고, 곧바로 아버지가 그렇게 한 이유를 이해하게 되었다. "학생들이 등교하는 걸 지켜보는 것이 꽤 흥미로워요. 저 아이들이 토라 공부를 얼마나 하고 싶어 하는지 알 수 있죠. 한 학생이 다른 학생을 밀치고 앞으로 들어가는 걸 봤어요. 토라 공부에 대한 열정 때문이죠. 하지만 저기 저 학생은 학교에 가고 싶은 마음이 전혀 없어 보이네요. 지금 하고 있는 게임에 정신이 팔려 있죠."

랍비 아르예가 대답했다. "난 다양한 모습들을 한 번에 본단다. 저 아이의 바지는 찢어졌고, 저 아이의 낡은 신발은 꽤나 닳았지. 저기 저 아이는 배가 고픈 게 틀림없어. 저래서야 어떻게 공부를 할 수 있겠니?"

랍비 아르예의 아들이 심차 라즈Simcha Raz에게 말했다. "아버지는 당신 주머니를 털어 아이들에게 버스비를 주곤 하셨어요. 그러면 아이들은 추운 겨울에 축축한 진창 비포장 길을 걸을 필요 없이 버스로 편안하게 집까지 갈 수 있었죠."[48]

63일째 안식일

한 주를 돌아보며 편히 쉬는 하루가 되기를.

---

[48] 랍비 아르예의 선행에 대한 이야기가 담겨 있는 심차 라즈의 《우리 시대의 의인A Tzaddik in Our Time》이라는 책을 나는 매년 대제일 이전에 다시 읽는다. 이 이야기는 그 책 319쪽에 나온다.

64일째 일요일

동료로부터 하나의 장을 배우는 사람

　내가 아는 연세 지긋한 한 랍비는 아마 수천 명의 사람들을 감화시켜 더 나은 유대인의 삶으로 인도했을 것이다. 그리고 그들 대다수가 그에게 깊은 감사를 느끼고 있다. 그런데 그분이 자신을 당혹스럽게 만든 한 경험을 내게 들려준 적이 있다. 한 학회에 참석한 그는 거기서 옛 제자 한 명을 만났다. 그 제자는 두 사람이 처음 만났을 때 유대교로 개종했다. 그 후 그 제자는 스승보다 종교적으로 훨씬 더 엄격한 삶을 살았다. 학회에서 두 사람이 만났을 때, 그가 랍비를 비웃었다. "선생님은 자신을 랍비라 부를 권리가 없어요. 유대주의를 가르칠 자격이 없단 말이죠! 선생님은 훌륭한 유대인이 아닙니다. 가짜시죠!"
　젊은이의 말에 랍비는 큰 충격과 깊은 상처를 받았다(랍비는 내게

"개종 당시 그는 훨씬 더 상냥한 사람이었죠."라고 말했다.). 자신이 아무리 종교적인 유대인으로 살고 있다고 생각할지라도, 그 젊은이는 유대주의의 중요한 윤리 하나를 지키지 못한 것이다. 유대 윤리는 감사하는 마음을 실천하는 사람은 칭찬하지만 은혜를 모르는 사람은 비난한다. 그 젊은이는《아버지의 윤리》에서 인용한 미슈나의 다음과 같은 가르침을 받아들일 필요가 있다. "동료로부터 하나의 장이나 율법 하나, 한 구절 또는 표현 하나, 심지어 한 글자만이라도 배우는 사람은 그에게 존경하는 마음을 가져야 한다(6:3)."

제자가 특정 부분에서 스승을 능가했다고 느낀다 해서, 스승에 대해 존경하는 마음과 자신을 가르친 것에 감사하는 마음을 갖지 않아도 되는 것은 아니다. 현자인 랍비 슈무엘은 어린 시절 스승 한 분이 돌아가셨다는 소식을 접하고 애도의 뜻으로 자기 옷을 찢었다고 팔레스타인 탈무드(바바 메지아 2:11)는 기록하고 있다. 슈무엘의 어린 시절 스승은 그에게 읽고 쓰는 법을 가르쳤을 것이고, 슈무엘은 분명 그 스승보다 훨씬 더 훌륭한 학자로 성장했지만, 그는 자신이 한때 문맹이었으며 스승에게서 배운 기초 지식이 없었다면 지금과 같은 학문적 성취를 이루는 건 불가능했다는 걸 잘 알았던 것이다.

당신이 다른 사람이나 이념으로부터 그리 많은 것을 배우지 않았다 해도, 유대 윤리는 당신에게 감사의 의무를 지운다. '하나의 장이나 율법 하나, 한 구절 또는 표현 하나, 심지어 한 글자만이라도' 배우는 것으로 충분하기 때문이다. 그것이 당신이 배운 전부라 해도, 당신은 그것을 가르쳐준 사람에게 감사와 존경을 표해야 한다.

65일째 월요일
출처를 밝혀라

> 그 말을 처음 한 사람의 이름을 밝히고 인용하는 사람은 세상에 구원을 가져다주는 사람이다.
>
> — 아버지의 윤리 6:6

나에겐 최근 쟁점들에 대한 자기 생각을 피력하는 소식지를 발행하는 한 친구가 있는데, 수천 명이 그 소식지를 구독하고 있다. 그가 특히 통찰력 있거나 도발적인 내용의 글을 실으면, 많은 독자들이 그에게 전화를 하거나 편지를 보낸다. 그런데 특히 그가 놀라게 될 때는 다음과 같은 말을 당당하게 하는 사람들의 전화를 받을 때라고 한다. "아주 훌륭한 글이라 생각해요. 제가 조금 써먹었습니다." 이어 그들은 친구 이름을 밝히지 않고 친구 글을 토대로 다른 사람에게 이야기했다고 말했다. 간단히 말해, 그들은 마치 자신의 독창적인 생각인 양 친구의 생각을 써먹은 것이다.

그래도 좋다는 허락을 받지 않았다면, 다른 사람의 글이나 말을 인용할 때 출처를 밝힐 도덕적인 의무가 있다. 그렇게 하지 않는다면 두 종류의 도둑질을 하는 것이다. 즉, 먼저 처음 그 말을 한 사람의 아이디어를 도둑질하는 것이고, 그 다음 당신 말을 듣는 사람들 마음을 도둑질하는 것이다. 당신 이야기를 듣는 사람이 당신을 실제보다 더 박식하고 통찰력 있는 사람으로 보도록 그들을 기만하기 때문이다.

그런데 랍비들은 왜 '그 말을 처음 한 사람의 이름을 밝히는' 행위를 '세상에 구원을 가져다주는 일'로 여긴 것일까?

일반적으로 토론에 참여하는 사람이 새로운 사실이나 통찰에 대해 표명할 때는 두 가지 동기가 있다고 볼 수 있다. 하나는 함께 토론하는 사람들이 쟁점에 대해 더 깊이 이해할 수 있도록 해주기 위함이고, 다른 하나는 그들에게 자신의 지력을 뽐내기 위함이다. 다른 사람의 훌륭한 관찰을 자기 것인 양 말한다면, 그 의도는 순전히 자신이 얼마나 똑똑한지 뽐내기 위함인 것으로 보인다. 하지만 정보를 얻은 출처를 밝힌다면, 그 취지는 다른 사람의 이해를 높이기 위함일 것이다. 그리고 자신을 뽐내기 위해서가 아니라 다른 사람들의 이해를 높이기 위해 정보와 통찰을 공유하는 세상은 충분히 구원의 길로 나아가는 세상이라 불릴만할 것이다.

다른 사람들에게 도움이 될 만한 정보를 입수했다면, 그 정보를 혼자만 알고 있지 말고 공유해야 한다. 아울러 그 출처를 명확하게 밝혀야 한다는 점도 분명히 기억하자.

66일째 화요일

어떤 사람이 부자인가

나의 성장기였던 1950년대와 1960년대에는 100만 달러 이상을 가진 사람을 엄청난 부자로 여겼다.

수십 년의 인플레이션을 거친 1990년대 말에는 내가 아는 사람들 대부분이 '부자'라는 말을 들으려면 500만 달러 정도의 재산은 갖고 있어야 한다고 했다.

거의 2,000년 전 탈무드 역시 "어떤 사람이 부자인가?"란 질문을 던졌다.

직역주의자라 할 수 있는 2세기 현자 랍비 타르폰Tarfon은 그 질문에 이렇게 했다. "백 개의 포도밭과 백 개의 들판, 그리고 거기서 일하는 백 명의 노예를 소유한 사람이다(바빌로니아 탈무드, 샤밧 25b)."

반면 랍비 타르폰의 동료인 젊은 랍비 벤 조마Ben Zoma는 다음과 같이 대답했다. "가진 것에 만족하는 사람이다(《아버지의 윤리》 4:1)."

데니스 프레이저는 객관적으론 부유하지만 여전히 자신의 부에 만족하지 못하는 사람이 많다는 얘기로 벤 조마의 답변을 뒷받침한다. "영화 한 편당 수백만 달러를 받는 한 배우가 아놀드 슈왈제너거는 자기보다 몇 백만 달러를 더 받는다며 자기 수입에 불만을 표했다는 기사를 읽은 적이 있다. 만일 그 배우가 예를 들어 자기 고등학교 동창 한 명과 수입을 비교했다면, 자신이 벌어들이는 엄청난 수입에 기뻐 날뛸 정도로 만족해 했을 것이다. 하지만 그는 자신보다 더 많은 수입을 올리는 세계에서 몇 안 되는 배우를 비교 대상으로 택했다."

부에 대한 벤 조마의 답변은 우리에게 모든 질문을 글자 그대로 해석해선 안된다는 점을 상기시켜준다. 돈에 대한 질문인 것 같은 "어떤 사람이 부자인가?"라는 질문은 그보다 훨씬 더 깊이 있는 무언가에 대한 질문으로 보인다. 수억 달러를 가진 사람이 여전히 더 많은 돈을 벌어야 한다며 끝없는 욕망의 노예로 산다면, 과연 그 사람은 부자일까?

당신은 어떤가? 당신은 부자인가?

67일째 수요일

즐기고, 또 즐겨라

다른 모든 사람들이 고통 받고 있는데 자신만 세상의 즐거움을 누리는 것은 정당한 일일까?

그렇지 않다고 생각한다면, 당신은 결코 세상의 즐거움을 누리지 못할 것이다. 세상은 언제나 고통으로 가득할 것이기 때문이다. 토라 역시 이 사실을 우리에게 상기시켜준다. "땅에는 언제든지 가난한 자가 그치지 아니하겠으므로, 내가 네게 명하여 이르노니 너는 반드시 네 경내 네 형제의 곤란한 자와 궁핍한 자에게 네 손을 펼지니라(신명기 15:11)." 설령 가난으로 인한 고통이 사라진다 해도, 질병과 인간의 잔인함으로 인한 고통은 사라지지 않을 것이다.

그럼 많은 사람들이 고통 받고 있는 데 죄의식을 갖지 않고 마음껏 세상의 즐거움을 누려도 괜찮은 걸까? 유대주의의 답은 그렇게 해도 괜찮다는 것이다. 도덕적이고 관대하게 행동하는 한, 당신은 생의 기쁨을 만끽할 권리가 있다.

유대 율법이 자선을 위한 기부금으로 수입의 일정 비율(10%에서 20% 사이)을 구체화한 한 가지 이유도 사람들로 하여금 죄의식을 느끼지 않고 생을 즐길 수 있도록 배려한 데 있다고 나는 확신한다. 구체적인 비율을 정하지 않았다면, 도덕적인 사람은 항상 자신이 충분한 기부를 하지 않았다고 느낄 테니 말이다. 하지만 일단 당신이 십일조를 냈다면, 그 나머지 수입은 원하는 대로 쓸 수 있는 것이다.

유대주의는 적당하기만 하다면 즐거움을 추구하는 것은 좋은 일이라고 믿는다. 탈무드는 이렇게 전한다. "미래의 세상에서는 눈으로 보기만 했고 먹지도 않은 좋은 것들 모두에 대해서도 계산을 해야 할 것이다(팔레스타인 탈무드, 키두쉰Kiddushin 4:12)." 이 탈무드 구절은 다음 구절로 연결된다. "랍비 엘라자르Elazar는 이런 상황에 특별히 신경을 써, 최소한 1년에 한 번씩은 모든 종류의 음식을 먹을 수 있도록 따로 돈을 모았다."

호화로운 유대 결혼식이나 성인식에 참석해본 사람은 유대인들은 먹는 즐거움에만 집착한다고 생각할지 모르나, 이는 사실과 거리가 멀다. 19세기 독일 정통파의 위대한 리더였던 삼손 라파엘 히르슈Samson Raphael Hirsch는 어느 날 갑자기 스위스로 갈 것이라고 해, 그의 제자들을 놀라게 했다. 그는 제자들에게 설명했다. "전지전능하신 분과 가까운 곳에 서면 이제껏 궁금했던 많은 것들을 해결할 수 있을 테지.…… 하지만 하나님께서 '삼손아, 넌 나의 알프스 산맥을 보았느냐?'라고 분명히 물어보실 텐데, 그땐 어떻게 대답해야 하겠나?"[49]

많은 사람이 종교적인 경건함을 금욕주의와 연관 짓는다. 힌두교 성자들과 마찬가지로, 가톨릭과 불교의 승려와 수녀들 역시 가난한 삶을 맹세한다. 유대 학자들 역시 금욕적인 삶을 살았고 이를 장려했지만, 더 규범적인 유대주의 관점은 마이모니데스의 입을 통해 전해진다. "누구에게도 허용되는 것을 자신에게 금지시키려는 맹세나 서약을 해선 안된다(미슈네 토라, '성격 개발 및 윤리적 행동에 대한 계율Laws of Character Development and Ethical Conduct' 3:1)."

---

[49] 마틴 고돈Martin Gordon, 《유대 사상에 대한 저널Journal of Jewish Thought》, 1985, 123쪽

따라서 유대인 저술가이자 이야기꾼인 뉴욕 시 로어 이스트 사이드Lower East Side 토박이인 해리 골든Harry Golden의 어머니가 입이 닳도록 했다는 말처럼 "즐기고, 또 즐겨라."

68일째 목요일
거짓을 멀리하라

토라는 왜 "거짓말 하지 말라."라는 계율로 그치지 않고, "거짓을 멀리하라(출애굽기 23:7)."라는 계율을 추가했을까?

거짓말을 금하려는 것뿐 아니라 과장된 말 같이 거짓말로 이어지는 말도 하지 말 것을 경고하려는 의도임이 분명해 보인다. 특히 입담꾼이나 자기 말의 요지를 입증하려는 사람들을 비롯한 많은 사람이 사실을 뒷받침할 말의 필요성을 느끼는데, 그런 필요성은 흔히 거짓말로 이어진다. 한 유대 속담은 "절반이 진실이면, 전부가 거짓이다(309일째 참조)."라고 가르친다. 이 성경 구절은 거짓을 멀리함으로써 거짓 세계에 빠지지 않도록 사람들에게 정확히 말할 것을 요구한다.

유대 율법은 개인적인 이득을 취하기 위해 거짓말하는 것을 특히 반대한다. 따라서 고객에게 제품이 실제보다 더 좋다고 말하는 상인은 거짓말이란 죄악뿐 아니라 도둑질이란 죄악도 범하는 것이다. 고객이 제품에 대한 완전한 진실을 알았더라면 지불하지 않았을 돈을 부당하게 취하기 때문이다.

거짓말과 도둑질 간의 연관성은 또 다른 성경 율법에서도 강조된다.

"너희는 도둑질하지 말며 속이지 말며 서로 거짓말하지 말라(레위기 19:11)." 상인의 거짓말은 거래를 무효화한다. 따라서 거짓말로 제품을 판매한 상인은 구매자에게 환불을 해줄 책임이 있다.

탈무드는 자녀에게 거짓말하지 말라고 말한다. "아이에게 무언가를 주겠다고 약속했다면, 반드시 그것을 주어야 한다. 그렇지 않으면, 아이는 거짓말하는 것을 배우게 될 것이다(바빌로니아 탈무드, 슈카Sukkah 46b)." 다시 말해, 아이에게 장난감을 사준다거나 함께 특별한 여행을 가기로 약속했다면, 당신은 도덕적으로 그 약속을 지킬 의무가 있다. 아이와 약속을 지키지 않는 것은 옳지 못한 일일 뿐 아니라 아이로 하여금 사회에선 반드시 약속을 지킬 필요가 없다는 결론에 이르게 만들기도 한다.

부모는 또한 자녀가 다른 사람에게 거짓말 하게 만들어서도 안된다. 예를 들면, 전화를 받기 싫어 아이에게 "엄마 집에 없다고 해." 하며 거짓말을 하게 만들어선 안된다는 것이다(298일째 참조). 부모의 편의를 위해 거짓말을 하도록 배운 아이는 머지않아 자신의 편의나 이익을 위해서도 거짓말을 하게 된다.

이따금 우리는 다른 사람이 우리를 실제보다 더 박식하게 생각해주었으면 하는 허욕에 거짓말을 하기도 한다. 탈무드는 이에 대한 해독제를 제안한다. "거짓말 하지 않도록 '잘 모르겠습니다.'라고 곧바로 말할 수 있게 네 혀를 훈련시켜라(베라콧Berachot 4a)."

유대 율법은 거짓말을 허용하기도 하지만(71-73일째 참조), 보편적인 지침은 "거짓을 멀리하라."이다. 거짓말이나 과장된 말을 하지 말며, 진실을 말하지 않는 사람을 멀리하라는 의미이다.

69일째 금요일

이번 주에 어떤 좋은 일이 있었나

몇 해 전 나는 플로리다 팜비치에 위치한 엠마누엘 사원의 영적 지도자인 내 친구 랍비 레오니드 펠드만Leonid Feldman이 진행하는 안식일 예배에 참석했다. 예배를 시작하기 전, 그는 회중을 향해 "안식일의 평화가 깃들길!"이라고 말하고, 이번 주에 있었던 좋은 소식을 회중과 공유할 사람이 있는지를 물었다. 이에 사람들은 일어나서 약혼, 기념일, 자녀나 손자, 손녀가 처음으로 입을 연 일, 책 출판, 여러 해 동안 만나지 못했던 친구나 친지의 방문, 학위 수여 같은 좋은 소식을 전했다.

나는 그 광경에 깊은 인상을 받았다. 랍비 펠드만의 질문 하나가 사람들로 하여금 자신의 삶에서 일어나고 있는 좋은 일을 떠올리는 것으로 안식일 예배를 시작하게 했던 것이다. 그 후 나는 로스앤젤레스의 공연 예술가들을 위한 시나고그에서 매주 금요일 밤 나의 회중을 향해 똑같은 질문을 던지는 것으로 예배를 시작했다.

내 아내는 이 의식을 집에서도 행하기로 결정했다. 매주 금요일 밤, 안식일 저녁 식사를 하기 전 아내는 식구와 손님들에게 한 주 동안 있었던 좋은 소식이나 기억에 남는 일을 공유해줄 것을 부탁한다.

일반적으로 모든 사람이, 심지어 힘든 한 주를 보낸 사람들조차, 한 주에 있었던 즐거운 순간을 최소한 한 가지씩은 떠올릴 수 있었다. 심지어 긍정적인 기억을 하나도 떠올리지 못하는 사람이 나타나는 흔치 않은 경우에조차, 대개 식구나 친구들이 그 사람이 잊고 있었던 좋은 일을 기억해내곤 했다. 고난의 시기에조차 우리 모두는 감사할 일이나 따뜻한 교류를 경험한다. 힘든 시기에조차, 아니 특히 힘든 시기에, 이런 행복한 순간들에 초점을 맞출 필요가 있다.

따라서 회중을 향해 랍비 펠드만이 던진 질문과 그 답변으로 당신의 안식일을 시작하는 것은 매우 고무적인 일이다. "지난 일주일 동안 당신에겐 어떤 좋은 일이 있었습니까?"

70일째 안식일

한 주를 돌아보며 편히 쉬는 하루가 되기를.

02

무엇을 배울 것인가

71일째 일요일

거짓말이 허용되는 경우 ① : 생명이 위태로울 때

  기독교 및 서양 철학에서 유명한 몇몇 인물은 언제든 그러니까 심지어 생명이 위태로울 때조차 거짓말을 하는 것은 잘못이라고 주장했다.
  4세기의 위대한 기독교 지도자 성 아우구스티누스는 거짓말은 영원한 삶을 살 수 없게 한다고 주장했다. 즉 다른 사람 생명을 구하기 위해 거짓말을 해 다음 세상을 포기하는 것은 어리석은 짓이라는 것이다. "다른 사람 생명을 구하기 위해 한 사람이 영적으로 죽어야 한다고 말하는 사람은 가장 터무니없는 말을 하는 것이 아닐까? …… 이는 거짓말로 영원한 삶이 희생되기 때문이다. 다른 사람의 현세 삶을 지

키기 위해 거짓말을 해선 절대 안 될 것이다."⁵⁰

그로부터 약 1,500년 후 임마누엘 칸트 역시 보편적으로 타당한 세상 윤리를 수립하려 노력하는 과정에서 모든 거짓말을 비난했다. 그래서 칸트는 "만일 한 남자가 목숨을 지키기 위해 우리 집에 숨어들었는데, 그를 죽이려는 남자가 혹 자신이 찾는 사람이 우리 집으로 피신하지 않았냐고 물어온다면, 우리는 거짓말로 그를 잘못 인도해선 안 된다."고 했다.⁵¹

반면 유대주의 관점에선, 무고한 사람이 희생되도록 그를 쫓아온 사람에게 사실 그대로 말하는 사람은 도덕적으로 무거운 책임을 져야 한다. 칸트는 유대주의를 낮게 평가했고, 그래서 유대주의의 가르침에는 관심도 두지 않았다. 하지만 독일인인 그의 사상은 그의 조국에서 특히 오랫동안 지대한 영향을 끼쳤다. 철학자 시셀라 복Sissela Bok이 언급했듯이, "칸트의 논리대로 하자면, 나치로부터 보호하기 위해 자기 배에 유대인들을 숨긴 독일인 선장은 나치 군함과 맞닥뜨려 그 사령관이 혹 유대인들이 배에 승선하지 않았냐고 물어올 경우 거짓말을 하지 말았어야 한다."⁵²

진실은 큰 가치를 지니지만(68일째 참조) 절대적인 것은 아니라고 유대주의는 가르친다.

출애굽기 1장은 새로 태어난 이스라엘 사내아이들을 나일 강에 익사시켜 이스라엘 민족을 말살하려는 파라오의 노력을 묘사한다. 파라

---

50 성 아우구스티누스, '거짓말에 대해On Lying', 데파라리Defarrari, 《다양한 주제에 대한 보고서Treatises on Various Subjects》
51 칸트, 《실천 이성 비판Critique of Practical Reason》 346-50쪽
52 복, 《거짓말Lying》 44쪽

오는 두 히브리 산파 십브라와 부아에게 그 임무를 수행하도록 명한다. 하지만 하나님을 경외하는 두 산파는 사내아이들을 죽이는 대신 살리는 일을 돕고 나선다.

자신의 계획이 수포로 돌아간 것을 알고 격노한 파라오는 두 산파를 불러들여 왜 자신의 명령을 따르지 않았는지 추궁한다. 성경은 두 산파가 파라오에게 다음과 같은 거짓말을 했다고 전한다. "히브리 여인들은 이집트 여인들 같지 아니하고 활기가 넘쳐서 산파들이 자기들에게 오기 전에 해산하나이다(출애굽기 1:19)."

하나님은 두 산파가 거짓말을 한 것을 못마땅하게 여기셨을까?

전혀 그렇지 않다. 이어지는 구절이 이렇게 말하고 있기 때문이다. "그래서 하나님은 그 산파들에게 은혜를 베푸셔, 그들의 집을 번성하게 하셨다." 다시 말해, 하나님 눈에는 두 산파가 이스라엘 아들들을 구하고 파라오에게 거짓말을 한 것이 옳은 행동이었던 것이다.

후의 한 사건에서 성경은 하나님 자신이 선지자 사무엘의 목숨을 살리기 위해 거짓말을 하도록 지시하는 장면을 묘사한다. 하나님이 사무엘에게 사울 대신 다윗을 왕으로 택했으니 그의 머리에 성유를 부으라고 하시자, 사무엘은 겁에 질렸다. 사울 왕이 자신이 하려는 일을 알게 되면, 그를 처형할 것이기 때문이었다. 그래서 하나님은 사무엘에게 다음과 같은 거짓말을 하게 하셨다. "너는 암송아지를 끌고 가서 말하기를 '내가 여호와께 제사를 드리러 왔다' 하라(사무엘상 16:2)."

물론 하나님은 사무엘로 하여금 사울에게 진실을 말하게 하고, 당신이 사무엘을 보호해주겠다고 확신시켜줄 수도 있었을 것이다. 하지만 하나님은 그렇게 하지 않고, 사무엘에게 거짓말을 하도록 했던 것이다. 여기서 우리가 알 수 있는 사실은 우리 또한 무고한 생명을 지키기 위해서라면, 그리고 나쁜 의도로 사람을 죽이려는 자에겐 거짓말을 해야 하며, 그 후의 일은 하나님께 의지하면 된다는 것이다.

유대주의가 당신에게 순교자가 될 것을 명하는 드문 경우도 있다. 예를 들어, 만일 당신이 무고한 생명을 죽여야 당신 생명을 구할 수 있다면, 유대주의는 당신에게 죽이는 것을 금하고 죽임을 당할 것을 명한다(310일째 참조). 하지만 유대 율법은 사악한 사람에게 진실을 말함으로써 그가 사악한 행동을 하거나 당신 자신을 살해하도록 만드는 것은 아주 부도덕하고 어리석기 짝이 없는 행동이라 여긴다.

진실은 매우 소중한 가치가 있다. 하지만 무고한 생명을 구하는 것은 더 소중한 가치가 있다.

72일째 월요일

거짓말이 허용되는 경우 ② : 선의로 거짓말을 할 때

탈무드는 결혼식을 올리는 신부 앞에서 춤출 때 하객들이 부르는 노래 가사를 놓고 힐렐 학파와 샴마이 학파가 벌인 진기한 논쟁에 대해 기록하고 있다. 힐렐 학파에 따르면, 춤추는 하객들은 모든 신부 앞에서 "이 얼마나 아름답고 우아한 신부인가!"라는 똑같은 가사의 노래를 불러야 한다는 것이다.

하지만 힐렐 학파의 라이벌인 샴마이 학파는 이에 동의하지 않는다. "신부가 절름발이고 장님이라 해도, 그녀에게 아름답고 우아하다고 말해야 한단 말인가? 토라가 '거짓을 멀리하라(출애굽기 23:7).'고 가르치고 있는데도 말인가?" 다시 말해, 샴마이 학파는 모든 신부 앞에서 똑같은 말을 암송하는 게 아니라 신부 모습에 따라 각기 다르게 암송해야 한다고 주장한 것이다(케투봇 16b-17a 참조).

유대 율법은 힐렐 학파의 견해를 수용한다. 우리는 똑같이 모든 신부에게 아름답다고 칭찬해야 하는데, 이는 어떤 신부든 신랑 눈에는 아름답게 보일 것이기 때문이다.[53]

이밖에도 탈무드는 이유 없이 다른 사람의 감정을 다치지 않게 주의해서 말해야 한다고 가르친다. 앞서 언급했듯이, 랍비들은 토라가 아브라함과 사라 사이에 반목이 생기지 않게 진실을 수정하는 하나님을 묘사한 것에 주목한다.

창세기 18장에서는 세 천사가 89세인 아브라함의 아내 사라가 1년 후 아이를 낳을 거란 사실을 알리기 위해 99세의 아브라함을 방문한다. 장막 입구에 서서 그들이 하는 이야기를 엿들은 사라는 속으로 웃으며 혼잣말을 한다. "내가 노쇠하였고 내 주인도 늙었으니 내게 어찌 낙이 있으리오?" 다음 구절에서 하나님이 아브라함에게 나타나 말씀

---

[53] 랍비 어윈 쿨라는 샴마이 학파의 논리적인 취약점은 언제나 한 가지 객관적인 진실이 존재한다고 믿는 데 있다고 지적한다. 즉 샴마이 학파에 따르면, 신부는 아름답거나 아름답지 않거나 둘 중 하나다. 힐렐 학파는 진실은 복합적이고 정황적이라는 점을 이해했다. 즉 힐렐은 자신도 어떤 신부를 아름답지 않다고 생각할 수 있지만, 그건 어디까지나 자신의 주관적인 견해일 뿐이라 믿는다. 따라서 신부의 외모에 대해 부정적으로 평가하는 것은 신부의 감정을 상하게 할 뿐 아니라 완벽한 진실을 말하는 것도 아니라는 것이다. 인간의 관점으로 보면 항상 한 가지 진실만 존재하는 건 아니기 때문이다. 이는 그 대상이 신부의 외모일 경우 더더욱 그렇다. 쿨라는 계속해서 자신의 견해를 피력한다. "이제 힐렐과 그의 제자들이 학원에서 샴마이 학파의 견해도 가르친 이유가 분명해 보인다. 그것은 단순히 힐렐이 온화하고 관대해서가 아니라, 그가 샴마이 학파의 견해도 일부 진실을 담고 있어 가르칠 필요가 있다고 믿었기 때문이다."(이 점에 관한 더 자세한 논의는 131일째를 참조하기 바란다.)

하신다. "사라가 왜 웃으며 이르기를 '내가 노쇠하였으니 내게 어찌 낙이 있으리오?' 하느냐?"(창세기 18:12-13)

하나님은 '내 주인도 늙었으니'라는 말은 생략하고 사라의 말을 반복하신다. 하나님이 생략한 사라의 말은 아브라함에게 상처를 주거나 그가 사라에게 화를 내게 만들 수도 있다. 탈무드는 이 성경 이야기를 근거로 다음과 같은 결론을 내린다. "평화는 위대한 것이다. 평화를 위해서라면 하나님께서도 진실을 수정하신다(예바못 65b)."

유대 율법에 따르면, 우리는 또 어떤 사람에 대해 들은 비판적인 이야기를 그 사람에게 옮기지 말아야 한다. 또 만일 누군가가 다른 사람이 자신에 대해 뭐라고 말하더냐고 물어온다면, 다른 사람이 그에 대해 한 부정적인 말을 전하지 말아야 한다(그런 질문을 한 사람의 명예를 실추시키는 중상 모략의 말 경우는 제외하고, 44일째 참조).

불화가 있는 양측을 화해시키려 하는 경우, 유대 율법은 '선의의 거짓말'에 놀랍도록 관대하다. 최초의 유대 제사장인 모세의 형 아론은 싸움을 한 사람들을 화해시키기 위해 거짓말을 이용하곤 했다고 랍비들은 전한다. 그는 먼저 한 사람에게 가서 상대편이 싸운 것에 대해 매우 부끄럽고 유감스러워하며 후회하고 있다고 전한 다음, 상대편에게도 똑같은 말을 했다고 한다. 미드라시에 따르면, "후에 두 사람이 만났을 때 그들은 서로 포옹하고 입맞춤을 했다(랍비 라단이 말하는 아버지 The Fathers According to Rabbi Nathan 12:3)."

내 친구 한 명은 자신도 이 방법을 한 번 사용해 봤는데 결과가 안 좋았다고 했다. 당사자 둘이 만났는데, 한 사람이 다른 사람에게 "당신이 부당하게 행동했다는 걸 이제 깨달았다니 다행입니다."라고 말해, 내 친구가 한 선의의 거짓말이 금방 들통나버렸다는 것이다. 하지만 유대 전통이 아론의 거짓말을 지지한다는 건 인간관계에서 반목이 생겼을 경우 유대 전통은 여전히 진실보다 화해와 평화를 더 중요시한다는 걸 의미한다.

또한 어떠한 이득도 없이 상처만 야기할 수 있는 경우에도 진실을 수정할 필요가 있다. 만일 배우자나 친구가 파티에 가기 전 자기 모습이 어떠냐고 묻는데, 그 모습이 이상하거나 차림새가 부적절하다고 여겨진다면 진실을 얘기해줘야 한다. 가능한 한 요령 있게 진실을 얘기한다면, 그 사람이 난처한 입장에 처할 수도 있는 걸 미연에 방지할 수 있기 때문이다. 하지만 누군가가 파티 현장에서 자기 모습이 어떤지를 물어오는데, 그 모습이 조금도 괜찮아 보이지 않아 당신 생각을 직선적으로 드러낸다면, 그 사람에게 조금도 도움이 되지 않을 뿐 아니라 불필요한 오해나 갈등 같은 걸 야기할 수도 있다.

상대에게 고통과 불필요한 상처만 줄 수 있는 진실을 말하려 한다면, 당신은 그 전에 왜 그 말을 해야 하는지를 자문해보아야 한다. 좋은 거짓말이 나쁜 진실보다 더 나을 때가 분명 있기 때문이다.

73일째 화요일

거짓말이 허용되는 경우 ③ : 겸손을 표할 때, 사생활 보호를 위해, 남에게 피해를 주지 않으려 할 때

프랭크 로이드 라이트Frank Lloyd Wright가 한 번은 증인으로 법정에 섰는데, 거기서 그가 스스로를 '현존하는 가장 위대한 건축가'라 칭했다는 이야기가 있다.

후에 그의 아내가 그에게 사람들 앞에서 어떻게 그런 오만한 말을 할 수 있냐고 나무라자 라이트는 이렇게 대답했다. "법정에서 어떤 거짓말도 하지 않겠다는 선서를 해 선택의 여지가 없었소."

유대 율법은 법정 증언 시 진실을 말해야 한다는 점에 있어선 극도로 엄격하지만(십계명 중 9번째 계명은 거짓 증언을 금하고 있다), 탈무드의 놀라운 구절 하나는 유대 율법이 심지어 종교 학자들에게조차 특정 상황에선 진실에서 벗어나는 걸 허용하고 있음을 보여준다. "학자는 세 가지 문제, 즉 탈무드, 침실, 환대와 관련한 문제에 있어선 진실을 숨길 수 있다(바빌로니아 탈무드, 바바 메지아 23b-24a)."

이 구절의 주석을 바탕으로 다음과 같이 설명할 수 있다. 어떤 사람이 학자에게 탈무드를 잘 아느냐고 물었을 때, 학자는 설사 잘 알고 있더라도 자만하는 것처럼 보이지 않으려고 그렇지 않다고 말할 수 있다. 또 어떤 사람이 학자에게(또는 누구에게라도) 성생활과 관련된 노골적인 질문(예를 들면, "어제 아내와 잠자리를 하셔서 연구실에 오지 않으셨나요?"와 같은 질문)을 했을 때, 학자가 사생활 보호를 위해 거짓말하는 것도 허용된다. 탈무드에 관한 중세의 대표적인 주석인《토사폿$_{Tosafot}$》은 그런 부적절한 질문에 대해서는 아팠다거나 갑자기 급한 일이 생겼다는 식의 거짓말을 할 것을 제안한다. 은밀한 사생활에 대해선 어느 누구에게도 얘기할 필요가 없다는 것을 탈무드도 이해한 것이다.

거짓말이 허용되는 세 번째 영역인 '환대'는 다소 의외일 수 있지만, 깊은 지혜에 근거한 것이다. 만일 어느 학자가 자신을 초대한 사람들에게서 아주 호의적이고 관대한 대접을 받았는데 다른 사람들이 거기서 어떤 대접을 받았냐고 물어올 경우, 자신을 초대한 사람들의 환대에 대해 대단치 않게 얘기하거나 심지어 거짓말까지 해도 된다. 진실을 말할 경우 사람들이 그들을 찾아가 이용할지도 모른다고 생각할 근거가 있다면 말이다.

탈무드는 묻는다. "이 세 가지 영역에선 종교 학자가 거짓말을 해도 된다고 말하는 요지는 무엇인가?"

이 질문에 대해 랍비 마르 주트라는 이렇게 대답한다. "만일 당신이 물건을 하나 주웠는데, 단지 이 세 가지 영역에서만 거짓말을 하는 종교 학자가 와서 그 물건이 자기 것이라 말한다면 곧바로 그 물건을 건네주어도 좋다(다시 말해, 이 세 가지 영역에서만 거짓말을 하는 사람은 믿을 만한 사람이라는 것이다.). 그러나 다른 영역에서도 거짓말을 하는 것이 분명한 종교 학자의 경우, 그 물건이 자기 것이라는 걸 확실히 입증하지 못한다면 그 물건을 선뜻 건네주어선 안된다."

그렇다면 종교 학자를 포함한 모든 유대인은 언제 거짓말을 할 수 있을까?

겸손해하거나 사생활을 보호하기 위한 경우, 그리고 다른 사람에게 피해를 주지 않기 위한 경우에 거짓말을 할 수 있다. 하지만 이 세 가지 경우가 아니라면 진실만을 말해야 한다.

74일째 수요일
'불평하지 않는 주' 선포

히브리어 타아닛 디부르ta'anit dibur는 '묵언'이란 뜻인데, 유대주의의 몇몇 위대한 현자는 부적절한 말을 하는 것을 피하고(43일째 및 44일째 참조) 생각을 더 영적인 것에 집중하기 위해 정기적으로 '묵언 수행'을 행했다. 위대한 학자이자 도덕주의자인 랍비 이스라엘 살란터는 속죄일 전 40일 동안 가능한 한 말을 하지 않았다고 한다.

'묵언 수행'은 생각 외로 힘든 일로, 내가 알기론 오늘날 그것을 행하는 사람은 매우 드물다. 한편, 나의 아내와 나는 정기적으로 '불평하지 않는 주'를 정해 불평을 삼가곤 한다. 일주일 동안 어떠한 불평불만도 하지 않기로 약속하고 그걸 실천하려 노력하는 것이다.

그런 주를 제정한 주된 이유는 끊임없이 불평불만을 늘어놓고 있는 우리 모습을 발견했기 때문이다. 우리 중 한 사람이 힘들었던 한 주나 한 달에 대해 불평하기 시작하면, 그것이 처음엔 다른 쪽의 공감을 불러일으키기도 하지만, 그러다 이내 다른 한 쪽이 한 주 또는 한 달 동안 겪은 온갖 힘들었던 일을 쏟아내는 상황으로 발전되곤 했다.

이런 대화는 흔히 각자가 겪었던 모든 어려움에 대한 토로로 확대되는데, 대화가 끝날 즈음엔 둘 다 인생 모든 게 잘 풀리지 않는다는 생각을 하게 되면서 비참한 기분이 되곤 한다.

데니스 프레이저는 많은 사람들이 행복해야 할 이유가 없어 불행하다고 말한다. 불행해야 할 이유가 없어 행복한 것이 훨씬 더 나은데, 불평은 우리에게 불행해야 할 이유들을 제공한다는 것이다.

보다 행복해지기 위한 한 가지 방법은 불평의 일시적 중단을 선포하는 것이다. 그러면 당신의 삶에서 긍정적인 일들에 더 집중할 수가 있다. 미국 인디언의 속담이 가르치듯이, "만일 당신이 갖고 있지 않지만 원하는 모든 것에 감사할 수 없다면, 갖고 있지 않지만 원하지 않는 모든 것에 감사하라."

불평불만을 늘어놓지 않고 하루나 한 주를 보내는 가정은 더 행복한 가정일 것이다. '불평하지 않는 주'를 선포함으로써 우리는 삶에서 감사해야 할 것들에 집중할 수 있는 시간을 갖게 된다.

75일째 목요일
가장 특이한 축복 기도

유대주의의 축복 기도는 항상 "대우주의 통치자, 우리의 주 하나님께 축복이 깃들길!"로 시작한다. 유대인은 하나님의 이름으로 기도하기 때문에, 일반적으로 축복 기도는 신성과 연결된다. 하루 세 차례 드리는 기도 예배에서 수십 가지 축복 기도를 암송하며, 식사 전후에 더 많은 축복 기도를 암송하는 독실한 유대인의 경우, 하루에 최소한 100가지 축복 기도를 암송한다.

하지만 화장실 갈 때마다 암송해야 하는 다음과 같은 축복 기도는 모르는 유대인이 많다.

> 저희를 지혜롭게 만드시고 저희 안에 여러 구멍과 공간을 창조하신 대우주의 통치자, 우리의 주 하나님께 축복이 깃들길! 그 여러 구멍과 공간 중 하나가 터지거나 막힌다면, 저희가 생존해 당신 앞에 서는 것이 불가능하다는 사실은 당신의 영광의 옥좌 앞에서 자명합니다. 모든 육체를 치유하시고 기적을 이루시는 하나님께 축복이 깃들길!

콜롬비아 장로교 병원Columbia Presbyterian Hospital에 근무하는 정통파 유대인 케네스 프레이저 박사는 이 기도문이 어린 시절 그가 다녔던 유대 주간 학교 화장실 밖에 붙어 있던 걸 기억한다. 유감스럽게도, 그리고 이해하지 못할 일도 아니지만, 당시 그와 그의 친구들은 이 기도문을 보고 웃음을 참지 못하곤 했다. "아이들 입장에선 대소변 보는 행위를 하나님을 묘사하는 신성한 단어들과 연결시키는 것보다 더 이상하고 우스꽝스러운 일은 없었을 겁니다."

프레이저는 의대 2학년생이 되었을 때야 비로소 이 기도문의 심오함을 이해하기 시작했다. "병리생리학을 공부하면서, 인체 구조와 기능의 아주 경미한 이상이 끔찍한 결과를 초래할 수 있다는 사실을 알게 됐습니다. 그래서 화장실에 가는 일상적인 일을 최소한 더 이상 당연하게만 여기진 않게 되었죠. 대신 그 사소한 일상의 일이 원활하게 돌아가려면 얼마나 많은 것들이 아주 정확히 작동돼야 하는지를 깨닫기 시작했습니다. …… 투석기로 삶을 지탱하는 환자들이나 인공 항문과 도뇨관에 의존하는 환자들을 접하면서, 난 이 기도문을 만든 랍비 아바예Abbaye가 얼마나 지혜로운 사람인지 알게 되었죠." 아침 기도 예배 때도 암송되는, 아셰르 야트자르asher yatzar로 알려진 이 기도문을 암송하는 것은 우리 모두에게 배설 기관의 적절한 기능뿐 아니라 전반적인 건강에 대해서도 하나님께 감사의 마음을 전할 수 있는 좋은 기회를 제공한다.

프레이저 박사는 《미국 의학협회 저널Journal of the American Medical Association》이라는 조금은 어울리지 않는 곳에 이 기도문을 실었다. 그는 자동차 사고로 척수에 치명적인 손상을 입은 20세 청년 조쉬의 이야기로 자신의 글을 마무리한다. 여러 달 동안 집중적인 물리 치료를 받으면서 조쉬는 나날이 건강이 좋아졌다.

하지만 조쉬는 계속 간헐적 자가도뇨의 도움을 받아야 했다. 나는 그가 신경인성 방광 탓에 평생 여러 문제와 생명의 위험까지 감수하고 살아가야 한다는 사실을 너무나 잘 알고 있었다. 비뇨기과 전문의들은 그가 간헐적 자가도뇨에서 해방될 가능성은 매우 희박하다고 믿었다. 그들은 척수가 그 정도로 심하게 손상된 경우, 그렇게 병세가 호전된 걸 본 적이 없었기 때문이다.

그런데 불가능한 일이 일어났다. 나는 조쉬가 더 이상 도뇨관이 필요 없게 된 날 그곳에 있었다. 나는 아바예의 야셰르 야트자르 기도문에 대해 생각했다. 나는 이 기도문 암송의 시나리오 중 이보다 더 의미심장한 시나리오를 상상할 수 없을 거라 말하며, 역시 예시바 졸업생인 조쉬에게 이 기도문을 암송할 것을 제안했다. 그는 그러겠다고 했다. 그가 이 고대 기도문을 암송할 때 내 눈에서 눈물이 주르륵 흘러 내렸다.

조쉬는 사랑스런 나의 아들이다.[54]

76일째 금요일
지능이 떨어지는 사람들을 존중하라

랍비 슈로모 잘만 아우에르바흐Shlomo Zalman Auerbach(1910-1995)는 20세기의 가장 위대한 랍비 학자 중 한 명이었다. 평생 예루살렘에서 살았던 그는 고아와 과부, 그리고 사회가 흔히 등한시하거나 무시하기 쉬운 사람들에게 따뜻한 마음과 배려를 보여준 것으로 유명하다.

랍비 잘만에 대한 전기 《예루살렘에서 전하는 말And From Jerusalem, His Word》에서 전기 작가 랍비 하노크 텔러Hanoch Teller는 이 위대한 현자가 진행한 가장 특별한 랍비 임명식(세미차semicha)에 대해 이야기한다.

어느 날 정신 지체아 아들을 둔 부모가 아들을 보낼 교육 기관을 선택하는 문제로 랍비 잘만을 찾아왔다. 그들은 두 곳을 마음에 두고 있었는데, 각각 장단점이 있었다. 랍비 잘만이 그들의 말을 경청한 뒤 물었다. "아이는 어디에 있나요? 이 문제에 대해 아이는 무슨 말

---

[54] 프레이저, '모든 것은 축복For Everything Blessing'; 아바예의 기도문은 탈무드, 베라콧 60b 및 《아트스크롤 기도문ArtScroll prayerbook》14쪽에 실려 있다.

을 하던가요?"

부모는 깜짝 놀라 서로를 쳐다봤다. 그들은 이 문제에 대해 아들과 상의해볼 생각조차 하지 않았다는 걸 인정했다. 아이의 아버지가 덧붙였다. "솔직히 말해, 그럴 필요가 없다고 생각합니다. 제 아들이 이해할 수 있는 문제가 아니니까요."

랍비 잘만은 격노했다. "두 분은 아이의 영혼에 죄를 짓고 있어요." 그는 소리쳤다. "아이를 집에서 몰아내 엄격한 분위기의 낯선 장소에서 지내게 할 심산인 거죠. 아이를 격려해줘야 하며, 아이가 배신당했다는 느낌이 들지 않도록 해줘야 합니다." 아이의 부모는 할 말을 잃었다.

"아이가 어디에 있죠?" 랍비 잘만이 계속 추궁했다. "아이와 둘이서 이 문제에 대해 이야기할 겁니다."

부부는 랍비 잘만의 요구를 받아들여, 서둘러 아이를 현자에게 데려 왔다.

"얘야, 이름이 뭐니?" 이 가온Gaon[위대한 현자, 천재]이 아이에게 물었다.

"아키바예요." 아이가 대답했다.

"만나서 반갑구나, 아키바. 내 이름은 슈로모 잘만이란다. 나는 가돌 하도르Gadol Hador지[55]. 다시 말해 이 시대의 가장 위대한 토라 학자란다. 그래서 모든 사람이 내 말을 경청하지. 넌 이제 특별한 학교로 가게 되는데, 네가 그 새로운 보금자리에서 나를 대신해 종교적인 모든 문제를 맡아주었으면 좋겠구나."

랍비 잘만이 말을 이어나갈 때, 소년은 이 가온의 얼굴을 응시했고,

부모는 놀라서 입을 다물지 못했다. "이제 난 널 랍비로 임명한다. 네가 이 영예로운 직위를 지혜롭게 이용하길 바란다."

랍비 슈로모는 부드럽게 소년의 볼을 쓰다듬었고, 약속한 자신의 역할을 이행하겠노라는 소년의 더없이 열정적인 모습을 바라보았다. 소년은 여러 해 동안 집에서 안식일을 보내기로 된 상황에서도 지역 랍비로서 지역 사람들에게 책임을 다해야 한다며 학교를 떠나지 않았다. 따지고 보면 그에게 그런 책임을 지운 사람은 그 누구도 아닌 바로 가돌 하도르였다.[56]

77일째 안식일

한 주를 돌아보며 편히 쉬는 하루가 되기를.

---

55 랍비 슈로모 잘만은 특별히 겸손한 사람이었기에 자신을 이렇게 칭하는 경우가 없었다.
56 텔러,《예루살렘에서 전하는 말》120-22쪽

78일째 일요일

이자를 붙이지 말라

 가장 널리 알려진 유대인의 부정적 이미지는 아마 고리대금업자로서의 이미지일 것이다. 예를 들어 문학 세계에서 가장 유명한 고리대금업자로 셰익스피어의 희곡《베니스의 상인》에 등장하는 악당 샤일록을 꼽을 수 있는데, 그가 바로 유대인이다. 오늘날까지도 많은 사람들은 중세에 반유대주의를 낳은 원흉은 기독교 이웃들에게 높은 이자를 물린 유대인들이라고 믿고 있다.[57]

 토라가 이스라엘 형제에게 이자를 물리는 것을 금한 것은 절대적인 것이었다. 농부들은 다급한 상황에서만 돈을 빌리기 때문에, 유대인 대다수가 농사를 생계 수단으로 삼았던 시기에 만들어진 이 계율은 도덕적인 측면에서 상당히 설득력이 있다.

유대인의 경제 활동이 더욱 크고 복잡해져, 사람들이 사업을 시작하거나 확장하기 위해 돈을 빌리려 하자, 이자를 받지 말라는 토라의 율법은 경제 성장을 위협하게 되었다. 사업을 시작하고 확장하려는 사람에게 얻는 것도 없이 누가 선뜻 돈을 빌려주려 하겠는가? 경제 성장을 지연시키지 않기 위해, 후에 유대 율법은 지금도 여전히 정통파 유대인들이 따르고 있는 헤테르 이스카heter iska(글자 그대로는 '사업에 대한 허용'이라는 뜻이다.)로 알려진 법적 장치를 고안해냈다. 그런 법적 장치 덕에, 돈을 빌려주는 사람은 돈을 빌리는 사람이 '이윤'을 내든 못 내든 상관없이 합리적인 이율에 따라 '이윤'의 일정 비율을 받는 것이 보장되었다.

유대 율법은 사업 관련 대출인 경우 헤테르 이스카를 허용하지만, 기본적인 필요와 관련된 대출인 경우 여전히 이 법적 장치를 허용하지 않는다. 만일 누군가가 의식주 문제나 학비, 또는 기타 기본적인 문제로 돈을 필요로 한다면, 당신은 이자를 받지 않고 그가 필요로 하는 모든 돈을 빌려주거나 당신이 빌려줄 수 있는 최대한의 돈을 아낌없이 빌려주어야 한다. 물론 돌려받지 못한다 해도 큰 타격을 받지 않는 범위 내에서 돈을 빌려준다는 상식을 따라야 할 것이다.[58]

---

57 물론 유대인의 고리대금업 때문에 반유대주의가 생겨난 것은 아니다. 유대인을 향한 증오는 그 전에 이미 존재했기 때문이다. 심한 반유대주의로 인해, 유대인은 고리대금업 이외엔 다른 직업을 거의 가질 수 없어 고리대금업자가 될 수밖에 없었다. 따라서 유대인의 고리대금업이 반유대주의를 부채질한 것은 사실이지만, 반유대주의의 직접적인 원인은 아닌 것이다.
58 기본적인 필요와 관련된 대출에서 변제가 이루어지지 않았을 경우, 돈을 빌려준 사람은 받지 못한 돈을 해마다 기부하는 자선 기금의 일부로 여길 수 있다.

세계 도처의 유대인 공동체들은 무이자로 돈을 빌려주는 단체들을 운영하고 있는데, 그 중 몇몇 단체는 수백 명의 사람들에게 돈을 빌려주고 있으며, 대부분 대출 상환이 매우 잘 이뤄지는 걸로 알려져 있다.

유대 전통은 심각한 재정난에 빠진 사람에게 무이자로 돈을 빌려주는 것을 가장 큰 친절을 베푸는 행위로 여긴다.

79일째 월요일
다른 사람에게 웃음을 주어라

탈무드는 페르시아 도시 베 레페트Be Lefet의 시장을 찾은 랍비 베로카Beroka에 대한 이야기를 전한다. 시장에 있던 랍비 베로카 앞에 어디선가 불현듯 선지자 엘리야가 나타났다. 랍비 베로카가 선지자에게 물었다. "이 시장에 '도래할 세상'에 갈 자격이 있는 사람이 있습니까?" 이에 엘리야가 "없느니라."라고 대답했다.

조금 후, 두 남자가 지나가자 엘리야가 베로카에게 말했다. "저기 두 남자가 '도래할 세상'에 갈 자격이 있느니라."

이에 랍비 베로카가 곧장 그들에게 가서 직업을 물었고, 그들은 이렇게 대답했다. "우리는 코미디언입니다. 우울한 사람들에게 힘을 주는 직업이죠. 뿐만 아니라 두 사람이 서로 싸우는 걸 볼 때마다, 우리는 그 둘을 화해시키려 애씁니다(타아닛Ta'anit 22a)."

그들 코미디언이 잘 이해하고 있었듯, 진정한 친절은 상대가 가장 필요로 하는 일에 도움을 주는 것이다. 따라서 자신을 고통스럽게 하는 일들에만 집착해 웃음이 필요한 우울한 사람들에겐 삶이 고통스럽지만은 않다는 걸 상기시켜주어야 한다. 우리는 이 이야기를 통해, 하나님이 영원한 보상을 받기에 가장 적합한 사람의 본보기로 삼을 만큼 삶에 대한 두 코미디언들의 자세를 높이 평가하셨다는 걸 알 수 있다.

랍비 베로카가 이 일을 겪은 후 대략 1,500년이 지난 어느 날, 랍비 이스라엘 살란터의 몇몇 제자가 스승이 길거리에서 한 지인과 장시간 시시콜콜한 일상 대화를 주고받는 모습을 목격하곤 놀랐다. 랍비 살란터는 시시콜콜한 이야기로 시간을 낭비하는 걸 탐탁찮아 하는 걸로 유명했기 때문이다. 후에 제자들 중 한 명이 그때 그의 행동에 대해 묻자, 랍비 살란터는 이렇게 대답했다. "그 남자는 극도의 슬픔과 우울증에 빠져 있어, 그의 기분을 북돋아 근심걱정을 덜어주는 것이 필요한 친절 행위였기 때문이다. 하나님에 대한 경외심이나 도덕성을 길러야 할 필요성에 대한 얘기로 그 일을 할 수 있었겠느냐? 당연히 세속적인 문제에 대한 유쾌한 이야기로만 그 일을 할 수 있었을 것이다(오르 이스라엘Or Yisra'el, 112쪽)."

성경의 전도서는 우리에게 울 때와 웃을 때가 있다는 걸 일깨워준다(3:4). 그에 덧붙여 가끔 다른 사람들을 웃게 만들어야 할 때도 있는 것이다.

80일째 화요일

내 이름은 누구의 이름을 딴 것일까

나는 종종 유대 아기에게 히브리 이름을 지어주는 예배를 진행하곤 한다(전통적인 유대 율법에 따르면, 여아는 출생 후 처음으로 토라를 읽을 때, 남아는 할례를 받을 때 이름을 짓는다.). 대다수 아이들의 이름은 누군가의 이름을 따서 지어지기 때문에, 나는 항상 이름을 짓기 전에 아이의 부모와 얘기를 나누고, 아이의 이름을 따온 고인[59]에 대해 묻는다. 대개 부모 중 한 명이 고인에 대해 자세히 설명하게 되는데, 그러면 나는 특별히 고인의 어떤 점을 아이가 닮았으면 하는지를 부모에게 묻는다. 그리고 후에 이름을 짓는 의식에서 나는 그런 점들을 언급한다.

하지만 아이가 성장하는 동안, 대부분의 부모는 아이 이름을 따온 사람에 대해 아이에게 많은 이야기를 들려주지 않는다. 랍비 잭 리머 Jack Riemer는 이는 안타까운 일이라고 말한다. "우리가 아이들에게 우리와 우리 조상의 이야기를 들려주지 않는다면, 아무도 그렇게 하지 않을 겁니다. 그러면 우리 이야기는 자취를 감추고, 우리 아이들은 그 이야기를 잃게 되겠죠. 나는 이를 나의 시나고그에서 성인식을 하게 된 아이들을 만나면서 깨닫게 되었습니다. 내가 아이들에게 항상 물어보는 질문 중 하나는 '네 히브리 이름은 뭐니?'입니다. 이어 '네 이름은 누구의 이름을 따서 지었니?'라고 묻죠. 그러면 아이들은 조상 중 누

---

[59] 아슈케나짐Ashkenazim(유럽 유대인)은 죽은 조상의 이름을 따 아이의 이름을 짓고, 세파르딤Sephardim(조상이 스페인이나 아랍 국가 출신인 유대인)은 살아 있는 사람, 특히 조부모의 이름을 따 아이의 이름을 짓는다(부모의 이름을 따진 않는다).

구누구의 이름을 따서 지은 것 같다는 불분명한 대답을 합니다. 나는 다시 묻습니다. '그분은 어떤 분이셨니?', '부모님은 네가 그분의 어떤 점을 닮았으면 하는 바람에서 그분 이름을 선택한 거니?' 그래서 내가 곧 성인식을 하게 될 아이들에게 내주는 첫 숙제는 집에 가서 부모님께 또는 그분에 대해 알고 있는 사람을 찾아가 그분에 대해 물어보고 그분이 어떤 삶을 살았는지 그분의 이름을 딴 것이 어떤 의미인지를 알아보게 하는 것입니다."

다행스럽게도 성장기 시절 어머니는 내 이름을 따온 어머니의 삼촌인 랍비 요셉 아들러에 대한 이야기를 자주 들려주셨다. 그는 메시프타 티페레트 예루샬라임Mesivtah Tiferet Yerushalayim이란 예시바를 설립한 뒤, 20세기의 위대한 정통파 유대인인 랍비 모세 파인스타인을 미국으로 초빙해 그 예시바의 교장으로 앉힌 훌륭한 탈무드 학자였다. 삼촌은 토라를 가르치는 것을 생계 수단으로 삼고 싶어하지 않아, 여러 해 동안 숙모와 함께 작은 상점을 운영하는 것으로 생계를 이어가야 했다고 한다. 그는 또한 어머니에게 특별히 다정다감한 삼촌이었다. 어머니는 종종 그의 집에서 안식일 식사를 했는데, 그는 어린 어머니와 함께 웃으며 노는 것을 좋아했다. 후에 대공황 시절 외할아버지가 거의 전 재산을 날리셨을 때, 삼촌은 어머니가 뉴욕 대학을 무사히 졸업할 수 있도록 학비를 대주기도 했다.

자녀에게 자녀 이름을 따온 분에 대한 이야기를 들려준 뒤에는 곧바로 전화기를 들기 바란다. 그리고 부모님이나 삼촌, 이모, 기타 친지 등에게 전화를 걸어, 당신 이름을 따온 분에 대해 더 많은 것을 알아보도록 하라.

81일째 수요일

생명을 구하는 뇌물

흡연자 3분의 1이 평균 7년 정도 일찍 사망한다고 한다. 그래서 부모는 자녀가 그런 자기파괴적인 습관에 빠지지 않도록 가능한 모든 노력을 다 해야 한다.

앞서 언급했듯, 유대 율법은 자멸적인 행위를 금한다(36일째 참조). 랍비 아키바가 그런 유대주의 입장을 요약했다. "자기 자신을 해하는 일은 허용되지 않는다(미슈나, 바바 카마 8:6)."

그런 이유로 다음과 같은 제안을 해보려 한다. "스물 한 살이 되는 생일 때까지 담배를 피지 않는다면, 생일 선물로 1,000달러를 주마." 같은 계약을 자녀와 맺는 것이다.

구체적인 금액은 자녀와 의논해 결정하고, 계약은 소정의 절차를 거쳐 효력을 발휘하도록 한다. 부모는 당연히 그 계약서에 서명해야 한다. 불법적인 약물 투여 및 음주에 관해서도 이와 비슷한 계약을 할 수 있다.

이런 계약이 효과를 발휘할까? 많은 아이들에겐 효과가 없지만, 일부 아이들에겐 효과가 있다. 사람이 21세가 될 때까지 담배나 약물, 술 등에 중독되지 않는다면, 그 후에 그런 것들에 중독될 가능성은 현저히 낮아진다.

자녀와 맺은 모든 계약에 돈을 지불할 수 있게, 하나님의 은총이 함께 하길!

82일째 목요일

성격을 드러내는 사소한 일들

내가 최근 비행기를 이용했을 때, 한 남자가 7세 정도로 보이는 한 아이를 데리고 좀 더 빨리 비행기를 타기 위해 나와 다른 승객들을 밀치고 앞으로 나아갔다. 그는 다른 승객들을 젖히고 지나가면서 "실례합니다."라는 말도, 자신의 무례한 행동에 대한 어떤 설명도 하지 않았다.

그때 내 머리를 스쳐간 첫 번째 생각이 무엇이었겠는가? 저런 남자와는 어떠한 거래도 하면 안 된다는 것이었다. 그는 어떤 상황에서든 내게 손해를 끼치면서까지 자기 이익을 챙길 방법을 찾을 것이기 때문이다. 그로부터 며칠 후 아내와 함께 세 아이를 데리고 비를 맞으며 택시를 기다리고 있을 때, 나는 또 다시 비슷한 상황을 맞았다. 마침내 택시가 도착했는데, 우리보다 늦게 온 한 남자가 우리가 택시를 기다리고 있는 걸 뻔히 알면서도 먼저 택시에 올라탄 것이다. 내 아내가 뭐라고 말하기 위해 다가갔지만, 그는 택시 문을 닫아버렸고 곧바로 택시는 출발했다.

위에서 언급한 두 남자 모두 이기적일 것이며 아마 업무적인 면에서도 정직하지 못할 것이라는 내 판단은 섣부른 것일 수도 있다. "다만 네 이웃을 공평하게 재판하라(레위기 19:15)."라는 성경 구절은 다른 사람을 비난하기 전에 그 사람의 행동을 정당화시켜줄 근거를 찾아보려 하는 등, 상당히 신중을 기해야 한다는 의미로 이해된다(24일째 참조). 하지만 "실례합니다."라는 말조차 하지 않기로 한 두 남자의 결정은 그들의 행위를 변명의 여지가 없는 것으로 만들었다. 그리고 자신의 어린 딸에게 본보기가 되었어야 한다는 점을 고려하면, 첫 번째 남자의 무례함은 한층 더 안타까움을 자아내는 일이다.

유대인들 사이에서 샤페츠 차임으로 잘 알려진 랍비 이스라엘 메이어 카간Israel Meir Kagan(321일째 참조)이 대중목욕탕을 운영하고 하고 있을 때, 그는 한 남자가 다른 사람의 칫솔로 이를 닦는 것을 목격했다. 그보다 나이가 더 많은 칫솔 주인이 탕에서 나오면서, 곧 그가 칫솔 주인의 허락도 받지 않고 칫솔을 사용했다는 사실이 분명해졌다. 샤페츠 차임이 마음대로 남의 칫솔을 사용한 남자에게 다가가 말했다. "허락도 받지 않고 다른 사람 칫솔을 사용하는 사람은 그 전보다 더 불결해집니다."

"여호와께서 보시기에 옳고 좋은 것을 행하라." 그리고 "그 길[토라의 길]은 즐거운 길이고 그 모든 길에는 평화가 있다."라는 이 두 성경 구절은 다른 사람을 대할 때 공정함과 적절한 예절을 지켜야 한다는 사실을 일깨워준다. 실로 우리 모두가 이따금씩 성급함이나 분노로 인해 무례하게 행동한다. 하지만 그런 행동을 지나치게 자주 하는 사람은 다른 사람들을 자신보다 더 낮은 존재로 여기고, 다른 사람들을 이용하는 것이 정당하다고 믿는 사람이다. 유대주의의 가장 중요한 개념 중 하나가 모든 인간이 '하나님의 형상'대로 창조된다는 것임을 고려해 볼 때, 무례함은 결코 사소한 문제가 아니다. 그것은 유대주의의 근본적인 믿음을 진정으로 받아들이지 않았다는 걸 입증한다(310일째 참조).

83일째 금요일
내가 본 가장 아름다운 이트로그

하루 단위로 나뉜 이 책의 거의 모든 글은 보다 더 도덕적인 삶을 살기 위해 따라야 할 구체적인 행동들에 초점이 맞춰져 있다. 그런데 너무나도 가슴 저리고 감동적인 이야기들은 가끔 그 자체만으로 우리를 선행의 길로 인도하기도 한다. 그런 이야기 중 하나가 이스라엘인 노벨상 수상자인 S.Y. 아그논S.Y. Agnon이 들려주는 이트로그[60]에 얽힌 이야기이다.

유대 율법에 따르면, 유대인은 장막절(유대교 축제. 수확을 축하하고 이집트 탈출 후 유대인들이 황야를 헤매며 했던 천막 생활을 기림 - 옮긴이)이 시작되기 전에 이트로그, 즉 노란 시트론(큰 레몬 같이 생긴 과일 - 옮긴이)을 구해 장막절 동안 매일 이트로그를 축복하는 기도문을 암송해야 한다(안식일은 제외). 예전에 신앙심 깊은 유대인들은 흠이 없는 아주 예쁜 이트로그를 구하기 위해 큰돈을 썼는데, 그 전통은 지금까지도 이어지고 있다. 이트로그를 구입할 때는 이트로그 꼭지가 똑바로 섰는지를 가장 중요하게 보는데, 이는 꼭지가 부러진 이트로그를 의식에 사용하는 것이 금지되어 있기 때문이다. 아울러 껍질에 흠이 없는 이트로그를 구입하는 것도 매우 중요한 문제이다.

아그논은 예루살렘에서의 장막절을 얼마 앞두고 이트로그를 판매하는 가게에서 러시아 출신의 연세 지긋한 랍비인 한 이웃을 만나게

---

[60] 유대인이 장막절 7일 동안 사용하는 노란 시트론. 시트론은 큰 레몬 같이 생긴 과일이다.

되었다. 초로의 랍비는 아그논에게 아주 예쁜, 외관상 완벽한 이트로그를 구입하는 것을 특히 중요시한다고 말했다. 그 랍비는 가난했지만 장막절을 위한 과일을 구입하기 위해 기꺼이 큰돈을 지출했다.

그런데 하루 이틀 뒤 장막절이 시작되었을 때, 그 랍비가 시나고그 예배에 자기 이트로그를 가져오지 않은 걸 보고 아그논이 얼마나 의아했겠는가. 아그논은 그 랍비에게 그의 이트로그가 어디 있냐고 물었다. 그러자 랍비는 다음과 같은 이야기를 들려주었다.

나는 습관대로 아침 일찍 눈을 떴고, 발코니에 세운 수카[유대인이 장막절 동안 짓는 특별한 장막]에서 이트로그를 향해 축복 기도를 암송할 준비를 하고 있었어요. 아시겠지만, 우리 발코니는 대가족이 살고 있는 바로 옆집 발코니와 붙어 있죠. 역시 아시겠지만, 많은 아이들의 아버지인 내 이웃은 화를 잘 냅니다. 그는 툭하면 아이들에게 소리 지르고, 자기 원칙을 어기거나 말을 듣지 않으면 아이들을 때리기까지 하죠. 나는 그 지나친 엄격함에 대해 여러 차례 그에게 얘기했지만, 그는 거의 달라지지 않았죠.
우리집 발코니에 있는 수카 안에 서서 이트로그를 축복하는 기도문을 암송하려던 순간, 옆집 발코니 쪽에서 한 아이의 울음소리가 들려왔어요. 옆집 아이들 중 한 명인 어린 여자아이의 울음소리였죠. 나는 아이가 왜 우는지 알아보려고 아이에게 걸어갔죠. 아이는 자기도 일찍 잠이 깨 향긋한 향기가 나는 아버지의 예쁜 이트로그를 보려고 발코니로 나왔다고 했어요. 아이는 아빠 말을 어기고 이트로그를 보려고 상자에서 이트로그를 꺼냈는데, 그러다 그만 이트로그를 시멘트 바닥에 떨어뜨린 거예요. 그 애 아버지의 이트로그는 장막절 의식에 사용할 수 없을 정도로 심하게 흠집이 났죠. 아이는 아버지가 엄청 화를 내며 자기를 호되게 벌하리란 걸 잘 알고 있었죠. 어쩌면 자기를 때릴 수도 있다고 생각했고요. 그래서 아이는 겁에 질려 흐느껴 울고 있었던 거예요. 나는 아이를 달랜 뒤 내 이트로그를 가져와 그 애 아버지 상자에 넣고는 흠집이 난 그 애 아버지의 이트로그를 가져왔어요. 나는 아이에게 아버지한테 가서 "바로 옆집 이웃이 이 예쁜 이트로그를 아빠한테 선물로 주시면서, 이 선물을 기쁜 마음으로 받아들이고 이번 장막절을 잘 지내라고 하셨어요."라고 말하라고 했죠.[61]

아그논은 다음과 같이 결론 내린다. "멍들고 흠집이 가 장막절 의식에 쓸 수 없게 된 내 이웃 랍비의 이트로그가 내가 평생 봐온 이트로그 가운데 가장 아름다운 이트로그였다."

84일째 안식일

한 주를 돌아보며 편히 쉬는 하루가 되기를.

---

[61] 나는 아그논 이야기의 원본을 찾지 못했다. 하지만 이 이야기는 랍비 베렐 바인의 《재고 Second Thoughts》 64-65쪽에 훌륭하게 개작되어 있었다.

85일째 일요일

네 이웃의 목숨을 위태롭게 하지 말라

네 이웃의 목숨을 위태롭게 하지 말라.⁶²

— 레위기 19:16

어떤 사람이 물에 빠져 허우적대거나 짐승의 공격을 받고 있거나 또는 강도들에게 습격당하고 있다면, 그 사람을 구하는 것이 옳다는 걸 어떻게 알 수 있을까? "네 이웃이 피를 흘리는 걸 옆에서 지켜보고만 있지 말라."라는 하나님의 말씀으로 알 수 있다.

— 바빌로니아 탈무드, 산헤드린 73a

유대 율법은 의무에 초점을 맞추고, 미국의 법 체계는 권리에 초점을 맞춘다. 그런 이유로, 미국 법 체계에선 위험에 처한 사람을 구할 의무는 없다. 그런 의무가 없는 것을 우려한 하버드대 법학과 교수 매리 앤 글렌던Mary Ann Glendon은 다음과 같은 가상 사례를 제시하기도 했다. "산책을 하려고 밖에 나와 수영장 주위를 걷고 있던 한 올림픽 수영선수가 수영장 끝의 얕은 물에서 사랑스러운 한 갓난아이가 익사 직전인 것을 보았다. 쉽게 아이를 구할 수 있는 상황이었지만, 그 수영선수는 아이를 구하지 않고 의자에 앉아 아이가 죽어가는 것을 지켜보았다. 그 수영선수는 그 어떤 범법 행위도 하지 않았다. 실제로 미국에는 위험에 빠진 사람을 구해야 할 의무가 있다는 법 조항은 없기 때문이다."[63]

이와는 대조적으로, 토라 율법에서는 다른 사람의 생명이 위태로울 때 도움을 줄 수 있는데도 방관하는 사람은 중요한 율법을 어긴 중죄인이라는 점을 분명히 하고 있다.

하지만 유대 율법은 다른 사람 생명을 구하기 위해 자기 생명까지 무릅써야 한다고는 명하지 않는다. 따라서 누군가를 살해하려고 총으로 위협하는 범죄자를 보게 되더라도, 위험을 무릅쓰고 반드시 그 범죄자를 저지해야 할 의무는 없다. 마찬가지로 당신이 수영을 전혀 못하거나 잘 못한다면, 물에 빠진 사람을 구하기 위해 수심 깊은 물속으로 뛰어들어야 할 의무도 없다. 하지만 밧줄을 이용하거나 다른 사

---

[62] 영어 원문은 "Do not stand by while your neighbor's blood shed."인데, 이것을 직역하면 "네 이웃이 피를 흘리는 걸 옆에서 지켜보고만 있지 말라."라는 의미가 된다.
[63] 글렌던, 《권리 이야기Rights Talk》 78-80쪽

람들에게 도움을 청해 그 사람을 구하려고 노력해야 할 의무는 여전히 있다.

하지만 위험에 빠질 가능성이 낮다면, 당신은 위험에 처한 사람을 구하기 위해 할 수 있는 모든 일을 해야 할 의무가 있다. 따라서 만일 범죄자가 무고한 사람을 위협하고 있는 장면을 목격한다면, 당신은 최소한 그 즉시 경찰에 신고라도 해야 한다. 그 정도는 누구나 할 것이라고 생각할지 모른다. 그러나 1964년 뉴욕 시에서 키티 제노비스Kitty Genovese라는 28세의 여성이 한 괴한의 칼에 찔려 죽어가는 것을 아파트 창문을 통해 목격한 38명은 그 어떤 조치도 취하지 않았다. 살인은 무려 35분에 걸쳐 자행됐지만, 그 여성이 죽고 살인자가 달아날 때까지 그들 중 어느 누구도 경찰에 신고조차 하지 않았다. 경찰은 다음날 아파트 주민들을 상대로 탐문 수사를 하고서야 비로소 그 날 목격자들이 있었다는 걸 알게 되었다.[64]

유대주의 관점에서는 다른 사람의 생명이 위태로운 걸 보고도 침묵을 지키며 방관하는 사람을 하나님께 "내가 내 아우를 지키는 자나이까?(창세기 4:9)"라고 반문한 살인자 카인과 동일시한다. "네 이웃의 목숨을 위태롭게 하지 말라."라는 율법은 카인의 물음에 대한 답으로 보인다. 토라는 우리에게 "그렇다, 넌 네 형제와 자매를 지키는 사람이다."라고 말한다.

---

[64] A. M. 로센달Rosenthal의 책 한 권 분량의 글 《38명의 목격자Thirty-eight Witness》 및 《다인 이스라엘: 유대 율법 연감Dine Israel: An Annual of Jewish Law》 7-8쪽에 실린 커쉔바움Kirschenbaum의 글 '선한 사마리아인과 유대 율법The Good Samaritan' and Jewish Law' 참조.

86일째 월요일
아동 학대가 의심될 경우

유대인들이 긍정적인 자아상을 갖고 있는 분야는 많다. 예를 들어 대부분의 유대인은 고등학교 졸업 후의 자녀 진로에 대해 개의치 않는 부모를 보면 놀라움을 금치 못한다. 분명 그런 부모도 존재하지만, 유대인은 자녀 교육과 진로에 매우 헌신적인 사람들이란 자아상을 갖고 있다. 마찬가지로 대부분의 유대인은 자녀와 연락을 끊고 사는 이혼남 얘기를 들을 때도 놀라워한다. 분명 그런 아버지도 존재하지만, 유대인의 아버지 상은 자녀에게 워낙 헌신적이기 때문이다.

아동 학대(신체적 학대 및 성적 학대) 경우도 상황은 마찬가지이다. 많은 유대인들이 그런 일이 유대 공동체에서도 일어난다는 사실을 믿지 않으려 한다. 하지만 안타깝게도 그런 고정관념 때문에 무고한 아이들이 지울 수 없는 정신적 또는 육체적 손상을 입거나 심지어 죽음에 이르기도 한다. 유대인 공동체 내의 정통파 유대인에서 비종교적인 유대인에 이르기까지, 부모의 아동 학대 사례를 보여주는 자료는 얼마든지 있다.

대부분의 사람들은 이웃이나 친지의 아동 학대가 의심되더라도 개입하기를 꺼린다. 특히 종교적인 유대인들은 동료 유대인이 저지른 죄를 비유대인 기관에 신고하면 안 된다는 규정을 오랜 세월 고수해왔다. 하지만 그런 규정은 유대인이 비유대인 법정에서 공정치 못한 대우를 받던 사회에서 생겨난 거란 점을 주지할 필요가 있다(19세기 및 20세기의 상당 기간 중 흑인들이 미국 법정에서 받은 부당한 대우를 떠올려보자.). 그런 사회에서 동료 유대인을 신고하는 것은 사악한 짓으로 간주되었는데, 당시로선 그런 판단이 정당한 것이기도 했다. 하지만 그런 규정이 유대인들에게도 평등한 권리가 주어지는 오늘날의 민주주의 사회에선 그대로 적용될 수 없다.

유대인이 폭력적인 범죄를 저지른 경우, 지체 없이 유대인 또는 비유대인 당국의 도움을 구해야 한다. 유대 율법의 최고 권위자이자 16세기 표준 법령 슐칸 아루크Shulchan Aruch의 저자인 랍비 요셉 카로는 만일 남편이 아내를 학대했다면(확대 해석하면 자녀도 학대한 셈이 된다.), "그를 파문해 비유대인 당국이 그가 아내에게 이혼 서류를 주도록 하게 해야 한다(Beit Yosef to the Arba'ah Turim, Even Ha-Ezer 154:15)."고 했다. 랍비 카로와 동시대 인물로, 유럽 유대인 사이에서 유명한 법률 권위자였던 랍비 모세 이세르레스Moses Isserles는 다음과 같이 말했다. "다른 사람들을 공격하는 자는 벌을 받아야 한다. 만일 유대인 당국이 그를 처벌할 권한이 없다면, 비유대인 당국에 신고해서라도 처벌받게 해야 한다(초셴 미슈팟Choshen Mishpat 388:7)."

만일 어떤 아이가 학대받고 있다고 의심할 타당한 근거가 있는 경우, 당신의 최우선적인 관심사는 그 아이의 행복권이 되어야 한다. 신고로 인해 아이를 학대한 것으로 의심되는 사람의 명예가 훼손될 수도 있다는 건 그 다음 문제이다.

우리는 아동 학대가 난폭한 성격을 가진 비정한 부모에 의해서만 저질러지는 게 아니라는 점도 기억해야 한다. 가끔 부모가 갖고 있는 터무니없는 이념에 의해서도 아동 학대가 저질러질 수 있기 때문이다. 다음 사례를 보자.

최근 어떤 간호사가 내가 아는 랍비에게 자신이 직면한 도덕적인 딜레마에 대해 털어놓았다. 유대 학교에서 일하는 그녀에게 귀가 감염된 한 소년이 찾아왔는데, 그녀 눈엔 이미 오래 전에 감염된 게 분명해 보였다. 그대로 방치하면 청력을 잃을 가능성이 커, 소년은 항생제를 이용한 꾸준한 치료를 받을 필요가 있었다. 그런데 소년의 어머니가 대체의학에 광적으로 빠진 남편이 그 어떤 항생제 사용에도 반대한다고 말하는 것이었다. 소년의 아버지에게 전화해보니, 그 말은 사실이었다. 아이의 부모를 알게 된 간호사는 선뜻 어린이 보호 기관에 전화할 수도 없었다. 간호사가 랍비에게 이런 경우 유대 율법은 어떤 입장을 취하는지를 묻자, 랍비는 자녀가 귀머거리가 되도록 방관하는 것을 허용한다는 문구는 유대 율법 어디서도 찾아볼 수 없다고 말했다. 따라서 아이가 적절한 치료를 받는 데 도움을 줄 수 있는 곳이라면 어디든 적극적으로 도움을 청해야 한다는 것이었다(만일 그 부부의 랍비로 하여금 그 남편을 설득하도록 하는 등의 비교적 순리적인 방법이 통할 수 있다면, 당연히 그 방법부터 시도해야 할 것이다.).[65]

유대 윤리는 익사하게 된 사람을 보고도 구하려고 노력하지 않는 사람을 비난하는 것과 마찬가지로, 고통 받는 연약한 아이를 도울 수 있음에도 돕지 않는 사람 역시 비난한다. "너는 네 백성 중으로 돌아다니며 사람을 논단하지 말며, 네 이웃을 대적하여 죽을 지경에 이르게 하지 말라(레위기 19:16)."라는 성경 구절에서도 알 수 있듯, 유대주의는 수동적인 방관자를 학대와 살인을 묵인하는 자로 본다.

---

[65] 신체적 또는 성적 학대의 경우, 이런 개입이 실효를 거둘 가능성은 희박하다.

87일째 화요일

억제되지 않는 분노와 사랑의 종말

성경은 일반적으로 남성의 관점에서 낭만적인 사랑을 묘사한다. 성경은 이삭이 리브가를 사랑했고, 야곱이 라헬을 사랑했으며, 결국 후회하긴 했지만 삼손이 데릴라를 사랑했다고 전한다. 그런데 성경에 여성이 남성을 사랑했다는 유일한 기록이 있다. 성경은 두 차례씩이나 사울 왕의 작은 딸 미갈이 사울 군대의 영웅인 다윗을 사랑했다고 기록한다(사무엘상 18:20, 28).

미갈과 다윗은 곧 결혼했지만, 그들의 결혼 생활은 근본적으로 매우 불행했다. 아마 그 주된 이유는 미갈과 다윗에게 똑같은 성격적 결함이 있었기 때문일 것이다. 두 사람 모두 화가 났을 때 통제 불능이 되는 독설가였던 것이다.

두 사람의 결혼에 종지부를 찍게 한 사건은 다윗 왕이 예루살렘을 점령한 후인 3,000여 년 전에 일어났다. 다윗은 곧바로 예루살렘을 수도로 정하고, 하나님의 궤(고대 유대 사회에서 가장 성스러운 물건으로, 그 안에 십계명 원본이 들어 있음)를 가져왔다. 하나님의 궤가 도착한 날은 다윗이 왕이 된 이후 가장 기쁜 날이었다. 그래서 그는 신하들과 함께 미친 듯이 춤을 추었다. 사울 왕의 딸이기도 한 미갈은 성의 창문을 통해 다윗이 춤추는 것을 보고 기분이 상했다. 그녀는 신하들과 함께 춤을 추는 것이 왕의 품위를 떨어뜨린다고 생각했던 것 같다.

미갈은 시간이 갈수록 점점 더 화가 났고, 마침내 다윗이 성으로 돌아올 때 성 밖에서 차갑게 그를 맞으며 비꼬듯 말했다. "이스라엘 왕이 오늘 어떻게 영화로우신지, 방탕한 자가 염치 없이 자기의 몸을 드러내는 것처럼, 오늘 그의 신복 계집종 눈앞에서 몸을 드러내셨도다(사무엘하 6:20)."

이 모욕적인 말을 들은 다윗에겐 몇 가지 선택의 여지가 있었다. 아내 충고를 받아들일 수도 있었고, 침묵을 지킬 수도 있었으며, 아니면 일단 그 자리를 피해 성 주위를 산책할 수도 있었다. 하지만 그는 많은 사람들이 공격당할 때 하는 것처럼 반응했다. 미갈이 그에게 상처를 주었으므로, 그 역시 미갈에게 상처를 주고 싶었던 것이다. 그는 미갈에게 이렇게 대답했다. "이는 여호와 앞에서 한 것이니라. 저가 네 아비와 그 온 집을 버리시고 나를 택하사, 나로 여호와의 백성 이스라엘의 주권자를 삼으셨으니, 내가 여호와 앞에서 뛰놀리라(사무엘하 6:21)." 그가 이 말을 한 것은 시기적으로 미갈의 아버지와 미갈의 세 오빠(혹은 남동생)가 블레셋인들과의 전투에서 전사한 직후였다.

그 다음 구절은 이렇다. "그러므로 사울의 딸 미갈이 죽는 날까지 그에게 자식이 없느니라." 아이를 갖지 못했다는 사실을 왜 이렇게 기록했을까? 나는 이처럼 격한 싸움이 있은 뒤 두 사람이 다시 가까워지지 못했기 때문일 것이라 추측한다(이런 싸움을 더 했을 수도 있으리라.).

성경이 기원전 1000년경에 말하고자 했던 바는 오늘날에도 분명하게 들린다. 즉 부부가 화가 났을 때 서로에게 상처가 될 말을 자제하지 않으면, 두 사람이 이전에 얼마나 사랑했든 그 사랑이 지속될 가능성이 희박하다는 메시지를 주고 있는 것이다. 화났을 때 말을 통제할 수 있는 능력은 지속적인 인간관계를 위한 전제 조건이다.

물론 그렇다고 부부가 절대 싸우지 말아야 한다는 것은 아니다. 인간에겐 동의하지 않을 권리도, 논쟁을 할 권리도 있다. 단지 우리에겐 미갈과 다윗처럼 행동할 권리가 없을 뿐이다. 미갈은 다윗에게 적절하고 설득력 있는 방식으로 자기불만을 토로하지 않고 그를 '하층민'에 비유하며 모욕했다. 그리고 다윗은 논쟁에서 점수를 올리기 위해 미갈의 인생에서 가장 가슴 아픈 사건을 이용하는 부당함을 보였다.

모욕을 주고 가슴 아픈 과거사를 들춘 그들의 실수는 부부싸움에서 가장 흔히 볼 수 있는 두 가지 유형의 잔혹 행위이다. 배우자를 모욕하거나 배우자의 고통스런 기억을 들추려는 충동이 일 때마다, 다윗과 미갈에게 어떤 일이 있었는지를 떠올리자. 사랑과 간절함으로 시작된 관계가 미움과 외로움으로 끝나지 않았는가. 당신의 혀를 통제하고 공정하게 논쟁하는 법을 배우지 못한다면(51일째 참조), 가장 사랑하는 사람을 잃을 수도 있다.[66]

88일째 수요일
적에게도 공정하라

신약 성서에서 예수의 가장 유명한 가르침 중 하나가 다음과 같은 가르침이다. "너희 원수를 사랑하며 너희를 핍박하는 자를 위하여 기도하라. …… 너희가 너희를 사랑하는 자를 사랑하면 무슨 상이 있으리요?(마태복음 5:44, 46)" 신약의 이 권고는 워낙 혁신적이고 유대교의 가르침에 반하는 것으로 이해돼, 많은 기독교인들과 심지어 일부 유대인들까지 유대 율법은 적을 증오하고 잔혹하게 대하는 입장을 고수하고 있다고 오해한다.⁶⁷ 토라는 유대인에게 적을 사랑하라고는 명하진 않지만, 적에게 공정하게 행동할 것은 요구한다. "네가 만일 네 원수의 길 잃은 소나 나귀를 보거든 반드시 그 사람에게로 돌릴지니라(출애굽기 23:4)."⁶⁸

성경은 심지어 우리가 싫어하는 사람을 상대할 때조차도 공정하게 행동해야 한다는 것을 상기시킨다. 따라서 아주 싫은 사람이 잃어버린 물건을 주웠더라도, 당신은 똑같이 그 물건을 그에게 돌려주어야 한다. 그 밖에 잠언에서는 이렇게 가르친다. "네 원수가 배고파하거든 식물을 먹이고 목말라하거든 물을 마시우라(잠언 25:21)." 여기에서의 개념도 앞서 언급한 것과 마찬가지이다. 유대 율법은 굶주린 사람에게 먹을 것을 주라고 명한다(9일째 참조). 설령 그 사람이 당신의 적이라 해도 이 율법은 똑같이 적용된다.

우리에겐 적을 사랑할 의무는 없다. 하지만 적에게 공정할 의무는 있다.

---

66 87일째 글의 대부분을 나의 이전 저서 《상처의 말, 치유의 말》 69-79쪽에서 인용했다.
67 마태복음 5장 43절에서 예수가 "네 이웃을 사랑하고 네 원수를 미워하라라는 말도 너희가 들었다."라고 말하는데, 이것은 유대교의 가르침에는 없는 것이다.
68 또 다른 토라 율법은 "네가 만약 너를 미워하는 사람의 나귀가 짐이 너무 무거워 주저앉아 있는 것을 보면, 거기 그냥 놔두지 말고 반드시 도와 일으켜 주어라."라고 가르친다. 하지만 이 율법은 적을 돕는다기보다 적의 동물을 돕는 것과 더 관련이 있다. 다시 말해 토라는 이 구절을 통해 우리에게 누군가를 싫어한다고 해서 그 사람의 동물이나 가족들까지 싫어해선 안 된다는 점을 상기시킨다.

89일째 목요일
사람들로 하여금 당신에게
거짓말하게 하지 말라

토라는 "거짓을 멀리하라(출애굽기 23:7, 68일째 참조)."라고 가르친다. 13세기 랍비 주다는 거짓말을 금하는 성경의 가르침을 단순히 거짓말을 하는 것 이상을 아우르는 것으로 이해했다. 즉 다른 사람들로 하여금 거짓말하게 하지 않도록 주의하기도 해야 한다는 것이다. 그는 이렇게 말했다. "사람들이 서로 소곤거리는 걸 보고 무슨 말을 하는지 알고 싶더라도(호기심을 자제하고) 그들에게 묻지 말라. 그들을 거짓말쟁이로 만들지 않도록 말이다. 그들이 당신에게 말하고 싶다면 이미 그렇게 했을 것이다. 자신들의 비밀을 당신과 공유하고 싶지 않은 게 분명하므로, 당신에게 거짓말을 할 것이다(세퍼 차시딤Sefer Chasidim, 1062절)."

이와 같은 논리로, 알 권리가 없는 대답을 듣기 위한 질문도 삼가야 한다. 많은 사람들이 두려움으로 인해, 또는 예의에 벗어난다는 이유로, 호기심 많은 질문자에게 "당신과는 상관없는 일이니 알려고 하지 마세요."라는 말을 잘하지 못한다. 따라서 만일 비밀로 지켜야 할 어떤 정보를 알려달라고 계속 상대를 몰아세운다면, 당신은 상대로 하여금 비밀을 지키지 못하거나 거짓말을 하는 잘못을 저지르게 강요하는 셈이다. 누군가를 그런 상황으로 몰고가는 건 잘못된 일이다.

세상 돌아가는 일들에 대한 호기심은 중요한 모든 과학적 발견 및 지적 발견에 원동력이 되어왔다. 하지만 당신이 알 필요도 없는 다른 사람의 사생활이나 비밀에 호기심이 있다면, 고대 유대인 현자 벤 시라의 말이 가장 좋은 지침이 될 것이다. "당신이 해야 할 일에 신경 쓰라. 감춰진 것은 당신 문제가 아니기 때문이다(외경, 벤 시라 3:21)."

90일째 금요일
한 생명을 구하는 것은 온 세상을 구하는 것과 같다[69]

유명한 탈무드 문구는 하늘나라 자리를 곧바로 얻는 사람들이 있다고 가르친다(아보다 자라 Avoda Zara 10b). 이 가르침은 다른 사람을 위해 영웅적인 행동을 하거나 (가끔 자신을 희생하면서) 다른 사람을 위해 생명을 거는 일을 하는 사람들에게 적용된다. 그런 사람들은 그런 위대한 행동을 하기 전까진 그저 평범한 사람에 불과했을 수도 있다. 심지어 몇 가지 심각한 죄를 범했을 수도 있고 윤리적인 실수로 고통받았을 수도 있다. 하지만 그들의 훌륭한 선행은 이전의 모든 악행을 덮고도 남는다.

랍비 로렌스 쿠슈너는 자신의 저서 《보이지 않는 연결고리 Invisible Lines of Connection》에서 버스에 탔던 한 평범한 남자가 그런 위대한 인물이 된 이야기를 들려준다.

---

[69] 미슈나, 산헤드린 4:5

탈무드를 공부하는 나의 학생 중 하나인 시프라 펜지아스가 내게 이런 얘기를 해줬다. 나치 독일 치하의 뮌헨에서 있었던 일이다. 그날은 눈이 조금 내리고 있었고 거리는 사람들로 가득했다. 나치 친위대가 갑자기 시내버스를 세우더니, 버스에 올라와 승객들의 신분증명서를 검사하기 시작했다. 당시 그녀의 고모할머니인 수지는 일터에서 집으로 돌아가기 위해 그 버스에 타고 있었다고 한다. 대부분의 승객들은 단순히 성가신 일로 여겼지만, 몇몇 승객은 잔뜩 겁에 질려 있었다. 유대인들은 버스에서 내려 근처에 있는 트럭을 타라는 지시를 받았기 때문이다.

버스 뒷자리에 앉아 있던 시프라의 고모할머니는 나치 친위대원들이 승객들의 신분증명서를 검사하며 점점 뒷자리로 걸어오는 것을 지켜보았다. 그녀는 눈물을 흘리며 몸을 떨기 시작했다. 옆에 앉은 나이 지긋한 남자가 눈치 채고 그녀에게 왜 우는지 정중히 물었다.

"내겐 신분증명서가 없어요. 유대인이거든요. 저들이 날 끌고 갈 거예요."

그 말에 대뜸 남자는 혐오감을 내보이더니 이성을 잃었다. 그는 그녀를 향해 욕을 하며 소리치기 시작했다.

"이 멍청한 계집." 그는 계속해서 고함쳤다. "정말 진절머리가 나는군."

나치 친위대원들이 그에게 왜 고함을 지르고 난리냐고 물었다.

"빌어먹을 여편네 같으니라고." 그는 화를 내며 소리쳤다. "제 아내가 또 신분증명서를 잃어버렸다지 뭡니까. 정말 진절머리가 납니다. 한두 번이 아니거든요!"

친위대원들은 한바탕 웃고는 지나갔다.

시프라의 고모할머니는 그 이후 그 남자를 다시는 보지 못했다고 한다. 그녀는 그의 이름도 몰랐다.

반대로 다른 사람의 생명이 위태로운 걸 뻔히 알면서도 비겁하게 또는 무관심하게 행동한 사람은 이 세상을 지옥처럼 느끼며 살 수도 있다. 알베르트 까뮈의 소설 《타락The Fall》에선 한 소녀가 강에 빠져 익사하는 장면을 목격하는 한 남자가 등장한다. 남자는 소녀를 구할 수도 있었지만 외면하고 그 자리를 뜬다. 그 후 그는 죄의식에 사로잡히게 되고, 그의 삶은 순식간에 황폐해진다. 소설 말미에서 남자는 이렇게 기도한다. "오, 소녀여, 내가 우리 두 사람을 구할 수 있는 두 번째 기회를 가질 수 있게 다시 물에 빠져다오."

"우리 두 사람!" 그렇다. 우리 모두는 서로의 관계를 통해 하나님과 연결되는, 하나님의 형상을 한 생명체이다. 쿠슈나가 결론짓듯, "우리의 상호의존성을 더 많이 이해할수록, 우린 우리의 가장 사소한 행동이 암시하는 바를 더 많이 헤아릴 수 있게 된다. 우리는 어둠 속에서도 빛을 발하는 서로에 대한 신성한 책임 안에서 우리 자신을 발견한다. 심지어 뮌헨의 버스 안에서도."

91일째 안식일

한 주를 돌아보며 편히 쉬는 하루가 되기를.

92일째 일요일

마음에 충실한 한 주를 보내라

1,500여 년 전, 탈무드에 나오는 현자 랍비 사프라가 당나귀 한 마리를 팔려고 내놓았다. 어느 날 아침 그가 기도하고 있는데, 한 남자가 당나귀를 사려고 다가왔다. 랍비 사프라가 기도 중인 것을 눈치 못챈 남자는 먼저 당나귀 값을 제의했다.

랍비 샤프라는 한창 기도 중이었는데, 유대 전통에 따르면 기도를 하는 동안엔 말을 할 수 없었으므로 침묵했다. 그런데 남자는 샤프라의 침묵을 거절의 의미로 받아들여 몇 차례나 가격을 올려 말했다.

얼마 후 랍비 샤프라는 기도를 마쳤다. 그리고 그 남자에게 자신이 침묵한 이유에 대해 설명한 뒤, 남자가 처음 제시한 가격을 받아들였다. "당신이 처음 가격을 제의했을 때, 그 가격이면 당나귀를 팔겠다고 생각했습니다. 당신이 더 높게 부른 가격에 당나귀를 판다면 정직하지 못한 거죠(바바 바스라 88a 참조)."

랍비 사프라는 시편 15장 2절에서 묘사한 '그 마음에 진실을 말하는' 전형적인 사람이라고 랍비들은 생각했다. 이는 현실적으로 자신에게 불리하더라도, 그게 진실이라면 오직 자신과 하나님만이 아는 그 진실을 따르는 사람을 말한다.

랍비 사프라처럼 항상 자기 마음의 진실을 따르는 사람은 그리 많지 않을 것이다. 하지만 우리는 그의 삶을 본받아 마음의 가장 숭고한 지시를 따르려고 노력해야 한다. 예를 들어, 만일 당신이 친구가 아프다는 얘기를 듣고 '꼭 한번 가봐야지.'라고 생각했다면, 후에 때를 놓쳤다거나 번거롭다는 생각이 들더라도 애초의 마음을 따르기 바란다. 마찬가지로 자선을 호소하는 어떤 장면을 보고 감동받아 본능적으로 평소보다 더 많은 돈을 기부해야겠다는 마음이 들었다면, 후에 더 계산적이 되어 더 적은 돈을 기부하고 싶어지더라도 애초의 마음을 따르기 바란다.

다음 한 주 동안은 랍비 사프라를 본보기 삼아 '마음의 진실을 말하는 사람'이 되어보자.

93일째 월요일

다른 사람에게 비현실적인
요구를 하지 말라

> 랍비 조슈아는 이렇게 가르쳤다. "…… 우리는 대부분의 사람들이 견디지 못할 법령을 사회에 선포해서는 안된다."
>
> ─ 바빌로니아 탈무드, 바바 바스라 60b

몇 년 전 명석한 한 미국 사업가가 어떤 강연에선가 이스라엘의 세율은 70%를 초과할 수 있고 종종 초과하기도 했다는 얘기를 들었을 때, 그 자리에 나도 있었다. 이 말을 듣고 그는 이렇게 말했다. "한 국가가 그런 정책을 채택한다는 건 상당히 현명치 못한 일입니다. 그렇게 높은 세금은 결국 국민들의 탈세만 부추길 뿐이니까요."

그 미국 사업가의 말처럼, 비현실적인 요구는 흔히 부정직과 불이행을 초래한다. 이것은 국가적인 차원뿐 아니라 개인적인 차원에도 적용된다. 몇 해 전 나는 말하기의 윤리에 대한 책인 《상처의 말, 치유의 말》을 집필했다. 그 책의 분노에 관한 장에서 나는 많은 사람들이 자신의 기질을 통제할 수 없다는 착각에 빠져 있다고 썼다. 하지만 나는 특정 형태의 뇌 손상이나 정신을 바꾸어 놓는 약물 복용으로 고통 받는 경우가 아니라면, 거의 대부분의 사람이 자신의 기질을 통제할 수 있다고 주장했다. 이에 대한 증거로 나는 자신의 감정을 통제할 수 없다고 믿는 사람에게 다음 질문을 스스로에게 던져볼 것을 제안했다. "만일 앞으로 6개월간 한 번도 화를 내지 않는다면 200만 달러를 주겠다는 제안을 받는다면, 과연 그래도 분노를 조절할 방법을 찾으려 하지 않을까?"

UCLA 의대 정신과 교수인 스티븐 마머 박사는 내 책의 원고를 읽고 그 질문을 다음과 같이 바꿀 것을 강력하게 제안했는데, 나는 그의 제안이 합당하다고 생각했다. "만일 앞으로 6개월간 화내는 걸 75%로 줄인다면 200만 달러를 주겠다는 제안을 받는다면, 과연 그래도 분노를 조절할 방법을 찾으려 하지 않을까?"

마머 박사가 말했듯, "75%는 현실적이고 실현 가능한 수치이므로 합리적인 요구이다. 반면 화를 전혀 내지 않아야 한다는 요구는 실패만 거듭하게 할 것이다."

어느 유명한 랍비가 자기 회중은 그가 요구하는 모든 것을 따른다고 말했다. 그러자 동료 랍비가 "어떻게 그렇게 할 수가 있습니까?"라고 물었다.

이에 그가 대답했다. "전 사람들이 쉽게 따를 수 있는 것만 요구하거든요."

당신은 당신에게 실망과 상처를 준 사람에게 개선을 요구할 권리가 있다. 하지만 비현실적인 요구를 해선 안된다. 당신도 절대 도달할 수 없을 것 같은 완벽함을 다른 사람들에게 요구하지 말라.

94일째 화요일

사냥에 대한 유대인의 생각

영화배우 커크 더글라스는 자신의 저서 《산을 오르다: 의미를 향한 나의 추구Climbing the Mountain: My Search for Meaning》에서 언젠가 했던 야생 사냥에 대해 적었다. 고성능 소총으로 무장한 그는 며칠간 케냐의 들판을 누비며 표범과 가젤, 오릭스영양, 얼룩말 등을 사냥하는데 성공했다. 그는 킬러 더글라스라는 새로운 별명까지 얻었다. 비버리 힐스로 돌아왔을 때 그는 자기 집 벽을 그 전리품들로 장식했다.

그로부터 세월이 흘러 70대에 접어든 그는 토라와 유대 윤리를 공부하기 시작했다. 그는 이렇게 적었다. "난 유대인으로서 죄를 지었다는 걸 알게 되었어요. 야생 동물을 사냥하고 죽이는 것은 나의 종교에 반하는 행위죠."[70]

유대주의는 채식주의를 주장하지도 않으면서 사냥에는 반대한다는 걸 어떻게 설명해야 할까? 어떤 음식을 허용하고 어떤 음식을 금하는지를 정해놓은 율법인 카슈룻Kashrut은 먹는 걸 허용하는 동물이라 해도 함부로 도살해선 안된다고 명한다. 즉 동물을 도살할 때는 급소에 일격을 가한다든가 하는 식으로, 최대한 고통을 주지 않고 즉시 의식불명과 죽음에 이르게 강력하고 신속한 방법으로 도살할 것을 명한다. 어떤 식으로든 긴 시간에 걸쳐 동물을 도살한다면, 그렇게 도살된 동물의 고기를 먹는 것은 금지된다. 따라서 도살자는 동물이 고통 없

---

[70] 더글라스, 《산을 오르다》 57-58

이 순간적으로 죽을 수 있게 윤리적이고 율법적이며 경제적인 방법을 써야 한다.

이런 도살과는 대조적으로, 사냥으로 인한 동물의 죽음은 대개 비교적 긴 시간에 걸쳐 이루어지며 고통스럽다(가끔은 즉각적이기도 하지만). 그래서 유대 율법은 유대인이 사냥한 동물의 고기를 먹는 것을 금한다. 그런 금기 사항은 유대인들에게 워낙 뿌리 깊은 것이어서, 오랫동안 코셔Kosher만 먹는 걸 지키지 않은 유대인들조차도 사냥을 하는 경우는 거의 없다.

2세기도 더 전에, 마을과 숲에 넓은 부동산을 소유하게 된 어느 졸부 유대인이 사냥한 짐승 고기를 먹지 않는다면 비유대교도 친구들과 사냥을 해도 괜찮은지 프라하의 랍비인 에제키엘 란다우Ezekiel Landau에게 물었다. 그 질문에 대한 랍비 에제키엘 란다우의 답변은 오랫동안 사냥에 대한 유대인의 기본적인 입장을 대변해주었다.

> 하지만 어떻게 누구에게도 혜택을 주지 못하면서 살아 있는 짐승을 죽이고 단지 즐거운 시간을 보내기 위해 사냥을 할 수 있겠습니까? 탈무드에 따르면, 야생 동물을 죽일 수 있는 경우는 오로지 그들이 인간의 거주지를 침입했을 때뿐입니다. 야생 동물이 인간의 거주지를 침입하지 않았는데도, 그들의 서식지인 숲속에서 그들을 쫓아가 살해하는 행위는 금지됩니다.
> 반면 사냥으로 생계를 유지할 수밖에 없는 사람의 경우, 우리는 그런 사냥을 무조건 잔인하다고는 말하지 않습니다. 생계를 위한 사냥이기 때문입니다. 하지만 생계와 전혀 상관없는 사냥은 잔인함 그 자

체일 뿐입니다.

— 회답서 노데 브 '예후아, 요레 데아 2:10에 대해'⁷¹

랍비 란다우가 사냥에 반대하는 유대주의의 입장을 율법적이며 윤리적인 이유를 들어 분명히 밝혔다면, 위대한 유대 태생 독일 작가인 하인리히 하이네Heinrich Heine(1797-1856)는 유대인이 사냥을 혐오하는 건 유대인의 불행한 역사와 깊은 관련이 있다고 말했다. "우리 조상들은 사냥하는 사람보다는 사냥을 당하는 사람에 더 가까웠다. 힘든 시절 우리의 벗이었던 동물들의 후손을 공격한다는 생각 자체가 우리 정서에 맞지 않는다." 총을 휘두르며 뒤쫓는 사냥꾼을 피해 달아나는 동물을 볼 때, 유대인들은 쫓는 사냥꾼과 쫓기는 동물 중 어느 쪽이 더 자신들 모습에 가깝다고 생각하겠는가?

95일째 수요일

먼저 당신의 동물에게 먹을 것을 주어라

너희 동물들에게 먹이를 주기 전에 너희가 먼저 먹어선 안된다.

— 바빌로니아 탈무드, 베라콧 40a

부모라면 다 알고 있는 일이지만, 배고픈 아기들이 그리 구슬프게

---

71 프리호프, 《회답서의 보고A Treasury of Responsa》 216-19쪽

우는 가장 큰 이유는 먹을 것을 주는 그 순간까지도 자기에게 언제 먹을 게 주어질지 모르기 때문이다. 일반적으로 아기는 성장해가면서 참을성이 더 많아진다.

굶주린 동물들도 아기들 경우와 비슷하다고 믿을 만한 근거가 있다. 일반적으로 성인은 자신이 마음만 먹으면 몇 분 안에 허기를 채울 수 있다는 걸 알지만, 아기나 동물들 경우 그렇지가 않은 것이다. 유대 율법이 아침에 눈을 뜨면 심지어 아침식사도 하기 전에 제일 먼저 자신이 키우는 동물에게 먹이를 주어야 한다고 한 이유도 아마 여기 있을 것이다. 간단히 말하면, 아기들 경우와 마찬가지로, 배고픔으로 인한 고통은 동물들 경우가 성인들 경우보다 더 크다.

대부분의 유대인이 농사일을 하던 시절 탄생한 탈무드의 이 규정은 애완동물 등과 관련해 오늘날까지도 유효하다. 우리 가족 경우 아침에 일어나면 아침 식사를 하기 전 아내나 아이들 또는 내가 직접 우리가 키우는 고양이 두 마리에게 먼저 먹이를 준다. 이 율법은 동물들에 대해 인도적인 자세를 취할 수 있게 해줄 뿐 아니라, 아이들에게 하나님의 모든 피조물에게 친절을 베풀어야 하며 인내를 통해 만족감을 얻을 수 있다는 두 가지 중요한 가르침을 주기도 한다. 랍비 데이비드 오즈니카가 말하듯, "부모가 식사 전 보살핌이 필요한 동물에게 먼저 먹이를 주는 것을 자녀들이 보는 것은 매우 아름다운 일이다." 그리고 동물에게 먹이를 주기 위해 자기 식사를 미루는 걸 배우는 것은 아이가 다소의 불편을 참고 먼저 좋은 일을 하는 것에 익숙해지는 데 도움이 된다.

키우는 동물에게 먼저 먹이를 주어야 한다는, 1년 365일 동안(당신이 금식을 하는 속죄일에도 동물에게 먹이를 주어야 한다는 걸 기억하자.) 강조되는 유대 율법의 이 가르침은 우리로 하여금 매일 선행을 실천하게 해주는 뜻밖의 교훈으로 다가온다.

96일째 목요일

싫어하는 사람에 대해 부정적인 정보를 퍼뜨리지 말라

'말하기 윤리'를 주제로 한 워크숍에서 나는 청중에게 그간 있었던 일 가운데 다른 사람들에게 알려지면 난처해질 만한 일을 최소 하나 떠올릴 수 있다면 손을 들어보라고 부탁하곤 한다. 내 판단으론 '아주 지루한 삶을 살았거나 기억력이 형편없거나 거짓말하고 있다고 여겨지는 사람들'을 제외하곤 거의 모든 사람이 손을 들었다.

사람들이 떠올린 일들은 거의 다 은행 강도 사건보다는 훨씬 덜 심각하지만 다른 사람들에게 알려지는 건 싫은 그런 일이리라.

탈무드는 '은밀한 정보'로 다른 사람에게 상처를 줄 수 있는 몇 가지 사례를 들며 그런 행동을 금한다. 예를 들면, "예전에 범죄자였던 사람이 종교인이 되었다면, 그 사람에게 '과거 당신이 어떤 짓을 했는지 잊지 마요.' 같은 말을 해선 안된다(미슈나, 바바 메지아 4:10)."

우리는 어떤 사람과 싸웠거나 단순히 그 사람이 싫을 때, 자신과는 무관한 그 사람에 대한 불명예스러운 정보를 다른 사람들에게 퍼뜨리곤 한다. 우리 대부분이 자신이 잘못을 저지르고 있다는 걸 인정하고 싶어 하지 않기 때문에, 우린 가끔 그런 정보를 퍼뜨리는 것이 자신과도 관련 있음을 보여 주려고 교묘한 자기 합리화를 하기도 한다.

그러고 싶은 마음이 들더라도 그 유혹을 뿌리쳐야 한다. 다른 사람과 싸워야 한다면 싸워라. 하지만 정정당당하게 싸워야 한다.

97일째 금요일

적에게 굴욕감을 주지 말라

거의 모든 사람이 자신이 싫어하는 사람들을 떠올릴 수 있다. 극심한 분노의 순간에 우리 대부분은 그들에게 행할 잔인한 일들을 상상한다. 나는 자신을 학대한 남자의 집 곳곳에 커다란 붉은 개미들을 숨길 계획을 짰던(결코 실행에 옮기진 않았지만) 한 여성을 만난 적이 있다. 또한 나는 증오하는 사람에게 복수하는 수십 가지 방법을 제시한 복수에 대한 책을 접한 적도 있다.

적을 가진 한 남자가 그 적과 화해하든가 복수할 수 있는 기회를 갖게 됐는데, 결국 복수를 택했고 그 결과 모든 유대인이 고통 받게 되었다는 유명한 탈무드 이야기가 있다.

캄차라는 이름의 친구와 바르 캄차라는 이름의 적을 가진 한 남자가 있었다. 어느 날 파티를 연 그가 하인에게 말했다. "가서 캄차를 모셔 오너라." 그런데 그만 하인은 바르 캄차를 데려왔다. 남자가 파티에 온 바르 캄차를 보고는 말했다. "대체 여기서 뭘 하고 있는 게요? 당장 나가시오." 바르 캄차가 말했다. "이왕 온 거 좀 더 있게 해주시오. 내가 먹고 마신 것에 대해선 돈을 내겠소."

남자가 단호하게 받아쳤다. "당신이 여기에 있게 놔둘 순 없소."

바르 캄차가 말했다. "그렇다면 내가 이 파티에 들어간 비용의 절반을 내겠소."

"싫소." 남자가 말했다.

이에 바르 캄차가 또 다시 제안했다. "그렇다면 파티의 모든 비용을 내겠소."

남자는 또 다시 그의 제의를 거절하고는, 그의 손을 잡아끌어 밖으로 내쫓았다.

바르 캄차가 혼잣말을 했다. "거기 있던 유명한 랍비들이 그를 말리지 않았다는 건 그들 역시 그의 행동을 지지한단 얘기지. 황제에게 가서 그들을 고발해야겠군."

— 기틴 55b-56a

계속해서 탈무드는 당시 영향력 있는 인물이었던 바르 캄차가 로마 황제에게 가서 어떻게 유대인들이 반란을 꾀하고 있다고 믿게 만드는지를 설명하고 있다. 바르 캄차의 말을 믿은 로마 황제는 예루살렘 사원 파괴와 유대 국가 파멸로 이어진 일련의 사건을 일으켰다.

누가 가장 큰 잘못을 저지른 것일까? 당연히 바르 캄차일 것이다. 황제의 심기를 건드리는 행위로 큰 재앙을 초래한 사람이 바로 바르 캄차이기 때문이다. 하지만 이름도 알려지지 않은 그 집주인이 예루살렘에서 가장 유명한 랍비들 앞에서 그에게 굴욕감을 안겨주지 않았다면, 이 모든 비극은 일어나지 않았을 수도 있다. 그 집주인에겐 바르 캄차를 증오할 자격이 있었을까? 있었을 수도, 없었을 수도 있다. 탈무드는 이전에 두 사람 사이에 있었던 일을 충분히 말해주지 않고 있다. 하지만 집주인을 화나게 한 사건이 아무리 심각한 사건이었다 해도, 그가 공개적으로 바르 캄차를 자기 집에서 쫓아낸 건 분명 잘못된 행동이다. 또 가만히 보고 앉아 집주인 행동을 말리지 않은 현자들도 분명 잘못됐다. 어떻게 하면 반격해올 가능성을 걱정할 필요 없이 철저히 적을 응징할 수 있을까를 그려보는 상상의 세계에서 복수는 달콤할 수도 있다. 하지만 현실 세계에서 유대인들이 선택할 길은 복수심을 버리는 것이다. 토라는 이렇게 말한다. "원수를 갚지 말며 동포를 원망하지 말라(레위기 19:18)." 만일 파티를 연 남자가 토라의 말씀에 따라 원한의 마음을 품지 않았다면 얼마나 좋았을까!

98일째 안식일

한 주를 돌아보며 편히 쉬는 하루가 되기를.

99일째 일요일

오늘 다른 누군가를 위해 기도하라

 탈무드는 미디안 사람인 모세의 장인이 하나님께 감사 기도를 올린 것을 칭송한다. 모세가 장인에게 하나님이 어떻게 이스라엘 민족을 노예의 속박에서 해방시키고 사막에서 도우셨는지에 대해 이야기하자 이드로는 이렇게 응답했다. "여호와를 찬송하리로다. 너희를 애굽 사람의 손에서와 바로의 손에서 건져내시고, 백성을 애굽 사람의 손 밑에서 건지셨도다(출애굽기 18:10)." 넌지시 이드로를 칭송하고 있는 탈무드 경전은 이드로와 비슷한 기도를 올리지 않은 것에 대해 모세와 이스라엘 사람들을 비판한다(산헤드린 94a).

 탈무드의 이런 비판은 이상해 보인다. 랍비들은 유대인들이 홍해를 건널 때 모세가 그들을 인도해 하나님께 깊은 감사의 기도를 올리게 한 것을 잘 알고 있었기 때문이다. 출애굽기 15장이 바로 하나님께 드리는 긴 감사의 기도이다. 그렇다면 랍비들은 왜 모세가 하나님께 이드로와 비슷한 기도를 올리지 않았다며 비난한 것일까?

랍비 제이콥 J. 샥터Jacob J. Schacter는 그런 의문에 대해 통찰력 있는 답변을 제시한다. 모세와 이스라엘 백성이 일찍이 하나님께 감사의 기도를 올린 것은 사실이지만, 이드로와 달리 그들은 하나님이 자신들을 위해 해 주신 일에 대해서만 하나님께 감사를 드렸다는 것이다.

유대의 일용 기도서인 시더siddur에 나오는 기도문은 대개 복수 명사를 사용하는데, 이는 그 기도문이 자기 자신이 아닌 공동체를 위한 기도문이기 때문이다. 그럼에도 불구하고 나 자신을 비롯한 많은 사람들이 흔히 하나님께 사적인 기도를 드린다.

오늘 당장 언제든 당신과 당신 가족이 아니라 다른 누군가를 위해 하나님께 기도 드려라. 나는 여러분에게 여러분이 알고 있는 아픈 사람을 위해서만 기도하지 말 것을 제안하고자 한다. 아픈 사람을 위한 기도는 유대 예배에서 토라를 읽는 동안 낭송하는 형태로 이미 올려지고 있다. 나는 다른 사람의 건강과 무관한 기도문을 생각해 내는 것이 더 도전적인 일이 될 거라고 생각한다. 어쨌든 마음에 여유가 있을 때 다른 아픈 사람이 회복되길 바라는 기도를 올리기란 그리 어렵지 않다. 하지만 당신이 생활고에 시달리고 있는 상황에서 다른 사람이 직업적인 성공을 거두거나 좋은 직장을 구하는 행운을 갖게 해달라고 기도하기란 그리 쉽지 않다. 마찬가지로, 당신이 낭만적인 사랑을 하고 있지 못하거나 불행한 상황에서 다른 사람이 멋진 이성과 사랑에 빠지게 해달라고 또는 삶이 주는 커다란 기쁨을 느끼게 해달라고 기도하는 것 또한 그리 쉬운 일은 아닐 것이다.

당신이 필요로 하는 것에 대해 편안한 마음으로 도움을 청하는 솔직한 관계를 하나님과 맺는 것도 중요하다. 하지만 당신 마음을 넓혀 다른 누군가의 바람과 필요를 충족시켜달라고 하나님께 기도 드리는 것 또한 좋은 일이다. 미디안의 훌륭한 제사장인 이드로를 본받아, 다른 누군가를 위해 하나님께 기도 드리자.

100일째 월요일
자녀를 좋은 사람으로 키워라

만일 아이들이 너그러운 품성을 갖고 태어난다면, 엄마가 세 살 난 아이에게 "자니, 이웃 아이들에게 네 장난감을 전부 다 줘버릴 생각이니?" 하며 나무라는 일이 생길지도 모른다. 그러나 사실 대부분의 아이들은 건강한 이기심을 갖고 태어나기 때문에, 다른 사람들과 나누는 법을 배워야 한다.

그런 교육은 필요한 사람에게 돈이나 물건을 주는 것을 꾸준히 가르치고 실천하도록 할 때 가장 효과적으로 이루어진다. 유대 윤리에 관한 16세기의 영향력 있는 한 저서는 이렇게 가르친다. "그럴 가치가 있는 사람에게 한 번에 금화 천 개를 주는 사람은 천 가지 다른 상황에서 그럴 가치가 있는 의도로 금화 하나씩을 주는 사람만큼 관대하진 못하다[작자 불명; 16세기 오르호트 자디킴(정의로운 사람의 길)]."

자녀에게 베푸는 법을 가르칠 때 일부 부모들이 사용하는 방법 중 하나는 집에 자선 모금함을 두고 안식일 촛불을 켜기 직전 거기에 동전을 넣는 것이다. 유대 전통은 안식일에 돈을 사용하는 것을 금하기 때문에, 이 성스러운 날이 되기 전 마지막으로 쓰는 돈을 자선에 쓴다면 자녀들에게 그만큼 기억에 남는 교훈이 될 것이다.

아이들이 성장함에 따라 자선 교육의 강도 또한 높아져야 한다. 성인식을 하는 아이들에게 성인식 선물로 받은 돈의 10%를 자선 목적으로 기부해 성인식을 축하하도록 권하는 것도 좋은 아이디어이다. 성인식은 성인 사회로 들어서는 것을 축하하는 것이므로, 성인식 주인공들이 뚜렷한 대의명분 아래 자선을 하는 것은 성인식을 시작하는 최고의 방식이 될 것이다.[72] 이 제안을 따른다면, 자녀의 성인식은 그저 가족이나 친구들이 축하하는 행사에 그치지 않고 공동체 전체가 기뻐하고 축하하는 보다 의미 있는 행사가 될 것이다.

101일째 화요일
모든 부모가 자문해봐야 할 질문들

만일 하루에 세 번 기도하고 꾸준히 토라를 공부하며 모든 유대 의식을 지키는 것만으로 윤리적이고 인자한 인간이 될 수 있다면, 자녀

---

[72] 다나 쿠르즈웨일과 그녀의 남편 랍비 어윈 쿨라는 자녀가 성인식을 하면 그때 가서 자녀에게 체계적인 자선 교육을 시키겠다고 생각하지 말길 당부한다. 더 어린 나이에 자녀들로 하여금 일정 금액의 돈을 모으게 하고 그 돈을 어디에 기부할 것인지 생각하고 결정하게 해야 한다는 것이다.

가 그렇게 할 수 있도록 모든 노력을 기울이는 것이 유대인 부모의 올바른 선택일 것이다.

만일 성적과 지적인 면 모두에서 학생들을 가장 잘 개발시켜주는 최고 학교에 자녀를 보내는 것이 그 아이가 윤리적이고 인자한 인간이 될 수 있는 길이라면, 유대인 부모의 올바른 선택은 자녀를 그런 학교에 보내 자녀의 지적 능력을 최대한 개발시켜주는데 전력투구하는 것이리라.

하지만 역사는 교육을 잘 받아 성공한 사람이나 종교적인 의식을 잘 지키는 사람이 비도덕적일 수도 있다는 걸 되풀이해서 가르쳐준다.

자녀가 인격적으로 훌륭한 사람으로 성장하길 원한다면, 자녀의 선함을 길러주는 데 각별한 노력을 기울여야 한다. 그런데 유대인은 물론이고 다양한 종교적 배경과 세속적 배경을 가진 미국인들 경우에도 그런 노력이 부족한 경우가 많다. 아이들에게 그런 가치를 심어주지 않는 것은 유대주의 정신에 어긋날 뿐 아니라(120일째 참조) 국가 장래까지 심각하게 위협하는 일이다. 극단적인 예로, 유대인 대학살은 독일에 지적인 사람들이 부족해서가 아니라 인격적으로 훌륭한 사람들이 충분히 없었기 때문에 일어난 것이다.

데니스 프레이저는 모든 부모가 자문해보아야 할 질문 다섯 가지를 제시한다. 자녀가 아직 어릴 때 이 질문들에 대답해보고, 자녀의 미래와 세계의 미래를 바꿀 수 있는 기회를 갖도록 하자.

◆ 나는 내 아이가 성적도 중간 정도이고 지능도 보통이지만 다정다감하길 원하는가? 아니면 다정다감하진 않지만 지능적으로 아

주 우수하길 원하는가?

◆ 나는 내 아이의 다른 면을 개발시키는 것과 비교해 아이의 윤리적인 면을 개발하는 데 어느 정도의 시간과 노력을 쏟고 있는가?

◆ 나는 아이가 선행을 했을 때 성적이나 운동에서 좋은 결과를 얻었을 때만큼 칭찬을 하거나 상을 주는가? 나는 아이의 성격적 결함보다 저조한 성적이나 다른 단점들에 더 민감한 반응을 보이고 있지는 않은가?

◆ 나는 내 아이가 다른 아이들에게 하는 행동들을 유심히 살펴보는가? 그렇다면 만일 내 아이가 다른 아이에게 잘못된 행동을 할 때 내 아이에게 강한 불만을 드러내는가? 예를 들어, 내 아이가 집에 친구 한 명을 초대했는데, 공교롭게도 내 아이가 더 좋아하는 다른 친구가 같은 날 내 아이를 자기 집에 초대해 내 아이가 처음 약속을 취소하고 싶어 한다면, 나는 그렇게 하도록 할 것인가?

◆ 나는 내 아이에게 끊임없이 (인사나 태도, 자세 등에 대한) 예절 교육을 시키고 있는가?[73]

데니스 프레이저가 결론 내리듯, "좋은 학생으로 키우는 것은 어렵다. 그런데 좋은 사람으로 키우는 것은 훨씬 더 어렵다. 그것은 부단한 노력을 필요로 하기 때문이다. 하지만 결국엔 적당히 성공했지만 인품이 좋은 자녀를 둔 부모가 인품은 그저 그렇지만 사회적으로 성공

---

[73] 프레이저, 《한 번 더 생각하자 Think a Second Time》 37쪽

한 자녀를 둔 부모보다 훨씬 더 행복하다."

대개의 경우, 잘못된 것은 우리의 가치관들이 아니라 그 가치관들에 대한 우리의 우선순위이다. 우리가 자녀가 어떤 사람이 되면 좋겠다고 생각할 때 흔히 역점을 두는 요소들, 즉 고학력, 음악과 운동에서의 성취, 직업적인 성공과 만족감 등등은 모두 가치 있는 것들이다. 좋은 인품을 그 가치 목록의 1순위에 둔다는 전제 하에서 말이다.

102일째 수요일

돈을 훔친 사람이 도둑이듯, 시간을 훔친 사람도 도둑이다[74]

습관적으로 약속 시각에 늦는 사람들은 그것을 사소한 흠이라 여기며 이렇게 말한다. "그래요, 전 약속 시각에 가끔씩 늦곤 합니다. 좋은 일은 아니죠." 그러나 만일 다른 사람이 약속 시간에 늦어 피해를 본 사람들에게 그런 습관에 대한 생각을 물어본다면, 그런 습관을 사소하게 여기는 사람은 매우 드물다는 걸 알게 될 것이다. "그는 늦어도 별 상관없다고 여길 만큼 나보다 자신을 더 중요하게 생각하죠. 내 소중한 시간이 분명 그에겐 그리 중요한 게 아닌 거예요."

이런 반응이 과연 지나친 것일까? 시간을 정확히 지키려 노력하고 지루한 기다림에 적잖이 화를 내곤 하는 한 사람으로서, 나는 습관적인 지각에 대해 상당한 반감을 갖고 있음을 밝힌다.[75]

언젠가 나는 이 문제에 대한 도덕적 견해를 압축적으로 보여주는 익명의 인용문을 접한 적이 있다. "당신 시간을 뺏는 사람은 당신에게 빚이 없다고 생각한다. 하지만 그건 그가 당신에게 영원히 갚을 수 없는 유일한 빚이다."

유대 가르침은 약속 시간을 지키지 않아 다른 사람의 시간을 허비하게 하는 것을 일종의 도둑질로 간주한다. 랍비 아브라함 트워스키는 유대인들 사이에서 《차존 이쉬Chazon Ish (비전을 품은 남자)》라는 저서로 잘 알려져 있는 위대한 탈무드 학자 랍비 아브라함 카렐리츠Abraham Karelitz(1878-1953)에 대한 다음과 같은 이야기를 전한다. "하루는 그가 열 사람을 초대해 자기 집에서 오후 기도 예배를 드리고 있는데, 그중 한 사람이 다른 사람과 약속이 있는데 약속 시간이 가까워지고 있다고 말했다. 이에 차존 이쉬는 다른 사람을 기다리게 하는 건 그 사람의 시간을 훔치는 행위로, 훔친 시간으로 기도를 해선 안된다며 그를 보내주었다."

차존 이쉬의 주장대로 '훔친 시간'으로 기도의 계율을 이행해선 안 된다는 것이 유대 윤리라면, 당신이 만일 늦잠을 잔다거나 이미 늦었다는 걸 알면서도 계속 전화 통화를 한다거나, 아니면 당신을 기다릴 사람 생각은 하지 않고 일정을 너무 빠듯하게 잡아 다른 사람을 기다리게 하는 건 얼마나 더 비난 받을 일일 것인가? 유대 윤리에 입각한 일반적인 사례 하나를 들자면, 환자와의 약속 시간에 늦어질 것 같은 경우 의사는 자기 비서나 직원으로 하여금 아직 병원에 도착하지 않은

---

74 《똑바른 길Messillat Yesharim》 11장
75 좀 더 이성적이 되었을 때, 나는 습관적으로 약속 시각에 늦는 사람들에겐 대개 뿌리 깊은 심리적 원인이 있다는 걸 알게 됐다. 다시 말해, 그들의 행위는 공격적인 것이라기보다는 자기파괴적인 것으로 이해될 수 있는 것이다.

환자에게 전화로 그걸 알려 주어야 한다. 즉 피치 못할 사정으로 늦게 된다면, 반드시 상대에게 미리 알려줘야 한다는 것이다.

당신은 '이따금' 약속 시간에 조금씩 늦긴 하지만 근본적으론 괜찮은 사람이라고 스스로를 평가할지도 모른다. 그러나 유대 윤리에 따르면, 노상 다른 사람들을 기다리게 하는 당신은 도둑이나 다름없다.

103일째 목요일

하나님의 이름을
거룩하게 한다는 것은

웨이터나 가게 점원이 계산을 하거나 잔돈을 줄 때, 가끔 내게 유리한 실수를 하는 경우가 있다. 나는 그런 실수를 알게 될 때마다 그 사실을 알려준다. 그런데 다소 놀라운 것은 그런 실수를 한 사람들이 너무도 감사해 한다는 것이다. 사람들이 보통 자신에게 불리한 실수를 할 경우 화를 내며 시정을 요구하지만, 자신에게 유리한 실수를 할 경우 모른 체 넘어간다는 걸 잘 알고 있기 때문이다.

정직하게 처신하는 사람이 무슨 대단한 선행이라도 한 사람처럼 대접 받을 만큼, 비양심적인 행동을 하는 사람이 많다는 뜻이다. 이런 상황은 종교적인 가르침이 우리 자신을 어떻게 더 나은 사람으로 만들었는지를 보여줄 수 있는 좋은 기회이다. 다시 말해 우리는 기도를 하며 하나님 앞에 설 때뿐 아니라 시장에서 다른 사람들과 맞닥뜨릴 때도 종교적으로 성장한 우리 모습을 보여줄 수 있는 것이다. 탈무드는 유대주의 정신을 지키기 위해 죽음까지 불사한 어느 랍비의 이야기를 전한다.

랍비 사무엘이 로마에 갔을 때, 우연히 로마 황후의 잃어버린 팔찌를 줍게 되었다. 나라 전체에 포고가 내려졌다. 누구든 30일 내에 그 팔찌를 가져오는 사람은 이러이러한 포상을 받을 것이지만, 30일 내에 팔찌를 가져 오지 않으면 목이 잘리게 되리라는 내용이었다.
랍비 사무엘은 30일이 지난 뒤 황후에게 팔찌를 가져갔다.
황후가 그에게 말했다. "그대는 로마에 있지 않았소?"
랍비 사무엘이 대답했다. "아닙니다, 전 로마에 있었습니다."
황후가 말했다. "그런데도 포고 내용을 듣지 못했단 말이오?"
사무엘이 말했다. "아닙니다. 들었습니다."
황후가 말했다. "그럼 그 내용을 말해보시오."
사무엘이 대답했다. "30일 내에 팔찌를 돌려주는 사람은 이러이러한 포상을 받을 것이지만, 30일이 지난 뒤 팔찌를 가져오는 사람은 목이 잘리게 되리라는 것이었습니다."
황후가 말했다. "그렇다면 왜 30일 내에 그것을 가져오지 않았소?"
그가 말했다. "전 제가 황후님이 두려워 팔찌를 돌려주었다고 사람들이 말하는 걸 원치 않았기 때문입니다. 전 자비로우신 하나님을 경외하기에 팔찌를 돌려준 것이라고 사람들이 말하길 원합니다."
황후가 그에게 말했다. "당신들의 하나님께 축복이 함께하기를!"[76]

---

[76] 팔레스타인 탈무드, 바바 메지아 2:5; 루이스 제이콥스Louis Jacobs가 거의 축어적으로 번역한 《유대 율법Jewish Law》 50쪽에서 대부분을 인용했다.

탈무드는 오늘날 우리 삶에 적용하기 더 적합한 랍비 시몬 벤 셰타크 이야기도 전한다. 어느 날 랍비 시몬의 제자들이 그를 위해 한 비유대인으로부터 당나귀를 구입했다. 당나귀를 넘겨받은 제자들은 당나귀 목에 매우 귀한 진주가 걸려 있는 걸 발견하고는 신나서 스승인 랍비 시몬에게 말했다. "이제부터 일하실 걱정은 않으셔도 됩니다."

"어째서이냐?" 랍비 시몬이 제자들에게 물었다.

"저희가 한 이스마엘 사람에게서 스승님께 드릴 당나귀를 구입했는데, 그 당나귀 목에 진주가 걸려 있었습니다." 랍비 시몬이 제자들에게 물었다. "당나귀를 판 사람이 그 사실을 알고 있느냐?"

"당연히 모릅니다." 제자들이 대답했다. 그러자 랍비 시몬이 제자들에게 말했다. "당장 가서 그 진주를 돌려주어라."

저들도 유대인이 실수했을 때 돌려주지 않았는데, 지금 저들이 실수한 것이므로 스승께서 그 보석을 가지셔야 한다고 제자들이 주장했다.

"너흰 지금 대체 무슨 생각을 하고 있느냐?" 랍비 시몬이 답했다. "시몬 벤 셰타크가 이교도더냐? 나 시몬 벤 셰타크는 '이 세상에서 어떤 이득을 취하기보다는, 유대인의 하나님께 축복 있으시기를.'이라는 말을 더 듣고 싶다."[77]

앞으로 갖지 말아야 할 것을 갖고 싶은 유혹이 생길 때, 랍비 시몬 벤 셰타크의 이야기를 떠올리기 바란다. 비유대인의 사업상 실수에서 이득을 취하려는 유대인은 유대인답게 행동하는 것이 아니라 야만인처럼 행동하는 것이다.

---

[77] 팔레스타인 탈무드, 바바 메지아 2:5

104일째 금요일

하나님의 이름을 거룩하게 해야 할
유대인의 특별한 의무

언젠가 이타 핼버스탬Yitta Halberstam이 뉴욕 리버티 타운에서 위대한 하시디즘 작곡가이자 성악가인 랍비 슈로모 칼레바흐를 우연히 만났다. 그녀는 랍비 슈로모가 한 커피숍에 들어가 가지고 갈 탄산음료 하나를 주문했을 때 그와 동행했다. 점원이 캔에 든 그 탄산음료의 가격이 50센트라고 하자, 그는 점원에게 2달러를 건네며 잔돈은 가지라고 말했다.

랍비 슈로모가 팁 문화에 대해 잘 모른다고 확신한 이타 핼버스탬이 그에게 말했다. "랍비님, 가지고 갈 음료를 주문할 땐 팁을 주지 않습니다. 설령 준다 해도, 50센트짜리 탄산음료에 1달러 50센트의 팁은 주지 않죠."

랍비 슈로모가 미소를 지으며 그녀에게 말했다. "성스러운 이타 자매님, 저도 알고 있어요. 단지 저는 팁을 주지 않아 하나님 이름을 더럽힌 사랑스런 우리 유대인 형제자매들의 잘못을 만회하고 싶었던 겁니다."

당신과 만나고 있는 비유대인이 당신이 유대인이란 사실을 알고 있다면, 당신은 더 이상 단순한 한 개인이 아니다. 합당하든 부당하든, 좋든 싫든, 당신은 비유대인 세계를 상대로 유대 민족을 대표하는 대사가 된다. 만일 당신이 가볍거나 천박하게 또는 그릇되게 행동한다면, 사람들이 당신을 싫어하는 것으로 그치지 않고 유대인 전체에 대해 부정적인 시각을 갖게 될 수도 있다. 그렇게 되면 당신의 잘못된 행실 때문에 언젠가 다른 유대인이 고통 받게 될 수도 있는 것이다.

이런 논리가 편집증적이고 설득력이 없다고 여겨진다면, 당신이 다른 종교나 인종, 민족 집단의 한 구성원에게 안 좋은 인상을 받아 그 집단 전체를 안 좋게 본 적은 없는지 생각해보라. 그런 적이 있다면(내가 아는 사람 중엔 그렇지 않은 사람이 거의 없다.), 당신의 잘못된 행실이 당신 자신뿐 아니라 유대인 전체에 대한 반감을 불러일으킬 수 있다는 걸 깨달아야 할 것이다.

반대로 당신이 랍비 슈로모가 그랬던 것처럼 너그럽고 품위 있게 행동한다면, 당신 자신과 유대인들, 그리고 하나님을 명예롭게 하는 것이다. 이것이 바로 하나님의 이름을 거룩하게 한다는 의미이다.

105일째 안식일

한 주를 돌아보며 편히 쉬는 하루가 되기를.

106일째 일요일

회개하기에 가장 좋은 때는 언제일까

탈무드에 등장하는 한 랍비의 말에 따르면, 회개는 서두를 필요가 없는 것처럼 이해될 수도 있다. "랍비 엘리에제르가 말했다. '죽기 전 언젠가 회개하라.'" 그러나 랍비 엘리에제르의 제자들은 이 가르침이 별 도움이 되지 않는다고 생각했다.

"하지만 사람이 자신이 언제 죽을지를 압니까?"
"내일 죽을 수도 있기 때문에, 더욱 더 오늘 회개해야 하는 것이다. 따라서 우리는 사는 동안 매일매일 회개하며 보내야 한다."

— 바빌로니아 탈무드, 샤밧 153a

매일 회개함으로써 얻을 수 있는 이점은 그것이 더 심각한 죄를 짓지 않게 우리를 지켜줄 수 있다는 것이다. 끔찍한 일을 저지르는 사람들 대부분이 예전에도 줄곧 그런 일을 저질러온 건 아니다. 일반적으로 그들의 '범죄 인생'은 사소한 악행으로 시작해 그 정도가 점점 더 심해지는 양상을 띤다. 탈무드의 가르침에 따르면, 우리가 금지된 일을 처음 또는 두 번째 할 때엔 일반적으로 양심의 가책을 느끼지만, 세 번째가 넘으면 습관화되어 그런 행동을 해도 괜찮다는 자기합리화의 덫에 빠진다고 한다. 하지만 우리가 자주 자신의 행동을 반성한다면, 그런 덫에 빠지기 전에 더 효과적으로 악행을 멀리할 수 있을 것이다.

다소 어색하게 느껴질 수도 있겠지만, 오늘 저녁에는 시간을 내 오늘 하루 잘못했거나 달리 행동했더라면 더 좋았을 걸 하는 일들을 종이에 적어보며 하루를 돌아보기 바란다.

◆ 다른 사람들을 상대했던 장면들을 떠올려보자. 특히 끝이 안 좋았거나 자칫 안 좋게 끝날 수 있었던 장면을 떠올려보고, 당신이 잘못한 것은 없는지 생각해보자. 오늘 하루 잘못 말하고 잘못 행동한 것은 없는가? 새치기를 했다거나, 서비스를 받고도 "감사합니다."라는 말을 하지 않았다거나, 버스에서 노약자에게 좌석을 양보하지 않았다거나 하는 무례를 범하진 않았는가?

◆ 부도덕한 금전 문제로 다른 사람을 만난 적은 없는가? 예를 들면, 위험 요소나 불리한 면은 언급하지 않은 채 다른 사람을 어떤 금전 거래에 끌어들이려 한 적은 없는가?

◆ 다른 사람에 대해 또는 다른 사람에게 대놓고 부당한 말을 한 적

은 없는가? 예를 들어, 적절하지 못한 방식으로 어떤 소문을 퍼뜨렸다거나, 기를 꺾는 방식으로 다른 직장 동료를 비판한 적은 없는가?

◆ 자녀나 배우자에게 참을성을 발휘하지 못한 적은 없는가? 그들이 당신과 어떤 일에 대해 의논하려 했을 때 경청했는가? 그들의 잘못을 지적할 때 적절하고 애정 어린 방식을 택했는가?

당신이 한 정직하거나 친절한 행동도 적어보자. 그리고 이를 자랑스럽게 여겨 앞으로도 계속 선행을 할 수 있는 동기 부여의 계기로 삼자. 베르디체프Berdichev의 랍비 레비 이츠하크(1740-1810)는 매일 밤 책상에 앉아 그날 한 자신의 행동들을 떠올리며 기록한 뒤 그것들을 죽 읽어보고는 "난 오늘 이러저러한 하지 말아야 할 일들을 했지만, 내일은 절대 그러지 않겠다."라고 다짐했다 한다.

당신이 기록한 내용 중에 부끄러운 행동들이 들어 있다고 해서 의기소침해지지 말기 바란다. 그보다는 그것을 자신을 성장시킬 수 있는 좋은 도전의 기회로 삼자. 이즈음에서 앞서 언급한 브라츠라프 랍비인 나흐만의 가르침을 다시 한 번 되새기자. "내일 당신이 오늘의 당신보다 더 나은 사람이 되지 못한다면, 당신에게 내일이 있을 필요가 어디에 있겠는가?"

당신의 오늘은 좋은 날이길, 그리고 당신의 내일은 한층 더 좋은 날이길 바란다.

107일째 월요일

자신의 잘못을 인정하고 책임을 느껴라

나는 자신의 실수를 좀체 인정하지 않는 한 남자를 알고 있다. 그래서 그는 자신에게 안 좋은 일이 일어날 때마다, 그 일은 운이 나빠서 혹은 다른 사람의 잘못으로 일어난 것이라고 주장한다. 언젠가 나는 그에게 내가 아는 사람들 가운데 그의 미래가 특히 비관적일 것 같다는 취지의 말을 한 적이 있다. 그는 자신에게 일어난 안 좋은 일을 자기 책임이라고 인정하는 법이 없어, 점점 더 불행해지는 자신의 삶을 개선할 방법이 전혀 없었기 때문이다. 그의 입장에선 더 이상 운이 나쁘지 않길 바라거나, 다른 사람들이 더 이상 부당한 행동으로 자신을 힘들게 만들지 않길 바라는 수밖에 없었던 것이다.

유대 전통에서 회개의 첫 단계는 자기 잘못을 인정하는 것이다. 하지만 대부분의 사람들에게 그건 늘 힘든 일이다. 성경은 아담과 이브가 에덴동산에서 죄를 지었을 때 하나님이 아담에게 왜 금지된 선악과를 먹었는지 물으셨다고 기록한다. 자신이 저지른 죄에 대한 책임을 인정하는 대신, 아담은 이브를 탓했다(이는 결국 하나님을 탓한 것이기도 했다.). "하나님이 주셔서 나와 함께 있게 하신 여자 그가 그 나무 열매를 내게 주므로 내가 먹었나이다(창세기 3:12)." 하나님이 이브에게 물으시자, 이브는 뱀을 탓했다. "뱀이 나를 꾀므로 내가 먹었나이다(창세기 3:13)."

몇 년 후 하나님은 카인에게 그가 방금 살해한 동생 아벨이 어디 있느냐고 물으셨다. 이에 카인은 자신이 저지른 끔찍한 죄를 고백하는 대신, 비웃는 듯한 반문으로 하나님을 조롱했다. "내가 알지 못하나이다. 내가 내 아우를 지키는 자나이까?(창세기 4:9)" 그로부터 수천 년 후 사무엘이 하나님 명령에 복종하지 않은 것에 대해 사울 왕을 맹렬히 비난했을 때, 사울 왕의 반응은 어땠는가? 그는 거짓말을 하며 자신의 행동을 정당화하려 했다(사무엘상 15). 그로부터 또 몇 년 후 이번엔 선지자 나단이 심각한 죄를 저지른 다윗을 공격했다. 하지만 다윗의 반응은 아담과 카인, 사울의 반응과는 전혀 달랐다. 자신의 죄를 인정하며 자백했던 것이다. "내가 여호와께 죄를 범하였노라(사무엘하 12:13)." 짐작컨대 하나님은 마침내 한 인간이 자신의 사악함을 인정했다는 것에 기쁨을 느끼셨을 것이고, 그래서 나단으로 하여금 다윗에게 덜 중한 벌을 받게 될 것이라고 말하게 하셨다.

자기 책임과 죄를 인정하지 못하는 사람은 변화할 수가 없다. 질병 경우도 먼저 진단을 하지 않고는 치료도 할 수 없듯, 죄나 악행 또한 그걸 알고 인정하지 않는 한 바로잡을 수 없다. 따라서 자신이 저지른 악행을 회개하고 싶다면, 물론 이는 많은 사람들에게 가장 고통스러운 일이긴 하지만, 무엇보다 먼저 자신이 저지른 악행을 합리화하거나 정당화하려 하지 말고 모든 잘못을 인정해야 한다. 그렇다면 이제 한 가지 도전을 해보자. 홀로 가만히 앉아 과거에 행했거나 현재 행하고 있는 잘못을 한두 가지 떠올려보라. 설사 당신이 아직 과거에 저지른 잘못을 바로잡을 준비가 되어 있지 않다 하더라도(실은 그 잘못을 완전히 바로잡을 가능성이 있는데), 최소한 다윗이 했던 것처럼 당신 잘못을 인정은 하는 것이다. 자신의 잘못을 인식하는 것만으로도 자신의 행동 방식에 변화를 주는 게 가능해진다.

108일째 화요일

당신이 전적으로 잘못하진 않았을 때에도 용서를 구하라

내가 아는 한 여성은 불행한 결혼 생활을 하다 결국 이혼을 했다. 자녀들에 대해 공동 보호권을 행사하게 된 그녀와 그녀 남편은 이혼한 후까지 계속 불행한 관계를 이어갔다. 그들의 전화 대화는 늘 고함소리와 비난, 그리고 한없이 반복되는 불평불만으로 끝났다.

그러던 어느 해 속죄일 날, 그녀는 최소한 부분적으로는 자신도 전남편에게 잘못한 게 있다는 걸 깨달았다. 그날 그녀는 이제 자신이 어떻게 해야 하는지 분명해졌다고 내게 말했다. 그녀는 전남편을 찾아가 결혼 생활 동안 자신이 그에게 했던 부당하고 잔인한 언행들을 다 인정하고 그에 대해 사과하겠다고 했다. 10년간 감정적인 에너지를 몽땅 전남편의 잘못된 일들을 떠올리는데 쏟아 부어, 그녀는 불행한 결혼 생활에 대한 책임이 자신에게도 있다는 건 생각조차 못했었다.

이틀 후 그녀는 점심 식사를 같이 하기 위해 전남편을 만났다. 그녀가 전남편에게 만나자고 한 이유를 얘기하고 그간 자신이 잘못했던 구체적인 언행들에 대해 사과하자, 너무 놀라고 감동 받은 남편은 멍하니 말이 없었다. 여러 해만에 처음 그들은 상대를 탓하지 않고 솔직하면서도 객관적인 대화를 나누었다. 이 일은 몇 년 전에 있었던 일이며, 현재 두 사람 관계는 그 어느 때보다 안정되어 있다. 그녀는 엄청난 분노와 죄의식의 짐을 벗은 느낌이라고 했다.

유대 율법에 따르면, 회개의 첫 단계는 '자신의 죄를 인정하는 것'

이다(어제 글 참조). 하지만 여기서 만족하지 말고 회개의 다음 두 단계로 나아가는 것을 목표로 삼아야 한다. 즉 먼저 당신으로 인해 상처 입은 사람에게 용서를 구하고(심지어 일어난 일에 대해 상대에게도 상당 부분 책임이 있다고 여겨질 때도), 그 상처가 최대한 치유될 수 있도록 실질적인 노력을 해야 한다.

109일째 수요일
얼굴이 보이지 않는 사람들에게도 팁을 주어라

팁은 양질의 서비스에 대해 돈으로 감사를 표하는 사회적 관례이다. 그래서 나는 특별히 많은 도움을 주었거나 친절했던 사람에게 후한 팁을 주긴 하지만, 그렇다고 다소 무례하거나 서툴고 더디게 서비스를 제공한 사람이라고 해서 팁을 주지 않는 경우도 거의 없다.

그런데 양질의 서비스를 제공했음에도 대부분의 사람들이 팁을 주지 않고 그냥 지나치는 호텔 객실 청소원 같은 사람들도 있다. 우리는 얼굴이 보인다는 이유 때문에, 택시 기사나 짐을 들어주는 호텔 사환 또는 웨이터 등에게는 빠짐없이 팁을 준다. 하지만 객실 청소원들 같은 경우, 우리에게 서비스를 제공하는 건 마찬가지지만 좀체 얼굴을 보기 힘들다는 이유 때문에 대부분 팁을 받지 못한다. 설사 팁을 줄 필요까진 없다고 생각하더라도, 그들의 서비스에 대해 고마움을 전하는 메모 같은 건 남겨 둬야 하지 않을까?

눈에 띄지 않는 사람들에게 고마움을 표하는 걸 배우는 것도 도덕적인 인격을 함양하는 길이다. 따지고 보면 기도 역시 우리에게 가장 큰 선물인 생명을 주셨지만 결코 우리 눈에 보이지 않는 하나님께 감사를 표하는 것 아닌가. 결국 객실 청소원에게 팁을 주는 것은 개인적인 접촉은 거의 없지만 우리에게 깨끗한 객실이라는 고마운 선물을 준 사람에게 고마움을 표하는 일인 것이다.

110일째 목요일

오늘 당신의 부고를 읽는다면

노벨상은 세계에서 가장 유명한 상이다. 문학상과 평화상, 경제학상, 의학상, 과학상 등으로 나뉘는 노벨상은 1세기 전 폭발물 특히 다이너마이트를 개발해 엄청난 돈을 번 알프레드 노벨 Alfred Nobel(1833-1896)의 유언에 의해 제정된 상이다.

스웨덴 출신의 이 폭발물 제조업자가 인류에 공헌한 사람들을 기리고 상을 주는 일에 자신의 재산을 바친 동기는 무엇이었을까? 랍비 해롤드 쿠슈너에게 전해들은 바에 따르면, 노벨상 제정은 우연한 사건이 계기가 되었다고 한다. 노벨의 형이 죽었을 때, 노벨이 죽은 것으로 오인한 한 신문사가 신문에 장문의 알프레드 노벨 사망 기사를 실었다. 그래서 노벨은 살아있을 때 자신의 부고를 보는 흔치 않은 경험을 하게 된다. 그런데 그 부고는 노벨을 소름끼치게 만들었다. 신문은 그를 역사상 그 누구보다 더 빠른 시간 안에 더 많은 사람을 죽일 수 있게 만든 인물로 묘사했던 것이다.

그 순간 노벨은 두 가지 사실을 깨달았다. 즉, 자신은 죽고 나서 그렇게 기억되리라는 사실과 자신은 결코 그렇게 기억되길 원치 않는다는 사실을 깨달았던 것이다. 그래서 그는 곧 노벨상을 제정하게 되었다. 오늘날 노벨이 어떻게 엄청난 부를 거머쥐게 되었는지 아는 사람은 몇 안 되지만, 노벨상에 대해서는 모든 사람들이 다 알고 있다.

신문에 실리든 아니면 그저 당신을 아는 사람들의 가슴과 머리에 쓰이든, 자신의 부고가 어떻게 쓰일지 생각해보는 것은 남은 인생을 어떻게 살아야 하는지를 다시 생각하게 해주는 계기가 될 수 있을 것이다. 내가 아는 한 랍비는 매년 두 종류의 자기 부고를 쓰는 것으로 속죄일을 준비한다. 그러니까, 한 부고에는 자신의 부고가 어떻게 쓰이게 될지를, 또 다른 부고에는 자신의 부고가 어떻게 쓰이길 원하는지를 쓰는 것이다. 물론 그의 목표는 현재의 자기 모습과 그가 되고 싶은 자기 모습 간의 격차를 좁히는 것이다.

만일 당신이 오늘 죽는다면, 당신 부고에는 어떤 말이 쓰여질까? 과연 당신이 원하는 대로 쓰여질까? 그렇지 않을 거라고 생각된다면, 그걸 바꾸기 위해 당신은 지금 무얼 해야 할까?

111일째 금요일

선을 행하는 무수한 방법

'지브 체다카 기금Ziv Tzedakah Fund'의 설립자인 대니 시겔Danny Siegel은 특정 필요를 충족시켜주는 자선 기금을 마련하는데 천재(나는 상당히 의도적으로 이 단어를 사용했다.)이다. 그렇게 함으로써 시겔은 인간의 필요는 무한하고, 따라서 다른 사람들을 도울 수 있는 기회 또한 무한하다는 사실을 상기시켜준다. '지브 체다카 기금' 소식지의 최신호는 '지브 체다카 기금'이 후원하는 자선 활동들을 개시한 여러 '선행 영웅들'에 초점을 맞추었다.

- ◆ 캘리포니아 주 엔치노Encino에 사는 메릴 알페르트는 자신이 다니는 시나고그의 지원 하에 유아용 자동차 보조 의자들을 모아 그것들을 가난한 가족들에게 나눠주는 기관에 기부한다.
- ◆ 시카고에 사는 도니 엔젤하트는 새 가발 및 중고 가발을 모아 암환자들에게 나눠준다.
- ◆ 뉴욕에 있는 '사랑의 노래Songs of Love'에서 일하는 존 벨처는 생명을 위협하는 질병에 걸린 아이들 하나하나를 위해 노래를 만들어주는 전문 작곡가와 작사가, 엔지니어 등의 네트워크를 관리한다. 그의 중개로 지금까지 총 564곡의 노래가 만들어졌다.
- ◆ 로스앤젤레스에 사는 헤르만 베르만은 몇 년 전 많은 베이글[78] 가게들이 만든 지 몇 시간 안 되지만 팔지 못한 베이글들을 버린다는 사실을 알고 마음이 안 좋았다. 그래서 그는 팔지 못한 베이글들을 기부해 가난한 사람들에게 나눠줄 수 있게 해달라고 가게 주인들에게 부탁했다. 시겔이 '베이글 사람들의 왕'으로 묘사하는 베르만은 지금까지 32만 2,000개가 넘는 베이글을

[78] 도넛 같이 생긴 딱딱한 빵

나눠주었다.

◆ 매 맞는 여성들을 위한 지역 쉼터들이 종종 정원이 꽉 차 더 이상 새로운 피해 여성들을 받을 수 없다는 걸 알게 된 플로리다 주의 낸시는 어떻게 하면 호텔 네트워크를 확대시켜 그 여성들에게 무료 객실을 제공할 수 있는지를 알려준다. 시겔이 쓴 것처럼, "그녀는 많은 여성들이(또는 많은 아이들이) 보다 나은 삶을 살아가게 해주는 데 필요한 모든 정보를 당신에게 제공해 줄 것이다. 당신은 실제 그들의 생명을 구하는 것이다."

◆ 메인 주 포틀랜드에 사는 캐시는 노인들을 차량으로 수송해주는 300명의 자원봉사 운전자들로 구성된 '독립 수송 네트워크Independent Transportation Network'를 구축했다.

◆ 토론토에 사는 크레이그는 아시아 어린이 노동자들의 권리를 찾아주기 위한 투쟁에 수년째 열과 성을 다하고 있다. 그는 그런 목적으로 여러 가지 프로젝트를 주도했는데, 그중엔 매사추세츠 주 퀸시Quincy에 있는 브로드 매도우 스쿨Broad Meadow School 학생들이 아시아 어린이들에게 학교를 지어주기 위해 15만 달러를 모금한 사례도 있다.

◆ 뉴욕 시에 있는 라마즈 예시바Ramaz Yeshiva 5학년 학생들은 빅토리아 긴스버그의 지도 아래 6년 이상 25만 파운드가 넘는 음식을 모아 기부했다.

이 선행 프로젝트들에 대해, 그리고 당신의 지역 공동체에서도 이런 일들을 실천할 수 방법에 대해 더 자세히 알고 싶다면, 다음 주소와 전화번호로 대니 시겔에게 전화하거나 편지를 쓰기 바란다.

Ziv Tzedakah Fund, Inc., 263 Congressional Lane, No. 708, Rockville, MD 20852, (973) 763-9396

안네 프랑크가 자신의 일기를 통해 우리에게 상기시켜주듯, "어느 누구도 더 나은 세상을 만들기 위해 조금도 기다릴 필요가 없다는 것은 얼마나 멋진 일인가!"

112일째 안식일
한 주를 돌아보며 편히 쉬는 하루가 되기를.

113일째 일요일

장애물을 그 앞에 놓지 말라

> 너는 귀먹은 자를 저주하지 말며 소경 앞에 장애물을 놓지 말며, 너는 네 하나님을 경외하라. 나는 여호와니라.
>
> — 레위기 19:14

일견 이 구절은 토라의 613개 계율 가운데 가장 지키기 쉬운 계율로 보일 수 있다. 하지만 유대 율법은 이 구절의 의미를 확장해, 결국 토라에서 도덕성을 가장 많이 요구하는 구절로 바꿔놓았다.

"소경 앞에 장애물을 놓지 말라." 이 말이 의미하는 바는 무엇일까?

이 말은 특정 문제에 대해 제대로 '보지 못하는' 모든 사람을 대상으로 한다. 조언을 구하는 사람을 잘못된 길로 인도하는 말을 하지 말라. 강도 습격을 받을 수 있으니 "아침 일찍 떠나시오."라고 하지 말라. 일사병으로 기절할 수도 있으니 "정오에 떠나시오."라고도 하지 말라. 함정에 빠뜨려 그의 밭을 빼앗을 목적으로 "밭을 팔아 당나귀를 사시오."라고 말해서도 안된다. "난 그에게 훌륭한 조언을 해주었다."라고 말하지 말라. 진실은 너의 심장도 알고, 모든 심장을 꿰뚫어 보시는 하나님도 아신다. 그래서 "너는 네 하나님을 경외하라. 나는 여호와니라."라고 기록한 것이다.

— 시프라, 레위기

    잘못된 조언을 하는 사람은 상대에게 정말 도움이 되리라 생각했다고 주장함으로써 언제든 자기변호를 할 수 있다. 그래서 랍비들은 이 토라 율법 뒤에는 "너는 네 하나님을 경외하라."라는 말이 뒤따라야 한다고 주장했다. 그렇다. 당신은 당신 이웃을 속일 수 있을지 모르지만, 하나님은 당신이 진정 좋은 의도에서 조언을 했는지, 아니면 자기 이익을 챙기기 위한 의도에서 했는지 다 아신다. 따라서 성경 집필 이후 나온 유대 문헌들에 따르면, 이 율법의 주된 의미는 다른 사람에게 잘못된 조언이나 자기 이익을 챙기기 위한 조언은 하지 말아야 한다는 것이다. 또한 누군가가 조언을 듣기 위해 찾아왔는데, 당신이 그 문제와 직접적인 이해관계가 있다면, 당신은 조언을 삼가거나 상대에게 그 사실을 알려야만 한다(예를 들면, 친구가 직장을 그만두는 문제로 당신에게 조언을 구하는데, 당신이 그 친구 자리에 관심이 있는 경우). 유대 율법은 당신 자신의 '숨겨진 계획'에 부합되는 조언을 하면서 마치 상대에게 도움이 되는 조언을 해주는 척하는 것을 금한다.

심지어 당신 의도가 순수하다고 확신하는 경우라 해도, 당신 자신이 해당 쟁점과 이해관계가 있는 경우, 유대 율법은 이를 반드시 상대에게 알려야 한다고 말하고 있다. 왜 그럴까? 그럴 경우, 자기 이익을 챙기기 위한 행동들을 합리화하면서 상대를 위해 옳은 일을 하고 있다는 착각에 빠지기 쉽기 때문이다. 예를 들어 당신이 많은 보험 회사를 취급하는 보험 설계사인데, 몇몇 보험 회사가 당신에게 더 많은 수수료를 준다고 가정해보자. 그런 상황에서 당신은 과연 고객이 어떤 보험에 가입하는 게 최선인지 공정한 조언을 해줄 수 있겠는가?

이스라엘 은행의 최고 경제 고문을 역임했고 현재 유대 기업 윤리 분야의 최고 학자이기도 한 메이어 타마리는 유대 윤리의 가르침에 따라 행동하길 원하는 보험 설계사가 이런 딜레마를 극복할 수 있는 방법을 제시했다. 보험 설계사는 고객들에게 보험 상품을 권할 때 그 고객의 필요나 이익보다 자신의 잠재 수입을 더 많이 고려할 수 있으므로, 각 고객에 대한 모든 자료를 컴퓨터에 입력한 뒤 컴퓨터가 가장 좋은 보험 상품을 선택하도록 했던 것이다. 해결하기 힘들 것 같던 문제에 대한 정말 명쾌한 해결책 아닌가![79]

---

[79] 타마리,《부의 도전The Challenge of Wealth》43쪽 주식 중개인이자 유대 기업 윤리를 공부하는 학생인 래리 겔먼Larry Gellman은 이 계율에 대해 다음과 같은 자신의 견해를 추가했다. "이 율법은 우리가 다른 사람의 맹점을 이용하는 것을 금하는 것이지, 다른 사람의 부주의나 게으름으로 이득을 보는 것까지 금하는 건 아니다. 시각 장애인은 아예 볼 수 없는 사람이기 때문에, 상업적인 거래 상황에서 볼 수 있으면서도 자신이 어디로 가고 있는지를 제대로 보려 하지 않는 사람과는 전혀 다르다. 주식 시장 경우를 예로 들자면, 다른 사람들은 접할 수 없는 내부 정보 같은 걸 이용해 이득을 취하는 건 금지되지만, 다른 사람들에겐 없는, 그러나 스스로의 노력을 통해 얻은 통찰력을 이용해 이득을 취하는 건 아무 문제가 없는 것이다."

사람들이 이 율법을 어기는 또 다른 방식은 특정 문제와 관련해 다른 사람의 맹점을 이용하는 것이다. 그래서 유대 율법은 주류 판매점을 운영하는 것은 허용하지만, 알코올 중독자에게 술을 파는 것은 금한다. 알코올 중독자는 일반적으로 술을 자제하는 능력이 부족하므로, 그의 알코올 중독을 부추기는 일은 하지 말아야 한다는 것이다.

간단히 말해, 만일 자신이 어떤 상황에서 윤리적으로 행동하고 있는지 의구심이 든다면, 스스로에게 다음과 같은 질문을 던져보라. "입장을 바꿔, 내가 하고 있는 이런 행동을 상대가 내게 하고 있다면, 난 상대의 행동이 어떻게 느껴질까?"

"소경 앞에 장애물을 놓지 말라."라는 구절과 관련해, 시각 장애인과 청각 장애인은 문자 그래도 어떻게 대해야 하는 지에 대해서는 58일째 글을 참조하기 바란다.

114일째 월요일

계산대 뒤의 이름 없는 사람

앞서도 말했듯, 오늘날의 미국 법률은 권리 지향적이어서, 우리는 소비자의 권리라는 말을 자주 듣게 된다. 반면 의무 지향적인 유대 율법은 상인과 마찬가지로 소비자에게도 공정하게 행동해야 할 의무를 지운다. "물건을 사고 팔 때 하지 말아야 할 일이 있는 것처럼 하지 말아야 할 말도 있다. 물건을 살 생각이 없다면 가게 주인에게 '이건 얼마입니까?'하고 묻지 말아야 한다(미슈나, 바바 메지아 4:10)."

이 가르침은 가격을 비교해 물건을 구입하는 일을 하지 말라는 것은 아니다. 누구에게나 물건을 구입할 때 여러 상점에서 가격을 알아보고 비교해볼 권리가 있다. 하지만 물건 값을 물어봐 판매원에게 헛된 기대감을 주거나, 순전히 호기심을 채우기 위해 판매원 시간을 뺏거나 해선 안되며, 다른 데서 같은 물건을 샀는데 괜찮은 가격에 산 건지 알아보기 위해, 또는 필요한 정보를 얻은 뒤 인터넷으로 더 싼 가격에 물건을 사기 위해 물건 값을 물어봐서도 안된다.

나는 이 율법을 여러 사람들에게 전했는데, 일부 상점 주인들 특히 일부 대형 매장 주인들은 사람들이 들어와 이리저리 물건 구경을 하며 가격을 물어보는 건 전혀 문제될 것이 없다고 말했다(대형 매장들은 대개 사람들의 충동 구매를 유도하는 제품 진열을 한다.). 그러나 판매원 자신이 상점 주인이거나 제품 판매 하나하나가 아주 중요한 의미를 갖는 소규모의 상점에 적용될 때 이 율법은 온전한 힘을 발휘한다.

20여 년 전 예시바에서 공부할 때 이 율법을 처음 배운 나는 그것을 내 친구 데니스 프레이저에게 전했다. 그 후 그는 가능한 한 많은 사람에게 이를 알리는 것을 자신의 임무로 삼았다. 데니스가 설명하듯, '상점 율법'을 지키는 것은 도덕적으로 여러 의미가 있다.

> 여러 해 전, 사업 목적으로 많은 자동차를 임대한 한 친구가 자신이 거래한 자동차 임대 회사에서 원가에 자동차를 임대할 수 있게 해주겠다고 내게 말했다. 내가 어떤 모델의 차를 임대해야 좋을지 모르겠다고 하자, 그는 여기저기 다니면서 다양한 모델들의 차를 시승해본

뒤 어떤 차가 마음에 드는지 자신에게 알려달라고 했다.

그의 방식은 실리적인 것이긴 했지만, '상점 율법'이 금지하는 전형적인 방식이었다. 나는 차를 구입하거나 임대할 생각이 없는 자동차 판매업체에서 시승을 할 수는 없었다. 어떤 자동차 판매업체에서 시승을 한다는 것은 내가 그 업체에서 차를 구입할 가능성이 있다는 걸 뜻한다. 그렇지 않다면 대체 그 업체가 무엇 때문에 나를 위해 소중한 시간을 낭비하겠는가?

이 율법을 어기는 또 다른 경우를 보자. 어떤 여성들은 옷을 살 생각이 전혀 없으면서도 어떤 옷가게에 들어가 이 옷 저 옷을 막 입어본다. 이보다 더 심한 경우, 아예 처음부터 어떤 특정 목적으로 옷을 입은 뒤 반품할 심산으로 옷을 구입하는 여성들도 있다. 많은 남성들 경우, 카메라 장비 같은 걸 구입할 계획이 있을 때, 카메라 소매점을 방문해 그들의 시간을 뺏어가며 어떤 걸 구입할 건지 결정한 뒤, 인터넷이나 홈쇼핑을 통해 그 장비를 더 싸게 구입한다. 소매점 시간을 뺏는 내내, 다른 경로를 통해 더 싸게 장비를 구입할 생각만 하고 있는 것이다.

미슈나가 이런 행동을 금하는 가장 분명한 이유는 판매원으로 하여금 헛된 기대를 갖게 한다는 데 있다. 그런데 여기엔 더 깊은 이유가 있다. 즉 이 율법을 어기는 사람들은 상대의 삶에서 가장 중요한 관심사인 수입과 관련해 고의적으로 상대를 호도한다는 것이다.

우리는 사실과 달리 생각하도록 판매원을 호도해선 안된다. 우리가 옷을 입어보고 카메라 가격을 물어볼 때마다, 그건 그 물건을 구입할 수 있다는 가능성을 암시하는 것이고, 그것이 바로 판매원이 기대하는 것이기도 하기 때문이다. 이 점이 믿어지지 않는다면, 다음에 상점에 갈 때 판매원에게 이렇게 말해보라. "아가씨, 내가 여기서 옷을 좀 입어보겠지만, 여기서 옷을 구입하진 않을 겁니다. 난 순전히 어떤 옷이 있나 한번 둘러보고 조언을 구하러 온 거거든요."

이렇게 말한다면, 판매원은 분명 더 이상 당신을 위해 시간을 내려 하지 않을 것이다. 상점은 다른 곳에서 물건을 구입할 사람에게 물건을 보여주기 위해 존재하는 곳이 아닌 것이다.

이 율법엔 또 다른 차원이 존재한다. 이 율법은 일반적으로 우리의 의무 밖에 있다고 여기는 사람들에게조차 져야 할 의무가 있다는 사실을 분명히 일깨워준다. 이 율법을 알게 된 후, 나는 상점에서 일하는 사람들을 예전처럼 생각한 적이 한 번도 없다. 상점에 들어갈 때마다, 거기서 일하는 사람들에 대한 나의 의무를 떠올리게 되는 것이다.[80]

이 간단한 율법을 받아들이는 것으로 판매원에 대한 당신 시각이 바뀔 것이다. 그들은 단지 당신 질문에 답하고 당신 필요를 충족시켜주기 위해 거기 있는 사람이 아니라, 바라는 게 있고 감정도 있는 독립된 인간이기도 하다는 걸 깨닫게 되는 것이다.[81] 데니스 프레이저가 말한 것처럼, "그렇게 되면, 당신과 계산대 뒤의 사람과의 관계는 손님과 단순한 서비스 공급기 간의 '나와 그것'의 관계가 아니라 '나와 당신'의

---

[80] 프레이저, 《한 번 더 생각하자》 14-16쪽
[81] 제품을 구입하지도 않을 상점에서 제품에 대한 정보를 얻으려 해선 안된다. 그럴 경우, 인터넷을 이용하거나 제조사에 문의를 해야 한다. 그래야 아무도 헛된 기대를 하지 않는다. 한 친구는 차를 구입하지 않을 곳에서 시승을 하는 것과 관련된 딜레마에 대한 또 다른 해결책을 내놓았다. 그는 내게 이렇게 말했다. "그곳에서의 시승을 통해 나는 특정 모델을 결정할 수 있었고, 다른 곳에서 한참 더 싼 가격에 같은 모델의 차를 임대할 수 있었다네. 그래서 이 탈무드 율법을 어기지 않기 위해, 나는 시승을 하게 해준 딜러를 찾아가, 그가 내게 제공한 시간과 서비스에 대한 대가로 100달러를 주었다네."

관계로 발전하게 된다."

이것이 미슈나가 만든 이 간단한 율법의 천재성이다. 이 율법은 계산대 뒤의 이름 없는 사람도 '하나님의 형상'으로 창조된 당신과 똑같은 인간임을 상기시켜준다.

115일째 화요일

친절한 행동 ①: 과거를 돌아보기

유대 전통에 따르면, 매일 아침 기도를 하든 하지 않든, 아침기도 예배에서 반드시 암송해야 할 탈무드 구절이 있다.

이것들은 당신이 이 세상에서 보상 받을 수 있게 해주는 계율들이고, 그 주된 보상은 도래할 세상에서 받게 될 것이다.

> 아버지와 어머니를 공경하고,
> 친절한 행동을 실천하며,
> 아침저녁으로 랍비 연수원에 일찍 나가고,
> 손님을 환대하며,
> 아픈 사람에게 문병 가고,
> 결혼하는 걸 도와주며,
> 망자와 무덤까지 동행하고,
> 기도의 의미에 집중하며,
> 동료들을 화해시킨다.

그리고 토라 공부는 이 모든 것을 합한 것과 같다.[82]

많은 사람들이 '일상(매일) 기도'를 서둘러 하지만, 이 기도는 시간을 두고 천천히 하면서 앞으로 설명할 지침을 따라야 한다. 제시된 10가지 계율 하나하나를 읽을 때마다, 당신이 그 계율을 실천에 옮겼던 때를 생각하라(최근의 일이 더 낫지만, 반드시 그래야 할 필요는 없다). 예를 들면 '아버지와 어머니를 공경하고'라는 계율을 제대로 실천했을 때나 다른 사람에게 '친절한 행동을 실천한' 구체적인 사례를 떠올리는 것이다. 어떤 감정이 느껴지는가? 이 주가 끝나기 전에 반드시 그런 행동을 다시 할 수 있게, 그런 감정들을 잘 이용하자.

'기도의 의미에 집중하며'란 계율처럼, 이 계율들 중 몇몇은 그 특성상 비교적 의례적이다. 앞서 말한 대로, 과거에 언제 어떻게 각 계율을 충족시켰는지 떠올리며 기도에 임한다면, 당신은 이미 '기도의 의미에 집중하며'란 계율을 지키고 있는 거라는 사실을 기억하자.

도덕적인 삶을 살기 원한다면, 규칙적인 자기 성찰이 필요하다. 예를 들어, 방금 언급한 과정을 거치는 동안 이 계율들 중 일부는 거의 지키지 못했다는 걸 깨닫게 될 수 있다. 따라서 이 기도문을 암송하면 좋은 생각뿐 아니라 좋은 행실로 인도해주며, 일종의 자기 성찰을 가능하게 해주는 자극제가 되어줄 수도 있다.

---

82 바빌로니아 탈무드, 샤밧 127a를 토대로 한 일상의 기도서에서

116일째 수요일

친절한 행동 ② : 앞으로의 실천

어제 얘기한 놀라운 기도문을 다시 한 번 되돌아보자.

이것은 당신이 이 세상에서 보상을 받을 수 있게 해주는 계율들이고, 그 주된 보상은 도래할 세상에서 받게 될 것이다.

> 아버지와 어머니를 공경하고,
> 친절한 행동을 실천하며,
> 아침저녁으로 랍비 연수원에 일찍 나가고,
> 손님을 환대하며,
> 아픈 사람에게 문병 가고,
> 결혼하는 걸 도와주며,
> 망자와 무덤까지 동행하고,
> 기도의 의미에 집중하며,
> 동료들을 화해시킨다.
> 그리고 토라 공부는 이 모든 것을 합한 것과 같다.

이 세상뿐 아니라 도래할 세상에서도 보상을 받게 해주는 이 10가지 계명 하나 하나를 암송할 때, 잠시 시간을 갖고 당신이 오늘 어떻게 그것들을 실천할 수 있는지를 생각해보기 바란다.

◆ 아버지와 어머니를 공경하고. 아버지와 어머니께 존경과 사랑을 표하기 위해 당신은 오늘 무엇을 할 수 있을까? 부모님이 당신에게서 사랑과 존경을 받고 있다고 느낄 수 있게 하기 위해, 부모님께 어떤 말을 할 수 있을까? 최소한 오늘 당장 부모님께 전화를 드리거나 찾아뵙도록 하자. 만일 부모님이 살아계시지 않는다면, 부모님을 기리기 위해 무엇을 할 수 있을까? 아마 부모님을 기억하며 자선을 베풀 수도 있고, 부모님에게서 배운 몇몇 지혜를 다른 이들에게 전할 수도 있고, 형제자매에게 부모님이 원하셨을 일을 해줄 수도(124일째 참조) 있을 것이다. 물론 부모님이 다 살아계신다 해도, 똑같은 일을 할 수 있을 것이다.

◆ 친절한 행동을 실천하며. 가족과 가까운 친구들부터 시작해 당신이 아는 사람들을 떠올려 보라. 그들 중 당신의 친절한 행동을 필요로 하는 사람은 없을까? 있다면 당신의 어떤 친절한 행동을 필요로 할까? 당신은 그들에게 어떤 도움을 줄 수 있을까? 어떤 사람에겐 그저 몇 마디 따뜻한 말만으로 충분할 수도 있다. 당신보다 더 나이든 사람이라면 여유로운 전화 통화를 원할 수도 있고, 또 어떤 사람들 경우 자신이 직면한 어떤 딜레마에 대해 당신과 얘기 나눌 기회를 갖고 싶을 수도 있을 것이다.

이상한 우연의 일치로, 만일 우연의 일치라는 게 정말 있다면, 내가 바로 위 단락을 쓰고 있을 때 전화벨이 울렸다. 최근 자기 아내가 암 진단을 받은 친한 친구에게서 걸려온 전화였다. 그는 자신이 만난 의사들의 다양하고 때론 서로 모순되는 조언에 대해 나와 의논하고 싶어 했다. 그는 또 분명 서둘지 않고 차분히 의논하고 싶어 했다. 상대 이야기에 공감하며 귀 기울이는 것도 친절한 행동이다.

어떤 사람들은 비교적 구체적인 것을 원할 수도 있다. 예를 들어, 당신 친구들 가운데 직장을 잃어 새 직장을 찾아야 하는 친구는 없는가? 그렇다면, 그 친구에게 새로운 일자리를 알아봐줄 수 있는 지인은 없나 생각해보자(183일째 참조).

만일 당신이 정말 열정적이라면, 아는 사람들 목록을 만들어 그들을 위해 어떤 종류의 친절을 베풀 수 있는지 생각해보라. 물론 오늘 당장 그 모든 친절을 실천할 필요는 없지만, 최소 한 가지 친절은 실천에 옮길 수 있을 것이다. 당신이 할 수 있는 선행들을 계획하다 보면 멋진 파급 효과가 하나 생긴다. 즉 선행을 계획함으로써, 그 선행을 실천할 가능성이 훨씬 커진다는 것이다.

내일 10가지 계율 중 몇 가지 계율을 더 살펴볼 것이다.

117일째 목요일

친절한 행동 ③: 앞으로의 실천

'기도하다'에 해당하는 히브리어 이히트팔렐I'hitpallel의 문자 그대로의 의미는 '자신을 심판하거나 성찰하다'이다. 일반적으로 기도란 하나님 앞에서 원하는 것을 말하는 간청의 행위로 여겨지므로, 기도의 그런 의미에 놀라는 사람이 많다. 하지만 실제로 기도서엔 개인적인 간청의 기도문은 아주 드물다. 하나님께 간청하는 기도문의 경우에도 대개 유대 민족과 세계를 위한 바람을 담는다(물론 예배 기간 중 또는 하루 중 어느 시점에 하나님께 개인적인 간청의 기도를 드릴 수는 있다.).

이히트팔렐의 정의는 기도의 주 목적이 봉사를 할 수 있게 스스로에게 동기부여를 해주는 것임을 분명히 말해준다. 랍비들이 우리가 지난 이틀간 배운 탈무드 인용문을 아침 예배 기도문에 포함시킨 이유도 바로 여기에 있다. 이것은 당신이 이 세상에서 보상을 받을 수 있게 해주는 계율들이고, 그 주된 보상은 도래할 세상에서 받게 될 것이다.

> 아버지와 어머니를 공경하고,
> 친절한 행동을 실천하며,
> 아침저녁으로 랍비 연수원에 일찍 나가고,
> 손님을 환대하며,
> 아픈 사람에게 문병 가고,
> 결혼하는 걸 도와주며,
> 망자와 무덤까지 동행하고,
> 기도의 의미에 집중하며,
> 동료들을 화해시킨다.
> 그리고 토라 공부는 이 모든 것을 합한 것과 같다.

이 기도문을 읽어 내려가면서 당신이 오늘 또는 앞으로 무얼 할 수 있는지 자문해보고, 그중 한 가지 이상을 반드시 실천에 옮기기 바란다.

◆ 손님을 환대하며. 최근 당신 집에 손님을 초대한 적이 있는가?(159일째 참조) 유대 전통은 안식일이나 기타 축제일에 손님을 집으로 초대할 것을 특히 권장한다.

◆ 아픈 사람에게 문병 가고. 당신이 아직 문병 가지 않았거나 오랫동안 문병 가지 않은 아픈 지인이 있는가? 있다면 더 이상 미루지 말고 지금 당장 문병을 가라. 너무 멀리 있는 사람에겐 전화를 하라. 가족이나 친구가 없는 환자에게 문병 가는 것은 특히 더 칭찬받을 일이다. 이는 다른 도시에서 치료를 받는 사람에게 가끔 있는 일이다(유대 전통이 제시하는 병문안 시 행동 지침에 관해선 32일째 참조).

◆ 동료들을 화해시킨다. 서로 반목하고 있는 친구나 친척이 있는가? 없다고 대답하고 넘어가기 전에, 당신이 아는 사람들 가운데 서로 말도 하지 않고 지내는 사람들이 없나 곰곰이 생각해보라. 만일 있다면, 당신은 그들을 화해시킬 수 있는 입장인가? 두 사람 모두 당신에게 호의적이고 당신이 어느 한 쪽만 편들지 않으리란 걸 안다면, 그 둘을 화해시키거나 최소한 둘 사이의 긴장을 줄이기 위해 뭔가 할 수 있는 일이 없겠는가? 가능하다면 오늘 당장 그렇게 하는 것이 어떨까?

비슷한 맥락으로, 랍비 연수원이나 시나고그에 더 자주 가고, 장례식에 참석하거나 미혼 남녀를 연결해주는 일에 더 열성적이 되라.

끝으로 이 기도문은 토라 공부의 중요성이 다른 모든 계율의 중요성을 합한 것과 같다는 걸 상기시켜준다. 탈무드에는 다음과 같은 논쟁이 등장한다. "랍비 타르폰과 다른 랍비들이 리다에 머물고 있을 때, 누군가 물었다. '공부가 더 중요합니까? 아니면 실행이 더 중요합니까?' 랍비 타르폰이 말했다. '실행이 더 중요합니다.' 랍비 아키바가 말했다. '공부가 더 중요합니다.' 그러자 다른 랍비들 모두가 대답했다. '공부가 실행으로 이어지기에 공부가 더 중요합니다frfvdf'(바빌로니아 탈무드, 키두쉰 40b)."

오늘 유대 문헌을 공부하자. 아마 토라의 일주일 분량을 읽을 수도 있을 것이다. 중세 유대 속담의 가르침처럼, "기도를 할 땐 우리가 하나님께 말하지만, 공부를 할 땐 하나님이 우리에게 말씀하신다."

지난 3일간 배운 이 기도문에는 내가 아는 다른 어떤 기도문 못지않게 우리를 변화시키고 고양시키는 힘이 있다.

118일째 금요일

여유 시간은 없지만 베풀 시간은 많다

성스러운 행동에 대한 이야기를 읽었을 때 나타나는 효과는 무엇일까? 그걸 읽은 독자들이 훗날 그 이야기 속에서와 같은 상황에 놓이게 됐을 때, 그것을 읽지 않았을 경우와는 달리 행동하게 된다는 것이다. 가는 곳마다 유대인의 음악과 사랑을 전파한 음유 시인 랍비 슈로모 칼레바흐에 대한 놀라운 일화를 모은, 이타 할베르스탐 만델바움의 저서 《성스러운 형제》에 나오는 다음 이야기 또한 그런 성스러운 행동에 대한 이야기 중 하나이다.

이타가 인터뷰한 한 여성이 몇 년 전 토론토에서 전 좌석 예약이 끝난 뉴욕행 아침 비행기를 타려고 기다리고 있을 때, 항공사의 공식 안내 방송이 들려왔다. "급히 뉴욕으로 돌아가야 할 응급 환자 두 분이 계십니다. 그래서 이 두 분을 위해 좌석을 양보해주실 두 분이 필요한 상황입니다. 뉴욕행 다음 비행기는 3시간 후에 있습니다. 저희 또한 여러분께 큰 희생을 요구하고 있다는 걸 잘 알기에, 이런 양해 말씀 드리는 것을 정말 죄송하게 생각합니다. 여러분 가운데 이 두 분을 위해 좌석을 양보해주실 분 안 계십니까?"

"그 안내 방송이 끝나자마자 사람들 사이에서 누군가 손을 번쩍 들었어요. '제가 좌석을 양보하겠습니다.' 따뜻한 목소리가 또렷히 들려왔죠. 바로 슈로모 칼레바흐의 목소리였어요." 랍비 슈로모 칼레바흐가 늘 바쁘기로 유명한 사람이었다는 걸 감안할 때, 이 얼마나 뜻밖의 일이요 감동적인 일인가. 그는 빠듯한 콘서트 일정 때문에 계속 이동해야 했고, 그것도 모자라 밤늦게까지 카운슬링 일도 했다.

이 일화를 전한 여성이 이타에게 말했다. "그날 아침 거기 있던 사람들 가운데 가장 절실하게 서둘러 뉴욕으로 돌아가야 할 사람이 바로 랍비 슈로모였을 거예요. 여유 시간이 가장 없었던 그가 놀랍게도 다른 사람에게 베풀 시간은 가장 많았던 거죠."[83]

119일째 안식일

한 주를 돌아보며 편히 쉬는 하루가 되기를.

---

[83] 멘델바움,《성스러운 형제》160–61쪽

120일째 일요일

하나님의 네 가지 질문

하나님께는 무엇이 가장 중요한 문제일까?

이 질문에 대해 각 종교마다 다른 답을 제시한다. 예를 들어, 대다수의 기독교인들은 하나님에게 가장 중요한 문제는 예수 그리스도에 대한 우리의 믿음이라고 믿는다. 기독교 근본주의자들은 예수를 믿으면 영원한 구원을 얻을 것이며, 예수를 믿지 않으면 영원한 저주를 받을 것이라고 가르친다.

그럼 유대주의는 하나님께 가장 중요한 문제가 무엇이라고 믿을까?

랍비들이 사람이 죽어 하늘나라 법정에 설 때 처음 받게 될 질문들을 추정하는 탈무드의 한 구절(샤밧 31a)에서 흥미로운 해답이 제시된다.

여기서 잠시 멈추고, 하늘나라 법정에 선 사람들이 처음 받게 될 질문들이 무엇인지에 대한 랍비들의 생각을 추정해보고 당신 생각을 피력해보라. 당신은 아마 믿음("하나님을 믿었는가?")이나 의식("유대 축일과 식사 계율을 철저히 지켰는가?")에 관한 질문들을 처음 받게 될 거라고 생각했을 것이다. 하지만 랍비들은 그렇게 생각하지 않았다. 랍비들에 따르면, 하늘나라 법정에 선 사람이 처음 받게 될 질문은 뜻밖에도 "자신의 일을 정직하게 행했는가?"이다.

랍비들은 훌륭한 삶에서 가장 우선시되는 일은 특히 금전적인 문제에 있어 다른 사람들에게 정직한 것(더 나아가 하나님을 경외하는 것)이라 믿었다. 당신이 위의 질문에 긍정적인 대답을 하지 못한다면, 당신이 아무리 하나님을 잘 믿었고 의식을 철저히 지켰다 해도 하나님은 감동받지 않을 것이다.

하늘나라 법정에서 두 번째 받게 될 질문은 "시간을 정해놓고 규칙적으로 토라를 공부했는가?"이다.

선하고자 하는 열망이 반드시 선함으로 이어지진 않는다. 아는 사람들 가운데 싫어하는 사람들을 떠올려보라. 그들은 자신을 나쁜 사람이라 생각할까? 아마 그렇지 않을 것이다. 심지어 그들이 몇 가지 아주 나쁜 행동을 했더라도 말이다. 대다수의 사람들은 자신의 전반적인 행실을 미화해서 평가하기 때문에, 스스로를 선하다고 생각한다.

유대주의는 토라와 탈무드, 유대 율법을 통해 어떻게 행동해야 좋은 사람이 되는지에 대한 구체적인 지침을 제시한다. 만일 그런 문헌들을 공부하지 않는다면, 도덕적 딜레마에 빠졌을 때 유대주의는 어떻게 하는 게 옳다고 여기는지 알 수 없을 것이다.

세 번째 질문은 "가정을 이루기 위해 노력했는가?"이다.

분명 모든 사람이 결혼을 하는 것도 아니고 모든 부부가 아이를 가질 수 있는 것도 아니다(아이를 갖지 못하는 부부에겐 입양이 권장된다.). 그럼에도 불구하고 가정을 이루는 문제를 강조하는 것은 유대주의가 탄생한 이래 계속 유대주의의 특징으로 자리잡았다. 토라는 아이를 가지려는 아브라함과 사라의 노력과 아들 이삭에게 좋은 신부를 찾아주려는 아브라함의 노력에 대해 자세히 기록하고 있다. 모든 아버지와 어머니들은 하나님의 존재와 정의로운 계율에 대한 이상적인 믿음을 대대로 전해야 한다는 사명감 때문에 가정을 이루는 데 특히 신경을 썼다(창세기 18:19 참조). 또한 가정을 이루는 일은 자선을 베푼다든가 '세상을 바로 잡으려고' 노력한다든가 하는 유대주의의 가르침과 이상을 다음 세대에 전하는데 꼭 필요한 일이다. 아울러 대다수의 사람이 결혼과 자녀 양육을 통해 더 나은 사람으로 성장한다. 한편, 자녀가 없는 사람들 역시 예를 들어 조카나 질녀, 친구의 자녀 등을 통해 다음 세대에 믿음과 이상을 전하는 데 도움을 줄 수 있다.

하늘나라 법정에서 받게 될 네 번째 질문은 "세상이 구원되기를 갈망했는가?"이다.

처음 세 가지 질문, 즉 '정직하게 행했는가?', '토라를 공부했는가?', '가정을 이루기 위해 노력했는가?'는 모두 개인을 향한 질문이다. 유대주의가 단지 개인만을 신경 쓴다면, 이 세 가지 질문에 긍정적인 답을 하는 것으로 충분할 것이다. 하지만 유대주의는 하나님의 원칙 아래 세상을 바로잡는 일에도 관심이 많다. 그래서 진지한 유대인들은 자기 자신과 자기 가족의 삶 너머의 더 큰 영역에 대해 생각한다. 우리에겐 이 세상을 더 도덕적인 세상으로 만들 의무가 있는 것이다. 우리는 살아 있는 동안 완전함에 도달할 수 없다는 것을 할 수 있는 노력을 하지 않아도 된다는 구실로 삼아선 안된다. 랍비 타르폰이 가르치듯, "세상을 완벽하게 만드는 일을 마무리 짓는 것은 네 의무가 아니다. 그렇다고 네가 할 수 있는 일을 그만두어서도 안된다(아버지의 윤리 2:21)."

121일째 월요일
비명을 질러야 할 때 비명을 지르는가

유대 문헌에 나오는 가장 기이한 논란 중 하나는 머리 두 개를 갖고 태어난 어떤 아이에 관한 것이다. 한 탈무드 주해서(메나콧 Menachot 37a)는 이 아이가 부모 유산을 물려받을 때 한 사람 몫을 받아야 하는가 두 사람 몫을 받아야 하는가 하는 의문을 제기하며, 그와 비슷한 의문이 유대 역사상 가장 현명한 왕 중 하나인 솔로몬 왕에게 제기됐었다고 말한다. 그는 이렇게 판결을 내렸다. "한 아이의 머리 위에 끓는 물을 붓고 다른 아이가 비명을 지르는지를 보라. 다른 아이가 비명을 지른다면 쌍둥이가 아니라 한 아이로 보아야 한다. 하지만 다른 아이가 첫 번째 아이의 고통을 느끼지 못한다면, 이 아이들은 서로 다른 두 아이로 보아야 한다."

머리 위에 끓는 물이 끼얹어질 가련한 아이를 생각하면, 이 논란이

가상의 논란이었기를 바라게 된다. 하지만 최근 작고한 랍비 요셉 솔로베이트치크Joseph Soloveitchik는 우리에게 이 논란은 결코 가상의 아니라고 주장한다. 그는 자신의 에세이《내 사랑하는 목소리가 나를 부른다 Kol Dodi Dofek》에서 이렇게 기술하고 있다. "만일 끓는 물이 모로코에 있는 한 유대인 머리 위에 끼얹어진다면, 파리나 런던에 있는 참된 유대인은 비명을 질러야 한다. 고통을 함께 느낌으로써, 그는 조국에 충성하는 것이다."[84]

내 친구 하나가 자신은 20~30대 때는 러시아 유대인들을 위한 시위에 아주 열성적으로 참여했었지만, 소련이 붕괴되어 그곳 유대인들이 자유로워진 이후에는 단 한 번도 사회 정의라는 대의를 위해 열성적으로 활동한 적이 없다고 내게 말했었다. 그런 그에게 최근 어떤 사람이 도전적인 질문을 던졌다. "마지막으로 시위 행렬에 참여한 게 언젠가요?" 친구가 대답했다. "기억이 나지 않을 정도로 오래됐죠." 이에 그 사람이 대답했다. "이해를 못하겠군요. 지금은 세상에서 어떤 불의도 저질러지지 않고 있나요? 이젠 비명을 질러야 할 일이 하나도 안 남았나요?"

《헤세드 부메랑The Hesed Boomerang》의 저자인 잭 도우엑Jack Doueck이 우리에게 적절하게 상기시켜주듯, "끓는 물이 세상 어느 곳에 있는 어느 사람의 머리 위에 끼얹어지든, 나머지 사람들은 비명을 질러야 한다."

---

[84] 번역가와 편집자, 그리고 노벨문학상 수상자인 아이작 싱어의 비서로 다년간 일한 나의 아내 드보라가 싱어의 앨라배마 강연에 그와 동행해 갔을 때 한 여성이 그에게 다가와 이렇게 말했다고 한다. "부부가 해먹에서 떨어져 모기떼에 마구 물리는 장면이 나오는 당신의 작품 《브라질에서의 하룻밤One Night in Brazil》을 읽었어요. 그 장면의 묘사가 너무나 생생해서 전 제 팔을 긁기 시작했죠." 이에 싱어는 이렇게 대답했다는 것이다. "다른 사람들이 가려워 팔을 긁을 때 우리도 팔을 긁는다면, 우리는 분명 더 나은 세상에 사는 것이 아닐까요?"

122일째 화요일

일용직의 임금은 서둘러 지불하라

곤궁하고 빈한한 품꾼은 너희 형제든지 네 땅 성문 안에 우거하는 객이든지 그를 학대하지 말며, 그 품삯을 당일에 주고 해 진 후까지 미루지 말라. 이는 그가 가난하므로 그 품삯을 간절히 바람이라. 그가 너를 여호와께 호소하지 않게 하라. 그렇지 않으면 그것이 네게 죄가 될 것임이라.

— 신명기 24:14-15

"그가 가난하므로 그 품삯을 간절히 바람이라" — 일꾼은 왜 집을 짓기 위해 사다리를 오르고, 열매를 따려고 나무에 매달리며, 죽음까지 무릅쓰고 위험한 일을 하겠는가? 일당 때문이 아니겠는가?

— 바빌로니아 탈무드, 바바 메지아 112a

일용직 일꾼들(예를 들면, 가정의 고용인이나 잡역부들)은 일을 한 그날 그 날 일당을 받아야 한다. 그들은 매일 일당에 의존해 살아가기 때문에, 토라는 그들에게 일당 지불을 미루는 것을 특히 심각한 죄로 간주한다("그가 너를 여호와께 호소하지 않게 하라. 그렇지 않으면 그것이 네게 죄가 될 것임이라.").

만일 어떤 사람이 상근직으로 당신을 위해 일한다면, 유대 율법은 당신에게 쌍방이 합의한 임금 지불 방식을 허용한다. 그렇더라도 여전히 당신은 처음에 합의한 지급일 날 해가 지기 전에 임금을 지불해야 한다. 계약으로 일을 맡긴 경우에는 일이 마무리되는 시점에 임금을 지불해야 한다.

이 율법은 분명 사회의 약자들, 즉 경제적으로 가장 취약한 사회 구성원들을 보호하기 위해 제정되었을 것이다. 그들은 임금을 받지 못하더라도 달리 대응할 길이 거의 없기 때문에, 그만큼 착취당하기도 가장 쉽다.

70대의 한 여성이 우리 어머니에게 브룩클린에서 가난하게 지냈던 자신의 어린 시절 이야기를 들려주었다. 그 시절 그녀의 어머니는 옷을 수선하고 바느질하는 일을 했고, 어머니 친구인 그녀는 그 옷들을 배달했다. 고객들 상당수가 부유했다고 하는데(최소한 드레스 수선과 바느질 일로 생계를 꾸려가는 사람들보다는), 어머니 친구 분은 어머니에게 이렇게 말했다고 한다. "아마 넌 놀라겠지만, 난 그들한테서 지금은 돈이 없으니 내일이나 모레쯤 다시 오라는 얘기를 정말 많이 들었어. 얼마 되지 않는 돈일 때도 그랬지."

유대 율법에 따르면, 만일 그들이 정말 돈이 없어 수선료 지불을 미뤘다면(옷이 배달될 때 수선료를 지불해야 한다는 걸 뻔히 알면서도 말이다), 후에 수선을 한 사람에게 직접 돈을 갖다 주어야 한다. 마땅히 주어야 할 돈을 미룬 걸로도 모자라, 그 어린 소녀에게 아까운 시간 낭비해가며 다시 돈을 받으러 오게 한다는 건 너무도 부당한 일인 것이다.

대부분의 사람들은 갚지 못하면 재산 압류를 당할 수도 있는 은행이나 기타 금융 기관에서 빌린 빚에 가장 큰 압박감을 느낀다. 하지만 토라에 따르면, 최우선적으로 갚아야 할 빚은 당신을 위해 일해준 사람들에게 진 빚이다.

123일째 수요일

고용주에 대한 피고용인의 의무

밤에 밭을 갈게 한 소를 낮에 빌려주어선 안 되고, 밤에 일을 한 사람이 낮에 돈을 받고 일을 해서도 안된다. 고용된 일꾼은 금식이나 기타 종교적인 금욕으로 자신을 허약하게 만들어서도 안되는데, 이는 고용주를 위해 할 수 있는 일의 양이 줄어들기 때문이다.

랍비 요카난이 어느 학교에 갔는데, 그 학교 교사가 몹시 피곤해 보였다. 사람들에게 그 이유를 물었더니, 그가 금식 중이라고 했다. 그 말을 듣고 랍비 요카난은 그 교사에게 다가가 이렇게 말했다. "당신이 이런 식으로 행동하는 것은 금지되어 있습니다."[85]

— 팔레스타인 탈무드, 데마이Demai 7:4

정상적인 임금을 받는 피고용인은 그에 상응하는 작업량을 완수해야 한다. 유대주의 관점에서 보면, 피고용인이 다른 일이나 파티 같은 다른 활동을 하느라 늦게까지 자지 못해 일터에서 제대로 일을 하지 못한다면, 그건 고용주의 것을 훔치는 일종의 절도 행위이다(고용주에게 가외의 일을 한다고 알려 양해를 구한 경우라면 당연히 부정직의 문제는 제기되지 않는다.). 숙취 상태에서 출근하는 피고용인에게도 똑같은 절도죄가 적용된다.

---

[85] 이 가르침은 금욕적인 행위로 스스로를 기진맥진케 한 교사에게 적용됐지만, 만일 그 교사가 기진맥진하게 된 것이 그 고용주가 적은 임금에 가외의 일까지 강요한 결과라면, 잘못은 교사에게 있지 않고 고용주에게 있다.

비슷한 맥락으로, 피고용인은 업무 시간 중에 정상적인 하루 업무량을 완수할 의무가 있다. 너무 당연한 말처럼 들릴지 모르지만, 많은 피고용인들이 업무 시간에 사적인 전화나 잡담, 인터넷 검색 등에 시간을 허비하면서 이 규범을 어기고 있다. 마이모니데스는 자신이 정한 유대 율법에서 피고용인의 의무에 대한 문제를 이렇게 다루었다.

> 고용주가 가난한 일꾼을 해고시키거나 제때 임금을 지급하지 않으면 안되는 것처럼, 일꾼은 여기저기서 조금씩 시간을 허비해 결국 하루 전체를 눈속임으로 보내, 고용주가 누려야 할 노동의 혜택을 박탈해선 안된다. 실로 일꾼은 주어진 시간에 철저해야 한다.
> ─ 모세 마이모니데스, 미슈네 토라, '고용에 관한 율법' 13:7

나의 아버지 슈로모 텔루슈킨Shlomo Telushkin은 여러 해 동안 유대 자선 단체인 '에즈라스 토라Ezras Torah'의 회계사로 일하셨다. 그 단체의 회장직을 오랫동안 맡았던 랍비 요셉 헨킨Joseph Henkin은 지난 세대의 위대한 탈무드 학자였다. 그는 하루 종일 유대 율법에 관한 의문점들을 풀기 위해 그의 조언을 구하는 전화를 받곤 했다. 랍비 헨킨은 각 통화에 쓴 시간을 작은 노트에 기록했다고 아버지는 내게 말씀하셨다. 업무와 관련되지 않은 일에 보낸 그 시간만큼 더 일을 함으로써, '에즈라스 토라'가 자신의 업무 시간에 대해서만 임금을 지불할 수 있도록 하기 위해서였다.

이런 행위는 대다수 사람들의 수준을 넘어서는 강직함을 필요로 하지만, 탈무드는 높은 수준의 정직을 추구하는 사람들에게 이런 강직함을 기대한다.

가뭄이 들면 랍비들이 기도를 부탁하곤 하던 현자 아바 힐키아Abba Hilkiah에 대해 탈무드는 이렇게 기술하고 있다. 한 번은 비를 내리게 해달라는 기도가 필요해, 두 랍비가 도움을 청하러 그를 찾아갔다. 두 랍비는 밭에서 괭이질을 하고 있는 그에게 다가가 인사를 건넸지만, 그는 계속해서 일만 할 뿐 묵묵부답이었다. 후에 그가 일을 마치고 집으로 돌아갈 때 두 랍비가 그 뒤를 따라갔다. 집에 도착하자 그와 그의 아내가 비를 내려달라는 기도를 했고, 그 즉시 비가 내렸다.

두 랍비는 아바 힐키아에게 감사를 표하고는 물었다. "저희가 인사를 건넸을 때, 왜 저희를 맞아주지 않았습니까?" 아바 힐키아가 대답했다. "전 그 일을 하기 위해 하루 동안 고용된 일꾼이었고 그래서 하루 동안 단 한순간도 한눈팔지 않겠다고 스스로 다짐했거든요(바빌로니아 탈무드, 타아닛 23b)."

시간과 관련된 정직함에 대한 유대인의 생각은 아마 18세기 때 유대 윤리 가르침의 고전인 《똑바른 길》을 집필한 랍비 모세 차임 루차또Moshe Chayyim Luzzatto가 가장 잘 표현한 것 같다. "돈을 훔친 사람이 도둑이듯, 시간을 훔친 사람도 도둑이다(102일째 참조)."

물론 시간을 훔치는 것은 피고용인이 고용주를 기만할 수 있는 한 가지 방법에 지나지 않는다. 비용을 부정직하게 보고하거나 꾀병으로 결근하고도 그 날 임금을 받는 행위 등도 역시 똑같이 잘못된 일인 것이다.

124일째 목요일

형제자매에 대한 의무

유명한 랍비이자 저술가인 미가엘 골드Michael Gold가 언젠가 자기 동생과 심한 싸움을 벌였다. 두 사람은 1년간 서로 말을 하지 않았다. 그러던 어느 날 랍비 골드는 동생이 직장을 잃어 주택 융자금을 오래 못 갚아 집을 날릴 상황에 처해 있다는 걸 알게 되었다. 랍비 골드와 그의 아내는 곧바로 동생에게 1,000달러짜리 수표를 보냈다. 둘은 여전히 서로 말을 하지 않는 사이였으므로, 그는 동생에게 고맙다는 말을 듣지 못했다. 하지만 후에 둘은 서로 연락을 하게 되었고, 동생은 랍비 골드에게 돈을 갚았다. 그리고 결국 둘은 화해를 했고 다시 아주 가까워졌다.

랍비 골드가 회고한다. "왜 내가 동생에게 돈을 보냈을까? 우리가 어렸을 때 부모님이 형제 간의 우애를 강조했기 때문이 아닐까. 어렸을 때 아버지가 우리에게 '조금도 무겁지 않아. 내 동생인 걸.'이라는 글자와 함께 형이 동생을 안고 가는 모습이 담긴 한 장의 사진을 보여 준 걸 나는 기억한다. 그때 아버지는 '아빠는 너희 둘도 이렇게 되길 바란단다.'라고 말씀하셨다. 당시 나는 아마 동생을 사랑하고 보살핌으로써 부모를 공경하라는 계율을 지키려 했을 것이다."[86]

---

[86] 번역가와 편집자, 그리고 노벨문학상 수상자인 아이작 싱어의 비서로 다년간 일한 나의 아내 드보라가 싱어의 앨라배마 강연에 그와 동행해 갔을 때 한 여성이 그에게 다가와 이렇게 말했다고 한다. "부부가 해먹에서 떨어져 모기떼에 마구 물리는 장면이 나오는 당신의 작품 《브라질에서의 하룻밤One Night in Brazil》을 읽었어요. 그 장면의 묘사가 너무나 생생해서 전 제 팔을 긁기 시작했죠." 이에 싱어는 이렇게 대답했다는 것이다. "다른 사람들이 가려워 팔을 긁을 때 우리도 팔을 긁는다면 우리는 분명 더 나은 세상에 사는 것이 아닐까요?"

골드의 통찰은 심오하다. 극단적인 상황(예를 들면, 당신의 형제자매가 흉악한 범죄자이거나 극도로 폭력적인 사람인 경우)을 제외하고, 부모님이 살아 계시건 돌아가셨건 형제자매와 연락을 끊고 지내는 것은 부모님에 대한 가장 큰 불효이다. 아이들의 부모로서 나는 아이들이 평생 서로 돕고 사랑하며 사이좋게 지내는 것이 내게 얼마나 중요한 일인지를 잘 알고 있다. 그리고 이는 모든 부모들의 바람일 것이다. 유대 부모들의 '도덕적 유언장'을 수집하는 데 수십 년을 보낸 랍비 잭 리머Jack Riemer는 자신이 가장 좋아하는 유언 중 하나는 어렸을 때 클리블랜드로 이민 온 유럽 태생의 한 여성이 쓴 다음과 같은 유언이라고 말한다. "사랑하는 나의 아이들아. 난 은행에서 이 글을 쓰고 있단다. 에블린, 베르니스, 앨런, 내가 너희에게 원하는 것은 우애 깊은 형제자매가 되는 것이다. 서로 잘 지내고 필요할 때 서로에게 도움을 주기 바란다. 이것이 내가 너희들에게 바라는 전부다(이 문제 및 윤리와 관련한 다른 유언에 대해선 197일째를 참조하기 바란다.)."

만일 당신의 형제자매가 당신과 다른 관심사를 가졌거나, 당신에 비해 인격적으로 다듬어지지 않았거나, 당신을 지루하게 할 따름이라면, 당신은 어떻게 해야 할까? 마이클 골드는 그런 질문에 대해 훌륭한 조언을 해준다. "우리는 형제의 가장 친한 친구가 될 필요는 없다. 우리는 형제를 지키는 사람이 되어야 한다." 다시 말해, 당신이 당신 자녀들이 서로를 대하길 바라는 바로 그 방식으로 당신의 형제자매를 대해야 한다는 것이다. 다음 한 달 동안 최소 일주일에 한 번은 당신의 형제자매와 이야기를 나누도록 하라.

125일째 금요일

화를 내기 전에 생각할 세 가지

당신이 화를 잘 내는 성격이라면, 아래 세 문장을 카드에 적어 항상 가지고 다니도록 하라. 중세의 위대한 유대 현자 중 한 사람인 랍비 메나켐 메이리Menachem Meiri가 약 800년 전 자신의 저서《세퍼 하미돗Sefer Hamidot》에서 이 문장들을 소개했는데, 그 책에 따르면 이 문장들은 어떤 왕이 신하에게 자신이 이성을 잃을 때마다 보여 달라고 했던 문장들이라고 한다.

- ◆ 너는 피조물이지 창조주가 아니다.
- ◆ 너는 살과 피이므로 소멸될 것이다.
- ◆ 네가 자비를 베풀 때만, 하나님이 네게 자비를 베풀 것이다.

안식일에 평온을 유지할 수 있도록 특별히 주의하자. 유대 사상가들은 종종 안식일을 문제가 많은 세상에서의 평화의 섬이라 묘사하면서, 가족과 친구들이 한 자리에 모이는 시간이라는 점에 초점을 맞추었다. 따라서 이번 안식일과 안식일 준비로 정신없이 바쁜 시간에, 설령 자극 받는 일이 생기더라도 이성을 잃지 말도록 하자.

126일째 안식일

한 주를 돌아보며 편히 쉬는 하루가 되기를.

127일째 일요일

부모님을 공경하고 경외한다는 것은 무슨 뜻일까

네 부모를 공경하라.
— 출애굽기 20:12

너희 각 사람은 부모를 경외하라.
— 레위기 19:3

부모님을 공경한다는 것은 무슨 뜻이고, 부모님을 경외한다는 건 무슨 뜻일까?

탈무드에 따르면, 공경은 긍정적인 행위를 실천하는 것이고, 경외는 부정적인 행위를 피하는 것이다. 따라서 "공경은 자녀가 부모에게 먹을 것과 마실 것을 주고 부모를 보호하며 부모가 연로해 도움의 손길이 필요할 때 부모의 거동을 도와야 한다는 의미이다."

간단히 말해, 자녀는 자신이 어리고 연약했을 때 부모가 자신에게 해주었던 것과 똑같은 방식으로 연로한 부모를 돌봐야 한다는 것이다. 그런데 유대 율법은 자녀에게 필요한 것들을 해주기 위해 부모가 돈을 쓰는 것은 의무로 보지만, 자녀들이 부모에게 들어가는 비용을 충당하기 위해 자신의 금융 자원을 쓰는 건 의무로 보지 않는다(예를 들어, 자녀는 부모를 봉양하기 위해 부모가 저축한 돈을 이용할 수 있다.).

"경외란 자녀가 아버지 자리에 서지도 앉지도 말며 아버지의 말에 반박하지도 말고 아버지의 뜻에 반하는 일도 하지 말아야 한다(분쟁에서 아버지나 어머니와 대립하는 상대의 편을 들어선 안된다. 키두쉰 31b 참조)는 뜻이다."

내가 부모님 밑에서 자랄 때, 아버지는 늘 식탁의 정해진 자리에 앉으셨다. 아버지가 살아 계시는 동안, 내 누이도 나도 절대 그 자리에 앉지 않았다. 나는 아버지가 우리가 그 자리에 앉는 걸 꺼리셨는지조차 모른다. 내 기억으로는 아버지가 그 문제를 언급한 적이 없으셨기 때문이다. 그럼에도 나는 아버지의 자리에 앉는 건 무례한 일이라는 걸 본능적으로 감지하고 있었다.

"아버지의 말에 반박하지도 말고"란 문구는 말 그대로의 의미처럼 보인다. 즉 자녀는 부모가 유대 율법에 어긋나는 행동을 지시할 때를 제외하곤 절대 부모와 논쟁을 하지 말아야 한다는 것이다(내일 글 참조). 오늘날 대다수의 부모는 자신들이 말하고 지시하는 모든 것에 자녀가 전혀 반대 의사 없이 묵묵히 듣기만 할 경우 오히려 불안해한다. 그럼에도 탈무드 율법의 근본적인 원칙은 여전히 유효하다. 따라서 이 율법은 자녀가 부모 의견에 동의하지 않는 경우에도 존경과 예를 갖춘 적절한 방식으로, 또 가능하다면 다른 사람들이 없는 곳에서 부모에게 자기 의사를 밝히는 걸 의무로 본다는 것이 내 생각이다.

하지만 많은 아이들에겐 그것이 쉬운 일이 아니다. 나는 그간 "아버지가 정말 싫어요!" 또는 "엄마가 무슨 말을 하든 나는 내가 하고 싶은 대로 할 테니, 상관하지 마세요." 등등 자녀가 부모에게 해서는 안 될 심한 말들을 내뱉는 것을 들어왔다. 유대주의 관점에서는 그런 말들을 '부모 학대'로 간주해 엄격히 금한다.

유대의 주석은 "아버지의 뜻에 반하는 일도 하지 말아야 한다."는 문구를 부모와 대립 중인 상대의 편을 들지 말아야 한다는 뜻으로 풀이한다. 뉴욕 시 로어 이스트 사이드에서 성장한 나의 어머니가 어린 시절 거기서 있었던 일 하나를 얘기해 주셨다. 한 이웃이 소유한 상점에서 그 직원들이 파업을 벌였는데, 그 주인 아들이 파업자들의 피켓 행렬에 동참했다는 것이다. 유대 율법은 아들이 아버지의 방침에 반드시 동의해야 한다고 규정하지는 않지만, 아버지와 대립하는 사람들에 동조해 공개적으로 아버지에게 굴욕감을 주는 행동은 삼가야 한다고 규정하고 있다.[87]

---

[87] 분명 이 모든 율법에도 예외가 있다. 만일 부모가 사악한 사람이라면, 자녀는 부모의 뜻에 반하는 일을 할 수 있다. 그래서 출애굽기는 이집트 왕이 히브리의 사내아이들이 태어나면 모조리 익사시킬 것을 명했을 때, 그의 친딸이 모세를 구했다고 기록하고 있다. 그로부터 한참 뒤에는 또 사울 왕이 다윗을 살해하려고 온갖 노력을 다 했지만, 사울의 자녀들 중 미갈과 요나단이 사울의 계획을 저지하고 다윗을 구했다.

유대 율법은 또 자녀는 부모를 공경하고 경외해야 한다고 규정하지만, 부모가 자녀에게 이를 요구하는 권한을 포기하는 것도 허용한다. 예를 들면, 우리 부모님은 내 누이와 내가 부모님 말씀에 동의하지 않을 경우 반대 의사를 표해도 괜찮다는 걸 분명히 하셨다. 하지만 유대 율법은 부모가 공경과 경의를 받는 것을 포기하는 것은 허용해도, 자녀가 부모를 때리거나 부모에게 욕설을 하는 것을 방치하는 것은 결코 허용하지 않는다.

"네 부모를 공경하라."라는 계율은 토라가 보상을 약속하는 몇 안 되는 계율 중 하나이다. "그리하면 네 하나님 여호와가 네게 준 땅에서 네 생명이 길리라(출애굽기 20:12)." 이 계율에는 실로 실용적인 측면도 있다. 즉 우리가 부모님을 돌보는 것을 보고 우리 자녀들도 자신들이 어떻게 우리를 돌봐야 하는지를 알게 된다는 것이다.

128일째 월요일
부모님을 위해 하지 않아도 되는 것

부모는 자녀들에게 절대적인 복종을 강요할 권리는 없다. 유대 윤리에 따르면, 하나님만이 절대적인 복종을 받을 자격이 있다.

가장 주목할 만한 점은 유대주의가 비도덕적이라 여기거나 유대 율법이 금하는 것을 부모가 자녀에게 지시할 경우, 자녀는 부모의 그 지시를 존중할 필요가 없다는 것이다(예를 들면, 안식일을 모독하는 행위). 랍비 슈로모 간즈프리드Shlomo Ganzfried(키트주르 슐칸 아루크Kitzur Shulchan Aruch 143:1)에 따르면, "만일 아버지가 자녀에게 화해하길 바라는 사람과 말도 하지 말고 그를 용서하지도 말라고 말한다면, 자녀는 아버지의 말을 무시해야 한다." 아버지가 자녀와 영원히 떼어놓고 싶은 사람이 특별히 사악하다거나 자녀에게 심각하게 유해한 영향을 줄 수 있는 사람인 경우에만 아버지의 그런 지시는 정당화된다.

오늘날 널리 행해지는 부모의 이혼으로 인해, 그런 규정은 랍비 간즈프리드가 예상하지 못했을 수도 있는 방식으로 침해되고 있다. 예를 들면, 내 친구 하나는 폭언이 오가는 험악한 이혼을 했다. 그런데 얼마 안 지나, 그 친구는 큰딸이 자신과 함께 있는 걸 매우 불편해한다는 걸 눈치챘다. 게다가 큰딸은 번번이 그와의 주 1회 만남마저 취소하는 것이었다. 친구가 큰딸에게 이유를 묻자, 함께 살고 있는 엄마가 자신에게 "넌 둘 중 하나를 선택해야 돼. 아빠를 사랑하든지 아니면 엄마를 사랑하든지. 둘 모두를 사랑할 순 없어."라고 말했다는 것이다.

유대 율법은 자녀에게 이런 선택을 강요하는 것은 부도덕한 일로, 자녀는 부모의 그런 강요에 응해선 안 된다고 규정한다. 극단적인 경우를 제외하곤 부모 중 어느 쪽도 자녀를 다른 부모와 떼어놓을 권리는 없다.

비슷한 맥락으로, 자녀는 거짓말을 하라는 부모의 요구에 복종할 필요가 없다. 탈무드는 아버지가 물건을 주운 아이에게 주인에게 돌려주지 말라고 말하는 경우를 예로 들며, 자녀는 아버지의 그런 명령을 무시해야 한다고 규정한다(바빌로니아 탈무드, 바바 메지아Bava Mezia 32a). 나이가 어릴 경우, 자녀가 아버지의 말을 거역하기란 어려울 것이다. 그러나 어느 정도 나이가 들 경우, 자녀는 부모가 일종의 절도 행위를 강요하는 것을 거역해야 한다.

마찬가지로 "극장표를 판매하는 남자에게 네가 11살이라고 말해야 한다. 그래야 티켓을 더 싸게 살 수 있어." 식으로 부모가 돈을 아끼기 위해 자녀에게 나이를 속이라고 지시하는 것도 잘못된 일이다. 이 경우, 자녀는 부모에게 그런 거짓말을 하는 것은 잘못된 일인 거 같다고 말해야 한다.

부모들은 가끔 직접적으로 유대 율법에 반하는 건 아니지만 자녀 가슴을 아프게 하는 결정을 내려놓고, 자녀로 하여금 이를 따르도록 강요하기도 한다. 예를 들면, 많은 부모들이 자녀와 그 연인 사이를 갈라놓으려고 애쓴다. 하지만 자녀가 유대 율법이 허용하는 사람(예를 들면, 같은 유대인)과 결혼하길 원하는 한, 자녀는 부모의 뜻에 따라야 할 의무가 없다.[88] 2,000년 전 탈무드는 "아버지가 아직 미성년자인 딸을 결혼시키는 것은 금한다."고 규정했다. 아버지는 딸이 성인이 될 때까지 기다렸다가, 딸에게 "난 네가 누구와 결혼하길 바란다."고 말해야 한다(키두쉰 41a).

당신은 자녀로서 부모에게 많은 신세를 지고 있다. 따라서 당신은 부모에게 감사와 관심, 공경과 경외감을 표해야 한다. 하지만 부모가 당신의 양심까지 통제하는 것을 허용할 필요는 없다.

---

88 당연히 부모는 자녀와 그 연인의 관계가 왜 부적절하다고 생각하는지를 말할 권리가 있다. 다만 자녀가 자신들의 관점을 받아들일 걸 강요할 권리가 없을 뿐이다.

129일째 화요일
손님을 집밖까지 배웅하라

유대 전통에 따르면, 손님 접대에서는 만날 때만큼 헤어질 때도 중요하다(실제 히브리어 '샬롬'은 만날 때와 헤어질 때 모두에 사용함). 미국 에티켓은 손님을 현관문까지 배웅하는 것이지만, 유대 율법은 손님을 집밖 거리까지 배웅하라고 가르친다. 11살 때 나는 가족과 함께 처음 이스라엘로 여행을 갔다. 그때 아버지는 덕망 높은 현자이자 성자인 랍비 아르예 레빈(62일째 및 181일째 참조)의 집을 방문하는 데 나를 데려가셨다. 우리가 그의 집을 나설 때, 노년의 그 랍비는 집밖까지 나와 우리와 1블록 정도를 함께 걸었다. 아버지와 나는 위대한 랍비를 만나 함께 시간을 보낸 것만으로도 큰 행운이라고 느꼈는데, 그가 직접 거리까지 배웅해주니 그 느낌이 배가되었다.

내 아내는 손님이 자가용이나 택시로 우리 집을 떠날 때, 손님이 탄 차가 떠날 때까지 서서 기다리다 손을 흔들며 작별 인사를 하길 고집해, 우리 가족 모두 그렇게 하고 있다. 몇 해 전, 오하이오 주 데이턴에 있는 친구 가족은 강연을 끝낸 나를 공항까지 데려다주고 공항 안에서 함께 기다려주기까지 했다. 후에 친구는 내가 탄 비행기가 이륙할 때까지 그와 자기 가족은 공항을 떠나지 않았었다고 내게 말해주었다. 내가 이유를 묻자, 그는 오래 전 플로리다행 비행기를 타실 예정이던 연로하신 그의 부모님을 공항까지 모셔드리고 곧바로 공항을 떠난 일이 있었다고 했다. 조금 후, 아직 비행기가 이륙하지 않았을 때, 그의 어머니가 갑자기 심장마비를 일으켰고, 당황한 그의 아버지는 순간 영어를 잊어버리고 모국어인 이디시어를 사용했다는 것이다. 이로 인해 혼란이 야기됐고, 어머니의 죽음은 당연히 더 비극적인 것이 되었다. 그때 이후 친구 가족은 항상 손님이 탄 비행기가 안전하게 이륙할 때까지 기다린다는 것이었다.

그런 행동이 지나쳐 보일 수도 있겠지만, 유대 전통은 손님을 현관문까지만 바래다주는 것으론 부족하다고 여긴다. 몇 발자국 더 걸어 손님을 거리까지 바래다줌으로써, 그들에 대한 당신의 존중과 애정을 그들이 느낄 수 있도록 하라.

130일째 수요일
두 장의 종이

하나님이 태초에 오직 한 사람, 아담만 이 세상에 살게 하신 것에서 랍비들이 추론해낸 한 가지 교훈은 우리 개개인이 "나 자신을 위해 세상이 창조되었다(미슈나, 산헤드린 4:5)."고 느껴야 한다는 것이다. "나 자신을 위해 세상이 창조되었다."라는 생각을 지나치게 많이 하면 이기적인 사람이 될 수도 있지만, 랍비들은 분명 개개인들이 자신을 특별하게 느끼길 바랐던 것 같다.

사람들이 탈무드의 이 가르침으로부터 잘못된 교훈을 얻는 걸 방지하기 위해, 19세기 초의 하시디즘 스승인 랍비 심차 부남Simcha Bunam은 모든 사람이 주머니에 종이 두 장을 넣고 다녀야 한다고 제안했다. 다시 말해, 종이 한 장에는 "나 자신을 위해 세상이 창조되었다."라는 문구를, 그리고 다른 한 장에는 아브라함이 소돔과 고모라를 멸하지 말아달라고 하나님께 간청할 때 암송했던 "나는 티끌이나 재와 같사오니(창세기 18:27)."라는 문구를 써서 주머니에 넣고 다녀야 한다는 것이었다. 그리고는 상황에 따라 둘 중 하나를 꺼내보라는 것이다. 즉, 당신 자신이 오만해질 때, 그러니까 자신이 다른 사람들보다 더 많은 걸 성취했고 더 똑똑하고 인자하며 통찰력 있고 재치 있으며 인기 있다고 느껴질 때는 "나는 티끌이나 재와 같사오니."라는 문구를 보아야 한다. 어쨌든 이 말을 한 사람은 아브라함이다. 설령 당신이 동료들보다 실제 더 많은 걸 성취했다 해도, 과연 아브라함보다 더 많은 걸 성취했을까?

절망과 낙담의 순간에는 당신 자신에게 "나 자신을 위해 세상이 창조되었다."라는 문구를 상기시켜라(하루에 오만과 절망의 순간이 다 찾아오기도 한다.). 이 세상에는 언제나 당신만이 성취할 수 있는 특별한 임무가 있다. 지금 당장 종이 두 장을 준비해 두 문구를 쓰고, 그것들을 주머니에 넣어두기 바란다.

131일째 목요일

당신이 동의하지 않는 견해에도 귀 기울여라

3년 동안 샴마이 학파와 힐렐 학파는 서로 논쟁을 벌였다. 샴마이 학파도 "율법은 우리의 관점을 반영한다."고 주장했고, 힐렐 학파도 "율법은 우리의 관점을 반영한다."고 주장했다. 그러던 어느 날 하늘에서 들려오는 목소리가 선언했다. "두 학파 모두의 가르침이 살아 숨 쉬시는 하나님의 말씀이지만, 율법은 힐렐 학파의 관점과 부합하느니라." 그런데 두 학파의 가르침 모두 살아 숨 쉬시는 하나님의 말씀이라 했는데, 어째서 힐렐 학파만이 자신들의 관점을 반영하는 율법을 만들 수 있었을까?

그들은 이해심이 많고 겸손하며 자신들의 관점은 물론 샴마이 학파의 관점에 대해서도 공부했기 때문이다. 심지어 그들은 자신들의 가르침을 언급하기 전에 샴마이 학파의 가르침을 먼저 언급하곤 했다.

— 바빌로니아 탈무드, 에루빈Eruvin 13b

서력 기원이 시작되기 직전에 살았던 랍비 힐렐과 랍비 샴마이는 가장 뛰어난 당대의 두 현자였다. 힐렐은 오늘날까지도 유대 역사에서 가장 뛰어난 인물 중 하나로 꼽힌다.

힐렐과 샴마이가 만든 두 학파는 유대 율법을 어떻게 적용해야 하는지를 놓고 수백 차례나 논쟁을 벌였다. 유대 전통은 늘 논쟁을 인정했지만, 유대 율법에 대한 다양한 견해들이 분열을 야기할 위험성이 있었다. 그래서 이 탈무드 이야기는 하늘나라 목소리가 율법은 힐렐과 그의 제자들의 관점을 따라야 한다고 선언했다고 전한다.

하늘나라 목소리는 심지어 의례적인 논쟁에서도 도덕적인 이유로 힐렐과 그 제자들의 손을 들어주었다. "힐렐과 그의 제자들은 이해심이 많고 겸손하기 때문이었다."

위의 글은 샴마이의 제자들이 다소 오만했음을 암시한다. 그들 역시 분명 진실에 다가가 있었지만, 그들은 더 이상 다른 학파들의 견해에 귀 기울이려 하지 않았다. 그들은 지나친 자신감 때문에 도덕적으로 강렬한 인상을 남기지 못했을 뿐 아니라(위의 글은 그들이 이해심도 많지 않고 겸손하지도 않았음을 암시한다.), 지적인 통찰력도 그리 뛰어나지 못했을 것으로 보인다(어떤 쟁점의 한 면만 공부해가지고 얼마나 깊은 통찰력이 생기겠는가?).

힐렐 학파는 다른 학파들의 주장도 공부했기 때문에, 어떤 판단을 내릴 때 자신들의 입장과 상반되는 입장들까지 알아본 뒤 판단을 내렸다. 그들의 겸손한 태도는 그들을 더 친절한 사람들로 만들었을 뿐 아니라 지적으로도 더 깊이 있는 사람들로 만든 것이다.

우리 모두 힐렐 학파의 처신에서 한 가지 교훈을 얻을 수 있다. 즉 우리는 자신의 관점에 부합되거나 더 큰 힘을 실어주는 서적이나 출판물만 읽어서는 안된다. 많은 사람들이 그런 우를 범하는데, 그래서는 자신과 견해가 다른 사람들이 무엇을 어떻게 믿는지 결코 알 수가 없다(기껏해야 당신과 견해가 같은 사람들이 들려주는, 당신과 견해가 다른 사람들의 피상적인 입장만 접할 수 있을 뿐이다.). 유대인들이 자신과 다른 교파나 정당의 신문과 잡지들까지 정기적으로 읽는다면, 유대 사회는 분명 더 나아질 것이다. 만일 당신이 당신 견해와 상반되는 견해를 거의 듣지도 읽지도 않는다면, 또 당신과 말하는 모든 사람의 세상 보는 시각이 당신과 같다면, 당신의 사고는 탄력을 잃고 축 늘어져 추한 모습을 띠게 될 것이다. 이는 종교나 정치 분야의 좌파 또는 우파 사람들에게서 흔히 볼 수 있는 현상이다. 겸손한 사람은 더 친절한 사람일 뿐 아니라 결국 절대적으로 중요한 사실들을 우리에게 가르쳐줄 유일한 부류의 사람일 수도 있다.

132일째 금요일

부모에게 무얼 해드리는 것만큼
부모를 대하는 태도도 중요하다

늙은 아버지에게 값비싼 닭을 대접하는 아들은 모범적인 아들로 보이는 반면, 늙은 아버지를 밭으로 보내 힘든 육체 노동을 하게 만드는 아들은 비정한 아들로 보인다. 하지만 탈무드는 우리에게 겉모습은 속임수일 수도 있음을 다시 한 번 상기시켜 준다.

아버지에게 살진 닭을 대접하고도 지옥에 가는 사람이 있는가 하면, 아버지에게 물레방아 돌리는 일을 시키고도 천국에 가는 사람이 있다. 아버지에게 살진 닭을 대접하고 지옥에 가는 일은 어떻게 가능할까? 아버지에게 살진 닭을 대접하곤 했던 한 남자가 있었다. 한번은 그의 아버지가 이렇게 말했다. "아들아, 어디서 이 닭을 구했느냐?" 그러자 아들이 대답했다. "노친네야, 개가 먹을 때 조용하듯, 그저 먹기나 하시지." 이런 사람은 아버지에게 살진 닭을 대접하고도 지옥으로 떨어질 것이다.

그럼 아버지에게 물레방아 돌리는 일을 시키고도 천국에 가는 일은 어떻게 가능할까?

물레방앗간에서 일하는 한 남자가 있었다. 어느 날 왕이 전국의 물레방앗간 주인들을 불러 모아 자신을 위해 일하게 하라는 명령을 내렸다. 이에 남자는 자기 아버지에게 말했다. "아버님은 여기 계시면서 제 대신 물레방앗간 일을 맡아 주십시오. 제가 왕을 위해 일하러 가겠습니다. 일꾼들이 모욕이라도 당하게 된다면, 아버님이 아닌 제가 당하길 원합니다. 행여 일꾼들이 매질이라도 당하게 된다면, 아버님이 아닌 제가 당하길 원합니다." 이런 사람은 아버지를 물레방앗간에서 일하게 하고도 천국에 갈 것이다.

— 팔레스타인 탈무드, 키두쉰 1:7

오늘날 강제 노동을 위해 백성들을 징집하는 비정한 왕은 더 이상 존재하지 않지만, 탈무드의 이 가르침은 여전히 유효하다. 부모에게 재정적 지원을 하면서도 불손하게 대하거나, 부모가 스스로 짐처럼 여겨지게 만드는 자녀들이 있다.

부모에 대한 존경 또는 무례는 여러 형태로 나타나는데, 가장 분명하게 나타나는 것이 바로 부모에게 말하는 태도에서이다. 유대 율법은 거지에게 큰돈을 주면서 모욕적인 말을 하는 사람과 마찬가지로, 부모에게 먹을 것을 주면서 모욕적인 말을 하는 자녀를 비열하고 천박한 인간으로 간주한다. 전통적인 유대 문화는 부모에 대해 어떻게 말해야 하는지에 대해 여러 가지 지침을 준다. 부모 집에서 식사를 한 후 암송하는 기도에서, 아버지는 아비 모리avi mori, 즉 나의 아버지, 나의 스승으로, 어머니는 이미 모라티eemi morati, 즉 나의 어머니, 나의 스승이라 한다.

또한 부모가 필요로 하는 것들에 대해 지속적인 관심을 보이는 것이 부모에 대한 존경심을 반영하기도 한다. 당신 부모님이 근처에 사신다면, 자주 부모님 집을 방문하고 자주 당신 집으로 초대하라. 간단한 통화일지라도, 부모님과 일주일에 몇 번은 전화 통화를 하라(특히 부모님이 혼자가 되신 경우). 그리고 가능하다면 부모님이 병원에 가실 때 동행하라. 부모님이 입원하셨다면, 자주 병문안을 가도록 하라. 그리고 정기적으로 부모님께 의견과 조언을 구하고, 당신의 삶과 당신 자녀들의 삶에 참여하실 수 있도록 하라.

연로하신 부모님께 넉넉한 금전적 도움을 드리는 것도 좋지만, 늘 부모님을 공경하고 경외하는 데 모자람이 없도록 해야 한다. 모든 자녀가 부모에게 금전적 도움을 줄 수 있는 것은 아니지만(실제 그런 도움이 필요 없는 부모도 많다.), 자녀는 부모가 정신적으로 필요로 하는 것들을 채워드릴 의무가 있다(164일째 참조). 이 또한 "네 부모를 공경하라."라는 계율에 해당되기 때문이다.

133일째 안식일

한 주를 돌아보며 편히 쉬는 하루가 되기를.

134일째 일요일

자녀마다 특성에 맞게 가르쳐라[89]

자녀들은 어머니의 자궁에서 백지 상태로 나오지 않는다. 부모라면 다 알게 되는 일이지만, 자녀들은 저마다 고유한 성격과 기질을 타고 태어난다.

언젠가 내 친구 한 명이 고함을 치는 것이 자신의 두 아들에겐 효과가 없었다고 털어놓은 적이 있다. 큰아들은 지나치게 예민해 화를 내면 크게 마음을 다치고, 둘째 아들은 얼굴이 두꺼워 화를 내며 타이르면 오히려 더 따지고 들며 반박할 뿐이라는 것이었다. 그래서 결국

---

[89] 이 문구의 영문은 "Educate a child according to his way."이기에 번역하면 위와 같지만 우리말 성경에선 "어린 아이에게 바른 길을 가르치라."로 되어 있다.

두 아들에게 소리치며 화내는 것은 비생산적일 일일 뿐이었다는 것이다. 두 경우 모두 부모는 각 자녀에게 효과가 있는 최선의 방식을 찾아야 한다.

잠언 22장 6절은 "마땅히 행할 길을 아이에게 가르치라."라고 말한다. 모든 자녀는 똑같이 사랑받을 자격이 있지만, 각자가 독특하므로 똑같이 다루어져선 안된다. 자녀의 특성을 잘 파악해 이를 존중하는 방식으로 대하는 것은 부모의 의무이다.

마찬가지로, 부모는 자녀의 특별한 지적 능력과 예술적 능력 또는 관심사를 파악해야 할 의무가 있다. 제품 제조업체는 공장에서 생산되는 모든 제품이 균일하길 바라겠지만, 아이들은 제품이 아니다. 그런데도 자기 아이의 성격이나 관심사는 전혀 고려하지 않은 채, 아이가 정확히 어떤 종류의 사람이 되어야 하는지에 대해 너무 분명한 생각을 가진 부모가 많다. 부모의 그런 태도는 아이의 개성을 말살하는 것이다. 부모가 이루지 못한 꿈이나 살아보지 못한 삶을 사는 것이 아이의 의무는 아니다. 따라서 당신이 과학이나 문학에 관심이 없지만 아이는 그런 분야에 재능과 관심이 있어 보인다면, 그 잠재력을 키워주는 것이 부모로서 당신이 해야 할 일이다.

이론적으로는 당연한 일처럼 보이지만, 현실에선 성격이나 지적 관심사 또는 직업적 관심사 등 모든 면에서 아이가 자신을 닮길 원하는 부모가 많다.

특성에 맞게 아이를 가르치는 일은 한 아이가 당신이나 다른 형제자매들과는 다른 독특한 존재임을 인정하는 것에서 출발해야 한다. 따라서 다른 사람들이 당신을 독특한 정체성을 가진 사람으로 봐주길 바라듯, 당신의 자녀 또한 독특한 한 개인으로 봐주어야 한다.

이 원칙을 당신 삶에 효과적으로 적용하기 위해, 일주일에 한 번은 자녀가 갖고 있는 특별한 재능이나 면모를 강조하면서 칭찬해주자. 그런 노력을 통해 당신은 당신 자녀의 특별하고 독특한 점들을 더 잘 발전시킬 수 있을 것이다.

135일째 월요일

체벌로 자녀를 위협하지 말라

랍비들이 들려주는 이야기 하나를 소개한다. 한 아이가 병을 깨뜨리자 아이 아버지가 귀싸대기를 올리겠다고 으름장을 놓았다. 아버지의 분노에 공포심이 인 아이는 밖으로 뛰쳐나가 깊은 구덩이에 뛰어내려 스스로 목숨을 끊었다. 이와 관련해 랍비들은 이렇게 가르친다. "귀싸대기를 올리겠다는 등의 말로 아이를 위협해선 안된다. 그 즉시 아이를 벌하든지, 아니면 아이에게 아무 말도 하지 말아야 한다(세마콧Semachot의 소논문 2:5-6)."[90]

지혜가 담긴 랍비들의 그런 충고는 종종 무시되어 끔찍한 결과를 초래한다. 다음은 1998년 10월 24일자 《뉴욕 타임스》에 실린, 알칸소 주 모릴턴Morrilton에서 일어난 한 사건에 대한 기사이다.

---

[90] 또 다른 유사한 사례에서 랍비들은 다음과 같이 조언하기도 한다. "아이에게 체벌을 가해야 한다면, 신발끈으로만 체벌해야 한다(바빌로니아 탈무드, 바바 바스라 21a)." 이 구절은 아이에게 절대로 신체적인 아픔을 주어선 안 된다는 의미로 해석할 수 있다.

크리스토퍼 파크스라는 8살 난 한 사내아이가 스스로 총을 쏴 치명적인 총상을 입고 병원으로 옮겨졌다고, 리틀록에서 북서쪽으로 35마일 떨어진 이 마을 경찰이 전했다. 사건은 아이의 성적이 떨어져, 아이 엄마가 아이를 체벌하려고 회초리를 구하러 밖에 나간 사이에 일어났다. 아이는 수요일 오후 옷장 위로 올라가 벽의 못에 걸려 있던 총을 꺼낸 뒤, 밟고 올라가면서 구겨진 옷장 덮개를 가지런히 펴놓고는 자기 머리에 총을 쏜 것 같다고 러스티 퀸 경감은 말했다. 초등학교 3학년생 인 크리스토퍼는 목요일에 숨을 거뒀다.

《뉴욕 타임스》는 이 기사에 '부진한 성적으로 자살한 소년'이라는 제목을 붙였다.

물론 그 제목은 논리에 맞지 않는다. 앞서 언급한 이야기에 등장하는 아이의 자살 동기가 단순히 병을 깨뜨린 것이 아니듯, 크리스토퍼의 자살 동기 역시 단순히 부진한 성적이 아니었다. 이 아이들의 직접적인 자살 동기는 성적(이전에도 성적이 안 좋은 때가 있었을 것이다.)과 깨진 병에 대한 아이들 부모의 반응이었던 것이다(알칸소 사건의 경우, 장전된 총기의 방치도 문제였다.). 모든 아이들이 체벌에 대한 두려움 때문에 자살까지 하진 않는다는 것도 사실이지만, 다른 아이들보다 훨씬 더 겁 많고 감정적으로 불안정한 아이들이 있다는 것도 엄연한 사실이다. 따라서 부모들은 강도 높은 위협이 아이들 마음에 엄청난 혼란을 줄 수 있다는 점을 인식해야 한다. 시인인 윌리엄 버틀러 예이츠는 자신의 자서전에서 윌리엄 미들턴의 지혜로운 말을 인용했다. "우리는 아이들의 문제를 가볍게 여겨선 안된다. 아이들의 문제는 우리의 문제보다 더 심각하다. 우리는 문제의 끝을 볼 수 있지만, 아이들은 절대 그러지 못하기 때문이다."

많은 부모들이 자녀에게 끔찍한 위협을 한다. 최근 내 아내가 아이들과 함께 식당에 갔다가, 한 어머니가 어린 아들에게 이런 말을 하는 걸 들었다고 한다. "버릇없이 굴지 마. 착하게 행동하지 않으면, 다른 집에서 더 착한 아이를 데려오고 넌 그 집에 줘버릴 거야." 분명 그 어머니는 자신이 더 착한 어머니가 되어야 한다는 생각은 하지 못할 것이다.

아이들에게 더 너그러워지자. 아이들에게 끔찍한 위협은 금물이다.

136일째 화요일

초상집엔 침묵하며 들어가라

성경에는 욥에게 내려진 여러 가지 끔찍한 재앙에 대한 얘기가 나온다. 잔치를 하던 맏아들의 집이 무너지고, 겨우 몇 시간 만에 그는 부도 잃고 10명의 자녀들도 잃게 된다. 거기다 그는 또 곧바로 매우 고통스런 종기에 시달리게 된다.

욥이 바닥에 앉아 자식들의 죽음을 한탄하고 있을 때, 가장 가까운 친구 세 명이 그를 찾아왔다. 그들은 욥을 보자마자 자신들의 의복을 찢고 그와 함께 바닥에 앉았다. 그들은 7일 밤낮을 아무런 말도 하지 않고 보냈다. "칠일 칠야를 그와 함께 땅에 앉았으나, 욥의 곤고함이 심함을 보는 고로 그에게 한 말도 하는 자가 없었더라(욥기 2:13)."

욥이 입을 열었을 때에야 비로소 그들도 입을 열었다.[91]

욥의 친구들의 행동을 토대로, 탈무드는 다음과 같이 규정한다. "문상객들은 상주가 말을 하기 전에는 어떤 말도 해선 안된다(모에드 카탄Mo'ed Kattan 28b)."

이 계율은 어떤 논리를 근거로 할까?

시바Shiva[92] 기간 중에 유가족을 방문하는 목적은 물론 유가족을 위로하기 위함이다. 하지만 모든 사람이 유가족에게 어떤 종류의 위로가 가장 필요한지 알지는 못한다. 유가족은 고인 이야기가 아닌 다른 이야기를 절실히 하고 싶은데, 당신이 고인에 대한 이야기를 꺼낼 수도 있다. 반대로 유가족이 고인에 대해 이야기하고 싶은데, 당신이 유가족 기분을 전환시켜준다고 비교적 가벼운 주제(나는 시바 기간 중 사람들이 종종 스포츠 경기 이야기 하는 것을 들었다.)에 대해 이야기를 할 수도 있다. 아니면 유가족이 어떤 이야기도 하고 싶지 않을 수도 있다.

대다수의 사람이 침묵을 불편해한다. 랍비 잭 리머는 이렇게 말한다. "우린 침묵을 두려워한다. 그래서 나는 차에 타면 먼저 라디오를 켠다. 엘리베이터를 타면 음악 소리가 들린다. 왜일까? 우리는 2초 동안만 혼자 있어도 두려움을 느끼기 때문이다. 침묵이 흘러도 괜찮다. 말 없이 앉아 듣기만 해도 아무 문제없다. 가벼운 이야기와 사소한 이야기, 스포츠 이야기 등으로 고요한 침묵을 깨지 않아도 괜찮다. 무언

---

91 아이러니하게도 욥의 친구들이 입을 열었을 때, 그들은 욥에게 끔찍한 말을 했다. 그들이 말한 핵심은 욥과 그의 자녀들의 고난은 죄에 대한 하나님의 징벌이라는 것이었다. 그 전만 해도 도덕적인 침묵의 모델이었던 욥의 친구들이 부도덕한 말의 모델로 바뀐 것이다(360일째 참조).
92 시바는 장례식 후 죽은 이를 애도하는 7일간을 일컫는다. 이 7일장 동안(안식일 및 기타 특정 유대 축제일은 제외) 상주들은 집밖으로 나와서도 안 되고 평소 하던 일을 해서도 안된다.

가를 느낄 수 있게 침묵이 흐르게 그냥 내버려두라."

리머는 지금은 고인이 된 랍비 아브라함 조슈아 헤셸Abraham Joshua Heschel의 수제자였다. 그런 그가 가장 웅변적이고 시적인 유대 철학가 중 한 명인 헤셸이 누이를 잃고 비탄에 잠긴 친구를 방문했을 때 어떻게 완전한 침묵을 지킬 수 있었는지를 회고한다.

> 나는 랍비 울페 켈만이 누이를 잃었을 때, 헤셸 박사가 이렇게 말한 것을 기억한다. "우린 거기 가야 해요." 그래서 우린 곧바로 공항으로 가 보스턴으로 날아가 택시를 타고 그의 집으로 갔다. 헤셸은 그의 집으로 들어가 그와 그의 가족들을 포옹하고는 1시간 동안 침묵을 지키며 앉아 있었다. 헤셸은 그들에게 "누이가 몇 살이었죠?(나이가 무슨 상관인가?)", "시간이 지나면 상처가 아물 거예요(시간이 지나도 상처가 완전히 아물진 않는다.)." 같은 상투적인 위로의 말은 단 한 마디도 하지 않았다. 우리는 유가족의 기분을 제대로 헤아릴 수 없다. 어떤 상투적인 위로의 말로도 유가족의 슬픔을 달래진 못한다. 그는 한 시간 동안 그저 침묵을 지키며 앉아 있기만 했다. 그리고는 일어나 유가족들을 다시 포옹하고 그 집을 떠났다. 나는 그때 조문을 가서 굳이 이런저런 말을 할 필요가 없다는 것을 알았다. 그저 함께 슬퍼하고 염려하는 것으로 충분하기 때문이다.[93]

유대 전통에 따르면, 조문을 마치고 떠나는 사람은 모두 다음과 같은 말을 해야 한다. "하나님이 시온과 예루살렘을 애도하는 모든 사람 중 한 사람인 당신에게 위안을 주시길."

이 간단한 문구는 유가족에게 그들만이 유일하게 고통 받는 사람이 아님을 상기시켜준다. 그들은 공동체의 일부인 것이다. 또한 시온의 비운(서기 70년에 사원이 파괴되고, 결국 유대인들은 고국에서 쫓겨났다.)을 언급함으로써, 문상객은 유가족에게 고통은 인간사의 일부분임을 상기시켜준다. 이제 유대인들은 팔레스타인(시온)을 되찾았다. 마찬가지로 유가족 또한 다시 행복을 되찾을 것이다.

137일째 수요일

내 슬픔을 빼앗지 마세요

어제의 글에서 언급했듯, 유대 윤리에 따르면 초상집에 문상을 가는 사람은 유가족이 말을 꺼내기 전까진 아무 말도 하지 말아야 한다. 그럼 그 후엔 어떻게 해야 할까?

나는 랍비로서의 수년간 경험을 통해, 유가족에게 어떤 말을 하지 말아야 하는지를 먼저 배워야 한다는 걸 깨달았다. 의도는 좋지만 부주의하고 요령 없는 조문객의 말이 종종 유가족의 비통함을 가중시킨다. 저술가인 더그 매닝Doug Manning은 아이를 잃은 한 젊은 여성에 대해 이야기한다. 더그 매닝도 잘 아는 그 여성은 절망의 늪에 빠져 집안에 앉아 주체할 수 없는 슬픔에 온몸을 떨었다.

극단적인 슬픔의 고통에 괴로워하는 그녀를 보다 못한 그 가족과 친

---

93 울프슨Wolfson, 《슬퍼할 때와 위로할 때A Time to Mourn, a Time to Comfort》 202쪽

구들은 "몸을 추슬러야지.", "계속 이럴 순 없잖아.", "이제 힘을 내고 그만 울도록 해." 등등, 상투적인 위로의 말로 그녀를 진정시키려 했다. 이 여성은 타는 듯한 눈빛으로 그들을 올려다보며 말했다. "내 슬픔을 빼앗지 마세요!"

유대 교육자인 론 울프슨Ron Wolfson 박사는 초상집을 방문했을 때 도의적 책임감을 느끼는 사람들이 사랑하는 사람의 죽음으로 극심한 고통에 시달리는 유가족에게 건네는 예민하고도 상투적인 위안의 말 목록을 제시한다. 그 중 몇몇은 사랑하는 사람을 잃은 유가족에게 여러 달이 지난 뒤 건네기엔 적절할지 몰라도, 장례식 직후 극단적인 비통함이 사그라지지 않은 몇 주간은 삼가야 할 말들이다.

"산 사람은 살아야죠."
"지금 네 기분이 어떤지 충분히 알 것 같아."
"그분은 장수하신 겁니다."
"이렇게 오래 아버지와 함께할 수 있었다는 것에 감사하렴."
"그래도 네게 다른 아이가 있어 불행 중 다행이야."
"아직 젊으니 충분히 다른 아이를 가질 수 있을 거예요."
"이제 그만 우세요."
"너무 절망하지 마세요."
"마음을 추슬러야지."
"진정하세요."
"아이들을 위해서라도 강해져야지."

우리가 유가족에게 해줄 수 있는 가장 따뜻한 배려는 그들이 어떤 감정을 느끼든 그 감정을 있는 그대로 인정하고 받아주는 것이다. 따라서 오히려 "그래, 실컷 울어.", "얼마나 마음이 아프시겠어요.", "저로선 당신의 슬픔을 상상조차 할 수 없어요." 같은 말들이 더 적절할지도 모른다.

울프슨은 다음과 같이 결론짓는다.

> 비탄에 빠진 사람에게 줄 수 있는 가장 큰 선물은 그가 어떤 감정, 어떤 생각, 어떤 태도, 어떤 행동을 보이든, 그걸 완전히 그리고 무조건적으로 받아들이는 것이라고 소위 애도 전문가들은 입을 모은다. 유가족이 아무리 감정에 북받쳐 있고 아무리 민망스러운 모습을 보인다 해도, 또 당신이 아무리 유가족을 진정시키고 싶다 해도, 그리고 시간이 지나면 모든 게 나아질 거라는 점을 아무리 확신시켜주고 싶다 해도 말이다.[94]

조문객들의 상투적인 위로의 말에 더 큰 상처를 입은 젊은 여성 사례가 상기시켜주듯, 초상집을 방문할 때 우리가 할 일은 유가족의 슬픔을 빼앗는 것이 아니라, 그저 자리를 함께하며 위안을 주는 것이다. 그것이 우리가 할 수 있는 모든 일이며, 잘만 한다면 큰 효과가 있는 것이다.

---

[94] 울프슨, 《슬퍼할 때와 위로할 때 A Time to Mourn, a Time to Comfort》 202-24쪽. 이 이야기는 울프슨이 더 그 매닝의 저서 《내 슬픔을 빼앗지 마세요 Don't Take My Grief Away》에서 인용한 것이다.

138일째 목요일

너는 네 하나님 여호와의 이름으로 함부로 악한 일을 하지 말라

일반적으로 "너는 네 하나님 여호와의 이름을 망령되게 부르지 말라."로 번역되는 십계명 중 3번째 계명은 대개 욕설이나 저주를 할 때 하나님 이름을 인용하거나 'God'를 'G-d'로 표기하는 것 등을 금한다는 뜻으로 이해된다. 하지만 제대로 지키지 못할 경우 이 계명이 십계명 중 하나님이 절대 용서하지 않겠다고 경고하신 유일한 계명이라는 사실은 오랫동안 내게 수수께끼였다[나 여호와는 나의 이름을 망령되이 일컫는 자를 죄 없다 하지 아니하리라(출애굽기 20:7).].

언젠가 내가 데니스 프레이저와 함께 이 계명에 대해 공부했을 때, 그는 이 계명의 히브리어를 글자 그대로 번역하면 "너는 네 하나님 여호와의 이름으로 함부로 악한 일을 하지 말라."가 된다고 했다. 다시 말해, 이 계명이 금하는 것은 하나님의 이름으로 악하거나 잘못된 일을 저지르는 것이다. 예를 들면 근본주의 회교도 테러리스트들이 살인을 저지르며 "알라 아크바르Allah Akbar(신은 위대하시다)"라고 외칠 때 이 같은 죄를 범하는 것이다. 마찬가지로 하나님과 유대주의의 이름으로 이츠하크 라빈Yitzhak Rabin 수상을 암살했다고 주장한 유대인 이갈 아미르Yigal Amir 역시 이 계율을 어긴 것이다.

이 구절을 "너는 네 하나님 여호와의 이름으로 함부로 악한 일을 하지 말라."로 번역하면, 하나님이 왜 이 계율을 어기는 것을 용서치 않겠다고 하셨는지가 분명해진다. 이 계율은 십계명 중 하나님을 희생자로 만드는 유일한 계명이기 때문이다. 단순히 살인이나 절도, 사기 같은 죄를 저지르는 사람은 자기 자신만을 불명예스럽게 만들지만, 하나님의 이름으로 살인을 하거나 끔찍한 짓을 하는 사람은 하나님에게서 사람들을 멀어지게 한다. 그래서 하나님은 당신 이름으로 악을 행하는 자들의 행동으로 고통 받으시는 것이다. 따라서 종교적인 유대인은 사람들이 그의 행동을 보고 그 자신은 물론 하나님과 전체 유대인에 대한 생각을 갖게 된다는 점을 늘 명심해야 한다. 이는 누가 봐도 유대인이라는 걸 알 수 있는 이름을 갖고 있거나, '다윗의 별[95]'을 달고 다니거나, 유대 축제일에 일을 하지 않는 유대인들에게도 똑같이 적용된다. 당신이 유대인이라는 것을 사람들이 안다면, 당신은 전체 유대인들을 대변하는 것이고, 당신이 유대교도라는 것을 사람들이 안다면, 당신은 유대교가 믿는 하나님도 대변하는 것이다. 이는 막중한 책임인 동시에 하나님의 이름을 거룩하게 할 수 있는 특별한 기회이기도 하다.[96]

탈무드는 다음과 같이 가르친다.

"너는 마음을 다하고 뜻을 다하고 힘을 다하여 네 하나님 여호와를 사랑하라(신명기 6:5)." 이것은 네가 너의 행동을 통해 하나님이 사랑 받을 수 있도록 해야 한다는 의미이다. 따라서 만일 어떤 사람이 성경과 미슈나를 공부하고 자신이 하는 일에 정직하며 사람들에게 상냥

---

[95] 삼각형을 두 개 짜 맞춘 형태의 별 모양. 유대교와 이스라엘의 상징
[96] 랍비 데이비드 우즈니카는 이렇게 기술한다. "당신이 이 계율을 진지하게 받아들인다면 당신의 행동 방식이 크게 달라질 수 있다. 당신이 기내에서 기내 음식으로 코셔 음식을 주문해 승무원과 옆자리에 앉은 사람이 당신이 유대인이라는 걸 알게 되었다면, 당신의 행동거지에 각별히 유의하는 것으로 당신은 하나님을 위해 큰일을 할 수 있다. 반대로 무례하고 부적절한 행동을 한다면 당신은 하나님께 큰 피해를 줄 수 있다."

하게 말한다면, 사람들은 그에 대해 어떻게 말하겠는가? "그에게 토라를 가르친 아버지는 행복하도다. 그에게 토라를 가르친 선생님은 행복하도다. 토라를 배우지 못한 사람들은 가련하도다. 이 남자는 토라를 배웠다. 그의 방식이 얼마나 고귀한지, 그의 행동이 얼마나 선한지를 보라." 반면 어떤 사람이 성경과 미슈나를 공부했으면서도, 자신이 하는 일에 정직하지 못하고 사람들에게 상냥하게 말하지 않는다면, 사람들은 그에 대해 어떻게 말하겠는가? "토라를 공부한 사람은 가련하도다. 이 남자는 토라를 공부했다. 그의 행동이 얼마나 부패했고, 그의 방식이 얼마나 추한지를 보라."

— 요마 86a

139일째 금요일

바보가 되면 좋을 때

약 1,800년 전, 한 남자가 랍비 재판관들을 어리둥절하게 만든 문구가 담긴 유언장을 남겼다. "내 아들이 바보 같이 되기 전엔 내 유산을 주지 말라." 두 명의 특출한 랍비 재판관이 이게 어떤 의미인지를 물어보기 위해 위대한 학자 랍비 조슈아 벤 코르차Joshua ben Korcha를 찾아갔다. 두 랍비가 그의 집 가까이 갔을 때, 그가 들판에서 손과 무릎을 바닥에 댄 채 엎드려 입에 노끈을 물고 엉금엉금 기어가고 있는 것이 보였다. 랍비의 어린 아들이 그를 말처럼 끌고 있었던 것이다.

두 랍비는 아무 말도 하지 않고 곧장 랍비 조슈아의 집으로 가서 그를 기다렸다. 랍비 조슈아가 집에 왔을 때, 그들은 유언장을 보여주며 문제의 문구가 무슨 의미인지를 물었다. 그러자 랍비는 웃음을 터뜨리며 말했다. "여러분이 궁금해 하는 '바보 같이'라는 말은 방금 전 제가 한 행동을 뜻합니다." 유언장을 쓴 사람은 아들이 결혼해 아이를 가진 뒤 유산을 물려주려 한 게 틀림없다고 그는 설명했다. 이는 "자식이 생기면 남자가 바보 같이 행동하는 건 이상한 일도 아니다(시편에 관한 미드라시Midrash Psalms 93:12)."라는 구절에 근거한다. 위대한 종교 학자이자 도덕성의 본보기인 랍비 아브라함 조슈아 헤셀의 딸 수잔나 헤셀 교수는 이 이야기와 관련해 자신의 어린 시절 기억을 떠올린다.

> 25년이 지난 지금에 와서도 아버지를 생각하면 제일 먼저 떠오르는 기억은 아버지의 유머와 평온하고 따뜻한 대화이다. 어린 시절 아버지와 함께 게임을 하고 학교나 집, 동물원에서 즐거운 시간을 보내고 마루에서 인형과 장난감을 가지고 놀던 기억을 떠올리면, 아버지가 즐거워하시던 모습이 눈에 선하다. 내 생일 파티 때 아버지는 나와 내 친구들이 즐길 수 있는 게임을 만들어 진행하는 걸 좋아하셨다(나는 모든 관심이 아버지에게 집중돼, 가끔 토라질 때도 있었다.). 그리고 저녁 식사 후 우리 가족이 가장 즐겨하던 놀이는 그날 나의 학교생활을 재현하는 학교 놀이였다. 학교 놀이에선 내가 선생님 역할을, 아버지와 어머니는 장난꾸러기 학생 역할을 맡았다.[97]

---

[97] 《주이쉬 위크Jewish Week》, 1998년 1월호 14쪽

이 특이한 이야기들은 인생이 늘 진지하기만 한 건 아니라는 사실을 상기시켜준다. 유대 전통이 부모(자녀에게 토라를 가르치고 직업인과 도덕적인 사람이 될 수 있도록 교육시키는 것)와 자녀(부모를 공경하고 경외하는 것; 127일째 참조)에게 몇 가지 아주 심각한 의무를 부여하고 있는 것은 사실이다. 그러나 랍비 조슈아 벤 코르차와 랍비 아브라함 조슈아 헤셸에 대한 이야기가 상기시켜주듯, 자녀는 부모를 공경해야만 하는 것이 아니라 부모와 함께 즐거운 시간을 보내기도 해야 한다.

이번 안식일에는 별도의 시간을 할애해 아이들과 함께 즐길 수 있는 재미있고 유머러스한 일을 꼭 찾아 해보기 바란다.[98]

140일째 안식일

한 주를 돌아보며 편히 쉬는 하루가 되기를.

---

[98] 자녀와 함께 '바보 같이 놀아야 한다'는 랍비 조슈아의 주장은 두 가지 목적에 도달하게 해준다고 랍비 어윈 쿨라는 말한다. 즉 부모를 인간적으로 만들어 유대주의가 자녀에게 강조하는 부모에 대한 무거운 존경의 의무에 균형추를 제공하고, 부모로 하여금 자녀에 대한 사랑과 애정을 보다 쉽게 표현할 수 있게 해준다.

03

유대인은 어떻게 실천하는가

141일째 일요일

비유대인에게도 도움을 주어라

　미국에서 유대계 미국인의 비율은 2%가 조금 넘지만, '유대 연합공동체United Jewish Communities'는 미국에서 가장 큰 자선 단체 중 하나이다.
　유대인 대의를 위해 운영되는 이 자선 단체는 워낙 유서 깊지만, 유대 율법이 유대인은 비유대인에게도 자선을 베풀고 도움을 주어야 한다고 규정하고 있다는 사실을 모르는 사람들이 많다. 탈무드는 '토라 전체의 목적은 평화를 추구하는 것'이라고 가르친다(기틴 59b). 인류 전체에 평화와 선의를 퍼뜨리는 것에 관심을 쏟는 탈무드는 다음과 같은 지침을 제시한다.

우리는 가난한 유대인뿐 아니라 가난한 비유대인에게도 도움을 주어야 한다. 우리는 아픈 유대인뿐 아니라 아픈 비유대인에게도 문병을 가야 한다. 우리는 유대인의 장례식뿐 아니라 비유대인의 장례식에도 참석해야 한다. 그것이 평화의 길이기 때문이다.

— 바빌로니아 탈무드, 기틴 61a

인간은 하나님 형상으로 창조되었기 때문에, 구제 받지 못할 만큼 악한 인간이 아니라면 다 도움을 받을 가치가 있다. 헌신적인 유대인이 유대인 자선 단체에 거의 모든 걸 기부하는 건 유대인 자선 단체가 유대인들에게 도움을 요청하기 때문이지, 유대인이 비유대인의 고통에 무관심하기 때문은 아니다. 실제 다른 유대인들의 고통을 그냥 지나치지 못하는 유대인들은 비유대인들의 고통도 그냥 지나치지 못한다. 《성스러운 형제》에서, 저자인 이타 할베르스탐 만델바움은 랍비 슈로모 칼레바흐의 한 여성 신도가 들려준 이야기를 전한다.

그는 180cm가 넘는 키에 백지처럼 창백한 피부와 어깨까지 내려오는 지저분한 금발을 하고 있었다. 그의 헤지고 더러운 옷은 습기에 찌들어 시큼한 냄새까지 풍기고 있었다. 그 지독한 냄새를 개의치 않는 듯, 랍비 슈로모 칼레바흐는 청년의 어깨를 다정히 감싼 채 내 옆으로 왔다. 그리곤 쾌활하게 말했다. "안네 자매님이 도와드릴 겁니다."[99] 슈로모는 내게 귓속말을 했다. "원하는 만큼 음식을 주세요."

[99] 칼레바흐의 시나고그의 신도들은 서로를 형제 또는 자매로 불렀다.

나는 곧장 부엌으로 달려가 한 끼 식사가 충분히 될만한 양의 음식을 접시에 담았다. 청년이 순식간에 접시를 비워, 나는 다시 부엌으로 달려갔다. 청년은 이번에도 역시 단 몇 분만에 접시를 비웠고, 나는 다시 부엌으로 달려가 음식을 가져왔다. 그가 마침내 포만감을 느끼는 것 같을 때, 나는 그의 금발과 푸른 눈을 쳐다보며 다소 무례하게 한 마디 내뱉었다. "유대인이세요?"

"아뇨, 전 텍사스 출신의 기독교도입니다." 그가 예의 바르게 대답했다.

"그런데 어떻게 우리 시나고그까지 와서 식사를 하게 됐죠?" 내가 물었다.

청년은 하늘을 응시하며 대답했다. "오늘 오후 늦게 센트럴 파크의 벤치에 앉아 있는데, 방금 전 그 랍비님이 제 옆을 지나갔습니다. 전 그분을 전에 만난 적도 본 적도 없었지만, 그분은 절 보더니 걸음을 멈추고 제게 걸어오셨습니다. 그리곤 세상에서 가장 친절한 눈빛과 가장 인자한 웃음을 보이며 아주 부드럽게 물어보셨습니다. '형제님, 먹을 것이 필요하세요?' 전 울음을 터뜨리며 감사한 마음으로 그렇다고 대답했습니다. 정말 너무 배가 고팠거든요. 그분이 이 시나고그 이름과 주소를 알려주시며 지금 바로 가보라고 말씀하셨죠. 좋은 음식들이 충분히 있다시면서요. 그래서 오늘 이곳에 오게 되었답니다. 그때 랍비님이 제 옆을 지나가지 않으셨다면, 제가 무슨 짓을 했을지 몰라요." 금발의 텍사스 청년이 천천히 말을 이었다. "솔직히 말씀 드려, 3일 만에 처음 음식을 먹는 겁니다. 그분이 제 앞에 오셔서 '형제님, 먹을 것이 필요하세요?'라고 말했을 때, 전 마음속으로 '여기 이 남자는 분명 하나님이 보내신 천사일 거야.'라고 생각했죠."

다음에 너무 많아 몽땅 버리고 싶은 정크 메일들 사이에서 낯선 자선 단체가 보낸 기부 호소 메일을 발견한다면, 이 멋진 이야기를 떠올려보는 게 어떨까? 당신에게도 슈로모 칼레바흐처럼 다른 사람 인생에 '하나님이 보내신 천사'로 나타날 수 있는 기회가 있다는 걸 기억하기 바란다.

142일째 월요일
하루 중 친절을 베풀 시간을 정하라

전통적인 유대 문화는 토라와 탈무드 및 기타 유대 문헌들을 공부하는 것을 인간이 할 수 있는 가장 신성한 일로 간주한다(117일째 참조). 그래서 열성적인 유대교도는 하루에 가능한 한 많은 시간을 그러한 문헌들을 공부하는데 할애하려 애쓴다. 물론 세상에서도 야망이 있는 사람들은 종종 다른 활동들을 희생한 채 자신의 일에 최대한 많은 시간을 할애하려 애쓴다. 그러나 단지 종교적인 문헌들만 공부하거나 출세를 위한 일만 하려는 사고는 우리로 하여금 균형을 잃고 왜곡되게 만든다. 유대 사회에서 샤페츠 차임으로 널리 알려진 랍비 이스라엘 메이어 카간이 말했듯, "가끔 토라 공부에 최대한 많은 시간을 할애하려는 유대인을 보게 된다. 시간을 소중하게 여기는 그 사람들은 해야 할 공부를 하지 못한다는 두려움 때문에 다른 일에는 시간을 할애하려 하지 않는다. 하지만 하루 중 일정한 시간을 다른 사람에게 친절을 베푸는 데 할애하지 않는 사람은 어리석은 사람이다."[100]

병문안을 가든, 구직자를 대신해 전화를 걸어주든, 조언이 필요한 사람과 대화를 나누든, 하루 중 친절함을 베풀 시간을 정하기 바란다 (오후 2시에서 2시 반 사이에 다른 사람들을 돕겠다는 식으로). 친절을 베풀 시간을 정하지 않으면, 친절을 베풀어야 한다는 걸 잊어버릴 가능성이 크다.

내일 일정표를 살펴보고, 다른 사람을 도울 시간을 할애하지 않았다면 지금 그 시간을 할애하는 건 어떨까? 일정표를 보자마자 "내일 일정은 바쁘군. 다음 주나 조금 덜 바빠질 때 남을 돕도록 해야겠어." 라는 생각이 든다면 브라츠라프의 랍비 나흐만이 한 말을 떠올려보라. "내일 당신이 오늘의 당신보다 더 나은 사람이 되지 못한다면, 당신에게 내일이 있을 필요가 어디에 있겠는가?"

143일째 화요일

'독실한 바보'가 되지 말라

몇 해 전, 나는 어떤 파티에서 한 스위스 여성과 대화를 나눈 적이 있다. 대화가 시작되고 얼마 지나지 않아, 그녀는 미국과 소련이 도덕적으로 차이가 없다는 자신의 관점을 열정적으로 피력했다. 당시 소련은 전체주의 독재 체제 국가일 뿐 아니라 유대계 소련 국민들을 탄압하는 반유대주의 국가이기도 했다. 게다가 국제 테러를 후원하는 다른 국가들을 돕고 있었고, 아프가니스탄인들을 상대로 매우 잔혹한 전쟁을 치르고 있기도 했다. 나는 그녀와의 대화를 통해 그녀가 종교적으로 독실한 유대인이라는 사실을 알게 되었다.

그녀를 보며 미슈나가 '독실한 바보'(소타Sotah 3:4)라고 규정한 성격 유형이 떠올랐다. 유대 문헌은 그러한 사람들의 몇 가지 예를 제시한다. 즉 누군가가 물에 빠져 익사하기 직전인데 하고 있던 기도를 멈추지 않는 사람, 강물에 빠진 여성을 보며 "저 여자를 구하고 싶지만, 그녀의 야한 모습을 보게 될까봐 강물에 뛰어들지 못하겠군." 하는 사람 등이 바로 '독실한 바보'에 해당된다는 것이다.

랍비 베냐민 블레흐Benjamin Blech는 이렇게 기술했다. "자신이 하나님과 하나님의 세상을 얼마나 흠모하는지를 하나님께 전하느라 바빠, 한 인간을 익사하게 방치하는 사람은 완전한 위선자이다."[101] 비슷한 맥락으로, 금식을 하면 생명이 위태로운데도 속죄일에 아무런 음식도 먹지 않는 사람처럼 의미 없는 자기파괴적 행위를 하는 사람 역시 유대 전통은 '독실한 바보'로 간주한다.

이와 마찬가지로, 소련의 잔인함에 희생된 많은 사람들에게 냉담한 채, 빵을 먹기 전 하나님께 감사 기도를 드리는 앞의 스위스 여성 또한 '독실한 바보'에 속한다.

하나님은 우리가 하던 일을 멈추고 다른 사람의 고통에 대처하길 원하시지, 그 고통을 무시하길 원하시지 않는다. 하나님은 우리가 악에

---

100 샤페츠 차임, 《Michtivei ha-Chaffetz he-Chaddash》 2권, II 85쪽; 샤피로, 《Minyan》 127-28쪽
101 블레흐, 《유대주의 이해하기Understanding Judaism》 54쪽

맞서 싸우길 원하시지, 악을 부정하길 원하시지 않는다. 하지만 기독교도뿐 아니라 일부 종교적인 유대인들도 이 분명한 진실을 간과한다.

레이건의 유명하고도 정확한 말처럼 '사악한 제국'인 소련이 종교 활동을 했다는 이유로 독실한 기독교도들을 소련 감옥에 감금한 1982년, 빌리 그레이엄 목사는 소련 교회들을 방문해 "하나님은 여러분에게 더 나은 노동자, 국가에 더 충성할 수 있는 사람이 될 수 있는 힘을 주셨습니다. 로마서 13장에서 우리는 권세에 복종해야 한다고 말하고 있기 때문입니다."라고 설교했다. 그레이엄에 따르면, 하나님이 우리에게 믿음과 기도를 요구할 수 있는 것처럼, 설령 사악하더라도 권력을 쥐고 있는 정부는 자국민에게 국가에 대한 충성과 힘든 노동을 요구할 수 있다는 것이다.[102]

하나님이 당신이나 당신의 정부가 인간을 어떻게 대하느냐보다 당신이 하나님께 어떻게 행동하느냐를 더 중요하게 여기신다고 믿고 행동하는 순간, 당신은 '독실한 바보'처럼 행동하는 것이다.[103] 이 문제는 심각할 수도 있고(예를 들면, 전제주의 국가가 자행하는 악을 무릅쓰고 종교 의식을 지키는 것처럼) 비교적 경미할 수도 있다. 랍비 이스라엘 살란터는 한때 이렇게 조언을 한 적이 있다. "열정적인 종교인이 새해가 되기 몇 주 전부터 셀리콧 기도를 드리느라 한밤중에 일어나 동이 틀 때까지 온 집안사람들이 잠을 못잘 정도로 시끄럽게 기도문을 낭송하는 것은 드문 일이 아니다. …… 그는 순진하게도 그렇게 함으로써 얻는 것보다 잃는 것이 더 많다는 사실을 깨닫지 못하고 있다." 다시 말해, 조금 덜 '종교적'이 되어 한밤중에 다른 사람들의 달콤한 잠을 방해하지 않는 것이 더 낫다는 것이다.[104]

하나님은 우리에게 신앙심과 선함을 요구하신다. 유대 율법은 당신의 신앙심이 당신의 선함을 능가하면 하나님은 감명 받으시지 않는다고 가르친다. 세상은 더 많은 신앙심으로 더 나아질 수 있다. 하지만 '독실한 바보'가 늘어나게 되면, 세상은 결코 더 나아질 수 없다.

144일째 수요일
술을 너무 과하게 제공하지 말라

유대인에 대한 일반적인 고정관념은 유대인은 술을 마시지 않는다는 것이다. "오직 이교도만이 술주정뱅이다."라는 품위 없는 제목을 붙인 이디시어로 된 옛 노래가 있을 정도로 말이다.

이교도에 대한 이 노래의 적대적인 고정관념은 차치하고라도, 우리는 이제 과하게 술을 마시는 유대인들이 많다는 사실을 알고 있다. 이 같은 지나친 음주를 누그러뜨리기 좋은 방법은 마음껏 술을 마실 수 없도록 제공하는 술의 양이나 술에 대한 접근을 제한하는 것이다. 특히 결혼식과 성인식을 비롯한 여러 축하 행사에서는 술이 넘쳐나는데, 이는 평소에 술을 많이 마시는 술고래뿐 아니라 평소 적당히 술을 마

---

102 그레이엄 목사의 1982년 소련 방문에서. 조지 윌George Will의《다음 아침The Morning After》368-369쪽 참조
103 나는 그레이엄 목사의 다른 활동들은 대단히 존경해왔는데, 그래서 그가 소련에서 한 실언은 나의 실망감을 배가시켰다. 미국에서 가장 유명한 목사가 소련 공산주의자들에게 하나님은 당신들이 사악한 정부에 복종하길 원하신다고 말하는 걸 그들은 어떻게 생각했을까?
104 랍비 이스라엘 살란터의 이 조언은 도브 카츠Dov Katz의《무사르 운동T'nuat Ha-Musar》1권 355쪽에서 인용했다.

시는 사람에게도 과음을 부추긴다.

　토라 율법은 이렇게 명한다. "네가 새 집을 건축할 때에 지붕에 난간을 만들어 사람으로 떨어지지 않게 하라. 그 피 흐른 죄가 네 집에 돌아갈까 하노라(신명기 22:8)." 1,500여 년 전 탈무드는 토라의 이 율법을 확장했다. "'집에 사나운 개를 길러선 안 되고 튼튼하지 못한 사다리를 두어선 안된다.'는 것을 어떻게 알 수 있을까? '집을 지을 때 지붕에 난간을 만들어 네 집에서 사람이 떨어져 피 흘리는 일이 없게 하라.'라는 토라 율법으로 알 수 있다(케투봇 41b)."

　이제 이 율법에 당신 집이나 파티에 온 손님에게 너무 많은 술을 대접하는 것을 금하는 계명도 포함시킬 때가 된 것 같다. 나는 개인적으로 십대 자녀들이 참석하는 파티에서 부모가 술을 마시면 안된다는 계명도 이 율법에 포함시켜야 한다고 생각한다. 미국에서 교통사고로 목숨을 잃는 사람들의 절반 가까이가 음주 운전의 직간접적 희생자라는 사실을 우리는 알고 있다.

　당신의 결혼식이나 파티, 기타 축하 행사에 참석한 손님들이 '피 흘리는 일'에 대한 기억이 아닌 즐겁고 건강한 기억을 가질 수 있도록 만전을 기하자.

145일째 목요일

손님을 접대할 때 먼저 아내에게 물어보라

유명한 탈무드 구절은 "여성이 남성에 비해 손님을 더 못마땅하게 여기는 경향이 있다(바바 메지아 87a)."라고 가르친다. 그럴 만한 이유들이 충분하지만, 여성의 성향이 더 인색하다는 걸 암시하는 듯한 이 구절은 대개 여성 혐오를 부추기는 말로 여겨진다. 하지만 내게 이 글의 제목과 아이디어에 대한 영감을 준 랍비 베렐 바인Berel Wein은 그런 관점에 동의하지 않는다. "이는 차별적인 말도 아니며 비판적인 말도 아니다. 이것은 실제로 손님 접대 부담을 져야 하는 사람이 누구인가의 문제와 관련된 객관적인 얘기이다."[105]

역사적으로, 그리고 오늘날에도 대부분의 가정에서 집안 청소와 요리, 손님 접대는 주로 여성의 몫이다. 따라서 손님 초대하는 걸 좋아하는 남편이 갑자기 손님을 집에 데려오는 경우를 생각해보면, "여성이 남성에 비해 손님을 더 못마땅하게 여기는 경향이 있다."는 것은 그리 놀라운 사실도 아니다. 바인은 손님을 갑자기 집으로 데려오는 남편을 마음이 넉넉한 사람으로 여기지 않는다. 그는 그런 남편을 이디시어식 표현으로 '다른 사람의 어깨에 의지하는 사람'으로 간주한다. 따라서 손님을 초대할 때 제일 먼저 염두에 두어야 할 사람은 당신 배우자여야 한다.

[105] 바인, 《재고》 25-26쪽

3,000년 동안 아브라함은 손님 접대에 관한한 유대인들에게 좋은 본보기가 되어왔다. 토라는 그가 베두인족으로 보이는 여행자들(그는 그들이 천사인지 몰랐다. 창세기 18장 및 159일째 참조)을 자신의 장막에 초대한 일을 기록한다. 인상적인 것은 아브라함이 손님 접대의 수고를 아내 사라와 똑같이 분담했다는 데 있다고 바인은 말한다. 사라가 빵을 굽는 동안 아브라함은 가축들 있는 데로 달려가 가장 살지고 좋은 송아지 한 마리를 골라 하인에게 요리하게 했고, 그런 뒤 손님들에게 버터와 우유, 그리고 하인이 요리한 송아지 요리를 갖다 주고 쉴 곳을 마련해주었다. 바인이 결론 내리듯, "아브라함은 손님 접대의 즐거움을 공유하는 것뿐 아니라 손님 접대의 수고를 분담하는 데도 아내 사라와 완벽한 동반자였다." 진정한 손님 접대에는 그 접대를 위한 노동의 공정한 분담이 따라야 하는 것이다.

손님을 집으로 초대하기 전에 먼저 아내의 의사를 타진해보라. 그리고 일단 손님을 초대했다면, 이 멋진 선행의 즐거움뿐 아니라 그에 따른 수고 역시 아내와 공유해야 한다.

146일째 금요일

당신 손님과 자녀를 난처하게 만들지 말라

랍비 아키바 아이거Akiva Eiger(1761-1837)가 안식일 식탁에서 초대 손님들을 대접하고 있을 때, 한 손님이 실수로 식탁을 쳐 적포도주가 담긴 포도주잔을 흰 린넨 식탁보에 엎질렀다. 당황한 손님이 어떤 반응을 보이기도 전에, 랍비 아이거는 다리로 식탁을 툭 쳐 자기 앞에 놓인 포도주잔을 쓰러뜨렸다. "이런, 식탁에 문제가 있군요." 그는 계속해서 손님을 안심시켰다. "안식일이 끝나면 식탁을 고쳐야겠어요." "동료의 품위를 자기 자신의 품위처럼 소중히 여기도록 하라."는 《아버지의 윤리》(2:13)에 나오는 가르침이 이 위대한 랍비에겐 내면화되어 있었던 것이다. 아울러 우리 자녀들에게도 이런 세심한 배려를 실천해야 한다. 랍비 닐 쿠르샨Neil Kurshan은 자기 아이들이 식탁보에 포도 주스를 엎질렀을 때의 상황을 회고한다. 손님을 난처하게 만들지 않으려는데 집중한 랍비 아이거와는 달리 랍비 닐은 본능적으로 아이들을 나무랐다. "너희는 왜 이렇게 조심성이 없니? 오늘밤 이 바지를 입어야 하는데. 식탁보에 포도주스 얼룩이 지면 지워지지 않는다는 걸 몰라?"

랍비 쿠르샨은 자신의 저서에서 다음과 같이 기술하고 있다. "이런 일이 일어날 때 아이들에게 '미안해 할 것 없다. 누구나 실수는 하니까. 함께 얼룩을 지워보도록 하자.'라고 말한다면 얼마나 좋을까? 하지만 바쁘거나 마음이 쫓기는 저녁에는 어린 자녀들의 감정이 다치는 걸 염려하기보다는 화를 낼 가능성이 훨씬 더 높다."[106] 유대인들에게 사후 세계는 영원한 안식일의 날, 그러니까 어떤 손님이나 아이도 작은 실수로 부끄러움을 느끼지 않아도 되는 그런 날이다.

147일째 안식일

한 주를 돌아보며 편히 쉬는 하루가 되기를.

---

106 쿠르샨, 《자녀를 좋은 사람으로 키우기|Raising Your Child to Be a Mensch》 12쪽

148일째 일요일

가정 학대가 의심될 때

아내에 대한 남편의 신체적 학대 또는 그 반대 경우는(그 빈도와 정도가 훨씬 덜 심하지만) 다른 공동체에서와 마찬가지로 유대 공동체 안에서도 일어난다. 하지만 배우자를 대상으로 하는 가정 학대의 피해자 대다수가 그것에 대해 말하는 것을 극도로 수치스럽게 생각하거나 두려워하기 때문에, 배우자 학대에 대한 정확한 자료는 거의 없다.

"네 이웃이 피를 흘리는 걸 옆에서 지켜보고만 있지 말라."는 성경 율법에 따르면, 우리는 이런 학대를 받고 있다고 의심되는 사람에게 최소한 조언은 해줄 의무가 있다. 인지치료 전문의이자 부부 관계 전문 카운슬러인 셜리 레보빅스가 쓴 '레아의 이야기: 성공적인 개입'이라는 제목의 글은 《샬롬 바이트: 아동 학대 및 가정 폭력에 대한 유대인의 대응 Shalom Bayit: A Jewish Response to Child Abuse and Domestic Violence》이라는 책에서 소개된 것이다. 이 글은 두 자녀를 둔 23세의 한 기혼 여성의 결혼 생활에 심각한 문제가 있다는 의심을 품게 된 한 랍비가(그는 그녀가 어렸을 때부터 그녀를 알아왔다.) 어떻게 그녀를 도와주었는지에 대한 이야기이다. 랍비의 부탁으로 랍비 사무실에 들른 그녀가 결혼 생활에 대한 몇 가지 어려움에 대해 언급했을 때, 랍비는 그녀가 더 많은 이야기를 털어놓을 수 있도록 유도했다.

처음에 레아는 자기 감정을 잘 털어놓지 않았다. 대화 내내 그녀는 결혼 생활의 문제를 자기 잘못으로 돌리는 듯했다. 대화 중간 중간에 랍비는 레아가 가정 학대의 피해자인지를 판단하기 위한 질문들을 조심스럽게 던졌다. 예를 들면 랍비는 다음과 같은 질문을 했다.

◆ 그래서 언제 두 사람이 심한 싸움을 했고, 싸우면 대개 어떤 일이 일어나나요?
◆ 제이콥은 어떻게 화를 내죠? 화가 많이 나면 이성을 잃어버리나요?
◆ 제이콥에게 두려움을 느낀 적이 있나요?
◆ 마음에 있는 말이나 하고 싶은 말을 제이콥에게 털어놓는 게 힘든가요?

이따금씩 랍비는 레아가 자기 상황을 인식하는 데 도움이 될 말도 했다.

◆ 제이콥을 화나게 하는 걸 두려워하고 있는 것 같네요. 그가 어떻게 할 거라 생각해요?
◆ 그가 화를 내면 이성을 잃어 어떤 일을 저지를지 모를 것 같네요.
◆ 겁이 나 그에게 터놓고 말하기가 힘든 것 같네요.

결국 랍비는 제이콥이 화가 나면 물건을 집어던지고 문을 세차게 닫고 고래고래 고함을 지른다는 사실을 알게 되었다.
랍비는 레아에게 이 사실을 부모님이나 시부모님 또는 친구들에게 말한 적이 있는지를 물었고, 그녀는 말한 적이 없다고 대답했다.
학대 관계에선 통제가 강력한 요소라는 걸 잘 알고 있던 랍비는 레아가 친구들과 외출을 하려 하면 제이콥이 어떤 반응을 보이는지를 물었다. 이에 레아는 제이콥은 늘 어디에 있는지를 보고하게 하고 함께 시간 보내고 싶은 친구들을 만나지 못하게 한다고 대답했다. 또한 제이콥은 개인적인 목적에 쓸 용돈은 전혀 주지 않는다고도 했다.
그녀가 신체적 학대를 당하고 있다는 확신을 갖게 된 랍비가 마침내 레아에게 물었다. "그에게 뺨을 맞거나 구타를 당한 적이 있나요? 아니면 폭력의 위협을 당한 적이 있나요?" 레아는 구타를 당하거나 세차게 벽으로 밀쳐진 적이 세 차례 있다고 말했다.
레아는 이중 어떤 대답도 쉽게 하지 않았다. 대화를 마치기 전 랍비는 레아에게 이렇게 말했다. "레아, 당신이 모를 수도 있겠지만, 제이콥이 당신에게 행한 건 명백한 정신적·신체적 학대예요. 함께 살고 있는 남자를 두려워하고 있는 거죠. 그리고 누구든 상대가 그렇게 불같이 화를 내며 위협적인 행동을 하면 큰 두려움을 느낄 거예요. 레아에겐 그를 두려워할 충분한 이유가 있는 거죠. 나는 이 모든 상황이 정말 걱정되요. 부부 관계에서 다툼과 논쟁은 늘 있는 거지만, 문제 해결 방식이 강압과 학대가 되어선 안 되거든요."

레아는 충격을 받은 듯했다. 그녀는 부부 관계에 '학대'라는 단어가 쓰이는 걸 처음 들었을 뿐 아니라, 그 단어가 자신의 상황에 해당되리라곤 꿈에도 생각지 못했던 것이다. 레아는 울먹이는 목소리로 말했다. "저는 더 좋은 아내가 되어야 한다는 걸 알면서도, 가끔 저도 모르게 제이콥을 화나게 만들어요. 어떻게 하면 제이콥을 화나지 않게 할지 더 많이 배워야 할 거 같아요……."

배우자의 학대에 대한 책임을 자신에게 돌리려는 피해자들의 경향에 대해 잘 알고 있던 랍비는 이렇게 말했다. "레아, 당신 말을 들어보면, 마치 자신이 제이콥이 폭력적이 되도록 자극하고 있다고 느끼는 것 같아요. 설사 당신이 어떤 행동을 하든, 레아에 대한 제이콥의 정신적·신체적 학대 행위는 절대 정당화될 수도 없고 허용되어서도 안 돼요. 제이콥에겐 분노를 잘 조절하지 못하는 문제가 있는 게 분명해요. 뿐만 아니라, 제이콥은 자신이 남편으로서 당신을 마음대로 통제할 수 있다는 잘못된 생각을 갖고 있어요."

랍비는 이 여성에게 가정 폭력 문제를 전문으로 다루는 심리치료사를 소개시켜주었다. 처음 그녀는 심리치료사와 상담하는 것이 남편을 화나게 만들 거라는 두려움에 심리치료사를 만나는 걸 꺼려했지만, 결국 이 글을 쓰던 시점까지 레아는 일곱 차례 심리치료사를 만났다. 그리고 제이콥 또한 개인 심리 치료를 받았다. 그는 남성들에게 분노를 조절하는 법을 가르치는 집단 치료 프로그램의 도움을 받기도 했다.

이 글이 한 랍비의 개입에 초점을 맞추고 있긴 하지만, 그 랍비가 품었던 의심은 레아의 다른 친구들도 충분히 품을 수 있었다. "네 이웃이 피를 흘리는 걸 옆에서 지켜보고만 있지 말라."는 성경 구절은 당연히 모든 사람에게 적용된다.

레보빅스의 글 마지막 부분에서, 그녀는 효과적인 개입을 위해 랍비가 행한 일곱 가지 행동을 분석하고 있다(내일 글에서 다루게 됨). 랍비의 개입으로 레아는 남편으로부터 더 이상 학대를 당하지 않을 수 있었다. 어쩌면 그녀의 생명까지 구해준 것인지도 모른다.

149일째 월요일

가정 학대의 피해자를 어떻게 도울 수 있을까

어제 우리는 자신이 아는 한 여성이 남편으로부터 학대를 받고 있다고 의심한 한 랍비가 그녀에게 그런 상황을 인식시키기 위해 어떤 식으로 도움을 줬는가 하는 사례를 살펴보았다. 이 사례에 대해 쓴 사회복지사 셜리 레보빅스는 그 여성이 명확하게 말하고 생각하도록 돕기 위해 랍비가 택한 여섯 가지 방법을 정확히 도출해냈다. 이 여섯 가지 방법은 학대 피해자를 도우려는 모든 사람에게 유용할 것이다.

1. 자신의 직감을 믿은 랍비는 레아를 놀라게 하거나 어떤 행동을 취

할 것을 강요하지 않으면서 자신이 우려한 일을 해결하려 했다. 랍비는 레아에게 집으로 돌아가라거나 자기 사무실에 더 있으라는 식의 제안은 전혀 하지 않았다. 그는 레아로 하여금 상황을 직시하게 하고 전문적인 도움이 필요하다는 걸 일깨워주는 것이 자신이 해야 할 일이라고 믿었다.

2. 랍비는 다음 방법들로 레아가 말을 하게끔 유도했다.
    ◆ 충격이나 놀람, 실망 같은 걸 나타내지 않으려 애썼다.
    ◆ 공감과 이해가 바탕에 깔린 목소리 톤과 언어를 사용했다("정말 힘들었겠네요." 또는 "이 이야기가 당신을 매우 힘들 게 하리라는 걸 알아요." 같은).
    ◆ 오로지 그녀에게만 관심을 쏟고 그녀를 최우선시 함으로써, 그의 걱정이 진심에서 우러난 것이며 자신의 고통이 관심을 받아 마땅하다고 느끼게 했다.
    ◆ 그녀가 가능한 한 많은 이야기를 할 수 있도록 제약을 두지 않는 질문("거기에 대해 좀 더 많이 얘기해 봐요." 또는 "당신은 그것을 어떻게 받아들였나요?" 같은)을 던졌다.

3. 랍비는 제이콥의 말을 들어보려 하지 않았고, 누가 잘못했다거나 누가 진실을 말하고 있는지를 판단하려 하지 않았다. 대개의 경우, 남편에게서 왜 그런 행동들을 하는지에 대한 설명을 들으면 혼란만 초래되고, 듣는 사람이 자신을 제3자 입장에서 싸움을 말려야 하는 중재자, 또는 누가 진정한 희생자인지를 판단하는 재판관이 된 것처럼

느낄 수 있기 때문이다. 인간 관계에서 두려움과 지배의 요소가 있는 경우, 누가 누구를 자극하는지를 판단하는 것은 무의미하다. 해결해야 하는 문제가 학대의 문제이기 때문이다.

4. 랍비는 레아의 얘기를 결코 축소 해석하지 않았고 그녀의 두려움을 인정했다. 당시 제이콥은 그 도시에 있지 않았다. 설령 그가 그 도시에 있었다 해도, 랍비는 레아와만 면담을 했을 것이다. 이것은 상당히 중요한 문제이다. 여성들은 십중팔구 남편이 곁에 있으면 집에서 일어난 일을 솔직히 이야기할 수 없다. 따라서 남편이 동석한 상황에선 여성에게 솔직한 이야기를 기대할 수 없다. 안된다. 심지어 학대받는 여성과만 면담을 하는 경우에조차, 여성은 자책감과 수치심 때문에 자신이 겪고 있는 일을 축소하려는 경향이 있다.

5. 랍비는 자신이 레아를 판단한다거나 누구 잘못이 더 큰지를 가려내려 하는 게 아니라는 점을 분명히 했다. 여성은 흔히 남자(특히 랍비)는 남자 편이어서 자기 입장을 제대로 이해하지 못할 거라고 생각한다. 여성은 또 랍비 역시 남자여서, 아내 쪽에서 먼저 이혼을 결심하는 걸 반대할 거라는 선입견을 가질 가능성이 크다.

6. 레아의 결혼 생활에서 학대가 자행되고 있다는 사실을 알게 된 랍비는 레아에게 집에 돌아가 남편과 함께 부부 관계 전문 카운슬러를 찾아가라고 권하지 않고 가정 폭력 카운슬러를 소개시켜주었다. 가정 폭력의 경우, 부부 관계 전문 카운슬러는 부적합하다. 학대는 저절

로 사라지지 않는다는 걸 명심할 필요가 있다. 흔히 가해자를 훈계하거나 피해자에게 가해자를 자극하지 않는 방법을 제시해 문제를 해결할 수 있을 거란 생각을 할 수 있다. 그러나 이는 효과적인 개입이 아닐 뿐 아니라, 도리어 피해자만 더 위험한 상황에 빠뜨릴 수 있다.

셜리 레보빅스가 정리한 랍비의 이런 지침들은 주위의 누군가가 학대를 당하고 있다는 의심을 품는 모든 사람에게 적용된다. 그리고 "네 이웃이 피를 흘리는 걸 옆에서 지켜보고만 있지 말라."라는 성경 계율은 이런 상황에 적극 개입할 것을 우리에게 명한다.

150일째 화요일

마이모니데스의 조언: 부정적인 행동을 어떻게 변화시킬까

12세기 철학자이자 탈무드 학자인 모세 마이모니데스는 인간은 모든 행동에서 극단을 피하고 중도를 추구해야 한다고 믿었다. 예를 들면, 날마다 아주 값비싼 옷을 입어서도 안되지만 날마다 누더기 같은 옷을 입어서도 안된다. 자선 목적으로 순수익의 10%에서 20%의 돈을 기부해야 하지, 20%가 넘은 돈을 기부함으로써 자신의 자원을 낭비해서도 안된다(236일째 참조). 목숨만 부지할 정도로 최소한의 음식을 먹어서도 안되지만, 최고급 음식과 포도주를 먹는 일에 길들여져서도 안된다. 모욕적인 언사와 무례한 행동에 항상 화를 내서도 안되지만, 마치 시체처럼 그런 언행을 하는 사람에게 속수무책 당하고만 있어서도 안된다(미슈나 토라Mishneh Torah, '성격 개발에 관한 율법Laws of Character Development' 1:4).

하지만 당신이 이미 그런 부정적인 성격 중 하나로 힘들어 하고 있다면 어떻게 해야 할까? 당신이 매우 구두쇠이거나 대식가이거나 쉽게 화를 내는 사람이라면 어떻게 해야 할까? 그런 경우엔 중도를 추구하려고 노력하는 것으론 충분치 않다고 마이모니데스는 주장한다. 몸에 밴 습관 때문에 결국 원래의 부정적인 성격으로 되돌아가게 된다는 것이다. 마이모니데스의 글에 대한 주석에선 다음과 같은 예를 제시한다. "대나무 지팡이가 한쪽 방향으로 휘어져 바로 펴고자 한다면, 지팡이를 똑바로 잡고 있어선 안된다. 지팡이를 놓으면 다시 원래 방향으로 휘어질 것이기 때문이다. 지팡이를 똑바로 펴려면 반대 방향으로 휘어 잡고 있어야 한다. 그런 후에 지팡이를 놓으면 지팡이가 곧게 설 것이다."

이와 마찬가지로, 나쁜 습관 역시 일정 기간 동안 임시로 정반대의 극단을 행함으로써 가장 잘 고칠 수 있다는 것이다. 만일 당신이 구두쇠라면 앞으로 두 달간 당신에게 도움의 손길을 호소하는 모든 사람에게 자선을 베풀고, 당신 지역에 있는 자선 단체들에 평소 기부하는 금액의 최소 2배를 기부하는 것이다. 평소 당신이 거리의 걸인들을 무시하고 그냥 지나쳤다면, 앞으로 몇 달간 "하나님의 축복이 당신과 함께 하길."이라는 따뜻한 말과 함께 그들에게 자선을 베풀어보라.

만일 당신이 최고급 레스토랑에서 식사를 하고 최고급 포도주를 마시는 것에 익숙해져 있다면, 앞으로 두 달간은 값싼 레스토랑에 가고 훨씬 싼 포도주를 마시도록 하라. 그리고 집에선 평소 즐기던 고기보다 싼 고기를 먹도록 하라.

만일 당신이 쉽게 화를 내는 성격이라면, 화를 자제하기 위해 할 수 있는 모든 일을 다 해보도록 하라. 마이모니데스는 이렇게 제안한다. "우리는 쉽게 노하는 사람에게 설령 누가 욕을 퍼붓더라도 일절 반응을 하지 않도록 자신을 훈련시키라고 말한다(미슈네 토라, '성격 개발에 관한 율법 2:2)." 한 가지 가능한 제안은 화를 낼 때마다 자기 자신에게 벌금을 부과하는 것이다. 이때 화를 자제하는 데 더 효과적일 수 있도록, 가능한 한 고액의 벌금을 부과하고 그렇게 해서 모인 벌금은 자선 단체에 기부하기로 한다(이 방법이 어떻게 효과를 발휘하는지에 관한 더 자세한 내용은 156일째에서 언급하기로 한다.). 화를 자제하기 위해 여러 가지 노력을 했음에도 불구하고 여전히 화를 자제할 수 없다면, 당신은 전문가의 도움을 받아야 할 도의적 책임이 있다. 분노를 통제할 수 없는 사람은 주변 사람들의 마음에 큰 상처를 줄 수 있기 때문이다.

두 달 후 당신의 습관이나 성격을 시험해보라(마이모니데스는 새로운 행동 방식을 '오랫동안' 따라야 한다고 말했을 뿐이지, 그 구체적인 기간은 정하지 않았다.). 예를 들면, 자신이 다시 구두쇠가 되지 않고 너그러워졌는지, 다시 대식가로 돌아가지 않고 좋은 음식을 적당히 섭취하는지, 또는 적절하게 분노를 표출하는지 등을 살펴보는 것이다.

이처럼 일시적으로 극단을 추구하는 것은 나쁜 성격이나 습관을 고치는 데 필요한 입장권일 뿐이다. 따라서 그런 극단적인 행동을 평생 지속하는 것을 목표로 삼아선 안된다. 다시 말해, 이 방법은 당신을 중도로 돌아가게 해주는 역할만 할 뿐이다.[107]

이 책을 덮기 전에 두 달간의 '정반대되는 극단 여행'을 통해 바로잡을 수 있는 자신의 부정적인 특성은 어떤 게 있나 생각해보라. 생각나는 것이 없다면, 당신 배우자나 가까운 친구에게 당신 삶에서 개선이 필요한 부분이 없는지 물어보라. 이때 그들이 당신의 이런저런 점을 고치면 좋겠다고 말하더라도, 절대 그들에게 서운해 하거나 지나치게 민감한 반응을 보이지 말아야 한다는 걸 명심하자.

151일째 수요일
친절은 끝없는 의무이다

나의 아버지는 세상을 떠나기 18개월 전부터 부분적인 마비와 잦은 혼란 상태를 야기하는 뇌졸중을 앓으셨다. 당시 아버지는 거의 늘 고통 속에 사셨지만, 다정다감한 성격은 조금도 변하지 않았다. 아버지는 삶이 끝날 때까지 찾아오는 모든 이들을 반겼고 선물을 가져오는 모든 이들에게 감사의 마음을 전하셨다.

매우 종교적이셨던 아버지는 결국 평생에 걸쳐 친절해야 한다는, 유대 전통이 기대하는 의무를 다하셨던 것이다.[108] 랍비 심차 지젤 지브 Simcha Zissel Ziv는 죽기 며칠 전에 자신의 모든 옷을 세탁해 달라고 부탁했다. 자신의 모든 옷을 가난한 사람들에게 나눠주고 싶은데, 기왕이면 조금이라도 깨끗한 상태로 줬으면 좋겠다는 것이었다.[109]

랍비 이스라엘 살란터와 그가 창시한 무사르 운동에 대한 다섯 권짜리 책을 집필한 도브 카츠는 이 위대한 랍비의 이 세상 마지막 밤에 대한 이야기를 전한다.

랍비 이스라엘 살란터는 말년에 깊은 병마에 시달렸다. 이에 유대인 공동체는 그의 시중을 들 하인 한 명을 고용해 그와 함께 지내도록 했다. 하인은 천성은 착했지만 단순했다. 한밤중에 랍비 살란터는 자신의 죽음이 임박했음을 느껴 마지막 순간 하인에게 이렇게 말했다. "방에 시체와 함께 남겨진다고 해서 두려워하거나 불안해하지 말게."[110]

이 이야기들은 빅토르 프랭클Viktor Frankl이 나치 강제수용소에서 겪은 일을 쓴 《죽음의 수용소에서Man's Search for Meaning》에 나오는 한 이야기를 떠올리게 한다. 프랭클은 아우슈비츠라는 지옥에서조차 인간은 어느 정도의 자유 의지를 갖고 있다는 걸 입증해주는 사람들을 보고 충격을 받았다. "강제 수용소에 살았던 우리는 지금도 몇몇 사람들을 기억한다. 그들은 막사로 들어와 다른 사람들을 위로하며 자신들의 마지막 남은 빵을 주고 갔다. 그런 사람들은 흔치 않지만, 그들은 인간에게서 모든 것을 뺏어갈 수 있어도 단 하나만은 절대 뺏어갈 수 없다는 사실을 입증해 준다. 어떤 상황에서도 스스로 의사를 결정할 수 있고 스스로 갈 길을 선택할 수 있게 해주는 마지막 남은 인간의 자유 의지 말이다." 비탄 속에 또는 입술에 저주를 머금고 죽는 사람들도 있

---

107 제이콥스, 《유대인의 개인적·사회적 윤리Jewish Personal and Social Ethics》 15-17쪽
108 당연히 나는 간간히 찾아오는 극도의 신체적 고통으로 괴로워하는 사람이나 정신병으로 극심한 짜증을 내는 사람을 폄하할 생각은 조금도 없다.
109 슈무엘 히멜스타인Shmuel Himelstein, 《하나의 지혜, 하나의 위트A Touch of Wisdom, a Touch of Wit》 104쪽
110 도브 카츠, 《무사르 운동 T'nuat Ha-Mussar》 1권 376쪽

고, 생을 마감할 때까지 인자한 성품과 다른 사람들에 대한 배려를 간직하는 사람들도 있다.

152일째 목요일
네 자신이 싫어하는 일은 이웃에게도 하지 말라

종교 학자들은 종종 자기 믿음의 정수에 대한 간결한 정의를 내리길 거부하는데, 이는 이해할 만한 일이다. 20년이나 30년 또는 그 이상 자신의 종교가 제시하는 규율이나 삶의 방식을 공부한 사람에겐 그 종교의 본질적인 진리를 단 몇 문장으로 요약한다는 것이 불가능해 보일 수 있을 것이기 때문이다. 그런 이유로, 약 2,000년 전 한 이교도가 랍비 샴마이를 찾아가 자신이 한 발로 서 있는 동안 유대교의 핵심을 정의해 달라고 청했을 때, 격분한 샴마이가 각목을 집어 들고 그를 쫓아냈던 것이다.

쫓겨난 그 이교도는 그에 굴하지 않고 다음에는 랍비 힐렐을 찾아갔다. 힐렐은 그 남자를 온화하게 대했을 뿐 아니라, 그의 질문이 타당성 있다고 여겨 이렇게 대답했다. "네 자신이 싫어하는 일을 이웃에게도 행하지 말라는 것이 유대교 율법의 전부일세. 나머지는 그에 대한 설명일 뿐이지. 이제 돌아가서 공부를 하시게(바빌로니아 탈무드, 샤밧 31a)."

이 간단한 정의로 힐렐은 유대주의의 본질적인 가르침인 황금률을 탄생시켰다. "이제 돌아가서 공부를 하시게."라고 말함으로써, 샴마이는 황금률을 어떻게 실천하는지를 알려면 여러 해 동안(아마 평생) 공부를 해야 한다는 사실을 강조했다.

탈무드의 같은 페이지에서는 개종을 하려고 샴마이를 찾아갔다가 역시 쫓겨난 또 다른 두 이교도에 대한 이야기를 기록하고 있다. 그중 한 명은 토라의 율법은 받아들이겠지만 구전 율법(탈무드에 등장하는 랍비들의 율법)은 받아들이지 않겠다고 했고, 다른 한 명은 자신을 고위 성직자로 임명해준다는 조건 하에 유대인이 되겠다고 했다.[111]

그 후, 두 사람 모두 힐렐을 찾아갔고, 힐렐은 그들을 개종시켰다. 힐렐은 처음 이교도에겐 논리를 통해 왜 유대주의는 구전 율법 없이는 존재할 수 없는지를 알려주었고, 다른 이교도에겐 설명을 통해 왜 토라는 개종한 유대인(또는 성직자 가정에서 태어나지 않은 유대인)이 고위 성직자가 되는 것을 허용하지 않는지를 알려주었다.[112]

끝으로 탈무드는 다음과 같이 전한다. "시간이 지나 세 개종자가 한자리에 모여 이구동성으로 말했다. '참을성 없는 샴마이는 우리를 하나님의 세상에서 쫓아내려 했지만, 온화한 힐렐은 우리를 하나님의 날개 아래로 인도해 주었다."

---

111 이는 미국 시민이 되려는 사람이 미국 헌법의 적법성은 인정하지만 그 헌법에 기초한 대법원의 판결은 인정하지 않겠다고 말하는 것과 비슷한 경우이다.
112 이 모든 사례 가운데, 유대인으로의 개종에 관심 있거나 의향이 있는 사람들에게 힘이 되어주려는 힐렐의 자세는 열린 자세의 좋은 본보기이다.

153일째 금요일

모든 생각을 다 말해선 안된다

내가 아는 한 남자가 가족 행사에서 여러 해 전 비극적으로 세상을 떠난 자신의 아버지에 대해 말하고 있었다. 그가 가슴 아픈 이야기를 끝내자, 한 친구가 그에게 말했다. "지금 자네는 아주 성공을 했네. 그것에 감사하고 이제 슬픈 과거사는 잊어버리게." 그 말은 남자에게 상처와 불쾌감만 주었다. 이제는 무지갯빛이 된 자신의 인생에 감사하지 않는 건 아니지만, 그래도 그는 여전히 일찍이 아버지를 여읜 것이 가슴 아팠던 것이다.

상대가 청하지도 않은 비판을 하는 사람들 경우, 내부 검열 장치가 제대로 작동하지 않는 경우가 많다. 그들은 한 가지 생각이 머리에 떠오르면, 설령 그 생각이 상대에게 상처를 줄 불필요한 말일지라도 입 밖에 내고 만다.

만일 당신에게 그런 경향이 있다면, 랍비 이스라엘 살란터의 말을 떠올리기 바란다. "모든 생각을 다 말해선 안된다." 부적절한 정보와 편파적인 견해를 퍼뜨리는 사람들이 너무도 많다는 걸 인식한 랍비 살란터는 이렇게 덧붙인다. "그리고 모든 말을 다시 말해선 안되고, 다시 말해진 모든 말을 기억해선 안된다."

랍비 살란터의 조언은 특히 스스로 유머 감각이 뛰어나다고 자부하는 사람들에게 적용되어야 한다. 그런 사람들은 흔히 상황에 어울리지 않는 농담을 던짐으로써 스스로를 궁지에 몰아넣기도 하고 다른 사람에게 마음의 상처를 주기도 한다. 옛 이디시 재담은 이렇게 가르친다. "누가 영웅인가? 재치 있다고 생각되는 말을 억누를 수 있는 사람이다."

154일 안식일

한 주를 돌아보며 편히 쉬는 하루가 되기를.

155일째 일요일

친절의 날

 내가 타고 있던 비행기 안에서 한 젊은 엄마가 세 아이 때문에 진땀을 흘리고 있었다. 한 아이는 울고 있었고, 한 아이는 뛰어다니고 있었으며, 또 다른 아이는 큰소리로 떠들고 있었다. 두말할 나위 없이, 이 젊은 엄마는 주변 사람들의 짜증난 표정과 불만을 감내해야 했다. 그런데 그때 한 중년 여성이 그녀에게 다가가 도움의 손길을 내밀었다. 다른 승객들을 위해 이 여성은 울고 있는 아기를 안고 복도를 왔다갔다하면서 달랬고, 그러는 동안 궁지에 몰렸던 젊은 엄마는 나머지 두 아이를 진정시킬 수 있었다.

 나는 그 중년 여성의 선행에 감명을 받았다. 그리고 젊은 엄마에게 도움의 손길을 뻗치지 않은 나 자신이 부끄러웠다. 중년 여성이 아기를 안고 있을 때, 나는 우리 모두가 일주일에 하루 또는 한 달에 하루 정도를 24시간 내내 친절을 실천하는 것을 최우선시하는 날로 정할 필요가 있다는 생각을 하게 되었다. 따라서 당신이 만일 비행기에 탑승했는데 이 젊은 엄마처럼 어떤 딜레마에 빠진 사람을 본다면, 불평하거나 외면하지 말고 반드시 그 사람에게 다가가 도움의 손길을 내밀어야 한다.

내가 사는 뉴욕 시에는 친절을 베풀 기회가 넘쳐난다. 예를 들면, 이 도시에는 노인이 많은데, 그중에는 물건이 가득 담긴 무거운 쇼핑백을 들고 슈퍼마켓에서 집까지 홀로 걸어가는 노인들도 있다. 그들 노인에게 도움의 손길을 내밀자. 또한 횡단보도를 건너는 도중에 빨간 불이 들어올까 두려워, 횡단보도를 건너지 못하고 초조하게 서 있는 노인들도 있다. 보이스카우트나 걸스카우트가 되어, 그들이 안전하게 길을 건널 수 있도록 돕자. 당신이 더 많은 친절을 베풀고 싶다면, 기회는 얼마든지 있다. 나는 족히 60대 후반은 됐을 것 같은 한 할머니를 알고 있는데, 그 할머니는 저소득층 노인들을 위한 거주 시설에 살고 있다. 그곳에서 그 할머니는 일주일에 몇 차례 자신보다 더 노쇠한 80대, 90대 할머니들을 목욕시킨다.

행동뿐 아니라 말로도 친절을 베풀 수 있다. 위로나 조언이 필요한 사람들에게 당신의 시간을 할애하자. 이때 그들을 재촉하지 말고, 그들이 자기 고민을 충분히 표현할 수 있도록 배려하자.

그리고 당신과 가장 가까운 사람 또는 가족에게 특히 친절하고 다정하게 대하자. 당신 자녀들에게 역정을 내지 않도록 주의하고, 그 애들과 놀아주는 데 각별한 노력을 기울이자.

'친절의 날'에는 24시간 동안 하나님이 원하신다고 믿는 방식으로 살아보자.

156일째 월요일
화를 극복하는 효과적이며 값진 방법

나는 유대교도로 개종한 아주 부유한 한 남자를 알고 지낸 적이 있다. 그는 성미가 급하고 욕을 자주 했는데, 그럴 때의 그의 모습은 평소 독실한 유대교도인 그와는 전혀 어울리지 않았다. 그가 유대교로 개종하는 데 영향을 준 랍비가 이렇게 설명했다. "그는 이제 더 이상 욕을 하지 않았으면 합니다. 그래서 우린 약속을 했죠. 욕을 할 때마다 스스로에게 180달러의 벌금을 물리고, 그렇게 모인 돈을 유대인 자선 단체에 기부하기로 말이죠. 지금까지 그는 수만 달러를 기부했습니다."

그 이후 15년도 더 지났고, 나는 그 남자와 연락이 끊겼다. 그래서 180달러의 벌금이 그의 버릇을 고쳐 놓았는지 확실히 알 길은 없지만, 나는 개인적으로 그랬으리라 믿는다. 만일 그렇지 못했다면, 그에게 180달러는 뿌리 깊은 그의 습관을 고치기에는 적은 액수였을 것이다.

이것은 오래 전에 그 효과가 입증된 방법이다.

레이싯 코크마Reishit Chochmah(지혜의 시작)로 알려진 중세 윤리에 대한 유대 문헌은 분노를 조절하지 못하는 사람들에게 유사한 가르침을 준다. "화를 낼 때마다 기부할 일정 금액을 정하라. 그 금액은 당신이 화를 내기 전에 한 번 더 생각할 만한 금액이어야 한다."

만일 당신이 자신의 분노를 조절하려 애쓰고 있다면, 다가오는 한 주 또는 한 달 동안 불필요하게 화를 낼 때마다 일정 금액을 자선 단체에 기부하도록 해보라. 레이싯 코크마가 말했듯, 그 금액은 당신을 자제시키기에 충분해야 하고, 평소 자선 단체에 기부하는 금액보다 많아야 한다. 다시 말해, 벌금의 역할을 충분히 할 수 있어야 한다.[113]

이 방법이 효과가 없다면 좀 더 강도를 높여보자. 즉 평소 당신이 후원하지 않는 단체에 벌금을 기부하는 것이다.[114] 당신이 만일 정통파 유대인이라면 개혁파나 보수파 자선 단체에 기부하고, 반대로 당신이 개혁파나 보수파 유대인이라면 정통파 자선 단체에 기부하는 것이다. 당신이 지지하지 않는 단체에 돈을 보내는 것이 못마땅할 수도 있겠지만(이 사실 하나만으로도 당신의 분노를 더 잘 조절할 수 있다.), 당신의 분노 덕에 최소한 유대 사회는 덕을 본다.

만일 당신이 이 방법은 돈이 너무 많이 든다는 생각에 화를 다스리는 데 별 노력을 기울이지 않는다면, 앞으로 몇 년간 가외의 돈은 들어가지 않을지 몰라도, 당신 친구들이나 배우자, 자녀들과의 관계가 더 악화되는 더 비싼 대가를 치르게 될지도 모른다.

레이싯 코크마의 제안은 충분히 고려해볼 만한 가치가 있다. 큰돈이 들어갈 수도 있지만, 장기적으로 볼 때 결코 손해가 아니기 때문이다.

---

113 레이싯 코크마의 이 제안은 나크마니데스Nachmanides, 《노인을 위한 편지A Letter for the Ages》 아트스크롤 판ArtScroll edition 30-31쪽에 인용되었다.
114 심리학자인 솔로몬 쉬멜이 자신의 저서 《치명적인 7가지 죄악The Seven Deadly Sins》 105쪽에서 이 방법을 제안했다.

157일째 화요일

배우자에게 화가 날 때

역사상 가장 유명한 연극배우 부부 중 한 쌍인 알프레드 런트Alfred Lunt와 린 폰탄느Lynn Fontanne 부부는 50년이 넘는 결혼 생활을 했다. 언젠가 한 기자가 폰탄느에게 이혼을 생각해본 적은 없었냐고 묻자, 그녀는 이렇게 대답했다. "이혼이라고요? 단 한 번도 생각해본 적이 없어요. 하지만 살인은 종종 생각했죠."

이 유머러스한 답변은 안타까운 진실을 반영한다. 아무리 서로 깊이 사랑하는 부부라 해도, 부부는 종종 서로를 짜증스럽게 하고 서로에게 과도하고 부적절한 화를 낸다는 것이다. 많은 경우 짜증을 유발하는 사소한 쟁점이 극심한 감정 폭발로 이어져, 서로에게 깊은 상처를 주는 말을 내뱉고 아픈 과거를 되짚어 이야기하게 된다.

한 배우자가 고통스러워할 때 다른 배우자가 부적절하게 반응하는 경우도 있다. 성경에도 이 같은 사례가 있다. 야곱은 그의 아내 라헬을 진심으로 사랑했다. 하지만 아이를 갖지 못하는 라헬이 그에게 "나로 자식을 낳게 하라. 그렇지 아니하면 내가 죽겠노라(창세기 30:1)." 라고 한탄하며 말하자, 그는 라헬을 안아주거나 아이가 없어도 변함없이 그녀를 사랑한다고 말하는 대신 그녀의 고통만 심화시킬 대답을 했다. "야곱이 라헬에게 노를 발하여 가로되, 그대로 성태치 못하게 하시는 이는 하나님이시니 내가 하나님을 대신하겠느냐?(창세기 30:2)"

그 이후 라헬은 요셉을 낳았고, 또 얼마 후 베냐민을 낳다가 죽는다. 나는 야곱이 화가 난 순간 라헬에게 했던 비정한 말들을 얼마나 자주 돌이켜 생각해 보았을지, 또 이를 사과하기엔 너무 늦어버렸을 때 얼마나 많은 후회를 했을지 궁금하다.

분노는 종종 인간의 부정적인 특질 중 하나인 옹졸함에서 비롯된다. 옹졸함으로 인해 배우자가 하는 모든 일이 못마땅할 때가 있다. 왜곡된 감정을 갖게 되는 그런 시기에, 우리는 배우자의 단점은 부풀리고 장점은 과소평가하거나 당연시하기 마련이다.

나는 스위스 항공의 여객기 한 대가 대서양에 추락해 200명이 넘는 사상자를 낸 지 일주일이 지난 시점에 이 글을 쓰고 있다. 탑승객들은 추락 6분 전쯤에 비행기가 추락할 것이라는 통보를 받았다는 사실이 후에 드러났다. 내 아내는 그 비행기에 타고 있던 부부들이 그 남은 6분 동안 서로 무슨 말을 하고 어떤 행동을 했을지 궁금하다고 했다. 그녀는 한 가지 사실은 확신했다. "아무도 '항상 바닥에 옷을 벗어 놓는 걸 더는 못 참겠어.' 또는 '생각 없이 돈을 함부로 쓰는 것에 진절머리가 나.' 같은 말은 하지 않았겠죠."

그 여객기는 하늘나라의 다음 생에서 만나자며 영원한 사랑을 맹세하거나 과거 자신의 잘못된 언행에 대해 사과하며 용서를 구하는 사람들로 가득했을 것이다. 극심한 공포에도 불구하고 그 마지막 순간은 더없이 아름다운 시간이기도 했을 것이다.

다음에 쓰레기를 치우지 않았다는 이유로 배우자에게 화가 폭발하려 할 때, 이 여객기 이야기를 떠올려보기 바란다.

158일째 수요일

피고용인을 존중하라

가끔 나는 내 자신이 인간이란 사실이 부끄러워지는 이야기를 듣게 된다. 그건 나치의 잔학 행위에 대한 이야기가 아니라, 인간이 서로 사소한 무례를 범하고 창피와 굴욕감을 주는 이야기이다. 최근 한 가정부가 내게 뉴욕 시 어퍼 이스트 사이드Upper East Side에 있는 한 부유한 가정에서 일했던 자기 친구에 대한 이야기를 해주었다. 그 친구는 아이들의 저녁도 차려주었는데, 그녀는 아이들을 위해 준비한 음식을 먹는 것이 허용되지 않았다. 주인은 그녀가 먹을 더 싼 음식을 따로 마련해 놓았던 것이다.

탈무드는 신명기 23장 25절 "네 이웃의 곡식밭에 들어갈 때에는 네가 손으로 그 이삭을 따도 되느니라. 그러나 네 이웃의 곡식밭에 낫을 대지는 말지니라."라는 말을 고용주의 농작물을 추수하는 일꾼은 일하는 동안 밭의 농작물을 마음껏 먹을 권리가 있다는 뜻으로 이해한다(하지만 일꾼은 농작물을 집으로 가져갈 권리는 없다.).[115]

성경의 가르침을 진리로 받아들이는 사람들조차도 동정적이고 도덕적인 이 율법을 종종 어긴다. 자신의 유명한 토라 주해서에서, 랍비 요셉 헤르츠Joseph Hertz는 이탈리아의 어느 부유한 포도 농장 주인에 대한 이야기를 한다. 그 농장주는 굶주림만 면할 정도의 적은 노임을 받으려고 남부 이탈리아의 뙤약볕 아래 열병에 시달리며 포도를 수확하는 가련한 여성 노동자들에게 강철로 된 입마개를 씌웠다. 가난한 여성 노동자들이 농장에 있는 수백만 송이의 포도 중 극히 일부로 타

들어가는 갈증과 고통스런 배고픔을 달래는 걸 막으려는 처사였다.[116]

만일 당신이 가장 소중한 당신 아이들을 돌보는 사람을 충분히 신임한다면, 그 사람에게 당신과 당신 자녀들이 먹는 것과 똑같은 음식을 제공할 정도로 그 사람을 배려해야 한다.

159일째 목요일

손님 접대의 모범이 되는 아브라함

성경은 아브라함의 생애에 대한 세부적인 이야기들을 그리 많이 전하고 있지 있지만, 창세기 18장은 그가 손님을 접대하는 방식에서 배울 점이 많은 모범적인 주인이었다는 사실을 명확히 보여준다.

어느 무더운 날 옛 가나안에서 아브라함이 그의 장막 입구에 앉아 있었다. 바로 앞의 장(17:24)은 노년의 아브라함이 할례를 받았다고 전하고 있으므로, 그는 아마 회복 단계에 있었을 것이다. 그러나 아브라함은 세 남자가 자기 쪽으로 걸어오는 걸 보자마자, 그들을 맞이하러 얼른 일어나 뛰어나갔다. 그들에게 갔을 때, 아브라함은 땅에 엎드려

---

115 토라의 또 다른 구절 신명기 25장 4절은 심지어 동물에게도 일꾼과 같은 권리를 부여한다. "곡식 떠는 소의 입에 망을 씌우지 말찌니라."
116 헤르츠, 《모세 5경과 하프토라The Pentateuch and Haftorahs》 854쪽 유대 율법이 토라에 근거해 노예제도(물건을 훔쳤는데 갚을 길이 없어 노예가 되거나 빚을 갚으려고 스스로 노예가 되는 이스라엘인에게 부과되는 노예 기간은 최대 6년이었다.)를 허용했을 때조차, 탈무드는 노예를 특히 더 공정하게 대해야 한다고 규정했다. 그래서 탈무드는 "너는 네 형제와 사이좋게 지내야 한다."는 토라 구절에 근거해, 만일 주인이 침대에서 베개를 베고 잔다면 그의 노예에게도 똑같이 편안한 침대와 베개를 주어야 하며, 만일 주인이 가진 베개가 하나뿐이라면 그 베개를 노예에게 주어야 한다고 규정했다(키두쉰 20a에 관한 토사폿). 주인은 또 자신이 식사를 하기 전에 먼저 노예에게 식사를 하도록 해야 한다(마이모니데스, 미슈네 토라, '노예에 관한 율법' 9:8).

절하고는 자신의 손님이 되어줄 것을 청했다.

아브라함은 그들에게 씻을 물과 먹을 빵, 쉬기에 적합한 나무 그늘을 제공했다. 세 남자가 그의 초대를 받아들였을 때, 아브라함은 서둘러 장막 안으로 들어가 아내 사라에게 빵을 구워줄 것을 부탁했다. 그런 다음 자기 가축들을 돌보는 젊은 하인에게 달려가 함께 가장 좋은 송아지를 고른 뒤 서둘러 요리하도록 지시했다. 음식이 준비되자마자 아브라함은 직접 손님들에게 음식을 갖다 주었고, 그들이 식사를 하는 내내 그 곁을 떠나지 않고 시중을 들었다.

우리가 아브라함에게서 맨 먼저 배워야할 점은 정중함이다(그는 이 이방인들이 자신의 초대를 수락한다면 영광으로 여길 것이라는 점을 그들에게 명확히 전달했다.). "내 주여, 제가 주의 은총을 입었사오면 원하건데 종을 떠나 지나가지 마시옵소서."

아브라함은 또한 이 여행자들에게 필요한 모든 것을 즉시 제공하는 일에 전념했다. 실제로 이 성경 대목에서 가장 많이 등장하는 행동이 '서두름'이었다. 아브라함은 서둘러 그들을 맞이하러 갔고, 서둘러 장막 안에 있는 사라와 하인에게 가 서둘러 음식을 준비할 것을 부탁했다. 그는 또한 아주 세심하고 주의 깊은 주인이기도 했다. 그는 손님들이 필요로 하는 걸 즉시 충족시켜주기 위해, 그들이 음식을 먹는 동안 줄곧 그 곁에 서 있었다.

끝으로, 아브라함은 손님들에게 약속한 것 이상을 내주었다. "떡을 조금 가져오리니 당신들의 마음을 쾌활케 하신 후에 지나가소서."가 처음 그가 손님들에게 한 말이었지만, 그는 곧 손님들에게 버터와 우유도 대접했고, 곧이어 부드러운 송아지 고기에 구운 빵을 곁들인 푸짐한 식사를 제공했다. 유대주의는 아브라함의 행동으로부터 다음과 같은 가르침을 도출했다. "의인은 말은 적게 하지만 행동은 많이 한다(바빌로니아 탈무드, 바바 메지아 87a)."

수천 년 동안 아브라함은 손님 접대의 선행을 실천하려는 유대인들에게 더없이 좋은 역할 모델이었다.[117] 그는 적극적으로 손님들을 찾아냈고, 서둘러 그들이 필요로 하는 걸 충족시켜줬으며, 약속한 것보다 훨씬 더 많은 것을 제공했다. 어느 누가 이런 주인을 만나길 원하지 않겠는가?

160일째 금요일
공짜 점심이란 없다

함께 여행을 하다 신앙심 깊은 과부가 운영하는 여관에서 점심을 먹은 두 동유럽 랍비에 대한 19세기의 이야기가 있다. 식사를 하는 동안 한 랍비는 수다스런 여관 여주인과 장황한 대화를 나누었고, 다른 랍비는 조용히 앉아 토라를 읽었다. 두 랍비가 음식 값을 지불하려 하자, 여관 주인은 음식 값을 받지 않겠다고 했다. 밖으로 나왔을 때, 두 랍비 중 더 사교적인 랍비가 친구를 보며 말했다. "난 자네가 그 여자 음식을 훔친 죄를 지었다고 생각하네."

이에 친구는 놀란 표정으로 말했다. "그 여자 스스로 돈을 낼 필

---

117 145일째의 글도 살펴보기 바란다.

가 없다고 하지 않았는가." "물론 우리가 돈을 내는 걸 원치 않았지." 첫 번째 랍비가 말을 이었다. "하지만 그건 내가 자기 말을 들어주고 같이 얘기를 해준 것에 대한 감사의 뜻이었네."

접대하는 주인뿐 아니라 손님에게도 도덕적인 의무가 있다. 예를 들면, 유대 전통은 비르캇 하마존Birkat Hamazon(식사 후의 축도) 기간 중 손님은 자신을 접대한 가정을 위해 특별한 축복 기도를 해야 한다고 가르친다.[118] 손님은 자신이 받은 접대에 대한 감사의 마음을 표현해야 하고, 사교적이 되도록 노력해야 하며(식탁에 조용히 앉아 방관자적인 태도를 취해선 안된다.), 모든 부모가 잘 알고 있듯 초대한 가정의 자녀들을 칭찬함으로써 그 가정에 기쁨을 선사해야 하는 것이다.

그 외에 유대 율법은 손님에게 특이한 의무를 부여한다. 즉 어떤 가정에서 진정으로 극진한 대접을 받았다면, 손님은 그 가정을 칭찬하며 돌아다녀선 안 된다는 것이다. 그 가정에 대한 칭찬을 남발하게 되면, 다른 사람들이 그 가정을 찾아가 그들의 후함을 이용할 수도 있기 때문이다. 어쨌든 무엇보다 중요한 것은 당신을 초대한 사람들에게 성심성의껏 대해야 한다는 것이다. 따라서 그들이 이야기하고 싶어 한다면, 당신은 귀를 활짝 열어야 한다.

161일째 안식일

한 주를 돌아보며 편히 쉬는 하루가 되기를.

---

[118] "자비로운 하나님, 이 가정의 주인과 안주인, 그리고 이 가정의 모든 사람들에게 축복을 내려 주소서."

Week 24

162일째 일요일

하나님에 대한 두려움이 어떻게 당신을 더 나은 사람으로 만들까? ①

대다수의 사람은 '하나님에 대한 두려움'을 지옥불과 유황이라는 종교적인 전통과 연관시킨다. 예를 들면, 일부 사람들은 하나님의 계명 중 하나라도 복종하지 않거나 신학적으로 잘못된 믿음을 가진 사람에게 하나님은 끔찍하고도 영원한 징벌을 내리신다고 믿는다.

나는 그런 가르침을 혐오스럽게 생각함에도 불구하고, 토라는 "네 하나님을 경외하라(레위기 19:14)."라는 구체적인 경고를 몇 차례 되풀이한다. 하지만 이 말이 사용된 구절들을 면밀히 살펴보면, 이 말이 영원한 저주나 공포 상황과 관련 있는 게 아니라, 오히려 우리에게 두 가지 혜택을 줄 수 있다는 걸 암시하고 있음을 알 수 있다.

첫째, 그런 두려움은 우리를 자유롭게 해줄 수 있다. 대다수 사람에겐 두려워하는 사람이 있다. 비민주적인 사회에선 거의 모든 사람이 정부 관리들을 두려워한다. 출애굽기의 첫 장에는 이집트 왕이 두 산파에게 이스라엘 산모가 사내아이를 낳으면 죽이라고 명령하는 대목이 나온다. 하지만 두 산파는 이집트 왕의 명령을 따르지 않고 아이들을 구한다. 무엇이 그런 불복종을 야기했을까? "그러나 산파들이 하나님을 두려워하여 애굽 왕의 명령을 어기고 남자 아기들을 살린지라(출애굽기 1:17)." 다시 말해, 두 산파는 이집트 왕보다 하나님을 더 두려워했던 것이다. 다른 이집트인들은 이집트 왕만을 두려워했기 때문에, 그 후 이집트 왕의 명령에 따라 갓 태어난 이스라엘 아기들을 찾아 익사시켰다.

이 이야기는 역사적으로 문헌에 등장하는 첫 번째 시민 불복종 행위의 사례이다. 그래서 이 사례는 그 후 시민 불복종의 한 형태가 되었다. 역사적으로 볼 때, 독재주의나 전제주의 사회에서 그 체제를 반대하는 사람들 대부분은 종교적인 사람들이었다. 그들도 다른 사람들과 마찬가지로 사회의 최고 권력자를, 그리고 자신들을 징벌하고 고문해 죽일 수 있는 그 권력을 두려워했다. 하지만 그들은 하나님과 하나님의 율법을 훨씬 더 두려워했기에, 악의 권력에 저항하는 자유를 얻을 수 있었던 것이다.

대통령이 자신을 감옥에 넣거나 죽일 거라는 두려움을 가질 필요가 없는 미국 같은 민주주의 국가 국민들은 더욱 더 하나님에 대한 두려움으로 정의롭지 못한 일을 해선 안될 것이다.[119]

어떤 권력자가 부당한 행동을 하는 것을 본다면, 우린 이 두 산파 이야기를 떠올려야 한다. 두 산파처럼 우리도 그 권력자에 동조하지 않아야 한다. 예를 들어, 당신 회사 사장이 직원들을 부당하게 대하며 당신에게 동조하길 원한다면, 당신은 그 말을 따라선 안된다. 당신 사장이 두려울 수도 있다. 하지만 우리는 하나님을 훨씬 더 두려워해야 한다.

그렇다. 하나님에 대한 두려움으로 우리는 아주 자유로울 수 있다.

하나님에 대한 두려움이 우리를 더 나은 사람으로 만들어주는 두 번째 방식은 내일 이야기에서 논의하도록 한다.

163일째 월요일

하나님에 대한 두려움이 어떻게 당신을 더 나은 사람으로 만들까? ②

우리 중에 성자는 거의 없다. 대다수의 사람이 초기 성경이 정의 내린 인간의 본성을 갖고 있다. "사람의 마음의 계획하는 바가 어려서부터 악함이라(창세기 8:21)." 이 구절은 왜 많은 사람들이 부도덕하거나 부당한 행동을 하면서 발각되지 않을 거라 확신하는지, 또 왜 자신보

---

119 언젠가 나는 엘리 비젤에게 로널드 레이건 대통령이 참석한 한 백악관 기념식 연설에서 1985년 나치 독일 패전 40주년을 맞아 비트부르크의 나치 공동묘지를 방문하는 대통령을 비난했을 때 두렵진 않았냐고 물은 적이 있다. 비젤은 두렵지 않았다며 이렇게 덧붙였다. "레이건 대통령이 날 어떻게 하겠습니까?" 그러나 그가 유럽 소시에서 자랐을 때는 경찰들이 종종 사람들을 괴롭히고 유대인을 싫어했다. 그래서 그는 지금도 여전히 경찰이 두렵다고 했다.

다 더 약한 사람들을 상대하면서 부도덕하거나 부당한 행동을 하는지를 설명하는데 도움을 준다.

인간의 악한 성향을 잘 알고 있던 토라는 "너는 귀먹은 자를 저주하지 말며 맹인 앞에 장애물을 놓지 말고 네 하나님을 경외하라. 나는 여호와니라(레위기 19:14)."라고 말하고 있다. 토라는 왜 "네 하나님을 경외하라."라는 문구를 덧붙였을까? 배짱이 두둑한 사람조차도 정상적인 사람을 넘어뜨리는 것은 망설이게 되는데, 이는 넘어진 사람이 직접 똑같은 보복을 해오거나 자신보다 더 힘센 친지나 친구를 시켜 보복할지도 모른다는 두려움이 있기 때문일 것이다. 그런 점에서, 눈먼 자를 넘어뜨리는 행위는 두려울 게 없을 거 같다. 눈먼 자는 누가 자신을 넘어뜨렸는지 모를 것이기 때문이다.[120]

토라가 우리에게 하나님을 두려워할 것을 상기시키는 것은 구체적으로 우리가 우리보다 더 약한 사람들을 대할 때이다.

- ◆ "너는 센 머리 앞에 일어서고 노인의 얼굴을 공경하며 네 하나님을 경외하라(레위기 19:32)."
- ◆ "너는 그(가난한 사람)에게 이자를 받지 말고 네 하나님을 경외하라(레위기 25:36)."
- ◆ "너는 그(하인)를 엄하게 부리지 말고 네 하나님을 경외하라(레위기 25:43)."

[120] 이 구절을 당면 문제에 '눈이 먼' 사람을 이용하는 것을 금지하는 계율로 이해한 랍비들은 이 계율을 자기 이익을 챙길 의도로 다른 사람에게 조언하는 것을 금하는 것으로까지 확대 해석했다. 이 경우 조언을 한 사람이 그것이 잘못된 일인지 알고 있었는지를 법정이 증명하는 것은 불가능하다. 따라서 이 구절은 우리에게 모든 이의 의도를 꿰뚫어 보시는 하나님을 두려워할 것을 상기시킨다.

마지막 계율은 역사적으로 많은 사람들이 자기 하인들을 학대했음을 일깨워준다. 주인들은 하인들은 학대를 당하더라도 그에 맞서 할 수 있는 일이 거의 없다는 걸 잘 알고 있었던 것이다. 그래서 성경은 하인을 두려워할 이유가 전혀 없는 주인들에게 하나님을 두려워할 것을 상기시킨다.

하나님을 두려워해야 한다는 것은 당신이 자신 이외의 많은 사람들에 대한 책임을 갖고 있으며, 스스로를 전능한 존재로 착각해선 안된다는 것을 깨달아야 한다는 의미이다. 토라에서 이 말이 '하나님에 대한 두려움'이 불균형한 힘의 관계를 언급하면서 나오는 이유가 바로 여기에 있다. 따라서 당신보다 더 약한 사람을 대할 때마다, 그리고 강자로서의 당신 지위를 이용하고 싶다는 유혹이 들 때마다, "네 하나님을 경외하라."라는 계율을 기억해야 한다.

164일째 화요일
부모님에게 고마움을 표현하라

오랫동안 자기 부모님을 원망해온 친구가 있다. "우리 부모님은 단 한 번도 내가 진정 어떤 사람인지 이해하려 하신 적이 없어." 친구는 말을 이었다. "가장 나쁜 건 부모님이 날 방치했다는 거야. 우리 부모님은 나와 함께 시간을 보내지 않았어."

몇 년 후, 결혼해 아이를 갖게 되자 그 친구의 태도가 조금 누그러졌다. "두 팔과 두 다리, 그리고 열 손가락 모두 온전한 채 이렇게 건강히 살아 있다는 건, 어린 아기시절 부모님이 나를 세심하게 돌봐주셨단 증거이겠지."

내 친구는 자신이 직접 아기를 기르면서 자기 부모님이 얼마나 자주 한밤중에 잠에서 깨 자신을 달래고 젖을 주었을지를 깨달았다. 언젠가 한 여성이 내게 이렇게 설명했듯 말이다. "엄마가 된 후에야 난 비로소 우리 엄마가 얼마나 날 사랑하셨는지를 깨달았어요."

부모의 헌신은 감사를 받아 마땅하다. 토라의 613계율을 설명하는 13세기 히브리어 문헌인 세퍼 하치누크 Sefer Hachinnuch가 설명하듯(33번째 계율), "네 부모를 공경하라."라는 계율은 우리에게 좋은 일을 해준 사람들에게 우리도 좋은 일을 해야 한다는 사실에 그 뿌리를 두고 있다. 저자는 이 문헌에서 부모에게 친절하고 공손하게 행동하지 않는 자녀는 은혜를 모르는 사람이며, 이는 사악하고 경멸스러운 짓이라고 적고 있다.

1세기 전에 오스카 와일드는 이렇게 썼다. "자식들은 처음엔 부모를 사랑하지만, 시간이 지나면서 부모를 평가하기 시작하고, 아주 드물게 부모를 용서한다." 오스카 와일드의 냉소적인 말과는 반대로, 유대 전통은 심지어 부모와 떨어져 지내고 있다 해도 여전히 부모를 공경하고(242일째 참조) 부모에게 감사를 표해야 할 의무가 있다고 가르친다.

그럼 부모님에게 감사한 마음은 어떻게 표현할 수 있을까? 가장 분명한 방식은 사랑과 애정, 고마움을 직접 말로 전하는 것이다. 하지만 탈무드는 다른 상황에서 '이에는 이로'의 개념을 가르치기도 한다. 즉 감사는 감사하는 마음이 들게 한 상대의 행동 그대로 표현되어야 한다는 것이다. 예를 들면, 당신이 돈 문제로 힘들어 할 때 친구가 당신에게 돈을 빌려주었다면, 그 친구가 돈이 필요할 때 당신도 그 친구에게 돈을 빌려주어야 한다는 것이다. 당신 부모님은 어렸을 때 당신을 돌보느라 세상에서 가장 소중한 시간을 많이 투자했다. 따라서 당신도 부모님과 함께하기 위해, 그리고 부모님을 보살피기 위해 시간을 투자해야 한다.

부모님이 당신에게 할애한 시간만큼 부모님에게 시간을 할애할 필요는 없다. 그렇지만 부모님을 자주 방문하고, 가능하다면 부모님이 자녀들과 함께하는 즐거움을 함께할 수 있도록 하고, 부모님에게 자주 전화를 해야 한다(특히 혼자된 부모님께). 몇 년에 걸쳐, 나는 내 자신의 성장에 가장 큰 영향을 준 두 랍비가 혼자된 자신들의 어머니와 매일 이야기를 나눴다는 사실을 알게 되었다. 두 랍비 모두 내가 아는 한 가장 바쁜 사람들에 속했다. 하지만 그들은 어머니를 위해 시간을 내는데 어김이 없었다.

앞으로 한 달 동안 평소 부모님과 나누는 대화에 덧붙여 안식일 전 금요일에도 부모님께 전화할 것을 제안한다.

165일째 수요일

당신의 배우자가 당신의 부모님과 사이가 좋지 않을 때

유대 율법은 부모에 대한 자식의 헌신을 특히 강조한다. "네 부모를 공경하라."는 아마 십계명 중 가장 유명한 계명일 것이다. 하지만 만일 당신 배우자와 부모가 서로 관계가 좋지 않다면(여기서 나는 실질적인 학대의 경우가 아니라 성격 차이로 인한 충돌을 얘기하고 있다.) 어떻게 해야 할까? 유대 율법은 그런 경우 배우자를 우선시해야 한다고 가르치는데, 그 근거는 결혼에 관한 다음과 같은 성경 구절에 있다. "이러므로 남자가 부모를 떠나 그 아내와 연합하여 둘이 한 몸을 이룰지로다(창세기 2:24)."

결혼은 한 사람이 부모의 가정을 떠나 새로운 가정을 이루는 것이다. 그리고 당신이 최우선시하는 것이 둘이 함께 꾸민 가정이라는 걸 당신 배우자는 알 자격이 있다.

따라서 만일 배우자와 당신 부모 간에 충돌이 있다면, 배우자의 입장에 동의하지 않더라도 당신 부모가 있는 자리에서 배우자와 논쟁을 하지 말아야 한다. 그보다는 당신 감정과 생각에 대해 배우자와 개인적으로 이야기를 나누는 것이 더 좋다. 그렇지 않으면, 배우자는 당신이 자신보다 당신 부모를 더 사랑한다고 결론내릴 수 있다.

비슷한 맥락으로, 배우자에 대한 불만을 당신 부모와 공유하는 것도 경솔한 일일 것이다. 당신 배우자의 불만스러운 점에 대해서는 배우자와 직접 이야기하거나 심리치료사나 가까운 친구에게 이야기하라. 그런 걸 부모에게 가서 얘기할 때는 상당히 신중해야 한다. 이 경우, 당신 부모가 가장 좋은 조언자가 아닐 수 있는 이유가 있다. 당신에게 도움이 될 조언을 해줄 수 있는 사람은 대개 당신을 객관적으로 평가할 수 있는 사람인데, 자기 자녀와 이해관계가 얽힌 문제에 대해 객관적일 수 있는 부모는 거의 없기 때문이다. 부모가 자녀를 객관적으로 평가하기 어려운 또 다른 이유는 배우자와의 문제와 관련된 당신의 성격적인 특징이 부모 중 한 사람의 성격적인 특징에서 온 것일 가능성이 크기 때문이다.

배우자가 원치 않는다면, 당신 부모를 모시고 살아서는 안된다고 일련의 랍비 회답서들은 규정하고 있다. 그런 가르침이 탄생한 시기는 유대 율법이 종종 남성들에 대한 편견을 갖고 있고 부모님을 모시는 것을 반대하는 사람이 며느리였을 때이다.

그럼 위의 글이 부모에게 전하는 메시지는 무엇일까? 자녀의 결혼에 개입하거나 자녀의 배우자를 판단하는 데 매우 신중할 필요가 있다는 것이다. 옛 유대 속담은 "모든 시어머니는 자신도 한때 며느리였다는 사실을 기억해야 한다."고 가르친다.

166일째 목요일
아이가 주는 것이라면
모든 게 아름답죠

'헬로우 무다, 헬로우 파다Hello Muddah, Hello Faddah'로 잘 알려진 코믹송 작사·작곡가 앨런 셔먼Allen Sherman이 언젠가 자기 아내와 진지한 대화를 하고 있는데, 막 완성한 그림을 자랑하러 아들이 불쑥 방으로 들어왔다. 대화를 방해받은 것에 짜증이 난 셔먼은 아들의 그림을 보지도 않고 서둘러 돌려주었다. 아버지의 무시에 상처를 입은 소년은 씩씩거리며 아래층으로 내려가 방문을 꽝 닫고 자기 방에 들어갔다.

아들의 방문 닫는 소리에 미안한 마음이 든 셔먼은 불현듯 25년 전 자신이 방문을 꽝 닫았던 때의 일이 기억났다. 어느 날 아침, 그는 이디시어를 하는 자기 할머니가 그날 저녁 당신이 여는 큰 파티에 쓸 '풋볼(축구공)'이 필요하다고 말하는 걸 들었다. 어린 셔먼은 할머니가 왜 '풋볼'이 필요한지 의아했지만, 할머니에게 축구공을 구해드릴 생각으로 온동네를 돌아다니다 마침내 축구공을 가진 한 아이를 만났다. 약한 아이들을 괴롭히곤 하던 그 아이는 자기 축구공을 셔먼이 가장 아끼는 장난감들과 바꿔주는 대가로 셔먼의 코까지 쥐어박았다.

축구공을 가지고 집으로 돌아온 셔먼은 반짝거릴 때까지 그 축구공을 닦은 뒤 할머니가 쉽게 볼 수 있는 곳에 놓아두었다. 그런데 먼저 축구공을 보게 된 셔먼의 어머니는 셔먼이 자기 물건을 치우지 않았다는 생각에 화가 났다. 셔먼이 어머니에게 그 축구공은 할머니 파티에 쓸 거라고 설명하자, 셔먼의 어머니는 큰소리로 웃었다. "할머니 파티에 쓸 '풋볼'이라고? 넌 할머니 말씀도 제대로 못 알아듣니? 할머니는 '풋볼'이 아니라 '프룻 볼fruit bowl(과일 그릇)'이라고 말씀하신 거야. 파티에 쓰실 과일 그릇이 필요하셨던 거라고."

당황한 셔먼은 곧바로 위층으로 뛰어올라가 문을 꽝 닫고 자기 방에 들어가선, 파티가 열리는 아래층에는 내려오려고도 하지 않았다. 그러나 얼마 뒤 결국 셔먼의 어머니가 셔먼을 아래층으로 데려왔는데, 그는 할머니가 각종 과일 한가운데 반짝거리는 축구공을 담은 큰 과일 그릇을 들고 뿌듯한 표정으로 돌아다니는 모습을 보게 되었다. 한 손님이 할머니에게 과일 그릇 가운데 왜 축구공을 놨냐고 묻자, 할머니는 자기 손자가 선물해준 축구공에 얽힌 이야기를 들려준 후 이렇게 덧붙였다. "아이가 주는 것이라면 모든 게 아름답죠."[121]

지난 수년간 몇몇 친구들이 어린 시절 부모님에게 선물을 해 드렸는데, 별로 좋아하시지 않았다거나 아무 반응도 보이지 않으셨다는 말을 하곤 했다. 어른이 되어서도 그런 얘기를 하는 걸 보면, 어린 시절의 그런 기억들이 얼마나 가슴에 맺히는지 알만하다.

아이들은 더 나은 대접을 받아 마땅하다. 아이들 주위에는 "아이가 주는 것이라면 모든 게 아름답죠."라고 말한 셔먼의 할머니처럼 자신을 이해해줄 어른들이 있어야 한다.

167일째 금요일
내가 먹어본 머핀 중 단연 최고예요

어느 날 벤 조마가 성전산Temple Mount[122] 계단에 군중이 잔뜩 모인 걸 보고 이렇게 말했다. "내게 편리함을 주기 위해 이 모든 사람들을 창조하신 분께 축복이 있을지어다." 이렇게 말한 이유는 평소에 그가 다음과 같이 말하곤 했기 때문이다. "아담은 빵을 먹기 위해 어떤 일을 했던가! 그는 쟁기로 밭을 갈고 씨를 뿌렸으며, 추수를 해 이를 짚단으로 묶었고, 탈곡을 해 키질을 하고 이삭을 패 밀을 빻았으며, 반죽을 해 빵을 구웠다. 그런 후에야 그는 마침내 빵을 먹을 수 있었다. 반면, 난 아침에 일어나면 다른 사람들이 날 위해 이 모든 일을 해놓은

---

121 앨런 셔먼, 제이 데이비드Jay David가 엮은 《유대인으로 성장하기Growing Up Jewish》 63-66쪽의 글 '웃음의 선물A Gift of Laughter'
122 아브라함이 아들 이삭을 번제물로 바치려 했던 산으로, 유대교, 기독교, 이슬람교의 성지이다.

것을 본다. 아담은 또 옷을 입기 위해 얼마나 많은 일을 했던가! 그는 양털을 깎아 이를 세척하고 빗으로 빗고 물레를 돌려 그것을 직조했다. 이 모든 일을 손수 하고 난 다음에야 비로소 그는 입을 옷을 얻을 수 있었다. 반면, 난 아침에 일어나면 다른 사람들이 날 위해 이 모든 일을 해놓은 것을 본다. 모든 분야의 기술자들이 우리 집에 드나들기 때문에, 내가 아침에 일어나면 이 모든 것들이 준비되어 있는 것을 본다. 모든 분야의 기술자들이 우리 집에 들러 내가 아침에 일어나면 먹고 입을 수 있도록 이 모든 것을 준비해 놓는 것이다.

— 바빌로니아 탈무드, 베라크홋 58a

랍비 벤 조마는 감사를 표현하는 미츠바에 특별한 소질이 있는 게 분명해 보인다. 그래서 어떤 사람(그들은 군중을 보고 '저 개떼들' 또는 '아무 생각 없는 사람들'이라는 식으로 말하곤 한다.)에겐 사람에 대한 거부감을 일으키는, 많은 군중이 모인 광경이 벤 조마에겐 감사하는 마음을 불러일으켰던 것이다. 벤 조마의 감사는 단순한 감사가 아니라 창조적인 감사였다. 그는 "이 많은 군중을 보라. 그들 개개인이 다 하나님 형상으로 창조되었다."라고 말하지 않았다. 그 말이 사실이긴 하지만, 그런 생각이 그에게 군중 개개인에 대한 반응을 불러일으켰을 것 같진 않다. 그 대신 벤 조마는 얼굴 없는 군중을 보며 그의 일상을 돕고, 그의 음식과 의복을 마련해주어, 자신으로 하여금 토라 공부에 열정적으로 일생을 바칠 수 있게 해주는 사람들이 얼마나 많은지를 떠올렸다.

랍비 슈로모 칼레바흐와 많은 시간을 함께한 멘델 스턴헐Mendel Sternhull은 (심지어 머핀 하나에도) 칭찬을 아끼지 않고 감사를 표하는 슈로모 칼레바흐의 놀라운 능력에 대해 이야기하곤 했다.

한번은 스턴헐이 퉁명스러워 보이는 여자 주인이 직접 서빙까지 하는 어느 우중충한 레스토랑에서 랍비 슈로모와 함께 식사를 한 적이 있다. 여자 주인은 상당히 퉁명스럽고 또 무례했다. 스턴헐은 그녀가 주문한 아침 식사를 식탁에 놓고 곧바로 카운터로 돌아간 것을 다행스럽게 생각했다. 하지만 그녀가 가져온 머핀을 한입 베어 먹은 랍비 슈로모가 그녀를 다시 불렀다. "나의 가장 사랑스런 친구여," 슈로모가 그녀에게 부드럽게 말했다. "혹시 이 머핀을 만든 사람이 당신인가요?"

"예, 그런데 그건 왜 묻죠?"

"제 평생 이렇게 맛있는 머핀은 먹어본 적이 없다는 말을 전하고 싶어서요."

여자는 살짝 웃어 보이며 감사하단 말을 한 후 카운터로 돌아가려 했다. 하지만 랍비 슈로모가 계속해서 말했다. "제가 전 세계를 돌아다니며 많은 머핀을 먹어보았지만, 그 어떤 머핀도 이 맛을 따라올 수 없었다는 걸 알려드리고 싶네요."

여자는 다시 슈로모에게 감사했지만, 그에겐 여전히 할 말이 남아 있었다. "그리고 제가 너무 배가 고팠는데, 이 세상에서 가장 맛있는 머핀을 맛볼 수 있게 구워주신 것에 정말 감사드려야 할 것 같군요. 이건 분명 천국의 맛이에요."

여자는 이제 활짝 웃고 있었다. "그래요? 정말 감사해요. 그렇게 말씀해주시다니, 정말 자상한 분이시네요. 대부분의 사람들은 음식이 맛 있다는 말은 잘 하지 않거든요. 음식에 불만이 있을 때만 말을 하죠."

랍비 슈로모는 여자 주인에게 그녀의 머핀에 들어가는 특별한 재료들에 대해 물었고, 그녀의 말을 주의 깊게 들었다. 슈로모의 칭찬은 구체적이기도 했다. 배어나오는 구수한 버터 맛이 일품이며, 머핀 속에 충분한 빈 공간이 있어 질감이 아주 부드럽다고 말했던 것이다. 스턴헐은 놀람과 기쁨이 뒤섞여 머핀을 칭송하는 랍비 슈로모의 모습을 지켜보다 여자 주인에게 시선을 돌렸을 때의 기억을 떠올린다. "깜짝 놀랐죠. 퉁명스러운 여자는 더 이상 거기에 없었어요. 슈로모와 함께 한 단 몇 분이 그녀에게 마법을 건 거죠. 그녀는 완전히 변해 있었습니다. 그녀는 아름다웠어요."

후에 스턴헐은 회고했다. "랍비 슈로모에게서 많은 것을 배웠습니다만, 가장 중요한 것은 하카랏 하토브hakarat hatov(다른 사람이 내게 혜택을 준 것을 인식하는 것)와 다른 사람을 칭찬하는 법이었습니다. 제 자신의 성장을 위해 열심히 노력한다면, 저도 언젠가는 사람들을 아름답게 만드는 슈로모의 축복받은 능력을 갖게 되리라 믿습니다."[123]

랍비 슈로모처럼 다른 사람이 내게 해준 일을 찾아 칭찬해보자. 그것은 아내의 요리일 수도 있고, 자녀의 예술 작품일 수도 있고, 당신 회사 직원의 업무일 수도 있을 것이다.

168일째 안식일

한 주를 돌아보며 편히 쉬는 하루가 되기를.

---

[123] 할베르스탐, 《성스러운 형제》 138-39쪽

Week 25

169일째 일요일

누군가가 장기 여행을 간다는 얘기를 들으면 그에게 돈을 주어라

하나님은 좋은 일을 하기 위해 여행하는 사람들을 보호하신다고 탈무드는 가르친다. "미츠바를 행할 목적으로 여행 중인 사절은 결코 해를 입지 않을 것이다(페사침Pesachim 8b)." 이 가르침을 토대로 종교적인 유대인들은 장기 여행(특히 위험한 여행)을 떠나는 사람에게 그 친지들과 친구들은 그가 여행 목적지에서 자선을 베풀 수 있게 돈을 주어야 한다는 관습을 발전시켰다.

이렇듯 여행자에게 자선을 목적으로 돈을 주는 것은 단순한 비즈니스 여행이나 관광 여행에 자선이라는 중요한 미츠바를 수행할 수 있는 기회를 추가함으로써 그 여행의 품격을 높여준다. 유대인은 그런 돈을 샬리아크 미츠바 겔트shaliach mitzvah gelt, 즉 '사절이 선행을 행하기 위한 돈'이라 부른다.

나의 아버지는 이 관습을 진지하게 받아들이셨다. 내가 이스라엘이나 기타 해외로 여행을 갈 때마다 아버지는 여행지에서 걸인들에게 적선을 하거나 다른 좋은 일에 쓰라며 18달러를 주시곤 했다. 이스라엘에 도착해 내가 가장 먼저 방문하는 곳 중 하나는, 그리고 또 내가 가장 자주 방문하는 곳은 '통곡의 벽Western Wall'이다. 거기서 나는 걸인이나 다른 가난한 사람들에게 돈을 나눠준다.

위험한 여행을 떠나는 사람에게 돈을 주는 것은 특히 더 칭찬할 만한 일이다. 그래서 1960년대 후반 성자 같은 삶을 산 레브 아르예 레빈은 이스라엘의 적십자사라 할 수 있는 '마겐 데이비드 아돔Magen David Adom'을 통해 당시 나이지리아 정부군에 포위되어 있던 비아프라Biafra 지역의 굶주린 사람들을 돕기 위한 돈을 보냈는데, 그때 '마겐 데이비드 아돔'의 회장은 비아프라로 가는 사절에게 "여기 레브 아르예 라빈이 기부한 돈을 받으세요. …… 옛 현자들이 말했듯, 미츠바를 행할 목적으로 여행 중인 사절은 결코 해를 입지 않을 것입니다."라고 말했던 것이다. 다음에 누군가가 해외 여행을 간다는 얘기를 들으면, 그 사람에게 자선을 베풀 돈을 주자. 그 돈은 수혜자들에게 혜택을 줄 뿐 아니라, 여행자의 여행 성격까지 바꿀 것이다. 여행이 비즈니스 목적이든 관광이나 재미 목적이든, 여행자는 목적지에 도착하면 누구에게 이 자선 기금을 전달할지에 대해 최소 몇 분간은 생각해봐야 할 것이고, 또 실제 그것을 나눠주는 데 추가로 몇 분 정도는 더 쓰게 될 것이다.

다른 사람의 여행을 돕는 데 이보다 더 아름다운 방식을 생각해낼 수 있겠는가?

170일째 월요일

꾸준한 자선

진정으로 자선을 베푸는 사람은 자선 요청을 기다리지 않는다. 그런 사람은 공식적인 자선 요청이 있든 없든 도움의 손길이 필요한 사람은 늘 존재한다는 걸 잘 안다. 유대 율법과 유대 전통이 꾸준한 자선을 장려하는 이유도 여기에 있다. "기도를 하기 전에 자선을 베푸는 것이 좋다(슐칸 아루크, 오라크 차임Orach Chayyim 92:10)."

이 가르침을 행하기 위해 여러 시나고그는 주일 예배 중에 신도들에게 푸슈케pushke(모금함)를 돌려 자선 기금을 모은다(유대 율법은 안식일 및 기타 대부분의 축제일에 돈을 다루는 것을 금한다.). 비록 적은 액수라 할지라도 모금함에 기부금을 넣는 것이 관례이다.

탈무드의 가르침은 속죄일 같은 금식일 이전에 특별한 형태의 기부를 제안한다. "금식의 이점은 자선이다(베라콧 6b)."

속죄일의 금식을 힘들어하는 사람들이 많다. 나는 지난 몇 년간 속죄일 기간 중 너무 배가 고파 기도에 집중하기 힘들다고 말하는 사람을 여럿 봤다. 배고픔의 고통을 견디기가 너무 힘들다면 그 배고픔을 견딤으로써 일어날 좋은 일들을 떠올리거나, 그 같은 배고픔의 고통을 거의 매일 겪는 사람들이 많다는 사실을 떠올리자. 16세기 랍비인 마하르샤Maharsha(랍비 솔로몬 엘라자르 에이델레스Rabbi Solomon Elazar Eideles)는 이 탈무드 구절이 옛 유대 관습의 토대가 되었다고 기록한다. 즉 금식을 하기 전, 그 날 금식으로 아끼게 될 음식 값을 기부하는 유대 관습의 토대가 된 것이다.

안타깝게도 현대 유대인들 사이에 그리 널리 알려져 있지 않은 이 관습은 부활될 필요가 있다. 올해 속죄일 또는 티샤 베아브Tisha Bé Av[124] 전에 당신 가정의 평균 일주일 식비가 얼마인지를 파악해, 그것을 7로 나눈 금액을 배고픈 사람들을 돕는 자선 단체에 기부하자. 실제로 속죄일에 읽는 하프토라에서 이사야는 하나님의 다음과 같은 말씀을 인용한다. "내가 기뻐하는 금식은 흉악의 결박을 풀어주며 멍에의 줄을 끌러주며 압제당하는 자를 자유케 하며 모든 멍에를 꺾는 것이 아니겠느냐? 또 주린 자에게 내 양식을 나누어주며 유리한 빈민을 집에 들이며 헐벗은 자를 보면 입히며 또 네 골육을 피하여 스스로 숨지 아니하는 것이 아니겠느냐?(이사야 58:6-7. 음식은 당연히 금식 전이나 후에 굶주린 사람들에게 나눠준다.)"

하나님은 우리에게 속죄일에 먹지 말 것을 명하셨다. 우리는 아주 특별한 이 날 느끼는 배고픔 덕에 다른 사람들의 배고픔을 덜어주기 위해 우리가 할 수 있는 일이 무엇인지를 생각할 수 있다. 이는 신성한 명령이기도 하다.[125]

---

[124] 첫 번째 대사원과 두 번째 대사원의 파괴를 기리는 금식일인데, 아브 달(대개 7월 중순에서 8월 초순 사이)의 아홉 번째 날에 해당된다. 유대 전통은 일반적으로 한나절 금식(아침부터 저녁까지)을 규정하는데, 티샤 베아브와 속죄일에만 이례적으로 해가 지고나서 다음날 해가 질 때까지 24시간 금식을 한다.
[125] 여러 시나고그가 속죄일 전날 밤 니드레 예배 전에 음식을 거두어 가난한 사람들에게 나눠주는 '프로젝트 이사야'에 동참하고 있다. 레너드 페인Leonard Fein이 설립한 단체인 메이존Mazon은 유대인에게 성인식과 결혼식 및 기타 기념일 경비의 3%를 배고픈 사람에게 기부할 것을 권한다.

171일째 화요일

동물 학대 방지에 대해 토라는 무슨 말을 할까

십계명 중 어떤 계명이 부분적으로 동물에 대한 이야기를 할까?

답을 모른다고 해서 낙담할 필요까진 없다. 사실 대다수의 사람이 답을 모르니까. 안식일을 제정한 네 번째 계명이 이날은 "너나 네 아들이나 네 딸이나 네 남종이나 네 여종이나 네 가축이나 네 문 안에 머무는 객이라도 아무 일도 하지 말라(출애굽기 20:9)."고 규정하고 있다.

이는 동물에 대한 인도적인 대우를 규정한 몇 가지 토라 율법 중 하나이다. 신명기 25장 4절은 "곡식 떠는 소의 입에 망을 씌우지 말지니라."라고 규정하고 있는데, 이는 먹을 것이 있는 곳에서 일하는 동물에게 재갈을 물리는 것은 잔인한 일이기 때문이다. 그리고 또 다른 토라 율법이 "네 이웃의 포도밭에 들어갈 때에는 네가 원하는 만큼 배불리 포도를 먹어도 되느니라. 그러나 그릇에 담지는 말지니라. 네 이웃의 곡식밭에 들어갈 때에는 네가 손으로 그 이삭을 따도 되느니라. 그러나 네 이웃의 곡식밭에 낫을 대지는 말지니라(신명기 23:25-26, 바빌로니아 탈무드, 바바 메지아 87b 참조. 하지만 어떤 음식도 집으로 가져가선 안된다.)."고 규정하고 있듯, 토라는 동물들에게도 똑같은 권리를 부여한다.

신명기 22장 10절은 힘의 차이가 있는 두 동물(소와 나귀)을 한 멍에에 매어 밭을 갈게 하는 것을 금하고 있는데, 이는 끌려가야 하는 힘 약한 동물과 힘을 더 써야 하는 힘 센 동물 모두 고통 받게 되기 때문이다.

동물을 고통 받는 것으로부터 보호하는 유대 율법의 법적 용어는 '츠아아르 바알레이 차임tzáar báalei chayyim'인데, 이는 '동물 학대 방지'라는 의미이다.

유대 율법은 인간을 동물보다 더 우월한 존재로 간주하므로(동물과 달리 인간은 하나님의 형상으로 창조되었다.), 인간이 동물을 먹는 것을 허용한다. 하지만 코셔 도살 셰키타shechitah는 동물을 가능한 한 빨리 도살하는 것을 의무화한다. 만일 도살자가 한칼에 도살하지 않거나 도살 시간을 지연할 경우, 그렇게 도살된 동물은 코셔로 인정받지 못해 먹을 수 없다. 따라서 동물이 가능한 한 고통 없이 도살하게 하는 데는 경제적인 이유뿐 아니라 종교적인 이유도 있다.

아마 인간이 가장 참아내기 힘든 잔인한 행위는 부모가 지켜보는 가운데 그 자식을 죽이는 행위일 것이다. 성경에 등장하는 사디스트의 전형인 바벨론의 왕 느부갓네살은 자신을 상대로 반란을 주도한 시드기야 왕에게 격노해, 그를 잡았을 때 그가 보는 앞에서 그의 두 아들을 살해한 뒤 그가 세상에서 본 마지막 장면이 두 아들의 죽음이 되게 하려고 곧바로 그의 두 눈을 뺐다(열왕기하 25:7). 이와 유사한 보다 최근 사건은 나치에 의해 자행됐다. 나치는 종종 부모가 지켜보는 가운데 유대인 아이들을 죽이는 것에 희열을 느끼곤 했던 것이다.

토라 율법은 느부갓네살과 나치 같은 인간들이 인간에게 저지른 행위를 동물에게 행하는 것을 금한다. 신명기 22장 6절은 "노중에서 나무에나 땅에 있는 새의 보금자리에 새 새끼나 알이 있고 어미 새가 그 새끼나 알을 품은 것을 만나거든 그 어미 새와 새끼를 아울러 취하지 말라."라고 규정하고 있다. 이 율법에 대해 마이모니데스는 다음과 같이 말한다. "그런 상황에 처한 동물들의 고통은 실로 엄청나기 때문이다(혼란으로의 안내Guide to the Perplexed 3:48)."

이 율법들이 제정된 목적은 동물 학대를 방지하기 위함이기도 하지만, 인간의 잔인한 행동을 막기 위함이기도 하다. 성경과 탈무드 율법은 동물들에게 잔인한 행동을 하는 사람은 같은 사람에게도 유사한 행동을 할 것이라고 이해했다. 이는 아이가 고양이를 괴롭히거나 곤충을 갈가리 찢는 걸 보게 될 경우, 절대 그런 짓을 못하게 하고, 유대 율법들이 동물에게 다정하게 대할 것을 명한다는 걸 가르쳐야 하는 또 다른 이유이기도 하다.

동물에게 다정하게 대하는 것은 착한 사람의 특징으로 여겨질 만큼 매우 중요한 덕목이다. "의인은 그 육축의 생명을 돌아보느니라(잠언 12:10)."

제안: 당신에게 애완동물이 있다면, 일주일에 한 번은 그 녀석에게 특별 대우를 해주자. 그리고 안식일이 그 녀석에게도 특별한 날이 되게 하자.

172일째 수요일
송아지 고기는 먹어도 좋은가

여러 유대 율법(어제 글 참조)이 동물에게 다정하게 대할 것을 명한다. 예를 들면, 식사 전에 자기가 키우는 동물에게 먼저 먹이를 주어야 하고, 밭에서 일하는 동물에겐 그 밭의 농작물을 먹을 수 있도록 해야 한다. 그리고 식용 목적으로 동물을 도살할 경우, 가능한 한 신속하고 고통 없는 방식을 택해야 한다.

하지만 전 세계 대부분의 나라에서 송아지 고기를 얻기 위해 송아지를 키우는 방식을 보면, 동물에게 불필요한 고통을 주지 말아야 한다는 성경과 탈무드 율법을 따르지 않고 있다. 최근까지만 해도 송아지 고기를 얻는 방식은 정말 끔찍했다.

> 식용 송아지는 고작 하루 이틀 어미의 보살핌을 받은 후 어미의 품을 떠나야 한다. 그리고 돌아다니거나 몸을 뻗거나 심지어 드러누울 공간도 없는, 조그만 구멍들이 나 있는 협소한 축사에 갇힌다. 사육자는 소비자가 찾는 아주 연한 육질을 얻기 위해 철분이 없는 고칼로리의 특수 사료로 식용 송아지를 의도적으로 빈혈에 시달리게 한다. 철분 섭취가 절실한 송아지는 외양간의 철 구조물이나 (허용된다면) 자기 소변을 핥곤 한다. 하지만 머리를 외양간에 매어두어 송아지는 머리를 돌리지도 못한다. …… 송아지가 그 끔찍한 축사를 떠나는 유일한 순간은 도살장으로 끌려갈 때이다.[126]

유대인의 식사 계율을 감독하는 랍비들에게 물어본 결과, 위와 같은 일은 더 이상 일어나지 않는 것이 분명해 보인다. 송아지는 이제 앉거나 일어설 수 있는 외양간에서 사육되고 외양간에 매어두지도 않는

---

[126] 리차드 슈왈츠Richard Schwartz, 《유대주의와 채식주의Judaism and Vegetarianism》 28쪽

다. 하지만 지금도 여전히 마음 놓고 돌아다닐 수 있을 정도의 공간은 없다. 또한 이제 태어난 지 하루나 이틀 안에 어미 소와 헤어지지 않는 것도 분명해 보인다. 하지만 2주나 3주라는 여전히 짧은 기간 동안만 어미 소의 보살핌을 받을 뿐이다. 식사 계율을 감독하는 랍비들은 송아지가 돌아다닐 정도의 공간을 주지 않는 것은 동물 학대가 아니라고 했다. 태어나서 돌아다녀본 적이 없는 송아지는 그런 공간에 익숙해져 고통을 받지 않는다는 것이다.

나는 그 말을 받아들일 수 없었다. 설령 송아지들이 이후 카슈룻에 의거해 도살된다 해도, 그 고기는 여전히 코셔로 인정할 수 없다는 것이 나의 견해이다. 도살할 때 특정한 의례 절차만 지킨다면 이런 방식으로 여러 주 동안(송아지들은 대개 생후 18주에서 20주 사이에 도살된다.) 송아지를 가둬두어도 괜찮다는 말은 나에겐 타당하게 들리지 않는다. 성경과 탈무드는 불필요한 고통을 받지 않게 동물을 보호하기 바란다. 그래서 자유롭게 뛰어놀 수 있는 여건에서 자랐다는 게 확인되는 경우가 아니라면, 송아지 고기를 먹는 것은 동물 학대에 일조를 하는 것이다. 부드러운 송아지 고기는 결국 그 송아지에게 돌처럼 굳은 우리 심장을 드러낸 결과이기 때문이다. 만일 당신과 나를 포함한 많은 사람들이 자유분방한 조건에서 길러졌다고 확신할 수 없는 송아지 고기는 절대 먹지 않는다면, 어린 송아지를 그런 잔인한 방식으로 사육하는 일은 더 이상 없을 것이다. 더 이상 송아지 고기가 팔리지 않거나 모든 송아지가 마음껏 활보할 수 있는 여건에서 길러지거나 둘 중 하나가 되도록 하는 것은 우리에게 달려 있다.

173일째 목요일
유대인은 모피를 착용해도 될까

　이 질문은 거의 유머러스하게까지 들린다. 유대인이 모피를 좋아한다는 것은 잘 알려진 사실이기 때문이다. 나는 유대인의 유머를 다룬 서적 한 권을 연구하면서, 모피가 유대인에게는 유머 소재로까지 쓰인다는 걸 알게 되었다. "'밍크 한 마리가 다른 밍크에게 어떤 작별 인사를 했을까?' '다음 안식일에 시나고그에서 보도록 해.'라고 했다."
　최근 몇 년간 동물보호 운동가들은 모피 착용을 강력히 반대해왔다. 랍비 나쿰 암셀Nachum Amsel은 자신의 저서 《유대인의 도덕적·윤리적 쟁점에 관한 백과사전The Jewish Encyclopedia of Moral and Ethical Issues》에서 섬세하고도 함축적인 방식으로 어떤 모피 착용이 적법하고 어떤 모피 착용이 적법하지 않은지에 대한 여러 가지 기준을 제시하고 있다.

　　모피 착용이 인간의 정당한 필요를 충족시키는 경우라면 착용해도 좋다. 따라서 만일 모피가 다른 재료보다 확실히 당신을 따뜻하게 해준다면, 이는 정당한 필요이므로 착용이 허용된다. 하지만 다른 재료가 모피와 다름없이 당신을 따뜻하게 해준다면, 정당한 이유 없이 동물을 죽이지 않기 위해서라도 유대인은 모피 대신 다른 재료로 만든 코트를 입어야 한다. 마찬가지로 모피 코트를 입는 유일한 이유가 부를 뽐내기 위함이거나 단순히 패션을 쫓기 위해서라면, 그건 사치스럽고 경박한 일이어서 정당한 필요로 간주되지 않는다. 심지어 모피 착용이 허용되는 경우에도 덫에 걸려 극심한 고통을 겪은 동물에게서 얻은 모피는 착용하지 말아야 한다. 농장에서 자라 고통 없이 죽은 동물의 모피만을 사용해야 한다. 이 경우 덫에 걸린 동물의 모피를 사용하는 것은 츠아아르 바알레이 차임, 즉 '동물 학대 방지'에 반하는 행위이다. 다시 말해, 동물에게 불필요한 고통을 주는 일에 일조하는 것이다.[127]

동물이 어떻게 도살되었는지 확인하지 않은 채 그 모피를 사용하려 한다면, 당신은 극도의 잔인한 행위에 동조하는 자가 될 수도 있다. 동물들이 스프링이 장착된 강철 족쇄 덫에 걸려 평균 15시간 동안 고통에 시달리다, 덫을 놓은 사냥꾼이 휘두른 방망이 같은 것에 맞아 죽게 되는 경우가 드물지 않기 때문이다. 무조건 모피를 착용하지 말아야 한다고 주장하는 랍비 브래들리 아트슨은 이렇게 적고 있다. "이런 덫들은 동물들에게 극심한 고통을 주는데, 엄청난 공포에 휩싸인 동물이 자기 다리를 물어뜯어 잘라내고 절뚝거리며 기어가다 결국 감염이나 과다 출혈, 굶주림 등으로 죽는 경우가 드물지 않다." 덫을 놓는 사냥꾼들의 목적은 야생 동물을 잡는 것이어서, 가끔 개나 고양이, 사슴 같은 다른 동물들이 잡히면 그들은 원치 않는 그 동물들을 '쓰레기 동물'이라 부른다. 농장에서 사육되는 동물들 얘기를 하자면, 많은 농장들 경우 사육 환경이 워낙 끔찍해, 1년 동안에만 무려 45만 마리의 동물이 열로 인한 스트레스로 죽어나간다고 아트슨은 말한다. 동물을 죽이는 방법으로는 질식과 독살, 항문 전기 충격 등등이 있다. 더

---

[127] 암셀, 《유대인의 도덕적·윤리적 쟁점에 관한 백과사전》 11쪽

욱이 모피 착용은 동물의 대량 학살을 초래한다. 40인치짜리 모피 코트 한 벌을 만들려면, 밍크는 60마리, 여우는 42마리, 너구리는 40마리가 죽어야 한다.

랍비 암셀의 주장대로, 일부 동물은 고통이 없는 방식으로 도살되므로 그 모피는 착용하기에 적법해 보인다. 하지만 랍비 아트슨은 다른 결론을 내놓는다. "모피는 원래 주인이 걸쳤을 때에만 우아해 보인다. 인간이 걸칠 경우, 그것은 매우 잔혹한 야만적 행위의 흔적일 뿐이다."[128]

174일째 금요일
충분한 것 이상을 주어야 할 때

19세기의 위대한 학자인 랍비 요셉 도브 솔로베이치크Joseph Dov Soloveichik가 어느 날 제자들과 함께 앉아 있는데 한 남자가 그에게 다가와 이상한 질문을 던졌다. "유월절 첫날 밤 축제 때 포도주 대신 우유를 마셔도 됩니까?" "건강 문제로 포도주를 마실 수 없으십니까?" 랍비 솔로베이치크가 물었다. "아닙니다. 단지 포도주가 너무 비싸서요. 제 형편으론 포도주를 살 수 없거든요." 남자의 질문에 답하는 대신 랍비는 남자에게 25루블을 주며 말했다. "이제 유월절에 포도주를 마시도록 하십시오." 남자가 떠난 후 제자 한 명이 랍비에게 물었다. "왜 그

---

[128] 아트슨, 《그것이 미츠바다! It's a Mitzvah!》 204-5쪽

사람에게 25루블이나 주셨습니까? 5루블이면 필요한 포도주를 사고도 남을 텐데 말입니다."

랍비 솔로베이치크가 대답했다. "그가 유월절에 우유를 마시려 했다면, 고기 살 돈도 없을 것이다(유대 율법은 우유와 고기를 함께 먹는 것을 금한다.). 뿐만 아니라 유월절 첫날 밤 축제 때 사용할 다른 물건들을 살 돈도 없을 것이다. 나는 그가 완전한 유월절을 보내기에 충분한 돈을 주고 싶었을 뿐이다."

이제 이 이야기의 20세기 버전을 소개하도록 한다. 내가 아는 한 부부가 평소 알고 지내던 한 노인과 이야기하고 있었다. 극심한 허리 통증에 시달리고 있는 노인에게 부인이 통증을 완화해주는 약이 없냐고 물었다. "있지만 60달러나 하지요. 내겐 너무 큰돈이에요."

그날 저녁 부인은 그 노인에게 1,000달러짜리 수표를 주며 병원으로 가 약을 사 드시라고 했다. 그리고 그렇게 큰돈을 준 것에 대해 남편에게 설명했다. "그런 고통에 시달리면서 아직 약을 구입하시지 않은 걸로 봐, 다른 필요한 것들 구입할 돈도 없을 거예요."

너무 많은 것을 요구하는 사람들도 많지만, 너무 작은 도움을 요청하는 것조차 주저하는 사람들도 많다. 랍비 솔로베이치크와 이 부인의 사례를 교훈 삼아, 그런 사람들을 알아보는 법을 배우자. 진정 충분한 도움을 주길 원한다면, 가끔은 충분한 것 이상을 주어야 한다.

175일째 안식일

한 주를 돌아보며 편히 쉬는 하루가 되기를.

176일째 일요일

아픈 사람에겐 무엇이 필요할까

랍비 아론 레빈Aaron Levine이 병원에 입원한 한 여성 환자를 문병 가새 비옷을 선물한 한 여성 이야기를 전한다. 그녀가 환자에게 말했다. "요즘 날씨가 안 좋아요. 조만간 비옷이 필요할 거예요."

이 여성은 참신한 상상력을 동원해 '환자 방문'의 계율을 이행했다. 그녀의 선물과 말은 여성 환자에게 감동을 주었고, 그녀로 하여금 곧 회복되어 일상으로 돌아가리란 희망을 품게 했다.

랍비 하노크 텔러는 지금은 고인이 된 예루살렘의 현자 랍비 슈로모 잘만 아우에르바흐가 죽음이 머잖은 어느 병약한 탈무드 학자를 문병 갔던 일에 대해 이야기한다. 병약한 탈무드 학자는 랍비 슈로모 잘만을 보자 자신이 몇 년 전 랍비가 발표한 글에 대해 비판적인 글을 썼던 일을 사과했다. 랍비 잘만은 그에게 그 비평은 개인적이지도 부당하지도 않았으므로 사과할 필요가 없다고 말했다. 랍비 잘만은 계속해서 말했다. "제게 용서를 구하실 필요는 전혀 없습니다. 하지만 어쨌든 당신 논리와 주장은 완전히 잘못된 것이었죠." 랍비 슈로모 잘만의 그런 비판이 학자에게 활력을 주었고, 그래서 두 사람은 예전의 그 쟁점에 대해 다시 열띤 논쟁을 벌였다.[129]

랍비 슈로모 잘만은 자신이 그 학자에게 해줄 수 있는 최선의 일은 다른 문병객들이 보여준 것 같은 동정이 아니라, "그의 삶의 핵심이었던 열띤 논쟁 속으로 뛰어들 마지막 기회를 주는 것이라는 걸 알고 있었다. 병원의 그 어떤 소생 장치도 현재 그에게 차단된, 그의 삶에 산소나 같았던 배움의 장을 제공할 수는 없었다."

1986년, 나의 아버지 슈로모 텔루슈킨은 뇌졸중에 걸리셨고, 결국 그 병을 극복하지 못하셨다. 뇌졸중에 걸리기 전까지 아버지는 전문 회계사로 일하셨다. 아버지에게 특히 특별했던 고객 중 하나가 루바비치파[130] 단체였는데, 아버지는 그 단체의 랍비인 메나켐 멘델 슈니어손Menachem Mendel Schneersohn의 개인 회계사이시기도 했다. 아버지가 아직 병원에 입원해 계시던 어느 날, 나는 랍비 메나켐의 고참 수행원으로부터 전화 한 통을 받았다. 그는 아버지에게 물어보고 싶은 회계 관련 질문이 하나 있다고 했다. 그 요청에 나는 난색을 표했다. 아버지가 의식을 되찾은 지 며칠 되지 않아 아직 정신이 혼미하셨기 때문이다. 남

---

129 레빈, 《어떻게 대단한 선행을 행할까 How to Perform the Great Mitzvah》 39쪽
130 18세기에 생겨난 하시디즘 선전 단체

자는 그날 있었던 루바비치파 지도자 모임에서 한 가지 회계상의 문제가 제기됐다면서, "슈로모에게 물어봐 달라."고 했다. 아버지가 얼마나 아픈지 내가 다시 얘기했지만, 남자는 또 한 번 "슈로모에게 물어봐 달라."고 했다. 그 질문이라는 게 랍비 메나켐에게서 나온 거라는 걸 알고 있었던 나는 아버지 병실로 들어가 그 질문을 전했다. 아버지는 곧바로 해답을 내놓으셨다. 그것은 그리 어려운 질문이 아니었던 것이다. 바로 그 순간 나는 랍비 메나켐의 세심한 배려와 통찰력을 깨달았다. 물론 그는 아버지가 얼마나 아픈지 알고 있었다. 하지만 그는 또 반신마비에 정신마저 혼미한 채 병원 침대에 누워 계신 아버지가 자신은 아직 쓸모 있는 존재라는 걸 느끼는 게 얼마나 중요한 일인지도 알고 있었던 것이다.

아픈 사람에게 병문안을 갈 때는 그 사람에게 가장 필요한 것이 무엇인지 생각해보자. 그것이 비웃이든 논쟁이든, 또는 질문 하나에 불과하든, 당신이 할 수 있는 일이라면 실천의 미덕을 발휘하도록 하라.

177일째 월요일

죽음이 임박한 사람에게 의사나 가족이 그 사실을 알려야 할까

'진실만을, 전적으로 진실만을, 오로지 진실만을' 말하는 것은 아픈 사람에게 큰 충격을 줄 수 있다. 그래서 유대 전통은 심각한 병에 걸린 환자나 말기 환자에게 거짓말을 하는 것에 매우 관대하다. 아람 왕 벤 하닷이 병이 들었을 때, 그는 하사엘로 하여금 이스라엘 예언자 엘리사에게 가서 자신의 병이 나을 것인지를 물어보도록 했다. 엘리사는 하사엘에게 왕은 분명 죽을 것이지만 "반드시 나을 것이라 합니다."라고 아뢰라 했다(열왕기하 8:7-10).

법학자인 랍비 J. 다비드 블라흐David Bleich는 중세 철학자 게르소니데스Gersonides(1288-1344)가 이 성경 구절에 대해 언급하면서 완전한 솔직함은 환자의 죽음을 앞당길 수도 있다고 말했다고 기술하고 있다. 따라서 이런 상황에서 완전한 진실을 말하지 않는 것은 허용되거나 권장되는 것을 넘어 의무적이다.

블라흐는 유대 율법에선 환자의 사기를 떨어뜨릴 수 있는 정보를 일절 환자에게 알리지 않는 것을 인정한다고 기술한다. 그래서 탈무드는 가까운 친지의 죽음을 알려 환자의 죽음을 앞당기게 해선 안 된다고 가르친다(모에드 카탄Mo'ed Kattan 26b).

랍비 블라흐에 따르면, "환자가 부정적인 반응을 보일 가능성만 있어도, 완전한 진실을 말해주지 말아야 할 충분한 이유가 된다." 그는 계속해서 두려움 자체가 어떻게 죽음을 초래할 수 있는지에 대해 기술한다. 예를 들어, 치사량에 못 미치는 독극물을 먹었거나 치명상을 입지도 않은 사람이 사망하는 사례가 정기적으로 보고된다. "이 경우 유일한 죽음의 원인은 죽음이 임박했다는 사망자의 믿음뿐이다."

하지만 누군가가 만일 십중팔구 사망하는 질병에 걸렸다면, 그에게 그 사실을 알리지 않는 게 옳은 일일까? 그 사람이 생을 정리하고 회개를 할 수 있게 진실을 말해줘야 하지 않을까?

슐칸 아루크에 근거해, 랍비 블라흐는 환자가 죽기 전에 필요한 일을 처리하고 준비도 할 수 있게 해줘야 하지만, 그 일이 환자에게 임박한 죽음을 암시하는 방식으로 행해져선 안 된다고 말한다. 더 나아가, 유대 율법이 죽기 전에 비두이vidui(고백)를 암송할 것을 권하고 있긴 하지만(289일째 참조), 우리는 "고백을 하지 않은 많은 사람들이 죽은 반면, 고백을 한 많은 사람들이 죽지 않았다(슐칸 아루크, 요레 데아 Yoreh Deah 335:7 및 338:1)."는 조언도 귀담아들어야 한다.[131]

"베를린과 기타 다른 공동체에 있던 헤브라 카디샤Hevra Kadisha(죽은 자 또는 죽어가는 자와 관련된 일을 하는 단체)의 관계자들은 병든 지 3일째 되는 모든 환자들을 방문했다고 19세기 초 아브라함 단치히Abraham Danzig의 유대 율법 법전인 코크흐맛 헤-아담Chokhmat he-Adam은 전한다. 이 단체들은 병의 심각성과 관계없이 방문하는 모든 환자들을 똑같이 대함으로써, 환자들로 하여금 자신들의 마지막 준비 및 죽음과 관련된 문제들을 공동체의 정책 문제로 논의할 수 있게 했다."[132]

19세기 베를린 공동체의 정책은 심각한 병에 걸린 환자들에게 조언을 해주는 오늘날의 의사들에게 하나의 모델이 되어야 한다고 랍비 블라흐는 주장한다. 즉 의사들은 최악의 상황에 처한 환자들뿐 아니라 모든 환자들에게 그들의 마지막 준비와 관련해 똑같은 조언을 해주어야 한다는 것이다. "그런 방식을 사용한다면 환자는 자신의 안전도 자신의 죽음도 확신하지 못할 것이다."

나는 랍비 블라흐가 제시한 지침이 대부분의 경우에 적용되지만 예외적인 경우도 분명 있을 거라고 믿는다. 성경이 그런 예외 사례를 기록하고 있다. "그 때에 히스기야가 병들어 죽게 되매, 아모스의 아들 선지자 이사야가 저에게 나아와서 이르되, 여호와의 말씀이 너는 집을 처치하라 네가 죽고 살지 못하리라 하셨나이다(열왕기하, 20:1)."[133]

한 국가의 왕에게는 냉혹한 진실을 단도직입적으로 말해줘야 할 때가 있는데, 이 경우가 그에 해당하는 것으로 보인다. 만일 한 국가의 왕에게 진실을 말해주지 않는다면, 그는 자신이 곧 회복되리라는 생각에 왕위 계승에 필요한 준비를 하지 않을 가능성이 크다. 하나님께서 이사야에게 단도직입적으로 진실을 말하게 한 것도 아마 그러한 이유 때문이었으리라.

물론 다른 예외들도 있다. 정신과 전문의인 사무엘 클라그스브룬이 한 남자를 치료했는데, 그는 자기 아내를 진료한 의사로부터 아내가 걸린 병의 심각성에 대해 거짓말을 하라는 조언을 들었다(안타깝게도 이 전략은 끔찍한 결과를 낳았다.). 이 부부는 50년 동안 무난한 결혼 생활을 해왔는데, 부인이 더 이상 손 쓸 수 없을 정도로 전이된 암 진단을 받고 죽음을 코앞에 두고 있었던 것이다. "이 부부는 일과 사적인 일 양 면에서 전 인생을 함께해왔다. 부부는 함께 조그만 과학 관련 출판사를 운영했던 것이다. 독일 태생 유대인인 그들은 묵인하거나 넌지시 말하는 법을 몰랐다. 즉, 그들은 아주 직선적인 사람들이었다."

자신들은 어떤 것에 대해서도 서로에게 절대 거짓말을 한 적이 없다고 남자가 클라그스브룬 박사에게 말했다. 그런데 부인을 담당한 암 전문의가 환자에게 병의 위중함을 그대로 알리지 않는다는 자신의 방

---

[131] 블라흐, 《유대주의와 치유 Judaism and Healing》 27-33쪽
[132] 헤링Herring, 《유대 도덕 및 우리 시대를 위한 할라카(유대 율법의 개개 규칙) Jewish Ethics and Halakhah for Our Time》 62쪽
[133] 흥미롭게도 이 예언은 실현되지 않았다. 이사야가 히스기야의 방을 나왔을 때, 히스기야는 하나님께 간절히 기도했다. 그리고 그 후 곧바로 이사야가 다시 방으로 들어와 하나님이 기도에 감명 받으셔서 생명을 15년 연장해주셨다고 히스기야에게 전했다.

침을 따르지 않을 경우, 부인에 대한 치료를 계속하지 않을 거라고 말한 것이다. 워낙 유명한 의사가 자기 아내를 치료하고 있다는 것을 감사하게 생각한 남편은 의사의 말에 동의했다.

남편이 의사와 얘기하는 걸 본 아내는 남편에게 어떤 얘기를 나누었는지 물었고, 이에 남편은 더듬거리며 의료 보험과 치료비에 대해 얘기했다고 했다. 그리고 남편은 덧붙였다. "당신이 치료를 잘 받고 있어 정말 다행이오."

"남편을 너무도 잘 아는 아내는 남편 얼굴을 보고 대번에 남편이 진실을 말하고 있지 않다는 걸 알았다. 아내는 자신의 상태를 알고 있었고, 또 자신의 체내 시스템에 대해서도 이해하고 있었다. 남편이 의사와 그런 약속을 했다는 사실을 모르는 아내는 결혼 생활에서 처음 남편이 자신에게 무언가를 감추고 있다는 걸 감지했다. …… 그녀는 그 시점에서 서서히 섬망[134] 상태로 넘어갔다. 섬망이 어떤 이유나 원인에서 비롯되었든, 그녀는 정신착란을 일으켰다. 얼마 후 그녀는 피해망상에 사로잡혀 모든 일에 대해 남편을 비난하기 시작했다. 그녀는 남편을 배신자라며 비난했다. 물론 그런 면이 전혀 없었던 것도 아니었다. 그 후, 그녀의 피해망상은 모든 종류의 다른 망상으로 이어졌다.

의사가 아내를 환자로 받아주지 않으리란 두려움 때문에 남편은 끝내 아내에게 아무 말도 하지 못했다. 결국 "그 부인은 남편에 대한 분노와 증오를 가득 품고 정신착란 상태에서 세상을 떠났다. 남편에게 괴성을 지르며 숨을 거둔 것이다. 남편은 아내와 함께 설립한 출판사로 돌아갈 수 없었다. 그곳엔 그녀의 체취와 숨결, 흔적들이 그대로 배어 있었기 때문이다. 그래서 그는 출판사를 헐값에 팔았다. 남자는 이

같은 과정을 겪으면서 극심한 우울증에 시달리다 결국 내게 보내졌다. 치료는 그가 아내와 지내온 방식과는 정반대 방식으로 아내의 죽음을 지켜보게 만들었던 의사의 부당한 방침에 대해 분노를 발산할 수 있도록 돕는 일로 시작됐다. 그것은 거짓말이었다. 끔찍한 거짓말. 그의 아내는 의사가 일방적으로 내건 조건 때문에 어쩔 수 없이 이어진 남편의 거짓말로 죽음에까지 이르렀던 것이다."[135]

 죽음에 임박한 환자에게 그 사실을 알리는 것이 해가 될 경우, 유대 율법은 환자에게 진실을 말하지 말 것을 지지한다. 이와 유사한 대부분의 사례에서 우리는 이 접근 방식을 따라야 한다. 하지만 클라그스브룬 박사가 우리에게 상기시켜 주듯, 지침은 단지 지침일 뿐이다. 가끔은 가슴 아픈 진실이 예쁘게 포장된 거짓보다 훨씬 더 나은 경우도 있다(반대의 사례에 대해선 72일째 참조).

---

[134] 섬망은 혼돈confusion과 비슷하지만 심한 과다행동(예를 들어 안절부절못하고, 잠을 안자고, 소리를 지르고, 주사기를 빼내는 행위)과 생생한 환각, 초조함과 떨림 등이 자주 나타나는 증세를 말한다. 하지만 일부에서는 섬망이 과소활동(hypoactivity; 활동이 정상 이하로 저하되어 있는 것)으로 나타나기도 한다. 보통 중독 질환, 대사성 질환, 전신 감염, 신경계 감염, 뇌 외상, 뇌졸중, 전신 마취, 대수술 등의 경우에 나타난다.

[135] 사무엘 클라스브룬의 이 회고담은 리머의《죽음과 애도에 대한 유대인의 통찰Jewish Insights on Death and Mourning》57-58쪽에 실려 있다. 내 친구인 정신과 전문의 마머 박사는 자신이 의과대학에 다닐 때 한 교수가 학생들에게 해준 조언을 내게 들려줬다. 그 교수에 따르면, 환자가 사망해 가족에게 알려야 할 때, 의사는 가족이 너무 상심한 나머지 병원으로 오는 길에 사고를 낼 가능성을 고려해, 환자 가족에겐 환자의 병세가 악화되었다고 말해야 하며, 가족이 병원에 도착하면 병원으로 오는 도중 환자가 사망했다고 말해야 한다는 것이다.

178일째 화요일

당신의 일은 성스러운가

언젠가 랍비 제프리 살킨Jeffrey Salkin은 자신을 공항까지 태워다 준 한 택시 기사와 이야기를 나눈 적이 있는데, 그 택시 기사의 가족들이 당시 랍비가 몸담고 있던 시나고그의 신도들이었다고 한다. "랍비님은 성인식 이후로 한 번도 시나고그에 가지 않은 저 같은 유대인에 대해 어떤 말을 하십니까?" 심한 교통 체증으로 택시가 멈춰 섰을 때, 택시 기사가 랍비 살킨에게 물었다.

"일에 대한 이야기를 하죠." 랍비 살킨이 대답했다.

"제가 하는 일이 종교와 무슨 상관이 있나요?"

"글쎄요. 우리는 세상과 삶을 보는 방식을 선택합니다. 당신은 택시 기사죠. 그리고 모든 인간을 연결시켜주는 조직 체계의 한 부분이기도 하죠. 당신은 지금 저를 공항까지 태워주고 있습니다. 저는 다른 도시로 가서 누군가에게 감동과 변화를 줄지도 모를 강연을 몇 차례 할 것입니다. 그런데 당신 같은 택시 기사가 없다면, 전 그곳에 가지 못할지도 모릅니다. 당신이 지금 그런 소중한 인연이 생겨날 수 있게 돕고 있는 거죠. …… 전 당신이 무선 연락을 주고받는 걸 들었습니다. 저를 공항에 내려준 후, 병원에 가서 한 여성을 태워 집까지 데려다 줄 예정이더군요. 그건 그녀가 병원을 나와 처음 만나게 되는 비의료인이 바로 당신이라는 의미죠. 당신은 그녀를 건강한 세계로 다시 들어가게 해주는 한 매개체로, 그녀의 치유 과정에서 작은 부분을 담당하는 거죠. 그런 다음 당신은 부모 임종을 지켜보러 고향에 오는 누군가를 태우러 기차역으로 갈 수도, 청혼을 하기 위해 연인 집으로 가려는 남자를 태울 수도 있죠. 당신은 사람과 사람을 연결해주는 다리 역할을 하고 있는 겁니다. 세상이 지금처럼 돌아갈 수 있게 해주는 숨은 공로자 중 한 명인 거죠. 성스러운 일을 하고 있는 것입니다. 당신은 그렇게 생각하지 않을 수도 있지만, 당신 일은 분명 성스러운 것입니다."[136]

어떤 측면에선, 영적이고 성스럽게 여길 수 없으며 본질적으로 세속적인 그런 직업은 거의 없다. 유대인과 오랫동안 인연을 맺어 온, 어쩜 가장 세속적일 것 같은 의류 사업을 생각해보자. 이 업계의 일 역시 영적인 숭고함 또는 유대주의의 아주 기본적인 계율 중 일부와 연관지을 수 있다.

예를 들어, 종교적인 유대인은 매일 하나님께 다음과 같은 문구가 포함된 축복 기도를 올린다. "알몸인 사람에게 옷을 입히신 우주의 왕, 우리 주 하나님 축복 받으시옵소서." 하나님께서 당신의 일을 수행하시는 걸 도움으로써, 의복을 제공하는 사람들은 영적인 일을 하고 있는 것이다. 옷을 잘 입은 사람들이 자신에 대해 얼마나 더 좋은 감정을 느끼는지를 생각해보라. 이와 비슷한 맥락으로, 신부 드레스를 만들고 제공하는 일을 하는 사람들도 신부와 신랑이 결혼할 수 있도록 돕는 미츠바를 이행하는 것이므로 성스러운 일을 하는 것이라고 살킨은 주장한다(의류 업계 종사자들은 가외의 영적인 행위로 유행 지난 웨딩드레스를 형편이 어려운 신부에게 기부하는 일을 고려해볼 수 있을 것이다.). 비만인 사람이나 신체적 장애가 있는 사람에게 잘 맞는 멋진 옷을 찾아주

---

[136] 살킨, 《하나님의 동반자 Being God's Partner》 65–68쪽 및 171쪽

려고 열과 성을 다하는 옷가게 점원 역시 자신의 일에 영성과 도덕성을 부여하고 있는 것이다.

당신이 선생이든 아니면 의사나 변호사, 회계사, 중재인, 접수원이든, 당신에겐 일을 하는 가운데 하나님 일도 할 수 있는 기회가 수시로 주어진다. 한번은 랍비 슈로모 잘만 아우에르바흐가 속죄일 전날 위대한 예루살렘 성자인 랍비 아르예 레빈과 길에서 마주친 적이 있다. 평소 늘 사람들의 축복 요청을 받는 랍비 아르예 레빈은 그 지역의 유명한 여의사 미리암 무닌Miriam Munin 박사 집으로 가는 중이었다. 랍비 아르예 레빈이 설명했다. "무닌 박사가 아주 친절하게 사람들을 잘 치료해준다는 소문을 들어, 축복을 요청하러 그녀 집에 가는 길입니다."[137]

랍비 아르예는 당신이 어떤 일을 하든 그 일은 당신의 영적인 위대함을 성취하는 데 도움을 줄 수 있다는 사실을 이해했던 것이다.

실천 사항: 아침에 일어나 일터로 가기 전, 당신이 하는 일의 더 깊은 의미를 깨닫는 시간을 가져보자. 당신 일의 어디에 세상을 개선하거나 누군가의 삶의 질을 향상시켜줄 기회가 숨어 있을까? 그 기회가 있는 곳을 찾아 그에 대해 숙고하는 시간을 갖도록 하자.

---

[137] 심차 라즈, 《우리 시대의 의인》 356-57쪽

179일째 수요일

여성에겐 절대적인 낙태 권한이 있는가

위의 질문에 대한 골수 보수주의자들이나 자유주의자들의 대답은 분명해 보인다. 일반적으로 우파 사람들, 특히 종교적인 우파 사람들은 생명은 잉태하는 순간부터 시작되는 것이므로, 낙태는 살인이라는 믿음을 갖고 있다. 자유주의자들은 일반적으로 생명은 이 세상에 태어나는 순간부터 시작되는 것이므로, 그리고 또 여성은 자기 몸을 자신이 원하는 대로 할 수 있는 권리가 있으므로, 임신 6개월이 지나지 않았다면 낙태를 할 수 있는 권리가 있다고 주장한다.

그런데 이상하게도, 그런 입장들을 취하는 사람들 다수가 반드시 자신의 믿음대로 삶을 사는 것은 아니다. 예를 들어, 생명이 잉태 순간부터 시작된다고 믿는 사람들 중에 가까운 사람의 죽음을 슬퍼하는 것만큼 유산에 대해 슬퍼하는 사람은 드물다. 그리고 모든 종교가 죽은 아기의 장례를 치르는 걸 전통으로 삼고 있지만, 나는 낙태한 태아를 위해 종교적 의식을 치른다는 얘기는 들어본 적이 없다. 반면, 여성은 자기 몸으로 자기가 원하는 것을 할 권리가 있다고 주장하는 다수의 사람들이 매춘을 합법화하는 것에는 반대하기도 한다.

위의 질문에 대한 유대주의의 대답은 낙태는 살인이 아니며 여성에겐 낙태를 할 수 있는 절대적인 권한이 없다는 것이다.

유대주의가 낙태를 살인으로 보지 않는 것은 태아는 '엄마의 일부'여서 독립적인 정체성이 없다는 믿음에 근거한다. 따라서 자녀가 있는 이교도 여성이 유대교로 개종하길 원한다면, 그 여성은 물론 그 자녀들까지 모두 개종해야 한다. 그리고 심지어 임신 9개월째의 산모가 유대교로 개종하더라도, 그 산모의 태아 또한 자동적으로 유대교도 신분이 된다.

토라에 따르면, 태아의 생명은 인간의 생명과 동일시될 수 없다. 그래서 토라는 임신한 여자를 살해한 사람은 사형에 처하지만, 임신한 여자의 태아만을 잃게 하고 여자에게 다른 상처를 입히지 않은 사람은 벌금형에 처한다고 규정한다(출애굽기 21:22-23). 이 율법을 이끌어낸 추론은 태아는 완전한 인간이 아니므로, 낙태를 야기한 사람이 살인자(출애굽기 21:12-14 참조)는 아니라는 것이다.

미슈나(200년 경)는 산모의 생명이 위태로운 경우 낙태는 허용된다고 규정한다. "만일 산통이 심해 임산부의 생명까지 위태로울 지경이라면, 임산부의 자궁 내에서 태아를 자르고 사지를 각각 제거할 수 있다. 왜냐하면 임산부의 생명이 태아의 생명에 우선하기 때문이다(미슈나, 오하롯Ohalot 7:6)."

그렇다면 유대 율법은 산모의 생명이 위태로운 경우에만 낙태를 허용한다는 뜻일까? 미슈나의 이 규정을 엄격하게 해석하는 사람에겐 그렇다. 하지만 좀 더 자유주의적인 경향을 가진 유대 학자들은 유대주의가 산모의 정신 건강을 위협하는 경우에도 낙태를 허용한다는 걸 증명하는 또 다른 미슈나 규정이 있다고 주장한다. 아마 이론적인 규정일 수도 있겠지만, 탈무드는 사형 선고를 받은 여성이 임신 중이라는 사실을 뒤늦게 알게 됐다면, 태아는 낙태되어야 하고 사형은 일정대로 집행되어야 한다고 규정했다(미슈나, 아라친Arachin 1:4). 유대 율법은 사형 집행을 연기하는 것은 사형수에 대한 일종의 '고문'이므로 금지되어야 한다고 언명한다.[138] 그렇다면 유대주의는 낙태에 대해 어떤 입장을 취하고 있다고 결론지을 수 있을까?

낙태는 살인에 해당하진 않지만 태아는 잠재적인 생명이므로, 아주 중요한 이유가 아니라면 낙태를 해선 안된다는 것이다. 그런 이유로 유대 윤리는 사후 피임이나 산아 제한, 또는 아이의 성별 문제로 인한 낙태에 반대한다.[139] 반면, 산모의 신체적 또는 정신적 건강에 심각한 위협이 될 수 있는 경우(예를 들면, 강간을 당해 임신이 된 경우나 산모가 심각한 질병이나 장애를 가진 아이를 출산하게 되리란 걸 알게 된 경우) 낙태를 허용한다는 규정에는 산모의 건강이라는 분명한 이유가 있다.[140] 확신이 서지 않는 모든 사례에 대해선 자격이 검증된 랍비와 상의할 것을 권한다.

[138] 나는 이 규정이 아마 이론에 그치는 규정이라 여긴다. 왜냐하면 탈무드는 사형이 7년에 한 번 집행될 정도로 사형 집행이 매우 드물었다고 기록하고 있기 때문이다. 이 진술은 비록 과장이긴 하지만 여전히 사형은 아주 드물게 집행되었다는 것을 암시한다.
[139] 이 경우 만일 부모 될 사람이 아이를 키우지 못하겠다는 생각이 아주 강하다면, 아이를 낳아서 입양시키는 것을 고려해 보아야 한다.
[140] 일부(어쩌면 대부분의) 정통파 학자는 이 말에 동의하지 않는다. 대부분의 정통파 랍비는 근친상간이나 강간의 경우 낙태를 허용하지 않고, 장애아의 출산이 산모의 건강에 치명적인 영향을 끼칠 정도로 산모 마음을 심하게 괴롭힐 것이라 여기지 않는다고 정통파 의학자인 프레드 로스너는 주장한다. 강간을 당한 여성의 낙태 권리와 관련해, 나는 오랫동안 19세기 랍비인 랍비 예후다 페릴만Yehuda Perilman의 규정을 인상 깊게 받아들였다. "여성은 자신의 의지에 반해 뿌려진 씨앗은 품을 필요가 없다는 점에서 '대지'와는 다르다. 실제 여성은 불법적으로 뿌려진 씨앗을 없애버릴 수 있다." 나에겐 강간당한 여성들의 낙태 권리를 부인하는 랍비들이 그 여성들에게 보여주는 동정심은 사형 죄를 범한 여성에게 보여주는 탈무드 랍비들의 동정심보다 크지 않은 듯 보인다.

180일째 목요일

여성에겐 자기 몸을 마음대로 할 수 있는 권리가 있는가

이 질문에 대한 대답은 대개 답변자의 정치적 성향을 반영한다. 보수주의자들, 특히 종교적으로 우파인 사람들은 "없다."라고 대답할 것이다. 그들은 여성에게는 낙태와 관련해 자기 몸을 마음대로 할 수 있는 절대적인 권리가 없다고 주장한다. 역시 이 질문을 여성의 낙태 권리에 대한 질문으로 이해하는 자유주의자들은 여성은 자기 몸을 자기 마음대로 할 수 있는 권리가 있다고 주장한다.

남자건 여자건 우리 몸은 하나님의 소유이므로, 유대의 윤리적 가르침들이 제시하듯, 우리 몸을 어떻게 할 것인가 하는 문제는 하나님의 뜻에 따라야 한다고 유대주의는 주장한다. 그런 이유로, 유대주의는 자살을 살인의 한 형태로 간주해 금한다. 유대주의는 또한 육체에 대한 불경이라는 이유로, 죽은 뒤 자기 시신을 화장해 달라고 유언하는 것도 금한다. 토라는 또한 문신도 금한다. "죽은 자 때문에 너희의 살에 문신을 하지 말며 무늬를 놓지 말라(레위기 19:28)."

유대주의는 또한 헤로인 및 코카인처럼 정신을 파괴할 뿐 아니라 생명까지 위협하는 마약 투여도 금지한다. 자신의 신체적 또는 정신적 건강을 불필요하게 위험에 빠뜨리는 것은 당연히 옳지 않은 일이기 때문이다. 유대주의는 니코틴 흡입이 태아에 영구적인 손상을 줄 수도 있다는 이유로 임산부의 흡연도 금한다(36일째 참조).

유대주의 관점에 따르면, 낙태 허용 여부는 자기 몸을 자기 마음대로 할 수 있는 여성의 절대적인 권리(혹은 남편의 권리)가 아니라 낙태의 합당한 이유에 근거해야 한다(어제 글 참조).

181일째 금요일

랍비 아르예 레빈과 문병 미츠바

현대 유대 사회의 위대한 인물 중 한 사람이었던 랍비 아르예 레빈(1885-1969)은 유대 역사에서 거의 찾아볼 수 없을 정도로 탁월한 현자였다. 그가 죽고 얼마 지나지 않아 그의 친구 심차 라즈는 그를 알고 지냈던 사람들 수백 명을 인터뷰해, 그에 대한 그들의 회고담 형식으로 《우리 시대의 의인》이라는 책을 엮어냈다. 그 책에 등장하는 이야기 중 다수가 아픈 사람들을 문병 다닌 랍비 아르예의 평생에 걸친 헌신을 보여준다. 그중 문병이라는 미츠바를 수행하는 서로 다른 방법을 제시하는 세 가지 이야기를 골라봤다.

그는 도움이 가장 절실하게 필요한 사람들을 반드시 문병 갔다.

오랫동안 중병을 앓아온 한 여성이 그의 이웃에 살고 있었다. 자선 사업과 유대주의 공부에 열성적이라고 알려진 그녀의 이름은 리브카 바이스였다. 병마에 시달리게 된 그녀를 최소 주 1회는 문병 가는 것이 랍비 아르예의 습관이 되었다.
랍비 아르예는 그 여성의 신앙심이 얼마나 깊은지 알고 있었으므로,

한 해 중 가장 엄숙한 날인 속죄일에 그녀가 당연히 금식을 하리란 것도 알고 있었다. 그래서 그 엄숙하고 성스러운 날, 랍비 아르예는 흰색 예복을 입고 탈리스[141]를 걸친 채 자신의 시나고그를 떠나 홀로 있는 이 병약하고 외로운 과부의 집으로 갔다. 그녀의 집에 들어서자마자 랍비 아르예는 부엌에 가서 차를 준비한 뒤 식료품 저장실에서 비스킷을 찾아 접시에 담아 그녀 방으로 들어갔다. 그리곤 그녀에게 그것들을 곧바로 먹고 마시라고 명령조로 말했다. 자신을 지켜보는 위압적인 그의 시선 때문에, 그녀는 그의 말을 거부할 수가 없었다. 그의 말에 따라 비스킷과 차를 먹고 마신 그녀는 눈에 총기를 띠게 되었다. 그리고 그녀는 그의 지시대로 그 성스러운 날에도 다른 날과 똑같은 양의 음식을 먹기로 약속했다.[142]

그는 몸이 아픈 사람도 문병 갔지만 마음이 아픈 사람도 문병 갔다.

랍비 아르예의 아들의 회고담이다. 어느 날 아버지와 함께 걷고 있는데, 한 남자가 아버지에게 다가와 물었다. "정신 병동에 있는 친지는 잘 지내고 계세요?" 이에 아버지가 대답했다. "하나님의 축복과 함께 잘 지내고 있습니다." 그리고 우리는 가던 길을 계속 갔다. 내가 아버지께 물었다. "아버지, 정신 병동에 있는 친지가 누구죠?" 내 질문에 아버지는 언젠가 치료를 받기 위해 병동에 온 사람이 있는지 물어보러 그 병동을 방문했고, 이왕 간 김에 병동 전체를 둘러본 적이 있다고 하셨다. 그런데 거기 있던 한 남자가 아버지의 시선을 끌었다. 그 가련한 영혼은 온몸이 상처투성이였고, 아버지는 곧바로 그 남자에게 관심을 갖게 됐다.

다른 환자들이 아버지께 설명했다. "아시겠지만, 결국 우리는 아픈 사람들입니다. 그래서 가끔 거칠어지거나 자제력을 잃는 순간이 있고, 그러면 보호사들이 힘으로 저희를 저지하곤 합니다. 가끔 구타를 하기도 하고요. 그런데 우리 모두에겐 가족이나 친지가 있죠. 그래서 정신 병동 보호사들은 항상 방문객이 찾아와 자신들이 그들 가족에게 상처를 입힌 걸 알게 될까 두려워하죠. 당연히 강력한 항의를 받게 될 테니까요. 저기 있는 저 가련한 환자는 이 병동에서 유일하게 가족이나 친지가 없는 사람입니다. 그래서 보호사들이 감정이 격해질 때마다, 그가 가장 큰 희생자가 되곤 하죠."

아버지는 아무 말 없이 보호사들에게 가서 그 환자가 당신의 친지라고 말하셨다. 그때부터 그 남자는 아버지의 친지가 되었다. 그래서 아버지는 매월 첫째 날 작은 선물을 들고 그를 방문했다.

그래서 그 병원은 물론 마침내는 병원 밖에서까지, 그 남자는 랍비 아르예의 친지로 알려지게 되었다.[143]

그는 아픈 아이들의 부모들을 방문해 도왔다.

에츠 하임 학교의 한 교사가 자녀 중 한 명이 심하게 앓아누워 밤에 아내와 함께 아이 곁을 지켜야 했던 때를 회고한다. 어느 날 밤 랍비

---

141 유대인 남자가 아침 기도 때 걸치는 솔
142 라즈, 《우리 시대의 의인》 136-37쪽
143 라즈, 《우리 시대의 의인》 129-30쪽

아르예가 그의 아내와 함께 그들의 집을 방문했다. "이제 두 분 모두 잠자리에 드세요." 인자한 랍비는 말을 이었다. "우리 두 사람이 아이와 함께 있겠습니다." 그는 특유의 다정하고 매력적인 어투로 설명했다. "둘이 아주 중요한 얘길 해야 하는데, 저희 집에선 할 수가 없어서요. 아이들이 엿들을 수도 있거든요."[144]

이에 덧붙여, 랍비 아르예는 병원에 누군가를 문병 갈 때마다 반드시 간호사에게 방문객이 전혀 찾아오지 않는 환자들이 있는지 물었고, 그 환자들과 함께 시간을 보냈다.

아픈 사람을 문병 갈 때 해야 할 행동에도 기술이 있다. 그 누가 선행의 달인인 랍비 아르예 레빈보다 이 계율을 실천하는 방법을 더 잘 가르쳐 줄 수 있겠는가.

182일째 안식일

한 주를 돌아보며 편히 쉬는 하루가 되기를.

---

144 라즈, 《우리 시대의 의인》 132쪽

183일째 일요일

배우자를 구하는 사람과 일자리를 구하는 사람을 도와주어라

　내 친구 중엔 남녀 100쌍 이상을 결혼에 골인할 수 있게 연결해준 친구가 있다. 한번은 내가 그 친구에게 어떻게 그 많은 사람들을 기억해 서로에게 적합한 사람을 소개시켜줄 수 있는지를 물은 적이 있다. 이에 그 친구는 지갑을 열어 작게 접은 여러 장의 종이 뭉치를 꺼냈다. 거기엔 그가 평소 알고 지내던 사람들 중 연인을 만나고 싶어 하는 미혼 남녀의 이름과 나이, 기타 정보들이 빼곡히 적혀 있었다. 친구는 연인을 찾는다는 사람 얘기를 들을 때마다 그 사람에 대한 정보를 메모할 뿐 아니라 이미 목록에 있는 사람들 중 그 사람에게 적합한 사람이 있는지를 찾아보곤 했던 것이다.

얼마나 멋지고 유용한 시스템인가! 그런 방식을 이용하지 않는다면, 아무리 다른 사람들 배우자를 찾는데 도움을 주고 싶어도, 그 사람들이 각기 어떤 사람인지 잊어버릴 가능성이 크다.

물론 그런 시스템만으론 충분하지 않고, 다른 사람을 도우려는 열정과 노력도 따라야 할 것이다. 나의 랍비 친구 한 명은 그의 신도 한 사람이 회사의 감원 정책으로 일자리를 잃어버렸다는 얘기를 듣고, 그에게 유감의 뜻을 표한 뒤 이전 직장에서 했던 일과 관련 기술에 대해 물어보았다. 그리고는 다른 관련 자료와 정보들을 서면으로 자기한테 보내달라고 요청했다.

친구는 자료를 받자마자 대규모 공장을 운영하고 있는 또 다른 신도에게 전화를 걸어 처음 신도의 상황을 설명한 뒤 그를 받아줄 수 있는지를 물었다. 그러자 그 신도는 대뜸 일자리를 잃은 신도의 사람 됨됨이를 보장할 수 있는지 물었다. 친구의 긍정적인 대답을 듣자마자 그 공장주는 일자리를 잃고 곤경에 처한 신도를 채용했다.

내 친구는 그 날이 랍비가 된 이래 가장 행복한 날이었다고 내게 말했다. 그는 유대 전통이 가장 고귀한 자선으로 꼽는 일을 행할 수 있는 기회를 부여받은 것에 감사했다. 마이모니데스가 다음과 같이 가르치고 있듯이.

> 자선에는 8가지 등급이 있는데, 그중 가장 높은 등급은 가난한 유대인에게 선물을 하거나 돈을 빌려주는 것, 또는 그 사람과 동업을 하는 것, 또는 그 사람에게 일자리를 구해주어 그 사람을 돕는 것이다.

다시 말해 그 사람으로 하여금 다른 사람의 도움 없이 살아갈 수 있도록 해주는 것이다.

— 모세 마이모니데스, 미슈네 토라, '가난한 사람을 돕는 것에 관한 율법' 10:7

당연히 랍비만이 다른 사람에게 이런 종류의 호의를 베풀 수 있는 건 아닐 것이다. 어떤 지인이 배우자나 일자리를 찾고 있다는 얘기를 들을 경우, 그 사람의 이름과 관련 자료들을 메모해 두자. 다른 사람들을 도우려는 열정과 끈기만 있다면, 생각보다 훨씬 더 많은 기회가 찾아온다는 걸 알게 될 것이다.

184일째 월요일

지금 당장 실천에 옮겨라

계명을 실천해야 할 상황이 찾아왔다면, 미루지 말고 곧바로 그 계명을 이행하라.

— 메칠타 보Mechilta Bo, 파라샤Parasha 9

다른 사람을 위해 좋은 일을 하고 싶다는 충동을 느끼는 사람은 많다. 하지만 그 일을 당장 실천에 옮기지 않으면 영원히 못하는 경우가 많다. 아파 누워 있는 지인이 방문객을 원한다는 얘기를 듣게 되면, 순간적으로 그 사람에게 문병 가야겠다는 충동을 느낀다. 하지만 당장 문병을 가거나 문병 날짜를 정하는 등 실제적인 행동을 취하지 않을 경우, 우리는 대개 그 문병을 가지 못하게 된다.

가끔 우리는 다른 사람에게 실수를 한 뒤 곧바로 진심으로 사과하고 싶다는 마음을 갖는다. 그런데 때를 놓쳐 그렇게 못하는 경우가 많다. 우리는 또 어떤 친지가 돈이 절실하게 필요하다는 얘기를 듣기도 한다. 그럴 때 도와줄 마음도 있고 도울 형편도 되면서 곧장 도움을 주지 않아, 딱한 친지를 도와줄 절호의 기회를 날려버리기도 한다.

오늘 또는 이번 주에 좋은 일을 하고 싶은 충동이 생긴다면, 그냥 자리에 앉아 "내 마음이 움직이는 걸 보니, 나는 좋은 사람인 게 분명해."라는 생각을 하는 걸로 그치지 말고 행동에 옮기기 바란다. 랍비들이 "계명을 실천해야 할 상황이 찾아왔다면, 미루지 말고 곧바로 그 계명을 이행하라."라고 가르치듯, 훗날을 기약하지 말고 그 즉시 실천의 미덕을 발휘하라.

185일째 화요일
자녀에게 토라를 가르쳐라

> 아버지는 아들에게 토라를 가르쳐야 할 의무가 있다.
> — 바빌로니아 탈무드, 키두쉰 29a

부모는 자녀에게 토라를 가르쳐야 할 의무가 있다는 율법은 슈마 Sh'ma 기도문의 다음 구절에 그 뿌리를 두고 있다. "내가 오늘 네게 명하는 이 말씀을 너는 마음에 새기고 네 자녀에게 부지런히 가르치며 집에 앉았을 때에든지 길에 행할 때에든지 누웠을 때에든지 일어날 때에든지 이 말씀을 강론할지니라(신명기 6:6-7)."

유대 역사 전반에 걸쳐, 유대인들은 이 구절을 유대 부모는 자녀에게 기본적인 유대 교육을 시켜야 할 의무가 있다는 뜻으로 이해했다. 이론적으로는 부모가 자녀에게 히브리어와 토라, 기도서 및 기타 성스러운 유대 문헌을 직접 가르치는 것으로 이 의무를 이행할 수 있다. 그래서 자녀의 유대 교육에 부모가 직접 참여해야 하지만, 대다수의 부모는 자녀를 유대 학교에 보내는 걸로 이 의무에서 벗어난다.

미국에는 두 가지 형태의 유대 학교가 있는데, 하나는 비교적 강도가 낮은 방과 후 또는 일요 유대 학교이고, 다른 하나는 일반 학교를 대신하는 정규 유대 학교와 예시바(정통파 유대 학교)이다. 자녀가 유대 문헌을 읽고 이해하는 능력을 갖길 바라는 부모는 자녀를 대개 정규 유대 학교나 예시바에 보내는데, 이들 학교에선 일반 학교 교과목도 모두 배우고, 덧붙여 하루에 두 시간에서 세 시간 또는 그 이상 유대주의와 관련된 과목을 배운다. 아이들에게 다소 버거운 교육 과정이라 생각할 수도 있겠지만, 아이들이 전반적인 유대 문화(유대주의의 기본적인 이해를 위해선 히브리어와 성경, 기도서, 탈무드, 유대 윤리 및 역사, 문학, 생활사 등에 대한 지식이 요구된다.)를 공부하고 히브리어를 읽고 쓸 줄 알아야 하는데다, 두 문화에 대한 통합적인 사고를 하기 위해선 필수적인 교육 과정으로 보인다. 오늘날 유대교의 주요 교파 모두가 정규 유대 학교를 두고 있다. 그리고 미국 대다수의 주요 도시에서는 각 교파가 설립한 학교를 찾을 수 있다.

정규 학교에 비해 수업 시간이 훨씬 더 적은 유대 방과 후 학교는 일반적으로 아이들에게 아주 기초적인 히브리어를 가르치고 성인식을 준비시키며 유대 축제일을 즐길 수 있게 하는 것으로 그친다. 방과 후 학교의 또 다른 문제는 방과 후 학교에 자녀를 보내는 대다수의 부모가 자녀의 성인식(남자 13세, 여자 12세)이 끝나면 자녀에게 더 이상 유대 교육을 시키지 않는다는 데 있다.[145] 랍비 브래들리 아트슨이 들려주는 다음 이야기는 그런 접근 방식이 얼마나 유해하고 근시안적인지를 잘 보여준다.

우리 시나고그의 한 신도는 당시 11살이던 자기 딸이 당연히 바트미츠바는 하게 될 것이라고 내게 말했다. 그 아버지는 딸에게 유대주의의 기본적인 배경은 무조건 배우게 할 것이지만, 그 후 유대 학교로 진학해 유대주의를 계속 공부하는 건 딸의 선택에 맡길 것이라고 했다. 그의 얘기를 듣고 나는 13살 이후 과학 과목을 계속 공부할 것인지 그만둘 것인지도 아이의 선택에 맡길 것이냐고 물었다. 또 딸이 학교에서 작문 수업을 받지 않겠다고 해도 그러라고 할 것인지 물었다. 그 아버지는 내 질문이 다소 터무니없다는 표정을 지으며, 당연히 허용하지 않을 것이라고 했다. 그런 중요한 결정을 13살 아이에게 맡길 순 없으므로, 딸은 무조건 과학 및 작문 수업을 들어야 한다는 것이었다. 우리가 만일 유대주의보다 과학과 작문, 세속적인 지식 등을 더 중요하게 여기게 되면, 아이들에게 "이 우주에서 나의 위치는 어디일까?", "삶의 목적은 무엇일까?", "다른 사람들을 어떻게 대해야 할까?" 등과 같은 궁극적인 질문에 대해선 청소년 시기까지만 고민하면 된다는 인상을 주게 된다.[146]

당신 자녀의 유대 교육을 일반 교육보다 여러 해 먼저 끝나게 하지 말라.

186일째 수요일
자녀에게 인간 생명의 가치를 가르쳐라

몇 해 전 데니스 프레이저가 비행기 여행을 하고 있을 때의 일이다. 그의 옆 좌석에 앉은 여자는 채식주의자 음식을 받았고 데니스는 코셔 음식을 받았다. 두 사람이 각자 좋아하는 음식에 대해 말하기 시작했을 때, 그 여자는 "우리 인간의 생명이 동물의 생명보다 더 가치 있다고 누가 장담할 수 있겠어요?"라며, 동물을 죽이는 것은 옳지 못한 일로 생각한다고 데니스에게 말했다.

처음 말이 타당하지 않다고 확신한 프레이저는 여자에게 말했다. "동물을 죽이는 걸 반대하는 당신 입장은 충분히 이해합니다만, 사람의 생명이 동물의 생명보다 더 가치 있는 건 아니란 말은 인정할 수 없군요. 만일 동물과 사람이 한 장소에서 똑같이 익사할 상황에 처한 걸 보게 된다면, 당신은 어느 쪽부터 구하겠습니까?"

여자는 한동안 말이 없다가 "글쎄요. 잘 모르겠네요."라고 답했다.

---

145 12세나 13세에 유대 교육을 끝내는 것은 유대주 공부는 아이들만을 위한 공부라는 메시지를 주기도 한다.
146 아트슨, 《이것이 율법이다》 4쪽 그런 기준에 따라, 우리가 부모의 의무를 다 하려면, 자녀를 그저 아무 유대 학교에 보내는 것으로 그쳐선 안 되며, 그 학교가 자기 자녀의 인성과 도덕성 배양에 진정 도움이 되는지도 꼼꼼히 따져봐야 한다.

그 일이 있고 나서 곧 프레이저는 미국 전역에서 많은 고등학생들에게 "학생 개와 학생이 모르는 사람이 동시에 물에 빠져 허우적대고 있다면, 학생은 어느 쪽 먼저 구하겠습니까?"라는 질문을 던지기 시작했다.

고등학생들을 상대로 15년간 이 질문을 던진 결과, 수천 명의 일반 고등학교 학생의 3분의 2 이상이 자신의 애완동물을 먼저 구하겠다고 대답했다. 프레이저가 이해한 바와 같이, "종교의 붕괴로 학교에선 인간이 하나님 형상으로 창조되었다는 믿음을 더 이상 가르치지 않고 있다. 그렇다면 어디에서 인간의 신성함에 대한 믿음을 끌어낼 수 있을까? 어떤 비종교적인 이유를 근거로 인간을 동물보다 더 가치 있는 존재로 여길 수 있을까?"

물론 일부 비종교적인 사람들도 이에 대한 나름대로의 답을 내놓긴 했다. 하지만 그들의 논리는 설득력이 없다. 예를 들면, 인간은 동물보다 지능이 더 높기 때문에 동물보다 더 가치 있다는 주장도 있었다. 하지만 과연 지능이 인간 생명의 가치를 가늠하는 척도가 될 수 있을까? 지능 높은 개와 중증의 정신지체아가 동시에 물에 빠졌다면, 지능 높은 개를 먼저 구해야 한다는 논리는 과연 타당할까? 더 나아가, 두 사람이 동시에 물에 빠진 경우, 항상 더 똑똑한 사람을 먼저 구해야 한다는 논리는 또 어떤가?

같은 인간이라는 동류 의식 때문에라도, 동물보다 인간을 먼저 구해야 한다는 주장도 있다. 그 논리는 다음과 같다. '만일 나와 개가 똑같이 익사 직전이라면, 나는 내가 먼저 구해지길 바랄 것이다. 따라서 다른 사람과 개가 똑같이 익사 직전인 경우에도 나는 다른 사람을 먼저 구해야 한다.' 하지만 이 예는 아무것도 입증하지 못한다. 만일 나와 다른 사람이 똑같이 익사 직전이라 하더라도, 나는 내가 먼저 구해지길 바랄 것이기 때문이다. 하지만 그렇다고 그것이 내 생명이 더 가치 있다는 것을 입증하진 못한다. 인간이든 동물이든 모두 생존하길 바란다는 것만 입증할 뿐이다.

유대주의는 오로지 인간만이 '하나님의 형상대로(창세기 1:27)' 창조되었기 때문에, 인간이 동물보다 더 가치 있다고 가르친다. 그렇다고 이 말이 하나님께서도 인간처럼 육체를 가지셨다는 의미는 아니다. 이 말은 우리 인간만이 선악에 대한 인식을 하나님과 공유한다는 뜻이다.[147] 반나치 투사들에 의해 나치 병사를 공격하도록 훈련 받은 개가 나치 병사를 공격했다고 해서 그 개가 스스로 정의의 편에 서기로 선택했다고 말할 수도 없고, 나치 병사들에 의해 훈련 받은 개가 강제 수용소의 유대인들을 공격했다고 해서 그 개가 악의 편에 서기로 선택했다고 말할 수도 없을 것이다. 선악에 대한 인식과 윤리적이고 경건한 삶을 사는 것을 선택할 수 있는 능력은 인간 생명에 본질적인 신성함을 부여하므로, 인간 생명이 동물 생명보다 더 가치 있는 것이다.

프레이저가 종교 재단 학교에서는 동물보다 사람을 먼저 구하겠다고 답변하는 학생들을 주로 만나게 된 것도 아마 그 학생들이 이런 점을 알고 있었기 때문일 것이다. 애완동물을 키우는 학생들을 포함해 그곳 학생들은 인간이 하나님 형상으로 창조되었다는 것을 알고 있었기 때문에, 설령 낯선 사람이라 하더라도 인간은 동물(동물에 대한 유

---

[147] 동물에게 적용하는 '좋은'과 '나쁜'이라는 말은 대개 '순종적인'과 '순종적이지 않은'이란 말과 동의어이다.

대주의 입장에 대해선 95일째 및 171일째를 참조하기 바란다.)보다 훨씬 더 많은 본질적인 가치가 있다는 것을 이해하고 있었던 것이다.[148]

프레이저의 질문을 당신 자녀에게 던져보라. 만일 당신 자녀가 자기 애완동물을 먼저 구하겠다고 대답한다면, 자녀에게 인간은 하나님 형상으로 창조되었다는 것을 얘기해주고, 또 동물도 소중한 가치가 있지만 인간의 가치는 더 신성하고 무한하다는 유대주의의 믿음에 대해서도 설명해줘라.

187일째 목요일

다른 사람들을 용서하는 실용적인 이유

누군가가 당신에게 해를 입힌 뒤 용서를 구하는데, 그를 용서하고 싶지 않다면? 그건 아마 상대가 진심에서 우러난 용서를 구하는 게 아니라고 생각하기 때문일 것이다. 아니면 아직 당신 상처가 아물지 않아, 또는 그에게 복수할 마음이 있어, 용서하고 싶다는 생각이 들지 않는 것이리라. 하지만 기꺼이 용서해주는 데에는 실용적인 이유도 있다. 유대 전통에 따르면, 용서는 하나님으로부터 관대하고 특별한 보상을 약속 받는 선한 행위들 중 하나이기 때문이다. "라바가 말했다. 누구의 죄가 용서되는가? 다른 사람이 자신에게 저지른 죄를 용서한

---

[148] 어떤 사람들은 "개와 히틀러가 똑같이 익사 직전이라면, 누구를 먼저 구해야 할까?" 같은 질문으로 프레이저의 질문에 도전하기도 했다. 물에 빠진 사람이 히틀러처럼 극단적으로 사악한 사람이라면, 물론 개를 먼저 구해야 할 것이다. 하지만 그것은 히틀러가 혼자 물에 빠졌다 해도 구해줘선 안 된다는 이유 때문이지, 개가 사람보다 더 가치 있다는 이유 때문은 아니다.

사람의 죄이다(바빌로니아 탈무드, 메길라Megillah 28a)."

다시 말해, 만일 당신이 당신에게 상처를 준 사람에게 자비를 베푼다면, 당신이 하나님 뜻에 반하는 행동을 했을 때 하나님께서도 당신에게 자비를 베푸신다는 것이다. 나는 탈무드의 이 가르침을 일종의 하나님의 상식으로 이해한다. 당신이 당신에게 해를 끼친 사람을 용서하지 않는다면, 하나님께 관용을 베풀어달라고 간청할 권리도 박탈당하는 것이다. 반대로 당신이 다른 사람들에게 관용을 베푼다면, 하나님의 관용을 더 많이 누릴 자격을 갖게 된다(용서받을 수 있는 범위를 벗어날 정도로 아주 극단적인 죄에 대한 논의는 193일째와 269일째를 참조하기 바란다.).

외경 중 하나인 벤 시라Ben Sira(집회서Ecclesiasticus로 알려지기도 했다.)도 같은 생각을 이렇게 표현했다. "이웃이 네게 잘못한 것을 용서하라. 그러면 네가 기도할 때 너의 죄도 용서받을 것이다. 다른 사람에게 분노를 품고 있는 자가 하나님께 치유 받길 기대할 수 있을까? 다른 사람을 용서하지 못하는 사람이 자신의 죄를 용서해 달라고 할 수 있을까?(벤 시라 28:2-4)"

다음에 누군가가 당신에게 용서를 구한다면, 관대함의 미덕을 발휘하기 바란다. 이보다 더 당신 죄를 쉽게 용서받을 수 있는 길이 어디 있겠는가?

188일째 금요일

자선만으로는 충분하지 않다

　자신의 뛰어난 지능을 다른 사람을 속이는데 이용하는 사람들도 있고, 개인적인 이익을 취하기 위해 상대의 빈틈과 맹점을 찾는 데 자기 지능을 이용하는 사람들도 있다. 반면, 다른 사람이 부끄러움을 느끼게 될 상황을 미연에 방지해줄 참신한 방법을 찾기 위해 자신의 뛰어난 지능을 이용하는 사람들도 있다.

　이는 탈무드 샤밧에 나오는 어느 특이한 이야기의 주제다. "3세기 바빌로니아의 현자인 사무엘이 이교도 점성술사 친구인 아블랏과 함께 앉아 있는데, 한 무리의 일꾼들이 지나갔다. 아블랏이 그중 한 남자를 지목하며 말했다. '저 남자는 가긴 하겠지만 돌아오진 못할 것이네. 뱀한테 물려 죽을 테니 말일세.' 점성술에 대한 아블랏의 믿음을 받아들이긴 하지만, 기도와 선행이 운명을 되돌릴 수 있다고 믿는 사무엘이 대답했다. '그가 이스라엘 사람이라면 돌아올 걸세.' 얼마 후 일꾼들 무리가 돌아왔는데, 거기엔 아블랏이 죽을 거라고 예언한 남자도 끼어 있었다. 그에게 달려가 그의 배낭을 낚아챈 아블랏은 배낭 안에서 반 토막 난 뱀을 발견했다. 사무엘이 그 남자에게 다가가 물었다. '거기서 어떤 행동을 했길래, 당신 운명을 피할 수 있었습니까?'

　남자가 대답했다. '우리 모두 매일 각자 가져온 음식을 한 데 모아놓고 식사를 합니다. 그런데 오늘 저는 우연히 빵을 가져오지 않아 어쩔 줄 몰라 하는 한 일꾼을 보았습니다. 그래서 저는 모두에게 오늘은 내가 음식을 걷겠다고 말했습니다. 빵을 가져오지 않은 남자에게 갔을

때, 저는 그가 부끄러워하지 않도록 그에게서 빵을 받은 척했습니다.'

사무엘이 남자에게 말했다. '선행을 행했군요.' 하나님께서 치명적인 독을 품은 독사로부터 그를 구해주신 것은 그의 그런 선행 때문이었다(샤밧 156b)."

굶주린 사람에게 먹을 것을 주는 것은 대단한 선행이다. 하지만 그 이름 모를 일꾼에겐 음식을 가져오지 않은 사람에게 공동의 음식을 함께 먹을 수 있게 해주는 것만으로는 충분치 않았다. 그는 빵을 가져오지 않은 사람으로 하여금 굶주림뿐 아니라 수치심도 느끼지 않게 해준 것이다. 가난한 사람에게서 배고픔뿐 아니라 수치심도 없애주는 것이 탈무드의 이상이다. 그리고 이를 실천하는 사람은 하나님이 내려주시는 특별한 기적을 누릴 자격이 있다.

189일째 안식일

한 주를 돌아보며 편히 쉬는 하루가 되기를.

190일째 일요일

발달장애가 있는 사람에게
일자리를 구해주어라

뉴욕에 있는 '장애인을 위한 미국 유대인 협회National Jewish Council for Disabled'는 유대 저널들에 정기적으로 다음과 같은 광고 문구를 게재해 독자들의 후원을 호소한다. "발달장애가 있는 사람들을 위해 진정 의미 있는 일을 해보고 싶나요?" 이어서 이 광고는 마이모니데스가 집필한 유대 법전인 미슈나 토라의 문구를 인용한다. "자선의 가장 높은 등급은…… 가난한 유대인에게 일자리를 주어 그 사람으로 하여금 다른 사람의 도움 없이 살아갈 수 있도록 해주는 것이다('가난한 사람을 돕는 것에 관한 율법' 10:7; 183일째 참조)." 이 광고가 제안한 것처럼, 당신 직장에 발달장애가 있는 사람에게 적합한 일자리가 있나 생각해보라.

20년이나 30년 전, 또는 40년 전에는 유대 저널이나 일반 저널에서 이런 광고를 찾아볼 수 없었을 거라고 나는 확신한다. 사람들이 '좋았던 옛날'에 대한 향수를 얘기할 때, 그들은 신체적 또는 정신적 장애를 가진 사람들의 당시 상황에 대해선 생각하지 않는다. 그들은 그 '좋았던 옛날'에 일상적인 차별과 무시를 감내해야 했다. 정신지체 아동들의 경우, 어떤 부모들은 인적이 드문 밤에만 바깥바람을 쐬게 해주는 등 아이의 존재를 드러내지 않으려 했다. 훨씬 더 옛날 고대 그리스의 스파르타 같은 사회에선 불완전한 형태로 태어난 아이들을 비바람에 노출시켜 죽게 하는 것을 공식적으로 승인했다.

반면 오늘날의 세계에서는 발달장애를 가진 사람들에 대해 훨씬 더 우호적이다. 일부 미국 회사들은 자발적으로 장애인들 능력에 맞는 일자리에 장애인들을 고용하기 시작했다. 다운증후군을 가진 내 사랑스러운 조카 메이어는 보스턴 대학의 구내식당에서 일하고 있다.

당신은 신체 장애 및 정신 장애를 가진 누군가에게 일자리를 제공할 수 있는 위치에 있는가? 그와 맞먹는 선행들은 있겠지만, 나는 그보다 더 훌륭한 선행은 떠올릴 수 없다.

191일째 월요일

고용주는 피고용인이 어떻게 살고 있는지 알아야 한다

해마다 직원들을 집으로 초대해 파티를 여는 고용주들이 가끔 있는데, 이런 관대한 제스처는 고용주가 직원들을 존중과 애정으로 대한다는 인상을 준다.

한편, 탈무드의 한 이야기는 고용주가 정기적으로 직원(특히 낮은 임금을 받는 직원)의 집을 방문하는 것도 그에 버금가는 선행일 수 있음을 암시한다.

부유하고 유식하지만 다소 독선적인 2세기의 지도자 랍비 감리엘이 어느 날 공개적으로 랍비 조슈아에게 망신을 주었다. 감리엘의 행동에 크게 화가 난 다른 랍비들이 그를 면직시키고 그의 자리에 다른 사람을 임명했다. 자신의 행동이 후회도 되고 예전 직위를 되찾고 싶기도 했던 감리엘은 사과를 하려고 랍비 조슈아의 집을 찾아갔다. 그의 집에 들어서자마자 감리엘은 온통 새까만 벽들을 보았다. 감리엘이 랍비 조슈아에게 말했다. "벽을 보니 숯 만드는 일(또는 대장일. 둘 모두 힘들고 수입이 적은 일이다.)로 생계를 유지하는 모양이군요." 이에 랍비 조슈아가 대답했다. "당신이 지도자인 시대가 한탄스럽고, 당신이 선장으로 있는 배가 한탄스럽소! 당신은 학자들이 어떻게 생계를 꾸리는지, 어떻게 자신을 지탱하는지, 학자들의 고충을 조금도 모르기 때문이오(베라콧 28a)."[149]

몇 년 전 미국 의회에서 최저 임금 인상 법안을 놓고 논란이 일고 있을 때, 나는 이 두 랍비의 극적인 조우를 떠올렸다. 주 40시간, 또는 심지어 50시간이나 일하면서도 자녀들은 고사하고 배우자를 부양하기에도 충분치 않은 임금을 받는 사람들이 있다는 사실을 잘 알고 있음에도 불구하고, 최저 임금 인상을 반대하는 사람들이 있었다.[150]

최저 임금 인상을 반대하는 국회의원들 중 과연 몇 명이 최저 임금으로 생계를 꾸려가는 사람들의 집을 방문해 보았거나 그들에게 도움을 주었을까?

랍비 감리엘 같은 지도자나 고용주가 가난한 일꾼들의 집을 방문한다면, 세상은 더 따뜻하고 살기 좋은 곳이 될 것이라는 랍비 조슈아의 믿음은 오늘날에도 여전히 유효하다.

192일째 화요일

죄를 고백하지 않는 것이 더 좋을 때도 있다

107일째와 108일째에서 언급했듯, 우리가 다른 사람에게 죄를 지었다면, 그에게 입힌 상처가 최대한 치유될 수 있게 우리 잘못을 고백하고 용서를 구해야 한다고 유대 율법은 가르친다. 하지만 유대 율법

---

[149] 감리엘의 기고만장한 오만함에 상처를 입은 랍비 조슈아는 감리엘이 자신의 명망 높은 아버지의 이름을 걸고 세 번째로 용서를 구했을 때야 비로소 그의 사과를 받아주었다(269일째 참조).
[150] 어떤 사람들은 인상을 지지하긴 했지만, 십대 피고용인은 예외로 두길 원했다. 그들은 인상된 최저 임금 때문에 고용주들이 십대 직원을 고용하길 꺼리게 될 거라고 주장했다. 공정을 기하기 위해 덧붙이자면, 최저 임금 인상을 반대하는 사람들 중 일부는 실업률이 높아질 것을 우려했다. 피고용인들에게 더 많은 임금을 지불해야 하는 고용주들이 충분한 수의 직원을 채용하길 꺼릴 거라는 게 그들의 논리였다. 나는 그들의 견해에 동의하지는 않지만, 더 높은 실업률과 그로 인해 더 많은 사람이 고통을 당하리란 생각에서 최저 임금 인상을 반대하는 사람들을 부도덕하다고 말하는 것 또한 합당하지 않다고 생각한다.

은 용서를 구하는 이유를 상세히 고백하지 않는 게 더 나을 때도 가끔 있다고 주장한다.

예를 들어, 만일 당신이 누군가에게 아주 험악한 말을 해 그에게 용서를 구할 때, 자신이 했던 말을 되뇌며 용서를 구하는 것은 상대로 하여금 당신이 했던 험악한 말을 다시 듣는 고통을 겪게 해 결코 현명한 일이 아니다(그러나 어쨌든 상대를 찾아가 당신이 한 말은 옳지 않고 부당했다는 걸 인정하고 용서를 구해야 한다.).

당신이 다른 사람에게 아주 심각한 죄를 저지른 경우, 가끔은 그저 침묵을 지키며 죄의식의 고통을 감내하는 것이 당신 의무인 경우도 있다. 고백을 하는 것이 오히려 원래의 죄를 더 크게 만드는 특이한 경우들도 있기 때문이다. 서머셋 모옴의 일기에는 다음과 같은 글이 있다.

> 그는 성공한 변호사였기 때문에, 그의 자살 소식은 그의 가족과 친구들에게 큰 충격을 주었다. 자살하리라곤 상상도 못할 만큼, 그는 유쾌하고 긍정적이며 활기 넘치는 남자였기 때문이다. 그는 삶을 즐겼다. 그는 보잘 것 없는 집안 출신이었지만, 전쟁에서 세운 공로로 준남작 지위를 받았다. 그는 자신의 외아들을 끔찍이 사랑했다. 아들은 그의 지위를 물려받게 될 것이고, 그의 뒤를 이어 변호사가 될 것이며, 국회로 진출해 이름을 날릴 것이었다. 그는 자신의 자살을 사고처럼 보이게 위장하려 했다. 실제로 그가 사소한 부분을 간과하지 않았더라면, 사고로 인한 죽음으로 여겨졌을 것이다. 그의 아내가 그에게 어느 정도의 근심거리를 안겨줬던 건 사실이다. …… 그녀는 정신병원에 감금될 정도는 아니었지만, 분명 제정신이 아니었다. 그녀는 극심한

우울증에 시달리고 있었다. 사람들은 그녀에게 그가 자살했다고 말하지 않았다. 자동차 사고로 죽었다고만 말했을 뿐이다. 그녀는 남편 죽음을 예상 외로 잘 받아들였다. 남편의 사망 소식을 그녀에게 전한 것은 그녀의 담당의였다. "남편한테 말한 게 정말 다행이에요." 그녀가 말을 이었다. "그때 남편에게 말하지 않았다면, 난 한 순간도 마음 편히 지낼 수 없었을 거예요." 그녀의 담당의는 그녀가 무슨 말을 하는 건지 알고 싶었다. 얼마 후 그녀가 담당의에게 말했다. 그녀가 남편에게 그가 절대적으로 사랑하고 모든 희망을 걸었던 아들이 실은 그의 친아들이 아니라는 사실을 고백했다는 것이다.

이 여성이 마음먹고 진실을 고백한 것이 이전에 저지른 간음보다 훨씬 더 악하다는 것이 나의 생각이다. 그런 악의적인 진실 고백은 피해야 한다. 고백이 우리 자신의 영혼에는 이로울 수 있겠지만, 우리는 다른 사람의 영혼에 대해서도 책임을 져야 하기 때문이다. 자기 죄를 다른 사람에게 고백하는 것이 그 사람의 영혼에 치명타를 입힐 수 있는 경우는 엄연히 존재한다.

193일째 수요일

용서받을 수 없는 극단적인 죄를 지은 사람은 어떻게 회개할 수 있을까

1922년, 세 명의 독일 극우 반유대주의 암살자들이 독일의 유대인

외무장관 발터 라테나우Walter Rathenau를 암살했다. 경찰이 암살범들을 추적해 잡았을 때 두 명은 자살했고, 나머지 한 명인 에른스트 베르너 테호브Ernst Werner Techow는 생포됐다. 그로부터 3일 후, 라테나우의 어머니가 테호브의 어머니에게 편지를 보냈다.

> 말할 수 없는 슬픔 속에, 이 세상 모든 여성들 가운데 가장 가엾은 여성인 당신께 편지를 씁니다. 당신 아들이 암살한 제 아들의 이름과 영혼을 걸고, 그리고 지상의 재판관 앞에서, 저는 만일 당신 아들이 자신의 죄를 숨김없이 고백하고…… 하늘나라 재판관 앞에서 회개한다면, 하나님은 어떠실지 몰라도 저는 당신 아들을 용서한다고 아들에게 전해주십시오. 당신 아들이 이 지구가 품고 있는 가장 고귀한 영혼의 소유자인 내 아들에 대해 좀 더 잘 알았더라면, 차라리 자기 자신에게 총부리를 돌렸을 것입니다. 이 편지가 당신의 영혼에 평안을 가져다주길 기원 드리며. 마틸드 라테나우로부터.

라테나우의 어머니가 아들을 죽인 암살범에게 무조건적인 용서를 하지 않았다는 것이 매우 인상적이다. 그 대신 그녀는 아들의 암살범에게 두 가지를 요구했다. 즉 자기 죄를 숨김없이 고백해 법정이 내리는 어떠한 처벌이라도 받을 것과 하나님께 진심어린 회개를 할 것을 요구했던 것이다.

라테나우 어머니의 편지는 테호브에게 엄청난 영향을 주었다. 복역한 지 5년 만에 모범수로 석방된 테호브는 라테나우 암살의 가장 큰 후원자였던 나치에 의해 통치되는 독일에 살게 되었다. 하지만 테호브는 자신의 반유대주의와 자신이 저지른 끔찍한 행위에 대해 진정으로 회개하게 되었다. 1940년, 프랑스가 독일에 항복하자, 그는 마르세유로 가서 700명 이상의 유대인이 모로코 허가증을 갖고 스페인으로 탈출하는 것을 도왔다. 테호브는 돈이 있는 유대인들 경우 돈을 받고 탈출을 도왔지만 돈이 없는 유대인들 경우 돈을 전혀 받지 않고 탈출을 도왔다. 테호브는 어느 날 우연히 만나게 된 라테나우의 조카에게 이렇게 말했다. "라테나우의 어머님이 용서의 편지를 썼을 때 그분 자신을 극복한 것과 마찬가지로, 저 역시 제 자신을 극복하려고 애썼습니다. 저는 제가 저지른 잘못을 조금이나마 바로잡을 수 있는 기회를 가질 수 있기만 바랐습니다."[151]

고대 유대 사회에선 살인자가 처형대에서 10큐빗(약 15피트) 떨어진 지점에 도달할 때, 간수로 하여금 사형수가 다음과 같은 말을 하게 했다. "저의 죽음이 저의 모든 죄를 사할 수 있게 해주소서(미슈나 산헤드린 6:2)." 다시 말해, 유대주의에 따르면, 이 세상에선 살인에 대한 완전한 용서가 없지만, 살인자가 회개와 선행을 하는 데 자기 삶을 바친다면 다음 세상에선 용서받을 수도 있다는 것이다.

---

[151] 1943년 〈하퍼즈Harper's〉지 4월호에서 조지 헤럴드가 '내가 가장 좋아하는 암살'이란 제목으로 제일 처음 이 이야기를 했다. 그리고 라디오 프로그램 《영원한 빛Eternal Light》에서 매우 호소력 있는 이야기로 전파를 탄 이 이야기를 잭 리머가 《매우 성스러운 날들의 세상The World of the High Holy Days》 179-190페이지에 실었다.

194일째 목요일

유대인이 비유대인에게
부정직하게 행동할 때

몇 해 전 내가 유대 윤리에 관한 강의를 하고 있을 때, 강연을 듣던 한 사람이 내게 다음과 같은 의문을 제기했다. "제가 다니는 예시바의 한 랍비가 '유대 율법에 따르면, 비유대인이 사업적인 거래에서 유대인에게 유리한 실수를 했을 경우, 유대인은 그로 인해 생긴 가외의 돈을 비유대인에게 돌려줄 필요가 없다.'라고 가르쳤는데, 그때 제 속에서 유대주의에 대한 반감이 싹텄습니다. 그 랍비의 말이 사실인가요?"

나는 그의 질문에 질문으로 응수했다. "그 랍비가 당신에게 유대인은 속죄일에 돼지고기를 먹는 것이 허용된다고 가르치기도 하던가요?"

"당연히 그렇게 가르치진 않았죠." 그가 대답했다.

"물론 일반적으로는 유대인은 속죄일에 돼지고기를 먹는 것이 허용되지 않습니다. 하지만 나치 강제수용소에 있던 유대인이 생존을 위해 속죄일에 돼지고기를 먹어야 한다면, 유대 율법은 그에게 돼지고기를 먹으라고 가르칩니다. 그런데 어떤 랍비가 정황 설명도 없이 유대인은 속죄일에 돼지고기를 먹을 수 있다고 말한다면, 그것은 잘못된 것입니다. 마찬가지로 당신 랍비처럼 유대주의는 비유대인과의 사업적인 거래에서 부정직한 행동을 하는 것을 허용한다고 가르치는 것 또한 잘못입니다. 탈무드에 유대인은 사업적인 거래에서 이교도가 저지른 실수를 바로잡을 필요가 없다는 구절이 등장하는 것은 사실입니다. 하지만 이 규정은 비유대인 통치 세력과 법률이 유대인을 심하게 차별하고 비유대인이 유대인이 저지른 거래상의 실수를 바로잡을 필요가 없었던 사회에서 생겨난 것입니다. 랍비들은 그런 사회에서의 사업적 거래에선 유대인이 비유대인보다 굳이 더 윤리적일 필요가 없다는 아주 현실적이고 실용적인 가르침을 폈던 거죠. 힐렐이나 아키바 정도의 위치에 있는 랍비가 비유대인이 유대인에게 부정직한 것이 허용되는 사회에서 유대인 역시 비유대인에게 어느 정도[152] 부정직할 수 있다고 규정한 것은 나름대로 타당성이 있었던 것입니다. 그러나 힐렐이나 아키바 같은 위대한 랍비가 '유대인이 동등한 권리를 행사할 수 있고 사업적 거래에서 비유대인이 유대인에게 전적으로 정직할 것을 요구하는 사회에서조차, 유대인은 비유대인이 저지른 사업적 실수를 바로잡을 필요가 없다.'고 말했을 거라 생각한다면 정말 잘못된 생각이죠. 그런 생각은 현실적이고 실용적인 랍비 힐렐이나 아키바를 순식간에 도둑으로 만들어버리는 생각입니다."

안타깝게도 항상 부정직한 유대인은 존재해왔다. 하지만 유대인이 자신의 부정직함을 유대주의 탓으로 돌린다면 그것은 하나님을 공범으로 만드는 것이나 다름없다. 유대 율법은 그런 행위를 하나님 이름을 악용하는 것으로 간주하며, 그것은 유대 전통이 용서받을 수 없다고 여기는 몇 안 되는 죄악 중 하나이다.

---

[152] 나는 여기서 '어느 정도'라는 말을 강조했다. 사기를 치거나 비유대인의 물건을 훔치는 것은 항상 금하는 일이기 때문이다. 사실 하나님의 이름을 악용한다는 이유 때문에, 비유대인의 물건을 훔치는 것이 유대인의 물건을 훔치는 것보다 더 나쁘다(토세프타, 바바 카마 10:15).

195일째 금요일

백만 명의 리더

1995년 12월, 보스턴의 사업가 아론 포이어슈타인Aaron Feuerstein이 자신의 70회 생일 파티를 마치고 집에 막 돌아왔을 때, 한 통의 전화가 걸려왔다. 매사추세츠 로렌스에 있는 그의 몰던 밀즈Malden Mills 섬유 공장에 불이 났다는 것이었다. 그 화재로 26명의 직원이 다쳤고, 그중 일부는 중상을 입었다.

몰던 밀즈에서는 3,000명의 직원들이 일하고 있었다. 그들이 화재로 인한 대참사를 지켜보고 있을 때, 한 직원이 "화재가 진압 불가능한 상황이에요. 우리 일자리가 없어졌다고요."라고 말한 것 같았다.

불은 실제 통제 불능 상태였지만, 포이어슈타인은 그렇지 않았다. 매일 탈무드와 셰익스피어를 공부하는 정통파 유대인 포이어슈타인은 아버지가 즐겨 인용하곤 했던 미슈나의 경구를 떠올렸다. "남자가 없는 곳에서 남자가 되라(아버지의 윤리 2:5)." 화재로 공장이 완전히 파괴된 직후, 그는 직원들을 만나 말했다. "로렌스에 있던 모든 섬유 공장이 더 싼 인력을 구하기 위해 남쪽으로 옮겨갔을 때도, 우리는 이곳을 지켰습니다. 이번에도 우리는 여기에 남아 공장을 다시 지을 것입니다."

이틀 후, 임금 지불일이 다가오자 포이어슈타인이 지시했다. "모든 직원에게 임금 전액을 제때에 지불하시오." 포이어슈타인은 급여 지불 수표 외에 275달러의 크리스마스 보너스와 "낙담하지 마십시오. 하나님이 여러분 한 사람 한 사람에게 축복을 내려주실 것입니다."라고 쓴 메모를 동봉했다.

다음날, 포이어슈타인은 모든 직원을 소집해 선언했다. "조금 늦어질 수도 있겠지만, 앞으로 30일 이내로 모든 직원들이 임금 전액을 받게 될 것입니다." 포이어슈타인은 직원들에게 약속한 임금을 지불하기 위해 다음 몇 주에 걸쳐 자신의 재산을 정리했다. 모여 있던 직원들 중 한 명이 외친 것처럼 "아론과 함께 일할 때, 당신은 특별한 사람이 된다."

그날 늦게 정통파 및 다른 유대 자선 단체의 주요 기부자인 포이어슈타인은 여느 해 크리스마스 전과 다름없이 로렌스를 돌며 구세군과 불우 이웃 돕기, '빵과 장미 수프 주방Bread and Roses Soup Kitchen' 같은 자선 단체에 8만 달러를 기부했다.

미국 헌법이나 유대 율법이 포이어슈타인에게 그런 행동을 요구했을까? 당연히 그렇지 않다. 그의 관대한 행동이 미국 국민 전체의 찬사를 받고 각종 신문 잡지에 기사화된 이유가 바로 여기에 있다.[153]

직원들을 염려하는 마음과 사업을 다시 일으키겠다는 의지에 덧붙여, 포이어슈타인은 하나님의 이름을 거룩하게 하라는 궁극적인 유대 가치를 실천에 옮기기도 했다. 103일째에서 언급한 탈무드 이야기는 이 말의 뜻을 정의하는 데 도움을 준다. 랍비 사무엘이 로마 황후에게 포이어슈타인 같은 고귀한 인격을 보여주자, 황후는 이렇게 말했던 것이다. "(만일 유대인이 그런 민족이라면), 당신들의 하나님께 축복이 함께하기를!"

---

[153] 피터 마이클모어Peter Michelmore. 1996년 10월호 《리더스 다이제스트》지 94-99쪽에 실린 '백만 명의 리더One Boss in a Million'에서.

아론 포이어슈타인의 행동은 신성함은 시나고그나 안식일 식탁에서뿐 아니라 시장에서도 검증된다는 것을 상기시켜준다. 돈이 된다면 무슨 일이든 하는 사람은 돈이 자신의 가장 중요한 가치라는 걸 보여주지만 아론 포이어슈타인처럼 인간에 대한 애정과 동질감, 배려를 실천하기 위해 자기 재산을 거는 사람은 하나님과 그분의 윤리적 요구가 자신의 가장 높은 가치라는 것을 보여준다. 이것이 바로 하나님의 이름을 거룩하게 한다는 의미이다.

196일째 안식일

한 주를 돌아보며 편히 쉬는 하루가 되기를.

197일째 일요일

도덕적 유언장을 써본 적이 있는가

부모가 자녀들에게 남기는 마지막 문서인 유언장에는 조언이나 인생 교훈, 또는 사랑이나 부모가 원하는 자녀들의 삶에 대한 말 같은 건 쓰이지 않는다. 그보다는 주로 고인의 재산 분배라는 한 가지 목적에 초점을 맞춘다.

물론 그런 유언장도 필요하지만, 유대 전통은 차바아tza'va'a로도 알려진 도덕적 유언장에도 익숙하다. 랍비 잭 리머는 지난 20년간 부모들에게 자신들의 값진 유산을 기록하는 편지인 도덕적 유언장을 자식들에게 남기는 유대 전통을 따르도록 권해왔다. 도덕적 유언장은 삶이 자신들에게 가르쳐주었듯 자녀들에게도 가르쳐주기를 바라는 것들에 대한 기록이다.

리머가 부모들에게 확언하듯, 도덕적 유언장은 학자나 전문 작가 정도의 글 솜씨가 있는 사람만 쓸 수 있는 것은 아니다. 랍비 잭 리머가 가장 좋아하는 유언장 중 하나는 어렸을 때 클리블랜드로 이민온 리투아니아 태생의 로즈 바이스 바이겔Rose Weiss Baygel이라는 여성이 쓴 유언장이다. 바이겔은 정규 교육을 거의 받지 못했다. 청소년기를 저임금에 노동력을 착취하는 한 의류 공장에서 보낸 그녀는 후에 '국제 여성 의류 노동자 연맹International Ladies' Garment Workers Union' 설립을 위한 피켓 가두 시위에 참여했다. 그녀는 역시 이민자인 남편 샘 바이겔과 함께 세 자녀를 키우고 교육시켰다.

황혼기에 이른 어느 날 한 은행에서, 그녀는 문득 아이들에게 전할 중요한 메시지가 남아 있다는 것을 깨달았다(어쩌면 은행에서 자녀들에게 남길 물질적 재산 생각을 하다 그런 생각을 하게 됐는지도 모른다.). 그래서 그녀는 종이 한 장을 구해 다음과 같은 유언을 썼다.

> 사랑하는 나의 아이들아.
> 난 은행에서 이 글을 쓰고 있단다. 에블린, 베르니스, 앨런아. 내가 너희에게 원하는 것은 우애 깊은 형제자매가 되는 것이다. 서로 잘 지내고 필요할 때 서로에게 도움을 주기 바란다. 이것이 내가 너희들에게 바라는 전부다.
> 너희 모두를 진정으로 사랑하는 엄마가

자녀들에게 보내는 이 마지막 편지에서 로즈 바이겔은 오직 한 가지 바람만을 표현했다. 그녀는 주변에서 부모 사망 이후 자녀들이 재산 문제로 법적 다툼을 벌이거나 뿔뿔이 흩어지는 경우를 보고 들었을 것이고, 자기 자녀들에겐 그런 일이 일어나지 않길 원했을 것이다. 리머가 주장하듯, "그런 마지막 당부(서로 사랑하고 필요할 때 서로 도움을 주라는 당부)를 접한 자녀들은 재산 문제로 법적 다툼을 벌이거나 뿔뿔이 흩어질 가능성이 아주 적다."

도덕적 유언장을 준비하다보면, 자기 자신에 대해 많은 것을 배우게 된다. 한 남자가 리머에게 이렇게 말했다고 한다. "가족들에게 유언장을 쓰려 해보았지만, 그럴 수 없다는 걸 알게 됐습니다. 우린 가족이라 할 수도 없거든요. 우린 각자의 삶을 살며 서로에게 너무 무관심하죠. 그래서 난 세 장의 유언장을 따로 써야 했습니다. 한 장은 아내에게, 그리고 두 아이에게 각각 하나씩 말이죠. 당신과 당신 가족의 현실을 깨닫는다는 건 정말 마음 아픈 일이지만, 너무 뒤늦게 깨닫고 후회하는 것보다는 그래도 뭔가 할 수 있는 지금 깨닫는 게 낫다고 생각합니다."

부모들이 부담스러운 일이 될 수도 있는 도덕적 유언장 작성을 시작하는 걸 돕기 위해, 랍비 리머와 랍비 나다니엘 스탬퍼는 공동 저술한 저서 《당신의 가치관이 계속 살아 숨 쉬도록: 도덕적 유언장과 그 작성법 So That Your Values and How to Prepare Them》에서 다음 여섯 단계를 따를 것을 제안한다.

> 1. 먼저 중요한 사건들과 열정, 그리고 당신 삶에 대한 통찰 등에 대해 쓴다. 예를 들면:
>
> ◆ 내 삶에서 나를 변화시킨 사건들은……

◆ 내게 가장 큰 영향을 준 사람들은……
◆ 난 너희가 가족 중 누구누구에게, 또 이러이러한 일에 책임감을 느끼길 바란다.
◆ 너희가 같은 전철을 밟지 않았으면 하는, 내 삶에서 가장 후회되는 실수는……
◆ 삶이 내게 가르쳐준 중요한 교훈은……
◆ 나는 _____ 에 대해 너희에게 용서를 구하고 싶고, 너희가 _____ 한 것을 용서한다.
◆ 내가 너희를 얼마나 사랑하는지 알아줬으면 한다. 또 너희가 _____ 한 것에 대해 내가 얼마나 감사하게 생각하는지도 알아줬으면 한다.

2. 도덕적 유언장의 작성 순서:
    ◆ 서두: 난 _____ 하기 위해 너희에게 이 유언장을 쓴다.
    ◆ 가족:
        나의 부모, 형제자매, 조상은……
        우리 가족의 상황을 변화시킨 사건은……
    ◆ 개인사:
        내 삶에 결정적인 영향을 준 사람들은……
        내 삶을 변화시킨 사건들은……
    ◆ 종교 의식과 가르침:
        내게 가장 의미 있는 종교 의식은……
        나를 가장 많이 감화시킨 유대주의의 가르침은……

◆ 도덕적인 이상 및 실천:

인생에서 내가 추구한 이상은……

나는 너희에게 이러이러한 것을 제안하고 싶다.

◆ 결말:

내 간절한 바람은 너희가……

전지전능한 하나님께서……

3. 가족과 함께 공유한 추억과 개인적 일화, 좋아하는 격언 등을 자기 식으로 표현하고 강조한다.
4. 유언장은 중성지에 작성한다.
5. 유언장을 아직 살아 있는 동안 제출해 죽고 난 뒤의 유산으로 남길 것인지, 아니면 살아 있는 동안 가족과 공유하고 훗날 상속 재산의 일부가 되게 할 것인지를 결정한다.
6. 상속 관련 유언장에 대한 보충 유언서로 도덕적 유언장을 첨부토록 한다. 또한 만일 당신과 자녀들 사이에 그래도 아직 해결되지 못한 일이 남아 있다면, 지금이 그 문제를 해결해 마음의 평화를 찾을 수 있는 좋은 기회이다.

마지막으로 고려할 몇 가지 사항: 당신의 도덕적 유언장을 통해 무덤에서까지 가족을 조정하려 드는 건 금물이다. 또한 자녀에게 평생 상처나 죄책감을 안겨줄 수 있는 감정적인 말도 삼가야 한다. 도덕적 유언장의 목적은 당신이 중요하게 여기고 자녀들도 중요하게 여겼으면 하는 것들을 전하려는 것이지, 당신이 가장 사랑하는 사람들로 하여금 죄책감을 느끼게 하려는 것이 아니다.

    토라는 글쓰기와 관련된 미츠바로 마무리된다. 즉 토라의 613 계율 중 마지막 계율은 모든 유대인은 토라 두루마리에 토라를 옮겨 적어야 한다고 규정한다(일반적으로 이 미츠바는 토라 두루마리를 만드는 데 돈을 기부함으로써 이행된다.). 한 사람의 삶에서 마지막 중요한 행위 중 하나가 특별히 가족을 위해 쓰인 자그마한 '토라'(여기서 토라는 가르침을 의미함)를 남기는 것이라는 건 얼마나 적절한 일인가. 당신을 사랑하는 사람들과 당신의 손주, 그리고 당신을 전혀 모를 수도 있었을 증손주들에게 이 얼마나 값진 유산이겠는가!

198일째 월요일

성격을 드러내는 세 가지

    탈무드에 인용된 한 유대 재담은 사람의 성격은 세 가지, 즉 '그 사람의 컵과 지갑, 분노'로 드러난다고 말한다(바빌로니아 탈무드, 에루빈 65b).

    컵(베-코소be-koso): 그 사람은 적당하게 술을 마시는가, 아니면 과음을 일삼는가? 또 그 사람은 술에 취했을 때 어떻게 행동하는가?

    유대 율법은 술을 마시는 것은 허용하지만(안식일에 두 차례 키두쉬 기도문을 암송할 때 포도주를 마시고 유월절에 넉 잔의 포도주를 마신다.), 술에 취하는 것은 혐오한다. 예를 들면, 롯은 술에 완전히 취해 두 딸과 함께 잠자리를 하고 또 임신까지 시켰다(창세기 19:33-38). 레위기는 성직자가(제사장이) 술을 마신 뒤 임무를 수행해선 절대 안된다고 말한다. "너나 네 자손들이 회막에 들어갈 때에는 포도주나 독주를 마시지 말아서 너희 사망을 면하라. 이는 대대로 영영한 규례라. 그리하여야 너희가 거룩하고 속된 것을 분별하며 부정하고 정한 것을 분별하고, 또 여호와가 모세로 명한 모든 규례를 이스라엘 자손에게 가르치리라(레위기 10:9-11)."

지갑(베-키소 be-keeso): 그 사람은 관대한가, 아니면 인색한가? 랍비들에 따르면, 자선을 베풀지 않는 인색한 사람은 우상을 숭배하는 사람과 같다. 유대 문헌들이 기록하듯, 이는 그가 하나님 대신 황금을 숭배하기 때문이다.

분노(베-카소 be-ka'so): 그 사람은 쉽게 화를 내는가? 더 중요한 것은 화가 났을 때 상대에게 부당한 말이나 지나친 말을 하는가? 아니면 쉽게 화를 가라앉히고 상대와 화해하는가?

> 성격을 드러내는 세 가지 – 코소, 키소, 카소:
> 당신은 적당히 술을 마시는가, 아니면 과음해 취하는가?
> 당신은 관대한가, 아니면 인색한가?
> 당신은 적절할 때 적절한 방식으로 분노를 표출하는가, 아니면 성급하게 화를 내고 부적절한 말을 하는가?

199일째 화요일

죽는 그날까지

하드리아누스 황제(2세기의 로마 황제)가 갈릴리의 티베리아스 부근 길을 걸어가다 한 노인이 무화과를 심기 위해 흙을 파고 있는 것을 보았다. 하드리아누스 황제가 말했다. "노인장, 젊었을 때 무화과를 심었다면 황혼에 접어든 지금 그렇게 일할 필요가 없지 않았겠소?" 그 노인이 대답했다. "전 젊었을 때도 무화과를 심었지요. 하나님을 기쁘게 해드리는 일도 하나님과 함께 했고 말입니다." 하드리아누스 황제가 물었다. "노인장 나이가 얼마요?" "100세입니다." 노인이 대답했다. "100세인데 무화과를 심으려고 땅을 파고 있단 말이오?" 하드리아누스 황제가 말을 이었다. "당신이 그 나무의 열매를 먹을 수 있다고 생각하시오?" "제가 그럴 가치가 있는 사람이라면, 먹을 수 있겠지요." 노인이 말을 이었다. "하지만 그렇지 않더라도 상관없습니다. 저의 조상들이 저를 위해 일하신 것처럼, 전 제 아이들과 자손들을 위해 일하는 것이니까요."

— 전도서 라바 2:20

전통적인 유대 문헌에서 은퇴에 대해 언급한 것은 거의 찾아볼 수 없다. 과거 유대 역사를 통틀어 사람들은 대개 은퇴할 정도로 오래 살지 못했고, 장수한 사람들도 대개 계속해서 일했다. 대다수의 가정이 가난해, 가능하다면 조금이라도 더 수입을 올려야 했기 때문이다. 게다가 유대주의의 본보기가 되는 인물들도 사람들에게 은퇴에 대해 고려할 것을 권하지 않았다. 많은 나이에도 오랫동안 이스라엘 백성을 이끈 모세는 120세까지 건강하게 살았다고 성경은 전한다. "모세가 죽을 때 나이 백 이십 세였으나 그의 눈이 흐리지 아니하였고 기력이 쇠하지 아니하였더라(신명기 34:7)" 유대 역사에 따르면, 위대한 현자들 중 일부는 100세가 넘어서도 유대 민족을 이끌었는데, 그 중 가장 주목할 만한 현자로 랍비 힐렐과 랍비 요카난 벤 자카이, 랍비 아키바 등을 꼽을 수 있다.

본보기가 되는 그런 인물들은 일반적인 퇴직 연령이 65세나 70세인 오늘날의 우리들에게 무엇을 가르쳐줄까? 유대 전통이 노인들에게 원하는 것은 무엇일까?

퇴직을 했건 그렇지 않건, 유대주의는 노인들이 삶으로부터 은퇴하는 것은 원치 않는다. 노인도 젊은이와 마찬가지로 계율을 지켜야 할 의무가 있다. 여러 시나고그에서는 퇴직한 노인들이 일일 예배 참석자의 상당 비율을 차지한다. 랍비 데일리 프리드만$_{\text{Dayle Friedman}}$은 노인에게 계율을 이행해야 할 의무를 지우는 것은 다른 여러 의무로부터 벗어난 그들에게 자존감을 준다고 주장한다. "노인에게 다른 유대인과 마찬가지로 계율을 지킬 의무가 있다고 말하는 것은 그들에게 무언가 기대하는 것이 있고 그들의 행동이 여전히 중요하다고 말하는 것이다."154

800년 전 마이모니데스는 모든 시대의 사람들에게 적용될 수 있는 지침을 제시했다. "모든 유대인은 토라를 공부할 의무가 있다. 가난하건 부자이건, 건강하건 병약하건, 젊고 활기차건 늙고 허약하건……

---

154 프리드만, 《영광의 왕관》 215-16쪽

유대인은 인생의 어느 시기까지 토라를 공부해야 할까? 죽는 그날까지 토라를 공부해야 한다(미슈네 토라, '토라 공부에 관한 율법' 1:8, 10)."

유대 사회는 항상 어린 시절의 유대 교육을 크게 강조해왔지만, 마이모니데스는 우리에게 노인도 배움으로 삶을 채워갈 필요가 있다는 걸 상기시켜준다. 욥기는 노인들의 배움은 특별한 가치를 띨 수 있다고 말한다. "늙은 자에게는 지혜가 있고 장수하는 자에게는 명철이 있느니라(욥기 12:12)."

'늙은 자에게는 지혜가 있고'라는 욥의 생각은 현대 사회에서의 젊음 및 아름다움 숭배와 극명한 대조를 이룬다. 사실 성경과 유대주의의 접근법은 본질적으로 더 긍정적이다. 외모에 큰 비중을 두는 현대 사회에선 우리 가치가 세월과 더불어 빛을 바랠 수밖에 없지만, 지혜와 경험에 더 큰 비중을 두는 유대주의는 우리 가치는 세월과 더불어 점점 더 빛날 수 있다는 걸 말해주고 있기 때문이다.

200일째 수요일

노쇠해질 때

> 우리가 젊었을 땐 성인 대우를 받았지만, 나이가 든 지금은 어린아이 취급을 받는다.
>
> — 바빌로니아 탈무드, 바바 카마 92b

흔히 유명 배우나 가수, 스포츠 스타 등이 영웅 대접을 받는 사회에서, 신체적으로나 지적으로 퇴보 중인 사람들이 경시되는 경우가 많다는 건 그리 놀라운 일도 아니다. 그런데 탈무드에서 비교적 흔치 않은 날카로운 시적 은유를 사용한 한 구절이 특별한 연민과 이해를 보이는 대상이 바로 그런 노쇠한 사람들이다. "비록 그 사람 잘못은 아니지만 자신이 배운 것을 잊어버린 노인에게 존경을 표해야 한다. 왜냐하면, 우리는 모세가 산산조각 낸 십계명을 기록한 예전 증거판 조각들이 새로운 증거판과 함께 궤(언약의 궤)에 보관되어 있음을 알고 있기 때문이다(바빌로니아 탈무드, 베라콧 8b)."

여기서 말하는 '모세가 산산조각 낸 십계명을 기록한 예전 증거판'은 토라에서 가장 유명한 사건 중 하나와 관련이 있다. 십계명을 들고 시내 산을 내려오던 모세는 이스라엘 백성들이 금송아지 우상을 숭배하는 것을 목격하고 화가 난 나머지 증거판을 산 아래로 던져 산산조각 내버렸다. 후에 사람들은 부서진 그 조각들을 모아 하나님이 이스라엘을 위해 다시 만드신 새로운 증거판과 나란히 노아의 방주에 놓아두었다. 성스러운 증거판의 부서진 조각들이 성스러움과 존경의 대상으로 여겨진 것과 마찬가지로, 우리는 지적 능력과 감정적 능력이 떨어져버린 노인들도 존경하는 마음으로 대해야 하는 것이다.

다가오는 한 주 동안 거리나 지하철 또는 시나고그에서 노인들을 보게 된다면, '산산조각난 예전 증거판'의 가르침을 떠올리도록 하자.

201일째 목요일
율법을 넘어서

어느 날 맨해튼에 있는 내 친구 아파트에 유리창을 닦으러 온 유리창 청소원들이 유리창 닦을 준비를 하다 부주의로 그만 친구의 값비싼 꽃병을 깨뜨렸다. 내 친구는 꽃병 값을 변상 받을 권리가 있었을까? 그렇다. 그러나 친구는 그러지 않았다. 친구는 지불해야 하는 청소비에서 꽃병 값을 제할 권리가 있었을까? 그렇다. 그러나 친구는 그러지 않았다. 그는 당시 자신의 권리를 포기하기로 결정하면서 탈무드에 등장하는 매우 흡사한 사례의 가르침을 따랐다고 내게 말했다.

몇몇 짐꾼들이 부주의로 하나나의 아들 라바 소유의 와인 통을 깨뜨렸다. 라바는 그들이 그에 대한 변상을 하지 못하자, 그들의 외투를 빼앗았다. 그러자 그들은 랍비를 찾아가 하소연했다.
랍비가 라바에게 명했다. "그들에게 외투를 돌려주도록 하라."
라바가 물었다. "그것이 율법입니까?"
랍비가 대답했다. "그렇다. 하나님께서 '지혜가 너로 선한 자의 길로 행하게 하라(잠언 2:20).'라고 말씀하셨기 때문이다."
라바가 짐꾼들에게 외투를 돌려주자 이번에는 짐꾼들이 랍비에게 이렇게 하소연했다. "저희는 가난합니다. 하루 종일 일했고 배가 고프지만, 가진 것이 아무것도 없습니다."
"이들에게 임금을 주라." 랍비가 라바에게 명했다.
라바가 물었다. "그것이 율법입니까?"

랍비가 대답했다. "그렇다. '지혜가 너로 의인의 길을 지키게 하리니(잠언 2:20).'라고 말씀하셨기 때문이다."[155]

짐꾼들이 부주의했기 때문에, 라바는 그들이 야기한 손실에 대해 변상을 요구할 권리가 있었다. 하지만 짐꾼들이 악의로 그런 게 아니었기 때문에, 랍비는 이 경우 변상을 받는 것이 더 큰 불의라고 판단해 율법의 문구를 그대로 따르는 것에 반대했다. 그래서 랍비는 라바에게 법적 기준이 아닌 도덕적 기준을 따를 것을 명했다. 즉 유대 율법이 '리프님 메슈랏 하딘lifnim meshurat hadin(율법의 문구를 넘어서 가라)'이라 부르는 것을 따르라고 명했던 것이다.

유대 율법은 일상 생활에서 특히 부유한 사람들에게 '리프님 메슈랏 하딘'에 의거해 자신보다 형편이 안 좋은 사람들을 상대로 권리 주장을 하지 말 것을 권장한다.

그런데 랍비들이 이런 경우 권리 주장을 하지 않는 것이 도덕적인 길이라고 믿었다면, 그들은 왜 애초에 그런 걸 의무화하지 않고 '율법의 문구를 넘어서는' 행동으로 규정한 것일까? 그것은 분명 유대 율법이 정당한 권리 주장을 포기하라는 요구를 의무로 규정하길 꺼렸기 때문일 것이다. 하지만 유대 전통은 또한 율법의 문구에 의거해 자기 권리를 주장하는 모든 사람에게(특히 그들이 자신보다 더 가난한 사람들을 상대할 경우) 하나님은 사람을 심판할 때 그가 다른 사람들에게 적용한 기준을 먼저 보신다는 걸 상기시켜주기도 한다. "누구의 죄가 용

---

[155] 바빌로니아 탈무드, 바바 메지아 83a

서되는가? 다른 사람이 자신에게 저지른 죄를 용서한 사람의 죄다(메길라 28a; 187일째 참조)."라는 라바의 가르침처럼 자신에게 잘못을 저지른 사람들과 자신보다 곤궁한 사람들에게 자비를 베푼 이에게 하나님은 자비를 베푸신다.

202일째 금요일

배우자와 상의하고, 친구와 상의하라

몇 해 전 나는 나보다 나이 많은 동료 랍비를 보러 갔는데, 그는 아침에 받은 한 통의 편지 때문에 속이 상해 있었다. 내 동료 랍비가 발행하는 저널에서 혹평당한 책의 저자인 어느 학자가 쓴 편지였는데, 그 편지는 여러 사람을 공격하고 있었다. 그는 내 동료에 대해 이렇게 썼다. "난 이 비평을 실은 당신을 죽은 사람으로 여기오." 그리고 편지 뒷부분에서 그는 딸을 잃은 한 랍비를 조롱하는 말장난을 하면서, 자신이 싫어하는 작고한 한 유대 학자에 대해 썼다. "그의 뼈가 지옥에서 썩게 하소서."

나는 그 편지를 읽으면서 충격을 받았는데, 그러다 편지를 쓴 사람이 줄을 그어 한 단어를 지우고 대신 다른 단어로 바꿔 썼다는 걸 알아챘다. 물론 이는 그가 걷잡을 수 없이 화가 난 상태에서 즉시 편지를 보낸 게 아니라, 다 쓴 편지를 다시 읽어보고 고친 다음 보냈다는 걸 의미했다. 나는 내가 확신하는 게 하나 있다고 동료에게 말했다. 나는 편지를 보낸 학자가 결혼 생활도 원만하지 않고 친구도 없을 거라고 확신했던 것이다. "왜 그렇게 생각해요?" "만일 이 학자가 아내와 사이가 좋고 친구들이 있다면, 이런 편지를 보내기 전에 먼저 그들에게 보여줬을 거고, 그러면 그 사람들이 이 편지를 보내지 말라고 했을 것이기 때문이죠."

아내는 남편을 돕는 사람이 되어야 한다고 토라는 말한다. "사람이 독처하는 것이 좋지 못하니 내가 그를 위하여 돕는 배필을 지으리라(창세기 2:18)." 한편, 탈무드 현자 랍비 파파는 키 작은 여자와 결혼한 남자에게 의외의 조언을 한다. "아내의 키가 작다면, 몸을 굽혀 아내에게 속삭이고 아내의 의견을 들어라(바바 메지아 59a)."

이 구절의 함축적인 의미는 당연히 모든 남편과 아내에게 적용된다. 17세기의 영국 시인 존 밀턴은 하나님이 최초로 이 우주에서 좋지 않은 것이라 선언하신 것이 외로움이라는 데 주목했다. "사람이 독처하는 것이 좋지 못하니 내가 그를 위하여 돕는 배필을 지으리라(창세기 2:18)." 그 이유 중 하나는 사람은 다른 사람의 조언이 필요하기 때문이다. 모든 중요한 결정을 혼자 해야 하는 것은 당연히 좋지 않다. 특히 위의 편지를 보낸 사람처럼 흥분과 분노 등으로 판단력이 흐려진 경우에는 더더욱 그렇다.

배우자나 친구들과 좋은 시간을 함께하는 것도 중요하지만, 당신이 어떤 딜레마에 빠졌을 때 그들의 도움과 지혜를 이용해 최선의 선택을 하는 것 또한 그에 못지않게 중요하다.

203일째 안식일

한 주를 돌아보며 편히 쉬는 하루가 되기를.

204일째 일요일

'라손 하라의 먼지'

　라손 하라('사악한 말'이라는 뜻)를 금하는 유대 율법은 다른 사람의 위상을 떨어뜨리는 말을 하는 것을 금한다(43일째 참조). 유대 윤리는 심지어 말 이외의 다른 방법으로 다른 사람의 평판을 떨어뜨리는 것도 금한다. 따라서 어떤 사람의 이름이 거론될 때 얼굴을 찌푸린다거나 눈을 굴리는 것도 잘못된 행동이다. "그래, 그 사람 대단한 천재지. 어련하시겠어." 식으로 비꼬는 말을 하는 것 또한 잘못이다. 내가 어렸을 때 아이들은 종종 어떤 아이에 대해 긍정적인 말을 한 다음 헛기침을 함으로써 자신이 실제로는 정반대의 말을 했음을 나타내려 했다. 유대 율법은 라손 하라를 다른 사람의 평판을 떨어뜨리는 모든 언행으로 규정하고 있기 때문에, 당신이 아무 말을 하지 않거나 또는 비꼬는 어조로 어떤 사람에 대한 경멸을 드러내는 행위 또한 라손 하라에 해당한다.

유대 율법서는 그런 행위들을 아바크 라손 하라avak lashon hara('라손 하라의 먼지')라 칭하며 부도덕한 행위로 간주한다. '라손 하라의 먼지'는 비판적인 어떤 말도 하지 않으면서 다른 사람의 평판에 손상을 주려는 모든 방법을 포함한다. 예를 들면, 당신이 철자와 문법이 잘못된 편지를 받고, 그 편지를 쓴 사람을 폄하할 의도로 다른 사람에게 그 편지를 보여주는 것도 '라손 하라의 먼지'에 해당된다. 마찬가지로, 흉하게 나온 어떤 사람의 사진을 다른 사람에게 보여주며 함께 깔깔대며 웃는 것도 도덕적으로 잘못된 행위다.

'라손 하라의 먼지'는 빗대어 하는 말도 포함한다. 예를 들어, 당신이 어떤 사람을 구체적으로 험담하지 않더라도, "그 사람에 대해선 묻지 말아주세요. 사람 험담을 하고 싶지 않거든요." 식의 말로 그 사람이 좋지 않은 사람이란 걸 암시하는 것도 옳지 않다는 것이다. 또한 과거의 나쁜 버릇을 고치고 긍정적으로 변모한 사람에게 "네가 예전에 했던 행동들을 생각해봐." 식의 말을 하는 것이 옳지 않은 것처럼, "20대 때의 바바라를 알고 있는 우리 가운데 어느 누구도 바바라가 지금처럼 괜찮게 변하리라곤 꿈에도 생각 못했지." 식의 말로 다른 사람들에게 누군가의 과거에 대해 부정적인 인상을 주는 것 또한 옳지 않다.

라손 하라 얘기가 나와서 말인데, 만일 당신의 목적이 누군가의 위상을 떨어뜨리는 것이라면 말이나 빈정대는 웃음 또는 편지를 보낸 사람을 조롱거리로 만들기 위한 편지 공개 등으로 그 목적을 달성할 수 있다. 다시 말해, 그런 방식 모두가 효과가 있고 비열하며 윤리적으로 옳지 않다.

'라손 하라의 먼지'에 대한 또 다른 사례에 대해선 317일째를 참조하기 바란다.

205일째 월요일

말하는 방식을 완전히 바꿀 수 있는 24시간의 실험

당신은 24시간 동안 누군가에게 또는 누군가에 대해 부정적인 말을 전혀 하지 않을 수 있겠는가? 내가 이 실험을 해볼 것을 청중들에게 제안할 때마다, 늘 자조 섞인 웃음을 짓는 사람들이 있다. 누군가에 대해 전혀 부정적인 언급을 하지 않고 하루 24시간을 보내는 건 불가능하다고 믿는 것이다.

그러면 나는 청중에게 이렇게 말한다. "그렇다면 여러분은 심각한 문제를 안고 있는 것입니다. 제가 술을 마시지 않고 24시간을 지낼 것을 제안했는데 그럴 수 없다고 대답한다면, 알코올 중독자라는 뜻입니다. 그리고 담배를 피지 않고 24시간을 지낼 수 없다면, 니코틴에 중독되었다는 뜻입니다. 마찬가지로, 만일 여러분이 누군가에 대해 또는 누군가에게 부정적인 말을 하지 않고 24시간을 지낼 수 없다면, 그건 자신의 입에 대한 통제력을 잃어버렸다는 뜻이죠. 그리고 그런 통제력을 되찾기 위해선 부단한 경계가 필요할 겁니다."

당신이 이 실험을 직접 해볼 의향이 있다면, 시간을 재기 바란다. 내일 이 시간까지 당신은 다른 사람에 대해 그 어떤 부정적인 말도 하지 않아야 한다(당신 친구가 전처를 상습적으로 폭행한 남자와 데이트를 하려는 경우처럼 아주 드문 경우는 제외하고). 이 하루 동안 당신은 계속 당신이 다른 사람에게 말하는 방식을 모니터하고, 당신의 분노와 비판적인 경향을 통제해야 한다. 만일 뭔가 비판할 필요가 있다면, 당신을 화나게 한 그 일에 대해서만 비판해야지, 당신을 화나게 한 사람을 부정적으로 일반화하며 공격해선 안된다. 또 만일 논쟁을 하게 된다면, 정당한 방식으로 논쟁해야지, 욕설이나 비방을 해선 안된다. 이 하루 동안만이라도 당신은 부정적인 소문을 퍼뜨리지 말고, 특정 개인뿐 아니라 특정 단체를 헐뜯는 것도 삼가야 한다.

다시 말해, 24시간 동안 다른 사람들이 당신에 대해 또는 당신에게 말할 때 다정하고 공정하게 말하길 바라듯, 당신 역시 다른 사람들에 대해 또는 다른 사람들에게 그렇게 말해야 한다는 것이다.

언젠가 한 랍비가 자기 할머니가 가장 좋아하는 말을 내게 말해주었다. "모든 사람이 아름다울 수는 없지만, 우리 모두 아름답게 말할 수는 있다."

이 실험을 해볼 준비가 되었다면, 시계를 보고 시간을 재자.

24시간 동안 순수한 그리고 치유력을 가진 말만 할 수 있길 기원한다.

206일째 화요일

너는 네 형제에게 복수하거나 원한의 마음을 품지 말라

가장 지키기 힘든 토라 율법 중 하나는 "다만 너는 네 이웃을 네 자신처럼 사랑하라."와 같은 절에 있다. 이 황금률을 언명하기 바로 앞서 토라는 "원수를 갚지 말며 동포를 원망하지 말라(레위기 19:18)."라고 명한다.

탈무드 랍비들은 이 율법을 지킨다는 것이 어떤 것인지를 아주 구체적으로 설명한다. "원한을 품는다는 건 어떤 걸까? A가 B에게 도끼를 빌려달라고 하는데, B가 이를 거절한다. 다음날 이번엔 B가 A에게 외투를 빌려달라고 한다, 이때 만일 A가 '자, 여기 있네. 난 도끼를 빌려주지 않으려는 자네와는 다르네.'라고 한다면, A는 원한을 품고 있는 것이다(바빌로니아 탈무드, 요마 23a)."

사람들이 이 율법을 지킨다면, 분명 먼저 상처를 준 B 같은 사람들이 덕을 보게 된다. 위의 예에서, B는 A에게 도끼를 빌려주는 데 인색하고서도, 욕을 먹거나 창피당하는 일도 없이 자신이 원하는 외투를 빌릴 수 있기 때문이다.

하지만 정신과 전문의인 랍비 아브라함 트워스키에 따르면, 우리는 원한을 억누름으로써 상처를 준 상대보다 훨씬 더 많은 걸 얻을 수 있다고 한다. 알코올 및 기타 중독을 치료하는 데 오랜 세월을 바쳐온 랍비 트워스키는 회복기 중독자들의 경우, 상처를 받고 분노와 원한을 억누르지 못하는 것이 재발의 주요 요인 중 하나라고 말한다.

회복기에 있는 한 알코올 중독자는 원한을 품음으로써 치러야 하는 대가에 대해 다음과 같이 멋진 비유를 했다. "누군가에 대해 원한을 품는다는 건 누군가 싫은 사람을 당신 머릿속에 공짜로 살게 해주는 것이나 다름없다."

이 말은 수시로 떠올릴 가치가 있을 만큼 아주 중요한 말이라고 나는 생각한다. "누군가에 대해 원한을 품는다는 건 누군가 싫은 사람을 당신 머릿속에 공짜로 살게 해주는 것이나 다름없다."

나는 랍비로서 가끔 회중 사람들에게 상담을 해주는데, 그러다 하루 중 많은 시간을 아주 싫은 사람 또는 사람들 생각을 하느라 허비하는 사람들을 만난다. 나는 그들의 분노와 복수심이 상대에게 실제 가시적인 피해를 주는지는 전혀 모르겠지만, 그런 감정들 때문에 자신의 많은 날들 또는 심지어 남은 인생 전체까지 망칠 수도 있다는 건 확실히 안다.

돌이켜보면, 하루하루를 분노나 복수심에 차 보낼 때, 나는 가치 있는 글쓰기나 공부 또는 다른 사람들과의 의미 있는 교류를 거의 하지 못했다. 어떻게 그럴 수가 있겠는가? 나를 화나게 만든 사람 생각 때문에 도무지 쓰고 읽고 말하는 것에 집중할 수가 없는데 말이다.

트워스키 박사가 우리에게 지혜로운 물음 하나를 던진다. "대체 그렇게 되게 놔둘 이유가 어디 있는가?"[156]

---

[156] 트워스키, 슈왈츠, 《긍정적인 양육Positive Parenting》 171쪽

207일째 수요일

장애물을 치워라

어느 예시바 학생이 바닥에 떨어져 있는 종이 한 장을 보았다. 그 종이가 하나님 이름이 담긴 종교 서적에서 떨어져 나온 것일 수도 있다는 생각에, 학생은 그걸 집어 들었다. 그러나 자세히 살펴보니 보통 종이에 불과했고, 그래서 다시 그 종이를 바닥에 버렸다.

그 학생을 지켜보고 있던 한 랍비가 그를 불러 방금 한 행동을 설명해 달라고 했다. 이에 학생은 종이에 종교적인 글이 없어 다시 버린 것이라고 말했다.

랍비가 학생에게 말했다. "우선 자네는 청결을 위해서라도 그 종이를 휴지통에 버려야 했네. 청결 또한 중요한 덕목이니 말이지. 그런데 자네가 간과한 더 중요한 사실은 다른 학생이나 랍비 역시 바닥에 버려진 종이를 보고 자네 같은 생각에 허리를 굽혀 그 종이를 집어들 수 있다는 걸세."

물론 바닥에 떨어진 종이만이 우리가 치워야 할 물건은 아닐 것이다. 앞서 이미 몇 가례 언급했지만, 이런 유명한 성경 구절이 있다. "너는 귀먹은 자를 저주하지 말며 맹인 앞에 장애물을 놓지 말라(레위기 19:14; 58일째 및 113일째 참조)." 이 율법의 기본 논지는 길에 걸림돌이 될 만한 게 있다면, 그게 무엇이든 치워야 한다는 것이다. 예를 들어, 다른 사람들을 넘어지게 할 수 있는 큰 돌이나 기타 장애물이 길 위에 놓여 있는 걸 본다면, 그것을 주워 다른 데 버리거나 길가로 치워야 한다. 아울러 담뱃불을 끄지 않고 무심코 담배를 버리는 흡연자도 조심해야 한다. 어린아이가 그것을 집다 화상을 입을 수도 있기 때문이다. 그러니 필히 담뱃불을 끄도록 하자.

    토라는 구체적으로 걸림돌을 놓지 말라고 명하지만, 윤리는 다른 사람이나 자연이 놓은 걸림돌도 치우라고 명한다.

208일째 목요일
희생의 한계

    두 남자가 함께 사막을 건너고 있는데, 한 남자에겐 한 통의 물이 있다. 둘이 그 물을 나눠 마시면 둘 다 죽게 되지만, 한 사람만 마신다면 그는 사람들 있는 데까지 가 살아남을 수 있다. 이런 경우, 물통을 가진 사람은 어떻게 해야 할까? 랍비 벤 페투라는 이런 가르침을 주었다. "한 사람이 물을 독차지해 동료가 죽어가는 걸 지켜보느니, 차라리 물을 나눠 마시고 함께 죽는 게 더 낫다." 반면 랍비 아키바는 이에 대해 다른 가르침을 주었다. "'네 형제를 너와 함께 생활하게 할 것인즉(레위기 25:36)'이라는 토라의 구절은 형제가 그대와 함께 살 수 있을 경우 물을 나눠 마시라는 의미이다. 만일 그게 아닌 경우라면, 그대 생명이 형제 생명보다 우선시 되어야 한다."

― 바빌로니아 탈무드, 바바 메지아 62a

    만일 A와 B가 사막 한가운데 있는데, A 혼자 물을 갖고 있다면, 다음 세 가지 경우가 가능하다.

◆ A가 순교자 같은 마음으로 B에게 물을 다 내준다.
◆ A가 B와 물을 나눠 마시고 함께 죽는다.
◆ A가 혼자 물을 다 마신다.

첫 번째 가능성에 대해 말하자면, 유대주의는 결코 A에게 순교자처럼 행동할 것을 요구하지 않는다. 특별한 경우(불치병에 걸려 이미 죽음을 앞둔 사람이 물통을 가지고 있는 경우) 그럴 수는 있겠지만, 대개의 경우 결코 그런 행동을 권하지 않는다. 만일 A가 B에게 물을 건네주는 게 의무라면, B 역시 A에게 그 물을 되돌려주는 게 의무일 것이다. 그렇다면 실제 두 사람은 계속 물통을 주거니 받거니 할 것이고, 결국 구조대는 사막 한가운데서 물통을 사이에 두고 죽은 두 남자의 시체를 발견하게 될 것이다.

A가 물을 나눠 마셔야 한다는 벤 페투라의 입장이나 A가 혼자 물을 다 마셔야 한다는 랍비 아키바의 입장과 관련해, 탈무드는 결코 명확한 해답을 제시하고 있지 않다. 그러나 유대 율법에서 랍비 아키바가 차지하는 비중이 워낙 크다 보니, 대다수의 랍비들은 유대 율법이 그의 입장을 따를 거라고 생각한다. 따라서 그의 입장에 따르면, 나치 강제수용소에 수감됐던 유대인들 경우, 굶주림으로 죽어가는 동료 유대인들에게 자신의 부족한 음식을 나눠줘야 할 의무는 없었던 것이다.

다행히, 현실 세계에서 다른 친구와 함께 죽느냐 아니면 자신은 살고 친구가 죽어가는 걸 지켜보느냐 둘 중 하나를 선택해야 하는 상황에 직면하는 경우란 거의 없다. 그럼에도 나는 이 탈무드 이야기가 우리의 일상생활에도 그대로 적용된다고 생각한다. 예를 들어, 물통을 가진 사람이 생존에 필요한 물 이상을 갖고 있을 경우, 그 물을 다른 사람과 나눠야 할 의무가 있다는 데는 모든 사람이 동의할 것이다. 그렇다면 그 의무는 이 시대의 사람들 대부분에게 적용되지 않을까? 세상에는 생존에 필요한 충분한 물과 음식을 갖지 못한 사람이 너무도 많은데, 우리에겐 대개 생존에 필요한 이상의 물과 음식이 있으니 말이다. 이는 유대 율법이 도움이 필요한 사람들에게 자선을 베풀 것을 의무화하는 이유이기도 하다. 랍비 아키바의 견해대로, 유대 율법은 자신의 생존에 필요한 물을 다른 사람에게 다 내줄 것을 요구하지는 않는다. 하지만 유대 율법에 따르면, 우리는 스스로도 생존할 수 있고 다른 사람들도 생존할 수 있도록, 최소한 순수입의 10%는 다른 사람들을 위해 내주어야 한다. 자선을 해야 한다는 얘기이다(50일째 참조).

209일째 금요일
바람에 날려 보낸 깃털

아이들은 "막대기와 돌멩이는 내 뼈를 부러뜨릴 수 있지만, 말은 결코 내게 상처를 줄 수 없다."라는 문구를 외치곤 한다. 그리고 어른들은 더 잘 알고 있다. 역사를 통틀어 사람들이 다른 사람들을 선동해 막대기와 돌멩이, 칼, 총을 집어 들게 할 때 말을 이용했다는 것을.

말은 또 결코 되돌리지 못하게 명예를 실추시킴으로써, 다른 사람들에게 또 다른 방식으로 상처를 주기도 한다. 19세기의 한 유대 설화는 동네방네 랍비 험담을 하며 돌아다닌 한 남자 이야기를 전한다. 어느 날, 자신의 행동이 얼마나 잘못된 것인지를 깨달은 그 남자가 랍비를 찾아가 용서를 구했다. 랍비는 그에게 집에 돌아가 깃털 베개를 갈라 그 속에 있는 깃털들을 바람에 날려 보낸다면 용서해주겠노라고 했다. 남자는 랍비의 말대로 집에 돌아가 베개 속 깃털들을 바람에 날려 보낸 뒤 다시 랍비를 찾아가 물었다.

"이제 절 용서하신 겁니까?"

랍비가 대답했다. "한 가지가 더 있소. 이제 돌아가 그 깃털들을 다시 다 끌어 모으도록 하시오."

"하지만 그건 불가능한 일입니다. 이미 바람에 다 날라갔으니까요." 남자가 말했다.

이에 랍비는 이렇게 대답했다. "바로 그거요. 당신은 내 험담을 한 걸 진심으로 뉘우치고 있지만, 한 번 날려 보낸 깃털들을 다시 모을 수 없듯 이미 입 밖으로 내뱉은 험담을 없던 일로 하는 것도 불가능한 일이지."

이번 안식일과 다가오는 한 주 동안, 다른 사람들에 대한 부정적이거나 부당한 말을 하려거든, 그 전에 깃털들을 한 번 바람에 날려보내면 다시는 끌어 모을 수 없는 사실을 떠올리도록 하라.

210일째 안식일

한 주를 돌아보며 편히 쉬는 하루가 되기를.

04

선행은 어떤 위력을 지니는가

211일째 일요일

당신을 비판할 수 있는 친구가 있어야 한다

　내 친구 하나가 한 자선 단체의 연례 총회 저녁 식사 모임에 참석했는데, 그의 옆자리에 아주 부유한 여자가 앉아 있었다. 그런데 그 여자는 다른 참석자들을 향해 격한 비판을 서슴지 않았다. 그녀의 고약한 비판은 결국 내 친구의 저녁을 망쳤는데, 그 후 곧 그 친구는 그 여자의 엄청난 부 때문에 아무도 반박 못하고 그녀 말을 듣고 앉아 있었던 거라는 사실을 알게 되었다(내 친구 아내 역시 그녀 남편과 사업상의 거래를 하고 있어, 내 친구 역시 그녀에게 어떤 말도 못했다고 한다.). 결국 누구 하나 그녀에게 말을 삼가라는 조언 내지 비판을 못했던 것이다.

우리 모두 우리가 잘못된 행동을 할 때 사심 없는 충고와 지적을 해 줄 믿을 만한 사람이 필요하다. 성경의 사무엘하 11장은 다윗 왕이 저지른 충격적인 죄에 대해 얘기한다. 그는 예루살렘에 있는 자신의 왕궁 옥상에서 인근 집의 한 아름다운 여인을 보고, 하인을 시켜 그녀를 데려오게 했다. 그는 그녀와 동침해 임신까지 시키고는, 자신의 군대 장교인 그녀 남편을 전쟁터에서 죽게 만든 뒤 그녀와 결혼했다.

다윗의 왕궁에는 그녀를 왕궁으로 데려온 하인을 비롯해 다윗의 죄를 알고 있는 사람들이 몇 있었다. 하지만 그중 어느 누구도 왕에게 입바른 말을 하지 않았다. 그러던 중 마침내 선지자 나단이 다윗을 만나 그를 책망했다(사무엘하 12장에 나오는 다른 사람을 꾸짖는 하나의 본보기로서의 나단의 말 참조). 나단이 아니었다면 다윗은 자기 죄를 알지 못하는 죄인으로 남았겠지만, 나단 덕에 그는 회개하게 되었다.

당신에게 모든 걸 솔직히 말해 주고 또 당신을 비판할 수 있는 친구가 한 명이라도 있는가?(당신의 배우자일 수도 있다.) 그런 사람이 없다면, 당신은 진정한 친구가 없는 것이다.

212일째 월요일

바르 미츠바와 바트 미츠바의 영웅

탈무드의 한 구절은 약 1,800년 전에는 "이스라엘의 장례식 비용이 너무 비싸, 어떤 유가족들은 고인과의 이별 그 자체보다 장례식을 더 힘들어해, 어떤 유가족들은 심지어 시체를 버리고 도망치기까지 했다."고 전한다. 그러니 당시 장례식에 큰돈을 지불하고 생활고에 시달린 유가족이 아주 많았으리라 짐작된다.

이 안타까운 상황은 당시 뛰어난 지도자이자 재력가였던 랍비 감리엘이 "자신이 죽으면 값싼 린넨 수의를 입혀 묻어달라는 유언을 남겼을 때 마침내 끝이 났다."[157]라고 랍비 파파가 말했다. "그리고 지금은 심지어 1주즈$_{zuz}$[158] 밖에 안하는 거친 천으로 된 수의를 입혀 고인을 안장하는 것이 일반화되어 있다(케투봇 8b)."

감리엘이 보인 모범은 그 이후 유대 사회에 지대한 영향을 주어, 거의 모든 유대 장례식이 그의 장례식을 본보기로 삼게 되었다. 아울러 부유한 유대교도들조차 간소한 장례식과 비교적 저렴한 수의를 쓰게 됐다.

오늘날 유대 공동체는 바르 미츠바나 바트 미츠바 행사의 성격을 변모시킬 수 있는 랍비 감리엘 같은 인물을 필요로 한다. 요즘 이들 행사에는 부유한 유대인 경우 6만 달러 이상, 그 외의 유대인 경우 3만 달러 이상을 지출하는 게 보통이다.

남들에게 초라해 보이지 않으려고, 또는 자기 애들을 사랑하지 않는 부모로 보이지 않으려고, 별로 넉넉하지도 못한 많은 유대인들이 지출 능력을 훨씬 뛰어넘는 돈을 써야 한다는 심리적 압박감을 받고 있는 것이다. 게다가 불필요하게 호화스런 파티 때문에 바르 미츠바의 종교적 의미마저 희석되거나 아예 사라져버리기도 한다.[159]

이제 부유하면서도 도덕성 높은 영웅들이 나타나, 기념이 되면서도 아주 즐겁고 간소한 바르 미츠바 또는 바트 미츠바 축하 행사를 개최할 때도 됐다. 마음은 있지만, 혹 지인들이 행사를 초라하게 여길까봐,

또는 자신들이 재정적인 어려움을 겪고 있다는 소문이 날까봐, 간소한 행사를 시도하지 못하는 부자들도 있을 것이다. 이제 그런 부자들이 손님들 앞에서 일어나, 새로 택한 간소한 성인식 덕에 몇 만 달러가 절약됐는데, 그 돈을 전액 자선 단체에 기부하겠다고 선언하는 것이다.

만일 주요 유대 공동체에서 영향력 있고 부유한 유대인들이 간소한 성인식을 치른다면, 부유하지 못한 많은 동료 유대인들에게 실로 헤아릴 수 없을 만큼 큰 선행을 베푸는 게 될 것이다.[160]

성인식을 축하하며, 행운이 깃들길 기원한다!

213일째 화요일

감사로 하루를 시작하라

> 나는 내가 숨 쉬는 공기를 만들지 않았고
> 나를 따뜻하게 해주는 태양을 만들지도 않았다……

---

[157] 고인에게 입히는 값비싼 수의가 장례식 비용 중 가장 큰 부분을 차지했는데, 이는 유대 장례식에는 관을 사용하지 않았기 때문이다. 그래서 모든 조문객들이 랍비 감리엘이 입은 값싼 수의를 볼 수 있었다.
[158] 고대 유대 민족이 쓰던 은화
[159] 1998년 3월 9일자 《뉴욕》 매거진에 실린 한 기사에는 불꽃놀이에 2만 달러를 지출한 바르 미츠바 행사, 15만 달러를 들여 라스베이거스 유명 가수 겸 배우인 나탈리 콜을 초대해 노래하게 한 항공모함 '인트리피드Intrepid' 선상에서의 바르 미츠바 행사, 그리고 컴퓨터를 렌트해 주인공 남자애와 그 여자 친구의 이미지를 섞어 그들의 미래 자녀들의 모습을 보여준 바르 미츠바 행사 등이 소개됐다. 이 기사는 또한 부모들이 여자애들이 가장 좋아하는 록 그룹 비틀즈 모습이 담긴 60피트 높이의 벽화를 주문 제작한 바트 마츠바 행사 사례도 자세히 다뤘다. 이 행사에서 '옐로 서브머린'이란 이름의 탁자에 앉은 손님들은 탁자 중앙에 놓인 수족관에 가득한 살아 있는 물고기들의 환영을 받았다고 한다.
[160] 랍비 게루는 수천 명에 이르는 그의 하시디즘 신도들에게 축하 만찬으로 무엇을 준비하고 어느 정도의 비용을 지출해야 하는지에 대해 아주 구체적인 지침을 제시했다. 최근에 진보주의 시나고그 단체인 UAHC 또한 "요즘 지나치게 호화스러운 성인식 행사가 늘어나고 있는데, 우린 이 성스러운 행사가 세속적으로 전락하는 것을 막아야 한다."고 강조하며 회원들에게 이에 대한 지침을 제시했다.

쟁기질을 하고 심고 거두기 위해
필요한 힘의 원천인
내 손과 머리의 근육 또한
내가 만든 것이 아니다……
나는 알고 있다.
내가 스스로 만들어진 존재가
아니라는 것을.

— 랍비 벤 지온 보크서Ben Zion Bokser

나는 두 가지 일, 즉 밤에 잠자리에 들고 아침에 일어나는 것을 싫어하는 사람(특히 어린이들과 청소년들)을 여럿 알고 있다. 내 친구 몇몇은 어린이들과 청소년들은 모닝 커피를 마시게 되기 전까진 완전한 인간, 완전한 사회인이 아니라고 주장한다.

유대 전통은 하루를 기분 좋게 출발하는 또 다른 방법을 제안한다. 즉 하루의 첫 말이 감사와 기쁨을 표현하는 말이 되도록 해야 한다는 것이다. 유대인은 아침에 일어나면 다음과 같은 기도문을 그 날의 첫 말로 삼아야 한다.

> Modeh ani le-fa-necha, melech chai ve-kayyam, she-he-zarta be nishmati be-chem-la, rabba eh-mu-na-techa.
>
> 사랑과 연민으로 제 영혼을 제게 돌려주신 데 대해 살아 숨 쉬는 영원한 왕이신 주님께 감사 드립니다. 주님은 저희가 헤아릴 수 없을 정도로 큰 신의를 갖고 계신 분입니다.

그간 아침에 일어나 가장 소중한 선물인 생명을 주신 하나님께 이 감사 기도문을 낭송하지 않았다면, 앞으로는 매일 이 기도문을 낭송하도록 하자. 이 기도문을 암송하는 것이 이미 하루의 첫 일과가 되어 있다면, 이제부터는 각별한 노력을 기울여 기도문 내용에 집중하도록 하자. 그리고 이 기도문을 낭송하기 전에 먼저 당신이 살아 있어 진정 행복한 이유를 최소 한 가지씩 떠올려보도록 하자. 그러면 감사하고 경외하는 마음이 절로 따라올 것이다.

214일째 수요일
다른 사람들에 대해 불평하는 경향이 있다면

당신은 부당한 대우를 받았다고 느낄 경우, 그런 사실을 알리는 사람들 중 한 명인가? 당신은 또 어떤 직원이 무례하다거나, 비행기가 연착된다거나, 어떤 일이 비효율적으로 행해지고 있을 경우, 항의 편지를 보내는가?

당신에겐 당연히 그럴 권리가 있다. 하지만 당신 자신은 항상 올바르게 행동한다고 확신하는가? 공정한 사람이라면, 불만스런 일뿐 아니라 만족스런 일도 알린다. 만일 당신이 종종 항의 편지를 써 보내는 사람들 중 한 명이라면, 당신의 그 모든 항의 편지에 감사 문구도 하나 정도 덧붙일 것을 데니스 프레이저는 제안한다. 불쾌한 일만 알린다면, 그건 너무 옹졸하고 이기적인 일 아닌가?

'성격 계발에 관한 율법'에서 마이모니데스는 성격적 결함을 바로잡는 유일한 방법은 일시적으로 정반대의 극단적인 행동을 하는 것이라고 주장한다(150일째 참조). 예를 들어, 당신이 습관적으로 약속 장소에 늦게 도착한다면, 한동안은 아예 약속 시간 전에 약속 장소에 도착하는 것이다. 마찬가지로 당신이 다른 사람들에 대해 늘 불평하는 편이라면, 일시적으로나마 다른 사람들을 칭찬하는 일을 해보는 것이다. 도움을 준 사람들에게 감사 엽서를 보내는 걸 생활화하라는 랍비 라미 샤피로Rami Shapiro의 제안은 현실적으로도 당신에게 이익이 될 것이다. 그는 평소 우표까지 붙여놓은 엽서들을 가지고 다닌다. "저는 상점 매니저들, 감명 깊게 읽은 책의 저자들, 심지어 가끔 친구들에게도 감사 엽서를 보냅니다. 마찬가지로, 친절한 종업원을 보면 그 매니저에게 그 종업원 칭찬을 해주기도 하죠."

랍비 샤피로는 '건설적인 삶'의 창시자인 데이비드 레이놀즈에게서 들은 말을 인용한다. "하루에 '감사합니다.'라는 말을 최소 열 번은 해야 한다."[161]

레이놀즈의 이 조언은 하루에 최소 백 번은 축복 기도를 암송해 인생의 모든 좋은 일에 대해 하나님께 '감사하는 마음'을 가질 것을 권하는 유대 전통을 연상시킨다.

오늘 남은 시간 동안 자신의 행동을 모니터해, 하루에 "감사합니다."라는 말을 몇 번이나 하는지 파악해보기 바란다. 그 수가 열 번이 되지 않거나, 또는 "감사합니다."라는 말을 했어야 하는데 하지 않은

---

161 샤피로, 《민얀: 통합적인 삶을 사는 10가지 원칙Minyan: Ten Principles for Living of Integrity》 137쪽

경우들이 있다면, 다음 날엔 "감사합니다."라는 말을 최소 열 번은 할 수 있도록 하자. 만일 당신이 하루에 "감사합니다."라는 말을 할 기회를 스무 번 찾게 된다면, 누가 알겠는가, 당신이 메시아의 출현을 앞당길 수도 있을지.

215일째 목요일

가족의 사생활도 존중해야 한다

자녀에게는 비밀이 있거나 있어서는 안된다는 생각에, 노크도 하지 않고 불쑥 자녀 방에 들어가는 부모가 많다. 유대 전통은 그런 행동에 반대한다. 탈무드는 구체적으로 "네 집에 갑자기 들어가지 말라(페사침 112a)."라고 명한다.

어떤 문헌의 경우, 이를 확대해 친구 집에 불쑥 찾아가는 것까지 금한다. 그런 규정의 증거가 되는 문헌은 창세기이다. 창세기 3장 초반부에서 아담과 이브는 선악과를 먹음으로써 하나님 명령을 어기는 죄를 짓는다. 이에 하나님이 아담을 만나려 하실 때, 하나님은 먼저 "네가 어디 있느냐(창세기 3:9)?"라고 외치셨다. 하나님의 이런 행동을 보고 랍비들은 말한다. "절대로 동료 집에 갑자기 들어가서는 안된다. 우리 모두는 에덴동산 입구에 서서 아담을 부르신 하나님에게서 올바른 예법을 배울 수 있다(데레크 에레츠 라바Derech Eretz Rabbah 5:2)."

모든 것을 아시는 하나님은 분명 아담과 이브가 어디에 있는지를 아셨을 것이다. 하지만 그분은 갑자기 그들 앞에 나타나시길 원하지 않으셨다. 하나님의 그런 행동은 우리 모두에게 올바른 에티켓의 이상적인 모델이 되어준다. 사람들을 놀라게 하지 말자.

다음에 무심코 불쑥 자녀 방에 들어가려는 자신을 발견하게 되면, 잠시 마음을 가다듬고 먼저 노크를 하라.

216일째 금요일
좋은 손님은 어떤 말을 할까

> 벤 조마는 다음과 같이 말하곤 했다. 좋은 손님은 어떤 말을 할까? "나 때문에 주인이 얼마나 힘들었을까? 그는 나를 위해 이렇게 푸짐한 고기와 와인, 케이크를 마련해 주었다. 그는 나를 위해 이 모든 정성과 노고를 아끼지 않았다!"
>
> 반면, 나쁜 손님은 어떤 말을 할까? "대체 주인이 나를 위해 수고한 게 뭐란 말인가? 나는 그저 빵 한 조각에 고기 한 점 먹고, 와인 한 잔 마셨을 뿐 아닌가! 주인이 수고를 했다면, 그건 날 위해서가 아니라 순전히 자기 아내와 아이들을 위해 한 것이다."
>
> — 바빌로니아 탈무드, 베라크홋 58a

안타깝게도, 실제로는 전혀 그렇지 못하면서 자신이 고마움을 잘 표현한다고 믿는 사람이 많다. 우리는 대개 초대해준 집을 나설 때 주인과 그 가족에게 고마움을 표하는 것으로 충분하다고 생각한다. 그러나 집을 나서면서 정말 멋진 시간 보냈다는 감사의 말을 해놓고, 집으로 돌아가는 길에 바로 초대해준 사람에 대한 비판적인 평을 시작한다면, 그건 배은망덕한 것이지 전혀 고마워하는 게 아니다.

나와 아내가 집에 손님들을 초대할 경우, 손님들이 최대한 즐거운 시간을 보낼 수 있도록 손님맞이 준비에 정말 많은 시간을 쏟게 된다는 걸 나는 잘 알고 있다. 그래서 어떤 손님들은 후에 우리를 비판적으로 평할 수도 있다고 생각하면 마음이 아프다. 나는 많은 손님들이 그럴거라고 생각할 만큼 피해망상증에 빠져 있지는 않다. 하지만 유감스럽게도, 나 자신 역시 종종 그런 냉정한 비판가가 되곤 했었다는 점을 인정하지 않을 수 없다.

즐거운 저녁 시간을 만들려고 애쓴 사람 집을 나선 뒤엔 그 사람을 폄하하는 어떤 말도 하지 않는 것이 가장 좋다. 그러기가 힘들다면, 최소한 집에 돌아가는 길에 그러진 말도록 하자. 자신에게 24시간의 여유는 주자. 그러면 나중에 그 사람에 대한 비판을 하게 되더라도, 그 강도가 훨씬 누그러들 가능성이 크다. 아울러 비판의 목소리를 높이기 전에, 그들이 당신에게 즐거운 시간을 마련해주기 위해 어떤 노력들을 했을지 생각해보라. 그들의 노고에 비판적인 평으로 답하는 것이 과연 합당할까?

다른 사람들의 환대를 받고 그에 대해 감사까지 표하고 나서, 스파이처럼 그들 집에서 얻은 정보를 이용해 그들을 비판하고 그들의 위상을 떨어뜨리는 짓을 한다면, 그건 정말 야비하고 부당한 일이다. 다른 사람들을 관찰한 결과 부정적이거나 혐오스러운 점이 거의 없다는 확신이 든다면, 당신 자신에게 물어보라. 만일 당신을 초대했던 사람들이 당신이 하는 비판적인 말을 전해 듣게 될 수도 있다는 생각을 한다면, 그래도 그들에 대해 비판적인 말을 할 수 있을까? 만일 그렇지 않다면, 그래도 당신이 다른 사람들에게 그런 비판적인 말을 하는 것이 합당한 것일까?

물론 단순히 비판적인 말을 삼가는 것만으로는 충분하지 않다. 벤 조마가 제안하듯, 당신은 감사하는 마음을 키워야 한다. "날 초대한 사람은 날 위해 얼마나 많은 수고를 했겠는가?"라는 질문은 좋은 손님이 되기를 바라는 사람들에게 좋은 출발점이 되어줄 것이다.

217일째 안식일

한 주를 돌아보며 편히 쉬는 하루가 되기를.

Week 32

218일째 일요일

다른 사람을 비판하기 전에
자신에게 던져야 할 질문들

   다른 사람들에 대해 주저 없이 부정적인 말을 해대는 사람들은 자신이 다른 사람들에게 얼마나 많은 고통과 아픔을 안겨주는지 깨닫지 못하는 경우가 많다. 나는 시어머니의 잦은 방문을 두려워하는 한 여성을 알고 있다. 시어머니는 그녀의 살림 방식에 대해 어떤 말이든 가리지 않고 해대는데, 그녀는 시어머니의 그런 생각들에 동의하지 않기 때문이다. 나는 잘 알지도 못하는 상대에게 고쳐야 한다고 생각하는 점들을 그대로 말하는 걸 자랑으로 여기는 또 다른 여성도 알고 있다.
   당신 배우자나 친지 또는 친구들에게 못마땅하게 생각되는 점들이 있을 수 있지만, 그것들을 다 언급할 필요는 없다. 다른 사람들의 행동에서 동의하기 힘든 점이 보이더라도, 그것이 중요하고 당면한 문제가 아니라면 그에 대해 비판하지 않는 것이 최선이다. 내가 아는 한 여성이 남편과 여행을 떠나려 하는데, 한 이웃이 다가와 말했다. 아이들을 다른 사람에게 맡기고 부부만 여행을 가는 건 바람직하지 않은 것 같다고. 이웃의 조언은 부부에게 전혀 도움이 되지 않았을 뿐 아니라, 들뜬 여행 분위기에 찬물만 끼얹었을 뿐이다.[162]

탈무드는 랍비 시몬 바 요카이Shimon bar Yochai에 대한 특이한 이야기를 기록하고 있다. 2세기 당시 로마의 이스라엘 통치를 강력히 반대했던 랍비 시몬은 로마 정부가 그에게 사형 선고를 내렸다는 소식을 듣고 아들과 함께 어느 동굴에 숨었다. 거기서 이 부자에게 기적 같은 일이 일어났다. 캐럽나무[163]와 우물이 생겨나 두 사람이 생명을 유지할 수 있게 해준 것이다.

두 사람은 12년간 동굴에 숨어 지내며 매일 매일 토라 공부를 했다. 그러다 마침내 로마 황제가 죽고 자신에 대한 사형 선고가 철회되었다는 소식에 랍비 시몬은 아들을 데리고 동굴을 나섰다. 동굴 밖으로 나온 부자는 농부들이 쟁기질을 하고 씨를 뿌리는 것을 보았다. 동굴 속에서 오로지 토라 공부를 하는 데 모든 시간과 노력을 바쳐온 랍비 시몬은 농부들 모습에 불 같이 화를 내며 말했다. "저들은 속세의 삶을

---

[162] 비판적인 이웃은 아마 자기 조언이 중요하다고 느꼈을 것이다. 하지만 곧 여행을 떠나려는 부부에게 그 여행이 왜 바람직하지 않다고 생각하는지를 말한다고 해서 그 여행을 막지는 못할 것이다. 설령 그 문제가 중요하다고 생각되더라도, 부부가 대안을 고려할 수 있도록 좀 더 전에 미리 말하든지, 아니면 부부가 덜 당황하고 스스로도 방어할 수 있게 여행을 다녀온 후 말하는 것이 더 낫다.
[163] 초콜릿 맛 나는 암갈색 열매가 열리는 유럽산 나무

위해 영원한 삶을 포기하고 있구나." 그가 워낙 이글이글 타는 눈으로 사방 모든 것을 쳐다봐, 탈무드의 표현대로 하자면, 곡식들을 포함해 모든 것이 '순식간에 타버렸다.' 바로 그 순간 하늘나라 목소리가 들려왔다. "너희는 내 세상을 파괴하러 동굴 밖으로 나왔느냐? 다시 동굴로 들어가도록 하라!" 부자는 다시 동굴로 들어가 거기서 1년을 더 지냈다. 그리고 그들이 다시 동굴 밖으로 나왔을 때에는 잘 먹고 잘 살기 위한 사람들의 욕망에 보다 관대할 수 있게 되었다. 그래서 부자는 자신들과 다른 삶을 사는 사람들 속에서 살아갈 수 있었다(샤밧 33b).

앞으로 누군가에게 그 사람의 못마땅한 점을 말해주고 싶은 충동이 일 경우, 먼저 자신에게 다음과 같은 질문들을 던져보기 바란다.

- ◆ 나의 지적과 비판이 필요할까?
- ◆ 나의 비판이 공정한 걸까? 도를 넘은 건 아닐까?
- ◆ 나의 지적이 상대 감정을 상하게 하는 건 아닐까? 그렇다면 가능한 한 상처를 주지 않으면서 말하는 방법은 없을까?
- ◆ 나의 지적이 상대의 행동에 변화를 줄 가능성이 있을까?
- ◆ 만일 내가 비판하는 식으로 상대가 나를 비판한다면, 내 기분은 어떨까?
- ◆ 이런 비판을 하면서 어떤 느낌이 드는가? 비판할 기회만 기다리고 있진 않은가?

부적절한 행동을 한 사람은 누군가 애정 어린 비판을 해줄 때 변화할 가능성이 가장 크다. 따라서 설령 상대의 행동이 잘못되었다 하더라도, 상대를 심하게 책망하는 일은 삼가야 한다. 비판의 동기가 진심에서 우러나오는 게 아니라면, 그 비판은 효과를 발휘하지 못할 가능성이 크다.

위의 질문들에 적절한 답변을 할 수 있기 전까지는 상대에 대한 비판을 삼가자.

219일째 월요일

한 발짝 물러날 때를 알아야 한다

> 다만 네 이웃을 공정하게 재판하라.
> ─ 레위기 19:15

동료 인간을 공정하게 평해야 한다는 토라의 이 경고는 원래 재판관을 대상으로 한 것이었다. 그래서 탈무드 시절의 랍비 파파는 재판관에게 자신이 사랑하거나 증오하는 사람이 연루된 재판은 하지 말라고 경고했다. "사랑하는 사람을 재판할 경우엔 그의 잘못을 보지 못하고 증오하는 사람을 재판할 경우엔 그의 장점을 보지 못하기 때문이다(케투봇 105b)."

《탈무드의 바다에서 헤엄치기Swimming in the Sea of the Talmud》를 함께 저술한 마이클 카츠Michael Katz와 게르숀 슈바르츠Gershon Schwartz는 탈무드의 이 경고를 법정이나 재판과는 무관한 상황까지 포함해 확대 적용했다. 그 과정에서 두 저자는 감정 문제가 개입된 경우, 가장 좋은 의도를 갖고 있는 사람들조차 얼마나 어리석고 부당한 행동을 할 수 있는지를 보여준다.

수년간 '리틀 리그'를 코치해 온 한 코치가 자기 아들을 팀에 영입한다. 여러 친구들이 자기 아이를 코치한다는 건 좋은 생각이 아니라고 말하지만, 코치는 자신은 잘해낼 수 있다고 말한다. 그간 코치 아들의 경기 성적이 저조했는데, 그럼에도 불구하고 코치는 팀의 우승이 걸린 아주 중요한 경기에 자기 아들을 선발 투수로 출전시킨다. 그 아이의 투구는 위력적이지 못해, 상대 타자들은 그가 던지는 공을 죄다 쳐낸다. 팀의 다른 선수들과 관중석에 앉아 있던 그들 부모가 불만을 표하지만, 코치는 투수 교체를 거부한다. 후에 코치는 자기 팀의 패배를 심판의 잘못된 판정과 외야수의 형편없는 수비 탓으로 돌린다. 코치는 사랑하는 사람의 단점을 보는 것이 정말 어렵다는 사실을 끝내 인정하지 않는다. 코치는 모든 선수를 공정하게 다뤄야 하지만, 아버지 입장이 되면 자기 아들에게 각별한 관심을 보일 수밖에 없는 것이다. 가끔 이 두 가지 역할은 상호배타적이다.

직장에서 한 관리자가 승진 대상인 한 직원을 평가해달라는 요청을 받는다. 그런데 작년에 그 관리자와 직원은 업무 처리 방식을 놓고 격렬하게 싸운 적이 있다. 두 여성은 서로에게 상처를 줄 심한 말을 주고받았다. 직원은 관리자의 자질 문제를 놓고 사장에게 불만까지 제기했다. 관리자는 그간 결코 그 일을 잊을 수 없었고 용서할 수도 없었다. 이제 관리자는 결정적인 말로 그 직원으로 하여금 자신이 한 행동에 대해 톡톡히 대가를 치르게 해줄 것이다. 다른 직원들은 모두 그 여직원의 업무 능력에 대해 상당히 긍정적인 평가를 하고 있지만, 관리자는 그녀에게서 긍정적인 면을 전혀 찾을 수 없다.

자신이 사랑하거나 증오하는 사람의 업무나 능력을 객관적으로 평가할 수 있는 사람들이 더러 있을지도 모르지만, 그런 사람들은 매우 드물다. 카츠와 슈바르츠는 그것이 바로 앞서 랍비 파파가 "우리가 더 객관적이고 관련 없는 사람으로 하여금 그런 상황을 판단하고 결정을 하게 만들고 우리 자신은 물러날 것"을 제안한 이유임을 지적한다.[164]

토라는 우리에게 공정하고 정의롭게 판단할 것을 명한다. 우리가 특정 상황에서 너무 감정적이 되어 객관성을 유지하기 어렵다면, 우리는 그 상황에서 물러나야 한다.

220일째 화요일
다른 사람을 잘못 판단할 경우

사무엘상은 불임으로 깊은 실의에 빠져 있는 기혼 여성 한나의 이야기로 시작된다. 그녀는 실로에 있는 이스라엘 사원에 가서 슬피 울며 말 없이 자신에게 아이를 내려달라고 하나님께 간청했다.

입술 움직이는 건 보이는데 아무 소리도 들을 수 없었던 제사장 엘

---

164 카츠와 슈바르츠, 《탈무드의 바다에서 헤엄치기》 195-96쪽

리는 그녀가 술에 취했다고 생각했다. 그래서 그는 그녀에게 다가가 꾸짖었다. "네가 언제까지 취하여 있겠느냐? 포도주를 끊으라.(사무엘상 1:14)."

엘리의 거친 말에 상처를 입은 한나가 말했다. "나의 주여 그렇지 아니하나이다. 나는 마음이 슬픈 여자라 포도주나 독주를 마신 것이 아니요, 여호와 앞에 나의 심정을 통한 것뿐이오니, 당신의 여종을 악한 여자로 여기지 마옵소서." 한나에게 부당한 말을 했다는 걸 깨달았을 때, 엘리는 얼마나 곤혹스러웠겠는가. 그는 "다만 네 이웃을 공정하게 재판하라(레위기 19:15)."는 토라의 명을 어기고 섣불리 잘못된 결론을 내렸던 것이다.

엘리는 자신의 잘못을 깨닫자마자 한나의 평화를 기원해주었고, 하나님은 한나가 간청한 모든 것을 이루게 해주셨다. 그로부터 1년 후 한나는 모세와 아론에 필적하는 미래의 선지자 사무엘을 낳았다.

우리들 중 상당수가 엘리처럼 행동한다. 즉 누군가 이해 안되는 행동을 하는 걸 보면, 사실을 제대로 알지도 못하면서 그 사람을 비난하는 것이다. 유대인이 속죄일에 고백하는 한 가지 죄는 '다른 사람을 섣불리 판단함으로써 하나님 앞에 저지른 죄'이다. 로저 부시Roger Bush의 시 '거리에서'는 섣부른 판단이 낳을 수 있는 잘못된 결론의 사례들을 보여주고 있다.

그녀는 예뻤고, 다가오는 남자들에게 미소를 지었다.
나는 그녀의 옆모습을 볼 수 있었다. 아름답지만 오만한 모습.
남자들은 당황해 하며 고개를 돌렸다.

남자들은 걸음을 재촉했고, 죄책감을 느끼는 듯했고, 일부는 얼굴을 붉혔다.
조금도 굴함이 없이, 그녀는 다음 남자에게 계속 미소 지었고,
그때마다 거절당했다.
나는 매춘부가 대낮에 호객 행위를 하고 있는 줄 알았다.
그런데 그녀가 몸을 돌렸고
그때 비로소 나는 그녀가 자선 목적으로 단추를 팔고 있다는 걸
알았다.

그는 비틀거리며 걷다 넘어졌다.
보도 위에 널부러진 주름투성이의 고깃덩어리.
그의 술병은 깨졌고 술은 보도 위를 적셨다.
술주정뱅이군. 나는 생각했다. 역겹고 가련한 인간.
그런데 부근 차에서 두 소녀가 달려와 외쳤다.
"아빠예요. 도와주세요. 많이 아프세요."

그가 내 시선을 사로잡았다. 탐욕스런 눈빛의 젊은이.
그는 늙은 여자의 팔에 걸린 열린 핸드백을 보고 있었는데,
그 안쪽에 지폐 몇 장이 보였다.
그는 먹이를 쫓고 있었고, 늙은 여자는 윈도우 쇼핑을 하고 있었다.
핸드백을 가로채 달아나겠지. 그렇게 생각했는데, 아니었다.
젊은이가 말 없이 여자 어깨를 두드리더니 핸드백을 가리켰다.
서로 미소를 교환하고

그들은 각자 가던 길을 갔다.

오, 주여. 저를 용서하소서. 저를 용서하소서.

저는 왜 항상 당신 자녀들의 가장 나쁜 모습만 생각합니까?

첫째, 당신이 누군가를 잘못 판단했다면, 그리고 특히 그 잘못된 판단을 다른 사람들에게 얘기했다면, 당신은 그 사람들을 전부 찾아가 당신이 잘못 판단했었다는 걸 고백해야 한다.[165]

둘째, 엘리처럼 당신은 당신이 잘못 판단한 사람에게 호의나 친절을 베풀어야 한다.

끝으로, 사람들을 덜 비판적으로 그리고 더 우호적으로 판단하려 노력해야 한다.

221일째 수요일

그래서 한 사람만 창조되었다[166]

고대 이스라엘에서는 사형 여부를 결정하는 재판의 경우 증인이 앞으로 나와 증언을 했는데, 그때 재판관은 증인에게 매우 암울한 경고를 덧붙였다. 먼저 재판관은 증인에게 추측이나 소문을 토대로 증언을 해선 안되며, 아주 세심한 반대 심문을 받게 될 것이라는 점을 알렸다.

---

[165] 윤리에 따르자면, 당신이 비방한 사람에게 다른 이들에게도 그를 비방했다는 사실을 알려야 할까? 일반적으로는 그렇지 않다. 이는 상대가 그 사실을 알게 되면 더 큰 상처를 입을 수도 있기 때문이다(192일째 참조).

[166] 미슈나, 산헤드린 4:5

아울러 재판관은 증인에게 사형 여부를 결정하는 재판은 민사 재판과는 아주 큰 차이가 있다는 것도 주지시켰다. "민사 재판의 경우, 증인이 거짓말이나 실수를 했을 때 그 보상으로 벌금만 내면 되지만, 사형 여부를 결정하는 재판의 경우 거짓 증언으로 사형된 무고한 사람과 그에게서 태어났을 후손들의 피가 영원히 증인을 따라다닐 것이다."[167]

하지만 이런 경고만으로는 여전히 충분치 않았다. 그런 다음 법정은 증인에게 성경의 교훈을 하나 더 주지시킨다.

> 한 생명을 멸하는 자는 온 세상을 멸하는 것과 같고 한 생명을 구하는 자는 온 세상을 구하는 것과 같다는 사실을 우리에게 가르치기 위해 본디 한 사람만이 창조되었다. 한 사람만 창조된 건 사람들 간의 평화를 위해서이기도 했는데, 어느 누구도 자기 이웃에게 "우리 조상이 너희 조상보다 더 위대하다."고 자랑할 수 없을 것이기 때문이다. 또한 한 사람만 창조된 건 하나님의 위대함이 더 극적으로 보이게 하기 위해서이기도 했다. 인간이 한 가지 틀로 많은 동전을 찍어낸다면 모두 같은 모양일 테지만, 왕 중의 왕이신 성스러운 하나님께서는 최초의 인간을 지으신 틀로 모든 인류를 창조하셨음에도, 하나같이 다 독특하기 때문이다. 따라서 인간은 다음과 같이 말해야 할 의무가 있다. "나를 위해 세상이 창조되었다!"

— 미슈나, 산헤드린 4:5

---

167 그런 다음 랍비들은 증인에게 카인이 아벨을 살해했을 때 하나님이 카인에게 특이하고도 무서운 비난을 했던 것을 상기시킨다. "네 동생의 피가 땅에서 내게 울부짖고 있다(창세기 4:10)." 히브리어에는 '피'의 복수형이 존재하지 않기 때문에, 랍비들은 그때의 '피'는 아벨뿐 아니라 태어나지 못한 그의 후손들의 피까지 암시한다고 이해했다.

위의 글이 분명히 말해주듯, 유대 윤리는 개개인이 다 위대한 가치가 있다고 주장한다. 랍비들은 그 근거를 하나님이 아담 한 사람만 창조했다는 사실에 두고 있다. 아담이 죽었다면, 세상도 그와 함께 죽었을 것이다. 이 사실로부터 랍비들은 하나님과 아담의 형상으로 태어난 개개인 모두가 온 세상만큼 가치가 있다고 추론했다.

그런데 여러 미슈나 문헌은 다소 다른 문구를 선보인다. "유대인 한 명을 멸하는 자는 온 세상을 멸하는 것과 같고, 유대인 한 명을 구하는 자는 온 세상을 구하는 것과 같다." 이 말은 사리에 맞지 않다. 아담은 유대인이 아니었기 때문이다(최초의 유대인은 아브라함이다.). 아담의 존재로부터 우리가 배울 수 있는 것은 유대인 하나하나가 성스러운 존재라는 것이 아니라, 인간 하나하나가 성스러운 존재라는 것이다. 모든 인간이 아담의 후손이며, 그들 모두가 하나님 형상으로 창조되었기 때문이다. 분명 이것이 미슈나의 원래 글이었다.

이 글은 또한 인종 차별주의에 대한 효과적인 해결책이기도 하다. 모든 사람이 아담의 후손이므로, 결국 모든 사람이 친척인 셈이다. 따라서 더 우수한 인종이라는 것도 더 열등한 인종이라는 것도 없는 것이다.

끝으로 이 글은 개개인이 독특하다는 걸 가르친다. 어떤 국가나 통치자가 동전을 찍으면, 모든 동전은 완전히 모양이 똑같다. 하지만 하나님은 모든 인간을 서로 다른 모습으로 만드셨다. 심지어 일란성 쌍둥이도 지문이 다르다. 따라서 인간 개개인은 자긍심을 느껴야 한다. 남자든 여자든 다 하나님 형상으로 창조되고 있으며, 지금까지 창조된 그 어느 누구와도 같지 않기 때문이다.

우리가 할 수 있는 가장 종교적인 행위는 우리가 만나는 모든 사람이 하나님 형상으로 창조되어 무한한 가치를 갖고 있다는 걸 인식하는 것이다. 이를 진정으로 받아들이는 사람은 부나 명성과는 상관없이 모든 사람을 존중한다. 비슷한 맥락에서, 우리가 할 수 있는 가장 반종교적인 행위는 존중심 없이 다른 사람들을 대하는 것일 것이다. 그런 사람들은 인간이 하나님 형상으로 창조되었다는 사실을 믿지 않는 사람들이다. 따라서 다른 사람들을 함부로 대하는 것은 상대에 대한 죄인 동시에 하나님에 대한 죄이기도 하다.

마지막으로 덧붙이자면, 미슈나가 상기시켜주듯 자신을 함부로 대하는 것 또한 죄를 짓는 것이다. 세상이 당신을 위해 창조되었다면, 당신은 마땅히 존중받고 사랑받을 가치가 있는 거 아닐까?

222일째 목요일

누군가가 당신을 죽이려 한다면, 일찍 일어나 먼저 그를 죽여라[168]

유대 율법은 각 인간에겐 무한한 가치가 있다면서 무고한 사람을 살해하는 인간은 살 권리를 박탈당한다고 가르친다. 토라 5권 모두에서 언급되는 유일한 성경 율법은 계획된 살인을 저지른 사람은 사형에 처한다는 것이다(예를 들면 창세기 9장 6절의 "무릇 사람의 피를 흘리게 하는 사람은, 사람에 의해 그의 피가 흘려질 것이다." 같은 율법).[169]

출애굽기는 집주인은 밤에 자기 집에 침입한 도둑을 죽일 권리가 있다고 가르친다. 유대 율법은 다른 사람에게 재산 손해를 입힌 사람을 살해하는 것은 금하고 있기 때문에, 이 규정은 일견 의외의 규정으로 보인다. 하지만 토라는 밤에 다른 사람 집에 침입하는 사람은 그 집에 사람이 있을지도 모른다는 걸 인식하고 있고, 때에 따라선 집주인을 죽일 마음의 준비까지 되어 있다고 본다. 따라서 집주인이 먼저 그 도둑을 죽여도 "피 흘린 죄가 없다(출애굽기 22:2)."라고 규정한다. 유일한 예외는 도둑이 자신을 죽일 의도가 전혀 없다는 걸 집주인이 확신할 만한 충분한 이유가 있는 경우이다(출애굽기 22:2 참조).

탈무드는 "누군가가 당신을 죽이려 한다면, 일찍 일어나 먼저 그를 죽여라."라고 가르친다.[170] 탈무드의 이 가르침은 개인적인 위협뿐 아니라 국가적인 위협에도 적용된다. 6일 전쟁을 앞두고 이스라엘의 아랍 적들은 이스라엘을 괴멸시키겠다는 의사를 거듭 밝혔고, 그 위협은 결국 이스라엘로 하여금 1967년 6월 5일 선제공격을 하게 만든다. 비슷한 맥락으로, 1980년대 초 이라크는 이스라엘과의 전쟁에 쓸 목적으로 원자폭탄을 준비하고 있었다. 그 이듬해 이스라엘이 원자폭탄 생산이 가능한 이라크 원자로를 폭파시켰을 때, 전 세계 유대인들은 이를 탈무드에 따른 정당한 조치로 이해했다.[171]

---

168 바빌로니아 탈무드, 산헤드린 72a
169 출애굽기 21:12, 레위기 24:17, 민수기 35:31, 신명기 19:11-13 및 19:19도 참조하기 바람
170 내 친구 한 명은 정당방위를 지지하는 탈무드의 이 경구는 너무나 명백해 굳이 언급할 필요도 없다고 주장했다. 하지만 그것이 정말 그렇게 명백한 것일까? 약 60년 전, 20세기의 위대한 성자 중 한 명으로 인정받는 마하트마 간디는 연합군이 나치에 대항해 싸우는 것보다는 나치가 세계를 점령하도록 하는 게 더 낫다고 주장했다(30일째 참조). 또한 신약은 약 2,000년 전 예수가 다음과 같은 가르침을 폈다고 기록하고 있다. "악한 자를 대적지 말라. 누구든지 네 오른편 뺨을 치거든 왼편도 돌려 대라(마태복음 5:39)."
171 유대인 이외에는 이에 공감하는 사람들이 거의 없었기 때문에, 당시 이스라엘은 전 세계적인 비난의 대상이 되었다. 그런데 이라크 정부가 이스라엘에 대한 극도의 적개심과 공격 의지를 분명히 드러냈다는 사실을 고려하면, 왜 전 세계가 이스라엘의 선제공격을 그렇게 맹비난했는지 의문이다.

유대 율법에 따르면, 탈무드의 이 가르침이 분명히 하듯, 개인이든 국가든 자신을 파멸시킬 계획을 하는 사람이나 국가를 상대로 선제공격을 할 권리가 있다.

223일째 금요일
다른 사람들의 선의와 다정함을 인식하라

성경과 탈무드, 그리고 미드라시는 가장 위대한 인물들의 실수까지도 기꺼이 기록하고 있다. 우선 성경은 젊은 시절 요셉의 오만함(창세기 37:5-11), 야곱을 맏아들 에서로 잘못 알아본 이삭의 단순함(창세기 27), 다윗의 간통(사무엘하 11-12) 등을 숨기지 않는다. 탈무드와 미드라시 역시 다른 면에선 위대했던 랍비들의 결점들을 전한다. 탈무드와 미드라시가 그 랍비들의 결점을 드러내는 것은 그 랍비들을 폄하하기 위해서가 아니라, 그들이 어떻게 자신들의 결점을 극복했는지, 더 나아가 우리가 어떻게 우리 자신의 결점을 극복할 수 있는지를 보여주기 위해서이다(나쁜 습관과 부정적인 행동을 어떻게 극복할 수 있는지에 대한 마이모니데스의 조언을 언급한 150일째 참조).

어느 유명한 랍비에 대한 다음과 같은 이야기가 있다.

> 산책을 하던 랍비 야나이가 학자로 보이는 인상적인 외모의 한 남자를 보았다. 랍비 야나이가 그에게 말했다. "손님으로 모시고 싶은데, 저의 초대에 응해 주시겠습니까?"

그가 말했다. "그렇게 하시죠."

그래서 랍비 야나이는 그를 자기 집에 데려가 먹을 것과 마실 것을 주었다. 그리고 그에게 탈무드에 대한 이야기를 했는데, 뜻밖에 그가 탈무드에 대해 전혀 모른다는 것을 알게 되었다. 랍비 야나이는 미슈나와 아가다, 성경에 대해서도 이야기했지만, 그는 그것들에 대해서도 역시 무지했다. 그러자 그가 남자에게 말했다. "포도주잔을 들고 축복의 기도를 해보시오."

남자가 말했다. "랍비 야나이가 자신의 집에서 축복의 기도를 하게 하소서."

이에 랍비 야나이가 말했다. "내가 당신에게 말하는 대로 따라할 수 있겠소?"

그가 대답했다. "그럼요."

이에 랍비 야나이는 이렇게 말했다. "개 한 마리가 야나이의 빵을 먹어치웠다."

남자가 벌떡 일어나 야나이를 잡고 말했다. "당신은 내 유산을 가지고 있는데, 내게 주지 않고 있소."

야나이가 말했다. "내가 당신의 어떤 유산을 갖고 있단 말이오?"

남자가 대답했다. "한번은 어느 학교를 지나다 아이들이 이렇게 낭송하는 걸 들었소. '모세가 우리에게 율법을 명하였으니, 곧 야곱의 총회의 기업이로다(신명기 33:4).' 그들은 '야나이의 총회만이 소유한 것'이라고 낭송하진 않았소."

이에 랍비 야나이가 말했다. "당신은 내 식탁에서 식사를 해도 좋을 만한 어떤 장점이 있소?[즉 어떤 선행을 베풀었소?]"

남자가 대답했다. "난 악의적인 소문을 듣고도 한 번도 다른 사람에게 옮긴 적이 없소. 또한 두 사람이 싸우는 것을 보고 그 둘을 화해시키지 않은 적이 없소."

랍비 야나이가 말했다. "그토록 훌륭한 자질들을 갖고 계신데, 제가 당신을 개라 불렀군요."[172]

우리는 종종 어떤 사람의 일부 면들만 보고 그 사람을 잘못 판단하는 우를 범한다. 그 사람을 더 깊이 들여다보면, 상상치도 못했던 장점들을 발견하는 경우가 많은 데도 말이다. 성경은 이렇게 가르친다. "사람은 외모를 보거니와 나 여호와는 중심을 보느니라(사무엘상 16:7)." 우리는 이제 하나님 눈으로 보는 법을 배워야 할 때가 됐다.

224일째 안식일

한 주를 돌아보며 편히 쉬는 하루가 되기를.

---

[172] 레위기 라바 9:3

225일째 일요일

불멸의 선

전 세계의 많은 시나고그에는 이른바 '캔디 맨candy man'이라 불리는 자원 봉사자가 한 명씩 있다. 장시간 진행되는 토요일 아침 예배 시간에 '캔디 맨'은 예배에 참석한 아이들에게 초콜릿 외에 이런저런 캔디를 나눠준다. 언젠가 나는 랍비 잭 리머가 자신이 어떤 연유로 시나고그의 '캔디 맨'이 되었는지에 대해 회고하는 걸 들은 적이 있다.

어린 시절, 나는 내가 다니던 피츠버그에 있는 시나고그에서 우리 앞자리에 앉곤 했던 메이어 그루멧에게서 한 가지 일을 물려받았다. 메이어 그루멧은 그리 부유한 사람도 아니었고 훌륭한 학자도 아니었으며 심지어 그리 독실한 유대교도도 아니었다. 하지만 조그만 잡화점을 운영하던 그에겐 훌륭한 자질 하나가 있었는데, 그것은 바로 아이들을 사랑한다는 것이었다. 그래서 그는 안식일 날 시나고그를 찾을 때마다 허쉬 초콜릿 한 봉지를 들고 와 아이들에게 나눠주곤 했다. 솔직히 고백해, 당시 나는 순전히 랍비의 설교와 기도만 듣자고 시나고그에 간 건 아니었다. 최소한 어느 정도는 메이어 그루멧이 나눠주는 허쉬 초콜릿을 먹기 위해 시나고그에 갔던 것이다. 그리고 지금은 내가 우리 시나고그에서 메이어 그루멧의 역할을 하고 있다. 내가 처음부터 이 일을 하려고 계획했던 건 아니며, 아마 당시 그의 모범적인 행동이 내 속에 각인돼 있었던 것 같다. 누가 알겠는가? 언젠가 우리 시나고그의 아이들 중 하나가 나로 인해 다음 세대 아이들을 위한 '캔디 맨'이 될지 말이다. 어떤 도시 어떤 나라에서 그런 일이 일어날진 모르지만, 분명 있을 수 있는 일이다. 만일 그런 일이 일어난다면, 40년 전의 메이어 그루멧이 40년 후의 아이들에게도 영향을 주게 된다는 얘기가 된다.

유대주의는 하나님께서 인간에게 불멸성을 주신다고 믿는데, 선행 또한 죽음을 뛰어넘는 불멸성을 갖는다. 언젠가 내 친구 하나가 랍비 제프리 살킨에게 다음과 같이 말했듯 말이다. "내 아이에게 읽을 책을 추천할 때마다, 그 책이 4학년 때 저를 가르치셨던 코헨 선생님이 추천해주셨던 바로 그 책이란 걸 알게 되죠. 그건 코헨 선생님의 불멸성을 입증하는 거예요."

당신이 늙어 죽음이 다가오고 있을 때, 당신이 다른 사람들에게 베푼 선행이 계속 그 영향력을 발휘해, 심지어 당신이 만난 적도 없고 만날 일도 없는 사람들의 선행으로 이어진다는 것을 아는 것보다 더 흐뭇하고 큰 위안이 있을까?

226일째 월요일

이른 것이 옳을 때

초기 시온주의 지도자인 슈마르야후 레빈은 자신은 일생 동안 유대 모임에 늦으려고 애써보았지만 한 번도 성공하지 못했다고 말했다.

유대 행사는 예정보다 늦게 시작하는 걸로 유명하다. 그래서 예루살렘의 위대한 현자 랍비 슈로모 잘만 아우에르바흐가 결혼식 주례를 부탁받았을 때, 그의 운전기사는 결혼식 예정 시간보다 한 시간 반 정도 늦게 랍비를 모시러 갔다.

랍비 아우에르바흐가 왜 늦게 왔냐고 묻자, 그 젊은이는 이렇게 답했다. "결혼식은 늘 늦게 시작하는데, 괜히 랍비님 시간을 낭비하고 싶지 않았습니다."

랍비 아우에르바흐는 그의 설명에 만족해하지 않았다. "신랑의 머리는 많은 생각들로 복잡하다네. 그야말로 셀 수 없는 걱정들로 넘쳐나지. …… 그중 하나가 결혼식을 주례하는 랍비가 제시간에 도착할지에 대한 걱정이고 말일세. 난 신랑의 걱정에 일조할 생각이 조금도 없네. 한 시간 반 전에 도착해도 괜찮네. 한쪽 옆에 앉아 있으면 아무에게도 방해가 되지 않을 테니 말이네. 그 어떤 것도 신랑을 걱정시키

는 것보다야 낫지."¹⁷³

내가 아는 한 여성이 자기 딸이 2학년생들 연극에서 연기하는 것을 보러 학교에 갔다. 그녀는 연극이 시작되기 직전에 학교에 도착했다. 다른 2학년생들은 즐거운 모습이었지만, 딸아이는 울면서 그녀에게 달려왔다. 훌쩍거리며 울다가 아이가 불쑥 말했다. "엄마가 안 올까봐 걱정했어."

그날 그녀는 앞으로 이런 행사가 있으면 어떤 일이 있어도 일찍 오리라 결심했다고 했다.

우리는 늘 제시간에 도착하도록 노력해야 한다. 하지만 상대에게 너무도 중요한 약속일 경우, 제시간에 도착하려 하지 말고 좀 더 일찍 도착하도록 하자. 그러면 설사 예기치 못한 일이 생겨 몇 분 허비하더라도, 제시간에 약속 장소에 도착할 수 있을 것이다. 아울러 일찍 도착해 시간을 허비하지 않도록, 늘 읽을거리를 갖고 다니도록 하자.

"네 이웃을 네 자신처럼 사랑하라."라는 계율은 다른 사람들이 당신에게 해주길 바라는 대로 다른 사람들에게 해주라는 의미이다. 따라서 다른 사람들이 제시간을 지키는 것이 당신에게 중요하다면, 당신 역시 다른 사람들을 위해 제시간을 지켜야 한다. 또한 다른 사람들이 제시간에 도착하거나 조금 일찍 도착하는 것에 감사한 마음을 갖자.

---

173 텔러, 《예루살렘에서 전하는 말》 170-72
174 탈무드는 "육식을 특별히 좋아하지 않는다면 육식을 자제해야 한다(훌린Hullin 84a)."고 가르친다.

227일째 화요일

하나님은 자신이 지으신 모든 것에 자비를 베푸신다

성경이 두 차례 묘사하는 이상향의 세계에선 모든 피조물이 채식만 한다. 에덴동산에서 하나님은 아담과 이브에게 채소와 과일만 먹을 것을 지시했다(창세기 1:29). 이후 노아의 시대에 하나님은 인류에게 육식을 허락하셨다(창세기 9:3). 반면, 선지자 이사야는 도래할 이상향의 세계를 심지어 육식 동물까지 채식을 하는 채식주의 세계로 그렸다. "이리가 어린 양과 함께 살며 표범이 새끼 염소와 함께 누우며 송아지와 어린 사자와 살진 짐승이 함께 있어 어린아이에게 끌리며, 암소와 곰이 함께 먹으며 그것들의 새끼가 함께 엎드려 사자가 소처럼 풀을 먹을 것이다(이사야 11:6,7)." 육식은 처음에는 인간 본성으로 여겨져 허용되었지만,[174] 그 후 오랜 세월에 걸쳐 유대 전통의 중요한 부분으로 자리 잡았다. 전통적인 유대 축제일 식사의 특징 중 하나도 포도주와 더불어 고기를 즐긴다는 점이다(바빌로니아 탈무드, 페사침 109a. 물론 채식주의자와 알코올 중독 회복 단계에 있는 사람에겐 고기나 포도주 섭취가 축제일을 즐기는데 해가 될 것이다. 따라서 그들은 그런 전통에 얽매일 필요가 없다.).

그러나 유대 율법은 육식 허용이 동물의 고통에 대한 무관심으로 이어지는 것은 결코 원치 않았다. 그래서 유대주의는 도살을 엄히 규제하고 도살되는 동물의 고통을 최소화하길 요구한다(171일째 및 172일째 참조).

랍비들은 인간의 생명이 동물의 생명보다 훨씬 더 가치 있다는 입장을 고수하긴 했지만(인간은 동물과 달리 하나님 형상으로 창조되었기에), 동물에 대한 대우는 동물과 인간에게 뿐 아니라 하나님에게도 매우 중요한 문제라는 입장도 고수했다. 랍비 주다 더 프린스(미슈나의 편집자이자 3세기 초의 대표적인 랍비)에 버금가는 인물인 랍비 주다에 대한 이런 이야기가 있다.

> 어떤 사건으로 인해 랍비 주다에게 고통이 찾아왔고, 똑같은 방식으로 그의 고통이 사라졌다. 그를 고통으로 몰고간 그 사건이란 대체 무엇일까?
>
> 한번은 송아지 한 마리가 도살되기 위해 끌려가고 있었다. 그런데 그 송아지가 갑자기 도망쳐 랍비 주다에게 달려왔다. 송아지는 랍비 주다의 외투 아래 머리를 묻고는 울었.
>
> 그러자 랍비 주다는 송아지를 밀쳐내며 말했다. "가거라. 네가 창조된 이유가 바로 그것이니."
>
> 바로 그때, 하늘에서 목소리가 들려왔다. "그에게는 측은한 마음이 없으니, 그에게 고통을 주도록 하자." 그 후 13년간 랍비 주다는 각종 고통스런 병을 앓았다.
>
> 그러면 그의 고통은 어떻게 끝이 났을까?
>
> 하루는 집을 청소하고 있던 그의 하녀가 생쥐 몇 마리를 발견, 그것들을 집밖으로 쓸어버리려 했다. 그때 랍비 주다가 하녀를 막으며 말했다. "생쥐들을 그냥 놔두어라. 시편에 다음과 같이 기록되어 있으니 말이다. '여호와께서는 모든 것을 선대하시며 그 지으신 모든 것에 긍

휼을 베푸시는도다(시편 145:9).'"

그때 하늘에서 목소리가 들려왔다. "그는 자비심이 있으니, 그에게도 자비심을 베풀도록 하자." 그 즉시 그는 모든 병으로부터 해방되었다.[175]

전통적인 유대주의 사상은 동물에 대한 배려와 애정을 위대한 지도자의 중요한 덕목 중 하나로 여겼다. 어느 유명한 미드라시는 하나님이 모세를 이집트에서 유대인들을 이끌고 나오는 지도자로 선택하신 데에는 목자로서의 그의 따뜻한 마음도 큰 역할을 했다는 걸 암시한다.

언제가 모세가 장인 이드로의 양들을 돌보고 있을 때, 어린 양 한 마리가 달아났다. 모세가 잡으려고 쫓아가는데, 그 어린 양이 어둑어둑한 곳까지 가더니, 거기 있는 물웅덩이를 보고 물을 마시기 시작했다. 모세는 양 가까이 다가가 말했다. "네가 목이 말라 달아난 걸 내가 미처 몰랐구나. 뛰어오느라 얼마나 지쳤겠느냐." 모세는 양을 어깨에 들러매 다른 양들 있는 데까지 데려다 주었다. 그걸 보시고 하나님이 말씀하셨다. "네가 인간에게 속한 양들을 그리 큰 자비심으로 돌보니, 너를 내 양들인 이스라엘의 양치기로 삼을 것을 약속하노라."[176]

---

175 바빌로니아 탈무드, 바바 메지아 85a
176 출애굽기 라바 2:2

228일째 수요일
적의 동물에게 친절을 베풀라

마리오 푸조의 소설 《대부》에서 가장 충격적인 장면 중 하나는 아마 암흑가 보스인 돈 코르네오네(말론 브란도 분)의 비위를 거스린 한 남자가 어느 날 아침 잠에서 깨 피범벅이 된 시트를 보고, 또 목이 잘린 자기 애마의 머리를 발견하고 경악해 비명을 지르는 장면일 것이다. 약 3,000년 전에 쓰인 토라는 당신이 누군가를 증오하더라도 그의 가족이나 심지어 그의 동물에게 분풀이를 해선 안된다고 규정한다. "네가 만일 너를 미워하는 자의 나귀가 짐을 싣고 엎드러짐을 보거든 삼가 버려두지 말고 그를 도와 그 짐을 부릴지니라(출애굽기 23:5)."

토라는 당신이 증오하는 사람이 무거운 짐을 들려고 애쓸 때 도와주어야 한다고 규정하지는 않았다(물론 유대 윤리는 이를 권장하지만). 대신 토라는 어떤 사람과 당신 사이의 개인적인 원한 때문에 상대가 소유한 동물이 고통 받게 내버려둬선 안된다고 규정했다. 무거운 짐을 진 동물이 이 토라 율법의 수혜자라는 건 분명해 보인다. 한편, 3세기의 한 미드라시는 이 율법을 따르는 것이 당신과 적의 관계를 어떻게 변화시키는지를 잘 보여준다.

랍비 알렉산드리가 말했다. 서로 미워하는 두 당나귀 몰이꾼이 각기 자기 당나귀를 몰고 같은 길을 가고 있는데, 그중 한 명의 당나귀가 짐에 눌려 바닥에 쓰러져 일어나지 못하게 되었다. 그 모습을 본 다른 당나귀 몰이꾼은 그냥 지나쳐 가던 길을 계속 갔다. 하지만 얼마 가지 않아 그는 걸음을 멈추었다. "네가 만일 너를 미워하는 자의 나귀가 짐을 싣고 엎드러짐을 보거든 삼가 버려두지 말고 그를 도와 그 짐을 부릴지니라."라는 가르침이 떠올랐던 것이다. 그는 다시 돌아가 자신이 싫어하는 몰이꾼이 짐을 내리고 다시 싣는 것을 도왔다. 그가 상대 몰이꾼에게 말했다. "여기를 좀 풀어주고, 저기는 좀 당겨주시오. 그리고 여기에 짐을 내려놓으시오." 그러는 동안 두 사람 사이에 화해의 기운이 싹텄고, 쓰러진 당나귀의 주인은 속으로 생각했다. "이 사람이 날 싫어하는지 알았는데, 내게 이런 호의를 베풀다니." 얼마 후, 두 사람은 나란히 여관에 들어가 함께 먹고 마시며 친구가 되었다. 무엇이 이 둘을 화해시키고 급기야 친구 사이로까지 발전하게 해주었을까? 그들 중 한 명이 토라의 가르침을 실천했기 때문이다.

— 탄후마Tanhuma, 미슈파팀Mishpatim #1[177]

많은 사람들이 자신이 싫어하는 사람에게 공정하게 대하는 게 힘든 일이라는 걸 안다. 하물며 싫어하는 사람의 동물에게야 오죽하겠는가. 토라는 어떻게 둘 모두에게 공정하게 대할 수 있는지를 가르쳐준다.

---

[177] 약간 수정한 걸 제외하곤 하임 나만 비아리크Hayim Nahman Bialik와 예호슈아 라프니츠키Yehoshua가 편집하고 윌리엄 브라우데William Braude가 번역한 《전설의 책The Book of Legends, Sefer Ha-Aggadah》 459페이지를 인용했다.

229일째 목요일

평화를 찾고 구하라

많은 유대인들이 토라에 613개의 계명이 있다는 걸 알고 있으며, 그래서 유대교도로서의 삶의 목표는 그 613가지 계명을 모두 지키는 것이라 믿고 있다. 하지만 그것은 잘못된 믿음이다. 예를 들면 그중 한 계명은 아내와 이혼하는 남자는 아내에게 '이혼 증서'를 써주어야 한다고 규정한다(신명기 24:1-3).[178] 당신은 이 계명을 지켜야할 의무가 있을까? 이혼을 할 경우 그래야겠지만, 당연히 행복한 결혼 생활을 계속 유지해 아예 이 계율을 따를 기회를 만들지 않는 게 더 낫지 않을까.

613가지 계명 중엔 이 계명처럼 기회가 오지 않으면 지킬 필요가 없는 계명들이 있다. 예를 들면 출애굽기 23장 5절(어제 글 참조)은 "네가 만일 너를 미워하는 자의 나귀가 짐을 싣고 엎드러짐을 보거든 삼가 버려두지 말고 그를 도와 그 짐을 부릴지니라."라고 명하고 있다. 여기서 주목해야 할 단어는 '만일'이다. 즉 이 계율에 따르면, 당신이 미워하는 사람의 나귀가 짐이 너무 무거워 주저앉아 있는 걸 보면 도와 일으켜줘야 하지만, 도움이 필요한 나귀를 찾아 일부러 돌아다닐 필요까지는 없다.

반면 평화와 관련해 시편은 "평화를 찾고 구하도록 하라."고 가르친다. 랍비들은 시편의 이 구절을 "네가 지금 있는 곳에서 평화를 찾고, 다른 곳에서 평화를 구하라(레위기 라바 9:9)."로 이해했다.

---

[178] 토라에 따르면, 남자만이 일방적으로 이혼을 제기할 수 있다. 그러나 훗날 유대 율법은 이를 수정해 남자가 아내의 뜻을 고려하지 않고 일방적으로 이혼을 제기하는 것을 금했다.

"네가 지금 있는 곳에서 평화를 찾아라."가 다툰 사람과 화해해야 한다는 의미라면, "다른 곳에서 평화를 구하라."는 어떤 의미일까?

당신 자신에게 물어보라. 당신 가족이나 친구 중에 앙숙이 되어 멀어진 이들이 있는지, 또 그 사람들과 화해하기 위해 당신이 무엇을 할 수 있는지. 시편의 가르침에 따르면, 앙숙이 된 상대가 먼저 다가오길 기다려선 안된다는 것이 분명해 보인다. 상대가 먼저 다가오지 않을 가능성이 크기 때문에, 당신이 먼저 그런 기회를 '구해야' 한다는 것이다. 먼저 다가가 허심탄회하게 이야기함으로써, 상대 마음을 움직여 화해의 물꼬를 트도록 하자.

230일째 금요일
자신을 사랑하는 것에 대해

"네 이웃을 네 몸과 같이 사랑하라."라는 명확한 어조의 이 성경 구절은 암묵적으로 "네 자신을 사랑하라."라는 계율도 포함한다.

자신을 사랑한다는 것은 자신을 어떻게 생각하고 대하는가 하는 것뿐 아니라 다른 사람들을 어떻게 대하는가 하는 것과도 관련이 있다. 나는 인류 역사상 자신을 진정으로 사랑한 사람이 자녀를 학대한 경우가 있는지 궁금하다. 자신을 멸시하는 사람은 긍정적인 자아상을 가진 사람에 비해 자녀를 학대할 가능성이 훨씬 더 크다.

200년 전의 한 하시디즘 이야기는 자기애가 어떻게 대인관계에 영향을 줄 수 있는지를 보여준다. 부유한 하시드가 랍비 도브 바에르Dov

Baer를 찾아와 자신을 축복해 달라고 했다. 이에 랍비 도브는 그를 대화로 끌어들이기 시작했다. "당신처럼 엄청난 부를 소유한 사람들은 어떻게 가정을 꾸리는지 궁금합니다. 예를 들면, 매일 어떤 음식을 먹습니까?"

"아, 저희는 아주 간단한 음식을 먹습니다." 하시드가 답했다. "제 경우엔 마른 빵과 소금 외엔 아무것도 먹지 않죠."

랍비 도브는 격앙되어 말했다. "마른 빵과 소금은 당신 같은 부자들에겐 충분치 않은 음식입니다! 당신은 고기와 와인, 신선한 빵을 드셔야 합니다." 랍비 도브가 계속해서 하시드를 몰아붙이자 마침내 하시드는 앞으로는 더 맛있고 값비싼 음식을 먹겠다고 약속했다. 하시드가 떠난 뒤 랍비 도브의 놀란 제자들이 그에게 물었다. "그 사람이 소금을 친 마른 빵을 먹든 고기와 와인을 먹든, 그게 스승님과 무슨 상관입니까?"

"상관이 아주 많지." 도브가 대답했다. "만일 평소 매일 고기와 와인 같은 값비싼 음식을 먹는다면, 그는 가난한 사람들은 최소한 소금 친 마른 빵은 먹어야 한다고 생각할 것이다. 하지만 자신이 마른 빵과 소금 외에 아무것도 먹지 않는다면, 가난한 사람들은 돌만 먹고도 살 수 있다고 생각할 것이다."

231일째 안식일

한 주를 돌아보며 편히 쉬는 하루가 되기를.

232일째 일요일

악행에는 전달자가 없다

모든 인간이 하나님 형상으로 창조되었다는 걸 생각하면, 우리 개개인은 자신을 가치 있는 존재로 여겨야 한다. 우리가 하나님 형상으로 창조되었다는 것은 선악을 구별한다는 점에서 하나님과 같다는 뜻이다. 하지만 이같은 선악 구별 능력에는 한 가지 단점이 있다. 즉 선악을 구별할 수 있기 때문에, 우리가 행하는 악행에 대해 책임을 져야 한다는 것이다. 설령 그 악행이 자의가 아닌 부모나 사장 또는 군대 상관의 명령에 따라 행해진 것이라 해도 그렇다.

그래서 탈무드는 부모가 주운 물건을 주인에게 돌려주지 말고 가지라고 할 경우, 자녀는 그런 부모의 뜻을 따르지 않아야 한다고 규정한다(바바 메지아 32a). 성경 율법은 우리에게 분실물을 주인에게 돌려주라고 명하고 있기 때문에, 자녀에게 분실물을 그냥 가지라고 강요하는 것은 자녀에게 하나님 율법을 어기라고 강요하는 것과 같다. 당연히 부모에게는 그럴 권리가 없다. 물론 토라를 잘 안다 해도, 나이가 너무 어릴 경우 부모 뜻을 거역하기란 쉽지 않을 것이다. 하지만 좀 더 자란 아이의 경우, 부모가 일종의 절도 행위 같은 걸 강요한다 해도 그걸 따라선 안된다.

비슷한 맥락으로, 대부분의 미국인들은 사장이 직원에게 불법적인 행위(고객에게 서비스 시간을 부풀려 비용 청구를 한다거나 써야 할 재료보다 질이 떨어지는 재료를 사용하는 것과 같은 일)를 시킬 경우 그 책임은 주로 사장에게 있다고 여기지만, 유대 율법에서는 실제 불법 행위를 한 사람에게 일차적인 책임을 묻는다.[179] 탈무드가 주장하듯, "악행에는 전달자가 없다(키두쉰 42b)." 일반적으로, 전달하는 메시지의 내용에 문제가 있다고 해서 전달자를 탓할 순 없다. 메시지 내용이 아무리 사악하거나 화를 돋운다 해도, 그 메시지를 보낸 사람을 탓해야 하는 것이다. 그러나 누군가의 지시에 따라 악행을 행한 사람의 경우, 자신은 다만 전달자[하수인] 역할만 했을 뿐이라는 말로 그 악행을 정당화할 순 없다. 악행에는 전달자가 없으며, 실제 악행을 행한 사람에게 그 책임이 있기 때문이다. 탈무드의 수사적인 질문을 빌어 질문하자면, "스승[하나님]의 말과 학생[인간]의 말이 대립될 때, 누구의 말을 따라야 할까?(키두쉰 42b)[180]" 당연히 스승의 말을 따라야 할 것이다.

군대에서 상관 명령에 따라 행해진 악행 경우에도 동일한 윤리적 논리가 적용된다. 무고한 생명들을 짓밟은 나치 전범들은 대개 국제 전

범 재판에서 자신들은 그저 명령에 따랐을 뿐이라는 말로 책임을 회피하려 했다. 유대주의의 관점에서 보면, 그런 주장은 허튼 소리에 불과하다. "살인을 하지 말라."는 하나님의 명령보다 "살인을 하라."는 나치 장교의 명령에 더 무게를 실어야 할 이유가 어디에 있단 말인가?

1956년 10월, 이집트를 상대로 시나이 전쟁을 벌이기 전날 밤, 이스라엘 정부는 이스라엘 내 아랍인들에게 외출하지 말고 집에 머물 것을 지시했다. 그런데 크파르 카심Kfar Kassim의 일부 아랍 주민들이 통행금지령을 몰랐는지 일을 하러 집밖으로 나갔다. 그리고 그들을 발견한 이스라엘 군인들이 그들을 향해 발포, 결국 49명의 무고한 생명이 희생되었다.

군사 재판에 회부된 군인들은 그저 명령에 따라 행동했을 뿐이라며 자신들을 변호했다. 하지만 이스라엘 법정은 그 어떤 상관 지시도 무고한 생명을 살해한 것을 정당화할 수 없다는 판결을 내려, 8명의 군인에게 유죄를 선고했다.

당신보다 지위가 높은 사람이 당신에게 악행이나 부당한 행위를 지시할 경우, 이 세상에서 가장 지위가 높으신 하나님의 명령을 최우선시해야 한다는 점을 기억하라.

---

179 물론 실제 악행을 저지른 사람이 책임이 있다 해서, 그 악행을 지시한 사람의 도덕적 책임이 없어지지는 않는다.
180 그런 이유로, 만일 A가 B에게 어떤 악행을 지시했는데 그대로 따랐다면, B는 자신의 의사에 따라 행동한 것으로 간주된다. A의 지시와 보다 우선시되어야 하는 하나님의 명령 가운데 하나를 택할 수 있는 선택권이 B에겐 있기 때문이다.

233일째 월요일

선의 위력

다음은 정신과 전문의이자 하시디즘 랍비인 랍비 아브라함 J. 트워스키 박사의 저서《남에게 대접을 받고자 하는 대로 너희도 남에게 대접하라》에 나오는 이야기이다. '병문안' 미츠바가 환자와 문병인 모두의 인생을 어떻게 변화시키고 고양시킬 수 있는지를 보여주는 최고의 '병문안' 이야기일 것이다.

요시는 심장 결함을 갖고 태어났다. 요시의 부모는 요시가 일곱 살이 되면 수술을 받아야 하는데, 그 수술에 관한한 미국이 최고라는 말을 들었다.

이스라엘인인 요시 부모는 미국에 아는 사람이 없었다. 그래서 요시가 수술을 받을 나이가 되었을 때, 요시 부모와 친구 사이인 내 친구가 그들과 나를 연결시켜주었다. 나는 피츠버그에 살고 있었고, 그래서 요시가 수술을 받게 될 피츠버그 내 한 병원을 찾았다. 몇 달 후, 요시와 그의 부모가 미국으로 날아왔다.

요시도 그의 부모도 영어를 전혀 못했다. 그래서 나는 피츠버그 유대인 공동체에 히브리어를 할 줄 아는 자원봉사자들을 찾는다는 메시지를 남겼다. 그 결과 29명의 자원 봉사자가 나타났고, 나는 곧 그들 모두에게 연락을 취해 한 자리에 모이게 했다.

그 자리에서 나는 요시와 그의 부모가 처한 곤란한 상황에 대해 설명했다. 최소한 2주일간 입원을 해야 하는 요시에게는 항상 통역사가 곁에 있어야 했다. 요시가 병원 사람들과 의사소통을 할 수 있는 방법이 전혀 없었기 때문이다. 나는 자원 봉사자들에게 몇 시간씩 할애해 통역 봉사를 해줄 것을 부탁했고, 2주일간 하루 24시간 통역사가 요시를 도울 수 있게 일정을 짰다. 자원 봉사자 각자에게 일정 시간이 할당되었고, 다음 통역사가 와야 이전 통역사가 자리를 뜰 수 있다는 규칙도 정해졌다. 통역 봉사 일은 마치 시계 장치처럼 정교하게 행해졌고, 그래서 요시와 그의 부모 곁에 통역사가 없는 순간은 없었다. 요시 가족은 효과적인 통역 서비스를 받았을 뿐 아니라 많은 사람들로부터 따뜻한 관심과 응원도 받았다. 수술 후 2주일은 결코 순탄한 기간이 아니었다. 요시 부모는 그렇게 많은 사람들의 도움이 없었다면, 그 기간을 결코 견디지 못했을 것이라고 했다.

병원측 역시 이 공동체의 협력과 헌신에 감명을 받았고, 그래서 요시를 수술했던 의사는 요시가 퇴원할 때 자신이 받을 수술비를 받지 않겠다고 했다. 병원 측은 보험 혜택을 받지 못하는 요시의 의료비도 최대한 낮게 책정해주었고, 그 의료비마저 요시를 도우려는 한 작은 공동체에서 기부한 돈으로 해결됐다. 요시가 집으로 돌아가기 전 축하 파티가 열렸는데, 그 파티에는 통역 봉사자들과 기부자들, 그리고 요시를 수술한 의사와 병원 관계자들이 참석했다. 그들은 눈물 어린 작별 인사를 주고받으며 긴 포옹을 했다.

많은 사람들이 어린 소년의 생명을 구하는 데 도움을 주려는 한 가지 목적을 위해 기꺼이 헌신했다. 그러면서 그들 각자는 요시를 돕지 않았다면 결코 발현되지 않았을 수도 있는 자기 내면의 아름다운 면들을 발견했다. 덧붙여, 그 기간 동안 여러 소중한 우정이 형성됐다. 요시 덕에 서로를 알게 된 사람들은 공동의 목적을 위해 함께 노력하다 가까운 친구 사이가 되었다.

그로부터 6년 후, 이스라엘을 찾은 나는 예고 없이 요시의 집을 방문했다. 하지만 요시는 집에 없었다. 그때 요시는 농구를 하고 있었다! 요시를 보러 운동장으로 간 나는 한때 삶과 죽음 사이를 오갔던 소년이 기운차게 농구를 하고 있는 걸 보며 기쁨의 눈물을 흘리지 않을 수 없었다. 피츠버그로 돌아온 나는 옛 동지들과의 재회를 위해 연락을 취했다. 우리는 요시의 최근 소식을 나누며 다시 유대감을 느꼈다. 한 남자는 병원에 대해 워낙 큰 두려움을 갖고 있어, 처음에는 요시를 돕는 것을 주저했었다. 이제 그는 친구들이 아파 병원에 있으면 망설이지 않고 병문안을 간다고 했다. 그는 자신을 지배했던 두려움을 극복한 것이다.

20년이 지난 지금 한 자녀를 둔 요시는 행복한 결혼 생활을 하고 있다. 그는 1년에 두 차례 카드를 보내오는데, 우리는 그 카드를 돌려본다. 그런 식으로 우리는 서로 연락을 하며 지내고, 그중 누군가 도움을 필요로 하거나 기쁨을 나누길 원할 때 그곳으로 달려간다. 우리 각자는 그 일을 계기로 더욱 강해졌다. 이것이 바로 선의 위력이다.[181]

---

[181] 트워스키, 《남에게 대접을 받고자 하는 대로 너희도 남에게 대접하라》 16-18쪽

234일째 화요일

장래 직업에 대비한 자녀 교육

유대주의는 균형 잡힌 삶을 지지한다. 예를 들면, 유대주의는 자녀에게 영적 필요만을 충족시켜 주고(종교적인 가정 분위기를 조성하거나 자녀에게 토라를 가르침으로써) 장래 직업에 대비한 교육은 등한시하는 등, 현실적인 균형 감각이 없는 부모를 비난한다. 탈무드에는 다음과 같은 말이 있다. "아버지는 아들에게 사업을 가르치거나 직업 교육을 해야 할 의무가 있다. …… 아들에게 사업을 가르치지 않거나 직업 교육을 하지 않는 부모는 아들이 도둑이 되도록 가르치는 것이나 마찬가지이다."라고 랍비 주다는 말한다(바빌로니아 탈무드, 키두쉰 29a).

오늘날의 세상에선 여성들도 남성들과 똑같은 취업 기회가 있고 돈을 벌 필요성을 느껴, 부모들은 아들들과 마찬가지로 딸들에게도 직업 교육을 시켜줘야 한다.

그렇다면 자녀에게 직업 교육을 시키지 않는 것과 자녀가 도둑이 되도록 가르치는 것과는 어떤 연관성이 있을까? 생산적인 방식으로 돈을 벌 수 없는 사람은 자연스레 비생산적이거나 불법적인 돈벌이에 끌리게 마련이기 때문이다.

물론 직업 기술을 습득한다고 해서 정직한 삶이 보장되는 것은 아니다. 의사나 변호사 회계사, 교사, 경영자 중에는 자기 직업과 관련해 정직한 사람들도 있지만, 그렇지 못한 사람들도 있는 것이다. 유대 율법이 자녀에게 토라를 가르칠 부모의 의무를 그토록 강조하는 이유도 바로 여기에 있다(바빌로니아 탈무드, 키두쉰 29a). 실제로 랍비들은 정직한 사회인을 양산할 수 있는 가장 좋은 방법은 토라의 삶과 직업인으로서의 삶을 동시에 강조하는 것이라 믿는다. 라반 감리엘은 말한다. "세속적인 직업과 결합된 토라 공부는 아주 좋은 것이다. 그 두 가지 일에 필요한 에너지가 죄를 멀리하게 해주기 때문이다. 일이 수반되지 않는 토라 공부는 결국 무의미한 것이며 죄의 근원이 된다(아버지의 윤리 2:2)."

라반 감리엘이 우리에게 상기시켜주듯, 직업적 능력이나 토라에 대한 식견 하나만으로는 도덕적 역량을 발휘할 수 없다. 종교적인 훈련과 직업 훈련이 결합된 삶이 도덕적 역량을 보장해준다.

235일째 수요일
자녀에게 하나님께서 가장 중요시하는 것이 선이라는 것을 가르쳐라

'부모'의 히브리어 호레$_{horeh}$는 '스승'의 히브리어 모레$_{moreh}$와 연관이 있다. 유대주의 관점에서 부모의 가장 근본적인 임무는(자녀에게 애정과 적절한 보살핌을 제공하는 것에 덧붙여) 헌신적인 유대교도 및 친절하고 도덕적인 사람이 되도록 자녀를 가르치는 것이다.

많은 부모가 자녀를 좋은 사람으로 키우는 것이 매우 중요하다는 걸 알고 있지만, 현실적으로는 대부분의 부모가 자녀에게 다른 것들을 더 강조한다. 데니스 프레이저는 여러 해 동안 다양한 연령층의 자녀들에게 다음과 같은 질문을 던져볼 것을 부모들에게 부탁했다. "너는 엄마와 아빠가 가장 중요하게 여기는 것이 무엇이라 생각하니? 네가 성공하는 것, 사람들에게 인기 있는 것, 음악이나 운동, 공부 등에서 재능을 발휘하는 것, 좋은 사람이 되는 것 중에서 어떤 것을 가장 중요하게 여길 거라 생각하니?" 자녀에게 이 질문을 던진 부모들 중 상당수가 부모가 가장 중요하게 여기는 것이 좋은 사람이 되는 것이라 답변한 자녀가 아주 드물다는 사실에 충격을 받았다.

  유대주의는 좋은[선한] 사람이 되는 것을 가장 우선시한다. 앞서도 잠시 언급했듯, 탈무드에 따르면, 하늘나라 법정에 선 사람들이 처음 받게 될 질문은 "우수한 성적으로 졸업했는가?" 또는 "돈을 많이 벌었는가?"가 아니라 "자신의 일을 정직하게 했는가?"이다. 선지자 미가(기원 전 8세기)는 하나님께서 인간에게 원하는 바의 핵심은 "여호와께서 네게 구하시는 것이 오직 공의를 행하며 인자를 사랑하며 겸손히 네 하나님과 함께 행하는 것이 아니냐(미가 6:8)."라고 가르쳤다. 그래서 유대 역사에는 직업적으로 성공하지 못했거나(랍비 조슈아 벤 하나니아Joshua ben Hannaniah는 바늘을 만들어 생계를 꾸린 가난한 사람이었다. 예루살렘 탈무드, 베라콧 4:1) 사람들에게 인기가 없었거나(예르미야를 죽이고 싶어 했던 이스라엘인이 많았다.) 음악이나 운동에 재능이 없었던 위대한 인물들이 존재하는 것이다. 그런 사람들의 공통점이 바로 선량함이다.

  유대의 토라나 탈무드 등은 유대주의가 추구하는 선에 대한 가르침의 근원이다. 따라서 유대 윤리를 중요시하는 부모는 반드시 자녀가 유대 윤리에 역점을 두는 교육을 받을 수 있게 해야 한다(예를 들면 유대주의의 의례적인 율법을 강조하고 윤리적인 율법은 크게 강조하지 않는 유대 학교에 자녀를 보내는 것은 이 요건을 충족시키지 못한다.). 자녀를 보낼 학교의 학문적 공신력도 잘 알아봐야 하지만, 그에 못지않게 그 학교가 가르치는 윤리적인 가치들에 대해서도 잘 알아봐야 하는 것이다.

자녀에게 충분한 물질적 지원을 해주고 좋은 학교에 보내는 부모는 자녀에게 많은 것을 해주는 부모임에 틀림없다. 하지만 하나님이 가장 중요하게 여기시는 선에 대한 이해를 바탕으로 자녀에게 윤리적인 가치를 심어주지 않는다면, 유대주의가 가장 중시하는 부모의 임무를 제대로 행하지 않는 것이다.

236일째 목요일
너무 지나치게 베풀지 말라

몇 년 전에 나는 《데이트를 너무 많이 하는 여자들과 운이 너무 좋은 여자들 Women Who Date Too Much and Others Who Should Be So Lucky》이란 제목의 책을 본 적이 있다. 그 제목에 맞춰 오늘 글의 제목을 "자선을 너무 많이 하는 사람들과 매우 인색한 사람들"로 바꿀 수도 있을 것이다.

놀랍게도, 유대 율법은 관대함에도 지나친 관대함이 있다고 가르친다. 그래서 탈무드 랍비들은 수입의 10% 이상을 자선하는 것이 적절하지만, 어느 누구도 수입의 20% 이상을 자선해선 안된다고 규정했다(케투봇 50a).

그 논리는 뭘까? 그들은 지나치게 베풀다 가난해져, 결국 그 자신이 다른 사람들 도움을 필요로 하는 상황에 처하게 되는 것을 염려했다. 몇몇 역사학자는 초기 기독교가 형성될 무렵 랍비들이 공표한 이 규정은 수도사와 수녀의 서약으로 대변되는 가난에 대한 기독교의 이상과 대립된다고 보았다.

유대주의는 오랫동안 가난을 일종의 저주로 여겼다. 어느 미드라시가 다음과 같이 가르치고 있듯이 말이다. "세상에 그 어떤 것도 가난보다 더 비참하지는 않다. 가난은 모든 고통 중에서 가장 끔찍한 것이다." 가난에 찌든 사람은 마치 세상의 모든 문제에 시달리는 것과 같고 신명기(28:15-68)에서 언급된 모든 저주를 받는 것과 같다. 랍비들은 말했다. "만일 세상의 모든 괴로움과 고통을 모아서 저울 한 쪽에 올려놓고 가난을 다른 한 쪽에 올려놓는다면, 가난이 그 모든 것보다도 더 무겁다(출애굽기 라바 31:12 및 31:14)."[182]

전적인 베풂을 이상적인 것으로 보는 사람들과 그 정당성과 논리를 의심하는 사람들 간의 논쟁은 끊이지 않고 있다. 그래서 《피플》지는 가난한 사람들을 위해 집을 지어주고 수리해주는 유명한 자선 단체 '해비타트Habitat for Humanity'에 자신이 평생 모은 돈을 기부한 한 남자의 이야기를 실은 뒤, 어떤 면에서 이 남자에 대한 초기 기독교와 유대주의의 상반된 견해를 보여주는 두 통의 편지를 실었다.

첫 번째 편지는 그 남자의 관대함을 격찬했다. "난 사회 보장과 주택 마련에 대한 관심이 점점 더 높아지는 요즘 세상에, 전지전능하신 사랑의 하나님이 자기 가족이 필요로 하는 것들을 돌봐주시리라는 확고한 믿음을 가진 사람이 있다는 사실에 깊은 감명을 받았다."

---

[182] 대다수의 사람이 가난보다 자기 자녀의 죽음을 더 끔찍한 일로 여기기 때문에, 나는 이 미드라시가 과장됐다고 생각한다. 그럼에도 불구하고, 다른 여러 유대 글들은 가난으로 인한 공포와 수치심을 증언한다. 전도서는 "가난한 자의 지혜는 멸시되고 그의 말은 무시된다."고 가르쳤고, 탈무드는 "빵 바구니가 비어 있으면, 불화가 찾아와 문들 두드린다(바바 메지아 59a)."고 했다.

두 번째 편지는 남자의 자선에 대해 아주 부정적이었다. "이 남자 미친게 아닐까? 그는 진정 하나님이 그가 평생 모은 돈을 다른 사람들을 위해 기부하길 원하신다고 믿은 걸까? 가족을 제대로 부양하지 못해 가족의 미래가 불투명해질 수도 있다는 생각을 그는 어떻게 하지 않을 수 있단 말인가? 그의 가족이 궁지에 몰리면 과연 그의 가족을 위해 기부해줄 사람이 있을까? 그가 뭔가를 베풀고 싶었다면, 그의 시간은 어땠을까?"(《피플》, 1998년 2월 9일, 4면).

모든 재산을 기부하는 것은 고사하고 수입이나 모은 돈의 20%를 기부하려는 사람도 그리 많지 않은 것이 현실이다. 탈무드는 우리에게 유대주의는 절제된 삶을 특히 높게 평가한다는 점을 상기시켜준다. 자선을 기꺼운 마음으로 베풀되(8일째 참조), 당신이 가진 모든 것을 한 번에 베풀어선 안된다. 중세의 오르콧 차디킴Orchot Tzaddikim(의인의 길)이 우리에게 상기시켜주듯, 한 번에 천 개의 금을 베푸는 것보다 오랜 시간에 걸쳐 천 개의 금을 베푸는 것이 더 낫다.[183]

237일째 금요일
종교적인 사람이 잔인할 수 있을까

이 질문에 대한 유대주의의 답이 '종교적인 사람은 잔인할 수 없다.'라는 사실은 여러 사람을 놀라게 한다. 인류 역사를 통틀어, 스스로 종교적이라고 주장한 사람 가운데 잔인한 짓을 한 사람이 결코 적지 않기 때문이다. 또한 우리 유대인은 종종 그런 사람들의 희생양이

었다.¹⁸⁴

　유대주의 관점에서 보면, 종교적인 사람이 잔인한 행위를 하는 것은 '채식주의자를 위한 육식'이라는 단체를 만드는 것처럼 사리에 맞지 않다. 조금이라도 육식을 하는 사람은 채식주의자가 아닌 것과 마찬가지로, 다른 사람을 멸시하거나 잔인하게 대하는 사람은 더 이상 종교적인 사람이 아니기 때문이다. 유대주의는 그런 사람을 인류와 하나님에게 죄를 짓는 사람으로 간주한다. 그래서 다른 사람을 모욕하는 사람에 대해 미드라시는 이렇게 말한다. "다른 사람을 모욕하는 사람은 누구를 모욕하는지를 알아야 한다. 성경이 우리에게 가르치듯 '하나님은 아담을 하나님 형상으로 만드셨다.'(창세기 라바 24:7)" 다시 말해, 유대주의의 가르침에 따르면, 모든 인간이 하나님 형상으로 창조되었으므로, 다른 사람에게 잔인한 행동을 하면 그건 곧 하나님을 공격하는 행위이기도 하다.¹⁸⁵

　약 2,000년 전에 탈무드는 종교적인 유대인의 특징으로 친절함을 꼽았다. "유대 국가는 세 가지 특징으로 구별된다. 유대 국민은 자비롭고 절제하며 애정 어린 친절을 실천한다(예바못 79a)." 나는 자비나 절제, 친절을 실천하지 않는 유대인을 적지 않게 알고 있다. 그런데 랍비

---

183 랍비 어윈 쿨라는 이에 대해 이의를 제기한다. "이것이 늘 진실은 아닌 것 같다. '천 개의 금'을 한 사람에게 주어 여러 사람의 미래를 보장할 수 있는 사업을 시작하도록 하게 하는 상황과 몇 끼의 식사를 해결할 수 있는 한 개의 금을 한 사람에게 주는 상황을 가정해보라."
184 십자군은 스스로 가장 독실한 기독교인들이라 여겼지만, 여러 마을을 돌아다니며 기독교로의 개종을 거부하는 유대인들을 살해했고, 스페인의 '종교 재판관들Inquisitors'은 하나님의 이름으로 많은 사람을 고문했다.
185 그런 이유로 십자군과 '종교 재판관들'이 무고한 사람들을 살해한 것은 그들의 창조주를 공격한 것이기도 하다. 설령 누군가가 다른 사람을 잔인하게 대하는 사람을 종교적인 사람으로 합리화한다 하더라도, 종교적이라 주장하는 사람이 하나님을 공격하는 것을 어떻게 합리화할 수 있겠는가?

들은 이런 정의를 아주 진지하게 받아들여, 잔인한 사람은 자신을 종교적이라 주장해서도 안되고 유대인이라고 주장해서도 안된다고 가르쳤다. "동료 유대인들에게 자비롭지 않은 사람은 우리의 조상인 아브라함의 후손이 아니다(바빌로니아 탈무드, 베이자Beizah 32b)."

'잔인하지만 종교적인 사람'이란 말이 그야말로 앞뒤가 맞지 않는 모순된 말이 될 때까지, 신앙을 가진 모든 사람은 끊임없이 속죄할 필요가 있다(모순된 말이 되어야 하는 또 다른 예는 296일째의 글을 참조하기 바란다.).

238일째 안식일

한 주를 돌아보며 편히 쉬는 하루가 되기를.

Week 35

239일째 일요일

오만함의 해독제

    많은 사람들이 모여 있는 것을 보면, 우리는 대개 그 사람들을 단지 한 무리의 군중으로만 여겨 경시한다. 군중의 일부인 사람들을 평가 절하는 이 같은 경향에 대응하기 위해, 유대 율법은 많은 사람들이 모인 걸 보면 특별한 축복 기도를 암송할 것을 명한다. "남이 모르는 현명함을 지닌 그에게 축복이 있으라. 서로 똑같은 얼굴이 없듯 서로 똑같은 마음도 결코 없다(바빌로니아 탈무드, 베라콧 58a)." 이 축복 기도는 군중 속 개개인이 모두 우리처럼 하나님과 특별한 관계를 가진 개인이며, 하나님이 우리 마음을 헤아리시듯 그들 개개인의 마음도 헤아리신다는 걸 상기시켜준다.

물론 우리 마음속에 오만함을 불러일으키는 것은 비단 군중만이 아니다. 많은 사람들이 자기보다 덜 매력적이거나 덜 지적이거나 덜 성공했거나 덜 교육을 받았거나 덜 인기 있는 사람들을 만나면 우월감을 느낀다. 탈무드는 토라 공부를 열심히 한 후 아주 추한 사람을 만나 다음과 같이 말한 한 랍비에 대한 이야기를 전한다. "속이 텅 빈 사람아, 그대 마을에 사는 사람이 다 그대처럼 추한가?(335일째 참조)"

오만함이 없는 사람이 드물겠지만, 당신이 특히 오만한 성향을 갖고 있다면, 11세기의 유명한 책 《초봇 할레바봇 Chovot Halevavot (마음의 의무)》의 저자 바야 이븐 파쿠다 Bahay ibn Pakuda가 한 다음과 같은 이야기를 떠올리도록 하라.

어느 현자가 "당신은 어떻게 아무도 이의를 제기하지 않는 확고부동한 지도자로 인정받을 수 있었습니까?"라는 질문을 받고 이렇게 대답했다. "저는 저보다 더 나은 면을 찾아볼 수 없는 사람을 만난 적이 없습니다. …… 저보다 현명하지 못한 사람을 만나면, 저는 심판의 날에 그 사람보다 제가 더 심하게 추궁당할 거라는 생각을 합니다. 제가 율법을 지키지 않은 건 알면서도 그렇게 한 것이지만, 그가 율법을 지키지 않은 건 무지에서 비롯된 것이기 때문입니다. 저보다 나이 많은 사람을 만나면, 저는 그가 오랜 세월 습득한 장점이 틀림없이 저보다 많으리라는 생각을 합니다. 저보다 어린 사람을 만나면, 저는 그가 저지른 죄가 제가 저지른 죄보다 더 적으리라는 생각을 합니다. …… 저보다 더 부유한 사람을 만나면, 저는 그가 베푼 자선이 제가 베푼 자선보다 더 많으리라는 생각을 합니다. 그리고 저보다 더 가난한 사람을 만나면, 저는 그의 영혼이 제 영혼보다 더 겸손하리라는 생각을 합니다. 그래서 저는 제가 만나는 모든 사람을 존경하고 그들 앞에서 겸손하게 행동할 수 있었습니다(10장)."

오만함에 대한 해결책: 사람들을 만나면 그들의 실수나 단점을 보지 말고, 뭔가 배울 점을 찾아본다.

240일째 월요일

당신에게 없는 장점을 있는 체하지 말라

옛 유대 유머 하나는 속죄일에 시나고그에서 벌어진 한 사건에 대해 이야기한다. 예배를 시작하기 위해 일어난 기도문 선창자가 갑자기 두려움에 휩싸여 부르르 몸을 떨기 시작했다. 그리고 곧바로 그는 토라 두루마리가 들어 있는 궤로 달려가 하나님께 울부짖었다. "하나님, 저는 이 신성한 회중을 대표해 기도할 자격이 없는 사람입니다. 저는 정녕 먼지나 재에 불과할 뿐입니까?"

기도 선창자의 말에 압도당한 랍비도 궤로 달려가 하나님께 울부짖었다. "저 또한 당신 눈에 아무것도 아닌 존재입니다. 제가 도대체 어떤 가치 있는 일을 했단 말입니까?"

그 순간 시나고그 관리인도 감정이 북받쳤다. 그 역시 자리에서 벌떡 일어나 궤로 달려가 외쳤다. "하나님, 저는 아무런 가치도 없는 가련한 죄인에 불과할 뿐입니다."

이때 랍비가 기도문 선창자의 어깨를 두드리며 말했다. "이제 누가 자신을 아무런 가치도 없는 사람이라 말하는지 보시오!"

우리 모두 다른 사람들이 우리를 좋게 봐주기 바라지만, 다른 사람들 생각에 집착하는 것은 종종 우리가 다른 사람들로부터 인정받는 사람이 되는 데 걸림돌로 작용한다. 이것은 도덕적인 영역뿐 아니라 삶의 모든 영역에 적용된다. 그 사례로, 내가 오랫동안 부자라고 생각했던 한 지인에 대한 이야기를 소개한다. 그는 샌프란시스코의 가장 부자 동네 대저택에 살았고 롤스로이스를 몰았으며 수백 명의 직원을 거느린 사업체를 운영하고 있었다.

그런데 훗날 그의 딸 중 하나가 고백한 사실에 따르면, 그가 세상을 뜨기 직전 아침을 함께 하자며 한 식당을 찾았는데, 거기서 그녀와 그녀 오빠에게 유산을 조금밖에 남길 수 없어 미안하다며 용서를 구했다는 것이다. 그는 부자라는 것을 과시하기 위해 분에 넘치는 호화로운 생활로 너무 많은 돈을 낭비했다고 설명했다 한다.

그 남자는 다른 사람들에게 부자로 보여야 한다는데 지나치게 집착해, 훨씬 더 많은 재산을 모을 수 있었음에도 그러지 못했던 것이다.

앞서 소개한 유대 유머에 등장하는 기도문 선창자와 랍비는 분명 겸손이 중요한 덕목이라는 걸 알고 있었다. 하지만 그들에게 겸손 그 자체보다 중요했던 건 다른 사람들이 자신들을 겸손한 사람으로 봐주는 것이었다. 그런 생각 때문에 그들은 겸손함을 잃었다.

나의 할아버지 랍비 니센 텔루슈킨이 지역 유지였던 한 지인 이야기를 들려주신 적이 있다. 그는 그 지역에서 꽤 알려진 유지였기 때문에, 유대 전통에 따라 시나고그 앞쪽에 위치한 특별석에 앉을 자격이 있었다. 그럼에도 그는 사람들 눈에 잘 안 띠는 뒷줄의 한 좌석에 앉았다. 그런데 할아버지는 곧 그 지역 유지가 계속 눈을 이리저리 돌리며 사람들이 자신이 얼마나 겸손한 자리에 앉아 있는지 알아봐 주는지 확인하려 하고 있다는 걸 알아차리셨다.

할아버지는 그에게 이렇게 말하셨다고 한다. "뒷자리에 앉아 계속 난 앞자리에 앉을 자격이 있는 사람이라고 생각하느니, 앞자리에 앉아 난 뒷자리에 앉아야 할 사람이라고 생각하는 게 낫겠네."

당신의 미덕을 사람들이 알아봐주는 것이 중요하다면, 당신의 미덕은 아직 당신이 바라는 수준에 도달하지 못한 것이다. 당신에게 더 중요한 것이 하나님의 생각이 아니라 다른 사람들의 생각인 한, 당신은 결코 진정한 미덕을 갖지 못할 것이다.

그런데 설교를 하는 나는 누구인가?

시나고그에서 설교를 하면서 회중을 향해 그들의 잘못을 꾸짖으며 스스로를 개선시킬 것을 종용하곤 했던 랍비 이스라엘 살란터의 말이 떠오른다. "저 역시 그런 잘못들을 저질렀습니다. 사실 전 지금 제 자신에게 소리치며 설교하고 있는 것입니다. 만일 제 자신에게 하는 이런 말들이 여러분에게 유용하다면, 부디 그것들을 활용하시기 바랍니다."

241일째 화요일

네 이웃을 사랑하라:
이웃의 책무는 무엇일까

어느 날 아침 사무실에서 일을 하고 있는데 절친한 친구에게서 전화가 왔다. 자기 어머니가 전날 오후에 수술을 받았는데, 의사들 얘기가 수술을 한 번 더 받아야 한다고 했다는 것이다. 내가 병원으로 가함께 있어주길 원하냐고 묻자, 친구는 "그렇게 해주면 정말 고맙겠네."라고 했다.

그래서 나는 곧장 병원으로 달려갔고, 그 날의 나머지 시간을 그 친구와 함께 보냈다. 병원에 도착하자마자 나는 함께 있어주는 것이 친구에게 아주 큰 힘이 된다는 걸 알 수 있었고, 그래서 그와 함께 시간을 보낼 수 있다는 게 너무 행복했다.

후에 나는 병원에 함께 있어 주기 원하냐고 물었을 때 그 친구가 만일 "아니, 난 괜찮아. 굳이 그럴 필요 없네."라고 했다면 어땠을까 하고 생각해보았다. 내가 마침 그 날까지 3일간 일을 제대로 못 봤다는 점까지 고려할 때, 나는 아마 친구와 몇 분 통화를 더 한 뒤 나중에 어머니 수술 결과를 알려달라는 말로 전화를 끊었을 것이다.

친구가 자신이 진정 필요로 하는 것을 그대로 말해주었기 때문에, 나는 그의 필요에 응할 수 있었다. 그리고 나는 그가 빈말을 할 줄 모르는 사람이라는 걸 잘 알기 때문에, 함께 있어 달라는 그의 요구가 진심이라는 걸 알았다.

이 이야기를 하다보니, 오랫동안 나를 감동시키기도 했고 괴롭히기도 했던 한 유명한 하시디즘 이야기가 생각난다. 어느 날 사쇼브Sassov의 랍비 모세 레이브Moshe Leib가 들려줘 제자들을 놀라게 했던 이야기이다.

> 나는 한 농부로부터 인간을 어떻게 사랑해야 하는가 하는 걸 배웠네. 그 농부는 술집에 앉아 다른 농부들과 술을 마시고 있었네. 그는 다른 농부들과 마찬가지로 오랫동안 침묵을 지켰지. 그러다 포도주에 취하자, 침묵을 깨고 옆에 앉아 있던 한 농부에게 질문을 던졌네. "말해 보게. 자네 날 사랑하나, 아님 사랑하지 않나?" 이에 상대가 대답했네. "아주 많이 사랑하지." 이에 처음 농부가 대답했네. "자넨 날 사랑한다고 하지만, 정작 내가 뭘 필요로 하는지도 모르고 있어. 진정 날 사랑한다면, 알 수 있을 텐데 말야." 다른 농부는 이에 대해 할 말이 없었고, 질문을 던졌던 농부는 다시 침묵했네. 하지만 난 깨달았지. 상대가 필요로 하는 게 무언지 헤아리고 그 슬픔의 무게를 덜어주는 것이 진정한 사랑이라는 것을 말이네.[186]

랍비 모세 레이브에게 이 이야기가 주는 교훈은 명확했다. 즉, 다른 사람들을 사랑한다는 것은 그들이 무엇 때문에 괴로워하는지 또 그들이 무엇을 절실히 필요로 하는지를 아는 것이라는 것이다. 내가 무슨 일인가로 고통스러워하고 있는데, 그 고통과 이유를 직감적으로 알아채는 사람이 있다면 얼마나 고맙겠는가.

하지만 나는 두 번째 농부도 이해된다. 설사 친구의 고통을 직감하

---

[186] 부버Buber, 《하시디즘 이야기들: 후기 스승들Tales of the Hasidim: Later Masters》 86쪽

지 못했다 하더라도, 친구에 대한 그의 사랑은 진실한 것일 수도 있기 때문이다. 나는 고통 받는 사람이 다른 사람들에게 자신이 필요로 하는 것이 무엇인지를 얘기할 책임이 있다고 생각한다.

인간의 많은 특성들이 남녀 간에 꽤 균등하게 나뉘어져 있긴 하지만, 많은 여성들은 굳이 구체적으로 말하지 않아도 자신이 무엇을 필요로 하는지를 남편이나 애인이 알아주길 바라는 듯하다.

"네 이웃을 사랑하라."라는 계율은 이웃이 우리를 사랑할 수 있게 우리 스스로 노력해야 한다는 또 다른 의무를 내포하고 있다고 생각한다. 이는 우리에겐 자신이 필요로 하는 것을 다른 사람들에게 명확히 전달할 책임이 있다는 것을 의미한다. 우리 이웃은 독심술사가 아니다. 직관력이 부족할 수도 있다. 그렇다고 해서 그 사람이 나쁜 이웃이나 매정한 이웃인 건 아니다.

단지 당신 이웃을 사랑하는 것으로 그치지 말고, 당신 이웃에게 당신을 사랑할 수 있는 기회도 주자.

242일째 수요일

네 부모를 공경하라:
뜻밖의 성경 계율

토라는 십계명 중 다섯 번째 계명을 왜 "부모를 사랑하라." 대신 "부모를 공경하라."라고 정했을까? 토라가 사랑을 명하는 걸 주저했기 때문은 당연히 아닐 것이다. 토라는 "네 이웃을 사랑하기를 네 자신과 같이 사랑하라(레위기 19:18).", "너는 마음을 다하고 뜻을 다 하고 힘을 다 하여 네 하나님 여호와를 사랑하라(신명기 6:5).", "너희와 함께 있는 타국인을 너희 중에서 낳은 자 같이 여기며 자기 자신 같이 사랑하라(레위기 19:34)." 등의 계율에서 '사랑'이란 단어를 쓰는 데 주저함이 없었다.

그런데 왜 토라에는 "네 부모를 사랑하라."라는 계율은 없을까?

두 가지 가능한 이유를 생각해볼 수 있다. 첫째, 부모를 사랑하라는 말은 "네 이웃을 사랑하라."라는 계율에 포함될 수 있다. 부모는 어떤 의미에선 이웃이기도 하기 때문이다.

하지만 내게 더 설득력이 있는 건 인간 본질에 대한 토라의 통찰과 관련이 있다는 것이다. 많은 사람들(청소년 및 성인)이 부모와 소원해지는 시기를 경험하며, 거의 모든 사람이 부모와 가깝지도 멀지도 않은 모호한 시기를 거친다. 이는 놀라운 일이 아니다. 부모는 우리의 삶에 지대한 영향을 끼친다(무엇보다 부모는 우리에게 남자와 여자가 되는 것, 엄마와 아빠가 되는 것, 남편과 아내가 되는 것, 그리고 성인이 되는 것이 어떤 의미인지에 대한 본보기가 되어준다.). 그 결과 우리는 스스로 어떤 문제를 안고 있거나 인간관계에 문제가 있을 경우, 그 원인을 부모한테까지 거슬러올라가 찾으려 한다.

토라는 부모를 공경하고 부모에게 어느 정도의 존경을 표할 것을 명함으로써, 부모에게 큰 애정을 느끼지 못할 수도 있는 소원한 시기와 모호한 시기에 따라야 할 지침을 제시해준다. 화가 난 자녀가 부모에게 해서는 안될 언행(아무리 화가 나도 친구나 다른 사람에겐 하지 않을 언행)을 표출하는 경우가 종종 있다. 나는 부모에게 "아빠를 증오해요.",

"정상적인 부모를 만나지 못한 것이 안타까울 뿐이에요." 같은 말을 한 사람들을 알고 있다. 토라가 금하는 것이 정확히 이런 말들이다. 부모에게 화가 났다면 표현하라. 하지만 언행에 적절한 한계는 두어야 한다. 부모에게 화가 났거나 심지어 부모에게 애정을 느끼지 못할 때조차도, 여전히 부모에게 공경을 표해야 할 의무가 있다.

적절하게 화를 표출하는 법에 관해선 23일째를 참조하기 바란다.

243일째 목요일
부모가 망령이 든다면

> 어느 날 네티나의 아들 다마가 금빛 비단옷을 입고 로마 원로들과 함께 앉아 있는데, 그의 어머니가 그에게 다가와 비단옷을 찢고 손바닥으로 머리를 찰싹 때리고는 얼굴에 침까지 뱉었다. 하지만 그는 어머니를 부끄럽게 만들지 않았다.
>
> — 바빌로니아 탈무드, 키두쉰 31a[187]

---

[187] 어린 아이들은 탈무드의 이 이야기를 부모가 신체적 또는 언어적 폭력을 행사하더라도 침묵을 지켜야 한다는 의미로 받아들일 수 있기 때문에, 어린 아이들에게 이 이야기를 가르치는 것은 부적절하다는 것이 랍비 게르숀 윈클러Gershon Winkler과 랍비 라크메 바트야 엘리오르Lakme Batya Elior의 지혜로운 통찰이다. 분명 유대주의는 미성년자에게 부모의 무자비하고 강압적인 행위를 무조건 받아들이라고 가르치진 않는다. 이 이야기의 주인공인 다마는 성숙한 남자였기 때문에, 랍비들은 어머니에 대한 그의 인내와 연민을 감탄할 만한 덕목으로 여겼던 것이다(윈클러와 엘리오르,《당신이 서 있는 곳이 성스럽다The Place Where You Are Standing Is Holy》133쪽 참조).

랍비들은 비유대교도인 다마에 대해 많은 이야기를 했는데, 그 대부분은 그의 모범적인 부모 공경과 관련된 이야기였다. 위의 일화에서 배울 점은 무엇일까? 부모가 설령 정신이 온전치 못하거나 끔찍한 행동을 하더라도, 자녀는 다른 사람들 앞에서 부모에게 굴욕감을 주어선 안된다는 것이다.

오히려 유대 율법은 자녀에겐 정신이 온전치 못한 부모를 최대한 돌봐야 할 의무가 있다고 규정한다. 정신이 온전치 못한 부모를 돌보는 것이 더 이상 가능하지 않을 경우에만 자녀는 부모를 돌봐줄 사람을 고용할 수 있다.

> 아버지나 어머니가 정신적인 장애를 겪고 있다면, 하나님이 긍휼히 여기시어 아버지나 어머니를 하늘로 데리고 가기 전까지 자식은 부모의 비정상적인 언행에 맞추려 노력해야 한다. 하지만 부모가 극단적인 정신이상 상태에 빠져 더 이상 어떻게 해볼 여지가 없는 상황이라면, 그때 자식은 부모를 제대로 돌볼 수 있는 곳으로 떠나보낼 수 있다.
>
> — 모세스 마이모니데스, 미슈네 토라, '반역과 관련된 율법' 6:10

이 가르침을 현대 사회에 적용하자면, 자녀는 먼저 스스로(어느 정도 외부의 도움을 받을 수도 있지만) 부모를 돌보려 노력해야 한다. 그게 더 이상 불가능할 때(부모가 치매에 걸린 경우처럼), 자녀는 전문 간병인을 고용해야 한다. 부모를 양로원에 보내는 것은 절대 첫 단계가 되어선 안되며 마지막 단계가 되어야 한다.

보살핌이 필요했던 어린 시절, 부모가 우리를 돌봐주고 우리의 많은 요구를 충족시켜주었듯, 우리 역시 가능한 한 부모로부터 받은 만큼 돌려드리려 애써야 한다는 것이 유대주의의 가르침이다. 17세기의 성경 주석자인 구르 아르예 하-레비Gur Aryeh ha-Levi는 "네 부모를 공경하라."라는 계율은 특히 부모의 말년과 가장 힘든 시기를 염두에 두고 제정된 것이라고 주장했다. "사람이 나이가 들면 대개 모든 기능이 예전 같지 않고, 목적도 하는 일도 없이 앉아 멍하니 앉아 시간을 보내게 되는데, 그런 노인들을 나머지 사람들이 멸시하는 것은 이상한 일도 아니다. '네 부모를 공경하라.'라는 계율은 바로 그런 상황을 위해 만들어진 것이다."[188]

244일째 금요일
공감하는 것을 배우는 법

19세기 들어 동유럽의 한 유대인 마을에 매서운 한파가 닥쳤을 때, 그 마을의 하시디즘 랍비가 가난한 마을 사람들 집을 따뜻하게 해줄 기금을 모으기로 했다. 그는 먼저 마을에서 가장 부유한 사람의 집을 찾아가 문을 두드렸다.

평소 그 랍비를 따르던 부자가 문을 열었고, 랍비를 보고는 집 안으로 들어오라고 청했다. 하지만 랍비는 문 앞 계단에서 잠시만 얘기 나

---

[188] 클라그스부룬Klagsbrun, 《지혜의 목소리Voices of Wisdom》 198쪽

누면 된다며 집 안으로 들어가길 거부했다. 그런 다음 랍비는 부자에게 그의 아내와 아이들에 대한 일상적인 질문을 던지기 시작했다. 셔츠만 걸치고 나와 아래윗니가 딱딱 부딪칠 만큼 추위를 느낀 부자가 다시 제안했다. "안으로 들어오시겠습니까?"

랍비는 또 다시 그 제안을 거부하며, 이번엔 그의 사업에 관한 질문을 던지기 시작했다.

부자는 이제 추위로 몸을 부들부들 떨고 있었다. "부디 안으로 들어오셔서, 저희 집에 오신 이유를 말씀해주십시오."

랍비는 여전히 밖에 있길 고집하며 부자에게 "100루블을 기부해주실 것을 부탁 드리러 왔습니다. 가난한 사람들의 집을 따뜻하게 해줄 자금이 필요하거든요."

"제가 100루블을 기부하겠다고 약속드리면 집 안으로 들어오시겠습니까?"

"예."

"그렇다면 지금 당장 100루블을 드리겠습니다."

랍비가 몸을 떨며 집으로 들어가는 부자를 따라가자, 부자는 곧바로 금고에서 100루블을 꺼내 랍비에게 건네주었다.

부자가 랍비에게 물었다. "처음부터 제게 부탁하실 일을 알고 계셨으면서, 왜 곧바로 집안에 들어오셔서 부탁하지 않으셨습니까?"

랍비가 대답했다. "문을 열자마자 제가 집안으로 들어왔다면, 당신은 저를 거실의 편안한 의자로 안내한 뒤 따뜻한 차를 내주셨겠죠. 벽난로 옆의 안락한 의자에 앉아 몸을 데우면서, 내가 당신에게 가난한 사람들 집을 따뜻하게 해줄 기부금을 부탁했다면, 당신은 5루블이나

10루블 정도밖에 기부 안했을 겁니다. 하지만 셔츠 바람으로 밖에 서 있으면서, 당신은 가난한 사람들이 늘상 겪는 추위의 고통을 잠시 경험했죠. 100루블 기증을 부탁 드릴 때, 당신이 살을 에는 듯한 추위의 고통을 경험하길 원했던 겁니다."

동정심을 느끼는 것은 좋은 일이다. 하지만 우리 마음을 확실히 열어주는 것은 공감의 힘이다. 올해 속죄일에 시나고그에 앉아 배고픔의 고통을 느낄 때, 불우한 이웃들에게 음식을 나눠주는 자선 단체에 돈을 얼마나 기부할 것인지를 결정하도록 하자. 그리고 추운 겨울에 코트를 걸치지 않고 밖에 나와 추위로 부르르 몸을 떨 때, 자선 단체에 무엇을 기부할 것인지를 결정하도록 하자.

245일째 안식일

한 주를 돌아보며 편히 쉬는 하루가 되기를.

246일째 일요일

배우자에게 감정을 폭발시키지 말라

흔히 사람은 가장 가깝다고 느끼는 이들에게 가장 따뜻하게 대할 거라고 생각하지만, 현실은 그렇지 않다. 사람들은 흔히 자신과 가장 가까운 이들에게 가장 잔인한 것이다.

나는 툭하면 격하게 감정을 폭발시키는 아내의 파괴적인 행동 때문에 오랜 시간 마음고생을 해온 한 남자를 알고 있다. 그의 아내는 곧 남편에게 사과를 하곤 하지만, 그녀의 담당 정신과 의사 말에 따르면, 그녀가 남편에게 그렇게 격분하고 하는 것은 마음 놓고 자신의 어두운 면을 드러낼 수 있는 사람이 남편밖에 없기 때문이라는 것이다. 그 아내처럼, 낯선 사람이나 지인들에게는 상당히 예의바르고 자상하면서도, 배우자나 아이들을 향해선 툭하면 고함을 치거나 감정을 폭발시키는 사람들이 많다.

야곱은 네 명의 아내 가운데 라헬을 가장 사랑했다고 토라는 전한다. 사실 라헬은 야곱이 사랑한 유일한 아내였다고 성경은 말한다. 라헬은 또한 네 아내 중 유일하게 아이를 갖지 못하는 아내이기도 했다. 이에 큰 실의에 빠져 있던 라헬은 남편 야곱이 하나님과 특별한 관계에 있는 성자라는 것을 알고는 남편을 찾아가 하소연했다. "내게 자식을 낳게 하라. 그렇지 아니하면 내가 죽겠노라(창세기 30:1)."

이에 야곱은 아내 라헬에게 화를 내며 말했다. "그대를 임신하지 못하게 하시는 이는 하나님이시니, 내가 하나님을 대신하겠느냐?"

이 얼마나 가혹한 말인가! 야곱은 가뜩이나 라헬의 불임에 심기가 불편했었는데, 라헬이 남편이 힘을 쓰면 자신이 임신할 수 있으리라는 뉘앙스가 담긴 말을 하자 화가 났을지도 모른다. 아니면 아이를 갖지 못하면 살 가치가 없다는 그녀의 생각에 화가 났을지도.

야곱이 화를 낸 이유가 무엇이든 간에, 깊은 마음 속 고통에서 나온 라헬의 말에 야곱은 좀 더 따뜻한 반응을 보여야 했다. 한 랍비의 미드라시가 이에 대해 신랄한 의문을 표한다. "이것이 고통 받는 사람에게 반응하는 방식인가?(창세기 라바 71:7)"

이후의 한 성경 일화 역시 불임의 아내와 그 남편의 대면을 다루지만, 그 결말은 보다 평화롭다. 아이를 갖지 못하는 자신의 아내 한나가 울면서 아무것도 먹지 못하는 것을 지켜 본 엘가나는 아내에게 이렇게 말했던 것이다. "한나여, 어찌하여 울며 어찌하여 먹지 아니하며 어찌하여 그대의 마음이 슬프뇨. 내가 그대에게 열 아들보다 낫지 아니하뇨?(사무엘상 1:8)"

울 이유가 없다는 엘가나의 말이 다소 세심하지 못한 말일지는 몰라도, 그의 말에는 최소한 꾸짖음이나 화가 아니라 애정과 배려가 배어 있었다.

배우자의 괴로움에 공감하는 반응을 하는 것이 어려울 때가 종종 있다. 당신은 사람들이 일반적으로 고통을 과장하는 경향이 있다고 생각할 수도 있고, 배우자가 자신의 괴로움을 너무 자주 표한다고 느낄 수도 있으며, 배우자의 고통을 줄일 길이 없다고 생각해 차라리 다른 얘기를 하는 게 낫다고 여길 수도 있다. 하지만 어떤 경우든, 배우자에게 화를 내거나 상처가 될 말을 하는 것은 삼가야 한다. 물론 가끔 그러지 못할 때가 있다. 함께 사는 사람들끼리는 종종 서로 미워하거나 화를 내기 마련이기 때문이다. 하지만 만일 당신이 가장 가까운 사람들에게 습관적으로 심한 말을 한다면, 당신은 그걸 다스릴 방법을 찾아야 한다.

일반적으로 여자가 남자보다 더 쉽게 울어 남편은 아내에게 상처를 주지 않도록 각별히 주의해야 한다고 탈무드는 가르친다(바바 메지아 59a). 탈무드 시대 이후로 남자들이 점점 더 감정적이 되어왔는지는 모르겠지만, 나는 아내의 혹독한 말에 상처를 받고 울 정도로 작아진 남편들을 꽤나 많이 알고 있다.

세상은 항상 더 많은 친절과 애정을 필요로 한다. 인생의 동반자가 되기로 결심한 부부관계보다 이를 더 절실히 필요로 하는 인간관계가 또 있을까?

247일째 월요일

당신의 부부관계는 폭력적인가

모든 부부는 어쩌다 한 번씩은 논쟁도 벌이고 말다툼도 하며 적어도 상대의 인내심을 시험해보기도 한다. 하지만 서로의 의견에 동의하지 않는 적절한 방식이 있다. 부부의 논쟁이 이 윤리적 방식 안에서 이루어지는 한(51일째 참조), 그 부부는 건전한 결혼 생활을 영위할 수 있다. 실제로 부부관계는 이런 의견 대립을 통해 개선되기도 한다.

'국제 유대인 여성 인권 단체Jewish Women International'는 일방적이고 부당한 부부관계를 규명하는 데 도움이 되는 일련의 질문들을 제시한다. 당신이 이 질문들에 모두 "아니오."라고 답할 수 있길 바라지만, 만일 어느 하나에라도 "예."란 대답을 하게 된다면, 당신은 지금 당신 배우자에게서 학대 받고 있는 중일 수도 있다. 담당 랍비나 상담 전화 또는 심지어 보호소 등의 도움을 받는 걸 고려해 볼 필요가 있다. 질문을 좀 더 명료하게 하기 위해, 몇몇 질문은 내가 조금 수정했음을 밝힌다.

당신의 배우자는

- ◆ 당신에게 모욕적인 말을 하고 고함을 치고 욕설을 하는가?
- ◆ 다른 사람들 앞에서 당신을 비하하는가?
- ◆ 당신이 형편없는 사람이라고 말하는가?
- ◆ 시기심과 소유욕이 강한 행동을 하는가?
- ◆ 가정의 경제권을 전적으로 통제하며, 당신에게 금전적으로 인색한가?

- 당신이 만나는 사람과 하는 일을 통제하려 드는가?
- 당신의 옷차림이나 언행을 비난하는가?
- 폭력적인 행위를 당신 탓으로 돌리며 자신의 행위를 정당화하는가?
- 당신의 물건을 부수거나 당신의 애완동물을 학대하는가?
- 당신을 밀치거나 차거나 때리는가?
- 당신에게 성관계를 강요하는가?

유대주의는 화목한 가정을 높이 평가하며 부부관계 회복이 가능하다는 합당한 근거가 있을 경우 일반적으로 이혼에 반대한다. 그러나 부부관계가 회복될 가능성이 희박할 경우, 계속 폭력적인 결혼 생활을 유지하는 것은 바람직하지 않다고 여긴다. 토라는 "너희는 깊이 삼가라(신명기 4:15)."라고 명하는데, 유대 문헌들은 이를 스스로를 불필요한 위험에 노출시키는 것을 금하라는 의미로 이해한다. 그런 이유로 신체적으로나 감정적으로 당신에게 고통을 주는 사람과 관계를 유지하는 것은 금지된다. '국제 유대인 여성 인권 단체'는 위의 질문들 중 하나에라도 '예.'라고 답한 사람들에게 "폭력적인 인간관계를 유지하는 것은 당신을 안전하지 못한 상황에 놓이게 하고, 당신의 건강과 안전을 계속 위협하게 될 것이다."라고 말한다.

248일째 화요일

엘리트주의자가 되지 말라

최초로 유대 구전 율법을 6권짜리 미슈나로 집대성한 3세기의 랍비 주다 더 프린스는 금욕주의자였던 것 같다. 그는 임종의 자리에서 양팔을 들어 올리며 하나님께 선언했다. "제가 심지어 제 새끼손가락으로도 세속적인 쾌락을 즐기지 않았다는 것을 당신은 잘 아실 것입니다(바빌로니아 탈무드, 케투봇 104a)." 그처럼 고결했던 랍비 주다에게도 단점이 있었다. 자선을 베풀 때 학식 있는 유대인들만 도움 받을 자격이 있다고 여긴 엘리트주의자였던 것이다.

언젠가 이스라엘에 기근이 들었는데, 랍비 주다 더 프린스는 식량 창고를 열며 선언했다. "성경과 미슈나, 게마라, 할라카, 아가다를 공부한 모든 사람을 이 창고에 들어오게 하라. 하지만 토라에 대해 무지한 사람은 이 창고에 들여보내지 말라." 랍비 요나탄 벤 암람Yonatan ben Amram은 자신의 신분을 감춘 채 창고에 들어와 랍비 주다에게 말했다. "스승이시여, 저에게 먹을 것을 주십시오!"

주다가 요나탄에게 말했다. "그대는 성경을 공부했는가?"

요나탄이 대답했다. "아뇨."

"미슈나는 공부했는가?"

요나탄이 대답했다. "아뇨."

"그렇다면 내가 어찌 그대에게 먹을 것을 주겠는가?"

요나탄이 답했다. "개나 까마귀를 먹이시듯, 제게도 먹을 것을 주십시오."

그래서 랍비 주다는 랍비 요나탄에게 먹을 것을 주었다.

랍비 요나탄 벤 암람이 떠났을 때, 랍비 주다 더 프린스는 "한탄스럽도다! 내가 토라에 무지한 사람에게 먹을 것을 주었구나."하며 후회했다. 그의 아들인 랍비 시몬이 말했다. "방금 전 그 사람은 아버님의 제자 랍비 요나탄 벤 암람으로, 토라를 공부했다는 이유로 이득을 취하는 걸 원치 않은 것 같습니다." 둘은 그가 랍비 요나탄 벤 암람이 맞다는 사실을 확인했다. 그러자 랍비 주다 더 프린스는 다시 선언했다. "모든 사람이 이 창고에 들어올 수 있도록 하라."[189]

비록 해피엔딩으로 끝나긴 했지만, 이 이야기는 혼란을 야기한다. 자선 단체에서 열성적으로 활동하고 있는 유대 저술가 대니 시겔은 "난 이 이야기의 초반부가 상식 밖이라 생각한다."라고 했다.

왜 탈무드에 이 이야기를 실었을까? 탈무드를 엮은 랍비들이 이런 이야기는 얼마든지 탈무드에서 뺄 수 있었을 텐데 말이다. 아마 모든 세대의 유대인들에게 굶주린 사람은 누구나 다 배를 채울 자격이 있다는 걸 상기시키기 위해 이 이야기를 실었을 것이다. 동료 유대 학자들에 한해 자선을 베푸는 랍비 주다 같은 사람들은 특정 문화 활동이나 학문을 추구하는 사람들에게만 자선을 베푸는 사람들과 마찬가지로 잘못된 행동을 하고 있는 것이다.[190]

유월절 전례서에는 우리가 간과하기 쉬운 가르침이 들어 있다. "배

---

[189] 바빌로니아 탈무드, 바바 바스라 8a
[190] 내 친구 다니엘 타우브는 이 이야기를 약간 다르게 해석한다. "이스라엘에 기근이 있었고, 랍비 주다는 학식을 기반으로 자선 수혜자의 우선순위를 정할 수 있다고 생각했을 것이다. 하지만 결국 이 이야기는 공부할 기회조차 갖지 못한 다른 사람들보다 학자들의 생명을 더 소중히 여기게 가르쳐선 안된다는 얘기를 해주고 있는 듯하다.

고픈 모든 사람이 들어와 먹을 수 있도록 하라."

249일째 수요일

자녀에게 부자와 데이트할 것을 권하지 말라

대학 시절 내 친구 하나는 새 여자를 만나 데이트하고 집에 오면, 부모님이 항상 똑같은 질문 두 가지를 했다고 했다. "예쁘더냐?"와 "그 애 집이 부자더냐?"가 바로 그것이었다. 물론 나는 "돈만 보고 결혼해서도 안되지만, 가난한 사람과 마찬가지로 부유한 사람과도 사랑에 빠질 수 있단다." 식의 조언을 해주는 부모 밑에서 성장한 사람들도 알고 있다.

유대주의 관점에서 보면, 재력을 잣대로 결혼을 결정하는 것은 부도덕하며 미숙한 인격을 드러내는 것이다. 이를 근거로, 탈무드는 "돈 보고 여자와 결혼하는 사람은 욕 먹을 자녀를 갖게 될 것이다(바빌로니아 탈무드, 키두쉰 70a)."라고 가르쳤다. 이 금언을 일종의 저주로 이해하는 사람도 많지만, 나는 이 금언이 돈 보고 결혼하는 남자의 아이 역시 아빠를 닮아 돈을 위해서라면 무슨 짓이라도 할 사람이 될 것이라는 의미를 갖고 있다고 생각한다.

어리고 매력적인 여자가 돈 때문에 늙은 재력가와 결혼하는 경우도 적지 않다. 2,000년 전, 랍비들은 딸을 영향력 있는 늙은 남자와 결혼시키는 아버지를 비난했다. 최근에 작고한 탈무드 학자 랍비 슈로모 요세프 제빈Shlomo Yosef Zevin은 슐칸 아루크를 인용해, 이에 대한 유대의 전통적인 가르침을 요약해 보여준다. "늙은 남자는 젊은 여자와 결혼해선 안된다. 그런 잘못된 결혼은 부도덕한 행위를 야기할 수 있기 때문이다."[191] 분명 랍비들은 자기보다 훨씬 나이 많은 남자와 결혼한 젊은 여자는 혼약을 깨고 더 젊고 매력적인 남성을 갈구할 가능성이 높다는 점을 우려했을 것이다.

돈을 보고 하는 결혼은 부도덕을 낳을 뿐 아니라 불행을 야기하기도 한다. 지금은 고인이 된 랍비 울페 켈만은 이렇게 말하곤 했다. "돈을 보고 결혼하는 사람은 결국 그 대가를 치르게 될 것이다."

그렇다면 당신 자녀에게는 어떤 사람과 결혼할 것을 권해야 할까? 유대주의 가치로 충만한 가정을 꾸리는 데 헌신적이고, 자녀가 육체적으로나 정신적으로 매력을 느끼며, 개인적이고 직업적인 꿈이 있고, 온화하고 관대한 그런 사람을 훌륭한 배우자로 꼽아야 할 것이다. 그 나머지는 잔소리에 불과하다.

250일째 목요일
부모가 자녀에게 던져야 하는 질문

늙은 다윗 왕이 생을 마감한 그 달에 생존한 아들들 가운데 장남인 아도니야는 예루살렘을 돌아다니며 자신이 곧 왕이 될 거라고 자랑했

---

[191] 랍비 슈로모 요세프 제빈, 람이 엮은 《좋은 사회The Good Society》 129쪽의 '할라카의 빛으로By the Light of Halacha'에서 인용

다. 아들이 얼마나 사악하면, 권좌에 오르기 위해 아버지가 죽을 날만 간절히 기다렸다는 듯한 행동을 할까? 그런데 의미심장하게도, 성경은 아도니야의 사악한 행위에 대해서는 다윗에게도 일부 책임이 있다고 여긴다. 다윗은 아도니야가 성장하면서 잘못된 행동을 했을 때 한 번도 그를 꾸짖거나 "'네가 어찌하여 그리하였느냐?' 하는 말로 한 번도 저를 섭섭하게 한 일이 없었더라(열왕기상 1:6)."

나는 남동생을 못살게 굴고 종종 조롱하거나 때리기도 하는 딸을 둔 어느 부부를 알고 있는데, 그들 부부는 그때마다 아들을 달래지만 동생을 못살게 군 딸을 꾸짖거나 벌하는 일은 거의 없었다. 반면, 내가 아는 또 다른 부부는 다섯 살 난 딸이 더 어린 이웃 여자아이를 괴롭혀 그 아이가 울면서 달아나는 광경을 몇 차례 목격했는데, 그때마다 딸 아이의 잘못된 행동을 결코 그냥 넘기지 않았다. 부부는 그런 일이 일어날 때마다 계속 딸에게 그런 행동은 부당하고 비열하며 용납될 수 없는 행동이라고 분명히 일러주었다.

위에 언급한 두 여자아이 중 어떤 아이가 이기적이고 몰상식한 사람으로 성장하고, 어떤 아이가 사려 깊고 친절한 사람으로 성장할 것인지는 여러분 판단에 맡기도록 한다.

부모의 영향력은 한계가 있기 때문에, 다윗이 어떻게 키웠든 야도니야는 결국 오만하고 이기적인 인간이 되었을 거라고 주장할 수도 있다. 하지만 "그의 아버지가 '네가 어찌하여 그리 하였느냐?' 하는 말로 한 번도 그를 섭섭하게 한 일이 없었더라."라는 성경 구절을 통해, 우리는 성경이 그런 견해에 동의하지 않는다는 것을 알 수 있다. 필요하다면 자녀에게 적절한 질문을 계속 던져 더 친절하고 더 정당하게 그리고 또 더 윤리적으로 키울 수 있다고 성경은 확신하고 있다.

"넌 왜 그런 행동을 한 거니?"라는 질문은 자녀는 물론 우리 자신에게도 유익하다.

251일째 금요일
결혼 생활은 재미있기도 해야 한다

종교적인 사람들은 흔히 자기 의무를 이행하는 것을 경건하게 여기며 거기에 너무 사로잡힌 나머지, 즐거움이나 재미 같은 건 거의 생각하지 않는다. 하지만 토라는 즐거움과 재미는 부부관계에서 아주 중요한 부분임을 우리에게 상기시켜준다. 토라가 이삭과 리브가 사이를 언급할 때 사용한 히브리어인 "Yitzchak metzachek et Rivkah ishto"는 "이삭은 아내 리브가를 애무했다."로 번역할 수도 있고 "이삭은 아내 리브가를 웃게 만들었다."로 번역할 수도 있는데, 정황상 이것은 성적인 것과 관련 있는 말로 보인다(창세기 26:8).

우리는 또한 낭만적인 분위기와는 거리가 먼 신명기의 한 구절에서도 즐거움이나 재미와 관련된 말을 찾을 수 있다. "사람이 새로운 아내를 맞이하였으면 그를 군대로 내보내지 말 것이요 아무 직무도 그에게 맡기지 말 것이며 그는 일 년 동안 한가하게 집에 있으면서 그가 맞이한 아내를 즐겁게 할지니라(신명기 24:5)."

아내에게 행복과 웃음을 선사하고 아내와 함께 즐기고 아내를 애무하는 것, 이 모두가 그저 상식이나 새로운 시대의 생각일 뿐 아니라 토라의 묘사이자 처방이기도 하다. 만일 당신 부부가 자녀 양육과 금전 문제, 수면 및 시간 부족 같은 스트레스에 자주 시달린다면, 아이들과 함께 노는 시간뿐 아니라 부부끼리 즐기는 시간도 반드시 마련해야 한다. 다른 압박들은 여전히 남아 있겠지만, 이삭과 리브가의 결혼 생활처럼 당신의 결혼 생활이 즐겁고 관능적인 생활이 될 경우, 모든 게 좋아질 것이다.

252일째 안식일

한 주를 돌아보며 편히 쉬는 하루가 되기를.

253일째 일요일

라베누 게르솜과
사생활 침해 금지

　'메오르 하골라'Me'or Hagolah(망명의 빛)로도 알려진, 10세기 프랑스 마인즈 출신의 독일계 유대인 학자 랍베누 게르솜Rabbenu Gershom은 중세 유대 역사에서 가장 유명한 인물 중 하나이다. 그는 유대 역사에 지대한 영향을 끼친 몇 가지 법 규정을 제정했다. 예를 들면, 성경 시대 이래 유대인들에게 허용되어 왔던 일부다처제를 불법화한 것도 그의 업적이다.[192] 그는 여자는 자기 의지와 상관없이 이혼당할 수 있다는 토라

---

[192] 그가 일부다처제를 불법화했지만, 당시 회교도 국가의 유대 공동체들 사이에선 그걸 받아들이지 않았다. 그들은 12세기까지도 여러 아내를 취했다.

및 탈무드의 율법도 뒤엎었다.[193] 그래서 랍베누 게르솜 시대 이후로는 남편과 아내가 서로 동의해야 이혼할 수 있게 되었다.

그가 제정한 또 다른 규정 가운데 덜 유명하지만 오늘날에도 여전히 적용될 수 있는 규정은 다른 사람에게 온 편지를 읽는 걸 금한다는 것이다. 이 규정은 아무리 가까운 사람에게 온 편지라 해도 그대로 적용된다. 따라서 아내나 자녀에게 온 개인적인 편지 역시 먼저 뜯어보아선 안된다. 편지 주인이 허락하지 않는 한, 절대 다른 사람의 개인적인 편지를 뜯어보지 말자. 그런데 특히 부모들이 이 규정을 어기는 경우가 많고, 그래서 자녀들의 합당한 분노를 야기하곤 한다. 일기처럼 훨씬 더 사적인 문서에 대해선 굳이 논할 필요도 없을 것이다.

라베누 게르솜의 금지령은 다른 사람의 전화 통화나 다른 사람을 위해 남겨진 음성 메시지를 엿듣는 것까지로 확장된다. 일반적으로 어떤 사람이 다른 사람과 사적인 전화 통화를 하면 자리를 피해주는 것이 가장 좋다. 사적인 전화 통화를 하는 사람은 다른 사람이 있다는 걸 의식하면 자연스럽고 솔직한 통화를 하기가 어렵기 때문이다.

215일째의 글에서도 언급했듯이, 유대 율법은 심지어 노크를 하지 않고 자기 집에 들어가는 것도 금하는데, 이는 집 안에 있는 다른 가족의 프라이버시를 침해해 난처하게 만들 수도 있기 때문이다. 간단히 말하면, 유대주의는 자녀를 포함해 모든 사람의 사생활을 아주 중요하게 여긴다.

---

193 토라에 따르면, "사람이 아내를 취하여 데려온 후에 수치되는 일이 그에게 있음을 발견하고 그를 기뻐하지 아니하거든 이혼장을 써서 그 곳에 주고 그를 자기 집에서 내보낼 것이요.(신명기 24:1)." 탈무드는 '수치되는 일'은 남편이 아내에 대해 싫어하는 모든 것에 해당한다고 기록했다(미슈나 기틴 9:10).

254일째 월요일

힘을 가진 자의 관대함

> 왕의 행렬과 신부 행렬이 마주치면 신부 행렬이 길을 내주는 것이 관례다. 그럼에도 불구하고 1세기의 아그리파 왕은 어느 신부 행렬에 길을 내주도록 했다. 이에 현자들은 그를 칭송했다. 그들이 왕에게 "어떤 이유로 그렇게 하셨습니까?"라고 묻자 왕은 이렇게 대답했다. "난 매일 왕관을 쓰지만, 그 여인은 짧은 시간 동안만 왕관을 쓸 것이기 때문이오."
>
> — 바빌로니아 탈무드, 세마크홋(소책자) 11:6

몇 해 전, 한 유대 저널이 세 명의 판사에게 '훌륭한 유대 교육자 상'을 수여했는데, 내 친구 하나가 그중 한 명으로 선정되는 영예를 누렸다. 그 상은 금전적인 상은 아니었지만, 내 친구는 다른 후보들과 그 지지자들이 열정적으로 자신을 지지해준 것에 놀라움을 금치 못했다.

친구는 지금은 고인이 된 랍비 울페 켈만에게 자신의 놀라운 심정을 표현했다. 친구의 놀라움에 공감하는 대신 랍비 켈만은 친구에게 질문 하나를 던졌다. "각종 유대 단체의 연회나 저녁 식사에 연사로 초대되는 일이 종종 있죠?"

내 친구는 고개를 끄덕였다. 여러 해 동안 친구는 유대 세계의 광범위한 분야에서 강연을 했다.

"그래서 당신은 연단 위에 앉을 것을 제의받는 데 익숙할 겁니다. 하지만 당신과 나처럼 중요한 일을 하는 사람들을 포함해 많은 사람들이 한 번도 연단 위에 앉지 못합니다. 그들도 당신처럼 인정받고 싶어 하지만 말입니다."

랍비 퀠만의 말을 겸허하게 받아들인 내 친구는 판사로서의 자기 일에 새로운 각오로 임했다.

아그리파 왕의 행동은 권력을 행사할 수 있는 지위에 있을 때 최우선적인 책임은 자신을 과시하는 것이 아니라 다른 사람들을 돕는 것이란 걸 상기시켜준다. 권력을 가진 사람이 누릴 수 있는 가장 긍정적인 혜택은 다른 사람을 위해 그 권력을 사용할 수 있다는 것이다. 유명한 방송인인 또 다른 내 친구는 몸이 불편한 라디오 프로그램 팬들에게 전화를 걸어 쾌유를 빌며 따뜻한 말을 전하는 것이 큰 기쁨이요 보람이라고 했다. 자신의 유명세 덕에 자기 전화를 받는 것이 팬들에게 특별한 선물이 된다는 걸 그는 잘 알고 있는 것이다.

랍비 하노크 텔러는 지금은 고인이 된 아주 겸허한 이스라엘인 랍비 슈로모 잘만 아우에르바흐가 남편과 아버지를 잃고 큰 상실감에 빠져 있던 한 미국인 가족에 대한 이야기를 들었을 때의 일화를 소개한다. 소식을 듣고 몹시 큰 슬픔을 느낀 그는 곧바로 미국에 있는 그 가족에게 국제 전화를 걸었다. 미망인이 전화를 받자, 그는 자신을 슈로모 잘만 아우에르바흐라고 소개했다. 처음 미망인은 그의 이름을 제대로 알아듣지 못했다. 그래서 그는 다시 한 번 자신의 이름을 말했다. "저는 예루살렘에 있는 슈로모 잘만 아우에르바흐입니다." "오, 그래요?" 그렇게 유명한 랍비가 자신에게 직접 전화를 걸었다는 사실에 크게 놀란 그녀가 대답했다. 랍비 아우에르바흐는 20분 동안 미망인과 그 자녀들을 차례로 위로했다. 그는 막내 아이에겐 "학교에 가면 친구들에게 랍비 슈로모 잘만이 예루살렘에서 전화를 해와 직접 통화했다고 이 야기하렴."이라고 말했다. 그는 그것이 학교에서 소년의 위상을 높여 주리란 걸 알았던 것이다.[194]

255일째 화요일

침묵이 금일 때

> 랍비 시몬 벤 엘라자르는 이렇게 말하곤 했다. "네 동료가 극도로 화가 나 있을 때는 그를 진정시키려 하지 말고, 네 동료가 죽음을 눈앞에 두고 있을 때는 그에게 어떠한 위로의 말도 건네려 하지 말라."
> ― 아버지의 윤리 4:23

많은 사람들이 좋은 매너란 상황에 맞는 적절한 말을 하는 것과 연관 있다고 생각한다. 하지만 랍비들의 이 가르침이 우리에게 상기시켜 주듯, 아무런 말도 하지 않는 것이 좋은 매너일 때도 있다.

사랑하는 사람의 죽음 같은 큰 정신적 충격으로 고통 받고 있을 때가 그런 경우이다. 사랑하는 사람을 떠나보내고 아직 큰 충격에 사로잡혀 있을 때 유가족에게 위로의 말을 건네는 것은 그들의 상실감을 과소평가하는 것일 수도 있다. 그런 상황에서 당신이 그들에게 줄 수 있는 가장 큰 선물은 그저 함께 있어주는 것이다. 당신이 함께한다는

---

194 텔러, 《예루살렘에서 전하는 말》 323쪽

사실이 사랑하는 사람을 떠나보내고 슬퍼하는 사람이 자신들만이 아니라는 위안을 줄 수 있기 때문이다. 반면 너무 슬퍼하지 말라는 의미를 담은 위로의 말은 유가족의 외로움과 슬픔을 더 가중시킬 뿐이다.

비슷한 맥락으로, 136일째에서도 언급했듯, 조문을 가면 유가족이 먼저 말을 꺼내기 전까진 침묵을 지켜야 한다고 유대 윤리는 가르친다. 조문을 하는 당신의 목적은 유가족이 슬픔을 쏟아내는 것을 돕는 것이다. 당신이 고인에 대해 이야기하고 싶다면 유가족의 인도를 받아야만 한다. 만일 당신이 유가족의 슬픔을 덜어주기 위해 다른 이야기를 할 필요를 느낀다면, 유가족이 이야기하고 싶은 것에 대해 대화를 나누어야 한다. 만일 유가족이 침묵을 지키고 싶어 한다면, 그(또는 그녀)와 함께 앉아 그 침묵을 공유하라.

비슷한 맥락으로, 격노한 사람과 함께 있을 때도 말을 삼가야 한다. 극도로 화가 나 흥분 상태에 있는 사람들은 자극을 받으면 더 흥분한다. 하지만 얼마간의 시간이 흐르면(경우에 따라 몇 분, 몇 시간이 될 수도 있고, 그 이상이 될 수도 있다.), 여전히 화가 난 상태라 해도 어느 정도는 평온을 되찾게 된다. 바로 그때가 화를 풀어주기 위해 대화를 시도할 시점이다. 하지만 분노가 최고조에 달했을 때 진정시키려 들 경우, 당신 역시 자신이 왜 분노하는지 그 '정당성'을 이해하지 못한다는 실망감에 더 큰 분노로 이어질 수 있다.

말은 좋은 결과로 이어질 수 있다고 판단될 때 해야 한다. 우리 말이 다른 사람의 고독감과 분노, 슬픔을 자극할 뿐이라면 침묵을 지키는 편이 훨씬 낫다. 중세 히브리 시인 모세 이븐 에즈라가 말했듯, "말이 은이라면, 침묵은 금이다."

256일째 수요일

견해가 다른 사람들에게도 배워야 한다

랍비들이 탈무드에서 언급한 약 1,500년 동안 단 한 사람만이 이단자가 되어 유대주의를 버린 것으로 보인다. 그는 2세기 랍비 아키바와 동시대 인물인 엘리샤 벤 아부야Elisha ben Abuyah란 인물이다. 정확한 이유는 베일 속에 가려져 있지만, 중년의 위기 속에 엘리샤는 "심판자도 정의도 없다."고 확신하며 그 동안의 믿음을 버렸다.

그 결과 다른 랍비들은 엘리샤가 그들과 그들의 삶을 거부한 것에 대해 앙심을 품었다. 그들은 그의 이름을 부르는 대신 '변절자'라 불렀다. 하지만 엘리샤의 제자이자 친구였던 랍비 메이어Meir만은 그에게서 등을 돌리지 않았다. 랍비 메이어는 계속 그를 만났고, 다시 유대주의로 돌아오도록 그를 설득하려 했다. 또한 랍비 메이어는 예전 엘리샤의 가르침들이 여전히 옳다는 생각으로 계속 그 가르침들을 인용하기도 했다. 엘리샤와 절연하지 않고 그의 가르침을 여전히 수용하는 것에 대해 다른 사람들이 랍비 메이어를 비난할 때, 랍비 메이어의 또 다른 동료인 랍비 바르 랍 실라bar Rab Shila가 그를 옹호했다. "랍비 메이어는 석류 하나를 발견했다. 그는 석류 알맹이는 먹었지만 석류 껍질은 버렸다.(바빌로니아 탈무드, 하기가Hagigah 15b)"[195]

우리들 중 상당수는 근본적인 문제들과 관련해 어떤 사람과 견해가 갈릴 경우, 다른 모든 문제에 대한 그 사람의 견해까지 모두 거부하려

---

[195] 밀턴 스타인버그가 엘리샤 벤 아부야의 삶에 대해 쓴 《날리는 잎새처럼As a Driven Leaf》이라는 뛰어난 소설이 있는데, 이 소설 또한 그와 랍비 메이어와의 관계를 다룬다.

는 경향이 있다. 앞서 언급했듯, 랍비 힐렐 학파의 상반된 입장을 공부하고 고민하는 걸 거부한 랍비 샴마이 학파도 그런 오류를 범한 것으로 보인다(131일째 참조). 상대 학파의 주장을 알아보려고도 하지 않는다는 점에서, 샴마이 학파는 힐렐 학파(그들은 상대 학파의 관점을 공부하는 것을 강조했다.)보다 정신적으로 열등하다고 할 수 있으며, 그래서 유대 율법은 샴마이 학파보다 힐렐 학파의 가르침을 더 중요시해왔다.

오늘날 우리는 진보주의는 보수주의로부터, 보수주의는 진보주의로부터 배울 것이 있고, 정통파 유대인은 보수파 및 개혁파 유대인으로부터, 보수파 및 개혁파 유대인은 정통파 유대인으로부터 배울 것이 있다는 걸 기억해야 한다.

우리 모두가 랍비 메이어의 제자가 되어 어떻게 석류 알맹이는 먹고 그 껍질은 버리는지 그 방법을 배울 필요가 있다.

257일째 목요일

복수를 금하고
이웃을 사랑하라는 계율

토라의 가장 유명한 구절이 "원수를 갚지 말며 동포를 원망하지 말며 네 이웃 사랑하기를 네 자신과 같이 사랑하라. 나는 여호와니라(레위기 19:18)."임에도 불구하고, 토라의 613 계율 중 하나가 복수를 금하는 계율이라는 것을 모르는 사람이 많다.

이웃을 자신처럼 사랑하라는 계율 앞에 복수를 하거나 원한을 품는 것을 금하는 계율을 배치한 것은 어떤 논리에 따른 것일까? 우리 모두 이따금씩 다른 사람에게 잘못된 행동이나 부당한 행동을 한다. 따라서 우리로 인해 상처 받은 사람이 우리에게도 똑같은 상처를 주고 싶어 할 때가 있기 마련이다. 그런 상황에서 사람들에게 "네 이웃을 네 자신처럼 사랑하라."라고 명함으로써, 토라는 우리로 인해 상처 받은 이웃이 복수심을 버리고 우리를 사랑해주길 원하듯, 우리 역시 상처를 준 이웃에 대한 복수심을 버리고 그 이웃을 사랑해야 한다고 말하고 있는 것이다.

성스러운 유대인들이 어느 정도 복수하고 싶다는 욕망을 억눌렀는가 하는 것은 아마 1921년에서 1935년 사이 팔레스타인 내 최고 랍비였던 랍비 아브라함 아이작 쿡의 사례들에서 가장 잘 드러날 것이다. 랍비 쿡은 깊이 있는 학자이자 독실한 종교인이기도 했지만 헌신적인 시온주의자이기도 했다. 그래서 반시온주의 및 극단적인 정통파를 표방하는 네투레이 카르타Neturei Karta라는 소규모 단체의 회원들이 그의 종교적인 신념을 경멸했다. 그들은 종종 극도로 경멸에 찬 언어로 그에 대해 말하고 썼으며, 심지어 가끔 그에게 저주를 퍼붓기도 했다.

그러던 어느 날 네투레이 카르타 지도자의 딸이 중병에 걸렸는데, 아이를 진찰한 의사들은 아이를 해외로 보내 그 병의 최고 권위자로부터 치료를 받아야 한다는 결론을 내렸다.

여기저기 알아본 결과, 네투레이 카르타의 지도자는 그 의사는 워낙 바쁠 뿐 아니라 워낙 치료비도 비싸다는 것을 알게 되었다. 그는 가난했기 때문에, 그 의사가 그의 딸을 환자로 받아줄 가능성은 희박했다. 그런데 그는 그 의사가 랍비 쿡의 열렬한 추종자라는 사실을 알게 되었다. 만일 랍비 쿡이 부탁한다면, 그 의사는 틀림없이 그의 딸을 치료해줄 것이었다.

여러 차례 공개적으로 랍비 쿡을 맹비난했던 그로서는 랍비 쿡을 직접 찾아간다는 것도 난감한 일이었다. 그래서 그는 랍비 쿡의 절친한 친구인 레브 아르예 레빈에게 자기 대신 랍비 쿡에게 도움을 청해줄 것을 부탁했다. 레브 아르예가 상황을 설명하자마자, 랍비 쿡은 그 의사에게 편지를 쓰겠다고 했다. 그리고 아이 아빠에게 원한을 품을 충분한 이유가 있었던 랍비 쿡은 편지에서 아이와 그 아버지를 호의적으로 묘사하는 데 특별한 노력을 기울였다. 그는 레브 아르예에게 말했다. "이 편지에 개인적인 편견은 조금도 반영되지 않을 것이네." 의사에게 보낼 편지를 다 쓴 후, 그는 거의 늘 그의 요청을 받아들여주는 한 여객선 회사에 딸아이와 그 아버지의 배삯을 대폭 할인해줄 것을 부탁하는 편지를 썼다.[196]

랍비 쿡은 일생동안 자신을 증오하는 사람들에게 먼저 친절을 베풀지도 않았고, 그렇다고 앙심을 품지도 않았다. 앞서 언급했듯, 그는 종종 이렇게 가르쳤다. "두 번째 대사원은 이유 없는 증오 때문에 파괴되었다. 그래서 세 번째 대사원은 아마 이유 없는 사랑의 힘으로 재건될 것이다."

258일째 금요일

유대주의 관점에선
어떤 사람이 영웅일까

거의 모든 문화에서 영웅적인 행위는 육체적인 힘과 관련이 있다. 영웅은 대개 다른 사람들보다 힘이 세다. 영웅은 적을 무찌르고(항상은 아니지만) 선을 행하기 위해 자신의 육체적인 힘을 사용한다. 한 사회에서 영웅의 수는 극히 제한되어 있다. 대다수의 사람이 영웅의 자격을 갖추기엔 신체적인 힘이나 용기가 부족하다.[197]

유대주의는 일반적으로 영웅의 자질로 육체적인 힘이 아닌 내면적인 힘을 꼽는다.《아버지의 윤리》는 "누가 영웅인가?"라고 묻고 "유혹을 물리치는 사람이다."라고 답한다(4:1).[198] 그런 이유로 다른 사람의 값비싼 물건을 주웠을 때 갖고 싶다는 유혹을 뿌리치고 주인에게 돌려주는 가난한 사람은 영웅이다. 마찬가지로 술을 끊는 알코올 중독자도 영웅이다. 유대주의에 따르면, 유혹을 이겨내는 것은 좋은 행동일 뿐 아니라 영웅적인 행동이기도 하기 때문이다.

유대주의 관점으로 보면, 육체적으론 강하지만 유혹을 이겨내지 못하는 사람은 유약한 사람이고, 육체적으론 약하지만 결코 유혹에 빠져들지 않는 사람은 영웅이다.

---

196 라즈,《우리 시대의 의인》115-16쪽
197 유대주의 또한 그런 영웅의 정의에 익숙하다. 그래서 탈무드는 영웅을 "그의 힘 때문에 그의 동료들이 두려워하는 존재"로 정의했다(키두쉰 49b).
198 따라서 영웅에 대한 객관적인 잣대가 없다. 우리 개개인이 극복해야 할 자신만의 고유한 유혹이 있기 때문이다.

당신은 어떤가? 당신을 유혹하는 것은 무엇인가? 당신은 어떤 충동을 자제하는 게 가장 어려운가? 부정직한 행위와 관련해 유혹을 받는다면, 그것을 뿌리칠 수 있는가? 금지된 사람과 성관계를 하고 싶다는 충동이 생긴다면, 그 충동을 억제할 수 있는가? 당신이 쉽게 화를 내는 성격이라면, 과잉 반응을 하거나 분노를 폭발하는 것을 자제할 수 있는가?

바깥세상에서 영웅의 자질은 훌륭한 가치이긴 하지만, 극소수의 사람에게만 적용되고 드물게 검증되는 것이다. 반면 유대주의에서의 영웅적 자질은 모든 사람에게 가능성을 열어둔 것이고 모든 사람이 거의 매일 검증받는 것이다.[199]

259일째 안식일

한 주를 돌아보며 편히 쉬는 하루가 되기를.

---

[199] 나훔 암셀의 저서 《유대인의 도덕적 · 윤리적 쟁점에 관한 백과사전》에서 유대 관점의 영웅적 행위에 대한 통찰이 논의된다.

Week 38

260일째 일요일

사고는 일어나기 마련이다

   데니스 프레이저는 로스앤젤레스에서 토라 강좌를 하나 맡고 있다. 강좌를 시작한 지 3년쯤 됐을 때, 그는 동물이 야기한 손실에 관한 율법을 담고 있는 출애굽기 21장을 다루게 되었다. 출애굽기 21장 35절은 "이 사람의 소가 저 사람의 소를 받아 죽이면 살아 있는 소를 팔아 그 값을 반분하고 죽은 것도 반분하려니와."라고 되어 있다. 다시 말해, 다른 소를 다치게 한 소가 이전엔 그런 행동을 한 적이 없다면(36절 참조), 그 소의 주인은 손실의 절반만을 부담할 의무가 있다는 것이다.
   강좌를 듣던 많은 사람들이 놀라움을 나타냈다. "왜 절반만 부담하죠? 손실을 야기한 게 소이니, 소 주인이 전적인 책임을 져야 하는 거

아닌가요?"

이에 데니스는 이렇게 대답했다. "오늘날의 미국은 사고를 인정하길 거부합니다. 오늘날 우리 사회는 다친 사람에게 일부 책임이 있더라도 상대에게 모든 책임을 전가하려 합니다."

토라의 견해는 다르다. 만일 다른 소를 죽게 한 소가 전에도 그런 적이 있는데 소 주인이 그 소를 도살하거나 우리에 가두지 않았다면, 소 주인이 태만한 것이므로 다른 소의 죽음에 대해 전적인 책임을 져야 한다(출애굽기 21:36; 내일 글 참조).

하지만 그 소가 사고가 있기 전까진 온순했으며 한 번도 다른 소를 공격한 적이 없다면, 그리고 소 주인이 자기 소가 다른 소를 공격하리라 예상할 근거가 전혀 없었다면 어떻게 될까?

이 경우 토라는 다른 소를 죽게 한 소의 주인에게 손실의 절반만을 지불할 것을 명한다. 사고가 일어난 것이고, 다른 소와 그 소의 주인이라는 피해자가 생겼다. 그런데 자신의 소가 다른 소를 공격하리라 생각할 근거가 전혀 없었던 그 소의 주인 또한 어떤 측면에선 피해자이다. 그런 그에게 손실에 대한 전적인 부담을 지우는 것은 그가 일종의 '태만 죄'를 지었다고 간주하는 것처럼 보이므로, 토라는 양측의 소 주인이 손실을 반반씩 부담할 것을 명했다.

이는 완벽한 해결책이 아닌 것처럼 보일 수도 있지만, 그렇다고 소송이 만연하는 현대 사회가 제시하는 대안이 더 나은 해결책으로 보이지도 않는다. 내 친구 한 명은 집안일을 하러 온 한 여자가 집안 마루에서 발을 잘못 디뎌 넘어졌을 때, 가장 먼저 떠오른 걱정이 그녀가 소송을 제기할 지도 모른다는 것이었다고 했다. 그녀가 크게 다치지 않았다는 것이 확실해지자, 그 친구는 소송에 휘말릴 가능성이 없다는 사실에 안도했다고 한다. 우리 사회에 워낙 소송이 만연해 있어, 많은 사람들이 다른 사람들을 하나님 형상으로 창조된 우리 동료라기보다는 잠재적인 고소인으로 보고 있다.

사고는 일어나기 마련이라는 점을 토라는 이해했다. 안타깝지만 가끔 불의의 사고가 일어나고 손실을 보거나 다치기도 한다. 하지만 피해자가 있다 해서 반드시 가해자가 있는 건 아니다.

261일째 월요일
사고가 사고가 아닌 경우

사람을 치어 사망케 한 음주 운전자는 가끔 모든 건 사고였다며 자신을 변호하려 든다. 유대주의 관점에서 보면, 그런 자기변호는 사고와 부주의를 혼동하는 터무니없는 변호이다.

성경 율법은 예상할 수 없었던 사고와 부주의로 인한 손실이나 상해를 명확히 구분한다. 어제 글에서 언급했듯, 이전엔 난폭한 행동을 한 적이 없던 동물이 갑자기 다른 사람이나 동물을 공격했다면, 그 동물의 주인은 손실의 절반을 부담해야 한다. 그러나 그 동물이 전에도 폭력적인 행동을 한 적이 있다면, 그 주인은 손실 전부를 책임져야 한다.

왜 그럴까? 자신의 동물이 공격적인 성향을 보인 전력이 있다면, 주인은 당연히 그 동물이 공격적인 성향이 있다는 걸 인지하고 있을 것이기 때문이다. 따라서 그런 동물을 키우기로 결정했다면, 그 동물이

유발할 어떤 손실에 대해서도 도의적이며 법적인 책임을 져야 한다.

마이모니데스는 미슈네 토라에서 이렇게 가르친다. "다섯 종의 동물은 태어날 때부터 상해를 입힐 가능성이 있는 것으로 간주된다. 이는 그 동물들이 길들여졌다 해도 마찬가지이다. 따라서 만일 그것들이 다른 사람이나 동물을 들이받거나 물거나 밟거나 덮치거나 또는 그와 비슷한 행동을 해서 상해나 죽음을 야기한다면, 그 주인은 피해액 전부에 대한 책임을 져야 한다. 그 다섯 종의 동물은 늑대와 사자, 곰, 호랑이, 표범이다. 설령 길들여진 뱀일지라도 누군가를 문 경우 똑같은 원칙이 적용된다."[200]

당신이 위험한 동물을 키운다면, 그 동물이 야기하는 어떤 피해에 대해서도 전적으로 책임을 져야 한다고 유대 율법은 규정한다. 설령 당신이 예방조치를 취했거나 그 동물을 길들였다고 할지라도 말이다. 마찬가지로 유대 율법은 음주 운전으로 손실이나 상해를 야기한 사람에게도 전적인 책임을 부과한다.

사고가 성립되려면 사전에 그것을 전혀 예상할 수 없어야 한다. 예상할 수 있는 사고는 사고가 아니다.

---

[200] 랍비 엘리야후 토우거가 번역한 마이모니데스, 《손상에 대한 책Sefer Nezikin》, '재산 손상에 관한 율법' 1:6; 16쪽

262일째 화요일

다른 사람을 희생시켜가면서까지
계율을 철저히 지키진 말라

유대 율법에 따르면, 빵을 먹기 전엔 먼저 손을 씻고 축복 기도를 드려야 한다. 언젠가 랍비 이스라엘 살란터의 동료들은 그가 자기 손에 손 씻는 물을 아주 조금만 붓는 것을 보았다. 실제로 그는 허용되는 최소한의 물만 사용했다.

동료들이 왜 이 계율에 불만이 있는 것처럼 물을 그렇게 조금만 써서 손을 씻냐고 묻자, 랍비 살란터는 이렇게 대답했다. "이 물은 한 하녀가 우물에서 길어오는 것이라네. 길도 멀고 물도 무겁지. 난 그 하녀의 등을 희생시켜가면서까지 계율을 이행하고 싶진 않네."

다른 사람들이 보지 못하는 윤리적인 쟁점을 감지하는 것도 랍비 살란터의 위대한 면들 중 하나였다. 그의 위대한 면모를 잘 보여주는 또 다른 사례를 보자. 한 존경받는 시민이 랍비 살란터를 안식일 저녁 식사에 초대했다. 이에 랍비 살란터는 그 남자에게 안식일 식사가 어떻게 이루어지는지를 간단히 설명해 달라고 했고, 남자는 코스 요리 중간 중간에 광범위한 토라 공부를 하고 안식일 노래를 부를 것이라고 했다. 랍비 살란터는 식사를 한 번에 빨리 끝내고 토라 공부와 안식일 노래 부르기를 식사 후에 간단히 한다면 초대에 응하겠다고 했다.

남자는 랍비 살란터의 요청에 다소 놀랐지만, 그렇게 하겠다고 했다. 음식은 빠른 속도로 연이어 나왔고, 식사가 끝났을 때 남자가 랍비 살란터에게 물었다. "평소 제가 안식일 식사를 대접하는 방식에 어떤 문제가 있는지, 왜 이런 변화를 요구하셨는지 말씀해주시겠습니까?"

랍비 살란터는 대답 대신 부엌에서 일하고 있던 나이 지긋한 여성 요리사를 불렀다. "부인께 사과 드리고 싶습니다. 제가 부인을 혹사시킨 것 같아 죄송한 마음입니다. 음식을 바삐 내오시느라 힘드셨죠? 저를 용서해주시길 바랍니다."

"용서라니요?" 부인이 계속 대답했다. "오히려 제가 랍비님께 감사드리고 싶은 걸요. 하루 종일 여기서 일하는 저는 매주 금요일 밤마다 더 늦게까지 일해야 하죠. 그런데 오늘은 랍비님 덕분에 일찍 일을 마쳤네요. 감사해요. 이제 집으로 돌아가 편히 쉴 수 있겠네요."

랍비 아브라함 트워스키가 언급했듯, 랍비 살란터는 "탈무드에서 어떤 일이 일어나는지는 물론, 부엌에서 어떤 일이 일어나고 있는지도 이해하고 있었다."

263일째 수요일

권위에 맞서 진실을 말하라

스승이 판결을 내리는 분쟁에서 가난한 사람이 옳고 부유한 사람이 그르다는 것을 아는 제자가 부유한 사람 손을 들어주려는 스승 앞에서 침묵을 지켜선 안된다는 걸 우린 어떻게 알 수 있을까? "거짓 일을 멀리하라(출애굽기 23:7)."라는 토라의 가르침으로 알 수 있다.

— 바빌로니아 탈무드, 세봇 31a

유대 전통은 스승에 대한 존경을 워낙 강조하기 때문에, 랍비들은 제자가 편파적인 판결을 하려는 스승을 보면서도 침묵을 지킬 수 있다는 점을 크게 우려했다. 그래서 랍비들은 가장 성스러운 유대 문헌인 토라는 그런 일이 일어날 경우 목소리를 높일 것을 명한다고 제자들에게 주지시킬 필요가 있었다. 유대 윤리는 당신 침묵 때문에 다른 사람이 고통을 당하게 된다면, 당신은 침묵할 권리가 없다고 간명하게 가르친다. 그런 이유로, 스승이 부당하게 부유한 사람 편을 드는 위의 탈무드 사례에서 제자는 목소리를 높여야 한다.[201]

아울러 그렇게 하지 않는 제자는 스승보다 더 큰 잘못을 범하는 것일 수도 있다. 스승의 실수는 무지에서 비롯된 것일 수 있는 반면, 제자의 침묵은 그렇지 않기 때문이다.

마찬가지로 동료 직원을 혹사시키는 사장 앞에서도 목소리를 높여야 한다. 당신 말이 영향력을 발휘할 것이라고 믿을 만한 근거가 있다면, 당신은 언제든 목소리를 높여야 한다.

UCLA 의과대학의 정신과 교수인 스티븐 박사는 의과대학 시절의 한 가지 소중한 기억을 내게 들려주었다.

제가 의대 2학년 때의 일이었습니다. 어느 강의 시간에 한 친구가 일어나 교수님에게 아주 초보적인 질문을 했습니다. 교수님은 그 친구를 빤히 쳐다보며 "정말 바보 같은 질문을 하는군."이라고 말했습니

---

[201] 또 다른 토라 구절은 만약 스승이 가난한 사람 편을 들더라도 똑같은 원칙이 적용된다는 것을 분명히 하고 있다. "너희는 재판할 때에 불의를 행치 말며 가난한 자의 편을 들지 말며 세력 있는 자라고 두호하지 말고 공의로 사람을 재판할지라(레위기 19:15)."

다. 질문을 한 친구는 얼굴이 벌개져 자리에 앉았죠. 그 순간 반에서 공부를 가장 잘하는 친구가 손을 드는 거였습니다. 교수님은 그 친구를 알아보고 무슨 말을 하려나 기대에 찬 표정으로 쳐다봤죠. 그런데 그 친구는 이렇게 말하는 거였습니다. "교수님, 저희 중 아무도 바보는 아닙니다. 단지 지식이 부족할 뿐이죠. 그래서 지식을 쌓기 위해 이 자리에 앉아 있는 거고요. 교수님이 조금 전 그 친구에게 사과를 하셨으면 합니다." 그 순간 모든 학생이 박수를 쳤죠. 그 친구 말대로 교수님은 강의를 계속 진행하기에 앞서 사과를 하셨습니다. 그리고 자신을 꾸짖은 그 친구에게 고맙다는 말까지 하셨죠.

스티븐 박사는 끝으로 이렇게 말했다. "저는 그 친구의 도덕적인 용기를 결코 잊은 적이 없습니다."

자기보다 더 힘 있는 자들에게 진실을 말하는 것은 퀘이커 교도들이 오랫동안 지켜온 신념이다. 성경과 탈무드는 모세가 파라오를 만나, 또 제자가 스승을 만나 직언을 하는 이야기를 통해 우리에게 유대 전통이 '권위에 맞서 진실을 말하는 것'을 얼마나 중요한 덕목으로 여기는지를 상기시켜준다.

264일째 목요일

하나님을 얼마나 두려워해야 할까

랍비 요카난 벤 자카이는 상식의 대가이다. 그는 조그만 유대 국가가 로마 제국을 꺾을 수 없다고 주장하며, 1세기 고대 유대인들이 로마를 상대로 반란을 일으키려는 것에 반대했다. 유대인들은 하나님이 유대인들을 위해 개입하실 것이며, 어쩌면 메시아를 보내주실 지도 모른다고 말했지만, 랍비 요카난 벤 자카이는 그런 생각에 회의적인 입장을 취했다. "사람들이 메시아가 왔다고 말할 때 묘목을 손에 쥐고 있다면, 먼저 그 묘목을 심고 메시아를 맞으러 가야 한다."

유대인들의 봉기가 실패로 돌아가고 로마 제국이 예루살렘과 대사원을 파괴(서기 70년)한 뒤 몇 년이 지났을 때, 랍비 요카난은 유대 사회를 재건하는 데 결정적인 역할을 했다. 마지막 반란군이 마사다Masada에서 전사했을 때, 그는 야브네Yavneh에 새로운 유대 학술원을 설립했는데, 이 학술원은 예루살렘에 있던 산헤드린(고대 유대의 의회 겸 최고 법원)을 성공적으로 계승한 학술원임을 입증해 보였다. 유대 전통은 대사원과 유대 국가조차 없는 상태에서 어떤 희생도 없이 생존할 수 있었던 유대주의의 한 모델을 구축한 것을 그의 공로로 인정한다.

랍비 요카난은 죽음에 임박해서 정치 문제에 대한 상식 못잖은 종교 문제에 대한 상식을 보여주었다. 마지막 만남이 될 수도 있다는 걸 알고 있던 제자들이 그에게 마지막 축복의 말을 부탁하자, 그는 이렇게 대답했다. "너희는 사람들을 두려워하는 것처럼 하나님을 두려워해야 한다."

"그것이 전부입니까?" 스승의 평범한 조언에 실망한 제자들이 물었다.

이에 랍비 요카난이 말했다. "너희는 그렇게 할 수 있느냐? 사람은 잘못을 할 때 '아무도 나를 보지 않게 하소서.'라고 말한다는 걸 알아야 한다. 하나님은 사람이 하는 모든 것을 보신다는 것에는 무관심한 채 말이다(바빌로니아 탈무드, 베라콧 28b)."

제자들은 영감을 주는 대단한 말을 듣길 기대하면서 죽음이 임박한 랍비 요카난의 방으로 들어갔었다. 하지만 제자들은 랍비 요카난에게서 기대했어야 할 말, 즉 상식적인 지혜를 들었다. 랍비 요카난은 대부분의 사람들, 심지어 자신이 종교적이라고 주장하는 사람들까지도 하나님을 두려워하기보다 인간을 더 두려워한다는, 분명하지만 간과하기 쉬운 진실을 제자들에게 말했던 것이다. 사람들은 부도덕한 행동을 할 때, 아무도 자기 행동을 보지 못하게 하려고 세심한 주의를 기울이면서도, 하나님께서 자신의 모든 행동을 지켜보신다는 더 중요한 사실은 망각한다.

랍비 요카난은 만일 우리가 다른 사람들을 두려워하는 만큼 하나님을 두려워한다면, 즉 하나님께서 항상 거기 계시다는 걸 자각한다면("너희 위에는 너희를 내려다보는 하나님의 눈이 있다는 것을 자각하라." 아버지의 윤리 2:1), 악행을 행하지 않을 것이라는 걸 상기시켜준다.

265일째 금요일

틀에 박힌 덕담은 삼가라

언젠가 예루살렘의 성자인 랍비 슈로모 슈와드론Shlomo Shwadron이 한 아이가 길거리에서 놀다 다친 것을 보고 그 아이를 둘러메고 근처 병원으로 달려갔다. 근심이 가득한 랍비 슈와드론의 얼굴을 본 어느 노부인이 큰 소리로 말했다. "걱정 마세요, 랍비님. 하나님이 모든 걸 돌봐주실 거예요."

그런데 랍비가 곁을 지나갈 때 노부인은 그가 어깨에 둘러메고 있는 아이가 자기 손자라는 것을 알았다. "차임아! 차임아!" 노부인은 두 손을 꼭 쥔 채 이성을 잃고 소리 지르기 시작했다. "크게 다치진 않았나요? 애는 괜찮은 거죠?"

다른 사람들이 고통 받을 때 건네는 종교적인 성격의 말들이 늘 상대에게 위안이 되어 주는 것은 아니다. 어떤 사람에겐 위안이 되어줄 수도 있겠지만, 어떤 사람에겐 그저 진부한 말로 들릴 뿐인 것이다. 예를 들어 절실하게 돈이 필요한 사람에게 "하나님이 당신을 도우실 겁니다."라고 말한다거나, 가까운 사람을 잃고 깊은 실의에 빠진 사람에게 "하나님이 하시는 일에는 다 이유가 있습니다."라고 말하는 게 바로 그런 경우이다. 그러므로 앞으로는 곤경에 처한 사람에게 실질적인 도움도 주지 못하면서 틀에 박힌 종교적인 말을 던지고 싶을 땐, 랍비 슈와드론에게 형식적인 말을 던진 노부인 이야기를 떠올리도록 하자. 만일 당신 자녀나 손자 또는 손녀가 크게 다쳤거나 위험한 상황에 처했다면, 다른 사람이 어떤 말을 하거나 어떤 반응을 해주길 원할까? 당연히 위에서 언급한 방식은 아닐 것이다.

우리는 침묵해야 할 때 침묵하는 것을 배워야 한다.

266일째 안식일

한 주를 돌아보며 편히 쉬는 하루가 되기를.

267일째 일요일

사이가 안 좋은 사람에게 먼저 호의를 베풀라

토라에는 동물에 관한 규정이 많은데, 이는 유대주의가 농경 사회에서 태동해 발전했기 때문이다. 예를 들어 짐이 너무 무거워 주저앉아 있는 나귀를 본다면, 당신은 그 나귀의 고충을 덜어주기 위해 그 주인이 나귀에서 짐을 내리는 걸 도와주어야 한다(출애굽기 23:5). 또한 어떤 사람이 나귀에 짐을 싣는 데 애를 먹고 있는 것을 본다면, 당신은 그를 도와야 한다. 그렇다면 만일 도움이 필요한 그 두 사람을 동시에 본다면, 어떻게 해야 될까? 짐이 무거워 주저앉아 있는 나귀가 더 힘들 것이기 때문에, 당신은 그 나귀의 주인을 먼저 도와야 한다.

그런데 유대 율법은 이 규정에 한 가지 예외 상황을 제시해 우리의 호기심을 자극한다. 탈무드는 "짐을 내리는 데 애를 먹고 있는 친구와 짐을 싣는 데 애를 먹고 있는 사이 안 좋은 사람을 동시에 본다면, 당신은 사이가 안 좋은 사람을 향한 악감정을 억누르기 위해서라도 그를 먼저 도와야 한다."고 가르친다. 무거운 짐을 지고 있는 나귀의 고충을 덜어주기 위해 친구를 먼저 돕는 것이 옳다고 한 랍비가 논리적인 반론을 제기하자 탈무드는 이렇게 응수했다. "설령 친구의 나귀가 더 고통 받고 있더라도, 악감정을 억누르려는 동기가 더 강력하다(바바 메지아 32b)."

사이가 틀어진 사람과 화해하는 것은 여간 어려운 일이 아니다. 두 사람이 함께 앉아 대화를 하더라도, 그 대화는 과거의 불만과 분노를 되씹는 일이 되기 십상이다. 수년간 사이가 안 좋았던 두 남자에 대한 유대 유머가 있다. 어느 해 속죄일 전야 예배 전에 랍비가 두 남자를 자신의 방으로 불러 나무랐다. "두 사람이 서로를 용서하지도 못하면서, 하나님 앞에서 용서를 구한다는 것이 우스꽝스럽다고 생각지 않나요?" 랍비의 말에 부끄러움을 느껴, 두 남자는 서로 악수를 하고 화해했다. 예배가 끝난 뒤 두 남자는 다시 만났고 한 남자가 말했다. "자네가 날 생각하며 기도한 것들을 나 역시 자네 생각을 하면서 기도했다는 걸 알아주길 바라네."

이에 다른 남자가 말했다. "또 시작인가?"

사이가 안 좋은 사람과 화해하는 것은 매우 힘든 일이기 때문에, 탈무드는 상대에게 호의를 베풀 수 있는 기회는 절대 놓치지 말고 잡아야 한다고 주장한다. 당신이 베푸는 호의가 상대로 하여금 당신을 더 긍정적으로 볼 수 있게 하기 때문이다.

이처럼 호의적인 행위는 당신이 의도적으로 생각해내 행하기 어려운 윤리적 행위이다. 즉 사이가 나쁜 사람에게 호의를 베풀 수 있는 기회는 우연한 순간에 찾아올 가능성이 높다는 것이다. 탈무드의 가르침은 그런 기회가 왔을 때 평소와는 달리 행동하도록 촉구하려는데 그 목적이 있다. 따라서 평소 당신이 싫어하는 사람이 곤경에 처해 있고 당신이 도울 수 있는 상황이라면, 악감정을 버리고 기존의 적대적인 관계를 깰 수 있도록 그 사람을 도와야 한다.

268일째 월요일

마이모니데스와 아트 부크월드, 그리고 모든 선행의 중요성

마이모니데스는 '회개에 관한 율법' 중 한 인상적인 구절을 통해, 우리의 선행과 악행이 완벽한 균형을 이루고 있으므로, 늘 우리의 다음 행동이 우리가 선한 쪽인지 악한 쪽인지를 결정짓는다는 생각으로 살아갈 것을 제안한다. 그런 다음 마이모니데스는 이를 확대해 이 세상 역시 선악의 완벽한 균형을 이루고 있으므로, 우리의 다음 행동이 이 세상이 선한 쪽인지 악한 쪽인지를 결정짓는다고 상상해볼 것을 제안한다('회개에 관한 율법' 3:4).

랍비 잭 리머는 미국의 칼럼니스트이자 유머 작가인 아트 부크월드 Art Buchwald가 마이모니데스와는 확연히 다른 언어로 쓴 한 칼럼에서 이와 유사한 사상을 감지했다. 부크월드의 조언을 따른다면 당신 자신이 더 좋은 사람이 될 뿐 아니라, 이 세상 또한 더 살기 좋은 곳이 될 것이다. 그것도 빠른 시간 안에!

언젠가 뉴욕에서 한 친구와 택시를 탄 적이 있다. 우리가 택시에서 내릴 때 친구가 택시기사에게 말했다. "여기까지 태워주셔서 감사합니다. 정말 운전을 잘하시더군요."

순간 놀라 말이 없던 택시기사가 친구에게 말했다. "당신은 그러니까 현자 같은 분인가요?"

"아닙니다. 다른 목적은 전혀 없어요. 혼잡한 교통 상황에서도 침착함을 잃지 않고 안전하게 운전하는 당신 운전 솜씨가 워낙 인상적이어서요."

"그래요." 택시기사는 이렇게 말하고 택시를 몰고 갔다.

"방금 한 얘기가 다 뭔가?" 내가 친구에게 물었다.

"뉴욕에 다시 사랑을 가져다주려는 거네." 친구가 말을 이었다. "난 이 도시를 구할 수 있는 건 사랑밖에 없다고 생각하거든."

"한 사람이 어떻게 뉴욕을 구할 수 있겠는가?"

"한 사람이 아니지. 난 오늘 그 택시기사에게 특별한 날을 만들어줬다고 생각하네. 그가 20명의 손님을 태운다고 생각해보게나. 누군가가 자신에게 친절을 베풀었으니, 그 역시 그 20명에게 친절을 베풀겠지. 그러면 그 20명의 손님들은 자기 직원이나 가게 주인, 웨이터, 심지어 식구들에게 더 친절하게 대하지 않겠나. 결국 하나의 선의가 최소 1,000명에게 확산되는 거지. 이 정도면 괜찮지 않나?"

"하지만 다른 사람들에게 자네의 선의가 퍼지는 건 그 택시기사에 달려 있지 않나?"

"그렇지 않네." 친구가 말을 이었다. "난 이 시스템이 100퍼센트 성공을 보장하지는 못한다는 건 알고 있네. 그래서 난 오늘 열 명의 다른 사람들에게도 친절을 베풀 생각이네. 그중 세 명만 행복하게 만들 수 있어도, 난 결국 최소 3,000명의 태도에 간접적으로 영향을 끼치게 되는 셈이지."

나는 그의 말을 인정했다. "이론상으론 맞는 것 같군. 하지만 실제로도 그렇게 될지는 잘 모르겠네."

"그렇게 되지 않더라도 잃을 게 없지 않은가. 택시기사에게 운전을 잘한다고 말하는데 시간을 더 뺏긴 것도 아니고, 그 때문에 내가 그에게 준 팁의 액수가 달라진 것도 아니고 말이야. 그 택시기사가 귀머거리면 또 어떻겠나? 내일 내가 기분 좋게 만들 수 있는 또 다른 택시기사가 있을 텐데 말야."

"자네 정말 괴짜인 것 같네." 내가 말했다.

"그건 자네가 얼마나 냉소적인 사람이 되었는지를 보여주는 말이네. 난 이에 대해 많은 공부를 했다네. 우리 우체국 직원들에게 부족해 보이는 건, 물론 돈도 돈이지만, 아무도 그들에게 일을 잘한다고 칭찬해주지 않는다는 걸세."

"실제로도 그들이 일을 잘하는 건 아니지 않나."

"그들이 일을 잘하지 못하는 건, 일을 잘하건 못하건 아무도 그들에게 관심이 없기 때문이네. 왜 아무도 그들에게 칭찬을 하지 않는 걸까?"

우리는 공사가 한창 진행 중인 한 건설 현장 옆을 걸어가고 있었는데, 거기엔 점심을 먹고 있는 다섯 명의 인부가 있었다. 친구는 그들을 보고 멈춰 섰다.

"정말 굉장한 일을 해내셨네요. 힘들고 위험한 일이 틀림없을 텐데, 정말 대단들하십니다."

다섯 명의 인부는 미심쩍은 눈빛으로 친구를 쳐다보았다.

"공사는 언제 끝납니까?"

"6월이요." 한 인부가 퉁명스럽게 대답했다.

"그래요. 정말 굉장하군요. 모두들 자부심이 대단하시겠습니다."

우리는 그들을 뒤로 하고 걸음을 옮겼다. 내가 그에게 말했다. "돈키호테 이후로 자네 같은 사람은 처음 보네."

"저 인부들은 내 말을 되새기면서 더 기분이 좋아질 걸세. 그들이 기분이 좋아지면 이 도시는 어떤 식으로든 덕을 볼 거고 말이야."

"하지만 자네 혼자선 힘들지 않을까?" 나는 이의를 제기했다. "자네는 한 사람에 불과하니 말이야."

"가장 중요한 건 용기를 잃지 않는 걸세. 이 도시의 사람들을 다시 다정하게 만드는 건 결코 쉬운 일이 아닐세. 하지만 나의 캠페인에 다른 사람들을 동참시킨다면……."

"자네 방금 저 평범한 외모의 여자에게 윙크를 했나?" 내가 물었다.

"그렇다네." 그가 대답했다. "만일 저 여자가 학교 선생님이라면, 오늘 저 여자의 학급은 멋진 하루를 보내게 되겠지."

269일 화요일

당신에게 죄를 지은 사람에 대한 당신의 의무

유대 율법은 육체적으로나 금전적으로 아니면 말로 다른 사람에게 해를 입힌 사람은 그에게 용서를 구해야 한다고 명한다. 만일 '가해자'가 용서를 구하지 않는다면, 그는 하나님의 용서도 받을 수 없다고 유대 전통은 가르친다(276일째).

당신이 만일 '피해자'라면, 당신 책임은 무엇일까? '가해자'가 용서를 구할 때, 유대 율법은 당신이 어떻게 행동하길 바랄까?

유대 율법은 당신이 용서하길 바란다.

유대의 관점은 상대가 진심으로 용서를 구한다면 언제든 용서해야 한다는 것이다(단, 강간이나 유괴, 강도 같은 흉포하고 비교적 드문 악행은 예외일 수 있다.).[202]

죄를 지은 상대에게 너무 화가 나 용서할 마음이 생기지 않는다면 어떻게 해야 할까? 그렇다면 당신 마음을 다스려야 한다. 상대의 마음속으로 들어가 그가 왜 그렇게 행동했을까 하는 걸 곰곰이 생각해보자. 사업상의 거래에서 상대가 당신을 속였는가? 그렇다면 그는 극심한 재정난으로 잠시 제정신이 아니었을 수도 있다. 상대가 비밀을 지키지 않았는가? 그렇다면 뭔가 피치 못할 긴박한 필요 때문에 그랬을 수도 있다.

몇 년 전, 나와 내 아내는 잠시 한 할머니를 보모로 고용한 적이 있다. 그런데 어느 날 아내 드보라가 딸들에게 자동차 여행을 가는 데 바비 인형 몇 개를 가져가자고 하자, 나오미가 이렇게 말하는 것이었다. "루스(그 보모 할머니의 본명은 아님)가 가난한 아이들에게 주자며 인형을 달라고 해서 다 줬는데요."

우리와 대면한 루스는 그 인형들 중 일부를 자기 손녀들에게 주었다는 걸 인정했다(나머지는 판 것으로 의심되었다.). 우리는 너무 화가 났다. 인형 일부를 되돌려받기 위해 연락을 취하고 얼마 지나지 않아, 루스는 우리에게 용서를 구했다. 우리는 루스가 우리 아이들 감정을 가지고 논 것에 대해 화를 참기 힘들었지만, 그녀를 용서했다. 나와 아내는 그녀가 그렇게 한 것은 자기 손녀들에게 좋은 할머니가 되려는 욕심 때문이었다고 생각했던 것이다.

일단 이런 일이 있고 나면, 루스 같은 사람을 신뢰하기란 쉽지 않다. 그렇더라도 상대가 자신의 행동을 깊이 뉘우치고 진심으로 용서를 구한다면, 화를 풀고 상대를 용서하는 것이 중요하다.

실제로 유대 율법은 상대가 용서를 따로 세 차례 구했는데도 용서하지 않는 사람을 잔인한 사람으로 간주한다(미슈네 토라, '회개에 관한

---

202 나는 이 입장을 확실히 뒷받침하는 어떤 문헌도 찾을 수 없었다. 하지만 이런 악행들을 예외로 두는 게 옳다는 건 논리적으로 자명해 보인다. 예를 들어 강간당한 여성은 자신을 강간한 남성을 용서할 의무가 없다. 반면, 루이스 뉴먼은 자신의 저서 《과거의 명령: 유대 윤리의 역사와 이론에 대한 연구Past Imperatives: Studies in the History and Theory of Jewish Ethics》에서 유대 전통은 용서받지 못할 죄는 없다는 걸 암시한다고 주장한다. 각종 유대 문헌이 당신 뜻에 거스르는 죄를 지은 사람을 용서하시는 하나님을 숨김없이 그린다는 점에 주목하면서 뉴먼은 이렇게 기술한다. "논리적으로 볼 때, 용서에 대한 하나님의 이런 시각은 인간이 다른 인간을 용서해야 하는 의무 또한 무제한적이어야 한다는 것을 암시한다(92쪽)." 하지만 나는 뉴먼의 유추에 동의하지 않는다. 왜냐하면 하나님은 하나님이어서, 당신의 뜻에 거스르는 죄로 인해 강간당한 여자가 받는 것 같은 고통은 받지 않기 때문이다. 뉴먼은 또한 전통적인 유대 문헌이 용서받지 못할 만큼 극악무도한 죄가 있는지에 대해 명확히 언급한 적이 없다는 것에 주목한다. 나는 뉴먼이 그랬듯이(그의 책 244쪽, 주1 참조), 이 논의에서 살인자가 용서를 구하는 것은 제외시켜야 한다고 생각한다. 살인자를 용서할 수 있는 사람은 오로지 그로 인해 죽은 사람뿐이기 때문이다.

율법', 2:9-10).²⁰³ 당신이 다른 사람의 기만과 잔인함에 희생되었다고 해서, 당신에게 똑같은 방식으로 보복할 수 있는 자격이 주어지는 것은 아니다. 특히 상대가 자기 잘못을 뉘우치고 진심으로 용서를 구할 경우에는 더더욱 그렇다. 누군가에게 화를 당해 분노를 주체할 수 없는 기간 동안, 공상 속에서의 복수는 달콤하다. 하지만 궁극적으로 복수는 달콤한 게 아니라 잔인한 것일 뿐이다.

혹 당신에게 용서 받으려 애쓰고 있지만, 아직 당신이 용서해주지 않은 그런 사람은 없는가? 그렇다면 다시 한 번 생각해볼 때도 됐다.

270일째 수요일

잠자리에 들기 전의 기도문

늘 마음 속에 분노가 가득한 친구가 있었다. 초등학교 시절, 그의 분노는 그가 고자질쟁이로 여긴 같은 반 친구에게 향했고, 대학 시절 그의 적개심은 자격도 안 되는 것 같은데 장학금을 받았다는 이유로 역시 같은 과 친구에게 향했다. 얼마 후에는 또 여러 해 전에 한 거짓말 때문에 자기 어머니에게 단단히 화가 나 있다는 얘기도 들렸다.

뛰어난 지적 능력을 타고났음에도 불구하고, 그 친구는 지금 어린 시절 사람들이 기대했던 성공적인 삶과는 거리가 먼 삶을 살고 있다. 왜일까? 심리학자는 아니지만, 나는 그가 분노의 대상에 너무 많은 지적 에너지와 감정을 쏟아온 게 아닌가 생각한다. 그는 아마 적대감을 갖게 만든 사람들에게 연민과 공감 같은 건 거의 느끼지 못한 채, 그저 그들의 동기와 행동을 분석하는 데만 많은 시간을 허비했을 것이다.

아이러니하게도 그는 독실한 유대교도이다. 그리고 그럼에도 불구하고, 유대 전통이 모든 유대인에게 권하는 잠자리 들기 전 기도 덕을 전혀 보지 못한 것 같다. 밤에 잠자리에 들기 전 이루어지는 유대인의 이 의식에는 유대주의의 신조인 슈마Sh'ma를 암송하는 것도 포함된다. 다음 기도문은 슈마 암송에 앞서 암송해야 하는 것이다.

> 대우주의 주인이신 하나님의 이름으로 저는 지금 저를 분노케 했거나 저를 적대시했거나 저에게 죄를 지은 모든 사람들을 용서합니다. 저의 육체나 재산, 명예 등을 비롯해 저의 어떠한 것에 해를 끼쳤든, 사고로 해를 끼쳤든, 아니면 고의나 부주의로 해를 끼쳤든, 또 말을 통해 해를 끼쳤든, 행동이나 생각을 통해 해를 끼쳤든, 그리고 이생에서 해를 끼쳤든, 전생에서 해를 끼쳤든 상관없이 말입니다. …… 저 때문에 벌을 받는 사람이 없도록 하소서. 제가 더 이상 죄를 짓지 않는 것이 저의 하나님이자 제 조상의 하나님이신 당신의 뜻이 되게 하옵소서. 제가 주님 앞에서 짓는 어떠한 죄에 대해서도 고난이나 질병이 아닌 주님의 넘치는 자비로 씻어주시옵소서. 저의 입과 생각, 저의 마음이 표현하는 바가 저의 바위이시자 구세주이신 주님이 좋아하시는 것이 되게 하소서.[204]

---

203 이 율법은 '가해자'가 '피해자'에게 반드시 용서를 구해야 한다는 것을 암시하기도 한다.
204 이 기도문에서 가장 놀라운 것은 환생에 대한 유대주의 믿음을 긍정하는 것처럼 보이는 '이생에서 해를 끼쳤든 전생에서 해를 끼쳤든 상관없이'란 구절일 것이다.

이 기도문은 잘 알려진 순서에 따라 먼저 당신이 당신에게 죄를 지은 다른 사람들을 용서한다. 그리고 그 후에야 비로소 당신 죄를 용서받을 자격이 생긴다(187일째 참조).[205]

이 기도문을 암송하고 그 메시지를 마음에 새기며 평온하게 잠들고 평온하게 일어나도록 하자. 나는 이 기도문을 복사해 앞서 말한 그 친구에게 보내주면 어떨까 생각하고 있다.

271일째 목요일

당신 아이가 다른 아이를 괴롭히지 않도록 하라

몇 년 전, 나는 딸아이가 타는 통학 버스에서 몇몇 아이들이 다소 비만이고 몸이 둔한 전학생 한 명을 습관적으로 놀린다는 이야기를 딸에게서 전해 들었다. 심지어 몇몇 아이들은 노래까지 만들어 그 여자아이 앞에서 직접 불러대기도 한다고 했다. 그 아이들의 행동이 얼마나 잘못된 것인지를 설명하려고 딸아이와 함께 앉았을 때, 나는 감정이 너무 격해져 말도 제대로 나오지 않을 지경이었다. 딸은 자신에겐 사소해 보이는 일(몇몇 아이들이 한 아이를 놀리는)로 내 감정이 그렇게까지 격해져 있는 것을 보고 사뭇 놀란 눈치였다.

나는 유대주의가 다른 사람에게 굴욕감을 주는 문제를 얼마나 심각하게 여기는지를 딸에게 설명했다. 아이들이 그런 행동을 지칭하는 데 사용하는 '놀린다'는 말은 그 행동의 사악함을 최소화하고 감추기 위해 선택된 말이다. 다른 아이를 모욕하고 조롱하는 것은 단순히 놀리는 것보다 훨씬 더 나쁜 일이다. 유대주의는 그런 행동을 살인의 한 형태로 간주한다. 그런 행동이 장기간 지속될 경우, 모욕을 당하는 사람은 자존감이 상실돼 스스로를 어리석고 밉살스런 존재로 여기게 되며, 그 결과 그의 인생 자체가 파괴되기 때문이다.

대화 후 딸은 그 여자아이에게 전화를 걸어 우리 집으로 초대했다. 그리고 딸과의 전화 통화에서 그 아이는 처음엔 버스에서 자기를 놀리는 아이들에게 "난 너희들이 하는 말을 조금도 신경 안 써. 실컷 떠들어 봐."하며 꿋꿋이 참아보려 했지만, 아이들의 계속되는 모욕에 이제는 공포감이 든다고 했다.[206]

어렸을 때부터 자녀에게 다른 사람을 모욕하고 조롱하는 것은 인간이 범할 수 있는 가장 큰 죄악 중 하나라는 점을 주지시킨다면, 자녀의 영혼을 구하는 데 도움을 줄 수 있을 뿐 아니라, 당신이 모르는 다른 아이가 비참하고 고통스런 삶을 살지 않도록 하는 데도 도움이 된다.

272일째 금요일
다섯 번째 계율이 부모에게 요구하는 것

유대 율법에 따라 자녀들은 의당 부모를 공경해야 하지만 부모 또

---

[205] 나는 이 기도문이 흔히 인간이 다른 인간에게 범할 수 있는 일반적인 죄를 용서하는 것을 의무화하고 있을 뿐이지, 앞서 언급한 극악무도한 악행에 대한 용서는 의무화하지 않는다고 생각한다(그런 악행을 용서할 것인지의 문제에 대해선 193일째 및 어제 글의 주석을 참조하기 바란다.).
[206] 우리는 이 일을 교장에게도 알렸고, 교장은 곧바로 아이들의 괴롭힘을 멈추기 위해 개입했다.

한 자녀에게 공경 받을 수 있게 행동해야 한다는 것이 랍비들의 생각이다. 예를 들면, 탈무드는 성숙한 자녀를 때리는 부모를 맹비난한다. 부모의 구타는 자녀로 하여금 반격에 나서게 해, 자녀가 토라 율법을 위반하게 만들 수 있기 때문이다(출애굽기 21:15; 모에드 카탄 17a 참조).

자녀가 부모에게 불경하게 행동할 경우, 우리는 당연히 그 자녀에게 잘못이 있다고 판단한다. 하지만 위대한 탈무드 학자이자 인권 운동가인 아브라함 조슈아 헤셸은 부모들에게 또 다른 가능성도 고려해 볼 것을 제안한다. "너무도 많은 경우, 자녀로 하여금 다섯 번째 계율을 따르지 못하게 하는 사람은 바로 부모이다. 난 부모들에게 매일 스스로 다음과 같은 질문을 던져볼 것을 제안한다. 과연 나에게는 내 자녀로부터 공경 받을 만한 면이 있는가?"

273일째 안식일

한 주를 돌아보며 편히 쉬는 하루가 되기를.

274일째 일요일

모든 사람이 당신의 기념 행사를 축하할 수 있도록 하라

랍비 아브라함 트워스키는 너무 호화로운 결혼 피로연에 초대받았을 때 자신이 가졌던 걱정에 대해 이렇게 이야기한다.

신랑신부와 그들의 부모들은 내가 정신과 전문의가 되기 오래 전부터 나의 시나고그에 다녔고, 그래서 나는 신랑신부와 그 부모들 어느 누구의 마음도 상하게 하고 싶지 않았지만, 결혼식 행사 자체는 정말 걱정스러웠다. 너무 호화로웠기 때문이다. 호화롭다는 말 외에 내가 어떤 말을 할 수 있겠는가? 수많은 사람들이 물질적인 결핍으로 고통 받고 있다는 사실을 생각하면, 그 결혼식이 지나친 낭비요 사치라는 건 자명했다. 내가 어떻게 그런 결혼식에 참여할 수 있겠는가? 내가 어떻게 그 결혼식을 진심으로 축하할 수 있겠는가?

순간 나의 딜레마를 해결해 줄 아주 명쾌한 아이디어가 떠올랐다. 나는 각종 행사 후 남는 음식을 가난한 사람들에게 나눠주는 일을 하는 밀워키Milwaukee의 한 자선 단체 생각이 났고, 그래서 신랑신부에게 결혼식 끝나고 남는 음식을 그 단체에 기부하자고 했다. 너무 기쁘고 다행스럽게도, 신랑신부는 이미 그렇게 하기로 약속해놓았다고 했다. 그들의 친구들 중 상당수도 종종 그런 방식으로 남은 음식을 기부한다는 것이었다.

두 번째 아이디어는 내 딸이 태어날 때 아내를 돌봐준 간호사 아이다Ida가 내놓았다. 결혼식 행사가 끝나고 밤이 되면, 결혼식에 썼던 꽃들을 수거해 그녀가 일하는 마운틴 시나이 병원Mt. Sinai Hospital에 기부하면 어떻겠냐는 것이었다. 아주 훌륭한 아이디어라고 생각한 나는 꽃의 일부를 지역의 한 정신 병동에 기부하고 싶었다. 거기엔 한 번도 꽃을 받아 본 적이 없는 환자가 많았기 때문이다.

그날의 주인공들은 그 아이디어도 흔쾌히 받아들였고, 나는 춤을 추며 그 결혼식을 축하했다. 다음날 아침 일찍 마르케트 대학의 의대생 30명이 환자들에게 꽃을 나눠주기 위해 꽃을 수거하러 왔다.[207]

---

[207] 트워스키, 《남에게 대접을 받고자 하는 대로 너희도 남에게 대접하라: 선행이 어떻게 당신의 삶을 변화시킬 수 있을까 Do Unto Others:How Good Deeds Can Change Your Life》 37-39쪽

최근, 마존Mazon이라는 한 유대 단체가 유대인들에게 결혼식이나 졸업식, 성인식 같은 축하 행사에 드는 비용의 3%를 기부해줄 것을 요청했다(이 단체는 굶주린 사람들에게 먹을 것을 제공하는 다른 자선 단체들에 기금을 나눠주는 일도 하고 있다.). 문제의 결혼식을 마친 지 일주일 후 랍비 트워스키는 그 신혼부부에게서 편지 한 통을 받았다고 한다. 그 신혼부부는 가난하고 외로운 사람들에게 음식과 꽃을 기부해 활기를 불어넣어 준 것이 자신들에게 행복한 결혼 생활을 약속하는 좋은 징조가 되어주었다고 했다.

275일째 월요일

도움을 받는 사람의 자존심을 지켜주는 것에 대해

유대 전통은 자선을 베푸는 것만으로는 충분치 않다고 가르친다. 즉 자선을 하되, 가능한 한 가장 도덕적인 방식으로 자선을 해야 한다는 것이다. 하지만 유감스럽게도, 그 방식이 늘 정확히 정해져 있는 것은 아니다. 가끔 자선 행위로 보이는 것이 윤리적으로 문제가 있는 경우도 있기 때문이다. 그런 이유로 13세기 독일 유대인의 지침서였던 세퍼 카시딤Sefer Chasidim(경건한 사람들의 책)은 이렇게 말하고 있다.

정직한 사람인 레우벤이 시몬에게 약간의 돈을 빌려달라고 부탁했다. 시몬은 주저하지 않고 돈을 내주며 이렇게 말했다. "이 돈은 내가 자네에게 주는 선물일세. 그러니 갚을 필요가 없네."

레우벤은 그 말에 수치심과 당혹감을 느끼고 다시는 시몬에게 돈을 빌리지 않았다. 분명 레우벤에게 그런 식의 선물은 주지 않는 게 더 나았을 것이다(1691절).

시몬은 분명 마음이 따뜻한 사람이었을 것이다. 하지만 그에게는 자선을 베푸는 것만큼이나 중요한 자질인 잘 발달된 도덕적 상상력이 부족했다. 즉 친절을 베풀 땐 최고의 선에 도달할 수 있는 방식으로 친절을 베풀어야 하는데, 그에 필요한 지적이며 감성적인 능력이 부족했던 것이다.

20세기의 걸출한 유대 성인 중 한 명인 랍비 아르예 레빈은 적절한 방식으로 선을 행하는 것에 능통한 인물이었다.

랍비 아르예는 예루살렘에 있는 에츠 차임 학교에서 수십 년 동안 학생들을 가르쳤는데, 그 대부분의 기간 동안 학교에는 가난한 학생이 많았다. 어느 날 랍비 아르예는 닳아빠진 신발을 신고 등교한 한 소년을 보았다. 그 소년은 분명 새 신발이 필요했지만, 랍비 아르예는 소년의 아버지가 자존심이 강한 사람이라 소년에게 새 신발을 사주면 모욕감을 느끼리란 걸 알았다. 이럴 때 도덕적 상상력이 풍부한 사람이라면 어떻게 소년의 아버지 자존심을 상하지 않으면서 소년에게 새 신발을 줄 수 있을까?

아침 휴식 시간에 랍비 아르예는 탈무드에 대해 얼마나 많이 알고 있는지 알아볼 거라며 소년을 자기 사무실로 불렀다. 랍비 아르예는 소년이 충분히 맞출 수 있는 문제 몇 가지를 물었다. "잘하는구나!" 랍비 아르예는 소년이 답을 말할 때마다 칭찬했다. 질문을 끝내고 랍비 아르예는 소년에게 쪽지 두 장을 주었다. 한 장은 동네 신발가게 주인에게 전해줄 쪽지로, 거기엔 나중에 돈을 지불할 테니 소년에게 신발을 내주라는 내용이 적혀 있었다. 다른 한 장은 소년의 아버지에게 아들이 상을 탔다는 걸 알리는 쪽지였다.[208]

도움이 필요한 사람에게 자선을 베푸는 것도 중요하지만, 자선을 베풀 때 상대의 자존심을 상하지 않게 하는 것도 그에 못지않게 중요하다. 어떻게 주는지의 문제가 무엇을 주는지의 문제만큼 중요한 경우가 종종 있는 것이다.

276일째 화요일

용서를 구해야 하는데
그러지 않고 있는가

유대 율법에 따르면, 만일 당신이 다른 사람을 속여 이득을 취했다면, 먼저 그 사람에게 변상을 한 다음 용서를 구해야 한다. 이것이 유대주의의 회개 과정이다. 자주 인용되는 미슈나는 이렇게 가르친다. "속죄일에는 인간에게 지은 죄가 아니라 하나님에게 지은 죄를 속죄한다. 상처받은 사람이 치유되지 않았다면 말이다(미슈나, 요마 8:9)."

상대를 속여 취한 돈을 당장 돌려줄 입장이 못 된다면, 상대에게 그

---

208 심차 라즈, 《우리 시대의 의인》 321쪽

상황을 설명하고 최대한 빠른 시간에 최대한 많은 돈을 갚을 때까지 기다려 달라고 부탁해야 한다. 만일 상대가 이미 이 세상 사람이 아니라면, 그 상속인들에게 돈을 갚아야 한다.

당신이 다른 사람을 말로 모욕했거나 다른 식으로 상처를 입혔다면, 그것을 인정하고 상대에게 보상 방법이 없는지 물어보고 화해 의사를 표명하며 용서를 구해야 한다.

다른 사람에게 워낙 큰 피해를 입혔다면, 용서를 구하더라도 용서를 받지 못할 수도 있다. 그럴 경우 유대 율법은 최소한 두 번 더 용서를 구할 것을 명한다. 상대에게 세 차례 용서를 구했는데도 용서받지 못했다면, 더 이상 용서를 구할 필요는 없다. 유대 율법은 용서를 구하느라 인생 전부를 낭비하는 건 원하지 않기 때문이다.

오늘 글은 당신이 아닌 다른 사람들을 위한 글이라 생각하고, 페이지를 넘기기 전에 잠시 깊이 생각해보기 바란다. 당신이 상처를 주고도 사과하지 않은 사람(예를 들면, 가족이나 친구, 친지, 업계 사람 등)이 있는가? 오래 전, 소설 《러브 스토리 Love Story》의 다음 대사가 인기를 끈 적이 있다. "사랑이란 절대 미안하다는 말을 하지 않는 것." 하지만 유대 윤리는 이 말에 반대한다. 유대 윤리에 따르면, 사랑과 선의는 어떻게 하면 다른 사람에게 상처를 주지 않는지, 또 상처를 주었다면 어떻게 사과해야 하는지를 아는 것을 의미한다.

277일째 수요일

다른 사람을 대신해서 용서하지 말라

　미국에선 1년에도 여러 차례 젊은이가 살해됐다는 뉴스가 나오며, 그 희생자의 부모가 텔레비전 인터뷰에 나와 자기 자녀를 살해한 사람을 용서한다고 말하는 장면을 보게 된다. 그리고 그런 경우 그 부모들은 거의 다 모든 죄를 용서해야 한다는 가르침을 따르는 독실한 기독교인이다.

　반면 유대주의는 이와는 전혀 다른 관점을 갖고 있다. 즉 이 경우 부모는 살인자가 자신들에게 준 고통에 대해선 용서할 수 있을지 몰라도 살인 그 자체에 대해선 용서할 수 없다는 것이 유대주의의 관점이다. 실제로 살인자를 용서할 수 있는 사람은 아무도 없다. 살인자를 용서할 수 있는 유일한 사람은 이미 이 세상 사람이 아니기 때문이다. 몇 해 전에 지금은 고인이 된 랍비 아브라함 조슈아 헤셸이 비유대인 경영자들로 구성된 한 협회에 초대를 받아 연설을 한 적이 있다. 연설이 끝났을 때 한 참석자가 그에게 다음과 같은 질문을 던졌다. "당신과 유대 민족이 이젠 유대인 대학살에 대해 다른 나라들을 용서해야 한다고 생각하지 않으십니까?"

　랍비 헤셸은 이에 대한 답변으로 다음과 같은 이야기를 들려주었다.

　　50여 년 전, 워낙 널리 알려진 학자인데다 관대한 성품으로 존경받던 브리스크 출신의 하임 솔로베이치크Hayyim Soloveitchik가 고향으로 가기 위해 바르샤바에서 기차를 탔습니다. 왜소한 체구에 평범한 외모의 랍비 하임은 열차의 한 객실에서 빈자리를 발견하고 거기 앉았습니다. 주위엔 여행 중인 상인들이 몇 있었는데, 그들은 열차가 출발하자마자 카드놀이를 시작했습니다.

게임이 진행되면서 그들은 점점 더 흥분하게 되었습니다. 하지만 하임은 여전히 그런 그들에겐 관심도 없이 오직 독서에만 몰입했습니다. 그런 그의 초연함이 사람들의 심기를 건드렸고, 결국 그들 중 한 명이 하임에게 카드놀이를 함께 하자고 제안했습니다. 이에 하임은 한 번도 카드놀이를 해본 적이 없다고 대답했습니다. 시간이 지날수록 하임의 초연함은 그들을 더 화나게 만들었고, 마침내 한 남자가 그에게 말했습니다. "함께 카드놀이를 하든 이 객실을 떠나든 둘 중 하나를 택하시오." 그리고는 하임의 목덜미를 잡아, 그를 객실 밖으로 밀어냈습니다. 하임은 기차가 목적지인 브리스크 시에 도착할 때까지 몇 시간 동안 객실 밖에 서 있어야 했습니다.

브리스크는 하임을 객실 밖으로 쫓아낸 외판원의 목적지이기도 했습니다. 하임이 기차에서 내리자마자 그의 귀향을 환영하는 추종자들이 그의 주변에 몰려들어 악수를 청했습니다. "저 남자가 누구입니까?" 그 외판원이 옆에 있던 사람에게 물었습니다.

옆에 있던 사람은 "저 분도 모르신단 말이오? 브리스크에서 가장 유명한 랍비이십니다."라고 대답했습니다.

이 말을 듣고 외판원 가슴이 덜컹 내려앉았습니다. 그는 자신이 모욕을 준 사람이 누구인지를 몰랐던 것입니다. 그는 서둘러 하임에게로 가서 용서를 구했습니다.

하지만 하임은 이를 거부했습니다. 하임은 "당신을 용서하고 싶지만,

그럴 수가 없군요."라고 말했습니다.

호텔 객실에 들어가서도 평온을 찾을 수 없었던 외판원은 하임의 집으로 찾아갔고, 그의 서재로 들어가게 되었습니다. 상인은 "랍비님, 전 부자가 아닙니다. 하지만 랍비님이 저의 잘못을 용서해주신다면, 제가 지금까지 모은 300루블 전부를 자선 기금으로 드리겠습니다."라고 말했습니다.

하임의 대답은 간결했습니다. "됐습니다."

외판원은 견딜 수 없을 정도로 불안해졌습니다. 그래서 그는 위안을 얻기 위해 시나고그를 찾았습니다. 그가 시나고그에 있는 사람들에게 자신의 불안한 심경을 토로하자, 그들은 크게 놀랐습니다. 관대하기로 소문난 자신들의 랍비가 어떻게 용서에 그토록 인색할 수 있느냐는 것이었죠. 그들은 외판원에게 하임의 장남을 찾아가 아버지의 이례적인 태도에 대해 말해보라고 조언했습니다.

외판원의 이야기를 들은 랍비 하임의 장남 역시 아버지의 완고함을 이해할 수 없었습니다. 그는 근심에 싸여 있는 외판원에게 이 문제를 놓고 아버지와 상의해보겠다고 약속했습니다. 유대 율법에 따르면, 아들이 직접적으로 아버지를 비난하는 것은 바람직하지 않습니다. 그래서 장남은 아버지의 서재로 들어가, 일반적인 유대 율법에 대한 토론으로 대화를 시작해 얼마 후 용서에 관한 율법으로 대화 주제를 바꾸었습니다. 용서를 세 번 구하면 용서해주어야 한다는 원칙이 거론되었을 때, 장남은 근심에 쌓인 그 외판원 이름을 언급했습니다. 그러자 랍비 하임은 이렇게 대답했습니다.

"그는 내게 모욕을 주지 않았는데, 어떻게 내가 그를 용서할 수 있겠느냐? 그가 만일 내가 누구인지를 알았다면, 절대 그런 행동을 하지 않았을 것이다. 그가 만일 진정으로 용서받길 원한다면, 기차에 앉아 책을 읽고 있는 어느 가난한 유대인을 찾아가 그에게 용서를 구해야 할 것이다."

랍비 헤셸은 다음과 같이 결론 내렸다. "다른 사람에게 저질러진 범죄를 대신 용서해 줄 수 있는 사람은 아무도 없습니다. 따라서 현재 살아 있는 유대인이 대학살로 생명을 잃은 600만 명의 유대인을 대신해 그들의 생명을 앗아갔거나 그들의 죽음을 방관한 사람들을 용서한다는 건 상식에서 크게 벗어나는 일일 것입니다. 유대 윤리에 따르면, 하나님조차도 다른 인간에게 죄를 지은 사람이 아닌 그 분 자신에게 죄를 지은 사람만 용서할 수 있을 뿐입니다."[209]

278일째 목요일

다른 사람을 모욕하는 사람에게 내리는 징벌

나는 7살 때 부모와 함께 외국으로 이민 간 한 여성을 알고 있다. 새로 들어간 학교에서 그녀는 되풀이해서 또 공개적으로 망신을 당했다. 한 교사가 그녀의 문법 및 단어 실수를 흉내 내며 놀렸던 것이다. 그 경험은 그녀에게 워낙 큰 상처를 남겨, 수십 년이 지난 후에도 그녀는 사람들 앞에서 그 이야기를 하는데 말 못 할 두려움을 느껴야 했다.

탈무드는 그녀에게 큰 상처를 주고도 용서를 구하지 않은 그 교사는 그녀가 경험한 고통보다 훨씬 더 강도 높은 벌을 받게 될 것이라고 주장한다. "공개적으로 다른 사람을 모욕한 사람은 설령 그가 토라를 공부했고 다른 선행들을 실천했다 하더라도 '도래할 세상'에 들어갈 수 있는 자격을 박탈당한다(아버지의 윤리 3:11)." 랍비들은 왜 하나님이 그런 행위에 대해 그렇게 큰 벌을 내릴 것이라 생각했을까? 그들은 공개적인 모욕은 돌이킬 수 없는 치명적인 상처를 준다고 생각했을 것이다. 여러 차례 또는 반복적으로 모욕을 당하는 사람은 흔히 불안 증세를 보이게 되고 자존감이 낮아지며 다른 사람들과 잘 어울리지 못하게 된다.

탈무드의 이 엄격한 가르침은 실생활에 다양하게 적용된다. 교사가 다른 학생들 앞에서 한 학생을 망신 주어서도 안되고, 부모가 자녀에게 모욕적인 말을 해서도 안되며, 고용주가 직원을 면박해서도 안되고, 논쟁에서 상대를 부당하게 헐뜯어서도 안되는 것이다.

나는 언젠가 자신이 공개적으로 한 죄인과 대면해 상대 얼굴이 벌개질 정도로 몰아세웠다며 자랑삼아 자기 랍비에게 말하는 한 젊은이 이야기를 읽은 적이 있다. 이 가르침을 잘 알고 있던 젊은이는 계속 말했다. "그러고 나니 속이 후련했죠. 설령 '도래할 세상'에 갈 수 없다 해도 그렇게 한 것을 후회하진 않습니다."

지혜로운 그의 랍비는 "이 젊은이는 아마 다른 사람을 비난하는 즐

---

209 나는 원래 이 이야기를 랍비 울페 켈만에게 들었고, 그는 연설 직후 랍비 헤셸에게서 직접 전해 들었다. 위의 인용문은 주로 시몬 비젠탈Simon Wiesenthal의 《해바라기Sunflowr》 130-131페이지 내용을 따랐다.

거움을 위해 자신의 새끼손가락도 내놓으려 하지 않을 것"이라고 적었다. 그 젊은이가 한 말로 미루어 짐작하건대, 그는 하나님이 '모욕의 죄'를 심각하게 여기신다는 탈무드의 가르침을 불신하고 있든가, 아니면 '도래할 세상'의 중요성을 인식하지 못하고 있든가, 둘 중 하나인 것 같다.

어떤 사람을 공개적으로 모욕했다면, 그에게 용서를 구하고 일부나마 자기 잘못을 상쇄하기 위해 공개적으로 그의 명예를 회복시켜주어야 한다. 앞서 언급한 교사를 예로 들면, 그가 진정 회개하고 싶다면 먼저 소녀 집에 찾아가 자기 잘못을 시인하고 용서를 구한 뒤, 자기 학급에서 공개적으로 자기 잘못을 인정하고 소녀의 명예를 회복시켜주어야 한다.

랍비들은 다른 사람에게 굴욕감을 주는 행위가 불러올 참상을 잘 인식하고 있었다. 탈무드는 한 현자가 다른 현자에게 한 축도를 기록한다. "당신으로 인해 다른 사람이 굴욕감을 느끼지 않게 하시고, 당신 또한 다른 사람으로 인해 굴욕감을 느끼지 않게 하소서(모에드 카탄 9b)."

279일째 금요일

돈을 줄 수 없을 때

자선을 베푸는 것을 중요하게 여기는 독실한 유대교도에게 안식일이 곤란한 날일 수 있다. 유대 율법이 일주일에 하루 돈을 사용하는 것을 금지하는 이 날 만일 굶주린 걸인이 구걸을 해온다면 어떻게 해야 할까? 내 경우엔 대개 걸인에게 "죄송합니다만, 안식일이라 돈을 갖고 있지 않습니다."라고 얘기한다.

최근 안식일에 나는 내 친구 아리 골드먼과 그의 딸 엠마와 함께 길을 걷고 있었는데, 엠마는 음식이 가득 든 박스를 들고 있었다. 길을 가다 걸인이 보일 때마다 엠마는 박스에서 음식을 꺼내 걸인에게 주었다. 엠마가 내게 설명했다. "구걸을 하는 사람을 보고도 그냥 지나쳐서 마음이 안 좋았어요. 그래서 지금은 안식일 날 집을 나올 땐 꼭 음식을 들고 나와요."[210]

엠마의 말은 나를 감동시켰다. 그리고 사람이 자신의 지적 능력을 활용해 보다 윤리적으로 행동할 수 있는 방법을 찾으려 한다면, 엠마같이 10살밖에 안된 아이도 그렇게 할 수 있다는 걸 새삼 깨닫게 되었다.

280일째 안식일

한 주를 돌아보며 편히 쉬는 하루가 되기를.

---

[210] 할라카(유대 율법)는 안식일 날 공공 장소에서 그 무엇도 갖고 다니지 못하게 한다. 그러나 우리가 살고 있는 맨해튼 지역을 포함해 미국 전역의 수백 군데 지역에선 안식일에 각종 물건을 갖고 다니는 것이 허용되는 지역인 에루브eruv를 지정해놓고 있다.

05

유혹을 어떻게 다스릴 것인가

Week 41

281일째 일요일

어떻게 유혹을 뿌리칠 수 있을까

> 나실인Nazirite이여, 포도밭 근처에 가지 않도록 돌아가는 길을 택하라.
> — 바빌로니아 탈무드, 샤밧 13a

나실인은 하나님을 위해 유혹에 빠지지 않기로 맹세한 민족인데, 토라는 민수기에서 이 나실인의 율법을 기록하고 있다. 나실인으로 살겠다고 하나님께 맹세한 사람은 포도주를 마셔도 안되고, 포도를 먹어서도 안되며, 머리카락를 잘라서도 안되고, 시체 가까이 가서도 안된다(민수기 6:1-21참조). 일반적으로 이 나실 서원에 따라 사는 기간은 한정되어 있다.

탈무드는 이 율법을 언급하면서, 나실인에게 아주 현실적인 조언을 한다. "나실인이여, 포도밭 근처에 가지 않도록 돌아가는 길을 택하라." 어차피 포도를 먹는 게 금지되어 있으니, 처음부터 포도밭을 피해 아예 유혹에 빠질 상황을 만들지 말라는 말일 것이다. 이 탈무드 조언은 유혹에 취약한 많은 현대인들에게도 적용된다. 예를 들면 "알코올 중독자여, 술집 근처에 가지 않도록 돌아가는 길을 택하라."라는 말을 만들어 볼 수도 있을 것이다. 마찬가지로 도박에 중독된 사람은 카지노나 경마장 같은 도박장 근처에 얼씬도 하지 말아야 하고, 다이어트를 하는 사람은 레스토랑에서 디저트 메뉴는 아예 쳐다보지도 말아야 할 것이다.

나실인으로 살겠다고 맹세한 사람은 지켜야 할 맹세를 구체적으로 알고 있어 어떤 것을 피해야 할지 쉽게 알 수 있지만, 우리들 가운데 상당수는 그러기가 쉽지 않다. 딱 한두 잔 정도로 절제할 수 있다고 자신하는 알코올 중독자나 돈을 많이 잃기 시작하면 바로 일어날 거라고 장담하는 도박 중독자들을 우리는 흔히 볼 수 있다. 이것이 바로 자기 자신에 대한 이해가 자기 개선의 첫걸음인 이유이다. 자신의 약점을 제대로 알고 있어야, 자신을 유혹하는 것들을 어떻게 피할 수 있는지도 알 수 있는 것이다.

당신은 당신의 약점들을 알고 있는가? 또 그 약점들을 보완해줄 전략들은 갖고 있는가?

282일째 월요일

잘못된 일을 하려는 유혹에 빠질 때

> 세 가지에 대해 생각하라. 그러면 너희는 죄의 유혹을 뿌리칠 수 있을 것이다. 너희 위에 무엇이 있는지를 알라. 보는 눈과 듣는 귀가 있다. 그리고 너희의 모든 행동은 한 권의 책에 기록된다.
>
> — 아버지의 윤리 2:1

몇 해 전, 1년 내내 미국 사회를 떠들썩하게 했던 사건이 하나 있었다. 바로 클린턴 대통령이 백악관 재임 기간 동안 한 여성과 부적절한 성관계를 가졌던 사건이다. 그의 행동은 상당히 경솔했고 여러 면에서 눈살을 찌푸리게 했다. 예를 들면, 그는 국외의 위험한 지역에 미국 군대를 파견하는 문제를 놓고 한 국회의원과 전화 통화를 하는 동안 그의 연인과 성행위를 했다. 이 일이 세상에 알려졌을 때 그와 그의 연인은 물론 그의 아내와 딸도 말도 못할 만큼 곤혹스러워했다. 차라리 사람들에게 알려지지 않았어야 하는 사건이라고 말하는 사람도 있겠지만, 대통령이 탓해야 할 사람은 그저 대통령 자신뿐이었다. 그에게 그런 행동을 부추기거나 강요한 사람은 아무도 없었기 때문이다.

이와 마찬가지로, 사업적으로 부정을 저지른 사람 역시 후에 그것이 알려지면 매우 난처한 입장에 놓이게 된다. 우리는 내 친구의 어머니가 내 친구에게 해주신 조언을 따름으로써 그런 일을 피해갈 수 있다. 만일 당신이 유혹에 쉽게 굴복하는 사람이라면, 다음과 같은 친구 어머니의 조언을 종이에 적어 늘 갖고 다닐 것을 권한다.

잘못된 일이나 관계에 관여하고 싶다는 마음이 들 때마다, 그 일이나 관계에 네가 연루됐다는 게 다음날 아침 《뉴욕 타임스》에 대서특필된다고 상상해 봐라. 아무 문제도 되지 않는다면 그렇게 해라. 아니면 당장 마음을 고쳐먹어야 한다.

283일째 화요일
가정에 더 이상 평화가 없을 때

몇 해 전, 유럽 태생의 한 정통파 랍비가 내 유대인 친구의 이혼을 진행하다가 다음과 같은 말을 했다. "미국에는 이혼하는 사람이 너무 많고, 유럽에는 이혼하는 사람이 너무 적습니다."

그 랍비의 통찰력은 심오했다. 미국에선 이혼 사례들 가운데 부부가 잘 타협해 이혼까지 가지 않을 수 있는 사례들이 많다. 그러나 위에서 랍비가 한 말의 뒷부분은 모든 결혼이 무조건 유지되어야 하는 건 아니라는 걸 암시한다.

유대주의는 결혼을 신성시한다. '결혼식'에 해당하는 히브리어 '키두쉰'의 어원은 '신성한'이란 뜻을 가진 히브리어 '카도슈Kadosh'이다. 그럼에도 불구하고 결혼으로 인한 고통이 결혼의 모든 장점보다 더 커, 결혼 생활을 끝내는 것이 더 바람직한 경우들도 있다.

'가정의 평화와 조화'란 뜻의 히브리어 '샬롬 바이트Shalom bayit'는 유대주의가 높이 평가하는 가치 중 하나로, 불화 중인 부부들을 상담하는 랍비들이 부부 간의 차이점 극복을 강조할 때 종종 언급하는 말이

기도 하다. 하지만 아이러니하게도 '샬롬 바이트'가 결여되어 있을 경우, 일부 부부들이 이혼을 해야 하는 사유가 된다. 결혼의 목적이 험한 세상에서 평화의 섬을 만드는 것이라면, 장기간 가정의 평화가 깨지고 그 상태가 지속될 가능성이 클 경우, 그 결혼은 끝내는 것이 좋을 것이다. 물론 이혼은 쉽게 결정할 문제가 아니지만, 모든 걸 희생시키면서까지 막아야 할 문제도 아니다. 배우자로부터 상습적인 학대를 당한다면 당연히 서둘러 이혼을 해야 한다. 탈무드가 "독사와 같은 굴에서 살 사람은 아무도 없다(예바못 112b)."라고 말하듯이 말이다. 탈무드는 또한 남편으로부터 학대를 당하는 여성에게 그것을 자기 운명으로 생각하지 말라고 당부한다. "여성에게는 삶이 주어졌지 고통이 주어진 것은 아니다(케투봇 61a)."

학대 받는 경우에 덧붙여, 당신이 배우자를 진정 싫어하거나 경멸하게 되어 끊임없이 배우자와 떨어져 있으려 하는 경우에도(또는 배우자가 당신에 대해 그렇게 느끼는 경우에도) 이혼에 대해 진지하게 고민해 볼 필요가 있다. 불행한 결혼 생활을 하고 있는 사람들 경우, 이를 운명 탓으로 돌리면서 자포자기하며 살 필요는 없다. 랍비 요세의 아내는 심지어 제자들이 있는 데서도 남편을 공개적으로 모욕하곤 했다. 이에 한 제자가 그에게 이혼하라고 권하자, 그는 그러고 싶지만 이혼 합의에 필요한 돈이 없다는 걸 내비쳤다. 그래서 그 제자는 랍비 요시가 지옥 같은 상황에서 벗어날 수 있게 기금을 모았다(팔레스타인 탈무드, 케투봇 11:3; 318일째 참조).

유대주의는 이혼을 아주 슬픈 일로 여긴다. 한 시적인 유대 문헌은 이렇게 말한다. "첫 아내와 이혼하면 제단마저 눈물을 흘린다(기틴

90b)." 그럼에도 유대주의는 결코 이혼이 늘 잘못된 것이라고 결론짓지는 않았다. 왜일까? 첫째, 고통을 받아야 할 이유가 없을 때에는 고통을 받지 말아야 하기 때문이다(특히 자녀가 없는 경우나 자녀가 모두 성장한 경우). 둘째, 결혼에 한 번 실패한 이후라 해도 여전히 또 다른 행복한 결혼을 꿈꿀 수 있기 때문이다. 첫 결혼에선 찾지 못했던 행복을 두 번째 결혼에선 찾은, 야구광인 내 친구 하나가 내게 이런 말을 했다. "하나를 시도해 아무것도 얻지 못하는 것보다는 둘을 시도해 하나를 얻는 게 낫지."

284일째 수요일
공개적인 모욕이 허용되는 경우

유대주의는 다른 사람을 공개적으로 모욕하는 것에 강력히 반대한다. "누구든 공개적으로 이웃에게 굴욕감을 주는 건 자기 피를 흘리게 하는 것이다(바빌로니아 탈무드, 바바 메지아 58a).", "공개적으로 다른 사람을 모욕한 사람은 설령 그가 토라를 공부했고 다른 선행들을 실천했다 하더라도 '도래할 세상'에 들어갈 수 있는 자격을 박탈당한다(아버지의 윤리 3:11)."
하지만 이렇듯 절대적으로 보이는 가르침에도 예외는 있다.

자녀들을 뒷바라지하길 거부한 한 아버지가 랍비 히스다 앞에 불려왔을 때, 랍비 히스다는 이렇게 말했다. "사람들이 보는 앞에서 절구

통을 거꾸로 뒤집은 뒤 무책임한 저 아버지를 그 위에 세워 이렇게 말하게 하라. '갈가마귀조차 자기 새끼를 돌보지만, 나는 내 자식을 돌보지 않는다.'"

— 바빌로니아 탈무드, 케투봇 49b

이 경우 유대 윤리는 왜 공개적으로 굴욕감을 주는 것을 허용할까?
첫째, 랍비 히스다는 모든 걸 부모에게 의존해야 하는 아이들을 뒷바라지하길 거부하는 아버지는 정상적인 인간으로 대우받을 권리를 박탈당한 것으로 여긴 듯하다. 랍비 히스다가 언급했듯, 아버지의 이 같은 행동은 윤리적으로 동물보다 못하다는 걸 보여주는 것이다. 둘째, 랍비 히스다는 의식주를 제공받아야 하는 아이들의 권리가 공개적인 모욕을 받지 않아야 하는 아버지의 권리보다 크다고 여겼고, 그래서 그런 공개적인 모욕에 자극받은 아버지가 아이들 뒷바라지에 적극적으로 나서길 바란 것 같다.

자녀를 이 세상에 태어나게 한 부모에게 양육의 의무가 있다는 것은 너무도 당연해 보이지만, 미국 전역에선 수만 명의 아버지가 너무도 기본적인 이런 윤리적 책임을 회피하고 있다. 나와 내 아내는 한 여성을 알고 있는데, 그녀 남편은 아내를 버리고 다른 나라로 가버렸다. 부유한 그 남편은 그녀를 떠난 뒤 아이들의 양육비를 보내주기는커녕 아이들과 연락을 취하려는 어떠한 노력도 하지 않았다. 그런데 늘 돈 문제로 전전긍긍 힘겹게 살아가는 그 여성은 남편이 독실한 유대교도의 삶을 살고 있다는 소식을 규칙적으로 듣고 있다. 그게 사실이라면, 이 얼마나 말도 안 되는 일인가! 그는 유대주의가 공개적인 모욕을 허용하는 몇 안되는 죄 중 하나를 범하고도, 열심히 기도하고 종교 의식을 따르면 하나님 은총을 받을 수 있다고 생각하는 지도 모른다.

어린 자녀에 대한 아버지의 책임은 자신이 아이 엄마와 결혼 생활을 계속하고 있는가 하는 문제와는 전혀 관계없는 절대적인 것이다(비윤리적으로 행동하는 더 큰 자녀들에 관해선 311일째의 글을 참조하기 바람.).

285일째 목요일
하나님이 베푸시는 용서의 한계

하나님은 전지전능하신 분인가? 유대주의에 따르면 그렇다. 하나님은 세상을 창조하셨을 뿐 아니라, 죽은 사람을 다시 살리기도 하신다(열왕기하 4:32-35 참조). 그런데 유대주의는 하나님이 사용하지 않으시며 또 사용하길 거부하시는 힘도 있다고 가르친다. 우리가 다른 사람에게 행한 불의는 용서하지 않으신다는 것이다.

속죄일을 경건하고 충실하게 보내면 모든 죄를 용서받을 수 있다는 믿음은 근거 없는 믿음에 불과하다. 미슈나는 이렇게 가르친다. "속죄일에는 인간에게 지은 죄가 아니라 하나님에게 지은 죄를 속죄하는 것이다. 상처받은 사람이 치유되지 않았다면 말이다(요마 8:9)." 마이모니데스는 '회개에 관한 율법'에서 다음과 같이 말하고 있다.

> 회개와 속죄일에는 인간이 하나님에게 지은 죄만을 속죄한다. 예를 들면, 금지된 음식을 먹은 것과 같은 죄만을 사하는 것이다. 그러나 동

료에게 상처를 주거나 동료를 저주하거나 동료에게서 뭔가를 훔치는 것 같은 사람과 사람 간의 죄는 가해자가 피해자에게 피해에 상응하는 보상을 하고 피해자를 만족시키기 전까진 결코 용서받을 수 없다. 설령 가해자가 피해자에게 잘못에 대한 보상을 했다 해도, 용서를 구해야 한다는 점이 중요하다. 아울러 어떤 말로 동료의 기분을 상하게 한 경우 역시, 용서를 받을 때까지 계속 그에게 용서를 구해야 한다.

— 마이모니데스, 미슈나 토라, '회개에 관한 율법' 2:9[211]

다시 말해, 만일 하나님께 죄를 지었다면 하나님께 용서를 구해야 하고, 자녀에게 죄를 지었다면 잘못을 바로잡고 자녀에게 용서를 구해야 하며, 배우자에게 죄를 지었다면 행동을 바로잡기로 결심하고 배우자에게 용서를 구해야 한다. 또한 사업상의 거래에서 상대에게 죄를 지었다면 그 보상을 해주고 용서를 구해야 한다.

물론 속죄일에 시나고그 예배에 참석해 영혼 깊숙한 곳에서 하나님께 용서를 구하는 것으로 모든 죄가 사해진다면 인생을 더 편하게 살 수 있을 것이다. 하지만 속죄일의 목적은 인생을 편하게 만들자는 것이 아니라, 잘못된 것을 가능한 한 바로잡아 다른 사람들 및 하나님과의 관계에 변화를 꾀하고 인생을 새롭게 시작하자는 것이다.

---

[211] 주로 랍비 엘리야후 토우거Eliyahu Touger의 《힐콧 테슈바Hilchot Teshuvah-회개에 관한 율법》 42-44쪽의 번역을 따랐다.

286일째 금요일

좋은 의도만으로는 불충분하다

좋은 의도만으로는 충분하지 않다. 즉 좋은 의도가 좋은 결과를 낳을 수 있도록 하는 데도 만전을 기해야 한다는 것이다. 뭔가 말을 하기 전에 그 말을 저울질해보는 것이 중요한 이유가 바로 여기에 있다. 그래서 2세기의 랍비 메이어는 유가족에게 위안은 커녕 더 많은 고통만 줄 뿐인 위로의 말을 내뱉는 경솔한 사람들을 비난했다.

> 1년 후 고인 가족을 만나 위로의 말을 건네는 사람을 어떤 사람과 비교할 수 있을까? 부러진 다리가 치유된 환자를 만나 "다시 절 찾아오시면 당신 다리를 다시 부러뜨리고 다시 고쳐드리겠습니다. 그러면 제 치료가 훌륭하다는 걸 확신하실 수 있을 테니까요."라고 말하는 의사와 비교할 수 있다.
>
> ― 랍비 메이어, 바빌로니아 탈무드, 모에드 카탄 Mo'ed Kattan 21b

287일째 안식일

한 주를 돌아보며 편히 쉬는 하루가 되기를.

288일째 일요일

유대인뿐 아니라 비유대인도 도와야 한다

1978년, 랍비 슈로모 칼레바흐는 유고슬라비아의 두브로브니크Dubrovnik에서 콘서트를 열었다. 콘서트를 마치고 산책을 하던 랍비 슈로모는 흐느껴 울고 있는 한 청년을 보고 물었다. "성스러운 형제님, 왜 그리 슬피 울고 있나요?" 이에 비유대인인 그 청년은 파리의 한 의과대학에서 학비 전액을 장학금으로 주겠다는 소식을 들었는데, 비행기표를 구입할 돈이 없다고 말했다. 그날 대출 받는 것도 시도해보았지만 번번이 거절만 당했다는 것이었다.

"파리까지 항공료가 얼마인데요?" 랍비 슈로모가 물었다.

"150달러입니다."

랍비 슈로모는 자기 호주머니를 다 뒤져 갖고 있던 현금을 모두 꺼냈다. 그리곤 돈을 세어 150달러를 청년에게 주었다. 이에 청년이 놀라 물었다. "저를 아시지도 못하는데, 제가 돈을 갚으리란 걸 어떻게 확신하실 수 있습니까?"

이에 랍비 슈로모가 대답했다. "빌려주는 게 아니라, 제가 주는 선물이에요."

청년은 끝까지 그냥 받길 거부하며 돈을 갚겠다고 했다. 그래서 랍비 슈로모는 청년에게 주소와 이름을 적어주며 덧붙였다. "정말 여유가 있을 때 돈을 갚도록 하세요."

그로부터 10년 후, 두브로브니크 소인이 찍힌 편지 봉투가 맨해튼에 있는 랍비 슈로모의 시나고그에 배달되었는데, 그 안엔 150달러짜리 수표와 다음과 같은 메모가 들어 있었다. "선생님께서 큰 친절을 베풀어주시어, 전 지금 두브로브니크에서 꽤 성공한 개업의가 되었습니다. 이 모든 것이 진정 선생님 덕입니다. 평생 결코 잊지 않을 것입니다."[212]

유대인이든 비유대인든 모든 인간은 하나님 형상으로 창조되었기 때문에, 유대 율법이 유대인뿐 아니라 비유인대인에게도 자선을 베풀 것을 의무화한 것은 당연한 일일 것이다.

> 우리는 가난한 유대인뿐 아니라 가난한 비유대인에게도 도움을 주어야 한다. 우리는 아픈 유대인뿐 아니라 아픈 비유대인에게도 문병을

---

[212] 만델바움, 《성스러운 형제》 75-76쪽

가야 한다. 우리는 유대인의 장례식뿐 아니라 비유대인의 장례식에도 참석해야 한다. 그것이 바로 평화의 길이기 때문이다.

— 바빌로니아 탈무드, 기틴 61a

289일째 월요일

유대인이 해야 하는 마지막 말

고해성사로 알려진 의식은 가톨릭교와 워낙 관련이 깊어, 유대주의에도 고백의 기도가 있다는 걸 모르는 유대인이 많다. 하지만 죄를 사해주는 권한을 가진 신부에게 자기 죄를 고백하는 가톨릭교의 고해성사와는 달리, 유대 율법은 임종의 순간에만 하나님께 직접 비두이$_{vidui}$(죄의 고백)를 낭송해야 한다고 규정한다. 하나님 뜻에 따르자면, 건강한 당신은 가까운 미래에 비두이를 낭송할 필요가 없다. 하지만 단지 그 내용을 알고 있는 것만으로도 당신의 삶이 달라질 수 있다.

유대 율법의 표준 법령인 슐칸 아루크는 다음과 같이 가르친다.

죽음이 임박했다고 느끼는 사람은 비두이를 낭송해야 한다. 그리고 주위 사람들은 다음과 같은 말로 그를 안심시켜야 한다. "죄를 고백하고 죽지 않은 사람들도 많고, 죄를 고백하지 않고 죽은 사람들도 많다." 만일 죽음에 임박한 사람이 혼자 힘으로 비두이를 낭송하지 못한다면, 다른 사람들이 그와 함께 비두이를 낭송할 수 있다.

— 슐칸 아루크, 요레 데아 338:1

다음은 전통적인 비두이 기도문이다.

오, 저와 제 조상들의 하나님, 제 기도를 받아주시고, 저의 간청을 물리치지 마소서. 제가 일생 동안 저지른 모든 죄를 용서하여 주소서. 제가 저지른 모든 잘못이 부끄럽습니다. 부디 회개하는 저의 고통을 알아주시고, 제가 주님께 저지른 죄를 용서하소서.

제가 더 이상 죄를 짓지 않는 것이 저와 제 조상들의 하나님이신 당신의 뜻이 되게 하소서. 당신의 크나 큰 자비로 저의 죄를 고통 없이 씻어주소서. 저를 비롯해 상처 입은 모든 사람을 깨끗이 치유하여 주소서. 저는 제 생명이 저와 제 조상들의 하나님이신 당신 손에 달려 있다는 것을 잘 알고 있습니다. 제가 치유되는 것이 당신의 뜻이 되게 하소서. 하지만 당신이 제가 치유되지 걸 원치 않으신다면, 저는 당신의 뜻을 따르겠습니다. 저의 죽음이 당신 앞에서 저지른 저의 모든 죄를 완전히 사할 수 있게 하소서. 당신 날개의 그림자 안에서 저를 보호하여 주시고 '도래할 세상'에 저를 받아주소서.

모든 고아의 아버지이시자 모든 미망인의 수호자이신 하나님 아버지, 저의 소중한 가족과 함께하여 주시고 그들을 보호하여 주소서. 저의 영혼이 그들과 결합되어 있기 때문입니다.

당신의 손에 저의 영혼을 바칩니다. 오, 주여, 진실의 하나님이시여, 당신은 저를 죄악으로부터 구해주셨습니다.

이스라엘아, 들으라. 우리 하나님 여호와는 오직 한 분인 여호와시다.

290일째 화요일

장기 기증을 해야 하는가

유대 율법은 인간의 육체는 죽은 후에도 신성하다고 여긴다. 그래서 유대 율법은 시체를 절개해 장기를 제거하는 것을 니불 하멧 nivul hamet(죽은 사람의 명예를 훼손하는 행위)으로 여겨 일반적으로 부검을 반대한다.[213]

그리고 유대 율법이 부검을 반대하는 것으로 유명해, 유대 율법이 시체 절개와 어느 정도의 훼손이 따르는 장기 적출을 수반하는 장기 기증에도 반대할 것이라고 생각하는 유대인들이 많다.

지금도 마찬가지지만, 오랫동안 나는 나와 사랑하는 사람들이 죽은 뒤 몸이 절개되어 장기가 적출되는 상상을 하면 메스꺼움을 느꼈다. 그런데 어느 날 그런 내 시각을 바꿔놓은 편지 하나를 읽게 되었다. 그것은 병원에서 장기 이식을 담당하는 한 간호사가 사고로 죽은 한 젊은이의 장기를 기증한 그의 가족에게 보낸 편지였다.

> 장기 이식이 절실히 필요했던 사람들에게 아드님의 장기를 기증해주신 배려와 관대함에 감사 드립니다. 아드님의 간은 피츠버그에 살고 있는 27세 청년에게 이식되었습니다. 대학 재학 중 심각한 간 기능 악화로 지난 몇 달 동안 집에서만 지내던 그는 현재 아주 건강하게 지내고 있습니다. 아드님의 심장은 미네소타의 34세 남성에게 이식되었는데, 그 역시 건강을 되찾아 정상적인 삶을 살고 있습니다. 아드님의 두 각막은 각각 28세와 79세의 여성에게 이식되었습니다.

어떤 위로의 말로도 아드님을 잃은 슬픔을 덜어드릴 수 없다는 걸 잘 알고 있습니다. 하지만 여러분의 배려와 관대함 덕에 다른 여러 사람들이 더 건강하고 행복한 삶을 누릴 수 있게 되었다는 사실에서 조금이나마 위안을 찾으실 수 있기 바랍니다.[214]

이런 편지를 읽은 후에도 여전히 고인의 명예를 훼손한다는 이유로 장기 이식을 반대할 수 있을까? 아니면 교육자 론 울프슨Ron Wolfson 박사의 말처럼 살아 있는 사람을 치유해주므로 장기 이식을 크보드 하멧k'vod hamet(고인의 명예를 드높이는 행위)으로 여겨야 할까?

울프슨 박사는 계속해서 종교적인 여러 유대인의 심기를 불편하게 만들 또 다른 질문을 던지고 그에 답한다. "그럼 시체를 온전히 다 매장해야 한다는 유대 율법의 규정은 어떻게 되나? 장기 이식을 받은 사람들이 죽으면, 결국 그들이 이식 받은 장기들도 매장된다."[215]

내가 바르 미츠바를 치를 때 읽은 성경 구절은 선지자 엘리사가 죽은 소년을 살리는 장면이 등장하는 열왕기하 4장이었다. 그 이야기와 관련해 랍비 스탠리 가르페인Stanley Farfein은 다음과 같이 말한다. "우리에게는 기적을 행하는 엘리사의 능력은 없을지 모른다. 하지만 우리가 장기를 기증하기로 마음먹는다면, 우리 역시 엘리사처럼 다른 생

---

213 부검은 사인이 의심되는 경우, 또는 경찰이 증거를 확보하기 위해 사체를 살펴볼 필요가 있을 경우 허용된다. 또한 고인의 질병에 대한 지식을 얻어 같은 질병을 앓고 있는 사람들을 도울 수 있다고 판단되는 경우에도 부검은 허용된다.
214 1989년 속죄일에 랍비 스탠리 가르페인이 그의 시나고그에서 한 설교에서 인용함. 리머와 스탬퍼가 엮은 《당신의 가치가 계속 살아 숨쉬도록So That Your Values Live On》 197-202쪽에 실린 '장기의 불멸' 중에서.
215 울프슨, 《슬퍼할 때와 위로할 때》 55쪽

명을 구할 수 있다."

한 유명한 탈무드 구절은 "한 생명을 구하는 일은 온 세상을 구하는 것과 같다."고 가르친다(미슈나, 산헤드린 4:5). 이 가르침에 따르면, 장기 이식은 당신으로 하여금 죽은 후에도 '몇 개의 세상'을 구할 수 있게 해준다.

그럼 장기 이식에 대한 나의 거부감은 사라진 걸까? 안타깝지만 그렇지 않다는 것이 나의 솔직한 대답이다. 그런 나의 거부감이 잘못된 것임을 확실히 깨닫긴 했지만 말이다.

지금 운전면허증을 꺼내 들기 바란다. 장기 기증 동의란에 체크표시를 하고 싶지 않은가?

291일째 수요일

진정으로 경청하라

젊은 학자 시절, 《나와 그대 I and Thou》의 저자 마틴 부버 Martin Buber(1878-1965)가 자기 집에서 대화와 소통의 중요성에 대한 한 신비주의 고전 철학서의 편집 작업에 열중하고 있을 때 초인종이 울렸다. 불안과 흥분이 뒤섞여 제정신이 아닌 듯 보이는 한 청년이 부버와 얘기를 나눌 수 있는지 물었고, 이에 부버는 그를 집안으로 들여 그가 던지는 질문들에 답했다. 후에 부버는 하고 있던 편집 일이 걱정되어 "그가 묻지 않은 질문들에는 굳이 답하려 하지 않았다."고 고백했다.

그 바로 직후, 부버는 그 청년이 자살했다는 소식을 들었다. "그 청년이 자살하고 얼마 안돼 청년의 친구가 제게 말해주었죠. 그가 나를 찾은 것은 일상적인 대화를 하기 위해서가 아니라 생사가 달린 결정을 하기 위해서였다고 말이죠." 청년과의 짧은 만남과 그 불행한 결말은 부버를 완전히 변화시켰다. 그때부터 부버는 학문적인 활동보다 사람들과의 만남을 더 우선시해야 한다고 단언했다.

오늘 또는 이번 주에 누군가가 당신과 직접 또는 전화로 얘기하고 싶어 한다면, 그의 말을 진정으로 경청하도록 하자. 상대가 말할 때 다른 주제나 개인사를 떠올리며 정신을 분산시키지 말고 오로지 그의 말에만 초점을 맞추는 것이다.

경청하고 또 경청하자.

292일째 목요일

토라를 가르치는 잘못된 방식

> 지나치게 엄격한 사람이나 성미가 고약한 사람은 가르침을 베풀 수 없다.
>
> — 아버지의 윤리 2:5

지나치게 엄격한 사람이나 성미가 고약한 사람은 왜 다른 사람들을 가르칠 자격이 없을까?

학생들이 선생님이 가르치는 개념을 한 번에 이해하지 못하는 경우는 흔히 있다. 그런데 선생님의 성미가 고약하다면, 학생들은 그 선생님이 두려워 더 자세한 설명을 부탁하지 못할 것이다. 반면 선생님의 성격이 온화하고 개방적이라면, 학생들은 편안하게 질문을 던지고 설명을 부탁할 것이다. 그리고 그런 선생님에게 배운 학생들은 배운 것을 어떻게 실생활에 적용할 수 있는지를 충분히 이해한 상태에서 교실 문을 나서게 된다.

어느 중요한 탈무드 구절은 성미가 고약한 선생님에게 일견 가혹한 잣대를 들이댄다. "어떤 아이가 공부하는 것을 힘들어 한다면, 그것은 그 아이의 선생님이 그 아이에게 즐거운 표정을 보여주지 못했기 때문이다(타아닛 8a)."

이 얼마나 무서운 말인가! 학생들을 못마땅한 태도로 대하는 선생님은 학생들의 무지에 대해 책임을 져야 한다는 것이다.

이 진실은 부모에게도 적용된다. 내 아내 말에 따르면, 나는 아이들에게 어떤 것을 한두 번 설명할 때엔 꽤 인내심이 있다고 한다. 그런데 너무도 명확해 보이는 것을 세 번째 설명할 때엔 인내심을 잃는다는 것이다. 6살이었던 딸 나오미에게 읽기를 가르칠 때도 그런 일이 일어났다. 그 사실을 깨달은 후 나는 나오미에게 말했다. "너와 함께 공부할 때 아빠가 가끔 짜증을 낼 때가 있었지. 하지만 그건 네 잘못이 아니라 아빠 잘못이란다. 아빠가 사과할게. 앞으로는 아빠가 짜증을 내면 '아빠, 짜증을 내면 안되죠.'라고 말하렴(내가 부적절하게 화를 낸 것이 어떻게 나를 난처하게 만들었는지에 대한 사례 하나를 339일째 글에 실었다.)."

이 말은 곧바로 나오미에게 힘을 실어 주었고 우리의 관계에 긍정적인 영향을 주었다(내가 인내심을 발휘하지 못할 때 나오미는 더 이상 침묵하지 않았다.). 당신이 가끔 부당하게 화를 낸다는 것과 그럴 때마다 이를 지적받을 필요가 있다는 것을 당신 학생이나 자녀에게 알리도록 하라. 아울러 당신이 부당하게 화를 내는 것에 대한 책임은 그들에게 있는 것이 아니라 당신 자신에게 있다는 것도 알려주도록 하라. 물론 학생이나 자녀에게 화를 내지 않는다면 더할 나위 없이 좋을 것이다. 탈무드는 결코 화를 내지 않는 스승의 본보기로 위대한 현자 힐렐을 꼽았다. 심지어 그는 어리석은 질문을 계속 받아도 화를 내지 않았다(바빌로니아 탈무드, 샤밧 30b-31a).

끝으로, 만일 당신이 스스로 자기감정을 조절할 수 없다면, 전문가의 도움을 구하거나 직업을 바꾸어야 한다. 물론 당신이 갖게 될 새로운 직업은 당신으로 하여금 당신과 함께 일하는 사람들의 자아와 영혼에 상처를 주지 않게 하는 직업이어야 한다.

293일째 금요일
자선과 우상 숭배

탈무드는 자선을 베풀지 않는 사람을 맹렬히 비난한다. "자선을 베풀지 않으려고 눈을 감는다면, 그것은 우상 숭배를 하는 것과 마찬가지이다(케투봇 68a)."

자선을 베풀지 않는 몰인정함은 혐오스러운 것일 수 있다. 그런데 그것을 우상 숭배에 비유하는 것은 어떤 논리일까? 랍비 아딘 스타인살츠Adin Steinsaltz는 이렇게 설명한다. "자신이 소유한 돈이 하나님께로부터 온다는 것을 아는 사람은 가난한 사람들에게 자선을 베푼다. 따라서 가난한 사람들에게 자선을 베풀지 않는 사람은 순전히 자기 혼자의 힘과 지혜로 돈을 갖게 되었다고 믿는 사람이다. 이는 자기 자신을 모든 것의 유일한 원천으로 여긴다는 점에서 우상 숭배의 한 형태이다."

    자선을 베풀지 않는 것은 다른 사람들을 멀리하는 것이지만 우상을 숭배하는 것은 하나님을 멀리하는 것이기 때문에, 사람들은 일반적으로 우상을 숭배하는 것과 자선을 베풀지 않는 것은 완전히 다른 것이라고 생각한다. 하지만 앞의 금언이 암시하듯, 자선을 베풀지 않는 것은 인간뿐 아니라 하나님도 멀리하는 것이다. 랍비 슈로모 칼레바흐는 가난한 사람들을 무시하는 것은 우리의 영혼을 위험에 처하게 하는 것이라고 확신한다. "가난한 사람들의 울부짖음에 열려 있지 않다면 당신 귀는 죽은 것이고, 따라서 하나님이 부르시는 것도 듣지 못할 것이다."

294일째 안식일

한 주를 돌아보며 편히 쉬는 하루가 되기를.

Week 43

295일째 일요일

집 앞의 눈을 먼저 치워라

　144일째 글에서 언급했듯, 토라는 "네가 새 집을 건축할 때에 지붕에 난간을 만들어 사람으로 떨어지지 않게 하라. 그 피 흐른 죄가 네 집에 돌아갈까 하노라(신명기 22:8)."라고 규정하고 있다. 고대 근동 지역의 집들은 지붕이 평평했기 때문에, 사람들은 대개 지붕 위에서 걸어 다니거나 휴식을 취했다. 그래서 토라는 어떤 사람이 당신 집 지붕 위에서 떨어져도 당신이 살인죄를 선고 받지 않도록 지붕에 난간을 만들 것을 명했다.

　토라가 이 규정을 제정한 후 1,000여 년이 지난 시점에 탈무드는 집에 사나운 개나 낡은 사다리를 두는 것을 금지하는 데 이 규정을 인용했다.

얼마 전, 로스앤젤레스에 있는 우리 시나고그의 사람들과 이 율법에 대해 공부하다가, 나는 그들에게 이 성경 율법을 실생활에 적용할 수 있는 것에는 어떤 것들이 있는지를 물었다. 이에 사람들은 다음과 같은 것들을 꼽았다.

- ◆ 집에 장전된 총을 두지 말자.
- ◆ 어린아이에게 안전한 집이 되게 하자. 당신 집에 어린아이가 살지 않는다면 다른 집 어린아이가 당신 집을 방문하기 전에 안전조치를 취하자.
- ◆ 폭설 후엔 집 앞에 쌓은 눈을 깨끗하게 치우자.
- ◆ 집에 화재경보기를 달자
- ◆ 아이들이 창문 밖으로 떨어지지 않게 위층 창문에 가드레일을 설치하자.
- ◆ 도둑이나 강도의 침입을 막기 위해 창문에 빗장이나 쇠창살을 설치했다면, 긴급 상황 시의 대피에 대비해 집안에서는 그것을 쉽게 열 수 있도록 하자.

물론 그들의 제안 모두가 상식에 근거한 것이다. 하지만 이론적 근거가 제시되는 몇 안 되는 토라 율법 이행에 상식이 적용되면 그 행위는 종교적인 것이 된다. 따라서 다음에 폭설이 내린 후 집 앞 눈을 치울 때 당신은 하나님 말씀을 이행하고 있다는 느낌을 가질 수도 있을 것이다. 그런 느낌이 당신의 제설 작업을 더 쉽게 만들어 주진 않을지 몰라도 더 신성한 것으로 만들어주긴 할 것이다.

296일째 월요일

인종차별주의자가 되지 말라

어떻게 모든 인간이 하나님 형상으로 창조되었다는 믿음과 어떤 인종이 다른 인종보다 하나님 형상에 더 가깝게 창조되었다는 믿음이 공존할 수 있을까?

하지만 안타깝게도 세상엔 실제 그런 믿음을 가진 사람들이 있다. 인종 간 증오의 역사를 들여다보면, 그런 역사에 동참한 사람들 가운데 종교적인 사람도 많았다. 예를 들어 백인 우월주의를 표방하는 극우 비밀 단체 KKK의 회원들 중에는 교회에 나가는 독실한 기독교인들도 있었다. 또한 유대인은 본질적으로 비유대인보다 더 고귀한 영혼을 갖고 있다고 믿는 듯한 유대인들도 있다.

하지만 사실 유대주의에는 인종차별주의가 끼어들 자리가 없다. 예를 들어, 하나님은 애초에 아담 한 사람만으로 세상을 창조하셨다는 창세기의 주장에서 탈무드가 이끌어내고자 하는 중요한 교훈은 무엇일까? 하나님이 그렇게 하신 것은 "한 인간이 다른 인간에게 '나의 조상이 너의 조상보다 더 위대하다.'고 말할 수 없도록 함으로써, 인류의 평화를 도모하기 위함이었다(미슈나, 산헤드린 4:5; 즉 우리 모두가 똑같은 조상의 후손이므로, 어떤 사람이나 인종도 더 우월한 혈통을 가졌다고 주장할 수 없다는 것이다.)."는 것이다.

유대 민족은 하나님의 선택을 받은 민족이라는 성경의 주장이 인종차별주의의 한 형태라고 주장하는 사람들이 있었다. 나치가 권력을 잡은 직후 가끔 반유대주의적인 태도를 취한 천재적인 작가 조지 버나드 쇼는 나치가 인종 우월주의를 주장하는 건 유대인의 선민주의를 흉내 내는 것에 지나지 않는다고 말했다. 유대 민족의 선민주의가 어떤 면에선 나치의 아리아인 우월주의의 모태가 되었다는 쇼의 견해는 그야말로 말도 안 되는 왜곡이었다. 나치는 독일이 다른 나라들을 침공한 뒤 자신들보다 열등하다고 여긴 사람들을 살해한 것을 아리아인 우월주의로 정당화했다. 반면, 유대의 선민주의는 유대인에게 특별한 의무를 부과했다. 게다가 유대주의 교리 및 관습을 받아들이는 사람은 누구라도 '선민'이 될 수 있다는 사실에서 유대주의가 특정 인종에 기반을 두지 않는다는 것을 알 수 있다. 실제로 유대 전통은 유대교로 개종한 룻의 자손인 다윗 왕의 후손 중 한 명이 메시아가 될 것이라 믿는다(룻기 4:16-17 참조).

아담과 이브의 자손인 모든 인간이 하나님 형상으로 창조되었다는 성경의 창조론을 믿는 사람은 한 인종이 다른 인종보다 우월하다거나 그래서 더 많은 특권을 누릴 자격이 있다고 생각할 수가 없다. 성경은 모든 사람이 하나님 앞에 동등하다고 가르친다. "이스라엘 자손들아, 너희는 내게 에티오피아 사람들과 같다(아모스 9:7)." '종교적인 인종차별주의자'라는 말은 모순된 말이 아닐 수도 있지만, 유대주의 관점에선 모순된 말일 수밖에 없다.

297일째 화요일

절대 은혜를 잊지 말라

고대 이스라엘이 경멸할 만한 나라가 있었다면, 그것은 이집트였다. 수세기에 걸쳐 이집트 통치자들과 그 국민들은 이스라엘인들을 노예로 삼았고, 어느 짧은 기간 동안엔 태어나는 모든 남자아이마저 살해하려 했다(출애굽기 1:22).

그러나 훗날 이집트인들이 10가지 전염병으로 벌을 받고 이스라엘인들이 자유의 몸이 된 뒤, 토라는 이렇게 명했다. "애굽 사람을 미워하지 말라. 네가 그의 땅에서 객이 되었었음이니라(신명기 23:7)."

이집트인들을 증오하지 말라는 이 특별한 성경의 가르침을 어떻게 설명할 수 있을까?

대영 제국의 최고 랍비이자 20세기의 대표적인 성경 주석가인 랍비 요셉 헤르츠의 말에 따르면, 이스라엘인들은 가나안에 심각한 기근이 들었을 때 이집트인들이 자신들을 손님으로 받아주었다는 사실을 기억해야 한다는 것이다. 비록 후에 이집트인들이 이스라엘인들을 이용하긴 했지만, 이스라엘인들은 초기에 이집트인들이 자신들에게 베푼 친절과 배려를 잊어서는 안된다는 것이다.[216]

이 토라 율법은 우리의 일상생활에서도 그 영향력을 행사한다. 만일 당신이 어떤 사람의 도움을 받았다면, 후에 그 사람과 사이가 안 좋아졌다 해도 처음 받은 도움을 잊지 말아야 한다. 나는 부모가 늘 언

---

216 헤르츠, 《모세 5경과 하프토라》 847쪽

니를 더 좋아하고 자신에겐 차갑게 대했다고 생각하는 한 여성을 알고 있는데, 그녀의 그런 생각은 자신의 아이가 태어난 뒤 바뀌었다. 아이를 달래기 위해 한밤중에도 여러 차례 일어나야 했던 그녀는 자기 부모 역시 자신에게 그토록 정성을 쏟았다는 것을 깨달았던 것이다.

은혜에 감사할 줄 알아야 한다는 가르침은 개인적인 친절이나 은혜뿐 아니라 지적인 감화에도 적용된다. 그래서 빌나의 가온[217]은 다음과 같은 조언을 했다. "만일 당신이 어떤 책에서 가치 있는 것을 발견했다면, 그 책의 다른 부분들에 동의하지 않더라도 조롱하지 말라."

또 다른 예로, 유대주의에서 멀어졌던 어떤 사람이 개혁파 랍비 혹은 보수파 랍비의 영향을 받아 유대주의와 다시 가까워졌다가 훗날 정통파 유대인이 되었다고 하자. 그 경우, 설령 그 사람이 지금은 개혁파나 보수파 유대주의에 동의하지 않는다 하더라도 과거 그에게 영향을 준 랍비에겐 여전히 감사해야 할 도덕적인 의무가 있다는 것이다. 탈무드가 "당신에게 마실 물을 준 우물에 진흙을 던지지 말라(바바 카마 92b)."고 가르치듯 말이다.

298일째 수요일

자녀를 정직한 아이로 키워라

아이에게 무언가를 주기로 약속해놓고 그것을 주지 않으면 안된다.

---

[217] 바빌로니아의 Sura 및 Pumbedita에 있던 유대인 학교의 교장에게 주어진 칭호

> 그러면 아이가 거짓말 하는 것을 배우기 때문이다.
>
> ― 바빌로니아 탈무드, 수카 46b

　부모가 자녀에게 선물을 주기로 약속해놓고 선물을 주지 않거나 여행을 가기로 해놓고 여행을 가지 않는다면, 자녀의 첫 반응은 실망일 것이다. 그러나 그런 일이 계속 반복되면, 아이는 결국 어떤 사람에게 뭔가를 해주겠다고 굳게 약속했다 해도 그 말을 반드시 지킬 필요는 없다는 결론에 도달하게 될 것이다.

　부모는 자녀에게 거짓말의 해악에 대해 100가지 가르침을 줄 수도 있다. 하지만 자녀에게 보여주는 부모의 행동이 진실되지 못하다면, 자녀는 부모의 말보다는 부모의 행동을 따르게 될 것이다.

　어느 해학적인 탈무드 일화에 등장하는 랍비는 자녀에게 진실할 것을 강조하는 것이 얼마나 중요한지를 가르쳐준다.

> 라브의 아내는 계속 라브를 괴롭혔다. 라브가 아내에게 렌즈콩 요리를 부탁하면 그녀는 완두콩 요리를 해주었고, 완두콩 요리를 부탁하면 렌즈콩 요리를 해주었다.
>
> 라브의 아들 히야가 성장했을 때, 히야는 어머니에게 라브의 말을 전했지만, 실제로는 라브가 한 말을 거꾸로 전했다(즉, 아버지가 렌즈콩을 원하면 아버지는 완두콩을 원한다고 전했던 것이다.).
>
> 어느 날, 라브가 아들 히야에게 말했다. "네 어머니가 나아졌구나."
>
> 히야가 말했다. "제가 아버지 말씀을 바꾸어 전했기 때문입니다."
>
> 그러자 라브가 말했다. "사람들이 '네 자손이 네게 지혜를 가르친다.'

고 한 말이 바로 이런 경우를 두고 하는 말이었구나. 그렇더라도 이제 더 이상 그렇게 하지 말거라. 우리 인간보다 더 권위가 있는 성경이 '너희는 각기 이웃을 삼가며 아무 형제든지 믿지 말라. 형제마다 온전히 속이며 이웃마다 다니며 비방함이니라(예레미야 9:4).'라고 기록하고 있기 때문이다.[218]

히야가 자기 어머니에게 한 거짓말은 본질적으로 무해한 것이다. 그래도 라브는 여전히 자신의 불편을 덜어주려는 아들의 거짓말을 자제시키려 했다. "선의의 거짓말을 너무 많이 하는 사람은 색맹이 될 수 있다."는 사실을 직관적으로 이해한 그는 아들을 정직하게 키우는 것이 더 중요하다고 판단했던 것이다.

이 진기한 탈무드 이야기는 지금도 우리에게 많은 것을 가르쳐준다. 특히 부모는 자녀에게 거짓말을 하도록 시키지 않아야 한다. 예를 들면, 받고 싶지 않은 전화가 왔을 때 아이에게 엄마가 집에 없다고 거짓말하게 한다든가 영화표를 싼 가격에 구입하기 위해 12살(성인 가격이 적용되는 나이)인 아이에게 11살이라고 거짓말하게 한다든가 하는 짓은 하지 말아야 한다.

아이와 어떤 약속을 할 경우, 반드시 그 약속을 지키도록 하라. 당신과 당신 자녀의 진실한 관계를 위해, 그리고 당신 자녀의 영혼을 위해!

- 218 바빌로니아 탈무드, 예바못 63a

299일째 목요일

공감은 저절로 생겨나는 것이 아니다

토라는 "사람의 마음의 계획하는 바가 어려서부터 악함이라(창세기 8:21)."라고 가르친다. 그렇다고 그 말이 사람은 태어날 때부터 악하다는 의미는 아니다. 인간은 악에 쉽게 물드는 성향을 내재한 채 윤리적인 중립 상태에서 태어난다고 보는 것이 더 타당하다. 그래서 자녀를 좋은 사람으로 키우는 책임은 전적으로 부모에게 있는 것이다. 성경 역시 부모는 이런 일을 인간 본성에 의지할 수 없다고 분명히 말하고 있다. 그래서 부모는 자기 자녀가 다른 아이들을 괴롭히지 않도록 만전을 기해야 하는 것이다(271일째 참조). 안타깝게도 아이들은 흔히 자신과 다른 아이들에게 너그럽지 못하다. 그래서 부모는 자녀가 정신 지체나 비만아, 운동을 못하거나 수줍어하는 아이, 또는 사교성이 없는 아이 등을 깔보거나 놀리거나 무시하지 않도록 각별한 신경을 써야 하는 것이다.

아이들의 괴롭힘이 가장 잔인해지는 경우 중 하나는 집이 가난한 아이를 괴롭힐 때이다. 최근 나는 부유한 가정 자녀들이 많은 학교에 다니는 웬디라는 열세 살 난 소녀의 기사를 읽은 적이 있다. 그 아이는 가족과 함께 허름한 이동식 주택에 살고 있었다. 통학 버스에서 "저리 비켜, 트레일러 계집애야."라며 웬디에게 자리를 비키라고 으름장을 놓는 남자아이에서부터 "그렇게 예쁜 셔츠는 어디에서 샀니?"라는 웬디의 물음에 "네가 그건 알아 뭐하게?"하고 통명스레 답하는 여자아이에 이르기까지, 웬디는 학교 친구들에게 다양한 형태로 괴롭힘을 당했다. 취재를 나간 기자에게 웬디는 자신이 그 셔츠를 살 여유가 없다는 건 잘 알지만 친구들의 대화에 끼고 싶었다고 했다.

같은 학급의 남자아이 하나는 잘 어울리지 않는 웬디의 옷차림과 누추한 트레일러 집을 들먹이며 계속 웬디를 놀렸다. 끝없는 비아냥거림에 참다못한 웬디가 그 아이의 정강이를 발로 걷어찼고, 그 아이가 학교에 그 사실을 알리자 학교는 웬디만 정학 처분하고 웬디를 못살게 군 아이에게는 아무런 벌도 주지 않았다.[219]

미국인의 절대 다수가 하나님의 존재를 믿는다고 하므로, 아마 웬디를 괴롭힌 아이들 중에도 하나님을 믿는 아이가 없지 않을 것이다. 그렇다면 그건 무엇을 의미할까? 그 아이들은 하나님이 자신들의 그런 행동을 허용한다고 믿는 걸까? 아니면 하나님이 존재한다는 건 믿지만, 하나님이 무엇을 원하시는지는 개의치 않는다는 걸까?

부모가 자녀에게 다른 아이들의 고통에 공감하는 것을 가르치지 못한다면, 부모가 자녀를 위해 해주는 다른 모든 일들, 그러니까 자녀를 좋은 학교에 보낸다든가 자녀와 함께 '멋진 시간'을 보낸다든가 하는 일들이 다 빛을 잃게 된다. 더 나아가 위의 신문 기사에서 언급된 아이들처럼 부모에게서 '공감하는 것'을 배우지 못한 아이들이 배운 것(부모로부터가 아니라면 다른 사람으로부터라도)은 교만이었다. 그 애들은 웬디에게 주어진 가난이 절대 자신에겐 주어지지 않을 거라 확신하고 있었던 것이다. 유대주의의 관점은 이와는 전혀 다른 것으로, 자녀의 공감 능력을 기르는 데 도움이 될 수 있다.

---

219 1998년 10월 14일자 《뉴욕 타임스》 1면

랍비 히야가 자기 아내에게 말했다. "가난한 사람이 집에 오거든, 서둘러 그에게 음식을 주시오. 우리 아이들도 똑같은 대접을 받을 수 있도록 말이오." 아내가 소리쳤다. "무슨 말을 하는 거예요? 그럼 우리 아이들도 거지가 될 수 있단 말이에요?" 아내의 말에 랍비 히야는 차분하게 응대했다. "이 세상은 마치 수레바퀴처럼 돌고 도는 거라오."

— 바빌로니아 탈무드, 샤밧 151b

어렸을 때부터 이 같은 이야기를 접하며 자란 아이들은 웬디를 '트레일러 계집애'라 부르거나 잘 안 어울리는 옷을 입었다고 놀릴 가능성이 거의 없다. 아마 오히려 부모에게 부탁해 웬디에게 좋은 옷을 선물하려 할 것이다. 아이들은 이런 이야기들을 배워야 한다. '공감'은 저절로 습득되는 것이 아니기 때문이다.

300일째 금요일
늦기 전에 가까운 사람들에게 고마움을 표현하라

나는 택시 기사나 웨이터에게 감사의 말과 후한 팁을 주지 않고 택시에서 내리거나 식당을 나서는 건 상상조차 할 수 없는 사람들을 알고 있다. 그런데 그런 그들이 종종 자신의 삶을 풍요롭고 값지게 만드는 데 가장 큰 역할을 하는 배우자나 가족, 친구에겐 감사의 말을 하는데 인색하다. 나는 그들을 '감정의 변비'에 걸린 사람들이라 부른다.

다시 말해, 그들은 자신이 가장 소중히 여기는 사람들이 자신에게 어떤 호의나 친절을 베풀 때 고마움을 느끼면서도 그 고마움을 전하지 못하는 병에 걸려 있는 것이다.

랍비 잭 리머의 시는 종종 내게 영감을 주곤 했는데, 그런 그가 쓴 아래의 시는 세상을 치유하는 다정한 말들의 위력을 멋지게 포착했다.

당신이 하지 않은 것들

내가 막 뽑은 당신 차를 빌렸다가 흠집을 낸 날을 기억하나요?
나는 당신이 날 죽일지 알았는데, 당신은 그러지 않았죠.

내가 당신을 해변으로 데리고 간 그때를 기억하나요?
당신은 비가 올 거랬는데, 정말 비가 왔었죠.
나는 당신이 "비가 올 거랬잖아." 할 줄 알았는데, 당신은 그러지 않았죠.

내가 모든 사내들한테 추파를 던지던 그 때를 기억하나요?
당신이 질투심 느끼라고 그런 건데, 당신은 정말 질투심을 느꼈죠.
나는 당신이 떠날 줄 알았는데, 당신은 떠나지 않았죠.

내가 블루베리 파이를 몽땅 쏟았던 그때를 기억하나요?
당신의 새 양탄자에 말이죠
나는 당신이 나를 노려볼 거라 확신했는데, 당신은 그러지 않았죠.

그래요, 당신이 내가 우려한 대로 하지 않은 것들은 무척 많답니다.
당신은 나를 참아주었고, 나를 사랑해주었으며, 나를 보호해주었죠.

당신에게 보답하고 싶은 게 너무 많았어요.
당신이 전쟁에서 돌아오면 말이죠.
하지만 당신은 돌아오지 않았죠.

가까운 사람이 당신을 위해 무언가를 해주었는데 당신이 그에게 아직 고마움을 표현하지 않았다면, 이번 안식일 전이나 안식일에 그에게 고마움을 표하도록 하자.

301일째 안식일

한 주를 돌아보며 편히 쉬는 하루가 되기를.

302일째 일요일

필요한 것을 말하는 법을 배워라

100여 년 전, 빌나의 한 부자가 모든 재산을 잃었다. 가난해진 자신을 부끄럽게 여긴 그는 자신의 궁핍한 상황에 대해 누구에게도 말하지 않았고, 결국 영양실조로 세상을 떠났다.

마을 사람들은 이웃 중 한 명이 죽었는데 아무도 그를 돕지 않았다는 사실을 알고 크게 부끄러워했다. 랍비 이스라엘 살란터는 부끄럽게 생각하는 마을 사람들을 위로했다. "그는 굶주림 때문이 아니라 지나친 자존심 때문에 세상을 떠났습니다. 자기 상황을 인정하고 다른 사람들에게 도움을 청했다면, 절대 굶어 죽지 않았을 겁니다."

랍비 살란터의 이 말이 분명히 밝히고 있듯, 유대 전통은 도움을 줄

여건이 되는 사람에게 도움을 줄 의무를 지우듯, 도움을 필요로 하는 사람에게 도움을 받을 의무를 지운다. 16세기 유대 율법의 표준 법령인 슐칸 아루크는 그런 의무를 다음과 같이 공식화했다. "늙었거나 병들었거나 큰 고통에 시달리는 사람 같이, 도움을 받지 않고는 생존할 수 없음에도 도움을 받길 완강히 거부하는 사람은 자신을 살해하는 죄를 짓는 것이다."[220]

빌나의 부자 이야기는 지나친 자존심이 어떻게 도움의 손길 청하는 것을 막는지 잘 보여준다. 이는 비단 자선을 요청하는 경우에만 적용되는 것은 아니다. 나는 정신과적인 도움이 필요한 아들을 둔 어느 부모 이야기를 알고 있다. 많은 사람들이 정신과 치료에 상당한 거부감을 가졌던 1950년대의 이야기이다. 그 청년의 부모는 지나친 자존심 때문에 가족 중에 '정신병자'가 있다는 사실을 인정하기 싫어했다. 게다가 이웃들이 그 사실을 알면 자신들을 깔볼 수 있다는 사실도 두려웠다. 그래서 그 청년은 결국 정신과적인 도움을 받지 못하다 어느 날 자살로 생을 마감했다. 분명 그 자살의 주 원인은 그 부모의 자존심이었다.

다른 사람들의 도움이 절실히 필요할 때는 반드시 도움을 구하도록 하라(특히 생명이 위태로운 상황이라면). 그것은 당신의 권리일 뿐 아니라 의무이기도 하다.

---

220 랍비 요셉 카로, 슐칸 아루크, 요레 데아 255:2. 후에 이 구절은 유대 율법에 관한 논의에서 전형적으로 볼 수 있는 변증법적 결론을 도출한다. "그러나 공동체에 해를 끼치지 않기 위해 도움을 필요로 하지만 도움을 받는 것을 미루고 결핍 생활을 하는 사람은 다른 사람들을 도우며 사는 것과 같다." 다시 말해, 도움을 받지 않고 어느 정도의 결핍을 견디는 것은 칭찬받을 만한 일이지만, 도움을 받지 않으려고 자기 생명을 위험에 빠뜨리는 것은 금지된다는 것이다.

303일째 월요일
익명의 자선이 중요할 때와
그렇지 않을 때

자선에서 가장 중요한 것은 순수한 의도여야 한다거나 익명으로 해야 한다거나 하는 것이 아니다. 가장 중요한 것은 당신이 베푼 자선이 좋은 결실을 맺어야 한다는 것이다. 그래서 노예 제도를 존속시키기 위해 남군의 전투를 극찬하는 박물관에 익명으로 기부하는 사람은 잘못된 자선을 하는 것이다. 반면, 눈에 잘 띄는 곳에 기증자 이름을 표기한다는 조건으로 암 연구소에 최신 기기를 기증하는 사람은 물론 그 방식이 다소 이기적이긴 하지만 제대로 자선을 하는 것이다.

익명으로 자선을 하지 않는 게 더 좋을 때도 있다. 예를 들어, 당신의 자선이 알려질 경우 더 많은 사람들이 자선에 동참할 수 있다면, 당신은 이름을 밝히고 자선을 해야 한다.

하지만 한 개인에게 자선을 베풀 땐 거의 늘 다른 사람들이 모르게 하는 것이 더 좋다. 자선 수혜자의 자존감을 세워줘야 할 필요가 있기 때문이다. 탈무드는 이렇게 가르친다. "한 남자가 많은 사람들이 보는 가운데 한 가난한 사람에게 동전을 주는 것을 지켜본 랍비 야나이Yannai가 그 남자에게 말했다. '그 사람에게 자선을 베풀고 그를 부끄럽게 만드느니 차라리 자선을 베풀지 않는 게 낫겠소(하기가Hagigah 5a).'"[221] 이 논리는 공공 장소에서 구걸을 하면서도 전혀 부끄러워하지 않는 사람에겐 당연히 적용되지 않을 것이다.

만일 당신 주변에 금전적인 도움을 필요로 하는 사람이 있다면, 그 사람에게 도움을 주되 그 사실을 다른 사람들에게 말하지 말라(사람들이 사실을 알면 그를 도울 것 같은 상황이라면 모를까). 대부분의 경우 도움을 받는 사람은 도움을 준 사람이 당신임을 알 수밖에 없다. 하지만 그 사실을 그와 당신만 아는 비밀이 되게 하라. 그도 알고, 당신도 알고, 하나님도 아신다. 굳이 또 다른 사람이 알아야 할 필요가 있을까?

304일째 화요일

침묵이 범죄일 때

미국 법에선 증인으로 소환될 경우에만 법정에서 증언한다. 하지만 유대 율법에선 법정이 당신을 소환하든 하지 않든, 또는 심지어 당신 존재조차 모른다 해도, 특히 당신이 알고 있는 사실이 무고한 사람의 무죄를 밝히는 데 도움이 된다면, 당신은 나서야 할 의무가 있다(레위기 5:1 참조).[222]

"당신이 누군가를 위해 증언을 할 수 있는 입장이라면, 침묵하지 말아야 옳다는 걸 어떻게 알 수 있을까? '네 이웃이 피를 흘리는 것을 옆에서 지켜보고만 있지 말라.'(레위기 19:16에 대한 시프라 레위기)"

이 원칙은 법정 사건 외의 경우에도 적용된다. 예를 들어, 주변 사람

---

[221] 이 논리는 공공 장소에서 구걸을 하면서도 전혀 부끄러워하지 않는 사람에겐 당연히 적용되지 않을 것이다.
[222] 무고한 사람의 무죄를 밝히는 것도 중요하지만, 범죄자의 유죄를 밝히는 것도 그에 못지않게 중요한데, 이는 피해자의 억울함을 풀어줄 수 있을 뿐 아니라 미래의 또 다른 범죄 희생자를 구할 수도 있기 때문이다.

들 중 한 명이 당신도 알고 있는 잘못된 소문에 시달리고 있다면, 당신은 발 벗고 나서 그 사람의 명예를 회복해주어야 할 의무가 있다. 하나님은 다른 사람을 도울 수 있는 정보를 가진 사람이 나서지 않고 침묵을 지키는 것을 특히 경멸하신다고 한 탈무드 구절은 말한다(페사침 113b). 간단히 말해, 당신이 만일 무고한 사람이 감옥에 가거나 유죄 판결을 받는 걸 막을 수 있거나 한 사람의 명예가 실추되는 걸 막을 수 있는 정보를 갖고 있다면, 당신은 앞으로 나서 당신이 알고 있는 바를 공개해야 할 의무가 있다. 이런 상황에서 침묵을 지키는 것은 "네 이웃이 피를 흘리는 것을 옆에서 지켜보고만 있는 것"이다.

내일 글에서 침묵이 범죄인 또 다른 사례를 살펴볼 수 있다.

305일째 수요일

누군가가 다른 사람을 해치려 한다는 걸 알게 되었다면

여러 해 전, 나의 어머니는 한 십대 소년이 어느 집으로 들어가는 것을 보셨는데, 그때 근처에 있던 또 다른 소년이 자기 친구들에게 "그 놈이 나오면 실컷 두들겨 패주자." 하고 말하는 것을 들으셨다. 잠시 후 어머니는 그 집 안으로 들어가셨고, 소년의 어머니가 현관으로 나오자 당신이 들은 얘기를 전해주셨다. 어머니는 누군가 다른 사람을 해치려는 음모를 꾸미는 것을 알게 될 경우, 잠재적 희생자에게 그 사실을 알려야 할 윤리적이며 법적인 의무가 있다는 유대 윤리에 따라 행동하셨던 것이다.

1960년대 후반에 있었던 한 유명한 사건을 또 다른 예로 들어보자. UC 버클리에서 일하던 한 심리치료사가 프로센지트 포다르Prosenjit Poddar라는 학생을 상담 치료하고 있었다. 상담 도중 프로센지트는 자신의 사랑 고백을 받아주지 않는 타티아나 타라소프Tatiana Tarasoff라는 여학생을 죽이고 싶다고 고백했다. 프로센지트의 정신 상태와 그의 위협적인 말을 심각하게 여긴 심리치료사는 학교 경찰에 그 사실을 알렸고, 경찰은 심문을 하기 위해 프로센지트를 구금했다. 하지만 그에게 별 문제가 없어 보이자 곧바로 그를 풀어주었다. 그 시점에서 심리치료사의 상사는 그에게 그 사건에 대해 함구할 것을 지시했다. 그리고 2개월 후, 프로센지트는 타티아나를 칼로 찔러 살해했다.

내가 유대주의를 이해한 바에 따르면, 심리치료사는 경찰에 알리는 것만으로 자신의 의무를 다한 것이 아니다. 그는 당시 잠재적 희생자였던 타티아나에게도 그 사실을 알려줬어야 했다. "네 이웃이 피를 흘리는 걸 옆에서 지켜보고만 있지 말라(레위기 19:16)."라는 성경 구절이 뜻하는 바는 다른 사람이 해를 입지 않게 할 수 있는 정보를 갖고 있다면 침묵해선 안된다는 것이다. 즉 당신은 그 정보를 위험에 처한 사람에게 알릴 의무가 있다. 이 구절에 기초하여, 유대 율법은 만일 당신이 잠재적인 가해자를 진정시키거나 그 계획을 단념시킬 수 있는 입장에 있다면, 그렇게 해야 한다고 규정하기도 한다.

타티아나 사건에서, 타티아나의 부모는 대학과 심리치료사, 그리고 그의 상사를 고소해 승소했다. 공인 자격증을 갖고 있는 심리치료사는 생명이 위험한 잠재적 희생자에게 자신이 알고 있는 정보를 알릴 의무가 있다는 것이 법원의 판단이었다.

하지만 대부분의 미국 주에선 그런 의무가 일반 개인들에겐 적용되지 않는다. 그래서 최근 네바다 사건(341일째 참조)의 19살 난 목격자가 아무런 법적 처분도 받지 않았던 것이다. 그는 친한 친구가 일곱 살짜리 소녀를 살해할 준비를 하는 것을 목격했지만, 방에서 나와 경찰을 포함해 아무에게도 그 사실을 알리지 않았다. 그래서 친구는 계획대로 그 소녀를 살해할 수 있었다. 그 친구가 경찰에 잡혔을 때, 19살 난 목격자의 방관이 세상에 알려져 사람들로부터 지탄을 받았지만, 결국 그는 네바다 주의 법을 위반하지 않아 체포되지 않았다. 학교 측 역시 그를 퇴학시켜야 한다는 여러 학생 단체들의 요구를 받아들이지 않고 그가 계속 학교를 다닐 수 있도록 했는데, 아이러니하게도 그 대학이 바로 살해된 타티아나가 다녔던 UC 버클리였다.

성경은 에스더에서 모르드개가 어떻게 문지방을 지키던 두 남자가 아하수에로 왕을 살해할 음모를 꾸미는 것을 듣게 됐는지를 이야기한다. 결국 모르드개는 그 사실을 에스더 왕비에게 알려 왕의 생명을 구할 수 있었다(에스더 2:21-23). 성경의 이 사건은 유대 율법의 표준 법령인 슐칸 아루크에 중요한 선례가 되었다. "이교도나 밀고자가 어떤 사람에게 해를 끼치려는 음모를 꾸미는 것을 알게 될 경우, 그 사실을 해를 입게 될 사람에게 알려야 할 의무가 있다. 만일 해를 끼치려는 사람을 설득해 그런 일을 못하게 할 수 있는데도 그러지 않는다면, '네 이웃이 피를 흘리는 걸 옆에서 지켜보고만 있지 말라.'는 율법을 어기는 것이다(슐칸 아루크, 조셴 미슈파트 426:1)."

306일째 목요일

당신 생각만큼 당신이 훌륭하지도, 세상이 형편없지도 않다

유대 역사에서 엘리야보다 더 사랑받는 선지자는 없다. 그는 유대인들 사이에서 엘리야후 하나비Eliyahu HaNavi(선지자 엘리야)로 널리 알려져 있다. 유대 민족 사이에서 탁월한 영웅으로 인정받는 그는 모든 유월절 축제의 손님으로 초대되는데, 그때 사람들은 그를 위해 특별한 포도주잔을 준비한다(어린 시절, 우린 그의 잔 속 포도주가 조금이라도 줄어드는지 유심히 관찰하곤 했다.). 그리고 모든 할례 의식 중에도 엘리야를 위해 별도의 의자가 준비된다.

그래서 유대인 대부분이 성경에서 처음 엘리야를 접할 때 큰 충격을 받곤 한다. 유대 민담에 등장하는 친절한 노인 엘리야와 성경에 나오는 엘리야가 잘 연결되지 않기 때문이다. 성경에 따르면, 그는 대립을 일삼는 걸로 으뜸가는 선지자였다. 주목할 만한 한 사건에서, 그는 사람들로 하여금 이스라엘인들을 유일신이신 여호와로부터 멀어지게 하려던 바알 선지자 450명을 죽이게 했다. 그 일이 있은 후 엘리야는 우상을 숭배하는 이세벨이 자신을 죽이려 한다는 걸 알고(열왕기상 19:2), 사막으로 도망가 거기서 자신을 죽게 해달라고 하나님께 기도했다. 자신이 남은 이스라엘인들 중 하나님을 섬기는 유일한 사람이고[이스라엘 자손이 주의 언약을 버리고 주의 단을 헐며 칼로 주의 선지자들을 죽였음이오며, 오직 나만 남았거늘(열왕기상 19:14).], 하나님을 섬기는 백성으로서의 이스라엘 민족은 종말을 맞을 것이라 확신한 엘리야는 더 이상 살고 싶은 마음이 없었던 것이다.

하지만 하나님은 엘리야가 자기연민과 자기독단에 빠지게 내버려 두시지 않았다. 하나님은 당신을 섬기는 이스라엘인이 최소 7,000명은 더 있다며, 그에게 새 임무를 맡기신 것이다.

지금은 고인이 되셨지만, 타고난 낙천주의자였던 나의 아버지이자 스승인 슈로모 텔루슈킨은 엘리야가 다른 모든 유대인에 대해 과장될 정도로 심한 비난을 한 것이 그가 나중에 유대인들의 삶에 자주 등장하게 된 가장 큰 이유라고 설명하셨다. 엘리야는 자신을 마지막 남은 유대인으로 생각했기 때문에, 이스라엘의 불멸을 계속 지켜봐야 할 운명이 되었고, 그래서 유대의 모든 남자아이가 할례 의식을 치를 때, 모든 유대 가정이 유월절을 축하할 때 그걸 지켜보게 된 것이다(할례와 유월절은 여전히 유대인이 가장 많이 지키는 의식이다.).

엘리야는 유대인의 종말을 예언하는 오류를 범한 염세적인 유대인들 가운데 한 명이었다.

마찬가지로, 유대인의 미래에 대해 부정적인 평가를 하거나 우리 자녀와 나라의 미래에 대해 암울한 예견을 하려는 유혹에 빠질 때마다, 우리 역시 우리 자신의 염세주의를 억제해야 한다. 우리들 중 상당수가 현 세대와 현 세대의 사람들을 비난한다. 그리고 강도 높은 비난을 시작하는 순간 우리는 독선과 과한 비난에 빠지기 쉽다.

그런 순간이 바로 하시디즘의 스승인 랍비 울프의 말에 귀 기울이여야 하는 순간이다. "당신 생각만큼 당신이 훌륭하지도, 세상이 형편없지도 않다."

307일째 금요일

종교적인 말이 종교적이 아닐 때

레오베르Leover로 알려진 한 하시디즘 스승이 자기 제자들에게 다음과 같은 가르침을 주었다. "어떤 사람이 도움을 청하러 왔는데 '하나님이 도와주실 겁니다.'라고 말한다면 하나님께 불충을 범하는 것이다. 하나님은 도움을 필요로 하는 사람들을 도우라고 너희를 보낸 것이지, 그를 다시 하나님께 돌려보내라고 너희를 보낸 것이 아니기 때문이다."

또 다른 하시디즘 이야기에서 한 랍비는 그의 제자들에게 이렇게 가르친다. "하나님이 창조하신 모든 것이 다 그 목적이 있다." 이에 제자 한 명이 손을 들고 물었다. "그렇다면 이단자가 이 세상에 존재하는 목적은 무엇입니까?" "이단자 또한 가치 있는 존재이니라." 스승이 말을 이었다. "가난한 사람이 너희에게 도움을 청하는데, 그를 도울 하나님이 없고 너희만 그를 도울 수 있다고 상상해보라."

두 이야기 모두에서 알 수 있듯, 누군가가 도움을 청할 때 반종교적인 반응은 늘 "하나님이 도와주실 겁니다." 또는 "하나님이 하시는 모든 일에는 이유가 있습니다." 같은 종교적인 말을 하면서 자선을 베풀거나 자선을 베풀지 않는 것이다. 랍비 루이스 제이콥스는 그와 관련해 이렇게 말했다. "모든 것을 하나님 뜻에 맡기는 종교적인 체념은 자신을 향할 땐 미덕이지만 다른 사람을 향할 땐 더 이상 미덕이 아니다. 다른 사람들의 고통에 대해 금욕적인 태도를 취하는 건 전혀 영웅적인 일이 못 된다."

두 번째 이야기가 우리에게 상기시켜 주듯, 심지어 유대 윤리는 당신 스스로 이단자처럼 느껴질 때조차 종교적이 될 수 있는 방법을 알려 준다.

308일째 안식일

한 주를 돌아보며 편히 쉬는 하루가 되기를.

Week 45

309일째 일요일

절반의 진실이 온전한 거짓이 될 때

유대 윤리에 따르면, 당신이 판매하는 제품의 장점만 이야기하고 단점에 대해선 함구하는 것은 옳지 않다. 다른 사람이 그런 식으로 당신을 현혹했다면, 당신은 속았다고 생각할 것이다. 따라서 당신 또한 절반의 진실로 다른 사람을 현혹해선 안된다.

> 대다수의 사람은 이웃 재산을 훔치는 노골적인 도둑은 아니다. ······ 하지만 일상적인 거래에서 대다수의 사람은 도둑의 기질을 드러낸다. 예를 들어, 그들은 다른 사람을 희생시켜 부당한 이익을 취하면서, 그것은 도둑질과는 전혀 다른 것이라고 주장한다. 구매자에게 제품의

> 진정한 가치와 아름다움을 알리기 위해 최선을 다하는 것은 공정한 일일 뿐 아니라 미덕이기도 하다. 하지만 제품의 결함을 감추는 것은 구매자를 속이는 것과 다를 바 없어 금지되어야 한다.
>
> — 모세 차임 루차또(1707-1747), 《똑바른 길》 11장

한번은 나의 어머니가 잘 알지 못하는 증권 중개인으로부터 전화를 받은 적이 있는데, 그는 어머니에게 특정 회사의 주식을 사라고 권했다. 그는 그 주식의 주가가 왜 올라갈 것이라 생각하는지 몇 가지 이유를 늘어놓았다. 결국 어머니는 그 주식을 사셨지만, 얼마 안지나 그 주식의 주가는 크게 떨어졌고, 이후 오랜 동안 그 상태에 머물렀다. 후에 어머니는 그 증권 중개인이 일하는 회사가 처분해야 할 문제의 주식을 다량 보유하고 있었고, 그래서 자기 회사 증권 중개인들에게 고객들에게 그 주식을 권하라고 지시했다는 근거 있는 의심을 하게 되었다. 물론 그 증권 회사와 그 중개인은 그 주식이 무조건 하락하리란 확신까지는 없었을 것이다. 하지만 그 증권 회사가 문제의 그 주식을 다량 처분하려 한다는 이야기를 들었더라면, 어머니는 분명 그 주식을 사지 않았을 것이다. 이것이 바로 그 증권 중개인이 어머니에게 감춘 '제품의 결함'이다.

미슈나는 구매자를 현혹하는 또 다른 방식도 금한다.

> 상인은 한 통 안에 서로 다른 등급의 상품을 섞어 담아선 안된다. 좀 더 쉽게 말하자면, 한 통 안에 여러 품질의 딸기를 담아 놓고, 가장 좋은 딸기를 맨 위에 올려놓아 고객들을 현혹시켜선 안된다는 것이다.

마찬가지로 물로 와인을 희석시킨 상인은 고객에게 그 사실을 정확히 알리지 않은 채 그 와인을 팔아선 안되며, 설령 그 사실을 알렸다 하더라도 다른 소매상에게 그 와인을 팔아선 안된다. 희석한 와인을 구입한 그 소매상이 고객에게 그 사실을 속이고 팔 수 있기 때문이다.

— 미슈나 바바 메지아 4:11(고돈 터커의 '유대인의 사업 윤리' 35페이지의 번역 인용)

유대 전통은 한 성경 구절에서 부당한 행위를 삼가야 하는 이론적 근거를 찾았는데, 그 구절은 구체적인 율법으로 다룰 수 없는 경우들에 대한 지침을 제시한다. "그 길(토라의 길)은 즐거운 길이요, 그 첩경은 다 평강이니라(잠언 3:17)."

자본주의자의 신조인 "구매자는 주의해야 한다."는 유대주의의 이상이 아니다. 유대 윤리는 오히려 "판매자가 주의해야 한다."고 가르친다.

310일째 월요일

네 피가 더 붉으냐

4세기에 한 남자가 랍비 라바를 찾아와 말했다. "저희 마을의 통치자가 저에게 누군가를 죽이라고 명했습니다. 만일 제가 거부한다면, 그 통치자가 저를 죽이라 할 것입니다. 저는 어떻게 해야 합니까?" 라바가 말했다. "차라리 죽임을 당하지 죽이지는 말라. 너의 피가 그 죄 없는 사람의 피보다 더 붉다고 생각하느냐? 그의 피가 더 붉을지도 모를 일이다."

— 바빌로니아 탈무드, 페사침 25b

우리들 중 어느 누구도 이렇게 극단적인 상황에 처할 가능성은 거의 없다.223 그럼에도 다른 사람의 피도 내 자신의 피만큼 중요하다는 탈무드의 주장은 생명이 위협받지 않는 상황에서도 여전히 우리 행동에 영향을 준다. 예를 들어, 새치기를 하는 사람들 역시 그들의 피가 다른 사람들의 피보다 중요해 차례를 기다릴 필요가 없다고 생각하는 죄를 짓는 것이다.

따라서 다른 사람을 희생시켜 자신의 이익을 챙기려 하기 전에, 또 당신의 시간이 더 소중한 듯 행동하기에 앞서 라바가 남자에게 던진 질문을 스스로에게 던져보기 바란다. "진정 네 피가 다른 사람 피보다 더 붉다고 생각하느냐?"

311일째 화요일

자녀 사랑에 한계가 있어야 할까

한 남자가 심각한 문제로 18세기 하시디즘 창시자인 바알 셈 토브를 찾았다. 남자가 현자 바알에게 말했다. "제 아들은 유대주의를 멀리하고, 그야말로 방탕한 생활을 하고 있습니다. 제가 어떻게 해야 할까요?" 현자 바알의 대답은 기대와 달리 간단했다. "아들을 더 많이 사랑해주시오." 물론 이는 오늘날의 보편적인 부모-자녀 관계에도 그대로 적용될 수 있는 생각이다. 즉 자녀 사랑은 자녀의 행실을 떠나 무조건적이어야 한다는 것이다. 바알 셈 토브의 믿음처럼, 자녀 사랑의 강도를 높이면 부도덕하고 방탕한 자식이 보다 윤리적이고 유대교도적인 삶을 살 수도 있다.

최근 들어 '엄격한 사랑'이라는 개념이 '무조건적인 사랑'의 대안으로 힘을 얻고 있다. 이를 지지하는 사람들은 단지 사랑한다는 이유만으로 부모가 행실 나쁜 자녀를 감정적으로나 재정적으로 지원해선 안 된다고 주장한다. 예를 들어, 자녀가 집에서 함께 살며 마약에 손댄다면 그 부모는 그 자녀를 집에서 내쫓아야 한다는 것이다. 그 자녀에게 약물 중독 치유 프로그램 같은 걸 권하지 않고 그냥 집에 있게 둔다면, 아무런 개선도 기대할 수 없는데다가, 자칫 다른 자녀들까지 물들게 할 수 있기 때문이다.

'엄격한 사랑'의 접근 방식은 13세기 고전인《경건한 사람들의 책 Sefer Chasidim》의 저자 랍비 주다의 조언과 일치하는 것 같다. 그의 글의 요지는 부모는 악한 길을 선택한 자녀로부터 자신들은 물론 다른 자녀들까지 보호할 필요가 있다는 것이다.

> 아무것도 하지 않고 술만 마시는 아들을 둔 아버지는 그 아들 뒷바라지를 하느라 가정과 다른 자녀들을 망쳐선 안된다. 따라서 아버지는 그 아들을 집에서 쫓아내야 하고, 마치 그 아들이 태어나지 않은

---

223 "누군가가 당신을 죽이길 원한다면 일찍 일어나 당신이 먼저 그를 죽여라(산헤드린 72a; 222일째 참조)."라는 탈무드의 가르침에 따라, 유대 율법은 그 남자에겐 마을 통치자를 죽일 권리가 있다고 규정한다. 그의 생명을 위협하는 사람은 죄 없는 사람이 아니라 통치자이기 때문이다. 반면, 통치자가 지목한 죄 없는 사람을 죽이는 것은 살인죄에 해당한다.

것처럼 행동해야 한다. 아들 하나 때문에 가정 전체를 망칠 수는 없기 때문이다.[224]

랍비 주다가 말한 것과 말하지 않은 것, 둘 모두를 생각해볼 필요가 있다. 그는 유대의 의식법ritual law을 어긴 자녀와 인연을 끊어야 한다고는 말하지 않았다(예를 들어 일부 유대인 부모들이 자녀가 비유대인과 결혼하면 상복을 입는 의식을 치르던 때도 있었다.). 즉 부모가 하지 말아야 할 일은 행실이 나쁘거나 자기파괴적인 자녀를 감싸느라 애꿎은 다른 자녀들까지 희생시키는 것이다.

312일째 수요일
자녀에게 생존 기술을 가르쳐라

탈무드 랍비들이 유대 아버지들에게 주는 가장 의외의 지침은 아마 "아버지는 자녀에게 수영하는 법을 가르쳐야 한다(키두쉰 30b)."일 것이다. 윤리적이고 종교적이며 직업적으로 성공한 삶을 사는 것과(탈무드에 따르면, 부모는 자녀가 그런 삶을 살 수 있게 도와줘야 할 의무가 있다. 키두쉰 29a. 234일째 및 235일째 참조) 수영을 배우는 것이 대체 무슨 관련이 있단 말일까? 그 질문에 대한 답 또한 탈무드가 제시한다. "자녀의 생명과 직결될 수도 있기 때문이다."

---

[224] 바알 셈 토브의 이야기와 랍비 주다의 충고 둘 모두 아이작스Issacs의 저서 《유대 예절서The Jewish Book of Etiquette》 139-40쪽에서 인용했다.

탈무드가 집필될 당시에는 먼 길을 갈 때 강이나 호수를 건너는 일이 많았다. 그런데 그때 사용되는 작은 배가 뒤집히는 일이 잦아, 수영을 못하는 사람은 늘 익사의 위험에 노출되어 있었다.

따라서 당시 자녀에게 수영을 가르치는 것은 골프나 스키를 가르치는 것 같은 레크리에이션 차원이라기보다는 생존 차원이었을 것이다. 블루 그린버그는 자신의 저서 《전통적인 유대 가정 만들기 How to Run a Traditional Jewish Household》에서 몇몇 유대 십대들이 뉴욕 주의 리버데일 Riverdale에서 반유대주의자들에게 폭행당한 사건을 회고한다. 당시 그 소식을 들은 그 지역의 한 랍비는 위의 탈무드 가르침에 부합하는 실용적인 제안을 했다. "유대 청소년들에게 무술을 가르칠 때가 왔다."

1,800년 전의 이 권고는 당시 랍비들은 상상도 할 수 없었던 일에 적용된다. 요즘 부모들은 자녀에게 교통법규 준수 및 안전운전의 중요성을 강조하는데, 이는 상식적인 자녀 교육일 뿐 아니라 고대 유대 율법을 이행하는 것이기도 한 것이다. 즉 자녀에게 도처에 위험이 도사리고 있는 이 세상에서 살아남는 방법을 가르치는 것이다.

313일째 목요일

진정한 친절

최근 내 딸과 그 애 친구가 우리 집에서 논 적이 있는데, 딸 친구의 아버지가 약속 시간이 훨씬 지났는데도 자기 딸을 데리러 오지 않는 것이었다. 나는 다른 약속이 있었기 때문에, 그의 늑장에 다소 화가 났다. 하지만 마침내 그가 나타나 늦은 이유에 대해 설명했을 때, 오히려 내 자신이 부끄러워졌다. 그는 가족도 없이 홀로 세상을 뜬 어느 할머니의 장례식을 치러주기 위해 여기저기 알아보느라 몇 시간을 보냈던 것이다. 유대 전통에 따르면, 그의 선행은 '진정한 친절chesed shel emet'이다. 11세기 성경 주석가인 라쉬가 "죽은 사람에게 베푸는 친절이 진정한 친절인데, 이는 보상을 바라지 않기 때문이다(창세기 47:29에 대한 주해)."라고 했듯 말이다.

"이는 보상을 바라지 않기 때문이다."라는 말은 다른 사람에게 친절을 베푸는 많은 사람들이 마음 한구석으로는 나중에 상대도 자신에게 도움을 주길 바란다는 것을 암시한다. 따라서, 죽은 사람을 도울 땐 분명 그 동기가 훨씬 더 순수한 것이다.

성경 율법에 따르면, 고위 성직자는 시신 접견이 절대 허용되지 않는다. 그들은 심지어 가족의 시신조차 접견할 수 없다. "제사장은 어떤 시체에든지 가까이 하지 말지니, 그의 부모로 말미암아서도 더러워지게 하지 말라(레위기 21:11)." 하지만 죽은 사람에 대한 경외심은 대단한 것이어서, 만일 고위 성직자가 홀로 여행을 하다 우연히 시신을 보았다면, 그는 그 시신의 매장을 혼자 책임져야 한다(마이모니데스, 미슈네 토라, '애도에 관한 율법', 3:8).

장례식을 돕는 것 이외에 '진정한 친절'을 실천할 수 있는 또 다른 방법은 시신을 순결하게 하고 매장을 준비하는 의식을 수행하는 헤브라 카디샤chevra kadisha라는 유대 단체에 들어가는 것이다.[225]

유대의 일일 기도서는 죽은 사람을 돌보는 미츠바를 이 세상뿐 아니라 '도래할 세상'에서도 보상을 받는 미츠바 중 하나로 꼽고 있다.

314일째 금요일

자녀가 특별함을
느낄 수 있도록 해주는 방식

가장 유명한 안식일 의례는 두 개의 초에 불을 붙이는 것으로 안식일을 시작하는 것이다. 이때 특별한 안식일 축도도 함께 행해진다. 그런데 많은 유대 가정은 자녀당 1개의 초를 추가로 밝히는 것을 관습으로 삼고 있다. 과거 우리 집 경우를 예로 들면, 매주 금요일 저녁 어머니는 율법이 요구하는 두 개의 초 외에 누이 살바와 나를 위해 각각 한 개씩의 초를 더 밝혀 총 네 개의 초를 밝히셨다. 이 추가 촛불은 자녀 개개인에게 강력한 메시지를 전했다. 랍비 아브라함 트워스키가 다음과 같이 기술했듯 말이다. "내가 존재하기 때문에 금요일 밤마다 우리 집이 더 밝아진다는 걸 안다는 것은 얼마나 고무적인 일인가!"

오늘 밤 안식일 초를 밝힐 때, 당신 자녀가 한 주 동안 당신 삶에 빛을 가져다 준 일들을 떠올려보자. 그런 다음 당신 가족 모두가 한 주 동안 이 세상에 빛을 가져다 준 일들을 떠올려보자.

315일째 안식일

한 주를 돌아보며 편히 쉬는 하루가 되기를.

---

225 헤브라 카디샤가 하는 일은 람Lamm의 저서 《죽음과 애도에 대한 유대인의 방식The Jewish Way in Death and Mourning》에 설명되어 있다.

316일째 일요일

침묵해야 할 때

전 뉴욕 주지사이자 1928년 민주당 대통령 후보였던 알 스미스 Al Smith는 어떠한 무례나 모욕에도 굴하지 않는 열정적인 정치 운동가였다. 어느 짓궂은 사람이 그에게 "알, 당신이 아는 걸 다 말해보시오. 그래봐야 잠깐이면 될 테니 말이오."라고 큰소리로 말했을 때, 알 스미스는 "당신도 알고 나도 아는 걸 다 말씀해드리죠. 그래봐야 잠깐이면 될 테니까 말입니다."라고 답했다.

알 스미스의 재치 있는 답변은 제쳐두고, 당신이 아는 것을 다 다른 사람들에게 말하는 것은 잘해봐야 그들을 지루하게 만들 뿐이고, 최악의 경우 그들에게 끔찍한 고통을 준다. 이는 3세기 탈무드의 현자 랍비 요카난의 믿음이기도 했다.

그의 그런 관점은 대개 불륜이나 근친상간으로 태어난 아이는 맘저 mamzer(사생아)로 규정하는 토라 율법에 대한 그의 이해에 근거했다. 사생아는 같은 사생아가 아닌 다른 어떤 유대인과도 결혼할 수 없었다(신명기 23:3).[226] 이 율법이 워낙 가혹하다 보니, 여러 세대에 걸쳐 랍비들은 누군가를 맘저로 낙인찍지 않으려고 놀라운 기지를 발휘했다. 그런데 랍비 요카난은 그들보다 한 발 더 나아갔다. 유대 율법은 침묵을 통해 사람들을 사생아라는 오명으로부터 자유롭게 해주려 한다고 그는 믿었다. 그가 그의 동료 랍비들에게 "난 예루살렘의 불순한 가정들을 까발릴 수 있는 힘이 있다네. 하지만 이 시대의 가장 위대한 예루살렘인들의 태생이 불순하다는 것을 아는 내가 어떻게 그럴 수 있겠는가?(바빌로니아 탈무드, 키두쉰 71a)" 랍비 요카난의 논점을 풀어쓰면 다음과 같으리라. "내가 왜 어떤 가정에 사생아가 있다는 것을 밝힘으로써, 그 가정을 깨고 아주 훌륭하고 정직한 몇몇 사람들에게 고통을 줘야 하나?"

이 가르침은 걸핏하면 다른 사람들에 대한 험담을 일삼고 나쁜 소문을 퍼뜨려 그들과 그 가정의 위상을 떨어뜨리는 사람들에게 경종을 울린다. 하지만 악의에서든 알고 있다는 것을 인정받으려는 욕망에서든, 많은 사람들이 누군가에게 큰 고통을 주고 그 평판에 타격을 줄 수 있는 진실들을 다른 사람들에게 전한다.

랍비 요카난의 침묵은 의로운 사람들이 수치심을 느끼거나 외면당

---

[226] 맘저의 저주는 대물림된다. 만일 평범한 유대인이 맘저와 결혼한다면, 그들의 자녀 및 모든 자손도 맘저로 간주된다.

하지 않게 해주었다. 그는 "잠잠할 때가 있고 말할 때가 있으며(3:7)."
라는 전도서의 가르침을 일상의 삶에서 진정으로 실천한 사람이다.

317일째 월요일

누군가를 칭찬하는 것이 잘못된 것일 때

> 이웃의 적들 앞에서 그 이웃의 미덕에 대해 말하는 사람은 그 이웃에 대한 비방을 불러일으킨다.
>
> — 모세 마이모니데스, 미슈네 토라, '성격 개발에 관한 율법' 7:4

당신이 한 무리의 사람들을 향해 이야기하고 있는데, 그중 한 사람이 다른 한 사람을 아주 미워한다는 것을 알고 있다면, 미움 받는 그 사람에 대한 칭찬을 해선 안된다. 누군가의 적 앞에서 그에 대해 칭찬하는 것은 그를 위하는 일이라 생각할 수도 있다. 하지만 유대 전통은 그런 생각에 동의하지 않는다.[227] 당신이 어떤 이웃에 대한 칭찬을 할 때, 그 이웃의 적은 당신 이야기를 들으며 침묵할 수도 있다. 심지어 그 침묵은 당신이 그곳에 있는 내내 계속될 수도 있다. 하지만 당신이 자리를 뜨는 순간, 그 적은 당신 이웃의 싫은 점들에 대해 줄줄이 늘어놓을 가능성이 높다.

당신이 누군가에 대한 한 사람의 적대감을 줄여주고 싶다면, 적대

---

[227] 하지만 만일 그 적이 먼저 사람들 앞에서 당신 이웃을 공격한다면, 당신은 공격당하는 그 이웃을 위해 목소리를 높여야할 의무가 있다.

감을 가진 그 사람과 일대일로 대화를 나누어야 한다. 하지만 그가 다른 사람들과 함께 있을 경우, 그가 적대시하는 당신 이웃에 대한 칭찬을 해선 안된다. 그렇게 해서 보장받을 수 있는 것은 여러 사람이 당신 이웃에 대한 장황한 험담을 듣게 되리라는 것뿐이다.

318일째 화요일
당신과 당신의 예전 배우자

 탈무드의 한 놀라운 이야기는 (당신이 이혼을 했다면) 당신이 특별히 친절을 베풀어야 할 사람 중 한 명이 바로 당신 전처나 전남편이라는 가르침을 준다.

> 랍비 요시의 아내는 남편을 많이 조롱하고 못살게 굴었다.
> 어느 날 랍비 엘라자르가 랍비 요시를 찾아와 말했다. "스승님, 사모님과 이혼하도록 하십시오. 스승님은 존경받아 마땅한 분이지만, 사모님은 스승님께 그런 존경심을 보이지 않습니다."
> 랍비 요시가 대답했다. "난 케투바에 명시된 금액의 위자료를 감당할 능력이 없네."
> 엘라자르가 말했다. "제가 스승님께 그 돈을 드리겠습니다. 그러니 사모님과 이혼하십시오."
> 그래서 엘라자르는 요시에게 돈을 주었고, 요시는 자신의 아내와 이혼했다. 그 후, 요시의 전처는 도시의 야경꾼을 만나 재혼했다. 얼마

간의 시간이 흐른 뒤 야경꾼은 돈을 몽땅 잃어버렸고 눈까지 멀게 됐다. 그래서 그의 아내는 그의 손을 잡고 다니며 구걸을 했다. 어느 날 도시 전체를 돌았는데도 아무도 적선을 하지 않자 그가 그녀에게 물었다. "도시에 우리가 갈만한 다른 동네는 없소?"

그녀가 대답했다. "한 군데가 더 있는데, 제 첫 남편이 거기 살고 있어요. 거기 가면 제가 너무 창피할 것 같네요." 그러자 그는 그녀가 자신을 요시의 동네에 데려다 줄 때까지 그녀를 때렸다. 바로 그때 요시가 그들 옆을 지나고 있었다. 랍비 요시는 남자가 자신의 전처를 학대하는 것을 보고 그들에게 집과 평생 먹을 식량을 주었다.[228]

탈무드 시대는 물론이고 얼마 전까지만 해도, 이혼하는 부부가 요즘보다는 훨씬 적었다. 따라서 예전에 이 이야기는 대부분의 사람에게 의미 있고 현실적인 이야기라기보다는 호기심을 유발하는 생경한 이야기로 다가갔을 것이다. 하지만 이혼이 더 이상 남의 이야기가 아닌 오늘날, 이 이야기는 한때 가족이었던 전남편이나 전처에 대해서도 긍정적인 감정을 가질 필요가 있다는 현실적인 가르침을 준다. 언젠가 나는 이혼한 한 여성이 전남편에 대해 우호적으로 말하는 것을 들은 적이 있다. '한때 무척 사랑했고 아직도 조금 사랑하는 사람'이라고 말이다. 물론 부부는 피가 섞인 가족이 아니다. 하지만 토라는 그렇게 생각해야 한다고 가르친다. 예를 들면, 성경이 결혼에 대해 처음으로 한 말은 "이러므로 남자가 부모를 떠나 그 아내와 연합하여 둘이 한 몸을 이룰지로다(창세기 2:24)."였다. 전처에 대한 랍비 요시의 따뜻한 마음 씀씀이는 다른 성경 구절에도 그 뿌리를 두고 있다. "네 골육을 피하여

스스로 숨지 아니하는 것이 아니겠느냐(이사야 58:7).²²⁹

배우자는 피가 섞인 가족이 아니지만, 우리는 배우자를 그렇게 보아야 한다. 심지어 이혼을 하더라도 우리는 전처나 전남편에 대한 모든 감정을 다 버려선 안된다.

한때 사랑했던 부부가 이혼을 했다고 서로를 악마처럼 생각한다면 얼마나 슬픈 일이겠는가! 그 부부 사이에 자녀가 있다면 특히 더 그렇다. 그래서 위의 랍비 요시 이야기는 이혼한 부부는 자녀가 없을 때조차도 서로를 적대시해서는 안된다는 걸 가르쳐준다.

319일째 수요일
솔로몬의 칼: 어떻게 아이에게 가장 이로운 것을 결정할까

솔로몬은 유대 역사상 가장 현명한 왕으로 칭송받고 있다. 그가 지혜로운 왕이라는 사실은 왕위에 오른 직후부터 알려지기 시작했지만, 특히 그가 내린 한 판결로 더욱 더 널리 알려지게 되었다. 두 여자가 각기 아기를 낳았다. 그 중 한 여자의 아기가 밤에 잠을 자다 사고로 질식사했다. 그녀는 침대에서 일어나 죽은 자기 아기와 다른 여자가 안고 있던 산 아기를 바꾸었다. 다음 날, 두 여자가 솔로몬 왕 앞에 섰다. 두 여자 모두 자신이 살아 있는 아기의 엄마라고 주장했다.

228 팔레스타인 탈무드, 케투봇 11:3
229 네 혈육을 못 본 체 해선 안 된다는 뜻

두 여자 모두 아기 엄마라는 사실을 입증하지 못하자, 솔로몬 왕은 칼을 가져와 아기를 반으로 잘라 두 여자에게 나눠주라고 명했다. 이에 한 여자가 소스라치며 소리쳤다. "내 주여, 산 아들을 저 여자에게 주시고, 아무쪼록 죽이지 마옵소서." 두 번째 여자가 말했다. "내 것도 되게 말고 네 것도 되게 말고 나누게 하라!" 순간 솔로몬에겐 모든 것이 분명해졌다. 그는 첫 번째 여자를 보며 지시했다. "산 아들을 저 계집에게 주고 결코 죽이지 말라. 저가 그 어미니라"(열왕기상, 3:16-27).

나는 이 이야기를 하도 많이 듣고 또 가르쳐, 이 이야기에는 더 이상 새로운 게 없다고 생각했었는데, 그러다 랍비 마이클 골드Michael Gold의 주장을 접하게 되었다. 랍비 마이클 골드의 다음과 같은 주장대로, 이 고대 이야기는 지금까지도 우리에게 많은 것을 가르쳐준다. "이 이야기가 주는 교훈은 아기의 이익이 모든 결정의 중심이 되어야 한다는 것이다."[230]

과거에 미국 법정은 자녀를 학대하는 부모(아기를 진심으로 사랑하는 진짜 엄마보다 "아기를 나누게 하라!"라고 말한 여자와 더 공통점이 많은)에게 자녀를 다시 맡기곤 했다. 친부모라는 사실이 다른 어떤 조건들보다 우선시되어야 한다고 확신한 나머지, 자녀에게 가장 필요한 것이 무엇인지 헤아려야 하는 의무를 등한시한 것이다.

솔로몬이 상기시켜주었듯, 무엇보다 중요시해야 할 일은 자녀에게 가장 필요한 것이 무엇인가 하는 점이다. 솔로몬은 결국 아기가 다치지 않길 바란 여인에게 아기를 내주었던 것이다. 부모라면 거의 다 자

---

[230] 골드, 《하나님과 사랑, 성, 가족God, Love, Sex and Family》 212쪽

기 아이들을 사랑하고 아이들에게 가장 좋은 걸 해주려고 한다. 그런데 혹 부모가 그렇지 못한 경우(자기 아이들을 학대한다거나 하는), 위의 이야기에서 솔로몬으로 대변되는 하나님은 아이들을 그런 부모에게 맡기기보다는 다른 최선의 길을 찾아줄 것을 원하신다. 따라서 유대주의의 관점에 따르면, 아이에게 가장 유익한 것을 최우선으로 생각하는 사람에게 아이를 맡겨야 한다.

320일째 목요일
양부모의 특별한 의무

심리학적 통찰력과 도덕적 세심함으로 가득 찬 아래 구절에서, 마이모니데스는 과부나 고아를 대할 때 각별히 마음 써야 할 점을 강조한다.

> 과부나 고아를 대할 때는 특히 조심해야 한다. 그들의 영혼은 깊은 상처를 안고 있고 그들의 마음은 늘 슬픔에 젖어 있기 때문이다. 그들이 아무리 부유하더라도, 심지어 왕의 과부나 고아라 하더라도, 세심한 주의를 기울여야 한다. "그 어떤 과부나 고아도 함부로 대해선 안된다."
>
> ― 미슈네 토라, '성격 개발에 관한 율법' 6:10

마이모니데스가 분명히 말하고 있듯, 우리는 상처받기 쉬운 사람들을 대할 때 더없이 조심해야 한다. 이 가르침은 아이를 입양한 양부모에게도 똑같이 적용된다. 모든 자녀가 자신이 특별한 존재라는 인식을 갖고 있을 필요가 있지만, 친부모가 자신을 포기했다는 걸 알고 있는 입양아들 입장에선 특히 더 그런 인식이 필요하다. 자신 역시 입양아였던 다니엘 모세스먼Daniel Mosesman은 다음과 같이 말했다. "나는 모든 양부모에게 말하고 싶다. 아이에게 최고의 사랑을 주고, 아이를 안아주고, 아이의 말을 경청하라. 그리고 무엇보다 자신의 탄생과 존재가 당신 삶에 더없이 큰 축복이라는 걸 아이가 알게 해줘야 한다."[231]

321일째 금요일

자기 자신에 대해서도 '라숀 하라'를 말하지 말라

유대 사회에서 샤페츠 차임으로 잘 알려진 랍비 이스라엘 메이어 카간(1838-1933)이 어느 날 강연을 하러 가기 위해 기차를 탔는데, 맞은편에 한 남자가 앉아 있었다. 두 사람은 대화를 시작했고, 랍비 카간은 남자에게 어디로 가는지를 물었다. 남자가 답했다. "샤페츠 차임의 강연을 들으러 마을로 가는 길입니다. 그는 오늘날 유대 사회에서 가장 위대한 현자이자 성자죠."

남자의 말에 순간 쑥스러움을 느낀 랍비 카간이 이의를 제기했다. "사람들이 가끔 그런 말을 하곤 하지만, 그건 사실이 아닙니다. 그는 그렇게 위대한 현자도 아닐뿐더러, 분명 성자와는 거리가 멉니다."

이 말에 격노한 남자가 "감히 그토록 훌륭한 분을 폄하하다니!"라고 호통을 치며 랍비 카간의 따귀를 때렸다.

그날 저녁, 랍비 카간의 강연장에 간 남자는 조금 전 자신에게 따귀를 맞은 사람이 다름 아닌 랍비 카간이었다는 걸 알고 크게 놀랐다.

이윽고 강연이 끝나자 남자는 서둘러 랍비 카간에게 가서 말했다. "부디 저를 용서해주십시오. 당신일 거라곤 꿈에도 생각 못했습니다."

랍비 카간이 미소를 띠며 말했다. "제게 용서를 구할 필요는 전혀 없습니다. 결국 당신은 저를 변호해주신 거니까요. 오히려 당신에게서 중요한 교훈을 얻었습니다. 저는 오랫동안 사람들에게 다른 사람들에 대해 험담하지 말라고 가르쳤죠. 그런데 당신 덕에 자기 자신에 대해 험담하는 것 또한 옳지 않다는 걸 깨닫게 됐습니다."

겸손이 미덕이긴 하지만, 그것이 자신의 장점을 부정하거나 자신을 폄하하는 것이 되어선 안된다는 것을 이 이야기는 상기시켜준다. 토라는 "네 이웃을 사랑하기를 네 자신과 같이 사랑하라(레위기 19:18)."라고 명하고 있다. 사랑하는 사람에 대한 험담을 듣고 싶지 않듯, 당신 또한 당신이 사랑해야 할 자신에 대한 험담을하지 말아야 한다.

322일째 안식일

한 주를 돌아보며 편히 쉬는 하루가 되기를.

---

231 이 인용문은 데니스 프레이저의 계간지인 《궁극적인 쟁점Ultimate Issues》(1933)에 실린 '한 입양아가 보낸 편지'의 일부이다.

323일째 일요일

탐하는 것조차 죄가 되는 이유

십계명 중 열 번째 계명은 "네 이웃의 집을 탐내지 말라. 네 이웃의 아내나 그의 남종이나 그의 여종이나 그의 소나 그의 나귀나 무릇 네 이웃의 소유를 탐내지 말라(출애굽기 20:17)."이다.

십계명을 공부하는 모임에서 사람들은 종종 이 열 번째 계명을 이해할 수 없다며 당혹감을 표출하곤 했다. "탐하는 것이 그렇게 나쁜 것일까요? 행동이 아닌 그저 감정일 뿐인데 말입니다. 하나님은 왜 탐하는 것조차 금하시는 걸까요?"

윤리 문제에 관한 한, 사람들은 종종 중요한 것은 올바른 행동뿐이라고 생각한다. 하지만 최근 작고한 이스라엘 성경학자 네카마 라이

보비츠Nechama Leibowitz는 성경은 단순히 사람들의 행동에 영향을 주는 것 이상의 것에 관심이 있다고 말했다. 십계명 중 마지막 여섯 가지 계명은 인간관계를 다룬다. 다섯 번째부터 여덟 번째 계명은 윤리적인 행동을 명한다(부모를 공경하고 살인과 간음, 도둑질을 금한다.). 아홉 번째 계명은 부당한 말(위증)을 금한다. 열 번째 계명은 이웃의 재산이나 배우자를 탐내는 따위의 부당한 감정을 금한다. 이 계명들은 행위를 다루는 것으로 시작하지만, 그 과정에서 사람들의 외적 행위 변화의 궁극적인 목적은 사람들의 내적 자아를 변화시키는 것이라는 걸 분명히 보여준다.

왜일까? 가장 중요한 이유는 우리가 느끼고 생각하는 것이 결국 우리가 행동하는 것에 큰 영향을 주기 때문이다. 만일 우리가 이웃의 배우자나 재산을 탐하는 감정을 자제하지 못한다면, 그럴 기회만 주어지면 간음이나 도둑질은 물론, 더 나쁜 짓까지 저지를 수 있을 것이다. 그건 이스라엘의 두 왕에게 실제로 일어난 일이기도 하다. 다윗 왕은 자신의 군대 장교 우리아의 아내 밧세바를 탐했다. 결국 그녀와 동침해 임신까지 시켰다. 그리고 그 사실을 은폐하기 위해 밧세바의 남편 우리아를 전쟁터에서 죽게 만들었다(사무엘하 11장). 그로부터 1세기 후 아합 왕은 자신의 왕궁 근처에 있는 포도밭을 탐했다. 포도밭 주인인 나봇이 포도밭 파는 걸 거부하자, 아합의 아내 이세벨은 두 사람을 고용해 나봇이 하나님과 왕을 저주하는 걸 목격했다고 증언토록 해 나봇을 처형했다. 반역죄를 지은 사람의 토지는 왕에게 귀속되기 때문에, 이세벨은 나봇의 포도밭을 자기 남편 것으로 만들 수 있었다. 이세벨의 악행을 전해 들은 선지자 엘리야는 포도밭에서 아합을 만나 소리쳤다. "네가 죽이고 또 빼앗았느냐?(열왕기상 21:19)"

아합의 사례를 보면, 다른 사람의 재산을 탐하지 말라는 계율을 어긴 것이 결국 부당한 말을 금하는 아홉 번째 계명과 살인을 금하는 여섯 번째 계명, 또 도둑질을 금하는 여덟 번째 계명을 어기는 결과로 이어졌다. 그리고 탐하는 것을 금하는 계율을 어긴 이 두 남자 모두 다른 사람 것을 쉬 탐할 것 같은 가난한 사람이 아니라 남부러울 것 없는 부와 막강한 권력을 쥔 왕들이었다.

심지어 왕들조차 이겨내지 못한 탐욕의 유혹으로부터 어떻게 자신을 지킬 수 있을까? 더 많은 것을 가지려 하는 것은 잘못이 아니다. 하지만 다른 사람을 희생시켜 더 많은 것을 가지려 하는 것은 잘못이다. 즉 벤츠를 갖고 싶어 하는 것은 악이 아니지만, 이웃의 벤츠를 갖고 싶어 하는 것은 악인 것이다. "네 이웃을 사랑하기를 네 자신과 같이 사랑하라(레위기 19:18)."라는 계율을 실천하고자 하는 사람은 다른 사람의 것을 탐하는 데 불편함을 느낄 것이다.

이웃의 배우자를 탐하지 말라는 계율과 관련해 13세기 성경 주석가 아브라함 이븐 에즈라Abraham ibn Ezra는 봉건사회의 상황에서 평민들은 결코 왕비를 탐하거나 하는 일은 하지 않았을 거라는 데 주목한다. 엄청난 신분 격차 때문에, 평민들은 왕에게서 왕비를 뺏는다는 건 상상조차 하지 못한다. 이븐 에즈라에 따르면, 하나님은 이 계율에서 우리가 왕비를 탐할 수 없듯 이웃의 배우자도 탐해선 안된다고 말하고 있다. 즉 평민이 어떻게 왕비를 취할지 궁리하느라 아까운 시간을 허비하지 않듯, 우리 또한 어떻게 이웃의 배우자를 취할지 궁리하느라 시간을 허비해선 안된다는 것이다. 만일 이 계율을 무시하고 어떻게 이웃의 배우자를 유혹할지에 대해 생각하기 시작한다면, 곧 그녀와 어떻게 간음할지 구체적인 계획을 짜기 시작하게 될 것이다. 분명 네 이웃의 아내를 탐하지 말라는 토라의 명령을 내면화하는 것이 더 나은 선택일 것이다. 더 이상 무슨 말이 필요하랴!232

324일째 월요일

다른 사람들의 고통에 익숙해지지 말라

랍비 안드레 운가르André Ungar는 회고한다. "당시 아주 젊은 랍비였던 나는 선배 랍비인 해롤드 레인하트Harold Reinhart와 함께 처음으로 장례식에 참석했다. 젊은 남자가 부모와 아내, 어린 아이들을 남겨두고 사고로 세상을 뜬 아주 안타까운 경우였다. 나는 그 가족의 슬픔, 당혹감, 격분, 연민, 전통적인 신학적 질문 등에 짓눌려 제정신이 아니었다. 차를 몰고 집으로 돌아오면서 랍비 레인하트와 나는 한동안 말 없이 앉아 있었다. 그러다 어색함을 깨려고 내가 불쑥 말을 뱉었다. '시간이 지나면 이런 일들에도 익숙해지겠죠.' 랍비 레인하트가 얼굴을 찌푸린 채 나를 쳐다보며 나직이 말했다. '안드레, 이런 일들에 익숙해지는 날엔 랍비직을 그만둬야 해.'"233

랍비 스티븐 S. 와이즈Stephen S. Wise는 2차 세계대전이 발발하기 몇 해 전 중국을 방문했는데, 당시 그곳의 주요 교통수단은 인력거였다. 그

---

232 나의 저서 《성경 공부Biblical Literacy》 438-39쪽의 십계명에 관한 해설을 참조하기 바란다.
233 블루Blue와 마고넷Magonet, 《동족감Kindred Spirits》 132쪽

런데 그곳 인력거꾼들은 연신 기침을 해대는 등 아주 병약했다. 첫째 날 랍비 와이즈는 자신이 이용하는 인력거가 그렇게 병약한 사람들의 수고로 움직인다는 사실에 충격을 받았다. 그날 밤 그는 호텔 밖에서 들려오는 인력거꾼들의 거칠고 가쁜 기침 소리 때문에 눈을 붙일 수가 없었다. 그가 호텔 직원들에게 그 얘기를 하자, 그들은 그를 이렇게 안심시켰다. "걱정하실 필요 없습니다. 2주 후면 저 기침 소리에 익숙해지실 겁니다. 한 달 후면 아예 들리지도 않을 거고요."

랍비 와이즈는 "정말 그랬다."고 회고했다. 후에 그는 인력거꾼들의 기침 소리가 더 이상 들리지 않던 날을 두고 '내 생애 가장 부끄러운 날'이었다고 말했다.[234]

오늘 신문을 읽거나 거리를 걸을 때, 또는 이런저런 문제를 안고 있는 친구와 얘기할 때, 다음과 같은 가르침을 기억하기 바란다.

다른 사람들의 고통에 익숙해지지 말라.

다른 사람들의 고통에 익숙해지지 말라.

다른 사람들의 고통에 익숙해지지 말라.

325일째 화요일

당신의 인생에서 잘못되고 있는 것과 잘되고 있는 것

당신 자신 또는 당신이 사랑하는 사람의 건강 문제, 금전 문제, 직업적 부진, 결혼 생활의 문제, 자녀와의 문제, 또는 친지나 친구, 직장 동료와의 불화 등등, 당신을 괴롭히는 모든 문제에 대해 잠시 생각해 보라. 이제 당신의 삶에서 '좋은 것들', 즉 배우자나 자녀에 대한 사랑, 친구들과의 우정, 즐거움을 주는 활동, 하는 일에 대한 만족감, 자녀에 대한 자부심, 직업적 성취감, 당신이 다른 사람들에게 베푼 선행 등에 대해 떠올려보라. 다음, 당신이 평소 거의 의식하지 못하는, 당신 삶에서 '좋은 일들'에 대해 모두 떠올려보라. 당신과 당신이 사랑하는 사람들이 걷고 말하고 듣고 보고 냄새 맡는 데 문제가 없다면, 그것도 좋은 일들이다.

당신의 삶에는 좋은 것들이 안 좋은 것보다 더 많지 않은가?[235] 만일 그렇다면, 당신은 고민거리나 잘 해결되지 않는 문제들에 지나치게 집착하고 있는 것 아닐까?

괴테는 로마에서 한 무리의 눈 먼 걸인들 옆을 걸어갈 때 있었던 일에 대해 이야기했다. 그 걸인들 대부분이 행인들로부터 거의 적선을 받지 못했다. 그런데 유독 한 걸인만이 행인들로부터 꾸준히 적선을 받고 있는 것이 괴테 눈에 들어왔다. 괴테가 그 걸인에게 다가가 보니, 그는 다음과 같은 글이 써진 플래카드를 들고 있었다. "봄이 왔습니다. 그리고 저는 앞이 보이지 않습니다."[236] 만일 지금이 봄이거나 여름, 가을, 또는 겨울이고, 당신이 앞을 볼 수 있다면, 당신은 감사해야 하지 않을까?

---

[234] 리머가 엮은 《아주 성스러운 날들의 세상 The World of the High Holy Days》 132쪽
[235] 유대주의는 당신의 신체 기관이 제대로 움직이고 당신의 의식주에 문제가 없는 것에 대해 하나님께 감사 기도를 드리는 것을 포함해 매일 100가지 감사 기도 및 축복 기도를 낭송하는 것으로 당신 삶에서 '좋은 것들'에 초점을 맞출 것을 권장한다.
[236] 셔윈Sherwin과 코헨Cohen, 《유대인 되는 법 How to Be a Jew》 16쪽

326일째 수요일

마지막으로 감사하기

몇 해 전, 나는 한 노인의 장례식을 주관한 적이 있는데, 장례식을 시작하기 직전 나는 그의 딸에게 아버지의 시바(장례식 후 죽은 이를 애도하는 7일장)를 할 예정인지를 물었다. "아, 그런 건 하지 않을 거예요." 그녀가 말을 이었다. "몇몇 친구 분들이 오늘밤 조문을 오시긴 할 건데요. 저는 열정적으로 살면 그만이지, 애도 같은 건 필요 없다고 생각해요." 내 얼굴에서 당혹스러워하는 기색을 읽은 그녀가 덧붙였다. "게다가, 아버지는 워낙 밝고 긍정적인 분이셨어요. 제가 우울한 애도 기간을 보내는 걸 결코 원치 않으실 거예요."

차를 몰고 집으로 돌아오면서, 나는 그 딸이 자기 생각만큼 아버지에 대해 잘 알고 있는 걸까 하는 의구심이 들었다. 그녀 아버지는 자신의 장례식 바로 다음 날 딸과 사위, 손자손녀들이 평소처럼 직장이나 학교에서 일하고 공부한 뒤 집에서 편한 휴식을 취하거나 또는 운동이나 각종 여가 활동을 즐긴다는 걸 알면 과연 흐뭇해할까? 나는 그녀가 아버지의 죽음을 애도하지 않으려 하는 것이 과연 삶에 대한 열정적인 사랑을 반영하는 것인지, 아니면 오랜 세월 자신을 키워주고 사랑과 애정을 쏟아준 아버지에 대한 무의식적 애정 결핍을 보여주는 것은 아닌지 의아스러웠다. 그런데 그 후 몇 년간 나는 일부 미국 유대인들이 시바를 부담스러워한다는 사실을 알게 되었다. 부모나 형제자매가 세상을 뜬 후 7일간 일과 다른 일상 활동을 하지 않는 것을 과도하고 불필요한 일로 여기고 있었던 것이다(유대주의는 배우자나 자녀가 사망한 후 그런 애도 기간을 가질 것을 의무화하지만, 많은 사람들이 그것이 과도하다고 느끼고 있는 것 같지는 않다.).

유대주의 관점에선 7일간 부모의 죽음을 애도하지 않는 것은 일종의 큰 불경이다. 마치 별 일이 없었다는 듯 평소처럼 일상생활을 영위하는 것은 근본적으로 고인의 삶과 죽음이 자신에겐 큰 의미가 없다고 선언하는 것이나 다름없다. 나는 위 이야기의 여성 아버지를 포함해 대부분의 사람들이 자녀가 자신의 죽음을 그런 식으로 받아들이길 원하지는 않을 거라고 확신한다.

토라는 우리에게 부모를 공경하고 경외할 것을 가르친다(출애굽기 20:12, 레위기 19:3, 127일째 참조). 상식적으로 생각해도, 우리는 우리에게 생명을 주었고, 수많은 밤을 잠에서 깨어 우리에게 젖을 주고 달랬으며, 우리에게 교육과 도덕적 지침을 제공한 부모에게 고마움을 느껴야 한다. 유대 율법은 부모가 돌아가신 뒤 마지막 감사의 표현으로 일주일간 일상생활을 완전히 접고 오로지 부모에 대해서만 생각하고 말하며 애도하라고 명하고 있다.

327일째 목요일
회개는 좋은 것이지만, 지나친 회개는 금물이다

우리 랍비들은 이렇게 가르쳤다. 당신이 어떤 속죄일에 하나님께 어떤 죄를 고백했다면, 다른 속죄일에 그 죄를 다시 고백하지 말아야 한다. 물론 당신이 한 번 지은 죄를 다시 지었다면 다른 속죄일에 그 죄를 고백해야 한다. 하지만 성경은 똑같은 죄를 다시 짓지 않았음에도 한 번 더 죄를 고백하는 사람에 대해 이렇게 말한다. "개가 그 토한 것을 도로 먹는 것 같이 미련한 자는 그 미련한 것을 거듭 행하느니라(잠언 26:11).”

— 바빌로니아 탈무드, 요마 86b

회개의 목표는 영혼을 정화하는 것이다. 따라서 일단 그 목표가 성취됐다면, 영혼을 더럽히는 그런 행동들에 계속 초점을 맞추어선 안 된다.

이 가르침은 강박적인 성격의 사람들(죄의식에 사로잡혀 정상적인 생활을 하지 못하는 사람들)이 정상적인 삶을 살 수 있게 도와주는데 그 목적이 있는 것으로 보인다. 지금은 고인이 되신 나의 조부 랍비 니센 텔루슈킨은 언젠가 "악을 버리고 선을 행하라(시편 34:14).”라는 시편 구절의 의미를 "자신이 행한 악에 집착하지 말고 선을 행하라.”로 설명한 적이 있다. 그는 다음과 같은 비유를 들어 자세히 설명했다. "아주 진한 소금물 한 컵을 마셔야 한다고 생각해보라. 어떻게 해야 할까? 두 가지 방법이 있다. 하나는 물에서 모든 소금을 제거하는 것이다. 하지만 이것은 힘든 과정을 거쳐야 한다. 특별한 장비가 없이는 결코 소금물에서 소금을 제거하지 못할 것이다. 다른 방법은 짠맛을 느끼지 못할 정도로 많은 물을 그 소금물에 붓는 것이다. 자기 내면에 있는 악한 성향이나 자신이 지은 죄에 너무 집착해 내내 우울해 하는 유형의 죄인들이 있다. 그러나 자기 내면의 악을 완전히 뿌리 뽑으려 하기보다는 악을 압도할 정도로 많은 선을 행하려 하는 것이 훨씬 더 바람직하다. 악을 완전히 뿌리 뽑는다는 것은 불가능에 가깝기 때문이다."

마이모니데스가 '회개에 관한 율법(3:1,2,5)'에서 우리에게 상기시켜 주듯, 하나님은 당신이 행한 선과 악의 양에 따라 당신을 심판하신다.[237]

만일 죄를 지었다면, 그 죄를 고백한 뒤 그 죄를 상쇄할 수 있는 선행을 베풀도록 하라. 이미 지은 죄에 집착하지 말고 삶을 살아가라. 그러면서 선행을 베푸는 것이다.

328일째 금요일
집단을 일반화하지 말라

사람들은 대개 유대 전통이 선지자들의 모든 말을 성스럽고 교훈적으로 여긴다고 생각한다. 하지만 실은 그렇지 않다. 그래서 랍비들은 이사야가 다음과 같이 말한 것에 대해 상당한 불만을 드러냈다. "나는 입술이 부정한 사람이여 입술이 부정한 백성 중에 거하면서 만군의 여호와이신 왕을 뵈었음이로다(이사야 6:5)." 미드라시의 상상력에 따르면, 하나님은 이사야에게 다음과 같이 말씀하신다. "네 자신에 대해서는 '나는 입술이 부정한 사람이다.'라고 말할 수 있다. 그것은 내

---

[237] "이는 단지 선행과 악행의 수로 계산한다는 뜻이 아니라, 그것들의 중대성 또한 고려한다는 뜻이다. 즉 여러 악행을 덮는 한 가지 선행이 있을 수 있고, 반대로 여러 선행을 덮는 한 가지 악행이 있을 수 있다는 말이다. 선행과 악행의 무게를 결정짓는 것은 전지전능하신 하나님이다. 하나님만이 선과 악을 정확히 측정하실 수 있기 때문이다(미슈네 토라, '회개에 관한 율법' 1:2)."

가 참을 수 있다. 하지만 네가 어떻게 감히 '입술이 부정한 사람들 사이에 거하고 있다.'라고 말할 수 있느냐?(아가 라바Song of Songs Rabbah 1:38)" 더 과격한 구절에서 탈무드는 이스라엘 백성들을 '입술이 부정한 사람들'이라 부른 죄로 이사야를 사악한 메나쉐 왕에 의해 순교자의 죽음을 맞게 만든다(예바못 49a).

안타깝게도 소문과 마찬가지로 일반화도 부정적인 면이 있다(52일째 참조). 이스라엘인 전부를 비난함으로써, 이사야는 결과적으로 입술이 부정하지 않은 많은 이스라엘인들까지 비난한 것이며, 그 때문에 하나님의 노여움을 사게 된다. 그런데 우리 중에도 이사야처럼 습관적으로 다른 집단을 일반화하는 사람이 많다. 미국에서는 낙태나 총기 휴대, 사회에서의 종교 역할 같은 쟁점에서 견해가 다른 사람들이 종종 서로를 부당하게 헐뜯곤 한다. 유대 공동체 내에서도 상황은 다르지 않아, 진보파와 보수파 유대인들은 정통파 유대인들에 대해, 반대로 정통파 유대인들은 신학적으로 더 진보적인 유대인들에 대해 종종 증오와 악의에 찬 일반화를 일삼곤 한다. 또한 이스라엘에 대해 서로 다른 관점을 가진 유대인들 사이에서도, 또 서로 다른 영토에 사는 유대인들 사이에서도 그런 악의적이고 부당한 일반화를 심심찮게 목격할 수 있다. 당연히 비유대인 국가 및 집단들을 일반화해 묘사하는 것 또한 옳지 않을 것이다.

특히 안타까운 것은 안식일 음식을 놓고 광범위한 주제에 대해 편안한 대화를 나누기 위해 한 자리에 모이는 안식일에도 그런 일반화를 종종 목격할 수 있다는 것이다. 천사들을 초대하는(샬롬 알레이헴Shalom Aleichem은 천사를 초대하는 노래이다.) 안식일 식탁에서 하나님의 일부 피조물들이 다른 피조물들을 비방한다는 것은 얼마나 어처구니없는 일인가! 우리에겐 그런 일반화의 죄가 사소한 것으로 보일 수 있다. 하지만 탈무드 랍비들은 부정적인 그런 일반화를 가장 엄중한 벌을 받아야 하는 죄 중 하나로 여긴다. 이번 안식일에는 자신을 돌아보면서 다른 사람들이 우리 집단에 대해 말해주었으면 하는 방식으로 다른 집단에 대해 공정하게 말하도록 각별한 주의를 기울이자.

329일째 안식일

한 주를 돌아보며 편히 쉬는 하루가 되기를.

330일째 일요일

자신도 사랑하고 다른 사람들도 사랑하도록 자녀를 키워라

많은 부모들이 자녀가 학업이나 운동 등에서 좋은 성과를 냈을 때 칭찬을 아끼지 않는다. 그래서 자녀가 지적으로 두각을 드러내면 "네가 머리가 명석하다는 게 자랑스럽구나."하고 칭찬할 뿐 아니라 "우리 애가 머리가 명석해서 정말 기뻐요."하고 주위 사람들에게 자랑하기도 한다. 그렇다면 부모가 칭찬해주거나 자랑할 일이 없을 정도로 학업이나 운동 등에 재능이 없는 아이들은 어떤 자아상을 키워가야 할까? 또 학업이나 운동 등에 뛰어난 아이들이 그런 재능과 능력이 자신에게 진정으로 가장 중요한 것이라 믿으며 성장하는 것은 건

전한 일일까?

이쯤에서 당신 자녀뿐 아니라 온 세상까지 더 행복하고 따뜻하게 만들 수 있는 간단한 제안을 하고자 한다. 즉 자녀가 친절한 행동을 할 때 그 어느 때보다 크게 칭찬해주라는 것이다. 그러면 아이들은 '친절한 사람'이 되는 것이 가장 중요한 일이라는 걸 깨닫게 될 것이다. 따라서 도덕적인 행동을 할 때 가장 큰 칭찬과 사랑을 받으며 성장한 아이들은 그런 행동을 하는 자신을 가장 좋아할 공산이 크다. 선행을 베푸는 자신을 가장 좋아하는 사람들이 사는 세상에 대해 생각해보라. 얼마나 좋은 세상이 되겠는가!

모든 부모가 자문해야 보아야 할 다섯 가지 질문에 대해선 101일째를 참조하기 바란다.

331일째 월요일
칭찬할 때도 조심하라

많은 유대인이 유대주의는 악의적인 험담을 금한다는 것을 알고 있다(43일째 및 44일째 참조). 하지만 유대주의가 자리에 없는 사람을 칭찬하는 것조차 경계해야 한다고 가르친다는 걸 아는 사람은 그리 많지 않다. 다음은 탈무드의 가르침이다. "자리에 없는 사람을 지나치게 칭찬하지 말라. 대화가 그 사람에 대한 칭찬으로 시작됐지만, 오래지 않아 그 사람의 부정적인 면에 대한 대화로 바뀔 것이기 때문이다(바바 바스라 164b)."

탈무드가 이렇게 주장하는 근거는 무엇일까? 인간은 본성적으로 다른 사람의 좋은 면보다 나쁜 면에 대해 이야기하는 것에 더 흥미를 느낀다는 것이다. 그래서 자리에 없는 사람을 좋아하는 사람들이 그 사람에 대한 칭찬으로 대화를 시작할 때조차도 그 대화가 결국 부정적인 방향으로 나아갈 가능성이 크다. 예를 들어, 두 사람이 모두 잘 알고 있는 지인에 대해 이야기하는데, 한 사람이 "정말 좋은 사람이죠. 그런데 그 사람에겐 제가 정말 싫어하는 한 가지 면이 있어요."라고 말한다면, 이후 10분간 어떤 얘기가 오가게 될 것 같은가? 같은 맥락에서, 만일 당신과 당신 친구가 앞으로 20분간 둘 다 잘 아는 누군가에 대해 얘기해야 한다면, 그 대화가 20분 내내 "그녀가 얼마나 좋은 사람인지 알 수 있는 이 얘기 알고 있니? 나는 그녀에 대한 더 좋은 얘기를 알고 있지." 식으로 흘러갈 가능성은 그리 크지 않다. 이에 덧붙여 랍비 사울 바이스Saul Weiss는 당신이 순수한 의도로 누군가의 선행이나 장점을 언급했다 하더라도, 이후 그 사람의 악행이나 단점을 떠올리게 되는 일이 드물지 않다고 지적한다.[238]

그렇다면 유대 전통은 우리가 다른 사람을 칭찬하는 것을 좋아하지 않는 걸까? 당연히 그렇지는 않다. 단지 유대 전통은 자리에 없는 사람에 대한 대화가 설사 칭찬으로 시작됐다 해도 얼마나 빨리 그 사람의 부정적인 면을 들추는 대화로 변질될 수 있는지를 상기시켜주려 할 뿐이다. 우리가 사전에 그런 점을 잘 알고 조심하기만 한다면, 부정적인 인간 본성에 굴복하는 우는 범하지 않을 것이다.

---

[238] 바이스, 《통찰Insights》 1권 39쪽

332일째 화요일

합법적인 것이 윤리적인 것이 아닐 때

"나귀라도 그리하고 의복이라도 그리하고 무릇 형제의 잃은 아무것이든지 네가 얻거든 다 그리하고 못 본 체 하지 말라(신명기 22:3).", "대대로 남자는 집에서 난 자나 혹 너희 자손이 아니요 이방 사람에게서 돈으로 산 자를 무론하고 난 지 팔 일만에 할례를 받을 것이라(창세기 17:12).", "네 이웃에 대하여 거짓 증거하지 말라(출애굽기 20:16)." 등등 토라 율법의 대부분이 아주 구체적이다.

하지만 "여호와께서 보시기에 정직하고 선량한 일을 행하라(신명기 6:18)."라는 성경 구절처럼 토라 율법은 가끔 일반적이고 주관적인 원칙을 말하기도 한다. 유대 전통은 이 구절이 우리에게 윤리적으로 행동할 것을 명하는 것이라고 해석한다. 법률에 따라 행동하는 것이 부당함과 비상식으로 이어질 경우, 특히 더 윤리에 의존해야 한다. 토마스 맥코맥Thomas McCormack은 출판업계의 대표적인 잡지인 《퍼블리셔즈 위클리Publishers Weekly》에 출판사와 출판 중개인, 저자 등이 가끔 행하는 합법적이지만 부도덕한 여러 방식들에 대한 글을 실었다. 예를 들면, 저자는 일반적으로 도서 정가의 10%에서 15% 정도의 인세를 받는다. 그런데 출판사가 책을 정가의 51% 이상 할인한 가격으로 서점에 넘길 경우 저자의 인세를 4.9%(출판사가 받는 금액의 10%)로 낮춘다는 조항을 계약서에 추가하는 출판사가 많다. 맥코맥은 출판사가 순전히 저자 인세를 낮춰 자신들의 이윤을 높이기 위해 잘 팔리는 책을 51% 할인해 판매하는 경우가 많다는 것을 잘 알고 있다.

맥코맥은 출판 중개인이 저자로부터 완성된 원고를 건네받은 또 다른 사례 하나를 들고 있다. 그 책의 주제는 매우 상업성이 있었지만, 원고의 질은 형편없었다. 그래서 출판 중개인은 뛰어난 작가를 고용해 그 책의 제안서를 그럴싸하게 작성한 뒤, 상당 액수의 선인세를 보장받고 그 형편없는 원고를 출판사에 넘겼다.

또 하나의 사례에서는 멋진 아이디어를 가진 출판사가 출판 중개인에게 적절한 저자를 찾아줄 것을 의뢰했다. 그런데 출판 중개인이 선정한 저자가 형편없는 제안서를 제출해 출판사가 그와 작업하는 것을 거절했다. 그러자 출판 중개인은 다른 저자를 찾아내 자신의 아이디어도 아닌 그 출판 아이디어를 다른 출판사에 팔아넘겼다.

사람들은 이런 행동들을 어떻게 정당화할까? 맥코맥에 따르면, 많은 사람들이 그런 행동들을 합리화하는 데 아주 뛰어난 재능이 있다고 한다.

- ◆ "어떻게든 출판사를 살려 직원 가족들을 먹여 살리려는 것뿐입니다."
- ◆ "저는 저자를 최우선시합니다. 그에게 가장 좋은 일을 해주려는 것뿐이죠."
- ◆ "제 출판 중개인이 그렇게 해도 괜찮다고 해서요."

맥코맥이 목격한 안타까운 현실에서는 "도덕 관념이 없는 자들이 축복받았고, 그들이 하는 것은 뭐든 정당했다."[239]

유대 율법과 상식은 합법적인 것이 대개 윤리적이기도 하지만 늘 그런 건 아니라는 걸 잘 알고 있다. "여호와께서 보시기에 정직하고 선량한 일을 행하라."라는 토라 율법에서는 부도덕한 것은 늘 잘못된 것이라는 것을 상기시켜준다.

333일째 수요일
선을 행하기 위해 불건전한 욕구를 이용하라

"하나님이 그 지으신 모든 것을 보시니 보시기에 심히 좋았더라(창세기 1:31)." 랍비 나흐만이 사무엘의 이름으로 말했다. "'심히 좋았더라.'라는 말은 불건전한 욕구를 일컫는다."

"그렇다면 불건전한 욕구는 참 좋은 것인가? 다른 랍비가 랍비 나흐만에게 반문했다. 이 얼마나 놀라운 말인가!"

랍비 나흐만이 답했다. "불건전한 욕구가 없다면, 사람들은 집을 짓거나 아내를 맞이하거나 사업을 하지 않을 것이다."

— 창세기 라바 9:7

성경은 인간 본성에 대해 냉철한 판단을 했다. "사람의 마음의 계획하는 바가 어려서부터 악함이라(창세기 8:21)."라는 말은 일찍이 하나님이 인간 본성에 대해 하신 말씀이다. 만일 이 구절이 부당하다고 생각된다면, 당신 자신에 대해 생각해보라. 당신의 생각은 항상 순수한

239 1998년 7월 6일자 《퍼블리셔즈 위클리》 24쪽

가? 예를 들면, 당신이 잠자리에 들기 전 마지막으로 생각하는 것이 세상의 고통과 굶주림을 줄이기 위해 다음 날 무얼 할 수 있을지에 대한 고민인가? 아니면 대부분의 사람들과 마찬가지로, 당신 역시 침대에 누워 다른 사람들에게 들키고 싶지 않은 이런저런 생각이나 공상에 빠지곤 하는가? 그렇다면, 당신도 대부분의 사람들과 같은 배를 탄 것이다. 유대 전통은 우리 모두가 불건전한 욕구를 갖고 있는데, 그런 욕구에 저항하는 사람이 좋은 사람이라고 가르친다. 좋은 사람들은 그런 욕구에 저항하기 힘들 경우, 그 욕구를 좋은 방향으로 돌리려 애쓴다.

 욕구가 불건전하다고 해서 그 욕구에서 비롯된 행동까지 불건전한 것은 아니다. 예를 들어, 어느 부부가 순전히 욕정을 해소하기 위해 성관계를 했다 해서, 그렇게 태어난 아이에게 그들이 나쁜 부모가 되는 것은 아니다. 마찬가지로, 어떤 의사가 부자가 되기 위해 특정 질병의 치료법을 개발했다고 해서, 그가 나쁜 의사가 되는 것도 아니다. 부자가 되려는 욕구 자체는 그리 건전하지 않을지 모르지만, 인류에 공헌함으로써 부자가 된다면, 불건전한 욕구는 건전한 대의로 상쇄된다. 유명해지고 싶다면, 이왕이면 좋은 일을 하는 것으로 유명해져라. 당신이 부자라면 호화스러운 파티를 여는 것으로 유명해지지 말고, 당신 이름이 들어간 교육 시설이나 병원을 짓는 것으로 유명해져라.

 거의 모든 사람이 부와 명예에 대한 욕망이 있고, 우리 모두가 욕정을 느낀다. 따라서 당신이 그런 세속적인 충동들을 갖고 있다 해서, 윤리적인 사람이 될 수 없는 것은 아니다. 유대 윤리는 설사 동기가 순수하지 못하다 해도, 그 동기에서 비롯된 행동은 순수할 수도 있다고 가르치고 있기 때문이다.

334일째 목요일

당신의 말이 맹세가 아닌 의무가 되게 하라

오랜 세월 전통적인 유대 문화는 맹세를 하지 말라고 했다. 우리는 보통 성경에 손을 얹고 하나님의 이름으로 맹세를 한다. 설령 의도적이 아니라 해도 하나님을 거짓과 관련시키는 것은 특히 심각한 죄이기 때문에, 종교적인 유대인 다수가 자신들의 증언에 거짓이 섞일 수 있다는 이유로 모든 형태의 맹세를 삼간다. 예를 들어, 당신과 다른 사람이 나눴던 대화 내용을 요약해 달라는 요청을 받는다면, 당신은 당신 기억이 한 치의 오차도 없이 정확하다는 것을 어떻게 자신할 수 있겠는가? 어떤 사건에 관여할 수 있는 유일한 길이 선서 하에 증언하는 것인 상황에서, 일부 종교적인 유대인이 법적 증언을 포기하는 이유도 바로 여기에 있다.

유대 윤리는 맹세에 반대하지만, 그 대신 진실을 말하는 것은 아주 중요시한다. "랍비 요시 벤 주다가 말했다. '당신의 '예.'도 당신의 '아니오.'도 진실이 되게 하라.'(바빌로니아 탈무드, 바바 메지아 49a)."

이 금언을 지키려 노력하는 것은 일상생활에 확실한 영향을 줄 수 있다. 초대를 받을 때마다 늘 "예."라고 말하는 한 여성을 나는 알고 있다. 후에 초대 받은 곳에 가는 게 불편하다고 느껴질 경우, 그녀는 종종 거짓 핑계를 대면서 애초의 결정을 번복하곤 한다. 바로 이런 종류의 행위를 유대주의는 비난한다. 성급하게 약속하지 말라. 그러나 일단 약속을 했다면, 불편이 따르더라도 그 약속을 지켜야 할 윤리적인 책임이 있다. 마찬가지로, 사업상의 거래에서 구두로라도 약속을 했다면, 후에 마음이 바뀌더라도 그 약속은 반드시 지켜야 한다. 상대는 당신 약속이 최종적인 것이라고 믿을 권리가 있다(따라서 이 금언을 지키려면 약속을 하기 전에 매우 신중을 기할 필요가 있다.).[240]

맹세를 해야만 상대 말을 믿을 수 있는 사회는 미래가 그리 밝지 못할 것이다. 다음과 같은 탈무드의 말이 보다 나은 지침이 될 것이다. "당신의 '예.'도 당신의 '아니오.'도 진실이 되게 하라."

335일째 금요일
절대 다른 사람을 모욕하지 말라

탈무드는 가끔 탈무드 현자들의 잘못을 가차 없이 들춰내곤 하는데, 특히 그런 면에서 랍비 엘라자르 벤 시몬의 이야기만큼 충격적인 이야기도 드물다. 어느 날 랍비 엘라자르는 나귀를 타고 강을 따라 가고 있었다. 그는 아주 기분이 좋았고, '자신에 대해 큰 자부심도 느꼈는데', 그날 그가 스승으로부터 토라에 대해 많은 걸 배웠기 때문이다.

갑자기 아주 추하게 생긴 남자가 그의 옆을 지나가며 인사를 건넸다. "안녕하세요, 랍비님."

랍비 엘라자르는 남자의 인사에 답하는 대신 그에게 이렇게 말했다.

---

[240] 유대 율법에 따르면, 사업상의 거래에서 구두 약속을 어긴 사람은 법정에서 공식적인 문책을 당할 수 있다. 그 문책은 다음과 같은 저주의 형태를 띤다. "대홍수의 세대와 이산의 세대에 벌을 주신 분은 자신의 말을 지키지 않는 모든 사람에게도 벌을 주실 것이다(바빌로니아 탈무드, 바바 메지아 49a)."

"어리석은 자여, 당신 마을 사람들은 다 당신처럼 못생겼소?"

남자가 답했다. "잘 모르겠습니다. 저를 만드신 분을 찾아가 '당신이 빚은 그릇 모양이 왜 그리 형편없습니까?'라고 물어보시지요."

순간 심각한 죄를 지었다는 것을 깨달은 랍비가 나귀에서 내려 남자에게 엎드려 절하고는 이렇게 말했다. "제가 너무 경솔했습니다. 부디 절 용서해주십시오."

이에 남자가 답했다. "나를 만드신 분을 찾아가 '당신이 빚은 그릇 모양이 왜 그리 형편없습니까?'라고 물어본다면 당신을 용서하죠."

랍비 엘라자르는 근처 마을에 도착할 때까지 남자를 따라갔다. 마을 사람들이 경의를 표하며 랍비를 맞이하자 남자가 말했다. "이 사람이 현자라면, 이스라엘에 이런 현자가 많지 않게 하소서." 그리고 그는 사람들에게 랍비 엘라자르가 자신에게 한 행동을 설명했다.

마을 사람들이 남자에게 말했다. "그렇더라도 위대한 토라를 따르는 분이시니, 랍비님을 용서하시지요." 이에 남자가 답했다. "그가 다시 그런 행동을 하지 않는다면, 당신들을 봐서 용서하죠."

나는 25년도 더 전에 처음 이 이야기를 읽고 큰 충격을 받았던 걸 기억한다. "랍비가 아닌 보통 사람이라도 그러지 않을 텐데. 어떻게 그토록 잔인한 말을 할 수 있을까? 이 이야기는 다른 사람의 외모를 조롱하는 것이 얼마나 나쁜 것인지를 가르치기 위해 탈무드 랍비들이 지어낸 게 분명해."

이제 나에 대한 부끄러운 이야기 하나를 털어놓고자 한다. 최근 나는 내 두 아이와 함께 횡단보도를 건너려고 신호가 바뀌길 기다리고 서 있다가, 건너편에 서 있는 한 남자를 보았다. 그는 기형적으로 생긴

건 아니지만, 정말 볼품없이 생겼다. 그 순간 내 머리를 스쳐간 생각 하나를 나는 생생히 기억하고 있다. 조금 후 녹색불로 신호가 바뀌었고, 우리는 길을 건너기 시작했다. 서로 스쳐지나가면서 눈이 마주쳤는데, 남자가 내게 따뜻한 인사말을 건넸다. "안녕하세요."

순간 나는 내 자신이 너무 부끄러웠고 형편없이 느껴졌다. 나처럼 하나님 형상으로 창조된 한 인간이 내 맞은편에 서 있었다. 비록 그에게 무례한 말은 하지 않았지만, 나는 그의 외모를 보고 내게 구걸을 해올 것이라 생각했던 것이다. 이 얼마나 부끄러운 것인가! 피상적인 인상을 토대로, 그리고 스스로 어쩔 수 없는 외모를 토대로 사람을 평가하다니 이 얼마나 저급한 짓인가!

탈무드는 다음과 같은 중요한 교훈을 남기며 랍비 엘라자르의 이야기를 마무리한다. "사람은 삼나무처럼 딱딱해서는 안되며 항상 갈대처럼 유연해야 한다(타아닛 20a-b)."

나는 우리 모두가 이 교훈을 반복해서 되새겨야 할 필요가 있다고 생각한다. 남자들은 매력적이지 않은 여자들에 대해 흔히 "그 여자 완전 호박이야.", "그 여자가 어떻게 생겼는지 알고 싶다면 인터넷에서 '폭탄'이란 말을 찾아봐." 같은 모욕적인 말을 한다.

아이들은 모욕적인 말에 특히 큰 상처를 받는데, 아이들에게 말로 상처를 주는 사람이 종종 이들을 가장 사랑한다고 말하는 부모일 때가 있다. 누구나 한두 번쯤은 아빠나 엄마가 자기 아이에게 "널 낳지 말았어야 했는데.", "바보 같은 녀석, 넌 어째 제대로 하는 게 하나도 없냐?" 같은 말을 하는 걸 들은 적이 있을 것이다. 엘리너 루스벨트Eleanor Roosevelt[241]는 남동생들에겐 늘 다정다감했던 그녀 어머니가 유독 자신에겐 그렇지 않았던 걸 기억한다. "집에 온 손님들에게 어머니는 나를 이렇게 소개했다. '엘리너는 유행이라고는 모르는 괴짜예요. 그래서 가족들은 이 애를 할머니라고 부른답니다.' 순간 나는 바닥을 뚫고 속으로 들어가고 싶을 정도로 부끄러웠다."[242]

유대주의는 다른 사람을(특히 그 사람이 있는 자리에서) 모욕하거나 비하하는 것을 용서받기 힘든 죄로 간주한다. 그러나 평소 도덕적인 사람조차도 화가 치밀어 오를 땐 상대에게 깊은 상처를 주는 말을 하곤 한다.

따라서 다른 사람에게 화가 날 때 또는 다른 누군가를 희생시켜 재치를 발휘하려는 충동(영화나 연극, 서적 비평가들이 종종 사로잡히는 감정)을 느낄 때에는 랍비 엘라자르가 뼈저린 경험을 통해 배운 교훈을 기억하도록 하자.

336일째 안식일

한 주를 돌아보며 편히 쉬는 하루가 되기를.

---

241 루스벨트 대통령의 부인인 엘리너 루스벨트는 미국의 여성 사회운동가이자 정치가로 여성 문제, 인권 문제 등 폭넓은 분야에서 활약했다.
242 구드윈Goodwin, 《평범하지 않은 나날들No Ordinary Time》 93쪽

337일째 일요일
어떤 경우에 다른 사람에 대한 부정적인 정보를 전하는 것이 허용될까

당신이 업무를 제대로 수행하지 못하는 직원을 두고 있을 경우, 그 직원의 단점들에 대한 당신의 불만을 친구나 다른 사람에게 전하는 것은 합당할까? 유대 윤리에 따르면, 그 답은 '그렇지 않다.'이다. 당신의 불만을 듣는 사람들은 당신 직원의 단점들에 대해 알아야 할 필요가 없는 사람들이기 때문이다.

그렇다면 어떤 경우에 유대 율법은 다른 사람에 대한 부정적인 정보를 전하는 것을 허용할까? 유대 율법은 상대가 다른 사람에 대한 부정적인 정보를 필요로 하는 경우, 그 정보를 전하는 것을 허용한다.

예를 들어 업무 수행 능력이 떨어지는 당신 직원이 다른 일자리를 찾고 있는데, 그 직원을 고용하려는 사람으로부터 그 직원의 업무 능력에 대해 평가해달라는 부탁을 받았다고 하자. 그런 상황에선 유대 윤리는 당신의 부정적인 평가가 그 직원에게 치명타를 입힌다 해도 있는 사실 그대로 전하는 것을 허용하며, 심지어 사실대로 전하는 것을 의무화하기까지 한다. 당신 정보를 듣는 사람이 그 정보를 알 필요가 있을 뿐 아니라, 그 정보를 놓칠 경우 큰 낭패를 볼 수도 있기 때문이다. 그러나 "그는 부모와 사이가 좋지 않아요." 같이 업무 능력과 관련 없는 험담은 삼가야 한다. 아울러 "그는 형편없는 직원이죠." 같은 부정적인 일반화도 삼가야 한다. 즉 당신은 그 직원이 왜 새 일자리에 적합하지 않은지에 대해서만 구체적으로 설명해야 한다. 당신에겐 부정적으로 보이는 그의 특징들이 그를 채용하려는 고용주 입장에선 그렇지 않게 보일 수도 있기 때문이다. 예를 들어, 당신이 새 직원을 채용하려는 고용주에게 당신이 데리고 있던 직원에 대해 "그녀에게선 독창성이나 자주성은 거의 찾아볼 수 없습니다."라고 평가했다 하자. 하지만 만일 그 고용주가 독자적인 업무 처리를 하는 직원보다 지시한 업무만 정확히 수행하는 직원을 선호한다면, 오히려 그녀에 대한 당신의 평가가 반가울 수도 있다.

마찬가지로, 유대 윤리는 당신이 알고 있는 누군가와 동업하려는 사람에게 부정적인 정보를 주는 것도 허용한다. 따라서 만일 누군가 오전 10시에 출근해 오후 2시에 퇴근하는 일이 잦을 정도로 업무에 태만하다는 것을 알고 있다면, 당신은 그런 정보를 동업을 하려는 사람에게 주어야 한다. 왜냐하면 그것은 그와 직접 관련도 있고 그에게 유용한 정보이기도 하기 때문이다.

관련성과 유용성, 이 두 가지가 기준이 되어야 한다. 그러므로 당신이 알고 있는 어떤 사람에 대한 부정적인 정보가 상대와 관련도 있고 또 상대에게 유용하다면 입을 열고, 그렇지 않다면 함구하라.

부정적인 정보를 전하는 것이 허용되는 세 번째 경우는 낭만적인 관계와 관련된 것이다. 이에 대해서는 내일의 글에서 다룬다.

338일째 월요일

사랑에 빠진 사람에게 연인에 대한 부정적인 정보를 전해야 할 때

유대 사회에서 그의 가장 유명한 책 제목 샤페츠 차임(삶을 갈망하는 사람)으로 더 잘 알려진 랍비 이스라엘 메이어 카간(1838-1993)은 '입조심'에 대한 유대주의의 가르침을 체계적으로 연구해 책으로 펴낸 최초의 현자였다. 그 주제에 관한 그의 글 대부분이 퍼뜨려선 안되는 다른 사람들에 대한 정보나 언질에 대해 상술한 것이다. 퍼뜨려선 안되는 정보와 언질은 너무도 광범위해, 언젠가 한 남자가 "당신 글은 아예 말을 거의 하지 말라는 소리 같더군요."라고 샤페츠 차임에게 불평한 적이 있을 정도이다. 그의 말에 샤페츠 차임은 다음과 같이 응대했다. "카슈룻 계율은 무엇을 먹어야 할지를 알려줄 뿐, 음식을 거의 못 먹게 하진 않습니다. 마찬가지로, 하지 말아야 할 말에 대해 자세히 알고 있으면, 죄를 짓지 않고 말할 수 있게 되죠."

샤페츠 차임은 그의 글에서 이성 교제를 하고 있는 사람에게 상대에 대한 부정적인 정보를 전하는 것을 허용하는 상황에 대해 이야기하고 있다. 예를 들어, 깊은 관계인 연인 중 한 쪽이 심각한 병에 걸린 걸 상대에게 숨기고 있는데, 그 사실을 당신이 알게 됐다고 하자. 당신은 입을 열어야 할까?

샤페츠 차임에 따르면, 다음 네 가지 조건이 충족된다면 당신은 그 정보를 전해야 한다고 말한다.

1. 병이 촌각을 다툴 정도로 위중하고 다급해야 한다. 만일 그 사람이 걸린 병이 여러 해 동안 증세가 나타나지 않는 만성적인 병일 경우, 샤페츠 차임은 함구하라고 조언한다.
2. 당신이 전하는 정보는 아주 정확해야 한다. 과장은 금물이다. 다시 말해 당신이 정확히 알고 있는 사실만 전해야 한다.
3. 당신의 동기는 오로지 당신 정보를 듣는 사람을 돕기 위한 것이어야 한다. 개인적인 감정으로 둘 사이를 갈라놓으려는 의도가 조금이라도 있다면 안된다.
4. 당신 정보가 두 사람 관계에 영향을 줄 거라는 확신이 있어야 한다. 만일 두 사람의 사랑이 워낙 깊어 정보를 듣는 사람이 그 정보를 무시할 가능성이 크다면, 차라리 함구하는 것이 낫다.

연인 중 한 쪽이 자신이 병에 걸렸다는 걸 숨기고 있다는 걸 당신이 알고 있다면, 그 또는 그녀로 하여금 직접 상대에게 사실을 말하도록 하는 게 가장 좋다. 그렇게 하지 않겠다고 할 경우에만 당신이 입을 열어야 한다. 그런데 유대 문헌에서도 답을 찾기 어려운 문제는 두 사람 관계가 어디까지 진행된 시점에서 그런 정보를 전해야 하나 하는 것이다. 예를 들어, 어떤 병에 걸린 당신 친구가 데이트를 할 때마다 당신이 그 데이트 상대에게 친구의 병에 대해 얘기한다면 어떻겠는가? 그 친구와의 우정은 물론이고 그 친구의 사회생활까지 망가지게 될 것이다. 한편, 남자나 여자가 상대의 장점들에 대해 잘 알게 된 뒤 그런 정보를 알게 된다면, 그 병이 두 사람 관계에 어떤 의미인지를 판단하기가 훨씬 더 좋을 수도 있다.

샤페츠 차임의 가르침은 병 이외의 쟁점들에도 적용된다. 연인 관계에 있는 사람은 상대와의 관계를 지속해야 하는지 여부에 영향을 줄 수 있는 정보를 제공받을 자격이 있다. 예를 들어, 어떤 여성이 폭력적인 성향을 갖고 있거나 이전 결혼에서 외도를 한 적이 있는 사람과 데이트를 하고 있다면, 그 여성은 상대와의 결혼을 결정하기 전에 그런 사실을 알아야 할 권리가 있다고 나는 믿는다.

당신이 만일 그런 정보를 전해야 하는 부담스런 입장에 놓여 있다면, 샤페츠 차임의 네 가지 조건을 떠올려보라. 즉, 당신이 전하고자 하는 정보가 중대하고 다급한 것이어야 하고, 전달 과정에서 절대 과장을 해선 안되며, 당신의 동기는 오로지 당신 정보를 듣는 사람을 돕기 위한 것이어야 하고, 당신 정보가 두 사람 관계에 영향을 줄 거라는 확신이 있어야 한다.

339일째 화요일
자녀에게 미안하다고 말하라

　분노를 주제로 진행한 워크숍들에서 나는 종종 청중을 향해 부모가 잘못을 해놓고도 사과하지 않는 집안에서 자란 사람은 손을 들어 보라고 했다.
　그때마다 성인 청중의 30%에서 40%가 손을 들었다. 그리고 이어진 토론에서 사과 받지 못해 생긴 마음의 상처는 완전히 아물지 않고 계속 남는다는 것이 이내 분명해졌다. 많은 사람들이 부모의 부당한 분노에 대해선 전혀 사과도 받지 못하면서 자신들의 잘못에 대해선 사과를 강요당할 때 느낀 굴욕감에 대해 얘기했다. 그런 부모가 자녀에게 주는 메시지는 다음과 같이 섬뜩한 것이었다. "너보다 약한 사람을 부당하게 대했다면, 용서를 구할 필요가 없다.", "내가 널 키우고 부양하고 있으므로, 넌 무조건 내 말을 따라야 하고, 설사 잘못했다 해도 난 네게 미안하다고 말할 필요가 없다."
　언젠가 내가 덴버에서 강연을 할 때, 청중에게 "가족 중 누군가의 고약한 성격 때문에 분위기가 엉망이 되곤 하는 가정에서 자란 분 손 들어주시겠습니까?"하고 요청한 적이 있다. 그날 청중 중에는 당시 여섯 살, 네 살이던 나의 두 딸도 있었는데, 내 요청에 여섯 살짜리가 먼저 손을 들었고, 언니가 손을 드는 걸 보더니 네 살짜리 역시 손을 들었다. 순간 나는 당황했고 청중은 놀라는 기색이었다.
　후에 큰딸에게 그때 왜 손을 들었냐고 물었더니, 그 애는 내가 책 읽기를 가르칠 때 자기한테 종종 화를 냈다고 말했다. 나는 곧바로 딸에게 사과했다. "그랬다면 내가 잘못했구나. 정말 미안하다. 앞으로는 그러지 않으려고 노력할 테니, 아빠를 용서해주렴." 그리고는 딸에게 앞으로 내가 화를 내면 "아빠, 화를 내면 안되죠."라고 말하라고 했다. 그런 말을 할 수 있는 권한을 부여받음으로써 그 애는 그런 상황에서 자기 목소리를 높일 수 있는 힘을 얻었다.

자녀에게 부당하게 말하는 것은 분명 잘못이다. 그런데 우린 실제 늘 함께 사는 사람들에게 부당한 말을 하곤 한다. 우리가 자녀에게 사과하는 법을 배워야 하는 이유가 바로 여기에 있다. 용서를 구하기 위해 신년제나 속죄일까지 기다리지 말라. 그러나 많은 사람들이 그렇게 하며, 그것도 "네게 상처를 준 모든 것에 대해 사과한다." 식으로 그간 저지른 여러 잘못을 뭉뚱그려 사과하는 경향이 있다. 하지만 그것으론 충분치 않다. 예를 들어 "어젯밤 네 친구들 앞에서 소리쳐서 미안해." 식으로 사과는 잘못을 인식한 즉시 그리고 구체적으로 해야 한다.

끝으로, 당신 가족은 당신이 좋은 사람인지 아닌지를 가장 잘 아는 사람들이다. 그리고 여러 워크숍에서의 경험으로 내가 깨달았듯, 당신이 확신할 수 있는 한 가지는 "미안해."라고 말할 줄 아는 부모 밑에서 자란 아이들은 30년 후 자신과 부모에 대해 훨씬 더 좋은 감정을 갖게 된다는 것이다.

340일째 수요일

자녀를 위해 시간을 내라

 헌신적인 부모들은 일보다 자녀를 더 사랑한다. 그러나 많은 부모들이 자녀보다 일에 더 관심이 많고, 일에 할애하는 시간은 많아도 자녀에게 할애하는 시간은 적다. 빠듯하게 생활을 꾸려나가는 부모들은 가족을 부양하느라 오랜 시간 일을 해야 해 자녀와 보낼 시간이 없다고 스스로를 정당화하기도 한다. 또 어떤 부모들은 일에 많은 시간을 투자하는 것이 더 중요하다는 믿음 때문에 자녀와 함께하는 시간을 최소화하기도 한다. 일례로, 빌나의 가온이었던 랍비 엘리자의 수제자 랍비 차임은 토라 공부에 대한 랍비 엘리자의 열정은 절대적인 것이었다고 말한다. "그는 단 한 번도 자기 아이들이 잘 지내는지를 묻지 않았을 정도로, 속세의 모든 것과 담을 쌓고 지냈다. 그는 자기 아이들에게 편지를 쓰는 것은 고사하고, 아이들에게서 온 편지조차 읽지 않았다."[243]

 지금은 고인이 된 전 이스라엘 총리 골다 메이어Golda Meir는 자신의 전기에서 자녀와 일 사이의 딜레마에 대해 이렇게 회고했다. "내 아이들은 나를 자랑스러워할까? 물론 나는 그렇게 믿고 싶다. 하지만 아이들과 함께 시간을 보내주지 못하는 부모가 자랑의 대상이 될수 있는지 의심스럽다."

 당신은 충분한 시간을 자녀들과 함께 보내는가? 자녀들은 당신이

---

[243] 제이콥스, 《거룩한 삶Holy Living》 51-52쪽

충분한 시간을 자신들과 함께 보낸다고 생각할까? 또 자녀들이 원하는 만큼 함께 시간을 보내지 못하고 있다면, 자녀들은 필요할 때 당신이 자신들을 위해 시간을 내줄 거라고 확신할까? 이 경우 자녀들의 생각이 현실보다 더 중요하다. 당신은 중요한 순간 자녀들 옆에 있어줄 거라고 확신할 수도 있다. 하지만 자녀들도 그렇게 생각하는지 물어보라. 만일 자녀들이 그렇게 생각하지 않는다면, 그렇게 생각하게 만드는 것이 당신의 할 일이다.

이 주제와 관련해 나는 랍비 멘델 엡스타인의 말보다 더 지혜로운 말은 없다고 생각한다. "만일 자녀들과 함께 시간을 보낼 수 없을 만큼 바쁘다면, 당신은 하나님이 당신에게 바라시는 것보다 더 바쁜 것이다."[244]

341일째 목요일

못 본 체하지 말라

미국 사회는 권리 지향적인 반면, 전통적인 유대 사회는 의무 지향적이다. 유대주의는 미국 법률이 사람들로 하여금 아무것도 하지 않는 것을 허용하는 상황에서도 적극적으로 선을 행할 것을 명한다. 예를 들어 85일째 글에서 언급한 레위기 19장 16절은 "네 이웃을 대적하여 죽을 지경에 이르게 하지 말라."라고 명한다. 미국 법정은 생명이 위태로운 상황에 처한 사람에게 도움을 주지 않을 권리가 있다는 것을 반복적으로 보여주는 반면(예를 들어, 당신은 물이 얕은 수영장에서 익사 직전에 있는 유아를 보더라도 법적으로 그 유아를 구할 의무가 없다.), 토라는 생명이 위태로운 사람을 구하기 위해 적극적으로 행동을 취할 것을 의무화한다.[245]

다른 사람이 도움을 필요로 할 때 방관해선 안된다는 유대주의의 주장은 다른 사람의 생명이 위태롭지 않은 상황에도 적용된다. 그래서 미국 법률은 물건을 주웠다면 돌려줄 의무가 있다고 규정하는데 반해, 토라 율법은 "다른 사람이 잃어버린 물건은 주워야 할 의무가 있다."고 규정한다. 나쿰 암셀은 자신이 아는 한 토라 율법이 "다른 사람이 잃어버린 물건은 주워야 할 의무가 있다."고 규정한 유일한 율법이라고 한다. 토라의 주목할 만한 구절은 "나귀라도 그리하고 의복이라도 그리하고 무릇 형제의 잃은 아무것이든지 네가 얻거든 다 그리하고 못 본 체하지 말라(신명기 22:3)."라고 명한다.

"못 본 체하지 말라."라는 믿음은 서 있는 노약자에게 자리를 양보해주어야 한다는 율법의 논리적 근거이기도 한 것 같다. "너는 센 머리 앞에 일어서고[246]노인의 얼굴을 공경하며 네 하나님을 경외하라. 나는 여호와니라(레위기 19:32)." 그러나 우리는 버스나 지하철 안에서 서 있는 노인을 못본 체하려고 자리에 앉아 신문에 얼굴을 박고 있는 젊은이들을 얼마나 자주 보게 되는가!

---

[244] 브라바르스키와 마르크가 엮은 《두 유대인과 세 가지 의견Two Jews, Three Opinions》 169쪽
[245] 305일째에 언급한 네바다 사건에서 19살 난 한 UC버클리 대학생은 자기 친구가 목욕탕에서 일곱 살 난 한 소녀를 살해할 준비를 하는 것을 봤지만, 친구를 말리지도 않았고, 방에서 나와 경찰을 포함해 아무에게도 그 사실을 알리지 않았다. 그래서 친구는 계획대로 그 소녀를 살해했다. 친구가 살인죄로 경찰에 잡혔을 때 19살 난 그 목격자는 사람들로부터 지탄을 받았으나, 네바다 주 법으로는 아무 죄도 성립되지 않아 체포되지 않았다. 뿐만 아니라 UC버클리는 그 19세 청년을 퇴학시켜야 한다는 여러 학생 단체의 요구도 받아들이지 않았다. 역시 이 학생이 전혀 법을 어기지 않았다는 이유 때문이었다.
[246] 원문은 "You shall rise before the aged...."로 '노인들 앞에서 일어서고'로 번역할 수 있다.

또 다른 예를 보자. 만일 법정에서 다른 사람에게 도움을 줄 수 있는 정보를 갖고 있다면, 당신은 증인으로 소환되지 않았더라도 법정에 서야 할 도덕적인 의무가 있다.[247]

간단히 말해, 만일 당신이 좋은 사람이 되고자 한다면, 악한 행동을 삼가는 것만으로는 부족하다. 당신은 선행을 적극 실천하기도 해야 하는 것이다.

342일째 금요일
지금 배운 것을 실생활에 적용하라

토라 공부를 하고 일어나면 배운 것에 대해 숙고해야 한다. 즉 배운 것 중에서 어떤 것을 실천에 옮길지 신중하게 생각해야 하는 것이다.
― 이게렛 하-코데쉬Iggeret ha-Kodesh(나크마니데스의 서한)[248]

유대 문헌 공부를 특히 가치 있는 일로 여기는 유대 전통은 그 공부의 목적이 행동을 다듬는 것이 되어야 한다는 걸 강조한다. 공부한 것을 실천에 옮기려는 의지가 없는 사람에게 랍비들은 아예 공부를 하지 않는 게 더 낫다고 말한다.

어떤 토라 내용은 이해하기도 더 쉽고 실천에 옮기기도 더 쉽다. 예를 들어, 사람들이 지붕에서 떨어지지 않도록 지붕에 난간을 세울 것

---

247 암셀, 《도덕적인 문제에 관한 유대 백과사전》 238쪽
248 13세기 성경학자인 모세 나크마니데스Moses Nachmanides의 글

을 의무화하는 성경 율법은 안전을 위해 구조물을 설치하는 것 그 이상을 제안한다. 유대 율법이 "네가 새 집을 건축할 때에 지붕에 난간을 만들어 사람으로 떨어지지 않게 하라. 그 피 흐른 죄가 네 집에 돌아갈까 하노라(신명기 22:8)."라는 토라의 경고를 이해한 바에 따르면, 이 토라 율법은 집 안에 어떤 위험한 물건도 두지 말 것을 명하기도 한다. 즉 "집에 사나운 개를 길러서도 안되고 튼튼하지 못한 사다리를 두어서도 안된다(바빌로니아 탈무드, 케투봇 41b)." 이 구절을 공부한 사람은 아이들 장난감을 고르는 것에도 특별한 주의를 기울일 수 있다(또는 아이들이 스스로 장난감을 고르고 그 장난감에 대한 책임을 지도록 아이들을 교육시킬 수 있다.).

토라에 등장하는 이야기들은 특정 율법이 수반되지 않더라도 종종 특정한 실천 사항들을 보여주기도 한다. 예를 들어, 창세기 42장에서 45장까지는 요셉의 형들이 요셉에게 너무도 큰 죄를 저질렀지만, 훗날 요셉이 어떻게 형들을 용서했는가 하는 이야기를 전한다. 22년 전, 요셉의 형들은 아버지의 총애를 받는 요셉을 미워해 그를 이집트에 노예로 팔아넘긴다. 시간이 흘러, 요셉은 하나님의 도움을 받아 이집트 땅에서 파라오 다음의 권력을 가진 총리가 된다. 그러다 가나안 땅에 흉년이 들어 요셉의 형들이 양식을 사러 이집트로 온다. 요셉은 형들을 알아보지만, 형들은 요셉을 알아보지 못한다. 이집트로 팔려올 때 요셉은 앳된 얼굴의 십대 소년이었지만, 이제 총리라는 고위직에 어울리는 옷을 입고 이집트 말을 하는 39세의 중년 남자가 되어 있었기 때문이다. 하지만 요셉은 자신이 누구인지 곧바로 밝히지 않는다. 요셉은 지난 20년간 형들이 인격적으로 성장했는지를 알아보기 위해 형들을 시험한다. 형들이 인격적으로 성숙해졌고, 20년 전 자신에게 했던 일을 진심으로 뉘우치고 있으며, 무엇보다 다시는 형제를 배신하지 않으리란 것을(요셉을 노예로 팔아넘기자는 제안을 처음으로 한 유다가 막내인 베냐민 대신 자기가 노예로 남겠다고 말했을 때의 정황을 통해) 확신하게 되었을 때, 요셉은 형들에게 자신이 누구인지를 밝히며 그들의 죄를 용서하겠노라고 말한다.

이는 모든 사람, 특히 과거에 있었던 어떤 불화로 인해 가족이나 친지와 오랫동안 발을 끊고 지낸 사람들이(그런 사람은 많다) 마음에 새겨둘 만한 교훈이다. 그들이 용서하길 거부하는 가족이나 친척의 잘못은 요셉의 형들이 요셉에게 한 잘못에 비하면 정말 아무 것도 아닐 거라고 나는 생각한다.

앞서 인용한 나크마니데스의 글이 상기시켜주듯, 우리는 토라나 탈무드, 유대 율법 등을 공부할 때 공부한 것을 어떻게 삶에 적용할 수 있을지를 끊임없이 고민해야 한다. 랍비들은 그렇게 하는 사람들에게 특이한 보상을 약속한다. "랍비 아하가 말했다. '실천할 생각으로 배우는 사람들에게는 성령을 받는 권한이 주어진다(레위기 라바 35:7).'"

하루 또는 한 주 단위로 유대주의와 관련된 공부를 하는 사람은 다음 시간에 공부할 것들 가운데 자신의 일상 행동에 영향을 줄 수 있는 것들이 무엇인지 꼭 파악해보기 바란다.

343일째 안식일

한 주를 돌아보며 편히 쉬는 하루가 되기를.

344일째 일요일

악의적인 별명으로
다른 사람을 부르는 죄

"모든 것이 운에 달렸다. 언약궤 안에 들어 있는 토라 두루마리조차도."라는 유대 속담이 있다. 대부분의 시나고그에 있는 궤 속에는 많은 토라 두루마리가 들어 있는데, 그중 '운이 좋은' 것은 매주 읽히고 '운이 나쁜' 것은 몇 년 동안 읽히지 않을 수도 있다는 뜻이다.

이와 비슷한 맥락으로, 탈무드의 가르침 중에도 널리 알려지고 지켜지는 것이 있는가 하면 그렇지 않은 것도 있다. 탈무드가 다른 사람을 악의적인 별명으로 부르는 것을 특히 심각한 죄로 여긴다는 것을 알게 되면 놀라는 유대인이 많은 것도 바로 그런 이유 때문이다. "지옥에 떨어진 모든 사람 가운데 세 부류의 사람을 제외한 사람들은 지옥에서 벗어날 것이다. 즉 유부녀와 동침한 자들, 사람들 앞에서 친구를 모욕한 자들, 악의적인 별명으로 친구를 부르는 자들은 지옥에 떨어져 다시 올라올 수 없다(바빌로니아 탈무드, 바바 메지아 58b)."

이 탈무드 율법을 엄격히 적용하면, 지옥은 아마 곧 차고 넘칠 것이다. 하지만 어쨌든 이 율법은 랍비들이 악의적인 별명으로 다른 사람을 부르는 것을 얼마나 심각한 죄로 여기는지를 분명히 보여준다. 다른 사람을 악의적인 별명으로 부르는 사람들은 희생자의 고통을 애써 외면하려는 경우가 많다. 최근 전국적인 한 잡지가 친구들로부터 조롱 섞인 별명으로 놀림을 당해온 한 십대 비만 소녀의 자살을 다룬 적이 있다. 2주 후 같은 잡지에 또 다른 희생자의 편지가 실렸다.

> 십대인 나 역시 학교 친구들에게 고문당하고 있다. 나는 뚱뚱하다는 이유로 끊임없이 괴롭힘을 당하고 있다. 이 상황을 피할 방법이 없다. 선생님들은 이런 상황을 계속 지켜봐왔지만 아무 조치도 취하지 않으셨다. 교장 선생님은 자신은 너무 바빠 손을 쓸 수 없다고 하셨다. 나는 자살도 생각해보았지만, 다행히 한 번도 직접 시도하지는 않았다. …… 친구를 괴롭히는 모든 십대들 자신이 직접 이런 일을 당해, 자신들이 상대에게 안겨주는 고통과 모멸감이 어떤 것인지 느꼈으면 좋겠다. 나는 그들이 6년 동안 나를 괴롭히기 위해 선택한 별명으로 이 편지에 서명할 것이다. 여러분은 자신이 이런 별명으로 학교 전체에 알려진다면 기분이 어떻겠는가?
>
> 뚱뚱이 베르샤, 포틀랜드, 오리건 주[249]

강연을 할 때 나는 종종 청중에게 "듣기 싫은 별명으로 불리는 것을 참아낸 적이 있는 분들은 손을 들어주시겠습니까?"라고 요청하곤 한다. 이 요청에 거의 늘 청중의 5분의 1 이상이 손을 들었다(그 별명이 무엇이었는지 물어볼 수도 있다는 두려움 때문에 손을 들지 않은 사람들도 분명 있었을 것이다.). 그들 대부분이 어린 시절에 그런 고통을 가장 심하게 받았다고 한다. 부모가 어린 자녀에게 악의적인 별명으로 다른 아이들을 괴롭히지 말라고 철저히 교육시켜야 하는 이유가 바로 여기에 있다. 사람들에게 자기 이름보다 더 소중한 것은 그리 많지 않다. 악의적인 별명으로 다른 사람을 부르는 것은 잘 인식되지 않지만 분명히 실재하는 학대의 한 형태이다.

345일째 월요일
익명으로 선물하는 것이 바람직하지 않을 때

친구에게 선물을 준다면, 이를 알려야 한다. 이름을 밝히지 않고 친구에게 선물을 주어선 안된다.

— 바빌로니아 탈무드, 샤밧 10b

249 1997년 11월 10일자 《피플》 6쪽 같은 쟁점에 대한 또 다른 편지는 과거에 악의적으로 다른 학생을 놀렸지만, 뒤늦게 자신의 잘못을 깨달은 한 여성의 심정을 보여준다. "난 계속 눈물을 흘리며 자살한 켈리의 이야기를 읽었다. 어렸을 때 내가 다른 아이들에 비해 뚱뚱했던 한 여자아이를 놀렸던 것을 기억하고 있기 때문이다. 지금까지도 난 끔찍한 죄의식을 느끼고 있고 더없이 부끄럽다. 난 늘 그 어린 소녀를 위해 기도하고 있다……."

유대교는 일반적으로 감정보다 행위를 훨씬 더 강조하는 율법주의적인 종교로 인식된다. 그러니 탈무드에 이렇듯 감정을 중시한 이야기가 있다는 것은 얼마나 감동적이고 특이한가. 친구에게 선물을 줄 때는 익명으로 주어선 안된다. 그래서 당신이 친구를 사랑한다는 것을 친구가 알 수 있게 해야 한다. 랍비들이 잘 이해했듯, 일반적으로 선물을 받는 사람에게 선물 그 자체보다 더 소중한 것은 선물을 주는 사람의 관심과 사랑이다. 대부분의 사람들이 선물을 열어보기 전에 선물과 함께 받는 카드를 먼저 읽는 것도 바로 그런 이유 때문이다.

《아버지의 윤리》에 따르면, 최초로 선물을 주신 분은 하나님인데, 하나님은 그것을 우리 인간이 확실히 알도록 하셨다. "랍비 아키바는 이렇게 말하곤 했다. '하나님은 인간을 그분 형상으로 창조하셨다. 그리고 그런 사실을 인간에게 알려주심으로써, 그 사랑은 더 특별한 사랑이 되었다.'(3:18)"

물론 하나님은 인간뿐 아니라 짐승과 물고기, 새, 꽃, 나무 등에도 생명이라는 선물을 주셨다. 하지만 하나님이 인간에게 주신 선물은 두 가지 측면에서 다른 생명체들에 주신 선물과 구별된다. 즉 하나님은 그분 형상으로 인간을 창조하셨을 뿐 아니라, 그 사실을 인간에게 알리셨다. 때문에 개개인의 인간은 신성을 가졌다는 점에 자부심을 느낄 수 있게 됐다.

그런데 당신이 친구에게 주는 선물이 자선일 경우, 유대 윤리는 어떻게 하라고 명할까? 그런 경우, 이름을 밝히지 않고 주는 것이 친구를 덜 부끄럽게 하는 게 아닐까?

많은 사람들이 그렇게 생각한다. 그리고 실제 익명으로 자선을 베푸는 것이 친구의 자존심을 덜 상하게 하는 거란 확신이 있다면, 그렇게 해야 한다. 하지만 그런 확신은 없고, 자선을 베푸는 사람이 당신이라는 걸 밝혀야 하나 말아야 하나 고민이라면 어떻게 해야 할까? 당신이 만일 금전 문제로 고통 받고 있는 상황에서 금전적 도움을 받게 된다면, 누가 금전적 도움을 주었는지를 모르는 상황이 오히려 당신을 더 부끄럽게 만들 수도 있다. 당신은 주변 모든 사람이 '기부자'일 수도 있다는 생각을 갖게 될 것이고, 많은 사람이 당신의 곤궁함을 알고 있다는 생각에 수치심을 느낄 수도 있을 것이다. 따라서 친구로 하여금 당신이 도움을 주었다는 걸 알게 하는 것은 그런 수치심을 갖지 않게 해주는 길일 수도 있다.[250]

뿐만 아니라 '수혜자'는 특정 선물을 특정 '기부자'와 연관시킴으로써, 자신에 대한 '기부자'의 사랑이 어떤 것인지를 알 수 있게 된다. 아울러 '수혜자'는 자신이 다시 절망적인 상황에 빠질 경우 누구에게 도움을 청해야 할지도 알게 된다.

하지만 이런 경우는 예외적인 경우이다. 우리가 다른 사람에게 주는 선물은 대개 삶의 수단을 제공하려는 의도가 아니라 기쁨을 주려는 의도이기 때문이다. 이 경우, 시간과 돈을 들여 선물을 줄 만큼 사랑하는 사람이 누구인지를 밝히는 것이 당연히 선물을 받는 기쁨을 더 크게 만들어줄 것이다.

---

[250] 내 친구 데이비드 스조니는 그런 나의 추론에 회의적인 입장을 취했다. "가난한 사람은 다른 사람에게 (특히 친구에게) 빚을 졌다는 생각보다, 다른 사람이 자신의 가난을 알고 있다는 생각을 더 크게 받아들일 가능성이 크다. 그래서 가난한 사람에겐 익명으로 도움을 주는 것이 더 좋다." 스조니의 추론은 이런 문제는 상황에 따라 결정되어야 한다는 점을 보여준다.

346일째 화요일

자녀에게 유산을 물려주어야 할까

언젠가 내 친구 한 명이 자신은 부유한 자기 부모님이 자신과 자기 형제자매들에게 특별히 많은 재산을 남기시길 기대하지 않는다고 말한 적이 있다. "난 부모님께 더 많은 재산을 물려받지 않아도 상관없네. 부모님이 당신들의 재산을 당신들을 위해 쓰시길 바랄 뿐이지. 난 부모에겐 성인이 된 자녀한테 재산을 물려주어야 할 책임이 있다고 생각지 않거든."

나는 상속에 대한 그 친구의 넉넉한 생각은 그와 그의 형제자매들이 경제적으로 풍요로운 삶을 살고 있기 때문일 거라고 생각했다. 반면에, 또 다른 친구는 전혀 다른 생각을 피력했다. 한때 엄청난 부자였던 그녀 아버지는 말년에 사치스런 생활을 하느라 거의 전 재산을 탕진했다. 엄청난 유산을 기대할 충분한 이유가 있었던 그녀는 아버지가 남긴 얼마 되지 않는 유산에 크게 실망했다.

유대주의 관점에 따르면, 부모는 자녀들에게 재산을 남겨야 할까?

이 문제에 대한 유대주의의 관점을 단정 짓기는 어렵지만, 다음과 같은 멋진 이야기를 통해 우리는 최소한 한 위대한 랍비의 관점은 엿볼 수 있다. "어느 날 랍비 초니가 길을 가다 한 노인이 캐럽나무를 심고 있는 것을 보았다. 랍비 초니가 그 노인에게 물었다. "이 캐럽나무가 열매를 맺으려면 몇 년이나 걸립니까?" 노인이 대답했다. "70년이 걸립니다." 초니가 노인에게 물었다. "앞으로 70년을 더 사실 수 있다고 생각하십니까?"

노인이 대답했다. "저는 다 자란 캐럽나무가 지천인 세상에 태어났습니다. 저희 조상들이 저를 위해 그 나무들을 심어주었기 때문에 가능한 일이었죠. 그래서 저도 제 자손들을 위해 이 나무들을 심는 것입니다(바빌로니아 탈무드, 타아닛 23a)."

자녀에게 유산을 물려주는 것이 중요한 일이라면, 그 중요성은 오늘날 더 크리라 생각된다. 미국 유대 사회의 첫 몇 세대 동안은 대개 자녀 세대가 부모 세대보다 더 부유했고, 부모의 유산은 경제적으로 자녀에게 그리 큰 도움이 되지 못했다. 하지만 이제 상황이 달라졌다. 우리는 지금 부모가 자녀보다 더 부유한 삶을 사는 시대에 살고 있다. 그와 동시에 종교적인 유대인의 수입은 매우 더디게 늘어나는 반면, 그들의 평균 생활비는 하루가 다르게 늘어나고 있다(세 명의 자녀를 둔 중산층 유대인 부모가 자녀들을 유대인 학교에 보내려면 수입의 15%에서 25%를 지출해야 한다.).

이런 상황 때문에, 일부 종교적인 유대 부모는 과거보다 더 창조적인 방식으로 자녀들에게 유산을 물려준다. 내가 아는 한 남자의 할아버지는 자신의 손주 및 자손의 유대 학교 학비와 대학 등록금으로만 써야 한다는 조건으로 거액의 재산을 남겼다(즉 자녀를 유대 학교가 아닌 일반 학교에 보내는 부모는 그의 유산을 쓸 수 없다). 그의 할아버지에게는 분명한 철학이 있었던 것 같은데, 이는 모든 사람의 귀감이 되기에 충분하리라고 나는 생각한다. 그는 자손들이 윤리적이고 종교적인 유대인이 되길 원했을 뿐 아니라 직업적인 기술도 연마하길 원했던 것이다.

랍비 초니가 들판에서 자손들을 위해 캐럽나무를 심고 있던 한 노인을 만난 지 2,000년이 지난 오늘날에도 유산은 여전히 중요한 쟁점인 것 같다.

347일째 수요일
수줍어하는 사람은 결코 배우지 못할 것이다[251]

유대 전통은 일반적으로 수줍음과 비공격성을 좋은 덕목으로 여기지만[252] 토라 공부나 일반적인 배움에 있어서는 그렇지 않다고 주장한다. 《아버지의 윤리》는 지나치게 소심한 나머지 스승에게 질문을 던지지 못하는 제자는 결코 무지에서 벗어나지 못한다고 가르친다.

학생이 배우기 위해선 선생님에게 질문하고 도전할 필요가 있다. 유대 율법은 공손한 태도로 그렇게 해야 한다고 가르치지만, 그렇다고 그것이 공격적이어선 안된다는 뜻은 아니다. 탈무드는 랍비 요카난의 수제자로, 훗날 그의 훌륭한 동료 학자가 된 레쉬 라키쉬로 알려진 랍비 시몬 벤 라키쉬에 대해 이야기한다. 레쉬 라키쉬가 죽자 랍비 요카난은 깊은 슬픔에 빠졌다. 이에 랍비들은 엘리자르 벤 페다트Elazar ben Pedat를 보내 랍비 요카난 밑에서 공부하도록 했다. 랍비 요카난이 자신의 의견을 말할 때마다 랍비 엘리자르는 이렇게 맞장구를 쳤다. "선생

---

251 아버지의 윤리 2:5
252 예를 들어 탈무드는 다음과 같이 가르친다. "이스라엘인들은 세 가지 특성으로 구별된다. 즉 관대하고 수줍어하며(또는 삼가며) 선행을 실천한다(예바못 79a)."

님 의견을 뒷받침해주는 유대 문헌이 있죠."

어느 날 랍비 요카난이 랍비 엘리자르에게 말했다. "자네는 라키쉬와는 다르군. 내가 의견을 내놓을 때마다 라키쉬는 24가지 반대 의견을 내놓았지. 그러면 난 그 24가지 의견에 다시 24가지 답변을 내놓지 않으면 직성이 풀리지 않았고 말이야. 그런 식으로 우리는 율법에 대한 이해를 넓혀갈 수 있었지. 그런데, 자네는 그저 '선생님 의견을 뒷받침해주는 유대 문헌이 있죠.'라고만 말하는군. 내 얘기가 타당하다는 걸 내 자신이 모를 거라고 생각하나?(바빌로니아 탈무드, 바바 메지아 84a)" 늘 스승의 말에 동의할 뿐, 질문을 던지고 도전하길 두려워하는 제자는 스승의 성장을 멈추게 한다는 것이 랍비 요카난의 생각이었다.

여기서 보다 중요한 사실은 적극적이고 호기심 많은 제자만이 성장할 수 있다는 것이다. 검투사들과 노상 강도들 사이에서 성장한 레쉬 라키쉬는 젊은 시절 유대주의에 무지했다고 탈무드는 전한다. 하지만 랍비 요카난과 함께 공부하면서 늘 질문을 던지고 도전을 한 몇 년 세월을 보낸 뒤, 레쉬 라키쉬는 당대의 위대한 현자로 성장할 수 있었다.

자신의 질문이 스승에게 적대적으로 보이거나 이단적으로 들릴 수 있다는 두려움 때문에 침묵으로 일관하는 제자들이 있다. 제자의 질문을 그런 시각으로 받아들인다면, 그 스승은 아마 함께 공부하기에 적절한 스승은 아닐 것이다.

또한 다른 제자들 앞에서 자신의 무지를 드러낼까 두려워 침묵을 지키는 제자들도 있다. 하지만 수업 시간에 정확히 이해하지 못한 부분을 제대로 짚고 넘어가지 않는다면, 소중한 시간만 낭비하는 것이다. 게다가 제대로 이해하지 못해 잘못된 관점을 그대로 다른 사람들에게 전하는 우를 범할 수도 있다. 슐칸 아루크는 그런 딜레마에 대해 다음과 같이 이야기한다.

> 배움을 구하는 학생은 동료 학생들이 한두 번 만에 이해한 것을 자신은 몇 번을 반복해도 이해하지 못한다는 걸 부끄러워해선 안된다. 만일 그런 걸 부끄러워한다면, 결국 아무것도 배우는 것 없이 그저 '랍비 연수원'만 다니는 꼴이 될 것이다.
>
> ― 슐칸 아루크, 요레 데아 246:11

당신이 아무리 천성적으로 수줍음이 많은 성격이라 해도, 최소한 배움의 장에서만은 그런 성격을 극복할 방법을 찾아야 한다. 궁금하거나 이해되지 않는 것이 있다면, 반드시 질문을 던지도록 하자. 옛 유대 격언이 지적하듯, "질문 때문에 죽은 사람은 아무도 없다."

348일째 목요일

하루에 15분이라도 공부하라

> 어리석은 학생은 말한다. "과연 누가 토라 전체를 공부할 수 있겠는가?" 지혜로운 학생은 말한다. "토라 전체를 익힐 때까지 오늘 두 가지 계율을 공부하고, 내일 또 두 가지 계율을 공부할 것이다."
>
> ― 아가 라바, 5:11

당신이 만일 일이 좀 덜 바쁠 때나 자녀와 배우자에게 많은 시간을 뺏기지 않고 한가할 때 유대 문헌 공부를 시작하겠다고 마음먹고 있다면, 당신은 결국 유대주의의 기초도 배우지 못할 것이다. 현재 바쁜 것처럼, 앞으로 몇 십 년 동안도 계속 그렇게 바쁠 가능성이 크기 때문이다. 그래서 랍비 힐렐은 다음과 같이 경고한다. "'시간이 날 때 공부하겠다.'고 말하지 말라. 절대 시간이 나지 않을 테니 말이다(아버지의 윤리 2:4)."

언젠가 한 남자가 랍비 이스라엘 살란터를 찾아와 자신은 하루에 15분밖에 공부할 수 없다며 이렇게 물었다. "그 15분을 《똑바른 길Messillat Yesharim》 같은 윤리서를 공부하는 데 할애해야 할까요, 아니면 토라나 탈무드 같은 문헌을 공부하는 데 할애해야 할까요?"

"윤리서를 공부하는 데 할애하도록 하십시오." 랍비 살란터가 대답했다.

"왜죠?"

"영적으로 성장하기 위한 공부를 하루에 15분밖에 할 수 없는 상황이라면 뭔가 잘못된 삶을 살고 있다는 뜻인데, 윤리서는 그 점을 일깨워줄 것이기 때문입니다."

실로 예리한 답변이 아닐 수 없다. 설령 현재 하루에 15분밖에 유대 공부에 할애할 수 없는 상황이라 해도, 지금 당장 공부를 시작하는 것이 중요하다.

나의 아버지는 회계사이셨다. 할아버지는 아버지가 회계 업무로 너무 바빠 유대 공부를 하지 못할 수도 있다는 것을 우려해, 매일 아침 기도가 끝나는 대로 미슈나에서 두 가지 율법을 공부할 것을 제안하셨다(할아버지는 미슈나 율법 두 개를 공부하는 데 10-15분이 소요된다는 것을 알고 계셨다.). 아버지는 지난 35년간 할아버지의 그 제안을 실천에 옮겼고, 그 덕에 미슈나 6권을 몇 차례나 탐독할 수 있었다. 몇 개월 전부터 성경의 예언서를 매일 두 장씩 읽기 시작한 내 친구는 벌써 예언서를 거의 다 읽어간다고 했다. 토라를 공부하든, 그 이후 성경이나 미슈나 율법, 또는 탈무드나 유대 윤리서를 공부하든, 하루에 15분을 유대주의 공부에 할애하는 것은 당신을 영적으로 크게(그리고 빠르게) 성장시켜줄 것이다. 그리고 어쩌면 하루에 15분보다 훨씬 더 많은 시간을 영적 공부에 할애할 수 있게 당신 삶을 재정비할 수도 있을 것이다.

349일째 금요일

무작위의 선행[253]

18세기 하시디즘의 창시자인 랍비 이스라엘 바알 셈 토브가 어느 날 제자들과 함께 큰 방에 앉아 있는데, 한 가난한 남자가 방으로 들어왔다. 남자에겐 눈에 띄는 인상적인 점이 전혀 없었는데, 왠일인지 바알 셈은 그를 자기 옆자리에 앉게 했다. 이에 놀란 제자들은 남자가 떠난 뒤 왜 그를 그토록 예우했는지 바알 셈에게 물었다. "숨은 현자였습니까?" 이에 바알 셈은 다음과 같이 답했다. "내가 만일 훗날 도래할 세상에서 영예로운 자리에 앉길 원하는데, 내게 그런 자리에 앉을 만

---

[253] 다프네 로세 킹마Daphne Rose Kingma가 쓴 책 제목이《무작위의 선행Random Acts of Kindness》이다.

한 일을 한 적이 있는지를 물어온다면, 내가 뭐라고 대답해야 하겠느냐? 그럴 때 나는 언젠가 그럴 자격이 없을 지도 모를 가난한 사람에게 영예로운 자리를 내준 적이 있노라고 대답하고 싶다."

만일 당신이 누군가를 매우 주의 깊게 그리고 비판적으로 관찰한다면, 바알 셈 토브의 제자들이 그랬던 것처럼 그 사람이 왜 자격 미달인지 최소 몇 가지 이유를 찾아낼 수 있다. 니콜스베르그Nikolsberg의 랍비 슈멜케Shmelke가 다음과 같이 경고한 것도 바로 다 그런 이유 때문이다. "가난한 사람이 당신에게 도움을 청할 때, 그의 잘못된 점들을 그를 돕지 않는 핑계로 이용하지 말라. 그러면 하나님 역시 당신 잘못들을 찾으려 하실 것이고, 틀림없이 많은 잘못들을 찾아내실 것이기 때문이다."

앞으로는 누군가에게 도움이나 자선을 베풀 때, 그 사람이 그럴 만한 자격이 있는지를 판단하기 위해 너무 살피는 일은 하지 말라. 무작위의 악행들로 가득 찬 세상을 무작위의 선행들로 채워나가도록 하자.

350일째 안식일

한 주를 돌아보며 편히 쉬는 하루가 되기를.

351일째 일요일

특히 더 나쁜 형태의 절도

> 한 사람의 것을 훔치는 것보다 여러 사람의 것을 훔치는 것이 더 나쁘다. 왜냐하면, 한 사람에게서 훔쳤을 때는 훔친 물건을 돌려주고 그 사람에게 사죄할 수 있지만, 여러 사람에게서 훔쳤을 때는 그 사람들을 다 기억조차 못해 훔친 물건을 돌려줄 수도 없기 때문이다.
>
> — 토세프타, 바바 카마 10:14

한 사람의 것을 사취한 경우 나중에 그 사람을 찾아가 사취한 물건을 돌려줄 수도 있지만, 여러 사람의 것을 사취한 경우(예를 들어, 제품의 중량을 속여 팔거나 주가 조작에 가담한 경우) 사취당한 사람들이 누구인지조차 알 길이 없다. 그런 이유로 유대주의는 여러 사람의 것을 사취하는 행위를 살인이나 비방과 마찬가지로 되돌릴 수 없는 용서받지 못할 죄로 여긴다. 그럼에도 불구하고 그런 사람이 회개하길 바랄 때, 그 죄를 최소화하기 위해 할 수 있는 일이 있을까?

여러 사람의 것을 사취한 사람이 회개하길 바란다면, 기억이 허락하는 한 최대한 많은 사람에게 사취한 것을 돌려주고, 그 나머지 죗값은 공익을 위해 헌신하는 걸로 치러야 한다는 것이 유대 율법의 기본 관점이다(토세프타, 바바 메지아 8:26). 고대에는 우물을 파는 비용을 지불한다거나 하는 행위로 공익을 위해 헌신할 수 있었지만, 오늘날에는 지역 공원이나 도서관 같은 걸 짓는데 도움을 준다거나 함으로써 공익을 위해 헌신할 수 있을 것이다.

352일째 월요일

아내에 대한 남편의 의무

2,000년 된 문헌인 케투바는 유대 결혼식에서 신랑이 신부에게 주는 혼인 서약서이다. 법적 문서인 케투바는 남편이 사망하거나 이혼할 경우 아내에게 져야 하는 경제적 책임뿐 아니라 아내에 대한 남편의 기타 의무들도 상술해 놓고 있다.

출애굽기에 따르면, 신랑은 신부에게 다음과 같이 약속해야 한다. "나는 당신에게 먹을 것과 입을 것, 그리고 기타 생필품을 제공할 것이고, 보편적인 관습에 따라 남편과 아내로서 당신과 함께 살 것입니다(21:10)."²⁵⁴ 그런 이유로 결혼식을 올릴 즈음 남자는 아내 될 여자에게 음식과 의복 및 기타 기본적인 생필품을 제공할 수 있는 능력을 갖춰야 한다. "보편적인 관습에 따라 남편과 아내로서 당신과 함께 살 것입니다."라는 문구는 남편은 아내와 정기적인 성관계를 해야 할 의무가 있다는 의미이다.

대부분의 여성은 성욕을 드러내는 걸 남성보다 더 부끄러워해 먼저 성관계를 제안하지 않는 경향이 있다는 믿음에 근거해, 유대 율법은 그런 의무를 성문화할 필요가 있다고 느낀 것이다. 그러니까 랍비들은 남편에게 그런 의무를 부과하지 않을 경우, 성적으로 무관심한 남편과 사는 아내는 남편과 성관계를 하지 않고 몇 달을 지내야 할 수도 있다는 점을 우려했던 것이다.

유대인 신랑은 신부에게 다음과 같은 약속도 해야 한다. "나는 신의를 바탕으로 아내를 사랑하고 존중하며 돕고 부양하는 유대인 남편들의 전통에 따라 당신을 사랑하고 존중하며 돕고 부양할 것입니다." 따라서 아내를 조롱하거나 비하하는(특히 다른 사람들 앞에서) 남편이나 감사와 존중의 마음으로 아내를 대하지 않는 남편은 부당한 행동을 하는 것일 뿐 아니라 결혼식에서 한 맹세를 어기는 것이기도 하다. "유대인 남편들의 전통에 따라 당신을 부양할 것입니다."라는 대목은 남편에게는 아내와 가족의 기본적인 필요 이상을 충족시켜주기 위해 최선을 다할 의무가 있음을 보여준다. 만일 남편이 그런 노력을 하지 않는

---

254 위의 번역문은 원서의 영문인 "I will give you your food, clothing, and necessities, and live with you as husband and wife according to the universal custom."을 번역한 것으로 출애굽기 21장10절의 "만일 상전이 다른 여자에게 장가 들지라도 그 여자의 음식과 의복과 동침하는 것은 끊지 말라."와 꽤 큰 차이를 보인다. 문맥상 원서 영문을 그대로 옮기는 것이 합당하다고 판단했다.

다면, 그는 스스로 맹세한 율법상의 의무를 저버리는 것이다.

아내에게 필요한 것들을 제공하고 아내를 사랑하고 존중하겠다는 것이 유대 결혼식에서 신랑이 신부에게 맹세하는 것들이다. 유대주의에 따르면, 그에 미치지 못하는 남자는 스스로 정상적인 남자에 미치지 못한다는 걸 자인하는 꼴이다.

353일째 화요일

배우자를 모욕하지 말라

나는 첫 결혼에서 여러 가지 문제로 고통을 받은 한 여성을 알고 있다. 그녀가 남편과 함께 심리 치료사와 상담을 했는데, 그녀는 남편이 있는 자리에서 치료사에게 이렇게 말했다. "전 우리 부부의 다른 문제들은 다 참아낼 용의가 있지만, 남편이 화가 났을 때 저를 '정신 지체아'라고 부르는 건 참을 수 없어요. 남편이 저를 그렇게 부르지 않겠다는 약속만 한다면 이혼은 하지 않을 거예요."

남편은 그러겠다고 약속했지만, 그 약속을 지키지 않았다. 고의인지 충분한 노력을 기울이지 않아서인지, 남편은 부부싸움을 할 때마다 계속 그녀를 '정신 지체아'라고 불렀고, 결국 두 사람은 이혼을 했다. "여자는 남자보다 더 쉽게 눈물을 흘리므로(바바 메지아 59a)", 남편은 아내의 감정을 다치지 않도록 특별한 주의를 기울여야 한다고 탈무드는 가르친다. 물론 남자가 여자보다 더 감정적인 경우도 있다. 실제로 나는 아내의 잔인한 말 때문에 깊은 상처를 입고 가끔 울기도 한다는 한 남자를 알고 있다.

19세기의 위대한 현자인 랍비 이스라엘 살란터가 강연 여행을 하던 중, 어느 날 한 남자에게서 안식일 식사 초대를 받았다. 랍비 살란터와 주인 남자가 식사를 하기 위해 자리에 앉으려 할 때, 갑자기 남자가 왜 칼롯challot[255]을 덮지 않았냐며 아내에게 버럭 화를 냈다. 특별한 손님 앞에서 무안을 당해 상처를 입은 아내는 부엌으로 달려가 나오지 않았다. 남자의 행동에 놀란 랍비 살란터는 상체를 기울여 그에게 나직히 말했다. "실례합니다만, 제가 나이가 들어 기억력이 떨어져서 그런데요. 우리가 포도주를 두고 낭송하는 축도를 끝내기 전까지 칼롯을 덮어야 하는 이유를 말씀해주시겠습니까?"

워낙 유명한 현자에게 도움을 줄 수 있다는 걸 자랑스럽게 여긴 남자는 그 관습이 의미하는 바에 대해 설명하기 시작했다. 남자는 포도주에 모든 의식의 초점이 맞추어지는 동안 칼롯이 노출되는 '어색함'을 막기 위해 칼롯을 덮는 거라고 설명했다(보통의 경우엔 빵이 축도의 첫 대상이 된다.). 남자의 설명이 끝나자 랍비 살란터가 자리에서 일어나 그를 책망했다. "당신은 한 덩어리의 빵을 어색하지 않게 하려는 단순한 관습은 아주 철저히 지키려 하면서도, 당신 아내를 폄하하고 아내의 감정에 상처를 주는 데는 망설임이 없군요. 저는 그런 당신과 함께 식사를 할 마음이 없습니다." 그 남편이 급히 부엌으로 가 아내에게 용서를 구한 후에야 랍비 살란터는 함께 식사를 하기로 마음을 고쳐먹었다.[256]

사람들은 종종 낯선 사람들보다 자기 배우자에게 훨씬 더 잔인한 면모를 보인다. 우리는 토라가 아내를 포함해 "네 이웃을 네 자신과 같이 사랑하라."라고 명하고 있고, 탈무드가 "당신 자신보다 아내를 더 존중하라(예바못 62b)."라고 가르치고 있다는 것을 한시도 잊어선 안된다.[257]

354일째 수요일
값싼 사람이 되어선 안되지만, 장례식은 값싼 장례식이 되어야 한다

많은 사람들이 장례식에 더 많은 돈을 지출하면 할수록 그만큼 더 죽은 사람에게 큰 존경을 표하는 것이라고 생각한다. 많은 유가족들이 화려하게 장식된 관에 수천 달러를 지출하는 이유 중 하나이다. 하지만 논리적으로 볼 때 그런 지출은 비이성적이다. 시체는 땅속에 묻히지만, 그곳에서 살지는 않는다. 유대주의는 영혼이 육체보다 더 오래 산다고 가르친다. 즉 육체는 결국 썩어 없어지는 것에 불과하다는 것이다.

시체를 그대로 땅속에 묻은 고대 이스라엘에서도 사람들은 장례식

---

255 칼라의 복수형: 안식일 및 유대 축제일 때 먹는 새끼 모양으로 꼰 빵. 포도주를 두고 낭송하는 축도가 끝나기 전까지 칼롯을 덮어두는 것이 유대 관습이다.
256 랍비 살란터에 대한 이 이야기는 랍비 슈로모 칼레바흐의 입을 통해 전해진 것으로, 윈클러와 엘리오르의 저서 《당신이 서 있는 곳이 성스럽다 The Place Where You Are Standing Is Holy》 135쪽에서 인용한 것이다.
257 유대 사회에서든 다른 사회에서든 여성의 권리가 상대적으로 적었던 시절에는 아내를 존중하는 것에 역점을 두는 것이 중요했다. 하지만 남녀의 권리가 비교적 비슷해진 오늘날의 사회에서는 이 격언은 양방향으로 적용되어야 할 것이다. 즉 오늘날에는 "당신 자신보다 배우자를 더 존중하라."란 가르침이 더 합당할 것이다.

에 많은 돈을 쓰려고 했다. 값비싼 수의를 구입하느라 많은 돈을 지출했던 것이다. 그래서 장례식 후, 사람들은 가끔 음식을 금 바구니들에 담아 상가에 가져오기도 했다. 장례식 비용이 살아 있는 사람들에게 너무나 큰 경제적 부담을 주었기 때문에, 랍비들은 이를 개선하기로 마음먹었다고 탈무드는 전한다.

이전에는 문상객 중 부유한 사람은 음식을 은 바구니와 금 바구니에 담아 상가에 가져오고, 가난한 사람은 음식을 껍질 벗긴 버드나무 잔가지로 만든 바구니에 담아 가져와, 가난한 사람들은 창피해 했다. 그래서 가난한 사람들을 존중하려는 의도로 문상객은 모두 음식을 버드나무 바구니에 담아 가져와야 한다는 율법이 통과되었다. …… 이전에 상가에선 문상객 중 부유한 사람에게는 흰 잔에, 가난한 사람에게는 색깔이 있는 잔에 마실 것을 부어 대접해, 가난한 사람들이 창피해 했다. 그래서 가난한 사람들을 존중하려는 의도로 상가에선 모든 문상객에게 똑같이 색깔 있는 잔에 마실 것을 부어 대접해야 한다는 율법이 통과되었다.

> 이전에는 매장지에 고인을 모셔올 때 부유한 유가족은 화려한 덮개로 장식된 기다란 관대에 고인을 눕혀 데려왔고, 가난한 유가족은 간소한 관대에 고인을 눕혀 데려와, 가난한 유가족이 창피해 했다. 그래서 가난한 유가족을 존중하려는 의도로 유가족은 모두 간소한 관대를 사용해야 한다는 율법이 통과되었다.
>
> ― 바빌로니아 탈무드, 모에드 카탄 27a-b

한때 이스라엘에서는 장례식 비용이 너무 많이 들어, 유가족은 사랑하는 가족의 죽음도 죽음이지만 장례식 비용 때문에 더 힘들어했다. 그래서 심지어 시체를 버리고 도망가는 가족들도 있었다. 그런 사체 유기는 당대의 뛰어난 리더이자 재력가였던 랍비 감리엘이 자신이 죽으면 값싼 린넨 수의를 입혀 묻어달라는 유언을 남긴 뒤 자취를 감췄다. 당시에는 고인이 입는 값비싼 수의가 장례식 비용 중 가장 큰 부분을 차지했는데, 이는 유대 장례식에는 관을 사용하지 않았기 때문이다. 그래서 모든 조문객들이 죽은 랍비 감리엘이 입은 값싼 수의를 볼 수 있었고, 그때부터 모든 사람들이 랍비 감리엘을 본보기로 삼았다. 랍비 파파가 말했다. "지금은 심지어 1주즈$_{zuz}$²⁵⁸밖에 안 하는 거친 천으로 된 수의를 입혀 고인을 무덤에 안장하는 것이 일반화되었다."

— 바빌로니아 탈무드, 케투봇 8b

    유대 전통이 소박한 장례식을 선호한다는 것이 분명한데도, 일부 장의사는 값비싼 관을 팔기 위해 사람들의 죄의식을 이용하려 한다(고인이 된 부모나 배우자에게 일말의 죄의식도 느끼지 않는 아들이나 딸, 또는 남편이나 아내가 어디 있겠는가.). 모든 일에 거침이 없이 열정적이었던 전 뉴욕 시장 에드 코크$_{Ed\ Koch}$는 그의 자서전에서 자신의 어머니가 암으로 돌아가셨을 때 그와 그의 아버지를 곤혹스럽게 만든 한 장의사에 대해 이렇게 적었다.

258 고대 유대 민족의 은화

우리는 관을 골라야 했다. 우선 장의사에게 정통파의 전통에 맞는 관을 찾고 있다고 말했고, 그는 2,500달러짜리 관이 있는 방으로 우리를 안내했다. …… 그는 우리가 간소한 관을 원한다는 걸 알고 있었지만, 여전히 우리에게 비싼 관을 강매하기로 작정한 듯 보였다. 그는 우리를 이 방 저 방으로 데리고 갔는데, 다른 방으로 옮겨갈 때마다 이전 방보다 좀 더 싼 관들이 진열되어 있었다. 그는 단 한 방도 건너뛰지 않았다. 아마 방을 옮겨갈 때마다 우리의 결심이 흔들릴 것이고, 결국 비싼 관을 사지 않는 것을 부끄럽게 생각할 것이라고 믿는 듯했다. 끝으로 그는 우리를 지하로 안내했다. 거기서 그는 마침내 우리가 말했던 소나무 관을 보여주었다. 정통파 장례식이 요구하는 관은 못이나 장식이 없는 간단한 나무 관인데, 우리는 어머니 역시 값비싼 관을 원치 않으실 거라 생각했다. 그런데 그는 그 방에서조차 두 개의 소나무 관 중 좀 더 비싼 것을 팔려 했다. …… 우리는 결국 그의 강권에 못 이겨 좀 더 비싼 소나무 관을 사겠다고 말했고, 그 불쾌한 경험으로 기분이 엉망이 되었다. 우리는 더 이상 그의 말을 거부할 수 없었던 것이다. 나는 그 일을 결코 잊지 못한다. 그는 우리로 하여금 인색한 사람이라는 기분이 들게 했고, 우리는 결국 그에게 무릎을 꿇었다.

— 에드워드 코크, 《시민으로서의 코크: 자서전Citizen Koch : An Autobiography》 60-61페이지

사랑하는 가족이 세상을 떠나면 우리는 가족을 잃은 상실감에 슬퍼해야 한다. 하지만 우리가 슬퍼해야 할 것은 그것 하나뿐이어야 한다. 장례식 비용으로 슬퍼하게 되어선 안된다.

355일째 목요일

바뀌어야 할 율법

　12세기 인물인 모세 마이모니데스는 특히나 뛰어난 유대 율법 편찬자였다. 그가 죽었을 때 그의 동료였던 한 이집트계 유대인이 그의 묘비에 "모세부터 모세에 이르기까지, 모세와 같은 인물은 없었다."라는 글귀를 새겨 넣었을 정도로 그는 뛰어난 탈무드 학자이자 철학자였다. 그가 죽은 지 800여 년이 지난 지금에도 마이모니데스는 경탄의 대상으로 인정받고 있다. 그의 철학 고전인 《혼란으로의 안내》와 더불어 총 14권으로 편찬된 율법서인 《미슈네 토라》는 이후 모든 유대 법령에 지대한 영향을 끼쳤다.

　그래서 탈무드 원전에 기초한 가르침이긴 하지만, 잔인함을 넘어 죽음까지 초래하고 정당화할 수 있는 마이모니데스의 한 가르침을 발견하는 것은 매우 심란한 일이다. '살인과 생명 보호에 관한 율법'에서 마이모니데스는 부주의로 다른 사람을 죽게 한, 그러나 고의성은 없었던 살인자에 대해 논한다. 토라는 실수로 사람을 죽인 살인자는 특별히 지정된 '도피의 도시'city of refuge로 도피해 대제사장이 죽을 때까지 거기 머물러 있어야 하며, 만일 그 전에 '도피의 도시'를 떠날 경우 그에게 살해된 자의 직계 가족은 그를 죽일 수 있다고 규정했다(민수기 35:22-28). 마이모니데스가 그의 법규를 쓸 당시까지만 해도, 2,000년간 '도피의 도시'라는 것은 존재하지 않았다. 그러나 그는 미슈네 토라를 앞으로 건국될 유대 국가의 기본 법령으로 간주했기 때문에, '도피의 도시'와 연관 지어 법규를 제정했다. 그래서 그는 미슈네 토라 5장

5절에서 어떤 사람이 '도피의 도시'로 도피해야 하고, 어떤 사람이 도피하지 않는지에 대해 기술했다.

> 아버지가 뜻하지 않게 아들을 죽였다면, 그 아버지는 '도피의 도시'로 도피해야 한다. 이것은 언제 적용될까? 뭔가를 가르치지 않는 상황에서 아들을 죽였을 때이다. 하지만 만일 토라나 세속적인 지식, 또는 직업적인 지식을 가르치면서 벌을 주다가 아들이 죽었다면, 그 아버지는 도피할 필요가 없고 그 어떤 벌도 받을 필요가 없다.

마이모니데스는 벌을 주다가 아들을 죽인 것을 사고로 간주했다. 그러나 어떤 아이도 경미한 체벌로 죽지는 않는다. 죽음을 초래할 정도의 체벌이라면 말도 못하게 혹독한 체벌일 것이다. 게다가 마이모니데스는 체벌을 하다 학생을 죽인 선생까지 무죄라고 주장했다. 그런 부모와 스승은 처벌하지 않는데, 그건 이들이 미츠바(계율)를 행하다 '뜻하지 않게' 아이를 죽였기 때문이라는 것이다.

마이모니데스의 이 글은 아이들을 때리는 부모와 선생이 즐겨 인용하는 글이 되었다. 과거에 얼마나 많은 학습 장애아들이 이런 어처구니없는 체벌의 희생양이 되었을까? 과거에 학생을 때린 선생들은 1세기 전 많은 사람들이 유대 의식을 지키지 않게 된 것에 상당한 책임이 있다고 봐야 한다고 나는 생각한다.[259]

위대한 히브리 시인인 하임 나만 비아리크Hayim Nahman Bialik는 선생들이 학생들을 때리는 유대 학교에서 공부한 기억을 이렇게 회상했다.

각 교사에게는 아이들에게 상처를 주는 자신만의 방법들이 있었다. 그들은 회초리나 주먹, 팔꿈치, 심지어 자기 아내가 쓰는 밀방망이까지, 고통을 줄 수 있는 것이라면 가리지 않고 이용해 아이들을 체벌했다. 어느 보조교사는 자기 질문에 대한 대답이 틀릴 때마다, 눈앞에 독수리처럼 움켜쥔 손바닥을 보인 뒤 내 목을 쥐어틀곤 했다. 그가 먹이에 굶주린 맹수처럼 나를 쏘아보면 당장 죽을 것 같은 공포가 엄습하곤 했다. 그는 자신의 더러운 손톱으로 내 눈알을 도려낼 듯한 공포심을 조장했고, 그런 공포심은 내 정신을 마비시켜 바로 전날 배운 것들도 기억해낼 수 없게 만들었다.[260]

'미츠바를 행하다' 아이를 죽인 부모와 선생에 대한 글을 쓰고 있는 이 순간에도 어쩌면 그런 잔혹 행위가 행해지고 있는지도 모른다.[261]

---

[259] 그런 선생들 가운데 상당수가 어떤 면에서는 희생자이기도 했다. 아주 적은 임금을 받은 이들은 어떤 교사 교육도 받지 않은 채 아이들을 가르치고 훈육해야 했기 때문이다.
[260] 노베크가 엮은 〈현대의 위대한 유대 인물Great Jewish Personalities in Modern Times〉175-76쪽에 실린 M. Z. 프랭크의 '하임 나흐만 비아리크Hayyim Nachman Bialik'에서 인용함.
[261] 내 친구 하나는 이 글에 대해 상당한 불만을 토로했다. 결국 탈무드의 가르침을 인용했을 뿐인 마이모니데스를 탓하는 것은 합당하지 않다는 것이었다. 그럼에도 나는 마이모니데스에 대한 비판에 초점을 맞추었다. "아이를 때려야 한다면 신발끈으로만 때리도록 하라." 같은 탈무드 조언을 인용해 균형을 잡을 수 있었음에도, 문제의 탈무드 구절만 인용했기 때문이다. 신발끈으로 맞아 죽을 아이는 없을 것이므로, 그 격언을 쓴 사람은 체벌을 하다 아이를 죽인 부모나 선생을 옹호하지 않았을 것이라고 나는 생각한다. 사실 마이모니데스는 '토라 공부에 관한 율법'(2:2)에서 스승은 제자를 체벌해야 하지만 심하게 해선 안 되며, 회초리 대신 짧은 끈을 사용해야 한다고 말하기도 했다. 더 나아가 내 친구는 마이모니데스가 워낙 아이와 학생에 대한 체벌이 심한 시대에 살았기 때문에, 그에게 시대를 훨씬 앞서갈 것을 기대하는 건 합당하지 않다고 주장하기도 했다. 친구의 말대로 그런 체벌은 20세기까지 지속되었다. 내 친구가 옳을 수도 있다. 마이모니데스에 대한 나의 기대는 합당하지 않을 수 있다. 하지만 나는 그저 12세기의 현자가 좀 더 부드러운 탈무드 구절을 인용했더라면, 많은 아이들이 육체적인 고통을 당하지 않을 수도 있었다는 걸 말하고자 했을 뿐이다.

356일째 금요일

웃음의 성스러움

　몇 해 전 나는 약 2,000개의 풍자적이고 해학적인 이야기를 통해 유대인의 삶과 정신을 설명하려 한 《유대인의 유머Jewish Humor》라는 책을 집필했다. 상당한 흥미를 느끼며 집필하긴 했지만, 그 책의 주제가 유머라는 이유로 나는 늘 그 책을 나의 다른 저서들만큼 중요하지 않은 저서로 여겼다. 그러던 중 나는 독실한 유대교도이기도 했던 한 정신과 전문의를 만났는데, 그는 내게 그 책이 자신에게 얼마나 중요한 책이었는지 모른다는 얘기를 했다. 그는 말기 암으로 극심한 우울증에 시달리고 있던 사촌과 매일 이야기를 나누었는데, 두 사람의 대화는 갈수록 더 우울한 분위기로 흘러가고 있었다고 했다. 그래서 그는 사촌에게 이렇게 제안했다. "앞으로는 매일 최소 하나씩 유머러스한 이야기를 하기로 하지."

　매일 유머러스한 이야기를 찾다보니, 그의 사촌은 삶에는 고통만 있는 게 아니라는 사실을 깨닫게 됐다. 그런데 그 정신과 전문의가 사촌에게 들려준 유머러스한 이야기 가운데 상당수의 출처가 내 책이었다는 것이다. 정신과 전문의는 사촌이 세상을 떠난 그 달에 내게 이렇게 말했다. "저희가 나눈 웃음의 상당 부분이 당신 덕이었습니다."

　나는 그의 말에 크게 감동했다. 우리는 종종 의미 있고 영적인 문제에 대해 이야기할 때 최고의 일을 하고 있다고 느끼지만, 반드시 그렇지만도 않다는 것을 깨달은 것이다. 앞서 나는 랍비 이스라엘 살란터의 제자들이 스승이 길거리에 서서 어떤 지인과 장시간 일상적인 대화를 나누는 모습을 지켜본 이야기를 한 적이 있다(79일째 참조). 평소 스승이 불필요한 말이나 잡담을 잘 하지 않았기 때문에, 그의 그런 모습은 제자들을 놀라게 했다. 그는 후에 제자들에게 이렇게 설명했다. "그 남자는 극심한 슬픔에 빠져 있어, 걱정과 슬픔을 잊을 수 있게 그의 슬픈 영혼에 생기를 불어 넣어주는 것이 최고의 선행일 것이다. 그렇다면 어떻게 그의 영혼에 생기를 불어넣어 줄 수 있겠느냐? 하나님에 대한 경외와 도덕적인 성장에 대해 이야기하는 것으로 생기를 불어넣어 줄 수 있겠느냐? 그에게는 일상적이고 유쾌한 이야기를 해야만 했다."[262]

브라츠라프의 랍비인 나흐만(1772-1810)은 적재적소에 쓰이는 유머의 중요성을 잘 알고 있던 또 다른 위대한 유대인이었다. 그의 전기에서 '고뇌의 스승'이라 묘사되기도 했던 랍비 나흐만은 다음과 같이 말했다. "극심한 괴로움으로 자기 감정조차 말할 수 없는 사람들을 내버려둔다면, 그들은 고통 받고 또 고통 받는다. 하지만 웃는 얼굴을 만난다면, 그들은 상대의 즐거움으로 인해 생기를 되찾을 수 있다."[263]

당신의 웃음으로 우울한 사람들에게 활기를 줄 수 있길 바란다.

357일째 안식일

한 주를 돌아보며 편히 쉬는 하루가 되기를.

---

262 에트케스Etkes, 《랍비 이스라엘 살란터와 무사르 운동》 166쪽
263 아서 그린이 집필한 나흐만의 전기 제목도 《고뇌의 스승Tormented Master》이다. 위의 이야기는 블루와 마고넷이 집필한 《동족감Kindred Spirits》 242쪽에서 인용한 것이다.

Week 52

358일째 일요일

불공정한 경쟁

NBC의 전신인 라디오 방송국 RCA를 창립한 전설적인 인물 데이비드 사르노프는 "경쟁은 제품의 가장 좋은 면을 창출하고, 인간의 가장 나쁜 면을 드러낸다."고 말했다. 경쟁이 인간을 살인자로도 만들 수 있다는 걸 잘 알고 있던 유대주의는 인간의 극단적인 경쟁 성향을 억제하려 했다. "만일 가난한 사람이 어떤 케이크를 사고 싶어 보고 있는데, 그걸 눈치 채고 먼저 그 케이크를 사버린다면 그는 사악한 사람이다(바빌로니아 탈무드, 키두쉰 59a)."

먼저 케이크를 사려던 사람이 가난한 사람이라는 걸 강조한 것은 그 케이크가 팔리면 그는 다른 케이크를 구입할 수 없다는 것을 말하기 위해서이다. 유대 전통은 이 원칙을 가난한 사람에게만 국한해 적용하지 않는다. 유대 전통은 다른 사람의 사업상 거래를 가로채는 모든 행위를 부도덕한 것으로 간주해 비난한다. "만일 누군가 특정 동산이나 부동산을 구입 또는 임차하려고 흥정하고 있는데, 그걸 먼저 구입하거나 임차한다면 그는 사악한 사람이다. 이 원칙은 구직의 경우에도 똑같이 적용된다(슐칸 아루크: 초쉔 미쉬파트 237:1)."

다시 말해, 직장을 구하고 있는 당신 지인이 특정 일자리를 얻게 될 확률이 높아 보이는 상황에서 당신이 그 일자리에 지원하는 것은 부당하다는 것이다. 그런데 당신이 그 일자리에 더 적합하다는 생각이 드는 경우라면 어떨까? 그 잣대 자체가 지나치게 주관적인 것일까? 나는 이 질문에 대한 답은 잘 모르겠지만, 어떤 일자리에 지원한 사람에게서 그 얘기를 듣고 그 일자리에 지원하는 것은 정당하지 않다고 생각한다.

다른 사람이 이미 체결한 거래를 가로채려는 것과 관련해 내 친구 하나가 이런 질문을 해왔다. 자신이 관련된 한 분쟁에서 그녀가 취한 입장을 유대 율법이 어떻게 볼 것인가 하는 것이었다. 내용을 정리하자면, 그녀가 근무하는 출판사가 이미 출판한 한 양장본 책을 종이 표지 책으로 출판할 수 있는 권리를 한 출판사에 팔기로 구두 약속을 했는데, 또 다른 출판사가 같은 권리에 대해 더 많은 돈을 주겠다고 제안을 해왔다는 것이다. 그녀의 사장은 계약서에 정식 서명한 건 아니므로 앞서 한 구두 계약은 지키지 않아도 된다고 주장했다. 즉, 그 사장은 시장 원리에 따라 더 많은 금액을 제시한 출판사에 종이 표지 책 제작 권리를 넘겨야 한다고 주장했고, 그녀는 약속을 지키지 않는 것은 부도덕한 일이므로 처음 출판사와 계약을 해야 한다고 주장했다는 것이다.

나는 그녀에게 그녀 주장이 앞서 언급한 슐칸 아루크의 규정에 부합한다고 말해주었다. 유대 율법은 이미 약속한 것을 번복하라고 강요하는 것은 부당한 행위라고 주장한다. 유대 윤리는 정당한 경쟁은 찬성하지만 부당한 경쟁은 반대한다.

359일째 월요일

유대 윤리는 총포상을 운영하는 것을 허용할까

허용한다. 하지만······.

유대 문헌에서 이 의문에 대해 직접적인 답을 제시하는 구절은 찾을 수 없었지만, 일반 대중에게 무기를 팔 권리가 어떤 사람에게 있나 없나 하는 문제는 구매자의 신원을 세심하게 파악하고 파느냐 그렇지 않느냐 하는 것에 달린 게 아닌가 하는 것이 내 견해이다. 만일 총기 판매자가 총기를 소지해선 안되는 구매자에게 총기를 팔았는데, 그 구매자가 그 총기를 이용해 불행한 일이 일어났다면, 총기 판매자에게도 그 결과에 대한 도덕적 책임이 있는 것이다(이는 잠시 후 운전을 해야 할 사람에게 많은 양의 술을 파는 사람의 도덕적 책임과 맥을 같이 한다.).

이 쟁점과 관련해 가장 근접한 해결책을 제시하는 유대 율법은 마이모니데스의 미슈네 토라에서 찾을 수 있다. 마이모니데스는 이교도들에게 방어용 무기를 파는 것은 허용하지만 공격용 무기를 파는 것은 금지한다고 규정한다(미슈네 토라, '살인에 관한 율법' 12:12. 공격적인 행위를 한 전적이 있는 구매자에게는 그가 어떤 주장을 하건 무기를 판매해선 안된다.).²⁶⁴ 이 규정은 공격용 무기뿐 아니라 경찰이 입는 방탄조끼를 관통할 수 있는 총알 판매도 금지하는 것으로 봐야 한다. 이 규정은 또한 예상 구매자에게 무기를 판매하기 전에 대기 기간을 두어야 한다고 명하는 것으로 보인다. 그 기간 동안 무기 판매자는 예상 구매자의 신원을 파악해야 할 도덕적인 의무가 있다(법적 의무는 없다 할지라도). 생사 문제가 걸린 다른 중요한 상황들에 적용되는 랍비들의 다음 조언은 무기 판매 상황에도 적용된다. "어떤 사람이 현명한가? 자신의 행위가 장차 어떤 결과를 낳을지 예측하는 사람이다(바빌로니아 탈무드, 타미드 32a: 30일째 참조)."

360일째 화요일

말로 하는 잘못

어떤 사람에 대해 더 많이 알면 알수록, 말로 그 사람에게 더 큰 상처를 줄 수 있다. 잘 모르는 사람도 그럴 수 있지만, 정말로 깊은 상처

---

264 엄밀히 따지자면 마이모니데스는 '전쟁용 무기' 판매를 금했지만, '일반적으로 사람들에게 위험을 초래할 수 있는 칼이나 기타 무기'를 포함한 모든 공격용 무기 판매도 금한 것으로 보인다. 유대주의는 어떠한 형태의 반전주의도 지지하지 않기 때문에, 마이모니데스는 "자국 병사들에게 무기를 판매하는 것은 허용된다."고 기술하는데, 이는 그런 무기가 자국민을 보호하는 데 이용될 것이기 때문이다. 데이비드 스조니는 오늘날에는 마이모니데스의 규정을 적용하기가 아주 어렵다고 말한다. 어떤 총기를 방어용으로 구매하는 거라 말하고 실제로는 공격용으로 사용하는 사람이 많기 때문이다.

를 줄 수 있는 사람은 대개 아는 사람이다.

유대 율법은 다른 사람에 대한 정보를 이용해 그 사람에게 상처를 주는 것을 큰 악행으로 간주한다. 미슈나는 사람들이 그렇게 하는 몇 가지 예를 들며 이를 금한다. "예전에 범죄자였던 사람이 종교인이 되었다면, 그 사람에게 '과거 당신이 어떤 짓을 했는지 기억하시오.' 같은 말을 해선 안된다. 이교도에서 개종한 조상이 있는 사람에게 '과거 당신의 조상이 어떤 짓을 했는지 기억하시오.' 같은 말을 해서도 안된다(미슈나, 바바 메지아 4:10)." 탈무드는 미슈나의 이 구절을 언급하면서 더 많은 예를 제시한다.

> 개종해서 토라를 공부하는 사람에게 "금지된 부정한 음식을 먹었던 그 입에 어떻게 하나님의 말씀인 토라를 올릴 수 있나요?"라고 물어선 안된다. 또 질병이나 자녀의 죽음으로 극심한 고통에 빠진 사람에게 욥의 친구들이 욥에게 했던 "생각하여 보라. 죄 없이 망한 자가 누구인가? 정직한 자의 끊어짐이 어디 있는가?(욥기 4:7)" 같은 말을 해선 안된다(바빌로니아 탈무드, 바바 메지아 58b).

과거에 죄를 지었지만 회개한 사람에게 과거의 죄를 상기시키는 것이 특히 사악한 짓인 이유는 무엇일까?

그런 사람들은 대개 좋은 사람으로 인정받아 떳떳한 사회의 일원으로 살고 싶다는 희망으로 회개를 한다. 그런 사람에게 과거의 죄를 상기시키는 것은 그뿐 아니라 과거의 죄를 회개하려는 다른 사람들의 사기까지 꺾는 행위이다. 지금 얼마나 많은 선행을 베풀든 또는 좋은 대의를 위해 얼마나 많은 돈을 기부하든, 죽어도 과거의 죄로부터 자유로워질 수 없다는 메시지를 전하는 것이나 다름없기 때문이다. 과거에 저지른 죄가 죽을 때까지 자유로울 수 없는 꼬리표 같은 거라면, 그 어떤 죄인도 삶의 방식을 바꿔야 할 이유를 찾지 못할 것이다.

위에서 제시한 네 가지 사례 중 두 가지가 개종자와 관련됐다는 것은 인상적인 일이다. 역사적으로 다른 종교에서 유대교로 개종한 사례는 흔치 않았다는 것이 일반적인 견해이다. 따라서 개종자에 대한 언어 남용 사례를 두 가지나 제시했다는 것은 탈무드가 그런 행위를 특히 더 사악하게 여겼든지, 아니면 우리 생각과는 달리 실제로 유대교로 개종한 사례가 더 많았든지 둘 중 하나일 것이다. 그게 아니라면, 개종자에 초점을 맞출 이유가 어디 있었겠는가?

아이를 잃은 부모에게 아이가 죽을 만한 이유가 있다고 말하는 것은 극단적으로 잔인한 일일 것이다. 그런데 믿기 힘들겠지만, 욥의 친구들이 욥에게 그런 말을 했다.

욥기의 첫 장은 10명의 자녀를 두고 올바르고 평탄한 삶을 살아가던 욥에게 내린 일련의 재난에 대해 이야기한다. 처음에 욥은 부를 잃었고, 그 후 곧 잔치를 하던 맏아들의 집이 무너져 10명의 자녀 모두를 잃었다. 그래서 욥의 친구들이 욥을 찾아와 7일 동안 아무 말도 하지 않고 함께 슬퍼했다. 하지만 그 후 친구들은 끔찍한 말을 내뱉었다. "잘 생각해 보게. 누가 죄 없이 망하겠나?"

예를 아는 친구들이 어떻게 그런 말을 할 수 있었을까? 욥의 친구들은 어쩌면 욥에게 내린 엄청난 저주에 두려움을 느낀 나머지, 그와 그의 자녀들에게 죄가 있다고 믿고 싶어 했는지도 모른다. 아니면, 자신들의 생명 또한 위험할 수도 있었을테니까.

하지만 욥기를 읽는 사람들은 그 친구들의 논리가 얼마나 잘못된 것인지를 안다. 욥기 첫 장에서 욥에게 닥친 불행들이 그의 죄 때문이 아니라는 걸 분명히 밝히고 있기 때문이다. 안타까운 일이지만, 성경에 따르면 하나님은 가끔 악이 일시적으로 세상을 지배하게 만드셨다.

앞으로 다른 사람의 정보를 이용해 그 사람에게 상처를 주고 싶은 마음이 생길 경우, 탈무드의 이 권고들을 떠올려보기 바란다. 만일 누군가가 당신에게 그런 일을 한다면, 당신은 그것이 얼마나 잘못된 일인지를 실감할 수 있을 것이다. 마찬가지로 당신이 누군가에게 그런 행동을 하는 것 또한 똑같이 잘못된 일이다.

361일째 수요일

선행의 도구가 되어주는 전화

되풀이해서 말하지만, 유대주의는 다른 사람의 명예를 실추시키는 '라숀 하라'를 도덕적으로 특히 심각한 죄악으로 간주한다(43일째 참조). 그런데 이제껏 발명된 도구 중 전화기만큼 쉽게 라숀 하라를 할 수 있게 해준 도구는 없다. 요즘엔 어떤 사람에게 감추고 싶은 일이 일어나도, 전화를 통해 불과 몇 시간 안에 여러 사람에게 알려진다. 심지어 먼 도시나 먼 나라에 있는 사람들에게까지도 말이다.[265]

---

[265] 물론 텔레비전이나 라디오는 그런 소식을 수백만 명의 사람들에게 더 빨리 전달할 수 있지만, 일반적으로 그런 경우는 유명인에 대한 것으로 국한된다.

생의 많은 부분을 라숀 하라 근절에 바친 것으로 유명한 학자 샤페츠 차임의 사진을 갖고 다니는 정통파 유대인들이 있다. 그의 사진을 보는 것만으로도 다른 사람의 명예를 실추시키는 어떤 말도 하지 말아야 한다는 걸 상기하게 된다는 것이다.

하지만 전화는 선을 행하는 도구가 되어주기도 한다. 과거 유대 사회에서 병문안의 계율을 실천하려면 가까운 곳에 살거나 병문안을 가기 위해 먼 길을 여행하는 수고를 해야 했다. 일반적으로 멀리 떨어진 곳에 사는 사람이 환자에게 위로를 전할 수 있는 길은 편지밖에 없었다. 그런데 전화 발명 덕에 이젠 멀리 떨어진 환자에게도 쉽게 위로를 전할 수 있다. 물론 지금도 병문안을 가는 것이 더 낫지만, 그럴 수 없는 경우엔 전화가 아주 유용한 도구가 되어준다.

전화는 또 이미 한두 차례 방문한 환자와 계속 연락할 수 있게 해준다. 전화를 통해 환자는 당신 목소리를 들으면서 자신에 대한 당신의 애정과 배려를 느낄 수 있는 것이다.

가족이나 친구가 많지 많은 환자들에게 전화 거는 것을 특히 권하고 싶다. 자칫 소외되기 쉬운 사람들에게 특별한 주의를 기울이자.

그런데 전화 통화는 도움이 필요한 사람에게 정말 도움이 될까? 물론 그렇다. 그럼에도 나를 포함해 많은 사람들이 사업상 또는 업무상의 대화, 사적인 대화, 심지어 다른 사람에 대한 험담을 하기 위해 전화를 이용하는 것엔 익숙하지만, 선행을 실천하는데 전화를 이용할 수 있다는 사실은 종종 망각하곤 한다.

가끔 아는 사람들 전화번호 명단을 훑어보고, 오랫동안 대화하지 못한 사람이 있다면 당장 전화해보자. 그런 기회를 통해 여러 사람들과 끊어지지 않는 인간관계를 유지할 수 있게 될 것이다.

362일째 목요일
공부와 복습의 중요성

언젠가 저술가이자 편집인인 클리프턴 패디먼Clifton Fadiman이 다음과 같은 통찰력을 피력한 적이 있다. "고전을 다시 읽다보면, 그 고전 안에서 예전보다 더 많은 것을 보게 되는 것이 아니라, 당신 자신 안에서 더 많은 것을 보게 된다." 이 논리는 유대 전통이 위대한 유대 문헌을 체계적으로 반복해 볼 것을 강조하는 논리와 일정 부분 그 맥을 같이한다. 그래서 1년 동안 토라 전체를 읽을 수 있게 안식일 날 토라의 일정 부분을 읽는 것이다. 많은 유대인들이 시나고그에서 토라의 일정 부분을 함께 읽기 전 집에서 그 부분을 미리 읽기도 한다. 나 역시 지금까지 토라를 여러 차례 완독했다. 그럼에도 불구하고 새로 축적되는 새로운 삶의 경험들로 인해 매번 토라에서 새로운 사실을 깨닫게 되는 것에 놀라곤 한다.

탈무드 공부에 열정적이었을 랍비들은 복습의 중요성에 대해 다음과 같이 말했다(아마 약간의 과장을 섞어). "배운 것을 100번 반복하는 사람은 101번 반복하는 사람과 비교될 수 없다(바빌로니아 탈무드, 하기가 9b)." 랍비들은 또 "토라의 말씀은 오로지 소홀함에 의해 잊혀진다(타아닛 7b)."고 말하기도 했다. 내 친구 한 명은 정기적으로 유대 문헌들에서 통찰력 있는 문장들을 발췌, 여러 장의 카드에 써넣고 다니면서 반복해서 읽는다. 비슷한 맥락에서, 나는 여러분에게 이 책을 한 해 더 사용해볼 것을 제안한다. 시간이 지나가면서 이 책 속의 여러 교훈들이 잊혀질 수 있기 때문이다.

기이한 이름을 가진 1세기의 랍비 벤-바그-바그Ben-Bag-Bag는 "그(토라 및 기타 유대 문헌) 안에서 모든 것을 찾을 수 있도록 넘기고 또 넘겨라(아버지의 윤리 5:22)."라고 했다. 하지만 유대주의(또는 당신이 공부하는 문헌)의 보석을 캐기 위해선 넘긴 것을 또 다시 넘겨야 한다.

363일째 금요일
매주 한 가지 친절을 베풀라

잭 도우에크Jack Doueck의 저서 《친절의 부메랑The Hesed Boomerang》은 친절을 베풀면 이 세상에서 뿐 아니라 도래할 세상에서도 보상을 받는다는 탈무드의 철학에 기초한 것이다(샤밧 127a; 115-17일째 참조). 부메랑이란 단어가 주로 부정적인 문맥에서 사용되는 것을 못마땅하게 여긴 도우에크는 친절한 행위의 이점을 입증한 의학적 데이터를 인용한다. 그는 미시간 대학이 1967년에서 1969년 사이에 선정한 2,754명의 사람들을 이후 12년 동안 세심하게 모니터한 연구 조사에 대해 얘기한다. 그 연구 조사에 따르면, 피실험자들 가운데 한 주에 한 번도 봉사 활동을 하지 않은 사람들의 사망률이 한 주에 최소 한 번 봉사 활동을 한 사람들의 사망률보다 두 배 반이나 높았다. 그 결과는 피실험자들의 성별과 건강 상태, 나이 등과는 무관했다. 도우에크가 결론지었듯, "만일 사망률을 이처럼 극적으로 낮춘 것이 신약이었다면, 현대 의학의 혁신적인 진보라며 대환영을 받았을 것이다."

이런 연구 조사 결과를 통해 도우에크가 말하려 했던 건 더 오래 살 수 있다는 이기적인 동기 때문에라도 선행을 실천해야 한다는 건 아니었을 것이다. 동기가 순수하지 않더라도 옳은 일을 하라는 탈무드의 유명한 가르침(설령 다른 동기에서 비롯되었다 하더라도, 정기적으로 선행을 실천하다보면 결국 본연의 목적으로 선행을 베풀게 된다는 가르침. 페사침 50b)을 상기시키려 했다고 보는 게 더 합당할 것이다.

도우에크는 봉사 단체에 가입하지 않고도 일상생활에서 곧바로 실천할 수 있는 친절한 행위의 다양한 예들을 제시했는데, 그중 몇 가지를 여기 소개한다. 다음 '선행 목록'에 영감을 받아 이번 주뿐 아니라 앞으로도 계속 이런 선행들을 실천할 수 있게 되길 바란다.

- ◆ 슈퍼마켓이나 할인마트에서 사용한 카트는 제자리에 갖다 놓자.
- ◆ 당신에게서 감사 카드를 받게 되리라 기대하지 못할 사람에게 감사 카드를 전하자.
- ◆ 폴라로이드 카메라로 누군가의 사진을 찍어 선물로 주자.
- ◆ 생각나는 사람에게 전화를 걸어 "보고 싶어 전화했어."라고 말해보자.
- ◆ 길거리에 버려진 쓰레기를 주워 적당한 곳에 버리자.
- ◆ 웨이터나 웨이트리스에게 평소보다 후한 팁을 주자.
- ◆ 전철이나 버스 안에서 노약자에게 자리를 양보하자.
- ◆ 맹인이나 노인, 어린이 등이 길을 건너는 것을 도와주자.

- ◆ 다른 차가 당신 차선으로 들어올 수 있도록 양보 운전을 하자.
- ◆ 의외의 기쁨을 선사해주고 싶은 사람에게 꽃다발을 보내자.
- ◆ 통행료 징수소에서 뒤에 오는 차의 통행료도 지불해보자.
- ◆ 지역 자선 단체에 익명으로 기부해보자.
- ◆ 노숙자와 함께 앉아 그 사람의 얘기를 들어주자.
- ◆ 당신이 입지 않는 옷을 모두 모아 노숙자들에게 갖다 주자.
- ◆ 요양원이나 병원을 방문해 암 환자 등과 한 시간을 보내자.
- ◆ 당신 비서에게 커피 한 잔을 타 주자.
- ◆ 옳은 일을 하는 사람을 찾아 칭찬해주자.
- ◆ 당신 자녀들로 하여금 싫증난 장난감들을 모아 그것들을 가장 필요로 할 아이들에게 기부하게 하자.
- ◆ 오늘 모든 사람에게 먼저 인사하는 사람이 되어보자.
- ◆ 다른 사람을 위해 문을 열어주거나 잡아주자.
- ◆ 지역 자선 단체에 전화를 걸어 자원봉사자가 되어보자.
- ◆ 다른 사람의 단점이나 허물을 비난하고 싶더라도 참아보자.[266]

364일째 안식일

한 주를 돌아보며 편히 쉬는 하루가 되기를.

---

[266] 도우에크, 《친절의 부메랑》 30-31쪽 및 116-117쪽 미시간 연구 조사는 딘 오니쉬Dean Ornish 박사의 저서 《심장 질환의 치유Reversing Heart Disease》 215쪽에 실려 있다.

365일째 일요일

새해 첫 수표

몇 해 전, 한 친구가 아직 정산되지 않은 청구서가 너무 많다는 걸 알고 새해 첫날 수표를 쓰기 위해 자리에 앉았다. 그는 청구서들을 하나하나 살펴보면서 한숨을 쉬고 있었다. 그러다 노숙자들과 가난한 사람들에게 음식을 제공하는 뉴욕의 자선 단체 시티 하베스트City Harvest에서 보낸 편지 봉투를 보게 되었다. 그 즉시 그는 그해 첫 수표를 써서 시티 하베스트에 보냈다.

새해 첫 출발을 하는 날 자선을 베풀고 나니 왠지 다른 수표들을 쓰는 것이 덜 짜증스러웠다고 그는 말했다. 이제 해가 바뀔 때마다 그가 쓰는 첫 수표는 자선을 위한 것이라고 한다.

한 해가 가고 새해가 시작되는 이즈음, 당신의 새해 첫 수표 역시 자선을 위해 쓰는 것은 어떨까? 시간만 잘 맞춘다면 올해 마지막 수표 또한 자선을 위해 쓰는 것이 될 수 있을 것이다. 저무는 한 해를 자선으로 마무리하고 떠오르는 새해 역시 자선으로 시작한다는 건 정말 멋진 일 아닌가!

당신의 한 해가 즐거움과 행복으로 가득하길!

죽기 전에
한 번은
유대인을
만나라

1판 1쇄 발행 ┃ 2012년 5월 7일
1판 27쇄 발행 ┃ 2015년 7월 20일
2판 2쇄 발행 ┃ 2021년 12월 10일

지은이 ┃ 랍비 조셉 텔루슈킨
옮긴이 ┃ 김무겸
발행인 ┃ 이현숙
발행처 ┃ 북스넛
등   록 ┃ 제410-2016-000065호
주   소 ┃ 경기도 고양시 일산동구 호수로 662 삼성라끄빌 442호
전   화 ┃ 02-325-2505
팩   스 ┃ 02-325-2506
이메일 ┃ booksnut2505@naver.com

ISBN 978-89-91186-75-0 03900